ALBERT HÖFER

LEBENSFRAGEN – GLAUBENSFRAGEN

Handbuch und Vorlesebuch für den Religionsunterricht in der achten Schulstufe

Unter Mitarbeit von:
Jakob Erhard, August Flucher, Josef Kirchengast, Gottfried Kocher, Rupert Leitner, Volker Lichem, Ingeborg Neuhold, Kurt Prantner, Annemarie Scherleitner, Anton Schrettle, Konrad Sterninger, Rupert Ulrich

BAND II

OTTO MÜLLER VERLAG SALZBURG

Mit kirchlicher Druckerlaubnis des Bischöflichen Ordinariates Graz-Seckau vom 19. Juli 1971,
Zl. 14 Ap 19/2-71

ISBN 3-7013-0460-2

GESAMTHERSTELLUNG: DRUCKHAUS R. KIESEL, SALZBURG

INHALT

DER RELIGIONSUNTERRICHT IN DER HÖHEREN SCHULE

LERNABSCHNITT V

LERNABSCHNITT VI

LERNABSCHNITT VII

LERNABSCHNITT VIII

LERNABSCHNITT IX

LERNABSCHNITT X

DER RELIGIONSUNTERRICHT IN DER HÖHEREN SCHULE

DIE KATECHESEN VON WEIHNACHTEN BIS OSTERN

(A. Höfer)

1. *Großkatechese: Die Katastrophe Judas*

Ähnlich wie bei David–Salomon steht am Anfang dieses Abschnittes ein exemplarischer, spannender Geschichtsabschnitt: Beim Untergang des Assyrerreiches versucht Juda krampfhaft, seine politische Unabhängigkeit zu gewinnen. Der fromme König Josias möchte das Joch von Assyrien loswerden und ebenso das von Ägypten vermeiden. Das konnte nicht gelingen. Der Staat Juda schlittert immer tiefer seinem Untergang entgegen. Die nationalistische Kriegspartei will eine Politik der Stärke und Unabhängigkeit und ist, religiös gesehen, praktisch liberal. Ihre Politik führt den Untergang des Staates und der Stadt durch das mächtig gewordene Babylon herauf. Die brennende Stadt Jerusalem ist die Entsprechung zum Glanz unter der Regierung Salomons, das Ende dessen, was unter David begonnen hat.

In diese Geschichte ist ganz und gar der Prophet Jeremias verwoben. An seiner Person, seinem Wirken und Reden wird wiederum in exemplarischer Weise das Wesen des jüdischen Propheten sichtbar.

Das Lernziel: Auch hier sollen die Schüler die Ereignisse in Juda auf dem Hintergrund der orientalischen Zeitgeschichte verstehen. Und aus dieser Geschichte und ihren politisch-religiösen Implikationen heraus ist das Wesen des Prophetischen an Jeremias zu erhellen. Man mache auf die literarische Gattung der Quellen aufmerksam: Wir haben es wieder mit einer ungemein genauen Geschichtsschreibung zu tun, sogar mit Augenzeugenberichten, denen des Sekretärs des Jeremias, Baruch. Man mag auch auf die prophetischen Zeichenhandlungen hinweisen, die gerade heute wieder aktuell sind.

2. *Großkatechese: Die Juden im Exil und die babylonische Kultur*

Eines der faszinierendsten Kapitel aus der Kulturgeschichte des alten Orients soll auch hier vor den Augen der Schüler erstehen. Nach der Glanzzeit Salomons ist es nun die Hochblüte Babylons, die (auch für heutige Betrachter) staunenerregend wirkt. In diese Hochkultur war die verbannte Schar der Juden geworfen. Babylon war ein Schmelztiegel vieler Völker und Religionen. Für die Juden ergaben sich mehrere Möglichkeiten: Tüchtige glichen sich der überlegenen Kultur an und gaben praktisch ihren Jahweglauben allmählich auf. Strenggläubige erlebten sich als verzweifelte Minderheit ohne Überlebenschancen, da ihnen alles genommen war, was einst die Stütze ihres Glaubens gewesen war, die Einheit von Volk und Land, der Tempelkult und die Festzeiten, und die Möglichkeit, das Leben selber zu bestimmen. In diese für den Jahweglauben in beiden Fällen verzweifelte Lage traten neue Propheten auf, Männer, die die Kirche Israel praktisch retteten. Sie hatten gegen zwei Fronten zu kämpfen: gegen den Liberalismus, der zum Glaubensabfall führt; und gegen den Integralismus, der ebenfalls ein steriles Absterben des Glaubens mit sich bringt. Die Großtat dieser Männer war es, den Jahweglauben in diese neue Situation zu stellen. Sie erkannten Jahwe auch als den Schöpfer dieser Völker, die Götzen und Fremdkulte als Verirrungen, und sahen die Zukunft der Juden in Gottes Hand, weil sie sich auf die alten Verheißungen stützten. Tempel, Fest, Kult und Volk waren ihnen genommen, geblieben aber waren ihnen die Überlieferungen ihres Volkes: die alten Sagen, die Geschichtssammlungen, die Aufzeichnungen der Propheten, die Psalmen und die Weisheit. Geblieben war auch der Sabbat. Man konnte sich auch im fremden Land am Sabbat zusammenfinden und den alten Überlieferungen nachgehen: die Geburtsstunde des Wortgottesdienstes und der Heiligen Schrift! Die jüdische Literatur trat so in eine neue Periode ein: Ezechiel, Deuterojesaija, die Priesterschrift u. a.

Das Lernziel: Die Glaubenssituation der Exulanten soll aufgrund der geschichtlichen Lage und des kulturellen Hintergrundes begriffen werden.

3. *Katechese: Der Schöpfungsbericht (Gen 1)*

Diese Katechese entspricht nach Inhalt und Lernziel dem ersten Abschnitt des *Glaubensbuches 8.* Besonders herauszuarbeiten ist: 1. Das Verständnis des Textes aus seiner Zeit heraus und als Antwort auf die Lage der Juden. 2. Die literarische Gattung des Textes, die in ihrer Form wiederum neu ist gegenüber dem, was schon vom Jahwisten her bekannt ist: Eine Art von Lehrgedicht, das mythologische Elemente der Babylonier, naturwissenschaftliche Vorstellungen der damaligen Zeit und das Glaubensbekenntnis Israels zum Schöpfer der Welt auf großartige Weise zu verbinden weiß.

4. *Katechese: Der Prophet Ezechiel*

Wie der Jahwist zur Zeit Salomons und wie Jeremias in der Katastrophe den Glauben der Juden wesentlich beeinflußte, so der Priester Ezechiel den Glauben der Exulanten (Deuterojesaia werde erwähnt, aber nicht eingehend behandelt). Die Auslegung der Kapitel 1 und 37 werde ebenfalls zuerst auf dem Hintergrund der Zeitnot und als Antwort auf die Frage der Juden in ihrer Lage verstanden. Wiederum beachte man besonders die literarische Gattung, die neue Möglichkeiten aufweist, wie die Heilige Schrift sprechen kann: in Symbolen, Visionen, apokalyptischen Gemälden. So wie die Paradieseserzählung eine symbolische Rückschau ist, sind die Vision von den Totengebeinen eine symbolische Vorausschau und die Berufungsvision eine symbolische „Hinaufschau", in der die Bilder der geflügelten Wesen aus der Kunst Babylons entlehnt sind.

5. *Katechese: Der Prophet Jona*

Dieses Buch ist zwar nach dem Exil entstanden, seine Thematik und literarischen Materialien reichen aber in die Exilszeit zurück. Gegen den Glaubensabfall hat sich Israel mit einem starken Erwählungsbewußtsein zu schützen vermocht. Wenn man von Heiden umgeben ist und sich gegen sie um des Glaubens willen abschließen muß, so darf das aber nicht so weit führen, daß man ihnen jedes Heil von Gott her abspricht: Gott will (entgegen den Vorstellungen konservativer Juden) das Heil auch der Heiden. Neben diesem Universalismus ist das Büchlein noch wegen seiner literarischen Gattung interessant und wichtig: Zeigt es doch, daß man, um eine Offenbarungswahrheit auszudrücken, eine Geschichte erfinden kann (so wie Jesus auch seine Gleichnisse erfunden hat). Freilich hat der Literat die Geschichte nicht schlechtweg erfunden, sondern mythologisches Erzählgut verwendet, das den Völkern aller Zeiten vertraut ist, da es in die Traumwelt des Menschen reicht. Die Schüler sollen also damit vertraut gemacht werden, daß die Bibel auch in mythologischer Redeweise sprechen kann – allerdings nur, was die Form des Buches betrifft, denn inhaltlich ist es ganz und gar vom Jahweglauben geprägt. Die Schüler sollen diese Art der Dichtung als besonders entsprechend für die Offenbarung würdigen, weil hier Erfahrungen der geistlichen Meditation in der Sprache der Meditation ausgedrückt werden. Die Schüler sollen begreifen, daß eine symbolische Redeweise nicht weniger „wahr“ sein braucht als exakte Geschichtsschreibung, ja im Gegenteil – die Erfahrungen des Glaubens lassen sich viel besser in der religiösen Sprache der Meditation ausdrücken!

6. Großkatechese: Die Zeit der Sammlung der Schriften

Im Exil wurde die schriftliche Überlieferung von den Israeliten als Heilige Schrift gleichsam entdeckt, da ihnen sonst nichts geblieben war. Diese Hochschätzung ging auch nach dem Exil weiter und führte zu einer emsigen Sammeltätigkeit: Nichts darf verlorengehen, jede Überlieferung, und sei sie noch so klein, muß sorgfältig aufbewahrt werden. Das führte zu einigen Problemen und merkwürdigen Lösungsversuchen.

Der alte Überlieferungszyklus der Frühsagen lag dreifach vor: der Jahwist, der Elohist und die Priesterschrift berichteten alle gleichermaßen von den Patriarchen über den Exodus und Sinai bis zur Landnahme. Sie bildeten gleichsam die drei Evangelien Israels. Man ließ sie nun nicht für sich (wie im Neuen Testament: Mt, Mk, Lk Jh) bestehen, sondern arbeitete sie zu einem einzigen zusammen. Man ließ dabei nichts weg, sondern fügte neben die Verse des einen Buches entsprechende vom anderen hinzu. So entstand das „Pentateuchproblem“. Die Schüler sollen das an drei Beispielen eingehend studieren: an der Gotteserscheinung am Sinai, an der Sintfluterzählung und am Auszugsbericht. Jede Erzählung ist für sich in ihrer literarischen Gattung zu würdigen. Ebenfalls ist aber auch die Kompliziertheit des jetzt so entstandenen Gebildes zu sehen. Außerdem werden die Schüler so auch mit der Kanonbildung etwas vertraut gemacht, mit der Tatsache also, daß die Heiligen Schriften zu der jetzt vorliegenden Einheit relativ spät zusammengewachsen sind.

7. Katechese: Offenbarung und literarische Gattung

Diese Katechese bildet den Abschluß des ganzen alttestamentlichen Blockes. Die Erkenntnisse und Ergebnisse sollen weitgehend von den Schülern selber erarbeitet werden. Es geht um folgende Lernziele:

1. Jedes Stück im Alten Testament hat einen eigenen Autor, der als Literat seiner Zeit unter den Bedingungen seiner Zeit arbeitet. Gott bedient sich seiner, schaltet seine eigene Tätigkeit aber nicht aus (Konzilsdekret *Verbum Dei* 12).

2. Jeder der heiligen Schriftsteller arbeitet mit literarischen Gattungen, wie sie ihm gerade als gut und richtig erscheinen. So ergibt sich schließlich eine Vielzahl von literarischen Gattungen.

3. Die literarischen Gattungen sind uns Abendländern heute oft fremd, denn sie entstammen einer anderen Kultur. Wir können aber die eigentliche Aussage der Texte nur entdecken, wenn wir die literarische Gattung jeweils genau studieren.

4. Prinzipiell kann jede literarische Gattung Gefäß göttlicher Offenbarung werden. Wegen der religiösen Aussagen der Schrift ist aber anzunehmen, daß die Sprache der Meditation, also die religiöse Bildersprache, eine besondere Bedeutung hat.

5. Was diesbezüglich für das Alte Testament gilt, gilt grundsätzlich ebenfalls für das Neue Testament.

Leistung und Prüfung:

Die Schüler sollen die bedeutendsten Schriftsteller des AT nennen, charakterisieren und auf den Hintergrund ihrer Zeit darstellen, ihr literarisches Werk würdigen als Glaubenswort in der Zeit des Schreibers und die literarische Gattung feststellen. Über das Problem der literarischen Gattungen sollen sie Auskunft geben und treffende Beispiele anführen: Die religiös-meditative Bildersprache sollen sie von der Geschichtsschreibung unterscheiden und in ihrer Eigenart würdigen können. Sie sollen das für allezeit Gültige dieser Literatur mit eigenen Worten würdigen können. Sie sollen ferner über die Sammlertätigkeit und eigenartige Redaktionsarbeit nach dem Exil Bescheid wissen!

Die literarische Entstehungsgeschichte des Alten Testamentes soll im Lichte der alttestamentlichen Geschichte und auf dem Hintergrund des kulturellen Einflusses des ganzen Vorderen Orients verstanden werden. Die Schüler sollen mit eigenen Worten sagen können, was diese Texte dem heutigen Menschen bedeuten sollen. Sie sollen auch Auskunft geben können, zu welchen allgemeingültigen menschlichen Problemen (z. B. Tod, Krieg) die Bibel auf ihre Weise Stellung nimmt. Sie sollen die Stellungnahmen der Bibel mit anderen vergleichen und kritisch prüfen.

DIE KATASTROPHE JUDAS

(R. Ulrich)

Weltgeschichtliche Lage um das Jahr 609

Im Jahre 609 zog Pharao Necho mit einem großen Heer durch Palästina. Was war nun der Anlaß zu diesem Kriegszug des Pharao? Im 7. Jh. v. Chr. beherrschten die Assyrer den ganzen Vorderen Orient. Syrien-Palästina und Ägypten waren ebenfalls in ihrer Gewalt. Der Assyrerkönig Assurbanipal war jedoch zu schwach, um seine Herrschaft aufrechtzuerhalten. Der Chaldäer Nabopolassar drang in sein Land ein und eroberte 614 Assur, 612 Ninive und 610 Haran. Damit war im Jahre 609 das assyrische Reich in der Hand der Chaldäer. Die Assyrer gaben jedoch nicht auf. Sie verbündeten sich mit Necho, der ihnen bereits 609 zu Hilfe kam. Necho verfolgte jedoch seine eigenen Ziele. Ihm war es gleichgültig, wer das Zweistromland beherrschte, er wollte ja nur Syrien-Palästina für sich gewinnen. Das durchschaute allerdings Josias, der König von Juda, weshalb er dem Pharao bei Megiddo den Weg versperrte. Es kam zum Kampf, wobei Josia die Schlacht und sein Leben verlor. Somit war sowohl Juda als auch ganz Palästina von nun an unter der Herrschaft des Pharao.

Für Juda war die Schlacht bei Megiddo eine Katastrophe. Warum wohl? Hundert Jahre hindurch war der Staat Juda den Königen der Assyrer tributpflichtig. Nun aber war die Macht der Assyrer geschwächt und sie mußten aus Juda abziehen. Josias handelte schnell; er machte Juda zu einem selbständigen Königreich und begann, diesen Staat noch weiter auszudehnen. Das Königreich Davids sollte wieder in seiner ganzen Größe erstehen. Das gelang Josias auch zum großen Teil sowohl politisch als auch religiös. Einige Gebiete des Nordstaates Israel und Galiläas konnte er dem Staate Juda einverleiben. Im ganzen Staate verbot Josias den Götzendienst, wobei er vom Propheten Jeremias tatkräftig unterstützt wurde. Im Jahre 609 war nun der Traum von der Selbständigkeit Judas zu Ende gegangen. Necho setzte einen neuen König über Juda ein, Jojakim.

Der Prophet Jeremias

Jojakim folgte nicht den Bestrebungen seines Vaters Josias, das Volk verfiel wiederum dem Götzendienst. An Necho mußte schwerer Tribut gezahlt werden; dazu kam noch der Frondienst, den das Volk für Jojakim zu leisten hatte. All dies begünstigte den religiösen und sittlichen Verfall Jerusalems. Doch nun trat ein Mann unter dem Volk auf, der diese Mißstände auf das heftigste bekämpfte, nämlich der Prophet Jeremias.

Jeremias stammte aus Anatot in der Nähe von Jerusalem. Sein Vater und wohl auch er gehörten zu den Priestern von Anatot. Schon 627 wurde er unter Josias von Gott zum Propheten berufen. Er fühlte sich nicht zum Kämpfer geboren. Dem Anruf Gottes setzte er daher ein „Ich kann nicht" entgegen: „Ich bin noch zu jung" (1, 7) und tauge nicht für die Sendung. Nachdem aber der Finger Gottes seine Lippen berührt hatte (1, 9), wurde er zu einer „befestigten Stadt, einer ehernen Mauer wider das ganze Land, wider den König von Juda, wider die Fürsten, Priester und das ganze Land" (1, 18). Und mit strenger Konsequenz und radikaler Hartnäckigkeit trat Jeremias gegen das von Gott abtrünnige Jerusalem auf. Eindringlich warnte er vor der Bedrohung von außen, die er mit einem überkochenden Topf vergleicht, der sich von Norden her über das Land neigt. Von dort wird die Katastrophe über Jerusalem hereinbrechen, wenn sich das Volk nicht zu seinem Gott bekehrt.

Gott wacht über die Stadt Jerusalem und ihre Taten. Jeremias kündete Jerusalem das gleiche Schicksal an, das der Schwesterstadt Samaria bereits 722 widerfahren war.

Bald darauf näherte sich die Katastrophe. Im Jahre 605 besiegte Nebukadnezar die Ägypter, und die Chaldäer besetzten, von Norden her kommend, ganz Palästina. Von nun an war der Tribut an die Chaldäer zu leisten. Trotz der schwierigen Lage bekehrten sich Jojakim und sein Volk nicht. Sie verharrten in ihrer Haltung und planten zudem einen aussichtslosen Aufstand gegen die Chaldäer. Gleichzeitig aber verließen sie sich auf die Auserwählung durch Gott und den äußerlichen Kult im Tempel zu Jerusalem. Da trat Jeremias eines Tages am Tor des Tempels mit folgender Rede vor das Volk: „So spricht der Herr der Heerscharen, der Gott Israels: Bessert euren Wandel und eure Werke, dann lasse ich euch wohnen an dieser Stätte! Vertraut nicht auf die trügerischen Reden: Der Tempel des Herrn, der Tempel des Herrn, der Tempel des Herrn ist dies! Denn nur wenn ihr euren Wandel und eure Werke aufrichtig ändert, dann lasse ich euch an dieser Stätte wohnen. Doch siehe, ihr setzt auf trügerische Redensarten euer Vertrauen! Wie? Stehlen, morden, ehebrechen, falsch schwören, dem Baal räuchern und anderen Göttern nachlaufen, die euch unbekannt sind? Und dann kommt ihr und tretet in diesem Hause, das nach meinem Namen benannt ist, vor mein Angesicht und sprecht: ‚Wir sind geborgen!‘, um dann alle diese Greuel weiter zu treiben! Deshalb will ich mit dem Hause, das nach meinem Namen benannt ist, auf das ihr euer Vertrauen setzt, und mit der Stätte, die ich euch und euren Vätern verliehen habe, so verfahren, wie ich mit Silo verfuhr: Verstoßen will ich euch von meinem Antlitz hinweg, wie ich alle eure Brüder, die gesamte Nachkommenschaft Ephraims, bereits verstieß.“ (7, 3–15).

Kaum hatte Jeremias zu Ende gesprochen, stürzte sich das ganze Volk, die Priester voran, auf ihn und schrien: „Du mußt sterben!“ (26, 8), Grund: Gotteslästerung! Er habe wider den Tempel Gottes gefrevelt. Das Volk war maßlos erzürnt und wollte Jeremias sofort steinigen. Einer der Priester jedoch entriß ihn mit Gewalt dem Volke und verhalf Jeremias zur Flucht.

Von nun an suchten auch seine Verwandten, Jeremias zu töten, da die ganze Sippe beim Volk in Ungnade gefallen war. Deshalb hielt sich Jeremias verborgen. Doch immer wieder suchte er Gelegenheit zur Predigt. Eines Tages schaute er einem Töpfer bei seiner Arbeit zu. Dann sprach er: „So spricht der Herr: siehe, ich forme als Töpfer gegen euch Unheil und fasse einen Plan gegen euch! Kehre doch ein jeder um von seinem bösen Wege! Bessert euren Wandel und eure Werke!“ (18, 11). Alle seine Reden vermochten das Volk jedoch nicht zu bewegen, im Gegenteil, der Haß gegen Jeremias wurde immer heftiger.

Ein anderes Mal kaufte sich Jeremias einen irdenen Krug. Den Krug in der Hand, trat er im Vorhof des Tempels vor das Volk hin, das dort im Kult seine Selbstsicherheit pflegte und nebenbei Götzen opferte oder nur auf Wohlstand achtete. Mit harten Worten prangerte er die Bekehrungsunwilligkeit an und zerschmetterte darauf vor ihren Augen den Krug, indem er schrie: „Also spricht der Herr der Heerscharen: Ebenso zerschmettere ich dieses Volk und diese Stadt da, wie man Töpfergeschirr zerbricht, so daß es nicht wieder hergestellt werden kann!“ (19, 11). Das Volk war über diese Tat des Jeremias überaus entzürnt, und der Priester Paschchur ließ den Jeremias sofort gefangennehmen, schlagen und die ganze Nacht hindurch in den Block legen. Auch diese Folter konnte Jeremias nicht zermürben. Bereits am nächsten Morgen kündete er abermals den Untergang Jerusalems an und weissagte dem Priester Paschchur den Tod in der Verbannung. Jeremias bekam daraufhin Tempel- und Redeverbot. Er zog sich abermals in sein Versteck zurück.

Doch auch im Verborgenen war er nicht untätig; er ließ alle seine Reden von Baruch aufschreiben. Eines Tages erschien nun Baruch im Tempelhof und las aus der Buchrolle, die er geschrieben hatte, vor. Als König Jojakim davon hörte, ließ er sich die Schriftrolle bringen und verbrannte sie; Jeremias und Baruch befahl er festzunehmen, jedoch ohne Erfolg. Sie hielten sich weiterhin verborgen, und in dieser Zeit entstand eine zweite Buchrolle.

Im Jahre 598 versagte Jojakim den Chaldäern den Tribut. Sofort marschierten jene gegen Jerusalem. Zu dieser Zeit kehrte Jeremias in die Stadt zurück. Er kam nicht allein. Einige Rechabiten, die auf der Flucht vor den Chaldäern waren, kamen mit ihm. Jeremias lud sie ein, mit ihm Wein zu trinken. Sie aber lehnten ab, da ihnen ihr Stammvater Derartiges verboten. Da sprach Jeremias: „Fürwahr, die Söhne Jonadabs, des Sohnes des Rechab, erfüllten das Gebot ihres Ahnherrn, das er ihnen auftrug; aber dieses Volk hat nicht auf seinen Gott gehört. Darum spricht der Herr, der Gott der Heerscharen, Israels Gott: ‚Siehe, ich bringe über Juda und alle Bewohner Jerusalems das ganze Unheil, das ich ihnen angedroht habe, weil sie nicht hörten, sooft ich zu ihnen redete, und keine Antwort gaben, wenn ich sie anrief'." (35, 16 f).

Bald darauf belagerten die Chaldäer die Stadt. Jojakim starb und sein Sohn Jojachin übergab die Stadt den Chaldäern. Die Chaldäer plünderten Jerusalem, führten den König und die Oberschicht der Bevölkerung in die Verbannung nach Babylonien und setzten Zedekia als neuen König von Juda ein.

Diese erste Katastrophe bekehrte Zedekia und sein Volk noch immer nicht. Weiterhin trieben sie Götzendienst und hörten nicht auf die Worte des Jeremias, der ständig vor einem erneuten Aufstand gegen die Chaldäer warnte. Jeremias pries die Verbannten glücklich, denn sie bräuchten nicht mehr mit den Abtrünnigen in Jerusalem zu leben; über sie kann die zweite und große Katastrophe nicht mehr kommen. Allen Warnungen zum Trotz sagte sich auch Zedekia 588 von den Chaldäern los und zahlte keinen Tribut mehr. Da erschien

Jeremias vor dem König mit Stricken und Jochstangen um den Hals. Seine Botschaft lautete: „Jedes Volk, das seinen Hals in das Joch des Königs von Babel steckt, werde weiterhin friedlich in seinem Lande wohnen können. Zerbräche einer aber das Joch, so warte Untergang auf ihn.“ Darüber waren alle empört. Der falsche Prophet Hanania zerbrach das Joch des Jeremias und weissagte den Fall Babels und die baldige Heimkehr der Verbannten. Da sprach Jeremias: „Also spricht der Herr: Jochstangen aus Holz hast du zerbrochen, aber dafür Jochstangen aus Eisen gefertigt.“ (28, 13).

Die Belagerung Jerusalems

Zedekia hatte nicht auf Jeremias gehört. Er fiel von Nebukadnezar ab. Anfang 587 rückte ein chaldäisches Heer gegen Juda an. Das Land wurde verwüstet. Jerusalems Lage war aussichtslos. Deshalb trat Jeremias nochmals vor Zedekia hin und versuchte, ihn zur friedlichen Übergabe der Stadt zu überreden, jedoch ohne Erfolg. Bald begann die Belagerung durch die Chaldäer. Die Verteidigung der Stadt wurde konsequent betrieben, dazu wurden auch alle Sklaven freigelassen. Jeremias jedoch hielt dem Volk ständig die Sinnlosigkeit des Widerstandes vor Augen, wodurch er sich bei den Führern des Volkes noch mehr verhaßt machte, da er ja die Kampfmoral der Truppen schwächte. Bereits nach kurzer Belagerung triumphierten die Gegner des Jeremias. Die Chaldäer zogen nämlich ab; sie mußten das ägyptische Entsatzheer für Jerusalem abwehren. Jerusalem glaubte sich gerettet. Sämtliche Freigelassenen wurden wieder versklavt; dagegen trat Jeremias mit aller Härte auf. Er ließ keinen Zweifel darüber, daß die Chaldäer wiederkommen würden.

Auch Jeremias wollte die Atempause nützen. Er machte sich auf den Weg nach Anatot, um eine Erbangelegenheit zu regeln. Am Stadttor wurde er jedoch bezichtigt, zu den Chaldäern überlaufen zu wollen, und in einem Brunnenhaus eingekerkert. In diesem feuchten unterirdischen Raum schmachtete er viele Tage lang.

Das war aber nur ein reiner Willkürakt untergeordneter Beamter. Der König hatte kaum einen Einfluß auf das ganze Geschehen. Da die Chaldäer die Belagerung wieder fortsetzten, und für Jerusalem kaum noch Hoffnung bestand, ließ Zedekia den Jeremias im geheimen zu sich holen, um seine Meinung zu hören. Jeremias konnte nur wiederholen: „In die Hände des Königs von Babel wirst du überliefert werden!“ (37, 17). Auf Bitten des Jeremias ließ Zedekia ihn darauf in den Wachthof bringen, wo er den Mißhandlungen durch die Beamten nicht mehr ausgesetzt war.

In diesem schier hoffnungslosen Moment tat Jeremias etwas fast Unbegreifliches. Er kaufte einen ihm zufallenden Acker in Anatot und ließ den Kaufvertrag in einem Gefäß aufbewahren. Über die kommende Katastrophe hinaus sieht er einer neuen Zukunft entgegen. „Denn so spricht Gott: Wieder werden Häuser, Äcker und Weinberge gekauft in diesem Land!“ (32, 15).

Die Belagerung wurde immer unerträglicher. Jeremias wies ständig auf die Aussichtslosigkeit des Widerstandes hin. Er wiederholte auf dem Wachthof seinen alten Refrain: „Wer in dieser Stadt bleibt, kommt durch Schwert, Pest und Hunger um; wer aber zu den Chaldäern überläuft, bleibt am Leben.“ (38, 2). Da sagten die Fürsten: „Der Mann muß sterben! Er lähmt die Kraft der Soldaten, die noch übriggeblieben sind.“ Zedekia überließ Jeremias ihrer Gewalt. Sie warfen ihn in die Hofzisterne, in der zur Zeit nur Schlamm war. Jeremias sank in den Schlamm ein und wäre elendig zugrunde gegangen, hätte ihn nicht ein Negersklave herausgezogen und in Sicherheit gebracht.

Kurz vor dem Fall Jerusalems ließ Zedekia den Propheten abermals zu einer geheimen Unterredung holen. Diesmal zum dritten Tempeltor. Jeremias wiederholte sein altes Gotteswort: „Übergabe rettet, was noch zu retten ist.“ Zedekia besaß zu wenig Macht, um den Rat des Propheten zu befolgen. Es war die letzte Begegnung des Propheten mit dem König. Das Verhängnis nahm seinen Lauf.

Die Katastrophe; Einnahme und Zerstörung Jerusalems

Die Chaldäer verstanden ihr Handwerk als Belagerer sehr gut. Die Wälder rings um Jerusalem holzten sie ab. Mit den Baumstämmen bauten sie Bollwerke gegen die Stadt oder verwendeten sie als Sturmböcke. Den Rest des Holzes schlichteten sie vor den Toren der Stadt auf und zündeten es an, um so die Tore zu beschädigen. Die Belagerung wurde für die Belagerten immer unerträglicher. „Hunger, Not und Seuchen wüteten: die Klagelieder des Jeremias geben uns ein anschauliches Bild jener Schreckenstage. ‚An dem Gebein klebt ihre Haut, wie Holz so trocken‘, so liegen die Verteidiger vor Entkräftung ‚auf dem Boden in den Straßen‘; ‚des Säuglings Zunge klebte vor Durst an seinem Gaumen;‘ und man sah Mütter ‚mit eigenen Händen ihre Kinder kochen‘, damit sie ihnen zur Nahrung dienten.

Die Pest griff so sehr um sich, daß man sich zurief: ‚Weicht aus! Ein Unreiner! Kommt nicht zu nahe.‘ Schließlich gelang es den Chaldäern, eine Bresche zu schlagen, und der Endkampf begann.

Er war furchtbar. Ehefrauen und Jungfrauen wurden geschändet, ‚gehenkt durch ihre Hand die Fürsten, der Greise Ansehen für nichts geachtet‘ (Klagel. 5). Der Tempel und der Palast wurden geplündert, eine Feuersbrunst griff um sich, und von der heiligen Stadt blieben nur rauchende Ruinen übrig. Was Zedekia angeht, der mit den Seinen geflüchtet war, so wurde er verfolgt und ergriffen. Nebukadnezar ließ den Rebellen vorführen; vor seinen Augen ließ er seine Söhne erwürgen; sodann blendete er ihn persönlich, damit dieses Schreckensbild seinen Augen als letzte Erinnerung erhalten bliebe. Eine Massendeportation wurde angeordnet. Es war im Jahre 586. Die einen gingen gruppenweise zusammengebunden, unter Bewachung der Soldaten mit ihren kegelförmigen Helmen; manchen waren sogar die Hände auf den Rücken gefesselt, oder ein Ring durchbohrte ihnen die Lippen wie elendem Vieh. Und andere – eine traurige Kolonne, wie sie auf allen Flüchtlingszügen zu sehen ist – hatten auf Handwagen ihren Hausrat aufgeladen; so schleppten sich Kinder und Greise auf endloser Straße, unter der glühenden Sonne.“[1]

Auch der Prophet war unter den Verschleppten. Jeremias wurde jedoch durch eine Anordnung Nebukadnezars freigelassen und durfte wieder in die Heimat zurückkehren. Jeremias ging nach Mizpa. Chaldäischer Statthalter von Juda wurde Gedalja. Ende 586 wurde er jedoch ermordet. Aus Angst vor der Rache der Chaldäer flohen fast alle Bewohner des Landes, die noch übrig waren, nach Ägypten. Jeremias schleppten sie mit Gewalt mit nach Ägypten, wo er bald darauf starb. Alle Worte des Jeremias hatten sich erfüllt: „Der Herr konnte euer böses Treiben und eure Greueltaten, die ihr verübtet, nicht länger ertragen; so wurde denn euer Land zur Trümmerstätte, zum Entsetzen und zum Fluch, so daß es niemand mehr bewohnt, wie es heute der Fall ist.“ (44, 22).

[1] H. Daniel-Rops, *Geschichte des Gottesvolkes,* Wien ²1951, 278 f.

DAS BABYLONISCHE EXIL UND DIE LITERATUR ISRAELS

(G. Kocher)

Babylonien

Das Land und seine Bewohner

Babylonien ist das Schwemmland an den Unterläufen von Euphrat und Tigris. Seine Ausdehnung beträgt etwa 115 000 qkm. Die Hauptstadt Babylon liegt am Euphrat. Der nördliche Teil des Landes, dessen Bewohner Semiten waren, hieß *Akkad*, im Süden der Tiefebene lag *Sumer*. Die Fruchtbarkeit des Bodens hing von den periodischen Überschwemmungen der Hauptflüsse ab, deren Wasser durch Kanäle über das ganze Land verteilt werden muß. Im Schwemmland der Ebene wurde zuerst eine ackerbautreibende Bevölkerung seßhaft. „Der glatte, steinlose Boden dieses Schwemmlandes aber war reich wie kaum sonstwo auf der Erde und bedurfte kaum der Menschenhand, um Nahrung zu produzieren. Ein solch reiches Land mußte die Menschen aus den umliegenden Kargräumen mächtig anlocken – und in vermutlich mehreren Wellen ergriffen die Stämme von ihm Besitz."[1] In den unwirtlichen Gebieten, die jene fruchtbare Ebene umschließen, siedelten Viehzüchter und Wildbeuter.

In der zweiten Hälfte des vierten Jahrtausends v. Chr. wanderten die Sumerer in dieses Land ein und verdrängten die Urbevölkerung. Das Aussehen jener ist uns durch zahlreiche Reliefs, Mosaiken und Skulpturen bekannt. Charakteristisch für diese Leute ist der Kurz-, bzw. Rundschädel. Das Gesicht ist breit, die oft vorspringende Nase gerade, Stirn, Mund und Kinn sind klein, die Lippen schmal. Ihre Kleidung bestand aus Fellen, wobei der Oberkörper häufig unbedeckt blieb. Der kahlgeschorene Kopf war mit einer Filzmütze bedeckt.

Babylonien mußte jedes Jahr mit Überschwemmungen rechnen. Ein weitverzweigtes Be- und Entwässerungssystem war daher unentbehrlich. Gemeinschaftsarbeit, Planung, Kontrolle von Deichen und Dämmen verlangten nach einer festen staatlichen Leitung. Die Sumerer

[1] K. Jaritz, *Babylon und seine Welt*, 1964, 11.

haben deshalb das Land in Stadtstaaten eingeteilt, die im Norden Babyloniens schon damals von den wohl bald nach dem Jahre 3000 eingedrungenen semitischen Akkadern beherrscht wurden. Dabei hatte der jeweils stärkste Stadtfürst als König die Führung.

Früheste Geschichte Babylons

In der dritten Dynastie von Ur (um 2000 v. Chr.) erlebten die Sumerer ihr letztes Reich. Die Akkader lebten bis dahin in enger Gemeinschaft mit den Sumerern. Seit etwa 2350 v. Chr. aber gewannen sie allmählich die Übermacht. Durch die Amoriter[2] wurde das semitische Element der Akkader verstärkt. Schließlich erlag das Reich der Sumerer vor den Amoritern und Elamitern. Der berühmteste König der amoritischen Dynastie war Hammurabi (um 1700 v. Chr.). Von ihm ist eine Gesetzessammlung mit 282 Paragraphen gefunden worden. Um 1500 fielen die kriegerischen Kassiten in Babylonien ein, sie konnten erst nach ungefähr 450 Jahren von Nebukadnezar I. besiegt werden. Doch die Zeit, in der Babel wiederum eine weltgeschichtliche Rolle spielen sollte, war noch nicht gekommen. Die Assyrer griffen Babylon wiederholt an und konnten bald ihre Herrschaft über Babylonien ausdehnen.

Das geistig-kulturelle Leben Babylons

Bildende Kunst: Den Babyloniern standen kaum Steine und Metalle als Werkstoffe zur Verfügung, statt dessen aber verwendete man den reichlich vorhandenen Lehm. Der in der Sonne steinhart trocknende Ton ergab einen guten und billigen Baustoff. Daneben konnte der bildende Künstler in beschränktem Maße Kalk- und Gipsstein (Alabaster) verwerten. Dies war die Voraussetzung zur Meisterung der von fern her importierten und daher sehr kostbaren Hartsteine. Denn nur Bildwerke aus gebranntem Ton, Stein und Metall konnten gleich wie die Brandziegelbauten die Überschwemmungsfeuchte und Lufteinwirkung überdauern. Alle anderen Werke altbabylonischer Malerei sowie der Buntkeramik sind mit wenigen Ausnahmen zugrunde gegangen.

Plastische Werke wurden also fast ausschließlich aus Lehm verfertigt. Die in der Sonne getrocknete Tonware verlangte geradezu nach Form. Die vielen gefundenen Tonplastiken sind meist dem

[2] Das Wort ist hergeleitet vom akkad. *amurru* „Westen".

religiös-kultischen Bereich zuzurechnen. Zu nennen sind in diesem Zusammenhang Räucherständer und kunstvolle Tonaltärchen. In Ur fand man zahllose tönerne Muttergöttinnen mit oder ohne Kind – zuweilen mit schlangen- oder katzenähnlichem Kopf. In Kisch, unweit der Hauptstadt Babylon, konnte man Wagenmodelle aus dem Trümmerhügel ausgraben.

Viele Reliefs mit weltlichen Themen begegnen uns. Es gibt reizende Bilder von sitzenden Harfenspielern, Musikanten mit Handpauke und Leier, Jagdszenen, bespannte und unbespannte Wagen, galoppierende Pferde – kurz, einen reichen Schatz an Genrekunst. Obwohl man Hartsteine sowie Kupfer und Bronze von fern her importieren mußte, ist die Metallplastik um die Mitte des dritten Jahrhunderts bereits hoch entwickelt. Die silbernen Esel- und Stierfiguren auf den Königsgräbern von Ur und die kleinen Goldfigürchen von ruhenden Hirschen und Enten zeigen eine liebevolle Meisterung des Tierbildes, goldene Vasen und Schalen die Neigung zur schönen Form[3].

Aus der Kunst der Kassiten stammt aus Susa eines der schönsten *Kudurru-Reliefs*, das eine Prozession zeigt, die Opfertiere und einen zahmen Löwen mit sich führt. Laute spielende Männer und eine Frau mit einer Handpauke begleiten den Festzug.

Als letztes Zeugnis altbabylonischer Vollplastik kann der steinerne, über einen hingestreckten Feind gelagerte Löwe von Babylon angesehen werden. Er stammt aus der Zeit Nebukadnezars II. († 562). Dieser Löwe „bewacht“ noch heute den Eingang der versunkenen Stadt.

Die Erfindung der Schrift als Voraussetzung für die Wissenschaft

Die Schrifterfindung fällt in die Zeit der Hochblüte der ältesten sumerischen Kultur. Demzufolge darf sie um 3500 datiert werden. Die erste Schrift war eine ganz einfache Bilderschrift, die Zeichen gaben naheliegende Bilder, wie das eines Menschenkopfes, eines Fisches, einer Ähre, eines Pfluges usw. wieder. Die ersten Schriftgelehrten ritzten oder drückten Zeichen auf eine handliche Tafel, die sie aus dem überall auffindbaren Ton formten. Der Zeichenbestand der Bilderschrift war außerordentlich groß. Zu Anfang des dritten Jahrtausends dürfte es rund 2000 sumerische Bilderschriftzeichen

[3] Vgl. H. Schmökel, *Kulturgeschichte des Alten Orient*, Stuttgart 1961, 249 ff.

gegeben haben. Die Verwendung stark abkürzender Bildzeichen oder willkürlich geschaffener Sigel bedeutete den ersten Schritt in der Schriftentwicklung.

Diese Bilderschrift hat sich rasch entwickelt. Weil man gerade Linien anstrebte, erreichte man eine schöne Gleichmäßigkeit. Besonders bei den in Hartsteinen eingemeißelten oder in Metall gravierten Inschriften wirkt die strenge Zeilenführung eindrucksvoll. Der als Schreibstift gebrauchte Rohrgriffel mit seinem zugespitzten Ende hinterließ auf Ton den Umriß eines Keiles, dessen spitzer Winkel nach unten zeigt. So entsteht das Bild einer aus keilförmigen Zeichen zusammengesetzten Schrift, die man allgemein *Keilschrift* nennt. „Wer Gelegenheit hat, Keilschriften in die Hand zu nehmen und genau zu betrachten, ist immer wieder verblüfft über die saubere, scharfe und gleichmäßige Griffelführung, zu der es die altorientalischen Schreiber gebracht haben.“[4]

Auf Ton nicht nur zu schreiben, sondern auch zu stempeln, war eine altbabylonische Sitte. So wurden die Backsteinziegel der Kult-, Palast- und Festungsbauten gerne mit dem Namen des königlichen Bauherrn oder gar mit einer Weih- oder Bittinschrift versehen. Die Aufgabe der Beschriftung von Standbildern, Stelen und Reliefs oblag dem Steinmetzen, der nach einer Vorlage arbeiten konnte und daher nicht unbedingt schreibkundig zu sein brauchte.

Seit dem achten Jahrhundert verwendete man neben der Tonplatte schon wachsüberzogene Holz- und für kostbare Schriften Elfenbeintäfelchen. Den Rand erhöhte man um zwei Millimeter; durch Zusätze von Arsenblende wurde die Bienenwachsauflage schreibfähiger gemacht.

Schon in der Mitte des zweiten Jahrtausends bedienten sich die Herrscher Babyloniens der Keilschrift für ihren politischen Schriftwechsel mit den Fürsten Syriens, Mesopotamiens und Kleinasiens. Astronomen in Babylonien sind der Keilschrift bis über die Zeitwende hinaus treu geblieben. Mindestens zwölf vorderasiatische Sprachen sind im Laufe der drei vorchristlichen Jahrtausende in Keilschrift geschrieben worden. Dieselbe Schrift drang über Nordsyrien bis nach Palästina vor, wo sie sich bis etwa 1200 v. Chr. hielt. Schließlich gab sie den Anstoß zur Schöpfung der Hieroglyphenschrift am Nil.

[4] H. Schmökel, a. a. O., 164.

Die babylonischen Wissenschaften

In den babylonischen Wissenschaften vermissen wir eine klare Scheidung zwischen den einzelnen Disziplinen. Denn nach altorientalischer Auffassung sind die Erkenntnisse nicht die Frucht von Fleiß, Scharfsinn und Genie vergangener Geschlechter, sondern wie alle Ordnungen des Lebens in der Urzeit den Menschen von den Göttern geschenkt. Deshalb ist bei ihnen auch die geheime Kunst der Magie und Mantik die höchste Wissenschaft. „Die älteste ‚Wissenschaft‘, die in Babylonien literarischen Niederschlag gefunden hat, ist, soweit wir wissen, die Philologie; sie ist, eine eigenartige und sehr bedeutsame Tatsache, beinahe so alt wie die Schrift selbst.“[5]

Die alte Überlieferung ist eine reine Listenwissenschaft, die ihre Erkenntnisse nicht in Sätzen formuliert, sondern in Form von Listen dokumentiert. Diese Listen suchten Namen, Bezeichnungen und andere Dinge möglichst vollständig zu erfassen und systematisch zu ordnen. Zur chronologischen Ordnung größerer Zeiträume boten sich die Dynastenlisten an. Damit besaß man ein Mittel, die gesamte Geschichte des Landes bis zum Zeitpunkt der Abfassung des Werkes zu übersehen. Das wichtigste Werk dieser Art war die große „Assyrische Königsliste“, die man bei Ausgrabungen im Jahre 1933 in Chorsabad gefunden hat. Sie beginnt mit der assyrischen Frühzeit, als Assurs Fürsten noch Nomaden waren, und reicht bis Salmanassar V. († 722 v. Chr.).

Die größte wissenschaftliche Leistung haben die altbabylonischen Gelehrten in der Mathematik vollbracht. Schon die Sumerer waren über die vier Grundrechnungsarten hinaus zu Potenz und Wurzel, Flächen- und Inhaltsberechnungen vorgedrungen. Das Sexagesimalsystem, das allen Rechnungen der babylonischen Mathematik zugrunde liegt, ist ebenfalls sumerischen Ursprungs. Zur Erleichterung der Berechnungen schuf man Tabellen, die Multiplikationen und Divisionen, aber auch Quadrat- und Kubikzahlen und -wurzeln darboten.

Erstaunliches leisteten die Babylonier auf dem Gebiet der Medizin. Um 2000 v. Chr. treten uns Ärzte bereits mit Namen entgegen. Sie besaßen oft so hohes Ansehen, daß sie auf Wunsch in fremde Residenzen, einmal sogar in die Hethiterhauptstadt geschickt wurden. In

[5] Landsberger u. von Soden, *Die Eigenbegrifflichkeit der babylonischen Welt*, 1965, 27.

den Anweisungen von Krankenheilungen sind gelegentlich kurze Beschwörungen eingefügt. Bei der Bereitung der Heilmittel waren gewisse rituelle Vorschriften zu beachten. Dies erklärt sich daraus, daß die ärztliche Kunst auf die Götter zurückgeführt wurde.

Erwähnenswert ist eine mit der Astrologie in Verbindung stehende Wissenschaft, nämlich die babylonische Vorzeichenlehre. Dank ihrer unermüdlichen Beobachtungen konnten die Babylonier im Laufe der Zeit Zehntausende von Vorzeichen sammeln, die sie dann in der von den Sumerern übernommenen Listenform ordneten und aufzeichneten. In Babylon herrschte die Auffassung, daß die Götter beim Neujahrsfest bestimmten, was sich im Verlauf des kommenden Jahres im Leben des einzelnen wie des gesamten Volkes ereignen sollte. Da man die Himmelskörper – Sonne, Mond und Sterne – als Throne der Götter betrachtete, stellte man zwischen ihren Bahnen, ihren Konstellationen und dem Schicksal des Menschen enge Beziehungen. Ferner lebten die Babylonier vielfach von der Überzeugung, daß sich alles wie Tag und Nacht, Sommer und Winter, Regen und Sonnenschein im Leben der Menschen und der Völker wiederhole. Durch Gebete und Opfer könne man jedoch die Götter umstimmen, daß sie den Lauf der Dinge ändern, das Unheil abwenden und Glück und Wohlstand wie langes Leben den Menschen gewähren. Es gab eigene Wahrsagepriester, deren Kunst das Geheimnis des Himmels und der Erde entschleiern konnte. Diese Priester wurden bei Geburt eines Kindes, vor Antritt einer Reise, in schwerer Krankheit und vor der Heirat zu Rate gezogen. Ihre Mittel der Wahrsagung waren: Traumdeutung, Eingeweideschau und das Losorakel. Bei Ezechiel befragt Nebukadnezar die Gottheit, indem er die Pfeile schüttelt und die Leber beschaut, ob er zuerst Jerusalem oder die mit Juda verbündeten Ammoniter angreifen solle. Diese Wahrsagekunst lebte, als längst schon die Herrschaft Babylons gebrochen war, noch lange bei den Römern als Weisheit der Chaldäer weiter.

Götter, Kult und Frömmigkeit in Babylon

Bei den Gottheiten in Babylonien nehmen den obersten Rang die drei großen kosmischen Götter ein: *An*, der Gott des Himmels, *Enil*, der Gott des Luftreiches, und *Enki/Ea*, der Gott der Wassertiefe.

Eine zweite Götterdreiheit hat astralen Charakter. Zu ihr gehören der Mondgott *Nanua-Sin*, der Sonnengott *Utu-Schamasch* und die im Venusstern angeschaute Liebes- und Fruchtbarkeitsgöttin *Innana-*

Ischtar. *Sin* wurde vor allem in Ur und Charran verehrt; er wurde als freundlicher Erleuchter der Nacht als Orakelspender und als „allesgebärender Schoß“ gepriesen. *Schamasch* hatte seine Heiligtümer in Larsa und Sippar. Er war der Gott des Krieges und Erbauer von Stadt und Haus, weise und allwissend. Als Wahrer der Gerechtigkeit rückte er bald zum barmherzigen Helfer und Schützer der Menschen auf. *Ischtar* war die Göttin des Morgen- und Abendsterns. Bei den Sumerern war sie die Muttergöttin und die Göttin der Liebe und Wollust. In Ninive war *Ischtar* eine umfassende Göttergestalt, die man als Inhaberin aller göttlichen Gewalt pries. Bald nahm sie fast alle weiblichen Gottheiten verwandten Wesens in sich auf. Ihr Geliebter war der Vegetationsgott *Dumuzi-Tammuz*. Die Vereinigung dieses Paares stellt den Urtyp der viel gefeierten „Heiligen Hochzeit“ dar, die symbolhaft Leben und Fruchtbarkeit dieser Welt erneuerte. Die Ischtartempel, die in kaum einer Stadt Mesopotamiens fehlten, dürften Hauptplätze der kultischen Prostitution gewesen sein; beim Heiligtum der Göttin in Assur wurden Bleiplaketten mit obzönen Darstellungen gefunden.

Im Kult des Reichsgottes *Marduk* gipfelt die babylonische Religion. Er war zunächst ein unbedeutender Gott. Erst durch die Reichsgründung Hammurabis wird er an die Spitze des Pantheons gestellt, vor die 12 Hauptgötter und Heiligtümer seines Reiches, die im Prolog und Epilog seiner Gesetze aufgezählt sind. *Marduk* war der Schöpfer und Erhalter der Weltordnung, Herrscher, Völkerhirt und Richter, Orakelgeber, Schicksalsbestimmer und Beschwörer. Seine 50 Namen zeigten ihn als universalen Gott, der ein echter Hirte der Völker und Freund der Menschen sein wollte. Die Mardukfrömmigkeit hat ein hohes und eindeutig ethisch geformtes Gottesbild geschaffen. In *Marduk* betete man einen gnädigen Helfer und Wohltäter sowie einen erhabenen Weisen voller Barmherzigkeit an. Gebete an *Marduk* haben uns Töne echter, zeitloser Frömmigkeit aufbewahrt.

Mit dem Aufsteigen der assyrischen Macht rückte der assyrische Reichsgott *Assur* zum Weltordner und Götterherrn auf. Alle Völker schulden diesem Kriegsgott Gehorsam; eine Auflehnung gegen ihn ist schwere Sünde. Er bestellt und schützt den König. Sein Kult wurde zu einer Art Staatsreligion, in der die anderen Gottheiten nur mehr seinen Hofstaat bilden. Sein Heiligtum war das *Eschara* in Assur mit der großen *Zikkurat*. Sein Symbol war die geflügelte Sonnenscheibe mit dem bogenschießenden Gott in ihrer Mitte.

Babylon als der „Nabel der Welt"

Die Ausgrabungen der Deutschen Orientgesellschaft um die Jahrhundertwende unter der Leitung von R. Koldewey sowie eine keilinschriftliche Beschreibung der Stadt geben uns Aufschluß über die Anlage und die wichtigsten Bauten Babylons. Der Name der Stadt bedeutet übersetzt „Götterpforte". Nach der Stadtbeschreibung der Babylonier lag die Stadt an drei Flußläufen, davon teilte der Euphrat Babylon in eine östliche „Altstadt" und in eine westliche „Neustadt".

Eine doppelte Ringmauer mit Graben umzog die gesamte Stadt. Die Innenmauer wurde im Gründungsjahre der I. Dynastie von Babylon, um 2150, errichtet. Sie bestand aus Lehmziegeln, war 6,50 m dick und hatte in regelmäßigen Abständen von 18 m abwechselnd quergestellte große Türme und mit der Front gleichverlaufende kleine Türme. Die niedere Außenmauer lag vor der Innenmauer in 7,20 m Abstand. Diese Mauer war nur 3,70 m dick und hatte in gleichmäßigen Abständen von je 20,50 m quergestellte Türme aus Lehm. König Nebukadnezar II. erbaute eine dritte Mauer, um den Palast des Königs und den Neujahrsfesttempel zu schützen. Der neugewonnene Raum innerhalb dieser Mauer diente der Landbevölkerung als eine Art Fliehburg in den Zeiten der Gefahr. Die Mauern wurden von acht Stadttoren durchbrochen. Die Namen der Tore sind nach denjenigen Stadtgottheiten benannt, zu deren Tempel der Weg durch sie führte.

Babylon zerfiel in verschiedene Stadtteile. Die Stadtbeschreibung von Babylon unterscheidet vier Stadtbezirke, aber es sind noch andere bezeugt. Im Südwesten der „Neustadt" lag das „Totenhaus", das Mausoleum der babylonischen Könige, und davor, außerhalb der Ringmauer, war der Begräbnisplatz der Bewohner von Babylon angelegt.

Die „Binnenstadt" hatte nach der Stadtbeschreibung zahlreiche Tempel.

Insgesamt gab es in der Stadt 53 Heiligtümer der „Großgötter", mithin eine stattliche Anzahl von größeren Bauten. Dazu aber kamen noch zahlreiche Kapellen, von denen allein 55 dem Gotte Marduk geweiht waren.

Zu den interessantesten Bauwerken Babylons gehörte die „Heilige Pforte", die im Zentrum der ganzen Stadt den Festeingang nach dem „Turm zu Babel" bildete. Dieser Durchgang war vermauert, die „Verschlossene Tür", die einmal im Jahre, im Herbst, für den Durchzug der Götter geöffnet wurde.

Der Turm zu Babel

Der Marduktempel *Esagila*, „Tempel, der das Haupt erhebt", war einer der umfangreichsten aller mesopotamischen Tempel. Als Haupttempel in Babylon gebührte ihm allein ein Tempelturm, der berühmte „Turm zu Babel". Er hatte eine quadratische Grundfläche von rund 90 Metern. Der Aufstieg wurde im Südosten durch eine 9 m breite Treppe ermöglicht. Dieser Tempelturm *(Zikkurrat)* erhob sich in sieben Stockwerken gegen den Himmel. Das siebente und letzte Stockwerk hatte gegenüber den anderen Etagen sehr große Ausmaße, seine Höhe maß 15 m. Es wurde als das Schlafgemach der Götterpaare angesehen. Dieser Hochtempel *(Schachuru)* oben auf der Spitze des Turmes war nach Nordosten, der Prozessionsstraße des Gottes hin gerichtet. Rings um den Tempel herum lagen Kapellen, Vorratshäuser und Wohnungen der Priester und Pilger.

Der Turm zu Babel gehörte zu den eindrucksvollsten und großartigsten Bauwerken des Altertums und ist weltbekannt durch die Berichte der Bibel und der griechischen Schriftsteller. Der Bau wird als etwas Gewaltiges und als eine Übersteigerung menschlichen Könnens beschrieben.

„Den Juden wurde er zum Abbild des Hochmuts und der Völkerverwirrung. Sie erzählten sich, daß die Spitze des Turmes bis zum Himmel reichen sollte. Und in der Tat, die Höhe von 90 m mußte schon im Altertum als staunenderregend angesehen werden, um so mehr, als der Bau aus kleinen Ziegeln einen ungeheuren Fleiß und Zeitaufwand erforderlich machte. Und selbst der modernen Welt muß dieses Bauwerk der Babylonier als einzigartige Großtat imponieren, in seiner Art ein Vorläufer der modernen Hochhäuser und als ältester Wolkenkratzer der Welt."[6]

Die Situation der Israeliten während des Exils

Schicksal der Zurückgebliebenen

Nach der furchtbaren Zerstörung Jerusalems im Jahre 587 v. Chr. wurde wieder ein Teil der Bevölkerung Israels nach Babylon deportiert. Trotzdem aber war die Zahl der im Lande gebliebenen Israe-

[6] E. Unger, *Babylon, die Heilige Stadt nach der Beschreibung der Babylonier*, Berlin 1931, 200.

liten sehr groß. Die materielle Lage der Hebräer in ihrem Heimatland muß in der ersten Zeit der Katastrophe außerordentlich traurig gewesen sein. Jerusalem war aufs schwerste beschädigt worden, andere Städte überhaupt völlig zerstört. Bei den Eroberungen hatte die Landwirtschaft durch die Plünderungen der Soldaten ungeheure Verluste erlitten. Die Chaldäer beuteten das Land völlig aus. Die Blüte der Nation war in die Gefangenschaft geschleppt worden. Die Zurückgebliebenen aber bildeten eine führerlose Masse voll Angst. Man zog sich in einsame Gegenden zurück, um für sich und seine Familie ein wenig Sicherheit zu haben. Erst der Tod des gewaltigen Eroberers Nebukadnezar brachte den unterdrückten Juden eine Erleichterung. Das soziale Leben begann sich wieder langsam zu erholen. Auch der unglückliche Jojachin durfte nach 37jähriger Gefangenschaft in die Heimat zurückkehren. Neben all den schlimmen Folgen hatte der Sturm doch auch gute Wirkungen gezeitigt. Viele sahen in dem, was geschehen war, eine Fügung Jahwes und schufen so die Voraussetzung für eine geistige Erneuerung im Sinne des wahren Jahwismus. „Wenn auch der Tempel zerstört war, so thronte doch Jahwe nach wie vor im Himmel; wenn auch der Opferaltar zertrümmert war, so hatte man doch seine Hände, die man falten, und sein Herz, das man zu Gott erheben konnte; wenn auch alle menschliche Hoffnung geschwunden war, so hatte doch Jahwe die Macht, auch aus dem tiefsten Abgrund emporzureißen."[7] So blieb auch die große Masse um Jerusalem als ihrem Mittelpunkt versammelt.

Die Deportierten in Babylon

Nach der Ankunft in Babylonien wurde die Hauptmasse der Deportierten im südlichen Babylonien angesiedelt. Die Israeliten wurden zu großen Bauarbeiten herangezogen, die Nebukadnezar besonders im Bereich der Hauptstadt Babel durchführen ließ. Viele mußten in landwirtschaftlichen Großbetrieben des Königs arbeiten. Auf die erste Zeit des Heimwehs und der Trauer folgten für die Exulanten die Jahre der stillen Ergebung. Nach dem Tode Nebukadnezars milderte sich bald der politische Druck des babylonischen Regimes. Die Israeliten erhielten von den Chaldäern sogar die Erlaubnis, Häuser zu bauen, Gärten anzulegen und in jenen Gebieten, die ihnen zur Arbeit zugewiesen waren, neue Dörfer zu gründen. So ging es den Exulanten

[7] G. Ricciotti, *Geschichte Israels II,* Wien o. J., 77.

im Lande ihrer unfreiwilligen Verbannung nach Ablauf einer gewissen Zeit sehr gut. Man hatte sich in Babylonien inzwischen Wohlstand und Machtstellungen errungen. Die verschleppten Israeliten lebten hier besser als im Lande ihrer Väter. Und in der Tat haben rund die Hälfte von ihnen, als die Erlaubnis zur Rückkehr nach Palästina gegeben wurde, es vorgezogen, in Babylonien zu bleiben.

In religiöser Hinsicht barg das Exil manche Gefahren für die Reinheit des Jahweglaubens. Letztlich aber war der katastrophale Zusammenbruch nur ein Sieb, das die jahwetreuen Israeliten von den anderen scheiden sollte. In erster Linie ist es der Wirksamkeit der Propheten zu danken, daß das Volk diese sittliche Läuterung erkannte und der echte Jahwismus diese schwere Zeit überdauerte.

Die Priesterschrift (P)

Neben dem Jahwisten, dem Elohisten und dem deuteronomischen Geschichtswerk besteht der Pentateuch noch aus einer letzten Quellenschicht, der Priesterschrift. Sie beginnt wie der Jahwist mit der Schöpfungsgeschichte und konzentriert ihr Hauptgewicht vorwiegend auf die Mosesoffenbarung, wobei vor allem die Gesetzestexte überwiegen. Große Teile der Bücher Exodus, Leviticus und Numeri lassen deutlich die Entfaltung der Sinaigesetze als das eigentliche Ziel von P erscheinen. Der darin beschriebene Kult soll in dem Land ausgeübt werden, das von Moses und dessen Nachfolger Josua verteilt worden ist.

Eigenart und Bedeutung der Priesterschrift

Der Priesterkodex hebt sich in Sprache, Stil und theologischer Auffassung am stärksten von den anderen Schichten ab. Die formelhafte Darstellung ist weitgehend abstrakt und läßt lebendiges Erzählgut zurücktreten. P zeigt ein auffallendes Interesse für kultische Institutionen und priesterliche Ordnungen. Ein gutes Beispiel dafür ist das Buch Leviticus, das zahlreiche Vorschriften für das unmittelbar religiöse Leben enthält. Sie beziehen sich auf Sabbat, Beschneidung, Speisegebote, Opfer, Priester und Leviten. In diesen Anweisungen zeigt sich eine gewisse geistige Einheit der Priesterschrift. Dennoch finden wir in ihr häufig Wiederholungen, Widersprüche und Unterbrechungen des Zusammenhanges. Deshalb ist auch der Priesterkodex nicht als Einheit zu verstehen, sondern als eine literarische Kompilation. Er ist als das Ergebnis einer weit in die Vergangenheit zurückgehenden Traditionsgeschichte zu bewerten, die das Erbe des Moses und der Propheten für die kommende Zeit fruchtbar gemacht hat.

Die Bedeutung von P liegt vor allem darin, „daß sie die Grundlage für die nachexilische Religionsgemeinde und ihren organisatorischen Aufbau als hierarchisch geleitete Kultgemeinschaft geworden und auch literarisch gesehen von der Redaktion zum Ausgangs- und Richtungspunkt für die Endgestaltung des Pentateuch gemacht worden ist. ... Der Priesterkodex bahnte den Weg zu den erstarrenden Formen der Gesetzfrömmigkeit des Judentums, aber er hat zu seiner Zeit dazu beigetragen, daß die jüdische Religionsgemeinde nicht auseinanderbrach, sondern zum Träger der alttestamentlichen Tradition wurde, bis diese in Jesus ihre Erfülung fand."[8]

Entstehung der Priesterschrift

Der Priesterkodex ist keine vollkommene Neuschöpfung, er hat sehr viel altes Material verarbeitet. Schon die Priester im Exil beschäftigten sich viel mit der mündlichen und schriftlichen Überlieferung ihres eigenen Kreises, besonders derjenigen aus dem Tempel von Jerusalem. Neben dieser Priestertradition boten auch die Auseinandersetzungen mit babylonischen Mythen (Schöpfung, Flut) Stoff für Erzählungen. P hat zahlreiche ältere Gesetze, Kulturordnungen verschiedener Art, Sammlungen priesterlichen Berufswissens und viele Listen verwendet. Das umfangreichste und bedeutsamste Gesetzeskorpus, das in P Aufnahme fand, ist das sogenannte Heiligkeitsgesetz (Lev 17–26). Ferner sind hinzuzurechnen die Sammlung von Opferritualien (Lev 1–7) und die Zusammenstellung von Reinigungsgesetzen (Lev 11–15).

„Der ganze Vorgang des Sammelns und Bearbeitens ist wohl schon im 6. Jh. in priesterlichen Kreisen in Babylonien begonnen und im 5. Jh. im wesentlichen abgeschlossen worden."[9] Es kann gesagt werden, daß die Priesterschrift der nachexilischen Kultgemeinde als eine Programmschrift zugedacht ist, die sich mittels der Rückprojektion in die Moseszeit legitimiert.

[8] A. Weiser, *Einleitung in das Alte Testament*, Göttingen 1957, 118.

[9] K. Galling, *Priesterschrift*, in: *Die Religion in Geschichte und Gegenwart*, 5. Band, Tübingen 1961³, 569.

Katechese zum Schöpfungsbericht

Wir schildern, wie das Exil in religiöser Hinsicht eine stürmische Krisenzeit für die Juden gewesen ist. In Babylon verehrte man über tausend Götter, die Tempel, Priester und Feste hatten. Der Gott der Juden hingegen hatte einen zerstörten Tempel, getötete Priester und verbannte Anhänger. Der Glaubenszweifel wurde ständig größer, und der Prophet Ezechiel hatte viele Anfechtungen von seiten der Exulanten zu ertragen. Wir betonen, daß aus dieser Situation heraus nun in den Priesterkreisen des Exils der Schöpfungsbericht verfaßt wurde. Die Juden haben diesen dann einige Jahre später an den Anfang der Heiligen Schrift gesetzt (1 Mos 1, 1–2, 4).

Wir wiederholen das erste Kapitel im *Glaubensbuch 8* (S. 9) und betonen, daß der Bericht aus den Anfechtungen heraus verfaßt wurde und im Exil seinen Sitz im Leben hat!

Der Prophet Ezechiel

Die Person des Ezechiel: Nach Angaben des nach ihm benannten Buches im AT erhielt Ezechiel die Berufung zum Prophetentum im Jahre 592 v. Chr. Sie fällt also in eine stürmisch bewegte Zeit, in der sich die Ereignisse geradezu überstürzen. Die Berufungsvision erlebte Ezechiel in Babylonien unter den jüdischen Verbannten am Flusse Kebar nahe der babylonischen Stadt Nippur. Die Zeit seines Eintreffens in Babylonien ist nicht bekannt. Man nimmt an, daß er zusammen mit Jojakim im Jahre 597 v. Chr. in die Gefangenschaft geführt wurde. – Bei den Deportierten in Babylon herrschte allgemeine Unruhe. Man hoffte auf Befreiung und träumte von der Heimkehr. Gerade in dieser schweren Zeit wird Ezechiel nicht müde, seine Mitexulanten eines Besseren zu belehren. Immer wieder verkündet er seine Drohweissagungen und prophezeit, daß Sion untergehen wird. Dieser Ruf prägt die erste Hälfte seiner mehr als 20 Jahre dauernden prophetischen Wirksamkeit. Er ist aber nicht nur Rufer des Untergangs, vielmehr wird er nach der Katastrophe zum Künder eines neuen und ewigen Jerusalems.

Wir wissen von Ezechiel, daß er den Beruf eines Priesters ausübte. Als solcher hatte er Dienst im Tempel zu verrichten. Ez 8 läßt sich damit gut in Einklang bringen. Die genaue Beschreibung des Tempels zeigt, daß er ihn auch in seinen Schlupfwinkeln genau kannte.

Für uns ist Ezechiel besonders wegen seiner schriftstellerischen Tätigkeit bedeutsam. Der Prophet hat seine Worte und Erlebnisse selbst vor oder nach der mündlichen Verkündigung schriftlich niedergelegt und in verschiedenen Einzelteilen hinterlassen. So haben wir es im Buch Ezechiel nicht direkt mit einem von ihm selbst verfaßten Werk zu tun, vielmehr müssen Glossatoren und Herausgeber angenommen werden, die nach A. Feuillet in den Priesterkreisen des Exils zu suchen sind.

Die literarisch-theologische Eigenart des Propheten Ezechiel: Seine Schriften kennzeichnen Ezechiel als einen echten Ekstatiker, der mit der Welt Gottes aufs tiefste verbunden ist und an dessen Plan teilhat. Dadurch unterscheidet er sich deutlich von den Propheten vor ihm. „Die bei ihm besonders zahlreichen symbolischen Handlungen zeigen einen Zug zum Absonderlichen, manchmal geradezu Abstoßenden. Die Betäubungen, Lähmungen und das zeitweilige Stummsein sind aber nicht als Zeichen einer körperlichen Krankheit beim Propheten, sondern als sinnfällige Begleiterscheinungen seines Prophetenberufes aufzufassen, die vielleicht notwendig waren, um bei einem im Exil wirkenden Offenbarungsträger seine göttliche Beauftragung besonders deutlich werden zu lassen.“[10] Der Prophet kommt aus einer Welt, in der es immer wieder um die vollen Entscheidungen: Leben – Tod, gerecht – gottlos, ging. „Er ist Priester und Prophet, Prediger und peinlich genauer Schriftsteller, Herold der Zerstörung und des Heiles, Ekstatiker und Logiker, leidenschaftlich und überlegt, Träumer und Realist, hart und mitleidsvoll. Doch verbinden sich diese Gegensätze zu einer Einheit, zur Einheit einer Berufung.“[11] In diesen Kategorien versteht seine prophetische Botschaft das göttliche Urteil. Bei Ezechiel gibt es keine mildernden Zwischentöne, es gibt kein Warten Gottes. Es gibt nur Leben oder Tod, so wie es am Heiligtum nur Zulassung und Ausschluß gab.

Ezechiel tritt auf als Bußprediger und Verkünder des großen Strafgerichtes. Er rügt sein Volk vor allem wegen seiner Halsstarrigkeit. Als Hauptsünden nennt er Unzucht und Götzendienst. Aber zugleich ist er vom Gedanken an die unnahbare Macht und Heiligkeit Gottes erfüllt. Jahwe mußte die Sünde seines Volkes bestrafen. Sein Volk

[10] R. Mayer, *Einleitung in das Alte Testament II*, Bern 1967, 243.

[11] A. Robert u. A. Feuillet, *Einleitung in die Heilige Schrift I*, Wien 1966, 532.

jedoch darf er jetzt in der Heimsuchung nicht im Stiche lassen, da sonst sein heiliger Name in der Heidenwelt verunehrt würde. Von dieser Glaubensgewißheit ist er derart durchdrungen, daß er – zu einer Zeit, als der Tempel in Jerusalem in Trümmern liegt – bereits den Entwurf des neuen Tempels und eine Kultorganisation ausarbeitet. Ezechiel wagt es nur selten, mit Gott zu reden. Die Majestät Gottes umschreibt er mit drei typischen Formeln: „Man wird erkennen, daß ich Jahwe bin!" – „Ich werde mich unter euch (ihnen) heiligen." – „Ich tue dies um meines Namens willen, damit er unter den Völkern nicht gelästert werde."

In der Darstellung ist Ezechiel sehr lebendig. Er besitzt eine besondere Vorliebe für das Strahlende. Meisterhaft bringt er gut lesbare Allegorien zu Papier. Oft „entwirft" er schreckhafte Bilder, was von seinem stürmisch bewegten Geist zeugt[12].

Seine Theologie zeichnet sich durch einen sittlichen Rigorismus aus. Ezechiel liebt es, an Dekaloge zu erinnern, die sämtliche Gebote und Verbote miteinander verbinden und alle religiös-sittlichen Pflichten beinhalten. Unter den Geboten wird der Beachtung des Sabbats eine besondere Bedeutung beigemessen. Ezechiel hat stets das Volk von morgen im Auge. Deshalb versucht er, sein Volk auf die Zukunft hin auszurichten und zu formen. In dieser Eigenart liegt das „Herz" der Prophetie Ezechiels. Weiter begründet Ezechiel zu einem guten Teil den Kult des Tempels und des Gesetzes. Die ihm folgende Generation verdankt ihm den Sinn für die Heiligkeit und den Abscheu vor der Unreinheit, den Begriff *Israels als Kirche.*

Die Berufungsvision (Ez 1, 1–28)

Im ersten Kapitel wird die Vision geschildert, die Ezechiel unter den Verbannten seines Volkes am Flusse Kebar erlebte. Durch das Erlebnis dieser Vision und der darauffolgenden „Audition"[13] wird dem Propheten eine innere Erfahrung zuteil, mittels derer er den Willen Gottes erfährt. Diesen Willen drückt der Prophet dann in verständlicher Rede aus und verdeutlicht ihn oft mittels symbolischer Handlungen. Die Voraussetzung für das prophetische Reden ist die

[12] Vgl. Höllenfahrt des Pharao (Ez 32), oder das Wiederaufleben der Totengebeine (Ez 37).

[13] Diese gehört schon zum 2. Hauptteil des Berufungserlebnisses (1, 28b–3, 9). Vgl. W. Eichrodt, *Der Prophet Hesekiel,* Göttingen 1966 („Das Alte Testament Deutsch" Nr. 22), 5.

Ekstase. Diese ist ein außergewöhnlicher Zustand und gewährt die Möglichkeit, in das göttliche Geheimnis aufgenommen und der göttlichen Offenbarung teilhaftig zu werden. Die Ekstase wird aber nicht eigenmächtig herbeigeführt, sondern von Gott gegeben.

Einführung und Überschrift (Ez 1, 1–3): Die drei Einleitungsverse bringen biographische Notizen über den Propheten und leiten die folgende Vision ein. Die Datumsangabe in Vers 2 bestimmt diejenige von Vers 1 näher. Wie in anderen Visionsschilderungen wird auch hier das große Erlebnis des Propheten durch eine Datumsangabe genau festgelegt.

Die Erscheinung der Herrlichkeit Jahwes (Ez 1, 4–28): Nach einer Zeit qualvoller Spannung zwischen Furcht und Hoffnung, die der nach Babylonien verschleppte Priester in den ersten Jahren der Verbannung zu durchleben hatte, kommt plötzlich die Hand Jahwes über Ezechiel und überwältigt sein Sinnen und Denken. Der Prophet vermag, ihm bisher verborgene Dinge wahrzunehmen. „Er weiß das Wunder dieses Umschwunges nicht besser zu bezeichnen als mit einem Ansturm des Himmels, durch das ihm wunderbare Einblicke in die göttliche Welt geschenkt wurden." Aus der Gewittererscheinung lösen sich vier Lebewesen. Diese werden beschrieben als Menschengestalten mit tierischen Attributen. Eine solche Mischgestalt häuft in sich die Kraft der verschiedenen Geschöpfe und erscheint dadurch als besonders fruchtbarer Hüter des Heiligen. „Ein jedes hatte vier Gesichter und ein jedes vier Flügel" (1, 6). Nach der Hervorhebung der Menschenähnlichkeit beschreibt der Prophet diese Wesen noch etwas näher: Im einzelnen werden zunächst die Beine erwähnt. Ihre eigentümliche Gestaltung soll die Trägerfunktion der Lebewesen (vgl. V. 22!) betonen. Die Erwähnung der Menschenhände unter den Flügeln deutet wohl auf ihre menschenähnliche, geistgelenkte Aktivität hin. Die Flügel sind typisches Zeichen eines Mischwesens, das sonst bei den Engelgestalten des Alten Testaments durchweg fehlt. Jedes der Wesen wird mit vier Gesichtern dargestellt, was nach altorientalischer Ausdrucksweise ihre wesentlichen Eigenschaften symbolisiert. Das Gesicht eines Menschen verkörpert Würde und Klugheit, das des Löwen hoheitsvolle und ehrfurchtgebietende Majestät, der Stier wiederum bedeutet Kraft, und der Adler ist das Bild für machtvolle Erhabenheit. Die Beschreibung der Bewegung der Lebewesen in Vers 12 meint natürlich keine Fortbewegung auf der Erdoberfläche, sondern ein zielstrebiges Schweben. Die Kraft der Bewegung liegt für den Propheten in der Geistmacht selbst, die die Keruben zum „Gehen“ antreibt. Zwischen den Wesen bemerkt Ezechiel eine Feuermasse, die er schon zu Beginn der Vision erwähnt. Sie entspricht dem Altarfeuer, aus dem der Seraph die Glühkohle zur Entsündigung Jesajas holt. Durch diese Feuererscheinungen als Ausdruck der Theophanie eilen die „Lebewesen“ hin und her, „daß es aussah wie die Blitze“.

Mit Vers 15 beginnt ein neuer Abschnitt. Er handelt von den Rädern, die sich neben den Lebewesen befinden. Wenn nun gesagt wird, daß die Räder so gearbeitet seien, als wäre „ein Rad inmitten des anderen“, will der Prophet nicht etwa deren Konstruktion beschreiben. Es geht ihm um die freie Beweglichkeit nach allen Seiten, die zentral gesteuert wird, so daß die Bewegungen ineinander übergehen. Was Ezechiel hier sieht, gleicht dem Untergestell eines Wagens, der vier Räder hat, die ihn bewegen, und vier fliegende Träger, die unabhängig von den Rädern, aber analog mit ihnen fliegen. „In der Mitte sitzt die Antriebskraft; es ist das Feuer der Theophanie, so daß der Wille Jahwes zur Erscheinung vor dem Menschen als Antrieb des Wagens dient. Zur Beschreibung des Gotteswagens hat ein babylonischer Einfluß wesentlich beigetragen. Jahwe erscheint im Sturm, auf dem man die großen babylonischen Götter einherfahrend dachte. Er naht auf dem babylonischen Götterwagen mit den gewaltigen Rädern, deren furchtbares Getöse Himmel und Erde erzittern läßt; so bedient sich der Sonnengott eines von Pferden oder Maultieren gezogenen Wagens.“[14]

Die vier Lebewesen tragen das Gewölbe bzw. die Feste und werden so zu Repräsentanten der vier Weltecken, also der weltumfassenden Herrschaft des über ihnen Thronenden. Auch die Vierzahl der Gesichter und Flügel deutet auf ein allesumfassendes Wesen hin. Während sie der Welt zugewandt sind, hat der Weltherrscher keine Wohnung in der Welt. Damit drückte Ezechiel etwas ganz Neues aus. Der Thron Gottes ist beweglich und der Glaube ist sowenig wie Gott selbst an dessen Gegenwart in Jerusalem oder an sein jenseitiges Thronen im Himmel gebunden[15]. Die Gegenwart Gottes bleibt auch in der Fremde und im Herrschaftsbereich anderer Götter mit dem Glaubenden verbunden. Gott ist nicht nur bei Israel, wenn es in

[14] G. Fohrer u. K. Galling, *Ezechiel*, Tübingen 1955 („Handbuch z. AT“ Bd. I/13), 9.

[15] Vgl. W. Eichrodt, a. a. O., 8.

Palästina lebt, sondern überall dort, wo Israel lebt. Gerade den Verbannten im Exil tut sich Jahwe kund. Er tritt in die Welt der Armen ein und will zeigen, daß das Ende des erwählten Volkes noch nicht das Ende seiner Herrschaft bedeutet. Nun sieht Ezechiel einen Edelstein ungeheuren Ausmaßes oberhalb der „Platte"[16], aus dem ein Thronsitz herausgeschnitten ist. Auf dem Thron sitzt Jahwe selbst, den der Prophet nunmehr wahrnimmt. Jahwe aber wird umschlossen von den milden Farben des Regenbogens. „Es ist das Zeichen des Bundes mit der Menschheit (1 Mose 9, 12 ff), das die Erscheinung des überweltlichen Gottes umschließt und ihrer bedrohenden Machtfülle die Begrenzung durch die göttliche Treue gegenüber seiner Schöpfung gibt."[17]

Die Wege Gottes sind anders als die der Menschen. Jahwe sprengt alle menschlichen Maße. Wird der Mensch von seinem Machtglanz getroffen, stürzt er ohnmächtig zu Boden (Vers 28).

Die Vision von der Auferstehung der Totengebeine (Ez 37, 1–14)

Keine der Visionen Ezechiels ist von solcher Dramatik wie die Vision von den Totengebeinen. Die „Hand Jahwes" führt den Propheten in eine Talebene, die einem alten Schlachtfeld gleicht. Verdorrte Gebeine liegen umher; nicht einmal mehr Spuren der Verwesung finden sich an ihnen. Was Ezechiel hier sieht, ereignet sich nicht faktisch, sondern es sind Bilder des innerlich Wahrgenommenen. So muß es auch bildlich und symbolisch verstanden werden. Der Prophet will damit den augenblicklichen Zustand der Deportierten im Exil ausdrücken. Die Israeliten sind im Exil tatsächlich vom Leben abgeschnitten, ein totes Volk. Sie gleichen nur mehr verdorrten Gebeinen. Ezechiel erhält von Jahwe den Auftrag, die Gebeine anzureden und ihnen den Spruch des Herrn zu erteilen. Sobald der Prophet das Jahwewort weitergegeben hat, gewinnt es Wirkungskraft und trifft ein. „Siehe, da entstand ein Rauschen, und die Gebeine rückten eines an das andere heran." Sehnen, Fleisch und Haut umgaben die Gebeine. So liegen nun vollständige menschliche Körper in der Ebene. Sie sind aber noch ohne Leben, weil ihnen der Odem fehlt. Nur göttlicher Geist kann die Körper lebendig machen. Dazu

[16] Die Platte bezeichnet jene Schicht, die nach dem altorientalischen Weltbild den Luftraum über der Erdoberfläche vom „Himmel" trennt und abschließt.

[17] W. Eichrodt, a. a. O., 8.

soll Ezechiel von allen Seiten her *Ruach* (d. i. der Odem Gottes als lebensspendende Kraft) herbeiwehen lassen. Sofort tritt wieder nach der Ausführung des Befehles Gottes die Wirkung ein. Eine große Schar lebendiger Menschen ersteht. Hier muß betont werden, daß es auch bei der Wiederbelebung nur um eine bildliche Ausdrucksweise geht. „Es handelt sich nicht um die Wiederbelebung oder Auferwekkung tatsächlich gestorbener Israeliten, sondern um den augenblicklichen Zustand der Deportierten, die ein totes Volk sind, und um ihren künftigen Zustand, in dem sie wieder ein lebendiges Volk sein werden."[18] Von einer Totenauferweckung einzelner Gestorbener ist hier also nicht die Rede. Zugleich will Ezechiel ein Geschehen ausdrücken, das nicht von natürlichen Kräften bewirkt wird. Allein die Kraft des Schöpfers ist es, die nicht nur den Körper belebt, sondern den Menschen zugleich innerlich lebendig macht. Selbst wenn die Deportierten sich in Gräbern liegen glauben, sollen sie dessen gewiß sein, daß Jahwe ihre Gebeine aus den Gräbern herausholt, lebendig macht und nach Palästina zurückführt (Verse 12–14).

Der Prophet Deuterojesaia

Dieser Prophet wird so genannt, weil seine Reden im zweiten Teil des Buches Jesaia stehen (Jes 40–55). Er ist ein namenloser Prophet zur Zeit des Exils. Er war einer der tiefsten Denker der alttestamentlichen Gemeinde. Für ihn stand fest: Nur Jahwe ist Gott, und alle Abgötter sind ganz und gar nichts. Seine *Heilsweissagungen* sind von der Überzeugung getragen, daß für Israel die Erlösung kommt: Wie Jahwe in früheren Zeiten das Volk aus Ägypten in das Gelobte Land geführt hat, so wird er auch jetzt die Gefangenen nach Jerusalem zurückführen.

Die großartigen Gottesknechtslieder dieses Propheten bilden die Krönung seines Werkes. Er hatte dabei nicht nur das Leben und Leiden des Propheten Jeremias vor Augen, sondern den Gottesboten, der einmal für die Sünden aller Menschen sterben wird[19].

[18] G. Fohrer u. G. Kalling, a. a. O., 207.

[19] S. insbesondere A. Höfer, *Biblische Katechese. Handbuch für die fünfte und sechste Schulstufe*, Salzburg 1970, 148 ff.

Das Buch Jona

Fragestellung und Entstehungsgrund

Das Buch Jona unterscheidet sich stark von den anderen prophetischen Schriften. Es ist weder eine Prophetenbiographie noch eine Sammlung prophetischer Sprüche, vielmehr eine Tendenzerzählung in lehrhaftem Stil. Warum wurde diese erbauliche Erzählung im Rahmen der Heiligen Schrift der Nachwelt überliefert?

Nach dem Exil hatte sich im jüdischen Volk eine falsche Gottesauffassung verbreitet. In der Auseinandersetzung mit der heidnischen Umwelt wurden sich die Israeliten immer stärker ihrer Sonderstellung gegenüber den anderen Völkern bewußt. War es doch *ihr* Gott, der in früheren Zeiten Israel aus Ägypten in das Gelobte Land geführt und jetzt wieder *sein Volk* nach Jerusalem zurückgebracht hat. Aus diesem Bewußtsein von der besonderen Erwählung hatte sich Überheblichkeit und Intoleranz gegenüber den Heidenvölkern entwickelt. Infolge dieser partikularistischen Heilsauffassung ist es oft zu harten Auseinandersetzungen mit den Heiden gekommen.

Bleibt Gottes Barmherzigkeit nur auf das Volk Israel beschränkt, oder erweist sich Jahwe auch den bußfertigen Heiden gegenüber als lebendiger Gott? Diese Frage ist mit der Abfassung des Buches Jona aufs engste verbunden. Schon während des Exils haben die ersten Verse der Genesis, worin Jahwe als der Schöpfer der ganzen Welt gepriesen wird, literarische Gestalt angenommen. Dieser Gedanke wird auch in unserer Jonaerzählung neben der Tendenz des Universalismus des Heiles hervorgehoben. Die Abfassungszeit des Büchleins fällt also in die nachexilische Zeit. Der Sprachcharakter dieser Schrift spricht ebenfalls für die Entstehung nach dem 5. vorchristlichen Jahrhundert. Der Stoff der Erzählung hingegen ist viel älter. Das Buch enthält Motive, die ursprünglich in der Welt des Mythos und des Märchens zu Hause sind.

Inhalt

Jona soll auf Befehl Jahwes nach Ninive gehen und dort als Prophet auftreten. Er aber will vor Jahwes Gebot nach Tarsis entfliehen. Jedoch droht ein plötzlicher Seesturm das Schiff, auf dem er sich befindet, zum Scheitern zu bringen. Die Matrosen werfen Lose, um zu erfahren, um wessentwillen das Unglück über ihr Schiff kommt. Das Los fällt auf Jona. Dieser stellt sich ihnen nun als Hebräer vor und erklärt, daß er vor Jahwe, dem „Gott des Himmels, der das Meer und das trockene Land gemacht hat", auf der Flucht sei. Man solle ihn ins Meer werfen, damit sich der Sturm wieder beruhige. Allein die Seeleute bringen es zunächst nicht übers Herz, ein Menschenleben zu opfern. Erst als der letzte Versuch, rudernd das Land zu erreichen, fehlgeschlagen ist, folgen sie dem Rat des Jona und werfen ihn ins Meer. Sogleich hört es zu wüten auf und legt sich der Sturm. Aus Dank für die Rettung bringen die Matrosen Jahwe Opfer und Gelübde dar.

Auf wunderbare Weise aber wird Jona gerettet. Der dem Gericht Gottes verfallene Prophet wird auf Gottes Geheiß von einem Fisch verschlungen und nach drei Tagen wieder ans Land ausgespien.

Zum zweiten Mal ergeht an Jona der Auftrag Jahwes, nach Ninive zu gehen. Der Prophet gehorcht diesmal und prophezeit in Ninive den Untergang der Stadt innerhalb von vierzig Tagen. Dann zieht sich Jona nach dem Osten der Stadt zurück, um dort das Eintreffen seiner Drohung abzuwarten. Es kommt aber anders, als er sich denkt und wünscht. Seine Predigt hat nämlich die Umkehr und Buße der Leute von Ninive bewirkt. Der König selbst vertauscht seinen Königsmantel mit dem Bußkleid und ruft allgemeine Buße aus, um die Umkehr und mit der Abkehr von Frevel und Sünde die Abwendung der Strafe zu bewirken. Tatsächlich führt Gott das Unheil nicht aus, das er durch Jona androhen ließ.

Jona ist erzürnt über Gottes Güte und Barmherzigkeit, weil er als Prophet bei den Bewohnern von Ninive unglaubwürdig erscheint. Er wünscht sich von Gott den Tod, wird aber von ihm zurechtgewiesen. Ein zweites Mal muß der Prophet am eigenen Leib Gottes Barmherzigkeit erfahren, um dessen Güte zu begreifen. Jahwe läßt eine Rizinusstaude plötzlich über Jona emporwachsen. Diese bietet ihm willkommenen Schatten, der ihn vor der Gefahr des Sonnenstiches schützt. Jedoch schon am nächsten Tag verdorrt die Wunderpflanze wieder. Jona wird von der glühenden Sonnenhitze ohnmächtig und wünscht sich abermals den Tod. Er sieht nicht ein, weshalb Gott die Pflanze hat verderben lassen, und glaubt daher, mit Recht erzürnt zu sein. Nun macht Gott dem Propheten klar, daß er über eine Staude jammere, um die er sich in keiner Weise bemüht habe, die er nicht einmal selber groß gezogen habe. Müsse man nicht noch viel eher Mitleid haben mit der Stadt Ninive, die außer den reuigen Sündern noch viele unschuldige Kinder und schuldlose Tiere beherberge.

Theologische Aussage

Das Heil für die Heiden: Der Prophet hat an sich selbst erfahren müssen, wie sehr er mit seiner Engherzigkeit gegen die heidnische Stadt sich im Unrecht befindet. Das Ende der Erzählung zeigt deutlich, daß die göttliche Gnade auch gegenüber den reumütigen Heiden gerechtfertigt ist. Aus dieser Sicht ist die kleine Schrift auch bedeutungsvoll für den Missionsgedanken: „Es ist ein bedeutsames Zeugnis von der Größe des prophetischen Gottesbegriffes und von der weitherzigen Toleranz gegenüber jeder Verengung des Glaubens durch einen exklusiven Partikularismus und religiöse Selbstsucht, die der Größe Gottes nicht gerecht wird. In seiner Tendenz zu zeigen, daß Gottes Erbarmen alle menschlichen Gedanken übersteigt und daß sein Heilswille weiter reicht als die Grenzen des eigenen Volkes, führt es gleichzeitig hin zur Aufgabe der Mission und gehört damit zu den Wegbereitern des Evangeliums im Alten Testament.“[20]

Eine enge Beziehung und Verwandtschaft dieser Schrift besteht bezüglich des universalistischen Heilsgedankens mit dem im Exil lebenden Propheten Deuterojesaia.

Konsequenzen für Israel: Das erwählte Volk möchte die Heiden dem Verderben überlassen sehen. Die Jonaerzählung weist nun auf, daß eine solche Einstellung ganz falsch ist. Sie zersprengt den Rahmen der partikularistischen Enge des Judentums und zeigt, wie Gottes Barmherzigkeit auch den bußfertigen Heiden geschenkt ist. Kein Volk ist so gottfern – auch nicht die durch Lasterhaftigkeit berüchtigte Großstadt Ninive –, daß ihm die Möglichkeit, sich zu Gott zu bekehren, dauernd verschlossen bliebe. Gottes Güte und Gnade sind nicht gebunden an das Volk Israel, sondern sie verwirklichen sich überall dort, wo Menschen in aufrichtiger Reue und Buße nach ihr verlangen. Für Israel bedeutet dies, sich völlig dem Willen Jahwes zu beugen.

Literarische Gattung

Prophetenlegende: Wenngleich die Abfassung des Jonabuches in die nachexilische Zeit fällt, so reicht der Stoff der Erzählung jedoch in weit ältere Zeit hinauf. Sie knüpft an den Propheten Jona an, aus der Zeit Jerobeams II. (8. Jh.). Um diese Gestalt dürfte sich schon früh eine Prophetenlegende[21] gebildet haben, die im Laufe einer län-

[20] A. Weiser, *Das Buch der zwölf Kleinen Propheten I,* Göttingen 1959³ („ATD“ Nr. 24), 215.

[21] Vgl. dazu auch A. Robert u. A. Feuillet, a. a. O., 575.

geren Geschichte mit mythologischen und märchenhaften Motiven ausgeschmückt wurde. Die Episode mit der Rizinusstaude stellt ein solches Märchenmotiv in den Dienst der Erzählung.

Als Gattung einer Prophetenerzählung ist das Jonabuch aber mehr als die älteren Prophetengeschichten eine typische Lehrererzählung. Die Heiden heben sich ganz vorteilhaft von Jona ab: Als der Sturm aufgehört hat, bringen die Schiffsleute (Heiden) Jahwe Opfer dar. Der König von Ninive legt sein Ornat ab und ordnet eine allgemeine Landesbuße an. – Der starrsinnige Jona hingegen mißgönnt den Heiden das Erbarmen Gottes. Als er die Rizinusstaude verdorren sieht, ist er erzürnt und will sterben. Trotzdem aber hat Gott sich der Gestalt des Jona bedient. Durch ihn sind die Seeleute auf Jahwe aufmerksam geworden und durch ihn haben die Leute von Ninive zur Buße gefunden. Damit ist der Zweck des Buches schon bestimmt. Es will dem jüdischen Volk zeigen, daß göttliches Erbarmen größer ist als des Menschen Herz, denn der Heilswille Gottes reicht weiter als die Grenzen des eigenen Volkes.

Mythisch-allegorische Elemente: Der Mythos ist begrifflich vom Märchen und der Sage nicht genau zu unterscheiden, weil die Grenzen der Begriffe fließend sind. Mythen sind zumeist Göttergeschichten, wobei die Götter die Prinzipien des natürlichen und geistigen Kosmos verkörpern. Allgemein werden Mythos, Märchen und Sagen als die drei Grundformen archetypischer Erzählweise bezeichnet, wobei der Mythos in den Bereich der Religion gehört. Er stammt aus dem Unbewußten des Menschen und weist über sich auf den letzten Seinsgrund hinaus. „Das mythische ‚Denken' geschieht in Bildern, die den Traumbildern vergleichbar sind, die dem Menschen bei herabgemindertem oder ausgeschaltetem Bewußtsein ‚erscheinen'. Die Spontaneität dieses ‚Denkens' liegt nicht kausal beim Bewußtsein des Menschen, sondern bei seinem Unbewußten."[22] Weil nun die *Mythen Sprache des Glaubens* sind und ebenso wie die Symbole nicht durch rationale Redeweisen ersetzt werden können, bedient sich auch die Bibel weitgehend der mythischen Ausdrucks- und Denkweise. Außerdem kleidet der Hagiograph Wahrheiten gerne in das „Gewand" von Sagen und Legenden, die es ihm ermöglichen, sowohl das Historische als auch das numinos Hintergründige eines Geschichtsereignisses zu erfassen und

[22] U. Steffen, *Mysterium von Tod und Auferstehung – Formen und Wandlungen des Jona-Motivs,* Göttingen 1963, 12.

ins Geheimnis des Göttlichen vorzudringen. Das in der Jonaerzählung erwähnte Erlebnis mit dem Fisch ist ein bei verschiedenen Völkern wiederkehrendes Mythenmotiv. In Deutschland und Rußland ist das verschlingende Tier meist ein Wolf, in Afrika eine Schlange, ein Krokodil oder Elefant; in Ländern, die am Meer liegen, ein „großer Fisch" oder ein anderes Seeungeheuer. Bei den „Walfischmythen" handelt es sich ursprünglich um die mythische Beschreibung des Sonnenuntergangs: „Gar oftmals werden Menschen im Meer verschlungen, während andere, ohne helfen zu können, zusehen müssen. Geht nun den Naturvölkern die Sonne im Meer unter, so liegt die Annahme gar nahe, daß sie verschlungen wird. Dies ist eine ursprüngliche Auffassung, an die sich die Erzählung ganz einfach angliedert. Die Sonne befindet sich nunmehr im Bauch des Fisches, und da sie am nächsten Morgen wieder auftaucht, hat derselbe sie offenbar wieder ausgespien."[23]

Das dreitägige Verweilen im „Nachtmeergefängnis" kann als stereotype Form angesehen werden. Das Meer aber ist nach mythischer Auffassung das Totenreich. Dieses ist nach Anschauung der alten Völker durch die „Pforte zur Unterwelt" zu erreichen, die zugleich als „Pforte der Geburten" angesehen wird. Bei der Hadesfahrt muß der Sonnengott durch dieses Tor durch, um erneuert zu werden.

Jona als Typus: Das Jona-Motiv ist Ausdruck einer typisch menschlichen Situation. Die Erfassung typischer Situationen ist überhaupt kennzeichnend für das antike Denken. In einer ganz konkreten Situation wird eine menschliche Ursituation erlebt, welche sodann in den verschiedensten Symbolen ausgedrückt wird. Auch Jona ist eindeutig als Typus zu verstehen, und zwar in zweifacher Hinsicht: Er ist sowohl Ausdruck einer typisch menschlichen Situation als auch eine heilsgeschichtliche Vorausdarstellung von Tod und Auferstehung Christi.

Zeit der Schriftgelehrten

Nicht sehr viel wird uns aus der Zeit nach dem Exil überliefert. In wirtschaftlicher und politischer Hinsicht ist sie keine bedeutsame Epoche gewesen. Wir hören weder von furchtbaren Kriegen noch von

[23] U. Steffen, a. a. O., zitiert L. Frobenius, *Das Zeitalter des Sonnengottes*, 1904, 29.

großen Eroberungen. Die Berichte aus dieser Zeit lassen nichts von der Errichtung großer Bauten vernehmen. Religiös aber war diese Ära entscheidend für das Judentum, denn damals erfolgte die Sammlung der alten Schriften.

Die in Juda zurückgebliebenen Juden waren verzweifelt, da sie mit der Verwüstung des Tempels den Mittelpunkt des Kultes verloren hatten. Das Band zwischen Kult und Geburtsland war plötzlich zerschnitten worden. Die alte Form des Jahwekultes hatte ihren Bestand verloren. Israel betrachtete seine Vergangenheit, seine Erwartung, seinen Gott und mußte dabei erfahren, daß es mit leeren Händen dastand.

Die Juden im Exil waren von einer schweren Glaubenskrise betroffen. Sie mußten sich in religiöser Hinsicht sehr unsicher fühlen. Sie kamen in Babylon zum erstenmal mit einer Weltstadt in Berührung. Voll Staunen und Bewunderung blickten sie auf die imposanten Paläste und Tempel, auf die prächtigen Kultfeiern und auf die breiten und geraden Straßen. Die Deportierten kamen sich klein und machtlos vor. – Zur Sehnsucht nach der Heimat gehörte nicht zuletzt die Sehnsucht nach Jerusalem als der Stätte des Tempels. Dieser war auch die einzige legitime Kultstätte, denn die josianische Reform hatte jeden Opferkult außerhalb Jerusalems verboten und damit auch die Ausübung des Kultes im Exil unmöglich gemacht. Es sah aus, als ob das Wort Gottes durch menschliche Gewalt wirkungslos geworden wäre.

Wertschätzung der Bibel

Es wäre durchaus verständlich gewesen, wenn die Exulanten in dieser Situation ihre eigene Religion aufgegeben hätten. Daß die kleine Gruppe trotz allem Jahwe die Treue hielt, kann man fast übermenschlich nennen. Entscheidenden Anteil hatten daran die Propheten, insbesondere Ezechiel und Deuterojesaia, aber auch der Einfluß der Priester hat beigetragen, daß man nicht dem Götzendienst anheimfiel. Diese legten nach dem Wegfall des Tempelkultes genau die Vorschriften fest, die für die Gläubigen bindend waren. Ihr Amt bestand nun in der Auslegung des Gesetzes, im Erteilen von Richtlinien für das religiöse Leben. Sie lehrten das Volk, indem sie aus den jahrhundertealten Traditionen der verschiedenen Heiligtümer schöpften. Auf diese Weise führten sie ihre Landsleute in sprachliche religiöse Traditionen ein, an die sich das Volk auch ohne Tempel klammern konnte. Vor allem begannen *Sabbat* und *Beschneidung* sich einer gesteigerten Wertschätzung zu erfreuen. Beide waren zwar wesentlich älteren Ursprungs, wurden aber jetzt zu Bekenntnishandlungen, mit denen man sich von der fremden Umgebung abgrenzen konnte.

An Stelle des Kultes kam man nun wöchentlich zu Klagefeiern zusammen. Diese *neue* Form des *Gottesdienstes* bestand im Gebet, in Psalmodie und Schriftbetrachtung. Man las aus den heiligen Buchrollen, die man aus der Heimat mit in die Fremde genommen hatte und die die alten Heilssagen des J und E enthielten. Die Heilige Schrift wurde also zum Mittelpunkt des Gottesdienstes. Diese Sitte des Zusammenkommens wurde später so institutionalisiert, daß man dafür eigene Gebäude einrichtete, was den ersten Ansatz zur synagogalen Religion mit ihrem Gesetzeskult bildete. So entstand eine Religion ohne Vaterland und ohne Tempel.

Der „neue" Glaube

Mit der Betonung des Sabbats begründete man ein neues Zeichen des Bundes; ein konsequenter Monotheismus hat sich durchgesetzt und eine Frömmigkeit von bisher unerreichter Innigkeit sich entfaltet. Man versucht, sich mit Gott durch ein neues Herz und einen neuen Geist zu vereinigen. Man vertieft sich in die heiligen Bücher, in denen Israels Geschichte festgehalten ist. Der gesamte schriftliche Nachlaß der Vergangenheit wird mit Ehrfurcht behandelt, eifrig gelesen und studiert. Da man die religiösen Versammlungen überall abhalten konnte, wurde das Volk immer mehr mit den Schriften bekannt, in die die einstmals mündlichen Überlieferungen eingegangen waren. Nicht mehr die Bundeslade verbürgt Jahwes Anwesenheit in Israel, Jahwe ist jetzt in besonderer Weise nahe bei den zersprengten Resten seines Volkes durch sein geschriebenes Wort. Im Gehorsam gegen das Gesetz erblickt man den wahren Kult. Man strebt selbst nach persönlicher Vervollkommnung, indem man die Werke des Gesetzes getreu verrichtet. Mit der Verschiebung des Kollektiven zum Persönlichen, vom Irdischen zum Spirituellen gewinnt die „neue" jüdische Religion auch ein höheres Verständnis bezüglich der Auffassung des universalen Heiles Gottes.

Die Rückkehrer aus dem Exil waren voll gläubigen Eifers. Der „neue" Glaube bildete die Grundlage, auf der sich allmählich eine neue religiöse Vorstellungs- und Erlebniswelt ausweiten konnte. Der bescheidene Ansatz dazu war ja schon an den Strömen Babels vorhanden. Erinnern wir uns an das Buch Ezechiel (11, 14–20), wo der Prophet schildert, wie die Herrlichkeit Jahwes den Tempel verläßt, und seine Schicksalsgefährten mit der Versicherung tröstet, daß Jahwe sich bereits unter den ersten Weggeführten ein Heiligtum geistiger Art errichtet hat, und dies zu einer Zeit, wo der Tempel noch bestanden hatte! Mit der Besinnung über den Grund ihres Unglückes lernten die Deportierten ihre Lage besser zu verstehen, denn sie mußten ihr Schicksal als das seit Generationen durch Prophetenmund angekündigte Gericht Jahwes erfahren. Auf diese Weise kommt aus der Krise ein geläuterter Jahweglaube zum Vorschein, dessen Mittelpunkt die Lesung aus Gesetz und Propheten bildet.

Die Krisenzeit des Exils wurde so die Durchgangsphase für das Erstehen der Kirche Israels und leitete eine Periode ein, in der Propheten und Priester den Schriftgelehrten Platz machten, ohne die es kein Altes Testament gäbe!

Sammlertätigkeit und Beginn einer Kanonbildung

Der kostbarste Schatz für die Exulanten waren also die heiligen Schriftrollen. Der Verlust der kleinsten Rolle wäre für sie sehr schmerzhaft gewesen. Schon seit geraumer Zeit gab es die großen Sammelwerke des Jahwisten und des Elohisten und seit neuestem auch schon den Priesterkodex. Sie waren gleichsam die drei Evangelien Israels und wurden in Buchrollen festgehalten.

Im 5. Jh. beginnt nun Israels nationale Literatur kanonisch zu werden. Die drei vorhandenen Überlieferungen hat man nicht getrennt stehen lassen, sondern zu einem einzigen Block vereinigt. So erhielt der Pentateuch früher als alle anderen Bücher der Heiligen Schrift seine endgültige Form (die Erzählung von der Erschaffung der Welt und der Bericht vom Untergang Judas waren schon während des Exils nach und nach zu einer monumentalen Einheit zusammengewachsen!).

Am Ende des 5. oder aber am Anfang des 4. Jh. v. Chr. wurden die Bücher Josua, Könige und Chronik verfaßt. Das Buch der Psalmen und das der Weisheit stammen ebenfalls aus dieser Zeit.

Die endgültige Redaktion der Prophetenbücher liegt etwas im dunkeln. Man nimmt heute an, daß die Rollen Jessaia, Jeremia, Ezechiel und der zwölf Kleinen Propheten erst im Laufe des 3. Jh. die uns bekannte Gestalt erhalten haben.

Uns interessiert jetzt noch, in welcher Sprache die Bücher abgefaßt wurden: Zur Zeit der Perserherrschaft galt das Aramäische allgemein als Reichssprache. Die persischen Herrscher respektierten zwar neben den lokalen Kulten der unterworfenen Völker auch deren eigene Sprache. Die schwache jüdische Gemeinschaft aber konnte die eigene hebräische Sprache inmitten der aramäischen Umgebung nicht behaupten. Man meint heute, daß Gehilfen des Esra dem Volk auf aramäisch mitgeteilt haben, was ihr Führer auf hebräisch vorlas. Auf ähnliche Weisen seien dann allmählich aramäische Übersetzungen des ganzen Alten Testaments entstanden. Nur einzelne aramäische Stücke haben selbst Eingang in das Alte Testament gefunden. Der Rückgang der alten Muttersprache hat also zweifellos zu der schriftlichen Fixierung der hebräischen Tradition beigetragen.

Die große „Evangeliumsharmonie"

Die Überlieferungstradition der alten Heilssagen in den drei „Evangelien": Jahwist, Elohist und Priesterschrift, ließ man nicht für sich bestehen, sondern arbeitete sie zu einem einzigen Schriftwerk zusammen.

Eine Evangeliumsharmonie nennt man den Vorgang, wenn aus den vier Evangelien des Neuen Testamentes ein einziges zusammengestellt wird.

Im Alten Testament gibt es auch ein „Evangelium". Dieses beinhaltet die Ereignisse von Abraham bis zum Einzug in das Gelobte Land: Die Verheißung an die Väter, der Auszug aus Ägypten, die Bundschließung und die Landnahme waren die *Ur-kunde* Israels und das *Credo* des auserwählten Volkes. In der Rekapitulation der Hauptdaten dieser Heilsgeschichte bestand das Gebet der Israeliten. Das Andenken an diese Ereignisse wurde in Israel regelmäßig gefeiert und gehörte zum festen Bestand des altisraelitischen Kultus.

Im Neuen Testament gibt es vier Evangelien. Jeder ihrer Autoren schöpfte aus alten Überlieferungen und drückte seinem Werk den ihm eigentümlichen Stempel seines Stiles, seiner Zeit, Kultur, Sprache etc. auf.

Im Alten Testament gibt es drei „Evangelien". – (J, E, P!). Wir wiederholen, was wir von diesen Überlieferungsschichten wissen!

Im Alten Testament hat man aus den drei „Evangelien" ein einziges gemacht. Dieses können wir auch wieder auflösen und in seine

Urbestandteile zerlegen. Durch Herausfinden des verwendeten Gottesnamens und des dem Autor eigentümlichen Stiles sowie mit Hilfe der Ergebnisse vieler literarkritischer Untersuchungen ist eine solche Analyse möglich. Diese mühsame Arbeit wurde um die letzte Jahrhundertwende geleistet. Hermann Gunkel untersuchte den Pentateuch nach seinen literarischen Formen und Gattungen. Es gelang ihm, angeregt von neueren Sprach- und Stilforschungen in der klassischen Philologie, der biblischen Exegese die Ausrichtung auf das Ganze eines Textes zu geben und sie so aus ihrer Erstarrung zu lösen. Die Leistung Gunkels auf dem Gebiet der Gattungsforschung ist heute allgemein anerkannt, und auf dem von ihm gelegten Grunde bauen die neuesten Werke weiter.

Die „Evangeliumsharmonie" des Alten Testamentes vollzog sich in zwei Etappen:

Das Zusammenwachsen von Jahwist und Elohist: Den Jahwisten hat man ganz belassen, und vom Elohisten hat man wichtige Stücke darin eingeschoben. Hat man nun ein Kapitel mit J-Elementen und E-Teilen, kann man die Verse also genau sondern (an den J-Vers ist ein E-Vers gereiht usf.). Es liegt ein ähnliches Produkt vor uns, wie wenn ein Bericht über einen Autounfall aus zwei Tageszeitungen zusammengestellt wäre, wobei etwa jeweils ein Satz der einen Zeitung, der andere der zweiten usf. entnommen wäre.

Diese Arbeit soll der Katechet auch mit den Schülern beispielhaft durchführen. Als Ergebnis wird ein kompliziertes Ganzes herauskommen.

Als Beispiel einer biblischen Kompilation möge besprochen werden die Perikope der

Gotteserscheinung am Sinai (2 Mos 19, 2[24]–25)

Text des J[25]: Sie waren von Rephidim aufgebrochen, kamen in die Wüste Sinai und schlugen in der Wüste ein Lager auf. Es lagerte dort Israel gegenüber dem Berge . / . . .[26] / „So sollst du zum Hause Jakob sprechen und dies den Söhnen Israels verkünden: Ihr habt selbst gesehen, was ich den Ägyptern getan habe und wie ich euch auf Adlersflügeln getragen und euch an mich gebracht habe. Wenn ihr nun

[24] Vers 1 scheidet als P-Quelle aus!

[25] Der Text ist nach der Übersetzung Hamp, Stenzel, Kürzinger!

[26] Der freigelassene Raum soll den E-Einschub bezeichnen!

getreu auf meine Stimme hört und meinen Bund haltet, so werdet ihr unter allen Völkern mein besonderes Eigentum sein; denn mein ist die ganze Erde! Ihr sollt mir ein Königreich von Priestern und ein heiliges Volk sein! Dies sind die Worte, die du zu den Kindern Israels sprechen sollst." Moses ging darauf hin, berief die Ältesten des Volkes und legte ihnen alle diese Worte vor, die der Herr ihm aufgetragen hatte. Das ganze Volk gab einmütig zur Antwort: „Alles, was der Herr gesagt hat, wollen wir tun!" Moses aber überbrachte dem Herrn des Volkes Antwort. Der Herr sprach weiter zu Moses: „Siehe, ich komme zu dir in dichtem Gewölk, damit das Volk es hört, wenn ich mit dir rede, und damit sie auch an dich immer glauben!" / . . . / Der Herr sprach zu Moses: „Geh hin zum Volk, und sie sollen sich heute und morgen heilig halten und ihre Kleider waschen! Sie sollen für den dritten Tag bereit sein; denn am dritten Tag wird der Herr vor den Augen des ganzen Volkes auf den Berg Sinai herabkommen. Du sollst dem Volke ringsherum eine Grenze ziehen und ihm sagen: ‚Hütet euch davor, auf den Berg zu steigen, ja nur sein Fußende zu berühren! Jeder, der den Berg berührt, muß sterben!' Keine Hand darf ihn berühren, sonst würde er gesteinigt oder (mit Pfeilen) erschossen werden! Ob Tier oder Mensch, er würde nicht am Leben bleiben! Erst wenn das Widderhorn geblasen wird, sollen sie auf den Berg hinaufsteigen." Moses stieg vom Berge zum Volk hinab. Er befahl dem Volk, sich zu heiligen; auch wuschen sie ihre Kleider. Er sprach zu ihnen: „Seid bereit für den dritten Tag, nähert euch keiner Frau!" Am dritten Tag, als es Morgen geworden war / . . . / Der Berg Sinai war ganz mit Rauch bedeckt, weil der Herr im Feuer auf ihn herabgekommen war. Der Rauch stieg wie der eines Schmelzofens auf. Der ganze Berg zitterte gewaltig / . . . / Der Herr war auf den Sinaiberg, und zwar auf die Spitze herabgekommen. Er rief den Moses auf die Spitze des Berges, und Moses stieg hinauf. Da sprach der Herr zu Moses: „Steige hinab und befiehl nachdrücklich dem Volke, daß es zu dem Herrn nicht durchbreche, um ihn zu sehen; denn viele von ihnen müßten sonst umkommen. Auch die Priester, die sich dem Herrn zu nahen pflegen, sollen sich heilig halten, damit der Herr gegen sie nicht losbricht!" Da entgegnete Moses dem Herrn: „Das Volk kann gar nicht zum Berge Sinai hinaufsteigen; denn du selbst hast es uns eingeschärft: Ziehe eine Grenze um den Berg und erkläre ihn für heilig!" Der Herr sagte nun zu ihm: „Geh, steige hinab und komme mit Aaron wieder herauf! Die Priester aber und das Volk sollen nicht durchbrechen, um zum Herrn hinaufzukommen; er würde sonst gegen sie losziehen." Da stieg Moses zum Volke hinab und teilte es ihm mit.

Text des E: Moses aber stieg hinauf zu Gott, und der Herr rief ihm vom Berge aus zu / Moses aber meldete des Volkes Worte dem Herrn / Am dritten Tag, als es Morgen geworden war, brachen Donner los, und Blitze zuckten, schweres Gewölk hing über dem Berg, und überaus stark schmetternder Posaunenschall war zu hören. Das ganze Volk im Lager bebte. Moses führte das Volk Gott entgegen aus dem Lager heraus. Sie stellten sich am Fuß des Berges auf / Der Posaunenschwall wurde immer stärker. Moses redete, und Gott antwortete ihm unter Donnerschall.

Nach dieser Textuntersuchung sollen Schüler jeden Vers der beiden Berichte laut lesen! Hernach bespreche man, worum es bei den einzelnen Schilderungen geht! – Wir weisen darauf hin, daß mit Vers 16 die eigentliche Beschreibung der Gotteserscheinung einsetzt. J und E leiten sie durch die Zeitangabe ein: „Am dritten Tag, als es Morgen geworden war."

Die zwei Berichte heben sich deutlich durch die Verschiedenheit der Vorstellung von den die Gotteserscheinung begleitenden Naturphänomenen voneinander ab. J spricht von drei Erscheinungen, dem Rauchen des ganzen Berges, dem Feuer und dem starken Erbeben des ganzen Berges. Die genannten Erscheinungen weisen beim Jahwisten ziemlich eindeutig alle Züge der realistischen Darstellung eines Vulkanausbruches auf.

Die E-Variante beschreibt das Naturereignis als eine mächtige Gewittererscheinung. Sie redet von Blitzen und Donner und einer schweren Wolke. Der Hornschall[27] macht das Volk im Lager erzittern vor der sich anmeldenden Gottesgegenwart. Einige Wissenschaftler behaupten, die Vulkantradition sei die ursprünglichere Beschreibung der Theophanie. Demzufolge sei die Gewittertradition als eine nachträgliche Abschwächung anzusehen. Dies ist aber nur eine Hypothese, denn „man muß immerhin mit der Möglichkeit rechnen, daß es sich sowohl bei der Vulkan- wie bei der Gewittertradition um herkömmliche Weisen der Beschreibung einer Theophanie handelt. Darum ist

[27] Das Horn diente vor allem zum Alarmblasen, aber auch zum Aufruf zu einer kultischen Versammlung.

auch aus der Existenz der Vulkantradition kein ganz verläßlicher Hinweis auf die Lage des Sinai zu entnehmen."[28]

Für die Erklärung zweier Schilderungen derselben Gotteserscheinung am Sinai erinnere man die Schüler daran, daß Theophanien von den Menschen schon immer als besondere Erfahrungsweisen der Macht Gottes angesehen wurden. Gotteserscheinungen begegnen uns in vielen alten Religionen und sind uns von fast allen Naturreligionen überliefert. Nun haben sowohl J und E aus Überlieferung gewußt, daß Israel am Sinai eine Gottesbegegnung hatte. Jeder von beiden hat diese in der Form dargestellt, in der man sich in seiner Zeit eben eine Gotteserscheinung vorstellte.

Nachdem die Schüler auch selbst Unterschiede aufgezählt haben, können sie J und E zusammenarbeiten. Dies soll in zwei Arbeitsgängen geschehen:

Beide Berichte werden zunächst ineinandergelesen!

Der Katechet aber verteile abgezogene Blätter, auf denen der Sinaibericht steht! (Wenn möglich, weiten Zeilenabstand einhalten!)

Die Schüler sollen den erhaltenen Bericht als Hausaufgabe in die einzelnen Verse zerschneiden und sie hernach richtig zusammenkleben!

Beispiel einer Kompilation von J und P:

Die Sintflut (1 Mos 6, 5–8, 14)

Text des J: Der Sintflutbericht nach der Version des Jahwisten steht im *Glaubensbuch 8,* Katechese 11! – Wir legen den Bericht so aus, wie er dort skizziert ist!

Text von P: /. . . / Dies ist die Geschichte Noes: Noe war ein gerechter und vollkommener Mann unter seinen Zeitgenossen und wandelte mit Gott. Und Noe zeugte drei Söhne, den Sem, den Cham und den Japhet. Aber die Erde war verderbt vor den Augen Gottes, und sie füllte sich mit Gewalttat. Gott schaute sich die Erde an, und siehe, sie war verderbt; denn alle Menschen auf Erden gingen verderbliche Wege /. . . / „So sollst du sie herstellen: dreihundert Ellen lang, fünfzig Ellen breit und dreißig Ellen hoch! Ein Giebeldach sollst du an der Arche anbringen und sie dadurch um eine Elle höher machen; die Tür der Arche sollst du an ihrer Seite anbringen; ein unteres, ein mittleres und ein oberes Stockwerk sollst du bauen. Ich

[28] A. Weiser, *Das zweite Buch Mose,* übersetzt und erklärt von M. Noth, Göttingen 1961 („ATD" Nr. 5), 128 f.

lasse nämlich eine Wasserflut über die Erde kommen, damit sie unter dem Himmel alle Wesen, in denen Lebensodem ist, vertilge; alles auf Erden soll umkommen. Meinen Bund aber will ich mit dir schließen; gehe also in die Arche hinein, du und deine Söhne, deine Frau und die Frauen deiner Söhne mit dir! Von allen lebendigen Wesen aber nimm je zwei mit in die Arche hinein, um sie mit dir am Leben zu erhalten, ein Männchen und ein Weibchen! Von den Vogelarten, von den Vieharten, von allem am Boden kriechenden Getier nach seiner Art sollen je zwei zu dir kommen, damit ihr Leben erhalten bleibe. Auch von allem Eßbaren nimm etwas; sammle es bei dir an, damit es dir und ihnen zur Nahrung diene." Und Noe tat alles so, wie es Gott ihm geboten hatte. /.../ Noe war sechshundert Jahre alt, als die Flut auf die Erde kam /.../ Es war im sechshundertsten Lebensjahr Noes, im zweiten Monat, am siebzehnten Tage des Monats. An diesem Tage brachen alle Quelle der großen Urflut auf, und die Fenster des Himmels öffneten sich. Und es ergoß sich ein Regen auf die Erde vierzig Tage und vierzig Nächte lang. An eben diesem Tage gingen Noe, Sem, Cham und Japhet, die Söhne Noes, seine Frau und die drei Frauen seiner Söhne mit ihm hinein in die Arche; außer ihnen alle Arten von Wild, von Vieh, von dem am Boden kriechenden Getier und sämtliche Arten von Vögeln, alles Geflügelte. Sie kamen zu Noe in die Arche, je zwei von allen Wesen, in denen Lebenshauch war. Die da kamen, waren je ein Männchen und ein Weibchen von allen Tieren, wie Gott ihm befohlen hatte /.../ Die Flut ergoß sich über die Erde vierzig Tage lang; /.../ Die Wasser schwollen an und mehrten sich gewaltig auf der Erde; die Arche aber fuhr auf den Wassern dahin. Und die Wasser nahmen immer mehr zu; alle hohen Berge unter dem ganzen Himmel wurden bedeckt. Alles Leben, das auf Erden sich bewegte, Vögel, Vieh, Wild und alles Kleingetier, das auf der Erde wimmelte, und alle Menschen gingen unter. /.../ Und die Wasser stiegen auf Erden an, hundertfünfzig Tage lang.

Gott gedachte des Noe, allen Wildes und aller Tiere, die mit ihm in der Arche waren, und er ließ seinen Wind über die Erde hin wehen, so daß die Wasser sanken. Die Quellen der Urflut versiegten, und die Fenster des Himmels wurden geschlossen /.../ und so nahm das Wasser ab nach einhundertfünfzig Tagen. Im siebten Monat, am siebzehnten Tage des Monats, ruhte die Arche auf dem Gebirge von Ararat. Die Fluten gingen bis zum zehnten Monat immer mehr zurück. Am Ersten des zehnten Monats wurden die Gipfel der Berge sichtbar /.../ Er ließ einen Raben ausfliegen; der flog hin und zurück, bis das Wasser von der Erde vertrocknet war. /.../ Im 601. Lebensjahr des Noe, am ersten Tag des ersten Monats, war das Wasser auf dem Erdboden vertrocknet. /.../ Am siebenundzwanzigsten Tage des zweiten Monats war die Erde trocken.

Jetzt interpretieren wir die Darstellung der Sintflut nach P und sagen, daß hier, zum Unterschied vom Jahwisten, eine Konzentration auf das Theologische festzustellen ist. Das Überhandnehmen der Sünde auf Erden wird hier in gedrängter Form mit dem Hinweis auf die vollendete Tatsächlichkeit erledigt. Noe erhält den Befehl, eine „Arche" von etwa 150 m Länge, 52 m Breite und 15 m Höhe aus Zypressenholz zu bauen. In ihr sollen Noe und die Seinen, dazu von allem Getier ein Paar Unterkunft finden. Im Bericht nach P fällt uns die seltsame Genauigkeit der Angabe für den Bau der Arche auf. Dahinter „steht einerseits die Gewißheit von der absoluten Konkretheit und Realität des göttlichen Handelns, andererseits das Bestreben, Gottes Handeln, seine Aufträge und Setzungen in höchster theologischer Sachlichkeit nachzuzeichnen"[29].

Die Sintflut selbst müssen wir uns nach priesterschriftlicher Darstellung als eine sich über den ganzen Kosmos erstreckende Katastrophe vorstellen, die gegenüber dem Jahwisten nicht nur Menschen und Tiere, sondern die ganze Erde betrifft. Der Verfasser hatte bei seiner Darstellung eindeutig das alte biblische Weltbild vor Augen: Bricht der Himmelsozean herunter auf die Erde, und quillt das unter der Erdscheibe befindliche Urmeer durch Spalten nach oben, muß das ganze Weltgebäude überflutet werden. Wieder konzentriert P alles auf das göttliche Geschehen und verliert deshalb kein Wort über die unausdenkbare Schrecklichkeit dieser Weltkatastrophe.

Um den göttlichen Heilsratschluß nicht unmöglich zu machen, gebietet Gott den chaotischen Gewalten Einhalt, bevor sie auch Noe und den Seinen zum Verderben wurden. Mit der ersten Auswirkung des „Gedenkens" Gottes bekommt die Arche wieder festen Stand auf der Erde.

Die Schüler mögen theologische und literarische Unterschiede selber herausarbeiten!

Und nun ein Vorschlag, wie man den Schülern vermitteln kann, daß die eine Wahrheit in zwei verschiedenen Erzählungen überliefert

[29] G. v. Rad, *Ras erste Buch Mose,* Göttingen 1961 („ATD" Nr. 1), 105.

wird: Der Katechet zeige den Schülern zwei bzw. drei Krippenbilder, z. B. die Huldigung der Weisen aus einer romanischen Handschrift, aus einer spätgotischen Tafelmalerei und das Foto einer neueren Krippe mit Hirten. Man frage die Schüler, wie der Künstler seine Figuren kleidet? – Jeder so, wie man zu seiner Zeit gekleidet war! Welche Kleidung, Hausform oder Persondarstellung stimmt mit der historischen Wirklichkeit selber überein? – Keine einzige! Sind die Darstellungen also falsch? – Sie sind es deshalb nicht, weil der Künstler ein und dieselbe Wahrheit immer in der Vorstellung seiner Zeit ausdrückt! Dasselbe, was hier in der Malerei geschieht, geschieht mit der Bibel in der Erzählkunst. J und P drücken die Sintflut nach der Vorstellung aus, die ihre Zeit hatte.

Für die Kompilation von J und P sollen zwei Schüler beide Berichte abwechselnd lesen!

Dann lasse man die Schüler die P-Verse ausschneiden und auf einem großen Blatt Papier die J-Verse richtig einfügen!

Weil wir jetzt den Vorgang des Kompilierens schon gut beherrschen, wollen wir noch ein drittes, als letztes Beispiel anführen:

Das Wunder am Schilfmeer (2 Mos 13, 20–14, 31)

Der Text setzt sich aus allen drei Quellsträngen zusammen, wobei J und P vollständig erhalten sind.

J-Text[30]: Sie brachen von Sukkot auf und lagerten in Etam am Rande der Wüste. Der Herr zog am Tage vor ihnen in einer Wolkensäule her, um ihnen den Weg zu zeigen, bei Nacht aber in einer Feuersäule, um ihnen Licht zu spenden, so sie bei Tag und Nacht wandern konnten. Nicht wich die Wolkensäule bei Tag und nicht die Feuersäule bei Nacht von der Spitze des ziehenden Volkes. /.../ Da änderte sich die Stimmung des Pharao und seiner Diener dem Volke gegenüber. Sie sprachen: „Was haben wir da getan, daß wir Israel entlassen haben aus unserem Dienst!" Er ließ seine Streitwagen anspannen und nahm seine Kriegsleute mit sich. /.../ Die Ägypter verfolgten sie /.../ Die Kinder Israels erhoben ihre Augen und erblickten die Ägypter, die hinter ihnen her waren. Da erschraken die Kinder Israels gar sehr und schrien zum Herrn. Moses aber sprach zum Volk: „Fürchtet euch nicht! Haltet stand und seht die Hilfe des

[30] Der freigelassene Raum weist nur auf einen P-Einschub hin und deutet nicht auch das Fehlen von E-Stücken an!

Herrn, die er euch heute gewähren wird! Denn wie ihr die Ägypter heute seht, so werdet ihr sie niemals mehr wiedersehen! Der Herr wird für euch kämpfen, ihr aber könnt schweigend zusehen." / . . . / auch die Wolkensäule brach von der Spitze auf und stellte sich hinter sie. Sie zog zwischen dem Heer der Ägypter und zwischen dem Heer der Israeliten, und sie verdunkelte auf der einen Seite und erhellte auf der anderen Seite die Nacht; niemand konnte während der ganzen Nacht an den anderen herankommen. / . . . / Der Herr aber ließ mit einem starken Ostwind die ganze Nacht hindurch das Meer zurücktreten und legte so das Meer trocken. / . . . / In der Zeit der Morgenwache schaute aber der Herr von der Feuer- und Wolkensäule auf das Lager der Ägypter, und er brachte das ägyptische Heer in Verwirrung. Die Ägypter riefen: „Fliehen wir doch vor Israel! Denn der Herr kämpft für sie gegen die Ägypter!" / . . . / und das Wasser flutete um das Morgengrauen an seinen alten Platz zurück, während die Ägypter ihm gerade entgegenflohen. So stürzte der Herr die Ägypter mitten ins Meer hinein. / . . . / Der Herr rettete an jenem Tag Israel aus der Hand der Ägypter. Die Israeliten aber sahen, wie die Ägypter tot am Ufer des Meeres lagen. Als Israel sah, mit welch gewaltiger Hand der Herr unter den Ägyptern wirkte, fürchtete das Volk den Herrn; sie vertrauten auf den Herrn und auf Moses, seinen Knecht.

P-Text: Der Herr sprach zu Moses folgendes: „Sage den Kindern Israels, sie sollen umkehren und sich vor Pi-Hachirot zwischen Migdol und dem Meer vor Baal-Zephon lagern. Ihm gegenüber sollt ihr am Meer das Lager aufschlagen! Der Pharao wird dann von den Israeliten annehmen: Sie haben sich in dem Lande verirrt, die Wüste hat sie ringsum eingeschlossen. Ich will das Herz des Pharao verhärten, und er wird sie verfolgen. Ich erweise meine Macht am Pharao und seinem ganzen Heere. Die Ägypter werden erkennen, daß ich der Herr bin!" Und sie taten so. / Der Herr verhärtete das Herz des Pharao, des Königs von Ägypten, so daß er den Kindern Israels nachsetzte, obwohl doch die Israeliten unter dem Schutz einer erhobenen Hand auszogen. / Die Ägypter erreichten sie mit allen Gespannen und Wagen des Pharao, mit deren Mannschaften und dem gesamten Heer, als jene sich am Meer lagerten; es war bei Pi-Hachirot gegenüber von Baal-Zephon. Die Kinder Israels erhoben ihre Augen und erblickten die Ägypter, die hinter ihnen her waren. Da erschraken die Kinder Israels gar sehr und schrien zum Herrn. / Der Herr sprach zu Moses: „Warum schreist du zu mir? Sage den Israeliten, sie sollen aufbrechen! Du aber sollst deinen Stab erheben, deine Hand über das Meer ausstrecken und es spalten, damit die Israeliten inmitten des Meeres auf trockenem Boden hindurchgehen können! Ich aber will das Herz der Ägypter verhärten; sie werden hinter ihnen herrücken; sodann will ich aber am Pharao und an seinem ganzen Heer, seinen Wagen und deren Besatzung meine Macht beweisen. Die Ägypter werden erkennen, daß ich der Herr bin, wenn ich am Pharao, seinen Streitwagen und deren Besatzung meine Macht beweise." / Moses streckte seine Hand aus über das Meer. / Da spalteten sich die Wasser. Die Kinder Israels schritten aber inmitten des Meeres auf trokkenem Boden hindurch, während ihnen die Wasser eine Mauer zu ihrer Rechten und zu ihrer Linken bildeten. Die Ägypter rückten ihnen nach, und alle Rosse des Pharao, seine Wagengespanne und deren Mannschaft zogen hinter ihnen her, mitten in das Meer hinein. / Der Herr sprach zu Moses: „Strecke deine Hand aus über das Meer, daß die Wasser auf die Ägypter zurückfluten, auf ihre Streitwagen und deren Mannschaften!" Da streckte Moses seine Hand über das Meer aus, und das Wasser flutete um das Morgengrauen an seinen alten Platz zurück. Die Wasser fluteten zurück und bedeckten die Streitwagen samt den Mannschaften der gesamten Heeresmacht des Pharao, die hinter ihnen ins Meer gezogen waren. Kein einziger von ihnen blieb mehr übrig.

Die Vorstellung von J: Nach J brechen die Israeliten von Sukkoth auf, wo sie am Tage nach der Pascha-Nacht die ungesäuerten Brote gegessen hatten. Jahwe aber war mit ihnen und führte sie durch die Wüste, bei Tag durch eine Wolkensäule, in der Nacht durch eine Feuersäule. Das ägyptische Heer setzt den Israeliten nach und jagt dem losen Haufen Furcht und Entsetzen ein. Nun zeigt sich eindeutig, daß Jahwe auf der Seite der Israeliten ist: Die Wolke kommt von der Spitze des Zuges, stellt sich schützend zwischen dem Lager der Ägypter und dem der Israeliten und erhellt die Nacht für die Verfolgten. Der Gott Israels läßt durch einen gewaltigen Ostwind „das Meer zurücktreten". Darauf versetzt er die Ägypter in eine Panikstimmung, die jetzt sogleich die Flucht ergreifen. Beim ersten Morgengrauen „flutet das Wasser wieder an seinen alten Ort zurück" und läßt die ganze Streitmacht Ägyptens umkommen. In der Frühe sehen die Israeliten die Feinde tot am Ufer herumliegen, erkennen in all dem Gottes Sieg und gewinnen so ein noch größeres Vertrauen.

Die Vorstellung von P: P schließt an eine Überlieferung an, die von einer „Flucht“ Israels aus Ägypten erzählte. Aus diesem historischen Ereignis folgert er die Verfolgung durch die ägyptische Kriegsmacht.

Noch bevor das Volk Israel über alle Pläne Gottes informiert ist, zieht es auf göttliche Weisung in die Gegend östlich der Nilmündungen. Als die Israeliten das ägyptische Heer erblicken, befällt sie großer Schrecken. Das Verfolgtwerden durch eine so starke Streitwagenmacht läßt ihre Situation hoffnungslos erscheinen. Völlig ausweglos aber scheint ihre Lage in dem Augenblick zu werden, als sie plötzlich an die Lagune des „sirbonischen Sees“ gelangen, wo der Pharao sie einholen kann. Gott aber läßt hier ein großes Wunder geschehen, indem er (nach P!) das Meer spaltet, es wegbar macht und das Schicksal der Ägypter durch eine vernichtende Katastrophe besiegelt. P veranschaulicht diese Rettungstat Gottes durch das Ausstrecken der Hand des Moses.

Auch bei diesem Beispiel müssen wir die Schwierigkeit, daß ein und dasselbe historische Geschehen durch zwei voneinander verschiedene Berichte überliefert wird, den Schülern zu erklären versuchen!

Wir besprechen daher bei der J-Schilderung das *Symbol der Wolkensäule!* Wir halten zunächst fest: Die Wolken- und Feuersäule ist als Symbol *für die Führung Israels durch Gott* zu verstehen. Wo gibt es z. B. eine senkrecht aufsteigende Wolkensäule? Wo ist diese Rauchsäule bei Tag dunkel und bei Nacht glühend rot? (Man denke nur an den Rauch einer kohlegeheizten Lokomotive!) – Antwort: Bei einem Vulkanausbruch! Dieser ist uns bereits bei der Gotteserscheinung am Sinai begegnet (J-Bericht!).

Die finstere und glühende Wolkensäule war aus der Sinaitradition zum Sinnbild oder Erinnerungszeichen für eine Gotteserscheinung geworden. Mit der Zeit verstand man dann nicht mehr, daß diese Vorstellung von einem Vulkanausbruch herkam. Die Wolkensäule machte sich gleichsam selbständig und wurde zu einem literarischen Symbol für die Gegenwart Gottes. Als solches verwendet es auch der J beim Exodus-Bericht. Er will sagen, daß Gott führend und schützend mit seinem Volke zog; aber nicht in Begriffen drückt er das aus, sondern bildhaft in der Symbolsprache.

Beim P-Bericht ist wohl die Symbolik der sich teilenden Wasser etwas näher zu betrachten! Moses spielt nach P eine große Rolle. Bei seiner Handausstreckung ist nicht an die rein magische Bedeutung der

Stockerhebung zu denken. Moses war völlig überzeugt, daß Jahwe selbst der befohlenen Handerhebung die „Spaltung" des Meeres unmittelbar folgen lassen will. So bedient sich auch P ebenso wie J der Symbolsprache, um den religiösen Tiefengehalt des Geschehens besser auszudrücken. Der Auszugsbericht geht auf ein sicheres historisches Geschehen zurück, wird aber mit symbolischen Zeichen versehen erzählt.

Entstehungszeiten: Der Auszug geschah etwa um 1200; der J schreibt rund 300 Jahre später, und für die P sind an die 700 Jahre seit dem Ereignis vergangen. Daher kann man nicht annehmen, daß einer der beiden wußte, wie die Ereignisse genau abliefen! Aber darauf kommt es auch gar nicht an, denn beide wollen trotz ihrer Verschiedenheit in der Vorstellung dieselbe Wahrheit ausdrücken!

Offenbarung und literarische Gattung

In diesem letzten Abschnitt soll eine allgemeine Überschau über den besprochenen Stoff dem Schüler gegeben werden. Wir wiederholen, welche biblischen Schriftsteller wir kennengelernt haben. Der Katechet stellt an die Schüler die Fragen: Wann lebten sie? – Was schrieben sie? – Wie schrieben sie?

Welche literarischen Gattungen haben wir kennengelernt? – Antwort: Zunächst solche, die eine Geschichtsschreibung im heutigen Sinne sind (Davidserzählungen, Jeremiaserzählungen und Zerstörung Jerusalems). Dann solche, die reine symbolische Erzählungen sind (erfunden wie die Gleichnisse Jesu), die auf eine Wirklichkeit hinweisen und deuten, aber nicht äußerliche Ereignisse schildern: Paradieseserzählung, Jona, wahrscheinlich Sintflut, Kain und Abel, Turmbaugeschichte, Totengebeinvision und Schöpfungsgedicht.

Auch Mischformen begegneten uns, in denen ein historisches Ereignis mit symbolischen Zügen versehen wiedergegeben wird: Gotteserscheinung am Sinai, Exodusbericht und die Berufungsvision des Ezechiel (vielleicht auch Sintflut, Kain und Abel).

Wie erklärt man die vielen literarischen Gattungen in der Bibel? Warum liebt diese so sehr die symbolische, religiös-meditative Sprache? (Man sammle Beispiele!) – Was sagt die Kirche zur Tatsache der vielen literarischen Gattungen? Wie verhält sich Gottes Offenbarung und Inspiration zum Schriftsteller und seiner literarischen Eigenheit?

„Da Gott in der Heiligen Schrift durch Menschen nach Menschenart gesprochen hat, muß der Schrifterklärer, um zu erfassen, was Gott uns mitteilen wollte, sorgfältig erforschen, was die heiligen Schriftsteller wirklich zu sagen beabsichtigten, und was Gott mit ihren Worten kundtun wollte. Um die Aussageabsicht der Hagiographen zu ermitteln, ist neben anderem auf die literarischen Gattungen zu achten; denn die Wahrheit wird je anders dargelegt und ausgedrückt in Texten von in verschiedenem Sinn geschichtlicher, prophetischer oder dichterischer Art, oder in anderen Redegattungen. Weiterhin hat der Erklärer nach dem Sinn zu forschen, wie ihn aus einer gegebenen Situation heraus der Hagiograph, den Bedingungen seiner Zeit und Kultur entsprechend – mit Hilfe der damals üblichen literarischen Gattungen –, hat ausdrücken wollen und wirklich zum Ausdruck gebracht hat. Will man richtig verstehen, was der heilige Verfasser in seiner Schrift aussagen wollte, so muß man schließlich genau auf die vorgegebenen umweltbedingten Denk-, Sprach- und Erzählformen achten, die zur Zeit des Verfassers herrschten, wie auf die Formen, die damals im menschlichen Alltagsverkehr üblich waren ... Aufgabe des Exegeten ist es, nach diesen Regeln auf eine tiefere Erfassung und Auslegung des Sinnes der Heiligen Schrift hinzuarbeiten, damit so gleichsam auf Grund wissenschaftlicher Vorarbeit das Urteil der Kirche reift."[31]

Prinzipiell kann jede literarische Gattung Gefäß göttlicher Offenbarung werden. In der Bibel aber werden gerne jene Gattungen verwendet, die die Sprache des Glaubens gut auszudrücken vermögen: Sprache des Mythos und Symbols, Bildersprache u. dgl. Wir haben aber auch gesehen, daß der Hagiograph sich der einfachen Form des Märchens, der Legende und der Allegorie bedient, um eine göttliche Wahrheit auszudrücken. – Die Schüler sollen diese Arten selbst nennen und auch deren Unterschiede (ebenso im Neuen Testament)!

[31] „Die göttliche Inspiration und die Auslegung der Heiligen Schrift" in: *Dogmatische Konstitution über die göttliche Offenbarung*, Kapitel 12.

LERNABSCHNITT V

FREUNDSCHAFT – GROSS GESCHRIEBEN

(A. Höfer)

1. *Das Lernziel*

Die Schüler sollen lernen, in der beginnenden Pubertät mit sich und ihrer Mitwelt besser auszukommen. Sie sollen über ihre altersbedingten Schwierigkeiten Bescheid wissen, damit sie ihr Unbehagen nicht ständig nach außen projizieren und anderen die Schuld dafür geben. Eine Erkenntnis der Affektabläufe hilft zugleich, sie zu meistern. Sie werden so verstehen, daß ihre Ablösung vom Elternhaus unvermeidlich und doch noch nicht radikal sein kann. Ihr erhöhtes Verlangen nach Liebe und Verständnis, das von den Eltern nicht mehr befriedigt werden kann, soll durch die Kultur der Freundschaft erfüllt werden. Doch werden sie begreifen lernen müssen, daß jede Freundschaft ein Ethos verlangt. Auch die Beziehung im Glauben der Christen untereinander und zu Christus soll von der Freundschaft her und als Freundschaft begriffen werden.

Lernstoff:

Katechese 22: Man beginne mit Konfliktgeschichten, die die typischen Reibungssituationen zwischen Kindern und Eltern darstellen (S. 87 ff.). An Hand dieser Geschichten und ihrer Lösungsmöglichkeiten wird das Verhältnis der Schüler zu ihren Eltern in seiner Ambivalenz aufzuzeigen sein: Einerseits wollen sie von den Eltern unbehelligt sein, andererseits erwarten sie doch ganz selbstverständlich, daß die Eltern für sie da sind, sorgen und sie sogar verstehen sollen.

Die Gespräche sollen zunächst in Gruppen, dann im Plenum geführt werden. Es ist eine offene Aussprachesituation anzustreben, kraft derer jeder Schüler, wenn er will, „auspacken" kann.

Nach eingehender Erörterung und gereiftem Problembewußtsein

kann der Text der Katechese besprochen, von einzelnen referiert oder still gelesen werden. Die Schmerzen und Schwierigkeiten der Pubertätszeit sollen als Geburtswehen des neuen, jugendlichen Menschen erscheinen und von den Schülern als positive Chance akzeptiert werden. Besonderes Augenmerk ist der Affektbildung im Elternhaus zuzuwenden.

Die Schüler sollen auch lernen, zu den Bibelsprüchen aus der Weisheitsliteratur wertend Stellung zu nehmen und sie mit eigenen Worten wiederzugeben.

Katechese 23: „Wer bin ich eigentlich?" – Die Katechese soll zur Selbstreflexion anregen und so helfen, die eigene Individualität zu finden. Nicht alle Katecheten werden damit übereinstimmen, den Schülern den Spiegel der Psyche vorzuhalten, andere aber haben damit in der Schule gute Erfahrungen gemacht. Man soll über den Text sprechen und die Frage stellen, ob und inwiefern das wirklich so ist.

Man kann mit der Erzählung von Cesbron, „Wie verlorene Hunde", beginnen (S. 68 ff.). Sie bringt Situationen und Schicksale, mit denen sich viele Schüler identifizieren werden. Vor allem wird der Hunger nach Liebe und Verstandenwerden an einigen Beispielen klar. Die Schüler sollen so die Einstellung finden, daß ihr Liebesverlangen immer weniger vom Elternhaus gestillt werden kann und sie auf die Suche und Pflege der Mitmenschlichkeit angewiesen sind: Liebeshunger wird befriedigt, indem man lernt, Liebe zu *geben* und nicht nur zu fordern.

Katechese 24 und 25: „Freundschaft" – Die Schüler sehnen sich gewöhnlich nach einem Freund oder einer Freundin. Dieses ersehnte Bild trägt nicht selten Idealzüge. Daran sieht man, daß der Jugendliche sein eigenes Idealbild, dem er gleichen möchte, von einem anderen her erwartet. Im Freundbezug erlebt der Jugendliche sein Ethos (vgl. Bd. 1, S. 26 f.). Er verlangt von einem „idealen" Freund sehr viel und ist auch geneigt, selber viel für eine Freundschaft einzusetzen. Man wird darum unter dem Stichwort der Freundschaft und ja nicht mehr unter dem der Gebote oder gar des Gesetzes (und wäre es auch das „ewige") die Züge und Verantwortlichkeit eines dubezogenen Ethos herausarbeiten. Die Schüler werden das weitgehend selber fordern, wenn sie schreiben oder erzählen, wie sie sich einen Freund vorstellen.

Wir haben oben gezeigt, daß die Verantwortlichkeit für einen Mitmenschen nur entstehen kann, wenn der Mensch lernt, sich mit einem Mitmenschen zu identifizieren. Der psychologische Weg der Identifizierung ist die Voraussetzung für ein werdendes Ethos der Liebe. Das Thema Freundschaft bekommt von daher eine weittragendere Bedeutung, als die Schüler zunächst wissen. Es ist der Boden, auf dem sie einen neuen Zugang zum Ethischen überhaupt finden. Denn ein Freundesethos wird von ihnen selber gewünscht und hoch geschätzt. Man kann bei dieser moralischen Erziehung ruhig innerhalb der Kategorie der Freundschaft verbleiben und braucht nicht gleich allgemeingültige Schlüsse zu ziehen. Der Schüler könnte verstimmt werden, wenn er die Absicht merkt, daß wir das Thema „Freundschaft" nur zur Moralerziehung „mißbrauchen".

Der Vorgang der Identifizierung erstreckt sich besonders auf die von den Schülern verehrten Vorbilder und Stars. Auch das soll man zum Thema der Katechese machen, etwa so: Schüler, die den gleichen Star verehren, bilden eine Gruppe. Sie bereiten eine Vorstellung ihres Stars vor der ganzen Klasse vor: Schilderung des Lebenslaufes, seine Vorzüge, Beispiele seines Schaffens (Schallplatten, Filmbesprechung ...), Begründung, warum man ihn verehrt, und was man von ihm lernen kann. Derartige Unterrichtsstunden haben gute Ergebnisse gezeigt und den Ernst der Schüler verblüffend dargetan. Man hüte sich vor dem Ironisieren!

Es wird bei der Freundesmoral sehr ausgiebig die *Weisheitsliteratur* zitiert. Das hat mehrere Gründe. Schlagworte und „griffige, kernige" Sätze sind eine alterstypische literarische Gattung. Jugendliche lieben kräftige Sprüche, sammeln Spruchkarten, sind anfällig für Parolen und können einen bildstarken Satz leichter begreifen als einen abstrakten. Diese Sätze halten nämlich die Mitte zwischen abstrakten und konkreten Aussagen: Sie nennen einen konkreten Fall, meinen ihn aber als repräsentatives Beispiel allgemeingültig. Man kann in einem solchen Sprichwort „sehen", was unanschaulich in vielen Beziehungen gilt („Wer andern eine Grube gräbt ...").

Parolen und Weisheitssätze fordern zur Stellungnahme und Wertung heraus. Man kann mit eigenen Worten wiedergeben, was sie meinen, und sich doch sprachlich noch an ihre Aussage halten. Man kann konkrete Beispiele aufzählen, wo sie sich verwirklichen; ihre Tragweite abschätzen, ihre Grenzen stecken und auch ihren Humor und ihre sprachliche Schönheit würdigen. Es braucht keineswegs jeder

Schüler jeden Satz zu beherzigen. Ihre angegebene Fülle ermöglicht eine individuelle Auswahl. Jeder Akt der Auswahl (für Besprechung, Kunstkarte, Wandentwurf) ist schon wieder ein Akt der Wertung und Stellungnahme. Sie eignen sich auch zu Verteidigungen, für Erläuterungen und Illustrierungen durch längere Geschichten vor der Klasse.

Ein weiterer Vorteil liegt darin, daß sie sehr „profan" klingen. Sie berufen sich selten auf Gott, sondern drücken allgemeingültige Menschenregeln aus. Viele unserer Sprichwörter stammen aus der biblischen Weisheitsliteratur, und diese ist vielfach Allgemeingut des Vorderen Orients. Sie klingen nicht doktrinär, wollen nicht befehlen, sondern raten. Sie berufen sich auf Erfahrung und Tatsachen und wollen helfen. Sie führen keine andere Autorität an als die des Lebens selbst – alles Vorzüge, die der Jugendliche unserer Altersstufe liebt, weil er sich gegen eine autoritäre Moral auflehnt. Sie sind eine Brücke zu autonomer Ethik.

Das Thema von der *Gefährdung der Freundschaft* will zeigen, daß eine echte menschliche Ich-du-Beziehung nur glücken kann, wenn gewisse sittliche Voraussetzungen und affektive Reife vorhanden sind. Moral wird so als Bedingung ersehnter Freundschaft verstanden und auch akzeptiert. Man hüte sich aber davor, die Reihe der Weisheitssprüche logisch zu erläutern oder abstrakt zu deduzieren. Man muß sie vielmehr mit dem Leben konfrontieren und mit Wirklichkeit auffüllen. Man arbeite etwa in Gruppen: Jede Gruppe bekommt drei Sprüche – diese sollen mit eigenen Worten wiedergegeben werden (verbalisieren und verallgemeinern lernen); man suche zu jedem Spruch ein Beispiel aus dem eigenen Leben, aus einem Film oder aus dem Hörensagen. Anschließend trage man das Ergebnis der Klasse vor. Oder: Jeder Schüler sucht sich einen Spruch aus und sucht dazu ein Beispiel aus dem Leben, wo sich der Spruch bewahrheitet hat, und erzählt dies der Klasse.

Es ist ständig auf den Zusammenhang zwischen Ethos und Freundschaft hinzuweisen. Die einzelnen Fälle aus der Erzählung „Wie verlorene Hunde" sehe man auf dem obigen Hintergrund.

Katechese 26 und 27: Die Tiefendimension der Freundschaft – Freundschaft erschließt den Raum der Gnade. Sie ist ein Weg zur Gotteserfahrung und zugleich ein Gefäß, in das Gott seine Nähe einströmen läßt. Freundschaft ist die menschliche Vorerfahrung für Jüngerschaft, Charisma und Rechtfertigung („Ich nenne euch nicht mehr Knechte, sondern meine Freunde"). Diese Tiefendimension wird am Beispiel der Begegnung der beiden schwangeren Frauen anschaulich gemacht. Offen über beider Schwangerschaft zu reden, motiviert positiv. Sie tragen ein „Geheimnis" in sich: Christus. Was in Maria leibhaftig anschaubar ist, kann von einem jeden Christen im Glauben angenommen werden. Darüber spreche man. Die Schüler sollen selber die Parallele verbalisieren. Die Stunde soll meditativen Charakter haben. Denn ihr geht es weniger um doktirinäre Belehrung, sondern um die Erfahrung der Tiefe.

Die Christusfreundschaft: Christus, als die letzte Tiefe einer jeden echten Freundschaft, wird besonders auch in der Eucharistie offenkundig: Menschen bilden untereinander eine Gruppe. Die Gemeinschaft drückt sich im gemeinsamen Essen aus. Denn man lebt nicht nur von dem, was man ißt, sondern auch von der Liebe der Freunde. Wenn man aber sagen und leibhaftig zeigen, ja erleben will, daß so ein Freund, von dem man lebt, auch Christus ist, dann muß man Eucharistie feiern. Dieses Brot ist dann tatsächlich er selbst, von dem man lebt. Diese Katechese wird aber kaum ihr Ziel erreichen, wenn sie in Worten steckenbleibt und nicht zu einer Eucharistiefeier mit (und in?) der Klasse wird. Man bereite sie gut vor, vielleicht durch mehrere Stunden hindurch.

Prüfen, die Leistungen der Schüler:

1. Die Schüler sollen über ihre Schwierigkeiten im Elternhaus offen reden und auch begründen können, warum sie entstehen; sie sollen so ehrlich reden lernen, daß sie auch ihre eigene Schuld zugeben; wenn man ihnen konkrete Fälle vorlegt, sollen sie diese richtig und ethisch beurteilen können und einem Fragenden einen vertretbaren Rat erteilen.

2. Sie sollen begründen können, warum man das Menschenleben eine vielfältige Geburt nennt; sie sollen über die „Geburtswehen" der einzelnen Reifestadien Auskunft geben können. Sie sollen zu all dem einige Beispiele aus dem Leben bringen können.

3. Die Schüler sollen mit eigenen Worten sagen können: Was sie von einem Freund erwarten; wie sie sich ihn vorstellen; welche Voraussetzungen Freundschaft auf jeder Seite braucht; wer ihr Star und Vorbild ist und warum; was Freundschaft mit Christentum zu tun hat; wie man eine Messe feiert, was man dabei braucht und tut.

ZUM BIBLISCHEN TEXT

(A. Höfer)

Die Begegnung der Frauen (Lk 1, 39–56)

Die Huldigung Elisabeths: Der Hinweis des Engels veranlaßt Maria zu einem Besuch bei ihrer Verwandten im judäischen Bergland. Dort erfährt sie eine doppelte Huldigung: Elisabeth preist sie als die Mutter des Messias, und der ungeborene Johannes grüßt – durch Bewegung im Mutterleib – den ebenfalls noch ungeborenen Erlöser.

Vom Geiste getrieben laut zu schreien, ist in der Sprechweise der Bibel Prophetenart. Die Worte Elisabeths werden also als Offenbarung des Geistes verstanden. Sie erkennt Maria als die gesegneteste (!) der Frauen, weil sie zur Mutter des Messias erwählt wurde. Das Preisen der Mutter des Messias ist typisch hebräisch (vgl. Lk 11, 27). Zum erstenmal wird hier bei Lukas Jesus *Kyrios* genannt, und zwar mit dem persönlichen Bekenntnis „mein Herr". Maria wird wegen ihres Glaubens gepriesen. „Glaube ist Zutrauen zum Worte, daß es wirkt, was es zusagt. Der Glaube ist es, der dem Werden der neuen, eschatologischen Schöpfung in der alten Welt den Raum bei den Menschen gibt, und um dieses Glaubens willen ist Maria gesegnet."[32] Nur in diesem Glauben konnte sich die Zusage des Wortes an sie erfüllen, während der Unglaube das Wort verachtet und damit dessen Wirkung vereitelt.

Der Lobgesang Mariens: Der Glaube bezeugt sich und spricht sich aus im Gotteslob. So wendet Maria das Lob der Elisabeth zu Gott zurück, der der Ursprung solcher Begnadigung ist. Sein erwählendes Herabschauen ist der Grund aller Seligpreisung der Mutter des Messias. Alles Große, was ihr geschah (sagt das Magnifikat), entsprang seiner Macht und seinem Erbarmen.

Das Magnifikat ist ein eschatologisches Siegeslied: Gottes Erbarmen, das den Vätern verheißen war, erfüllt sich in der messianischen Zeit in den gewaltigen Machttaten Gottes. Diese zeigen sich in einer Umkehrung der irdischen Machtverhältnisse: Die Reichen, Mächtigen, Satten (die zugleich die gottlos Stolzen sind) werden erniedrigt, und

[32] W. Grundmann, *Die Geschichte Jesu Christi,* Berlin ^{3}1961, 386.

die Kleinen, Niedrigen, Armen finden von Gott und in Gott Erfüllung.

Ein Symbol christlicher Freundschaft: An Maria wird leibhaftig sichtbar, was tatsächlich in jedem Christen zu begegnen ist: Christus, den er im Glauben, in der Taufe und in der Eucharistie empfängt. Wenn ein Mensch an Gott glaubt (wie Elisabeth), dann verspürt er die Nähe der Gnade. Wenn glaubende und liebende Freunde einander begegnen, so ist dies eine verborgene Begegnung mit Christus. In den Freunden können wir die Gnade Gottes erkennen, sie sind ein Weg zu Gott.

EIN ROMAN VON G. CESBRON

(K. Sterninger)

Sicherlich sind die Konfliktsituationen dieses Romans bei Schülern aus halbwegs normalem Milieu selten, und doch illustrieren sie sehr charakteristisch die Lebensprobleme bei den Jugendlichen in diesem Alter.

In dieser Altersstufe beginnt langsam die Loslösung von den Eltern. Sie geht nicht ohne Schmerzen vor sich. Einerseits fühlt sich der Junge schon erwachsen, andererseits verlangt er aber, natürlich nicht bewußt und offensichtlich, mehr Liebe und Geborgenheit. Wenn es die Eltern nicht verstehen, dem unbewußten Liebesbedürfnis der Kinder in dieser Zeit nachzukommen, dann werden sie diese Liebe woanders suchen oder sogenannte „schwierige" Kinder werden, und jedes gegenseitige Verständnis wird unmöglich. Dieses Loslösen von den Eltern ist verbunden mit der Suche nach dem Freund. So entstehen die „unzertrennlichen" Freundschaften. Es ist für den Jugendlichen aber nicht leicht, den richtigen Freund zu finden. Hier müßte man helfend zur Seite stehen.

In diesem Alter müssen die Jugendlichen heraustreten aus der Geborgenheit des Elternhauses und in ihre persönlichen Aufgaben hineinwachsen. Sie müssen jetzt lernen, daß sie nicht immer nur Empfangende sein können, sondern auch Gebende. Nun gilt es, das Bewußtsein der Verantwortung für andere zu wecken, das Bewußtsein, gebraucht zu werden, für jemand notwendig dazusein.

Zur Katechese:

Man kann die Kurzfassung des Romans *vor* der Behandlung des Blockes V, „Freundschaft – groß geschrieben" vorlesen und besprechen. Die Identifizierung mit den Personen führt mitten in das Thema hinein. Man kann aber die Abschnitte des Romans auch zu den einzelnen Katechesen lesen. Es ist gut, *jeweils* die auftauchenden Namen an die Tafel zu schreiben!

I.

▶ Ihr kennt nicht persönlich den 11jährigen Robert und auch nicht seine Freunde, denen wir in dieser Geschichte begegnen werden, aber vielleicht erblickt ihr in dem einen oder anderen einen eurer Kameraden oder gar euch selbst.

Robert war elf Jahre alt. Als wir ihm das erste Mal begegneten, kam er mit einem Begleiter nach Paris. Jedoch nicht etwa im Rahmen einer Vergnügungsreise, er war unterwegs zum Fürsorgeamt.

Robert hatte aber nicht irgend etwas Besonderes ausgefressen, nein, er kam ganz einfach mit seinen Eltern nicht mehr aus, besser gesagt mit seinen Pflegeeltern. Er war ein schwieriger Junge geworden. Er hatte sich plötzlich geweigert, in die Schule zu gehen, er weigerte sich heftigst, sich zu waschen, und zerstörte mutwillig Dinge, die die Familie werthielt. Da die Eltern keinen Ausweg mehr wußten, sollte er nun in Fürsorge-Erziehung.

Sein Begleiter erzählte ihm etwas über die Stadt, erklärte ihm die Sehenswürdigkeiten, an denen sie gerade vorbeigingen.

Doch schon hörte der Knabe nicht mehr zu. Von einem Blumenmarkt lief ihnen ein Hund entgegen; Kopf und Hals gespannt, mit starrem Blick, in geschmeidigem Lauf. Er gehörte offensichtlich niemandem. Ein großer, rotgelber, weißgefleckter, magerer Hund, sein Fell flatterte ihm um den Leib.

Robert fühlte sein Herz schlagen – der Hund blickte auf zu ihm, und er mußte plötzlich fragen: „Sagen Sie, was geschieht mit den verlorenen Hunden?“

„Die Polizei fängt die verirrten Hunde und bringt sie in ein Asyl.“

„Und dort werden sie ... aufgenommen?“ Seine Stimme zitterte vor Hoffnung.

„Sie werden versorgt.“

„Ach so! ... – Wo denn?“ fragte nach einem Augenblick Robert wieder. „Wo werden sie versorgt?“

„Versorgen bedeutet einfach töten“, sagte sein Begleiter.

„Getötet“, Robert schrie beinahe. „Was haben sie denn getan?“

„Das geschieht der Ordnung wegen“, erwiderte der Begleiter. „Verlorene Hunde bilden eine Gefahr für die Ordnung ...“

[1] Nach dem Roman von Gilbert Cesbron, Ullstein Bücherei 138.

Einige Polizisten gingen langsam von verschiedenen Seiten auf den Hund zu. Im Augenblick aber, Robert wollte gerade aufschreien, da die Polizisten ihn fast erreichten – das Tier stand unbeweglich und mit hängenden Ohren da –, stieß ein anderer Hund zu ihm. Die Männer traten einen Moment zur Seite, und die beiden Hunde liefen miteinander davon.

„Sie sind gerettet", dachte Robert. „Bestimmt gerettet! . . . weil der andere gekommen ist . . . weil sie zu zweit sind."

Gerettet, weil sie zu zweit sind.

Robert konnte nicht ahnen, daß in einem anderen Teil dieser ihm so fremden Stadt ein anderer Junge, Marc, auf eine Bahn gerät, die die seine kreuzen wird . . ., doch noch ein wenig Geduld.

Vorerst wurde Robert in das Fürsorgeamt gebracht, wo man ihn zwei Tage lang untersuchte und testete. Hier nahm sich seiner Doktor Klerant an. Er studierte alle Unterlagen über Robert, seine Zeugnisse und Befunde, auch einige Zeichnungen, die man ihn während der Untersuchungspausen hatte zeichnen lassen. Unter diesen Zeichnungen war ein Bild, das eine Familie darstellen sollte.

„Schauen wir uns die Zeichnung an . . . Sie stellt eine Familie dar, nicht wahr? Erklär mir das: da sitzen Vater und Mutter beim Essen – aber sonst ist niemand da?"

„Nein", antwortete Robert.

„Was bedeutet denn der Rahmen an der Mauer zwischen den beiden?" fragte der Arzt.

„Welcher Rahmen?" erkundigte sich Robert . . .

„Ich sehe ihn deutlich", fuhr der Arzt gutmütig wie bisher fort. „Aber . . .", er betrachtete das Blatt genauer –, „du hast ihn ja mit weißem Stift ausgewischt . . ."

„Es war kein Radiergummi da!" entgegnete Robert trotzig.

„Was wolltest du ausradieren? Wer befand sich in diesem Rahmen?"

„Niemand", erklärte der Junge und ballte die Fäuste.

„Gut, aber bist du denn nicht darauf?"

„Nein, ich bin ja hier!"

„Tatsächlich", meinte der Arzt gutmütig.

Dann beugte er sich plötzlich zum Buben hinab und fragte ihn: „Wie hieß der Knabe, den deine Eltern im Krieg verloren haben?"

„And . . . Wie soll ich es wissen?" fragte der Junge mißtrauisch zurück.

„Warum sagst du es mir nicht, da du es doch weißt?"

„Andreas", erwiderte Robert nach einer Weile, und auf einmal packte er eine weitere Zeichnung, zerknitterte sie und warf sie zu Boden.

Gelassen beugte sich der Arzt hinab, hob den Fetzen auf, entfaltete und betrachtete ihn. Robert hatte einen Mann gezeichnet.

„Das ist das Bild von Andreas", sagte der Arzt – „Hing denn das Bild in deinem Zimmer? Ja? ... Und sprachen deine Eltern immer von Andreas? Etwa so: Das hätte Andreas niemals getan! ... Ach, wenn doch Andreas noch lebte! ... Wie war doch Andreas ein artiger Junge! ..."

Robert war blutrot geworden.

„Andreas, Andreas", fuhr der Arzt fort, „aber schließlich war Andreas nicht mehr da. Jetzt warst doch du der Sohn des Hauses!"

Da sprang Robert auf mit blitzender Stirn, halboffenem Mund und zitternd.

„Wie", fragte der Arzt, „du warst nicht der Sohn? ..."

Schweigen.

„Haben sie dir gesagt, daß du nicht ihr Kind bist?" fährt der Arzt langsam fort. „Wann denn? ... Versuche dich daran zu erinnern ... Nach einem Streit? ..."

„Ja."

„Und was hast du getan, als du erfahren hattest, sie sind nicht deine richtigen Eltern?"

„Ich empfand eine große Leere", erwiderte Robert mit dumpfer Stimme. „Ich ging in den Stall. Mich fror. Ich wünschte, tot zu sein."

„Schau", fuhr der Arzt fort, „ich finde es recht töricht! Deine Zieheltern sind darüber betrübt, daß sie kein Kind haben, und du, daß du keine Eltern hast. Vielleicht wäre es besser gewesen, eine andere Lösung zu suchen, als dir mit dem Fürsorgeheim zu drohen ..."

„Ständig haben sie mir damit gedroht!"

„Oder statt Familienandenken zu vernichten! Es waren Bilder von Andreas, ja?" fragte der Arzt.

„In jedem Winkel hatten sie eines aufgestellt!" (S. 22–23.)

Der Arzt beendete nun das Gespräch. „Wie geht es dir eigentlich hier?"

„Es geht so ..." war die kurze Antwort Roberts.

II.

Marc war vierzehn Jahre alt.

Wohl wohnte er bei seinen Eltern. Doch das stinkige, dunkle, feuchte und nie aufgeräumte Zimmer, in dem er zusammen mit seinem kleinen Bruder Gerhard und seinen Eltern wohnte, konnte kaum ein Zuhause genannt werden. Nie drang Sonne in dieses finstere Kellerloch. Dafür war es erfüllt mit schlechter Luft, die vom nahe gelegenen Müllablageplatz herrührte. Doch wäre das wahrscheinlich nicht so schlimm gewesen, hätte sein Vater nicht täglich einen Rausch gehabt, und hätte seine Mutter ihn nicht völlig vernachlässigt.

Wen konnte es da wundern, wenn Marc sich sein Zuhause und seine Freunde woanders suchte? Doch was kannte er anderes als Hinterhöfe, schmutzige Straßen und verrufene Lokale. Hier fand er sein Zuhause und seine Freunde.

So gelangte er langsam in den Bannkreis einer Bande von Jugendlichen, die aus ähnlichen Verhältnissen wie er stammten. Von diesen erhoffte er Freundschaft, Schutz und Geborgenheit.

Vor allem klammerte sich Marc an den Anführer der Bande, Kaid. Er tat alles, was dieser von ihm verlangte. Er wollte seine „Freunde" ja nicht verlieren.

Eines Tages wurde beschlossen, einen Ausflug zu unternehmen. Ein jeder sollte Lebensmittel beisteuern. Marc sollte Äpfel mitbringen.

Aber, ... woher sollte er diese nehmen? Von zu Hause? ... Da gab es ohnehin nie genug zum Essen. – Und kaufen? ... Dazu fehlte ihm das Geld! ... Die Freunde im Stich lassen? Dann hätte er sich nicht mehr unter ihre Augen getraut.

Niedergeschlagen schlenderte er am Markt an den Obstständen vorbei. Es war der Tag, an dem Robert ins Fürsorgeheim kam.

Und da, ... als er sich für einen kurzen Augenblick unbeobachtet fühlte, erwischte er einen Korb voll Äpfel und tauchte in der Menschenmenge unter.

Doch schon auf dem halben Weg zu seinen Freunden packte ihn das Gewissen, und er brachte den Korb wieder unauffällig zum Laden zurück. Er hatte aber nicht bemerkt, daß er von einem Polizisten verfolgt wurde. Denn kurze Zeit darauf wurde Marc vor seinen Freunden wegen Diebstahls verhaftet.

„Das ist nicht wahr!" schrie er. „Ich hatte einen Korb voll genommen, ja, aber dann hab' ich ihn zurückgebracht. Erst da habt ihr mich verfolgt ..."

„Es ist aber trotzdem ein Diebstahl", sagte der Polizist mit einer gewissen Traurigkeit. „Kein schwerer, aber ... verstehen Sie! ... Komm!" (S. 41.)

Sie führten Marc nach Hause. Doch außer seinem kleinen Bruder war niemand da.

„Wo sind deine Eltern?" fragte der dicke Polizist den kleinen Gerhard.

Der heulte zitternd. Marc lief zu ihm. „Nur keine Angst, Gerhard!"

Die kleinen Finger seines Bruders krallten sich an Marc fest.

„Hör, Gerhard, ich habe mit diesen beiden Herren etwas zu besprechen ... Du legst dich wieder schön hin und schläfst weiter."

„Kommst du wieder, Marc?" fragte der Kleine ängstlich.

„In einem Augenblick! ... morgen, bald!"

Auch der eine der Polizisten versuchte, Gerhard zu beruhigen. Aber zu Marc sagte er: „Komm jetzt, Junge! ... Denk an deinen Bruder und komm rasch!"

„Nein!" schrie Marc.

Er klammerte sich mit beiden Händen am Herd fest. Jetzt heulte er: „Mutter! ... Mutter! ..."

Der Polizist faßte Marc und trug einen wehrlosen, tränenfeuchten Körper in den Armen davon.

III.

Tenerei ... – ein Heim zur Rettung der Jugend.

Dieses Haus unterschied sich von anderen Heimen und Erziehungsanstalten: keine Mauern und Stacheldrahtzäune, keine Gitter und keine brüllenden Wärter und Wächter. Es lag unauffällig zwischen den anderen Häusern der ländlichen Umgebung.

Hier hatte Marc nun sein neues Zimmer gefunden. Langsam wurde er von den Kameraden in die Geheimnisse und Gebräuche von Tenerei eingeführt. Er lernte die Erzieher kennen, sowohl mit ihrem richtigen wie auch mit dem Spitznamen, den jeder von den Buben bekommen hatte.

Marc gab sich in den ersten Tagen sehr reserviert und trotzig. Langsam aber löste sich sein Eispanzer; er merkte, daß Tenerei doch nicht das Schlimmste auf der Welt war.

Entscheidend dazu beigetragen hatte wohl die Erzieherin Franziska. Sie verstand es, den Buben das Gefühl eines Zuhause zu geben.

Allen war sie wie eine Mutter, und ein jeder versuchte, sie zu gewinnen und ihr Freude zu machen. Voll Liebe zu jedem einzelnen, versuchte sie, alle gleich zu behandeln, was nicht immer leicht war. Eine besondere Hilfe war ihr die Frau des Erziehers Marcel, den die Buben „Buffalo“ nannten. Sie hatte den Namen „Mami“ bekommen, weil ihr zweijähriger Sohn sie so rief.

Tenerei war eigentlich eine große Familie. Alles hatte seine Ordnung, und der Tagesablauf war nicht viel von dem anderer Jungen verschieden. Vormittags gingen die Buben zur Schule, dann gab es das gemeinsame Mittagessen, und den Nachmittag konnten die Buben nach Belieben selbst gestalten. Natürlich gab es auch Hausaufgaben und verschiedene andere Verpflichtungen.

Für die älteren Buben gab es in Tenerei die Möglichkeit, ein Handwerk zu erlernen. Jeder erhielt die bestmögliche Ausbildung, um für ein normales Leben gerüstet zu sein.

Ein ganz besonderes Ereignis war täglich vor dem Mittagessen die Verteilung der Post. Jeder wartete sehnsüchtig auf einen Brief, eine Karte oder vielleicht gar ein Paket. Das war doch ein Zeichen dafür, daß sie von ihren Eltern oder Verwandten nicht ganz vergessen waren. Und so gab es immer wieder lachende, aber auch immer wieder betrübte Gesichter. Manche heimliche Träne floß, weil die Eltern noch nie auch nur eine Zeile geschickt hatten.

„Ob wohl ein Brief von Mutter dabei ist?“ dachte auch Marc jeden Tag. Sein Wunsch wurde nie erfüllt. Und immer wieder hoffte er und blickte neidisch auf die Buben, die Post erhalten hatten.

Doch Marc hatte in Tenerei einen Freund gefunden, der an ihm hing, zu ihm aufschaute und ihn brauchte – Robert sah in ihm seinen großen Bruder. Auch er hatte sich schon ganz gut eingelebt, er war ein besonderer Liebling von Franziska geworden.

Robert wohnte nie der Verteilung der Post bei. War er doch überzeugt, daß ihm niemand schreiben würde. Doch während Marc täglich vergeblich wartete, bekam Robert auf einmal Post.

Eine Sportillustrierte war für ihn gekommen. Die Zeitschrift beachtete er kaum, nur den Streifen, auf dem seine Adresse stand, steckte er sorgfältig ein. Von nun an bekam er wöchentlich seine Zeitschrift. Und die Streifen mit den handgeschriebenen Adressen sammelte und behütete er wie einen Schatz.

Es konnten doch nur seine Eltern sein, die ihm die Zeitschrift schickten, dachte Robert. Wenn auch nie ein Schreiben beilag, so tröstete sich Robert damit, daß seine Eltern vielleicht ein schlechtes Gewissen hätten und daß sie ihn erst mit der Zeitung versöhnen wollten. Dann würden sie eines Tages kommen und dann ...

Impulse und Fragen zu den Kapiteln I–III:
Nenne die Personen, von denen erzählt wird?
Wie kommen sie zusammen?
Was bedeutet Roberts Begegnung mit dem Hund?
Was war mit Robert los? Und woran erkennt man den Konflikt, an dem er leidet?
Was trieb Marc zum Diebstahl?
Worin unterscheidet sich Tenerei von anderen Erziehungsanstalten?
Was verband Robert und Marc?

IV.

Sonntagmorgen ...

Jeder der Jungen lag noch im Bett, rekelte sich und fühlte sich glücklich. Alle Betten waren einander gleich, und doch hatte jedes seine Individualität.

Sonntag ... Besuchstag ...

Da kommen die Eltern der anderen ... Robert hoffte Sonntag für Sonntag darauf, daß *sie* kommen. Mit jeder Zeitschrift, die er bekam, wuchs seine Hoffnung. Immer wieder malte er sich aus, wie es wohl sein würde, wenn sie tatsächlich kämen.

Unter der Bettdecke versteckt, betrachtete er die Streifen mit seiner Adresse: „Herr Robert" hatten sie geschrieben ... Dann verglich er die Handschriften miteinander. Deutlich bemerkte er, daß es sich um zwei verschiedene handelte. Die eine, er sah es genau, war die seines Vaters, und die andere, zierlicher und feiner, mußte, ja konnte nur die seiner Mutter sein. Als er mit seinen Grübeleien zu Ende war, wandte sich Robert seinem Bettnachbar Olaf zu und erkundigte sich bei ihm, was er unternehmen wolle.

Die beiden beschlossen, da sie mit einem Besuch nicht rechneten, mit dem Gärtner, den sie Großvater nannten, am Nachmittag einen Ausflug zu machen.

Ihr ruhiges Dösen wurde aber bald gestört. Franziska kam mit noch verschlafenen Augen in den Schlafsaal und wünschte den Buben einen guten Morgen.

Wie jeden Sonntag, so lud sie auch diesmal alle ein, mit ihr zur

Messe zu kommen. Da gab es natürlich immer Hänseleien, und meistens hörte man diejenigen, die nicht zur Kirche gingen, im Chor rufen: „Pfäfflein auf!“ Das geschah aber mit Lachen und ohne Bosheit.

Marc ging jeden Sonntag zur Messe. Teils aus Ritterlichkeit, um Franziska zu begleiten, andererseits, um auf der Seite der „Verspotteten“ zu stehen.

Auch Robert ging mit, Franziskas wegen, und Olaf ging mit, um Robert zu begleiten.

Viel verstanden die Buben von dem ja nicht, was der Priester da vorne tat. So blickte der kleine Olaf nur gebannt auf die Buben, die vorne beim Altar im roten Rock standen.

„Warum die das wohl dürfen?“ Olaf konnte es sich nicht erklären. „War das nicht eine Ungerechtigkeit? Wer konnte wohl so viel Unrecht zunichte machen?

Robert? Ach, nein! Der braucht Marc ... Marc selbst? ... Der braucht doch Franziska! Und der Gärtner, den er Großvater nennt?

Nein, nein. Jemand, der keinen anderen benötigt ...

Vielleicht dieser Jesus Christus, von dem der Priester da vorne spricht?

Ach! ... Der hat sich ja von Halunken totschlagen lassen!

Er war ja selbst so arm wie er, Olaf! Sogar schlimmer: zweimal ließ er sich ohne Gegenwehr Ohrfeigen erteilen!

Doch immerhin stieß er die Soldaten zur Seite und verließ ganz allein den Friedhof, er schritt auf dem Meer dahin, befahl dem Sturm, sich zu legen, machte Buben gesund ...

... Dieser Jesus Christus ... aber der ...“

Olaf war so in Gedanken versunken gewesen, daß er gar nicht gemerkt hatte, daß er den letzten Satz halblaut vor sich hin gesagt hatte. Robert stieß ihn mit dem Ellbogen und fragte ihn, was mit ihm los sei. Olaf war ganz bleich geworden.

„Ich habe entdeckt, weißt du“, sagte er, „Jesus Christus, mein Lieber, das ist ein Held ...“

Robert war ganz erstaunt über diese Offenbarung. (S. 79.)

Er betrachtete während der ganzen Messe die Muttergottesstatue ... War es nicht auch seine Mutter? Er weinte und vergrub sein Gesicht in seinen Händen.

Marc war ungeduldig und konnte das Ende der Messe fast nicht mehr erwarten.

Während der Wandlung hatte er trotzig zum Altar geschaut und die Anwesenheit dieses Jesus gesucht. Er wollte diesbezüglich endlich einmal Klarheit haben.

Nach der Messe ging die kleine Schar rasch nach Hause, denn die ersten Besuche waren bereits eingelangt.

Sonntag war immer ein mühsamer Tag für die Erzieher. Während der Woche hatten sie ihre Not mit den ernsten Kindern, am Sonntag dagegen mit den kindlichen Eltern. Und mehr denn je mußten sie auch den Jungen, die keinen Besuch erhielten, Vater und Mutter ersetzen. Denn diese waren am Sonntag wiederum verlorene Kinder.

Man sah sie dann, die Hände in den Taschen, um die Besuchergruppen streichen, kalten Blickes die Brüder und Schwestern der Kameraden mustern. Vor allem die Eltern betrachteten sie mit Verachtung und Zorn.

Heute war es wieder so. Die einen hatten schon Besuch bekommen, andere warteten noch, und andere hatten ihre Hoffnung schon wieder aufgegeben. Robert rechnete auch diesmal nicht mehr mit einem Besuch und wollte sich schon mit Olaf auf den ausgemachten Spaziergang begeben. Als sie Hand in Hand durchs Gittertor wollten, hörten sie vom Haus her rufen: „Robert! . . . Hoho! Robert, Besuch! . . .“

Der Bub blieb sogleich stehen und erblaßte. Nun war also der Augenblick gekommen, auf den er so lange gewartet hatte.

Sie waren da . . . So hatte man ihn auch gerufen, als der Briefbote die ersten Illustrierten brachte. Heute, genau einen Monat später, waren die Eltern da . . .

Er konnte seine Tränen nicht zurückhalten und machte deshalb einen weiten Umweg zum Haus.

Es war der erste Augenblick völliger Freude in seinem Leben. Er ging noch ein Stück durch den Wald, sein Herz schlug rasend, immer mußte er innehalten.

Er atmete noch einmal tief, trat aus dem Gebüsch hinaus und befand sich Aug in Auge mit seinen . . . Pflegeeltern!

Plötzlich fühlte er, wie verlassen er war. Er glaubte, auf der Stelle umsinken zu müssen.

„Guten Tag, Kleiner!“ sagten sie.

„Was tut denn ihr hier?“ fragte Robert fast tonlos.

„Wir hatten in der Gegend zu tun – da sagten wir uns: wir müssen doch auch den kleinen Jungen besuchen. Es wäre dir sicher nicht recht gewesen, . . .“

Der alte Mann sprach liebenswürdig. Er glaubte, der Kleine sei aus Freude über ihr Kommen so blaß geworden ...

„Haut ab! Ich will euch nicht sehen!“ schrie er ihnen plötzlich ins Gesicht.

„Ich hasse euch!“

Die beiden alten Leute standen da, und für sie brach eine Welt zusammen. (S. 83.)

Der undankbare Robert ... Sie verstanden ihn nicht – sie hatten ihn wohl nie verstanden.

Sie blickten noch einmal auf, ehe sie fortgingen, doch da war der Junge schon verschwunden.

Robert hatte noch einen trockenen Blick zurück auf die Bauersleute geworfen, dann war er in langen Sätzen in den Wald geflohen. Dann verließen ihn seine Kräfte. Nach einiger Zeit fand man ihn bewußtlos und trug ihn ins Haus.

V.

Die kommenden Wochen brachten Ereignisse, die für das Leben von Marc und Robert von großer Bedeutung werden sollten.

Der Richter Lamer, der Marc, und der Arzt Klerant, der Robert nach Tenerei gebracht hatte, brachten zu Beginn der Woche Kaid, den Anführer der Bande, der Marc angehört hatte, in dieses Heim. Kaid konnte sich aber kaum in die Heimgemeinschaft einfügen. Er wollte auch hier Anführer sein.

Da hatte Mami eines Tages einen großartigen Einfall. Sie beauftragte Kaid mit der Betreuung ihres zweijährigen Sohnes. Kaid war zuerst gar nicht damit einverstanden, denn alles wehrte sich in ihm, eine „Kindertante“ zu sein. Schließlich war er aber doch stolz auf die Verantwortung. So machten ihm auch die kleinen Sticheleien, die er hin und wieder von seinen Kameraden zu hören bekam, nichts aus. Er legte seine ganze Energie und Liebe in die Betreuung des kleinen Buben hinein. So wurde der „Unbesiegbare“, wie sich Kaid immer genannt hatte, von einem zweijährigen Kind besiegt.

Die Wochen vergingen auf Tenerei und mit ihnen auch das Jahr. Der Winter kam mit Schnee und grimmiger Kälte. Es war ganz plötzlich gegangen. Über Nacht hatte es geschneit und das Land war unter einer weißen Schneedecke versunken. Und in dieser Nacht wurde ganz Tenerei in Angst und Schrecken versetzt.

Der kleine, schmächtige Olaf, Roberts Bettnachbar, war verschwunden ... Der schmächtigste von allen, wenn er diese kalte Winternacht im Freien verbracht hatte, konnte er kaum mehr am Leben sein.

Verzweifelt rückte eine große Schar freiwilliger Helfer aus, um Olaf zu suchen. Auch die Polizei nahm mit Hunden an der Suchaktion teil. Systematisch wurde das ganze umliegende Gebiet durchsucht. Nach vielen Stunden der Angst und des Bangens stöberte ein Suchhund in einem Waldgestrüpp ein kleines Bündel auf, das sich als Olaf entpuppte.

Er war mit Schnee bedeckt und bewußtlos, doch er lebte.

Alle Leiden, welche Kälte, Schrecken, Müdigkeit einem Menschenleib zufügen können, packten Olaf. Doppelte Lungenentzündung, Nervenanfälle, Kreislaufstörungen, Husten und hohes Fieber schüttelten den kleinen Körper.

Sofort wurde er in das Krankenhaus von Melun gebracht. Die Ärzte äußerten sich nicht, jedenfalls nicht laut. Der Gärtner, der Olaf besonders ins Herz geschlossen hatte, saß Tag und Nacht an seinem Krankenbett. Als es mit dem Kranken schon ein wenig aufwärtsging, durfte auch Robert Franziska ins Krankenhaus begleiten.

Eines Tages hatte Robert sogar die Gelegenheit, sich mit Olaf allein zu unterhalten. Franziska war in die Stadt gegangen, um Besorgungen zu machen, und Großvater war vor lauter Müdigkeit am Bett eingeschlafen.

„Warum bist du fortgelaufen?“ fragte Robert.

„Die Freiheit ... *Freiheit,* ... das verstehst du nicht!“

„Wie war's denn?“ forschte Robert weiter.

„Oh! ...“

Olaf wollte gerade begeistert erzählen, aber ein Hustenanfall packte ihn, schüttelte ihn und zermalmte ihn fast. Nur langsam erholte er sich von diesem Anfall.

„Wenn du nach Tenerei zurückkehrst ...“, begann Robert wieder.

„Nie!“ schnitt ihm Olaf das Wort ab. „Niemals kehre ich zurück! Tenerei? Ach, wenn man einmal weiß, was Freiheit ist ...“

Freiheit ... Robert dachte nach. Am liebsten hätte er die Fensterscheibe eingeschlagen.

„Rück näher“, murmelte Olaf, „ich will dir ein Geheimnis verraten ...“ (S. 112.)

Und er erzählte Robert von einem Hund, den man hier gefangenhielt. Angeblich machten sie Versuche mit ihm. Olaf sagte, er höre ihn jeden Tag winseln. Er schlug Robert vor, den Hund zu befreien. Dabei beschrieb er Robert genau die Stelle, von wo das Geräusch kommen mußte.

Robert war sogleich von dieser Idee begeistert. Er beschloß auf der Stelle, den Hund zu suchen.

Nach langem Herumirren im Krankenhaus stand er plötzlich in einem langen Gang. Vom anderen Ende hörte er ein leises Winseln. Er schlich darauf zu und fand hier den Hund auf einer Decke liegen.

Der Hund fürchtete sich vor Robert. Er glich ein wenig dem verlorenen Hund, dem Robert bei seiner Einlieferung in die Fürsorgeanstalt begegnet war. Nur war er von einigen Narben entstellt.

Robert lächelte ihm zu, da entspannte sich der Blick des Hundes, er richtete seine Ohren auf, und der Schwanz bewegte sich leicht. Der Hund hob schließlich leise zu bellen an – es klang zugleich fröhlich und klagend.

Robert betrachtete nun die Umgebung und erkundete die Möglichkeiten, nach außen zu gelangen. Nachdem er herausgefunden hatte, wie man über eine Treppe in den Hof gelangen konnte, lächelte er dem Hund noch einmal zu und lief dann rasch wieder in das Krankenzimmer zu Olaf zurück, wo auch Franziska bereits auf ihn wartete.

Als sie das nächste Mal Olaf besuchten, stand es für Robert fest: Er muß seine Eltern suchen und den Hund befreien. Mit den Adreßstreifen der Zeitschrift wollte er seine Eltern finden.

Es war wieder so wie das letzte Mal: Franziska erledigte Besorgungen, so konnte Robert unbeachtet verschwinden, nachdem er sich von Olaf verabschiedet hatte, der ihm noch all sein Geld schenkte, das er von Großvater erhalten hatte.

Der Hund lag an derselben Stelle, nur schien er Robert noch kläglicher. Alles ging sehr rasch ...

Robert führte den Hund über die Hintertreppe hinaus, band ihn an eine Leine und verschwand mit ihm aus der Nähe der Spitals.

Schon der erste Lastwagen hielt an, als er winkte. Der Fahrer nahm ihn mit, und nach einer Stunde war das Paar auch schon in Paris. Völlig fremd und ohne irgendeine Ahnung, wohin sie sich wenden könnten, standen sie in dieser Stadt, die einem ungeheuren Ameisenhaufen glich.

So wanderten sie nun ziellos, der Bub und der Hund nebeneinander, durch eine andere Welt: die der Freiheit ...

Robert hoffte auf ein Wunder: an einer Straßenecke würden ihm eine schöne Frau und ein starker Mann begegnen, die ihn sofort erkennen und mit sich nehmen ...

Aber bald brach die Nacht herein, und langsam wuchsen in ihm Verzweiflung, Einsamkeit und die Gewißheit, daß alles schiefgehen werde. Doch er hoffte auf den nächsten Tag.

Immer öfter mußte er an Tenerei denken ..., an Franziska, Marc und die anderen Kameraden.

So wanderte er stundenlang durch endlose Gassen und staubige Straßen. Die vielen Menschen um ihn schienen alle ein Ziel zu haben, Geborgenheit. Er wußte nicht, daß sie einander fast alle vollkommen gleichgültig waren. Er fühlte sich nur unsagbar allein ...

Doch sein Hund folgte ihm getreu ..., der Hund, dessen Namen er nicht einmal kannte.

Da, auf einmal hörte er den Ausruf eines Zeitungsverkäufers:

„Neueste Schlagzeile: Hund im Spital von Melun entlaufen ...“

Robert stürzte sofort zum Verkäufer und erstand die Zeitung. Er las gleich auf der ersten Seite:

Versuchshund entflieht aus dem Spital von Melun. Es wurden ihm mehrere Organe aufgepfropft, namentlich eine dritte Niere.

Wer findet Caddy wieder?

„Warum sind die Menschen so grausam?“ dachte Robert und blickte voll Mitlied auf Caddy. Jetzt wußte er, wie er hieß. Leise flüsterte er dem Hund seinen Namen ins Ohr, und sogleich begann der Hund freudig erregt zu winseln. Robert würde ihn nie mehr zurückschicken.

Roberts, ihm todsicher erscheinender Plan war, die Redaktion der Zeitschrift, die er immer bekam, zu suchen. Hier mußte man doch wissen, wer seine Eltern sind.

Die Nacht war nun völlig hereingebrochen, und Robert legte sich unter eine Bank im Warteraum einer Busstation schlafen.

Er und Caddy – müde von den Strapazen dieses Tages – schliefen sofort ein.

Am nächsten Morgen ging er weiter auf die Suche nach seinen Eltern. Doch erlebte er eine Enttäuschung nach der anderen. Wen er auch fragte, niemand konnte ihm Auskunft geben über die Handschrift und über den Absender.

Er hörte immer nur dieselbe Antwort: „Aber mein Junge, wie soll ich das wissen?“

Ganz erschöpft und hoffnungslos kamen sie am Abend zu einem

großen Rummelplatz, wo sie in der Menschenmenge leicht untertauchen konnten.

Robert machte sich immer größere Sorgen um Caddy, der immer häufiger und kläglicher winselte.

Allmählich schlossen die einzelnen Vergnügungsstätten. Robert schlüpfte mit Caddy in einen abgestellten Wagen. Das Nest war wohl hart, doch sie waren müde ... Früh am nächsten Morgen wurden sie dort von einem Polizisten aufgestöbert.

Caddy bellte nicht einmal, und Robert erwachte kaum, sondern ließ sich nur erleichtert in die Arme des Polizisten gleiten.

Impulse und Fragen zu den Kapiteln IV–V:

Was kennzeichnet den Sonntag in Tenerei als besonderen Tag?

Warum bedeuteten die Adreßschleifen für Robert so viel?

Warum gingen Marc, Robert und Olaf in die Kirche?

Hat es einen Sinn, sich wegen des Kirchenbesuchs verspotten zu lassen?

Was meinte Olaf, als er Christus einen Helden nannte? Was bedeutet für dich das Wort „Held"?

Warum mußte Robert vor der Marienstatue weinen?

Ist die Reaktion von Robert beim Besuch der Pflegeeltern verständlich? Wie hätte er anders handeln können?

Wodurch änderte sich Kaids anmaßende Haltung?

Weshalb lief Olaf davon?

Was ist an dem Gespräch zwischen Robert und Olaf im Krankenhaus wichtig?

Weshalb befreite Robert den Hund? Hatte er nur Mitleid mit dem Tier, oder wollte er vielleicht unbewußt noch anderes?

Was suchte Robert mit seiner Flucht zu erreichen? Was hat an seiner Handlungsweise mit Schuld?

VI.

... Robert leistete keinen Widerstand.

Sein Abenteuer war beendet, aber nicht endgültig verloren! Eines Tages würde er seine Eltern finden. Zudem war auch Caddy gerettet.

Robert wurde aufs Jugendgericht gebracht. Hier wurde er zuerst einmal von Richter Lamer, den er schon von Tenerei her kannte, verhört; man wollte genau die Gründe seines Ausreißens erfahren.

„Ich wollte ja nur meine Eltern suchen", beteuerte Robert.

Richter Lamer, der sein ganzes Leben in den Dienst verlorener Kinder gestellt hatte, verstand die Situation von Robert. Er sah, wie Robert im Grunde seines Herzens doch an Tenerei hing, und so hielt er es für das beste, ihn wieder dorthin zurückzuschicken.

Vorher brachte man den Jungen aber noch einmal ins Fürsorgeamt, wo sich Doktor Klerant wieder mit ihm beschäftigte.

Jetzt mußte Robert eine bittere Wahrheit erfahren. Bevor man ihn nämlich zurück ins Jugendgericht schickte, gab ihm die Sekretärin von Doktor Klerant eine Zeitschrift, dieselbe, die er in Tenerei auch immer erhalten hatte.

„Du kannst sie gleich jetzt mitnehmen, dann brauchen wir sie dir nicht zu schicken."

„Sie haben mir die Zeitung immer geschickt?" fragte Robert und war ganz blaß geworden.

Die Sekretärin begriff es nicht und wird es wahrscheinlich nie begreifen, warum der Junge die Streifen mit den Adressen, die er noch immer bei sich hatte, in Stücke riß und ihr ins Gesicht schleuderte.

... Eigentlich freute sich Robert nun doch, nach Tenerei zurückzukommen. Doch wie würden sie ihn aufnehmen?

Seine Ankunft in Tenerei war aber dann ganz anders, als er sie sich vorgestellt hatte: Franziska war auf Urlaub gegangen, Mami war auf dem Weg ins Spital, denn sie erwartete ein Baby, und Marc ...?

Vielleicht wäre es weniger schlimm gewesen, wenn er nicht gerade am 24. Dezember zurückgekommen wäre.

Von all dem, was der Heilige Abend sonst für Kinder bedeutet – Liebe, Geborgenheit, Freude, Licht –, spürte Robert nichts.

Er fand nur Leere und Kameraden, die ihn nicht sehr freundlich begrüßten.

Auch Marc wollte nichts von ihm wissen.

Robert bemerkte bald, daß Marc ganz dem Einfluß von Kaid verfallen war. Den ganzen Tag waren sie miteinander. Robert spürte, daß sie etwas im Schilde führten.

Am Abend teilte Marc Robert dann mit, daß Kaid und er mit dem Wagen von Buffalo nur für diese Nacht abhauen wollten. Er fragte Robert, ob er nicht mitkommen wolle.

Robert versuchte verzweifelt, Marc von diesem Vorhaben abzuhalten, aber es gelang ihm nicht. Marc sagte, er wolle nur an diesem Abend zu Hause sein. Robert war enttäuscht und traurig.

Am Abend gab es eine bescheidene Weihnachtsfeier und ein festliches Essen. Die Buben durften länger aufbleiben. Um halb zwölf versammelte Buffalo dann die fröstelnde Schar der „Pfäfflein“ zur Christmette.

Während die einen schon fest schliefen und die anderen in der Kirche waren, brachen Marc und Kaid in die Garage ein, stahlen das Auto und fuhren in die kalte Winternacht hinaus.

Marc dachte nur an seine Mutter und Gerhard . . .

VII.

In Paris trennten sich die beiden, um ihre Familien und Freunde aufzusuchen. Sie vereinbarten noch einen Ort, wo sie sich morgen wieder treffen wollten.

Doch Kaid war am nächsten Tag mit dem Wagen allein abgehauen.

Als Marc sah, wie er hineingelegt worden war, stellte er sich selbst der Polizei. So landete er wieder vor dem Jugendgericht, und wieder behandelte Richter Lamer seinen Fall.

„Daß du eine Dummheit gemacht hast“, murmelte der Richter, „weißt du so gut wie ich!“

Marc schwieg.

„Und der kleine Robert? An ihn hast du nicht gedacht?“

„Ich schlug ihm vor, mitzukommen“, stammelte der Junge.

„Er war doch erst an demselben Tag zurückgekehrt, nicht? . . . Er fand dort weder eure Schwester Franziska noch sonst jemanden, dem er sich hätte anvertrauen können. Nur auf dich konnte er hoffen, Marc, und du bist geflohen!“

„Er hat sich auch nicht um mich gekümmert, als er ausriß!“

„Er ist dein Freund, Marc! Er hat dich noch nie so dringend gebraucht!“ (S. 166.)

Marc wurde nun einige Zeit bis zur eigentlichen Gerichtsverhandlung in Paris festgehalten. Richter Lamer bereitete diese Verhandlung gründlich vor. Er war nämlich überzeugt, daß es das beste für Marc sei, ihn wieder seiner Familie zurückzugeben. Doch mußte dann seinen Eltern unbedingt eine menschliche Wohnung zur Verfügung gestellt werden.

Mit großem persönlichen Einsatz erreichte Lamer, daß Marcs Familie eine Wohnung bekam, in der die beiden Buben, Marc und Gerhard, ein eigenes Zimmer beziehen konnten.

Marc sollte von dieser Überraschung erst am Gerichtstag erfahren:

„Marc“, sagte Richter Lamer, „wir haben dich vorgeladen, weil ich meinen Entscheid über dich ändern möchte. Du wirst nicht mehr nach Tenerei, sondern zu deinen Eltern zurückkehren. Ihr habt jetzt eine neue Wohnung, und du und dein Bruder werdet ein eigenes Zimmer bewohnen.“

Die Eltern von Marc, die der Verhandlung beiwohnten, fuhren freudestrahlend in die Höhe.

Auch Marc sprang auf. Er verdeckte sein Gesicht, denn er wollte seine Tränen nicht sehen lassen.

Doch dann stieß er einen Schrei aus, lief zu seinen Eltern, nahm seinen kleinen Bruder und trug ihn vor zum Richtertisch.

„Sag Herrn Lamer danke, sag danke!“ rief Marc seinen Bruder an.

„. . . anke“, sagte eine ganz leise Stimme.

Hier endet unser Bericht über Marc. Doch was ist wohl mit Robert geschehen?

Auch er war bei dieser Gerichtsverhandlung, und er freute sich mit Marc. Doch er stand nun nicht allein, denn er war mit einer großen und wichtigen Aufgabe betraut worden.

Richter Lamer hatte nämlich den Erzieher Buffalo gebeten, für seinen kleinen Sohn, der am Weihnachtstag zur Welt gekommen war, Robert zum Taufpaten zu wählen.

Der Erzieher hatte zwar zuerst schwere Bedenken und meinte:

„Ich behaupte, Robert braucht Liebe. Wie kann er da Liebe weitergeben? Er hat das Bedürfnis, geliebt zu werden!“

Lamer antwortete: „Von Größeren geliebt und beschützt zu werden, einen Kleineren aber zu lieben und zu beschützen. Er muß erfahren, daß er von jemand gebraucht wird. Und ich sage Ihnen auch, er steht am Rand der Verzweiflung, und Ihr kleiner Sohn vermag ihn leichter zu retten als Sie und ich.“ (S. 170.) ◀

Impulse und Fragen zu den Kapiteln VI–VII:

Hätte Roberts Verhalten der Sekretärin gegenüber nicht Strafe verdient?

Was macht sein Verhalten verständlich? Mußte es aber nicht als undankbar erscheinen? – Ist es nicht oft so, daß man ein Verhalten verurteilt, weil man die inneren Gründe dazu nicht kennt?

Was machte die Rückkehr nach Tenerei so schlimm für Robert?

Warum wollte Marc von Robert nicht viel wissen?

Warum wollte Marc fliehen?

Hat Marc Robert durch seine Flucht im Stich gelassen?

Gab es für ihn andere Möglichkeiten?

Hätte Marc nicht bestraft gehört, statt daß er zu den Eltern zurückgebracht wurde?

Was sollte damit erreicht werden, daß Robert zum Taufpaten gewählt wurde?

Was kann man aus der Geschichte lernen?

KONFLIKTGESCHICHTEN

(A. Flucher)

Zum Thema Eltern-Kinder-Konflikt

Elviras Eltern wollen aus der Kirche austreten.

Der Vater meint: „Ist ja lauter Blödsinn, was die sagen. Außerdem bezahle ich einen Haufen Kirchensteuer. Wie komme ich dazu? Ich werde aus der Kirche austreten. Auch dich, Elvira, werde ich vom Religionsunterricht abmelden. Denen werde ich es zeigen!" Elvira aber will nicht: „Ich werde bald vierzehn und kann das selbst bestimmen. Ich bleibe im Religionsunterricht, ob es dir paßt oder nicht. Da kannst du gar nichts machen!"

Was sagst du zur Haltung des Vaters?
Was sagst du zur Meinung Elviras?

Bei Familie Maier gibt es große Unstimmigkeiten.

Hans, der älteste Sohn, möchte sich vom Religionsunterricht abmelden: „Ich halte nichts von Religion. Ist ja lauter Blödsinn. Außerdem ist der Unterricht stinklangweilig, und der Religionslehrer hat etwas gegen mich. Schließlich bin ich vierzehn Jahre alt und kann hier selbst entscheiden." Der Vater aber ist erzürnt: „Du mit deinen vierzehn Jahren hast hier überhaupt nichts zu sagen. Du bleibst beim Religionsunterricht, fertig, Schluß!"

Was sagst du zur Haltung des Vaters?
Was sagst du zur Meinung von Hans?

Monika erzählt ihrer Freundin Heidi:

„Du weißt, ich möchte nichts lieber, als Friseurin werden. Doch meine Eltern sagen: ‚Es ist nicht dein Recht, dir den Beruf auszusuchen. Du bist noch zu dumm dazu. Das ist einzig und allein Sache der Eltern. Und wir haben beschlossen, daß du weiter in eine Schule gehen sollst!' Ich aber bin der Meinung, es ist meine Sache, welchen Beruf ich wähle. Ich muß ihn ja ausüben. Was meinst du dazu?"

Was sagt ihr zur Haltung der Eltern?
Was würdet ihr Monika an Heidis Stelle raten?

Lieber Andreas!

Ich bin momentan in einer sehr schwierigen Lage. Ich schreibe Dir, um Deinen Rat zu hören. Du weißt, ich bin jetzt im letzten Schuljahr und möchte unbedingt Automechaniker werden. Ich habe auch schon eine gute Stelle in Aussicht. Meine Eltern jedoch machen deswegen dauernd Krach. Sie wollen unbedingt, ich solle in eine höhere Schule gehen: „Du lernst weiter, da gibt es keine Debatte. Sei doch froh, wenn ich dir dazu die Gelegenheit gebe", sagte mein Vater. Ich aber bin der Meinung, den Beruf ergreifen zu können, den ich möchte.

Was würdest Du an meiner Stelle tun?

Noch liebe Grüße und schreibe mir bald,

Dein Freund Waldemar

Was sagst du zur Meinung des Vaters?
Was zur Haltung von Waldemar?
Was würdest du Waldemar antworten?

Erich diskutiert mit seinem Vater über Politik. Erich vertritt dabei die Meinung seines Geschichtelehrers. Sein Vater aber behauptet genau das Gegenteil. Die Mutter mischt sich ein und tadelt Erich, weil er dem Vater widerspricht. Erich aber ist der Ansicht, daß er seine Meinung nicht aufgeben darf und verteidigen muß, wenn er sie für richtig hält.

Was sagt ihr zu diesem Fall?
Soll Erich festbleiben?

Viktor, Karl und Heli gehen mit Sabine ins Kino. Es läuft ein spannender Kriminalfilm. Heli ist schon längere Zeit hinter Sabine her, sie hat aber bis jetzt nur Viktor Beachtung geschenkt. Das kann Heli nicht auf sich sitzen lassen. „Heute spanne ich sie ihm aus, koste es, was es wolle", nimmt er sich vor und versucht, sich besonders fesch herzurichten. An der Kinokasse sieht er, daß der Film „Jugendverbot" hat. Heli ist 15 und hat solche Filme bisher immer gemieden. Heute aber überlegt er: „Wenn ich sage, daß ich einen Film mit Jugendverbot nicht ansehe, lachen mich alle aus. Das kann ich mir nicht leisten, überhaupt, wenn Sabine dabei ist. Dann habe ich bei ihr überhaupt keine Chancen mehr!"

Was sagst du zur Haltung von Heli?
Haltet ihr ein „Jugendverbot" für zweckmäßig?

Alois Baumann, 42, Fabriksarbeiter, ist, wie fast jeden Freitag nach der Auszahlung, ins Gasthaus gegangen, um sich zu betrinken. Um Mitternacht kommt er nach Hause. Die Mutter regt sich wieder furchtbar auf: „Schau, daß du verschwindest, du angesoffener Lümmel! Pfui Teufl! So etwas ist mein Mann!“

Es dauert nicht lange, und es gibt wieder einmal Schläge für die Frau. Die zwei kleineren Kinder, Alex, 5, und Helga, 9, beginnen vor Angst zu weinen, wie schon so oft. Auch Anni, 14, erwacht. Sie ist verzweifelt: „Warum muß es in meiner Familie so furchtbar sein? Ich weiß nicht, was ich tun soll. Soll ich aufstehen und dem Vater einmal meine Meinung sagen? Der Erfolg wären höchstens Schläge. Auch wenn er nüchtern ist, getraue ich mir nichts zu sagen. Es würde ja auch nichts helfen. Ich habe furchtbare Angst. Am liebsten möchte ich weglaufen.“

Was sagst du zum Vater?
Wie soll sich die Mutter verhalten?
Was soll Anni machen?
Wer leidet am meisten unter diesem Zustand?

Dorli bekam zu ihrem 14. Geburtstag ein Kleid. Sie findet es aber etwas zu lang und läßt es kürzen, ohne ihren Eltern etwas davon zu sagen.

Als aber Dorli zu einer Ausfahrt das gekürzte Kleid anzieht, beginnt ihre Mutter zu schimpfen und verlangt, daß sie ein anderes Kleid anzieht. Dorli aber weigert sich und bleibt zu Hause.

Was sagt ihr zu Dorli?
Was zu ihrer Mutter?

Jürgen schreibt seinem Freund Ernst:

„. . . Bei uns zu Hause ist es richtig blöd. Vater will uns zwar alle glücklich machen, aber eben so, wie er sich das vorstellt. So ist er jetzt natürlich auch dagegen, daß mein Bruder und ich mit dem Kaplan auf der Schihütte Silvester feiern. ‚Zu Silvester gehört die Familie zusammen, den Jahreswechsel feiern wir gemeinsam‘, sagt er. Ich weiß aber ganz genau, daß wir wieder nur den ganzen Abend vor dem Fernsehapparat sitzen werden. Das soll dann ein ‚Familienfest‘ sein, na danke! Und mit Euch auf der Hütte – das wäre so eine tolle Sache!

Was meinst Du, was ich tun soll? Soll ich einfach abhauen und einen Krach riskieren? Laß Dir bitte etwas einfallen und schreib es mir!"

Wie soll sich Jürgen verhalten?

Was sagt ihr zur Einstellung des Vaters?

Wenn Jürgen unbedingt mitfahren will, wie könnte er das am besten erreichen?

Wie könnte Jürgen versuchen, die Silvesterfeier in der Familie umzugestalten?

Helga hat häufig Streit mit ihrer Mutter. Einmal geht es um die Frisur, dann um die Kleider, ein anderes Mal um das Ausgehen.

Heute aber war es besonders arg. Die Mutter wollte, daß Helga zur Schneiderin gehe, um das neue Kleid zu holen, das sie für den Ball am Abend braucht. Aber Helga war mit Karin verabredet. Sie wollten gemeinsam ins Kino gehen.

„Du kannst ein andermal gehen. Wenn ich dich nicht brauche", hat die Mutter gesagt.

„Ich kann dich nicht immer fragen, wenn ich mich verabrede. Und außerdem bin ich nicht dein Dienstmädchen, geh doch selbst", hat Helga geschrien und war hinausgestürzt.

Auf dem Wege zu Karin erinnerte sich Helga, wie sich die Mutter vorige Woche dafür eingesetzt hatte, damit Helga die neuen Schuhe bekomme, die jetzt alle Mädchen in der Klasse tragen, obwohl der Vater gegen diese Modetorheit gewesen war. „Aber wenn ich jetzt zurückgehe, dann habe ich nie meine Ruhe", dachte sich Helga.

Was soll Helga tun?

Hat Helga recht, wenn sie sich verabredet, ohne die Mutter zu fragen?

Wie kann sie ein gutes Klima zwischen sich und ihrer Mutter schaffen?

Zum Thema Freundschaft

Kurt fährt jeden Tag mit vielen anderen Schülern mit dem Zug zur Schule.

Einmal, beim Heimfahren, sieht Kurt unter einer Bank eine Fotografie liegen. Auf dieser Bank hat Roswitha gesessen, die gerade eine Station vorher ausgestiegen ist. Das Bild zeigt August und auf der Rückseite steht: „Roswitha, ich liebe Dich."

Kurt denkt: „Das wird morgen ein großer Spaß, wenn ich das Bild vor allen herzeigen werde."
Was würdet ihr an Kurts Stelle tun?

Thomas, Martin und Michael haben sich einen tollen Scherz ausgedacht. Sie beschließen, Marika mit einem ausgehöhlten Kürbis zu erschrecken. Sobald es dunkel ist, wollen sie ihn mit einer Stange vor ihr Fenster stellen.

Martin aber verrät diesen Plan an Marika. Als sie gerade dabei sind, die Stange vor Marikas Fenster aufzustellen, öffnet sie das Fenster und schüttet einen Kübel Wasser auf Thomas und Michael herab. Martin, der das gewußt hatte, stellt sich rechtzeitig abseits und lacht mit Marika die beiden anderen kräftig aus. Thomas packt der Zorn, und er gibt Martin eine kräftige Ohrfeige. Dabei fällt Martins Brille zu Boden und bricht. „Das sage ich daheim", ruft Martin und eilt nach Hause.

Thomas weiß, wenn das seine Eltern erfahren und die Brillen bezahlen müssen, werden sie sehr böse sein.
Wie soll Thomas das wiedergutmachen?
Was sagt ihr zu Martin?
Was haltet ihr von dem Scherz vor Marikas Fenster?

Martin Kroll ist Offizier. Ihm wäre lieber, er hätte die Rangabzeichen auf seinem Kragen nicht und wäre einfacher Soldat. Denn die Verantwortung, die in diesem verdammten Krieg auf ihm lastet, wird ihm fast zuviel. Er denkt an das Schreckliche, woran auch er sich mitschuldig fühlt. Er denkt an die unschuldigen Menschen, die er erschießen ließ, weil er einen Befehl dazu bekam. Ganz deutlich sieht er die Verzweifelten wieder vor sich, die Angst in ihren Gesichtern. „Einmal ist mir das passiert, aber nie wieder soll es vorkommen. Das nächste Mal verweigere ich den Befehl, und wenn es mein Leben kostet!"

Insgeheim hofft Kroll, daß der Krieg nicht mehr lange dauern und er nie mehr in eine solche Situation kommen wird. Doch bald erreicht ihn der Befehl, Meuterer in einem Gefangenenlager zu erschießen. Zunächst scheint ihm alles klar. Er wird den Befehl nicht erfüllen. Schon ist er daran, das Papier zu zerreißen. Da hält er inne: „Was ist aber damit schon getan?" denkt er. „Wenn ich es nicht tu, macht es der nächste. Und ich komme vor das Kriegsgericht und werde gehenkt. Was geschieht dann mit meiner Frau? Und meinen Kindern, die so sehr auf mich warten? Oh, dieser Krieg! Gibt es denn hier keinen Ausweg?!"

Was habt ihr für einen Vorschlag?

Wie soll sich Kroll verhalten?

Major Wufke, ein Fliegeroffizier, startet ohne Befehl und schießt drei feindliche Aufklärungsflugzeuge ab. Inzwischen bekommt Leutnant Braun, ein guter Freund von Major Wufke, den Befehl, diesen, sobald er zurückkommt, gefangenzunehmen und das inzwischen gefällte Todesurteil zu vollstrecken.

Leutnant Brau hätte die Möglichkeit, seinen Freund mittels eines Funkspruches zu retten, kann aber dabei selbst entdeckt werden.

Was soll Leutnant Braun tun?

Was meint ihr zu Major Wufke?

Veronika gefällt die Religionsstunde am besten von allen Unterrichtsstunden. Der neue Kaplan macht es wirklich interessant, es wagt auch keiner mehr, den Störenfried zu spielen. Veronika hat sich sogar dazu gemeldet, bei der Gestaltung der Jugendmesse zu helfen, obwohl sie sonst selten zum Gottesdienst gekommen ist. Sie tut alles dem Kaplan zuliebe. Bei der Gesangsprobe muß sie aber erfahren, daß der Kaplan krank ist und daher der alte Pfarrer die Messe halten wird. Veronika freut das Singen nicht mehr. „Wenn er nicht dabei ist, interessiert mich die Messe auch nicht", denkt sie.

Was sagt ihr zur Einstellung von Veronika?

Helga und Edith aus der 4a sind Freundinnen. In der Pause macht Edith den Vorschlag, am Nachmittag gemeinsam ins Kino zu gehen. Helga entgegnet: „Heute geht es leider nicht, Tante Emmi kommt auf Besuch und ich muß zu Hause sein."

So beschließt Edith, mit ihrem kleinen Bruder spazierenzugehen. Als sie zufällig am Kino vorbeikommt, sieht sie Helga mit einem jungen Mann am Eingang stehen. Die beiden bemerken Edith aber nicht.

Diese ist wütend. Am nächsten Morgen in der Schule bittet Helga: „Du, Edith, sag mir bitte schnell den Inhalt der Ballade, die wir lesen mußten. Du weißt, wir hatten gestern Besuch und ich hatte keine Zeit zum Lernen." Edith, die sich sehr gut auf die Deutschstunde vorbereitet hat, wendet sich schroff ab und sagt: „Ich hab' auch keine Ahnung. Tut mir leid!" Helga ist sehr verwundert, war Edith doch sonst immer sehr hilfsbereit.

Was sagt ihr zu Helga?
Wie hättet ihr euch in Helgas Lage verhalten?
Wie beurteilt ihr das Verhalten Ediths am Morgen in der Schule?
Wie steht es mit der Freundschaft der beiden Mädchen.
Muß Helga wegen eines Freundes die Freundin aufs Spiel setzen?

Der Malermeister Franz Maier fährt mit seinem Pkw von Leibnitz nach Graz. In seinem Auto sind noch seine Frau und zwei Angestellte. Plötzlich stürzt der vor ihm fahrende Motorradfahrer und kommt genau auf seiner Fahrbahnseite zu liegen. Zum Abbremsen ist es zu spät. Franz Maier muß in Bruchteilen von Sekunden entscheiden: „Verreiße ich das Steuer nach links, ist ein Zusammenstoß mit einem der entgegenkommenden Fahrzeuge unvermeidlich. Weiche ich nach rechts aus, stürze ich über die hohe Böschung. Bei dieser Geschwindigkeit heißt das Lebensgefahr für alle vier Insassen meines Autos. Oder ich muß den vor mir liegenden Mann einfach überfahren."

Was würdet ihr tun?

Gottfried ist ein stiller Bub. Seine Leistungen in der Schule sind mittelmäßig, beim Fußballspielen ist er höchstens als Torstange zu gebrauchen. Sein einziger Freund ist Sepp, dem er auch seine Zuneigung zu Renate anvertraut.

Einige Tage vor Schulschluß unternimmt die Klasse eine Wanderung. Gottfried ist krank und daher nicht dabei. Es ist ein herrlicher Tag, die Ferien sind nicht mehr weit, die Stimmung ist also richtig „high". Da platzt Sepp plötzlich los: „Hört mal, wißt ihr schon das Neueste? Unser Gottfried hat sich in die Renate verknallt!" Da brechen alle in schallendes Gelächter aus, allen voran Renate. Für den Rest des Tages bildet Gottfried den Gesprächsstoff.

Was sagt ihr zu Gottfrieds „Freund" Sepp?
Wie verhält sich Renate?

Verdrossen fährt der Hauer Wagner mit seinen sieben Knappen in die Grube ein. Als sie im Schacht drei ankommen, ist es auffallend ruhig. Hauer Wagner ahnt Schlimmes und eilt den Schacht hinauf. Plötzlich ist der Weg versperrt. Schutt bedeckt den Schacht. Hauer

Wagner weiß: Hinter den Schuttmassen ist die andere Schicht, die sie ablösen sollten. Eine Weile stehen die Knappen stumm und wissen nicht, was sie tun sollen.

Dann aber sagt Wagner: „Wir müssen sofort durch den Schutt graben. Wir haben keine Zeit zu verlieren. Der Stollen kann noch nicht lange eingefallen sein."

Während er das sagt, beginnt Gestein zu bröckeln und weiteres Gestein fällt zu Boden.

„Nein", schreit da Pellmann, ein noch junger Bergmann, „wir müssen fort, bevor auch dieser Teil des Stollens einfällt. Ich jedenfalls haue ab."

„Womit", brüllt da Hauser, „wohl mit dem Lift, damit du durch die Erschütterung, die er verursacht, den ganzen Stollen zum Einsturz bringst und auch uns verrecken lassen willst."

„Ihr könnt doch mit mir kommen", antwortet Pellmann, „hier heißt es, rette sich wer kann, wer weiß, ob wir den anderen noch helfen können. Ich habe keine Lust, hier zu sterben."

Und schon will Pellmann zum Lift zurückgehen, da packt ihn Hauser beim Arm und brüllt zornig: „Du bleibst hier. Noch einen Schritt, und ich schlage dich nieder."

„Halt", gebietet da der Hauer Wagner, „hier befehle ich."

Was soll Wagner tun?

Darf er allein für alle entscheiden?

Was sagt ihr zu Pellmann?

Was sagt ihr zu Hauser?

Gerhard hat sich in Marianne verliebt. Er hat es niemandem erzählt außer seinem besten Freund Toni.

Doch Toni hat es den anderen in der Klasse gesagt, und alle lachen nun über Gerhard. Auch die Mädchen haben auf dem Gang gekichert, als Gerhard vorbeiging. Unter ihnen war auch Marianne. Gerhard kommt zornig nach Hause. Ihm schmeckt das Essen nicht. Bald setzt er sich auf sein Rad und fährt ziellos herum. Da sieht er plötzlich Marianne, die ihr Rad schiebt. Das Hinterrad hat keine Luft.

„Ich könnte den Schlauch reparieren", denkt sich Gerhard. „Aber hat nicht auch sie mich ausgelacht? Und, wenn mich jemand von der Klasse mit Marianne sieht? Dann habe ich gar keine Ruhe mehr."

Was würdet ihr an Gerhards Stelle tun?

Was sagt ihr zu Toni?

Margit lädt zu ihrem 14. Geburtstag ihre Freundinnen ein. Darunter auch ihre beste Freundin Petra.

Auf dem Heimweg von der Schule trifft Petra Monika, die erst seit zwei Wochen in der Stadt wohnt. Monika hat noch keine Freundin, und niemand in der Schule kümmert sich um sie. Monika würde auch gerne mitfeiern. Petra lädt Monika ein, zu Margit mitzukommen.

Bevor Petra zu Margit fährt, ruft sie bei ihr an und sagt ihr, daß sie Monika mitbringt. Aber Margit antwortet zornig: „Wenn du nicht allein kommst, brauchst du gar nicht zu kommen."

Was soll Petra tun?
Was sagt ihr zu Petra?
Was sagt ihr zu Margit?

Christenverfolgung in Uganda. Fast alle Priester werden ermordet. Kinghasa ist ein kleines katholisches Bauerndorf. Mango, ein junger Priester, findet dort Unterschlupf in einer der Lehmhütten. Die Leute kommen im geheimen auch öfters zur Eucharistiefeier zusammen. Doch auch dieser Priester wird gesucht. Regierungstruppen kommen ins Dorf. „Entweder ihr gebt ihn freiwillig heraus, wenn er bei euch verborgen ist, oder das ganze Dorf wird von uns durchsucht. Finden wir ihn, werden zehn von euren Männern erschossen", lautete die Anordnung. In einer geheimen Versammlung der Männer entstehen bald zwei Parteien. Die größere Gruppe meint: „Es ist besser einen zu opfern als zehn. Noch dazu müssen wir auch an unsere Frauen und Kinder denken." Andere wiederum sagen: „Wenn wir einmal die Verantwortung für ihn übernommen haben, müssen wir auch die Folgen auf uns nehmen. Alles andere ist ein abscheulicher Verrat an diesem Menschen."

Was sagt ihr zur Meinung derer, die den Priester retten wollen?
Was zur Meinung der größeren Gruppe?
Was würdet ihr tun?

MANN UND FRAU

(A. Höfer)

Lernziel

Die Katechesenreihe verfolgt drei Ziele: die Entwicklung der Zielvorstellung der Geschlechtlichkeit über dem Weg der theologischen Information, die Affektbildung über die Märcheninterpretationen und die Einübung in moralische Verhaltensweisen durch die Konfliktgeschichten.

1. *Die theologische Information:*

Die Geschlechtserziehung setzt auf der Oberstufe die biologische Information bereits voraus. Weil diese Voraussetzung aber nicht immer gegeben sein wird und außerdem das Interesse der Schüler auch an den leiblichen Abläufen noch nach Information verlangt und nicht gesättigt ist, wird man je nach Notwendigkeit auf Biologisches zu sprechen kommen oder auf Literatur verweisen, die den Schülern zugänglich ist.

Der erste Hauptakzent der Katechesen liegt aber darauf, die *Vorstellungen der Bibel* und der *kirchlichen Tradition* über die Ehe zu entdecken. Es geht um eine Entdeckung, die die Schüler selber machen können; als Grundlage dienen hauptsächlich die Texte Gen 1–3: Was sagt die Heilige Schrift über die Geschlechtlichkeit und ihr letztes Ziel? Es werden also die Texte in gemeinsamer Arbeit unter diesem Gesichtspunkt nochmals befragt. Man vergleiche dazu die Exegese im ersten Band S. 56 ff. und S. 88 ff.

Als nächstes muß die *Sakramentalität der Ehe* herausgearbeitet werden, was mehr auf induktivem als auf deduktivem Weg erfolgen kann:

a) *Den* Menschen gibt es nicht, es gibt ihn immer nur entweder als

Mann oder als Frau. Die körperlichen Unterschiede zwischen Mann und Frau sind bekannt, sie drängen zur Ergänzung und Vereinigung, so daß die Bibel vom Werden zu „*einem* Fleisch“ sprechen kann. Nicht minder groß sind aber auch die seelischen Unterschiede (man führe einige an). Auch diese drängen zur Ergänzung. In der Bibel steht dieser seelische Ergänzungsvorgang so sehr im Vordergrund, daß sie beim Geschlechtsverkehr davon spricht, daß der Mann seine Frau „erkennt“ – das fleischliche Einswerden ist somit auch ein seelisches Einswerden. Darüber führe man den ersten Gang des Gespräches mit den Schülern.

b) Die körperlichen und seelischen Unterschiede der Geschlechtlichkeit und der Drang zur Vereinigung und Ergänzung machen den Menschen nachdrücklich darauf aufmerksam, daß er nie als „ich allein“ existiert, sondern immer schon als „ich und du“. In der Zweigeschlechtlichkeit ist dem Menschen bis ins Fleisch hinein eingezeichnet, daß er in Mitmenschlichkeit zu leben hat. Er ist nur da, wenn es auch andere gibt. Er braucht die anderen, um zu leben (die Eltern!), und die anderen brauchen ihn. Dieses Gesetz der Mitmenschlichkeit erschöpft sich nicht in der geschlechtlichen Zweisamkeit, sondern greift weit darüber hinaus. Das sieht man ja schon daran, daß sich die Ehe durch Kinder zur Familie ausweitet. Unter den Geschlechtsunterschieden liegt der Ich-Du-Unterschied. Über die geschlechtliche Vereinigung hinaus reicht die Vereinigung der Liebe, die man zu jedem Menschen, dem man begegnet (dem „Nächsten“) entwickeln muß. Körperlich: Mann und Frau; geistig-personal: ich und du. Die Erfüllung beider ist die Liebe, die es in verschiedenen Stufen und Graden der Nähe zueinander zu verwirklichen gilt. Man zähle auf und bespreche: Liebe der Eltern, Kinder, Ehegatten, Freunde, Kameraden, Nachbarn, Arbeitskollegen, Bergsteiger, Mitfahrende in einem Verkehrsmittel u. a. Welche Anforderungen der Liebe stellen sich?

c) Zurückgreifend auf die sechste Schulstufe kann man von der Sakramentalität sagen: Immer, wo zwei oder mehrere im Namen Jesu versammelt sind, ist er in ihrer Mitte. Eucharistische Versammlung hat familiären Charakter: die Familienversammlung der Christen. Die Ehe hat kirchlichen Charakter, wenn die Eheleute glauben: Gemeinschaft miteinander, und darin und dadurch auch Gemeinschaft mit Gott. Erst wenn auch Gott „mit-tut“, kann man sagen, daß diese Liebe nie mehr aufhört, denn er garantiert Leben und Lieben über den Tod hinaus. Und von seiner Treue zu den Menschen können die

Menschen auch die Treue zueinander lernen. Seine Liebe ist eine schenkende, die immer weiter um sich greift. Auch die eheliche Liebe soll über sich hinausgreifen: Kinder, Nachbarn, die Pfarrfamilie umfassen. So wird die Ehe zur Keimzelle von Gesellschaft und Kirche. Der Lehrer soll diese Gedanken durch geschickte Impulsfragen herauslocken. Möglich sind auch Arbeitskreise, denen diese drei Themen (a, b, c) geschickt gestellt werden, wobei sie vorher schon etwas durchbesprochen sind. Die Schüler sollen die Punkte selber mit vielen Beispielen belegen.

2. *Die Affektbildung*

Der Geschlechtstrieb wird von vielen Jugendlichen als ein Einbruch in ihr Leben erfahren. Die Macht der Antriebe, der ungeheure Triebschub verändert ihre Persönlichkeitsstruktur und führt zur Entdeckung und Herauskristallisierung ihrer Individualität. Dies bedingt einen schmerzlichen Reifeprozeß.

Der Triebschub und die Entfaltung der Individualität bringen Ichstärkung und Icherweiterung mit sich. Dadurch lernen die Jugendlichen allmählich immer mehr auf eigenen Füßen zu stehen und von anderen unabhängiger zu sein. Freilich zieht sich dieser Prozeß über Jahre hin. Er zeitigt auch die so leidvolle Ablöse von den Identifizierungen. Die Liebesbeziehung zu den Eltern, die Vater-Tochter- und Mutter-Sohn-Bindung, muß aufgelöst werden; Identifizierungen mit früheren Lehrern und Verwandten werden lockerer. Die Jugendlichen kommen sich deswegen oft wie aus dem Nest gefallene Vögel vor. Sie glauben, man verstehe sie nicht; in Wirklichkeit sind sie sich selber ein Rätsel, das sie aber selbst aufzulösen haben. Verstanden zu werden, hilft ihnen dabei, nimmt ihnen aber die Arbeit nicht ab.

Der Zuwachs an geschlechtlicher Triebstärke und an aufkeimender Individualität müssen in das Ich integriert werden. Es geht um die Aneignung von zunächst selbständig zu sein scheinenden Persönlichkeitsmomenten, die in das Ich hineingenommen und in Ichstärke verwandelt werden müssen. Sie dürfen nicht zur Ichschwächung (wie bei der Triebüberschwemmung) führen. Es geht um einen Verwandlungsprozeß, der im Märchen vom Frosch zum Prinzen, vom eingesponnenen Dornröschen zur Liebenden führt. Diesen Verwandlungsprozeß muß der Jugendliche sehen lernen, ehe er ihn würdigen und zur eigenen Aufgabe machen kann. Er führt zur Annahme der ausgereiften Frauen- oder Männerrolle, die erst eine Partnerschaft ermöglicht.

Die Affektbildung wird über die *Märcheninterpretation* angeboten. Das ist durch verschiedene Gründe gerechtfertigt: Märchen sind ein früher dichterischer Ausdruck ursprünglicher Psychologie und Tiefenpsychologie. Diese werden darin allerdings nicht in wissenschaftlichen Kategorien, sondern in dichterischer, bildhafter Form betrieben. Das bringt den Vorteil mit sich, daß diese Bilder unmittelbar in das Seelenleben des Menschen eingehen und ihn ergreifen können. Diese Affektbildung durch wirksame Bilder redet nicht nur über die Wirklichkeit, sondern übt zugleich schon bildende, ergreifende und formende Wirkungen aus. Sie ermöglicht darüber hinaus ein hohes Maß an Eigentätigkeit der Schüler. An vielen Schulen, an denen diese Interpretation bereits gemacht wurde, hat man sehr gute Erfahrungen gesammelt. Es hat sich gezeigt, daß Märchen keineswegs nur für Kinder und auch nicht etwa nur für Mädchen geeignet sind.

Über den Wert für die Geschlechtserziehung hinaus lehrt die Märcheninterpretation die Kinder meditieren. Sie bekommen ein Gespür für die Tiefe, Schönheit und Faszinationskraft der bildhaften Sprache, des inneren Schauens, der Phantasie und der Dimension Tiefe, die durch die Oberfläche der Dinge hindurchdringt. Man achte darum auch auf meditatives Verhalten: Man eile nicht, man zerrede nicht allzuviel, man lasse Stille und Phantasie walten. Haben die Schüler einen guten Zeichenunterricht, dann soll sich der Religionslehrer mit dem Zeichenlehrer absprechen, daß er Märchenthemen stellt. Von den Märchen her bekommt man auch einen neuen Zugang zur Bildersprache der Bibel, wie sie vor allem in der Paradieserzählung aufscheint. Auch die Verse aus dem Hohen Lied greifen auf die Ursprache menschlicher Bilder zurück. Man mache die Schüler darauf aufmerksam.

3. *Einübung moralischer Verhaltensweisen*

Korrektheit, Schamhaftigkeit, Keuschheit und Liebe verlangen von dem Schüler im Alltag vielfache Verhaltensweisen, die durch immer neue Situationen bestimmt werden. Diese Situationen müssen aufgestöbert und durchgesprochen werden. Dazu dienen die Konfliktgeschichten. Die letzten von ihnen tragen extremere Fälle vor, die zwar nicht in jedem Milieu zutreffend sind, aber nicht selten die Wirklichkeit der Schüler erreichen mögen. Der Lehrer entscheide selber, ob er sie verwende oder nicht. Gut ist es, wenn die Schüler selber formulierte Konfliktgeschichten vortragen und diskutieren.

Aus den Konfliktgeschichten und der Märcheninterpretation möge man einen Ehren- und Sittenkodex aufstellen: Die Schüler entwerfen selber Normen ihres moralischen Verhaltens. Sie lernen dabei Normen entdecken, werten und innerlich bejahen. Je mehr die Klasse dabei gemeinsam an der Arbeit ist, um so größer wird auch die Bestärkung sein.

Außer den Märcheninterpretationen kann man auch Schlager analysieren und fragen, welche Auffassung von Liebe sich in ihnen ausspricht. Auch hier lasse man die Schüler selber die Texte wählen und erklären.

Das Thema Geschlechtlichkeit und Liebe soll so intensiv behandelt werden, wie die Kinder es wünschen und wie es sachlich nötig ist. Man kann ruhig dafür mehr Zeit aufwenden, als in den Glaubensbüchern vorgesehen ist. Die verwendete Zeit kann leicht bei den letzten Katechesen des Jahres eingespart werden.

Prüfen und Leistung der Schüler

Mit eigenen Worten sagen können, was die Bibel über die Geschlechtlichkeit meint; erklären können, inwiefern die Ehe ein Sakrament ist und welche Konsequenzen sich daraus für Christen ergeben; über die Hauptaufgaben der Affektbildung dieser Altersstufe Auskunft geben können; den Unterschied zwischen Schamhaftigkeit, Keuschheit und Liebe nennen können; ein Märchen interpretieren können (intelligentere Kinder sogar ein neues, unbekanntes); neue Konfliktgeschichten moralisch einwandfrei lösen können und mehrere Lösungsmöglichkeiten durchdiskutieren; die christlichen Normen der Geschlechtlichkeit angeben können; deren Unterscheidungsmerkmale zu sonstigen Auffassungen angeben. Einige aktuelle Liebesfilme, Schlager und Romanheftchen interpretieren, bewerten und beurteilen können; offen mit einem Dritten über Geschlechtlichkeit reden können; richtige, unbefangene Wortwahl beherrschen.

Zur Katechese

Märchen sind wie Gleichnisse zu interpretieren: viele Züge haben Symbolwert. Freilich liegt der Gehalt dieser Symbole mehr im Gemüthaften als im Rationalen. Die denkerische Deutung der Symbole soll das Gefühl der Hörer zum Schwingen bringen. Zunächst wird es für die Schüler überhaupt überraschend oder gar befremdend sein, daß Märchen auch für „Große“ von Bedeutung sind. Die Erfahrung zeigte aber bereits, daß auch die Buben mit großem Interesse dieser Auslegungsmöglichkeit folgen, weil durch die Parallelität ihres Entwicklungsstandes und des Märchens das Gemüt stark mitschwingen kann.

Das erste Märchen soll der Katechet selbst aufschließen und eingehend die Symbolik besprechen. Ein zweites kann man bereits mit Hilfe der ganzen Klasse interpretieren. Die weiteren sollen die Schüler selbst (in Gruppen oder allein) enträtseln, wobei der Lehrer selbstverständlich helfen wird. Wir verweisen auf die grundsätzlichen Ausführungen und Beispiele in dem anschließenden Artikel von K. Prantner und legen nur zwei Auslegungsversuche vor. Selbstverständlich ist das Märchen zuerst ungedeutet zu erzählen.

Märcheninterpretationen

Die Schöne und das Tier

Wir benützen eine vereinfachte Fassung der bekannten französischen Version des deutschen Märchens „Das Löweneckerchen" (= die Lerche).

Die Lieblingstochter eines Kaufmanns heißt Bella, die Schöne (Bella ist das Jungmädchen schlechthin, denn jedes will die Schöne sein. Das Märchen beginnt mit der Vater-Tochter-Bindung, die gegengeschlechtliche Version des sogenannten Ödipuskonfliktes, darum „Lieblingstochter"). Als der Vater auf eine lange Geschäftsreise muß (die Entfremdung zwischen Tochter und Vater, die die Lebensreife bringt, kündet sich bereits an), erbittet sie von ihm eine Rose, die er mitbringen soll (Symbol der Liebe; Bella möchte die heimlich beginnende Entfremdung überwinden und die Vater-Tochter-Beziehung aufrechterhalten). Auf dem Rückweg von der langen Reise verirrt sich der Vater in einem Wald (Symbol der neuen Situation, der noch nicht begangenen Lebensmöglichkeiten, des noch Unheimlichen). Dort sieht er eine wunderschöne Rose und pflückt sie für Bella. Da bricht aus dem Gebüsch ein wildes Tier hervor (das wilde, noch unbekannte Geheimnis des Waldes – der noch unbewältigten neuen, auf den Vater zukommenden Situation): „Du hast meine Rose gebrochen, du bist des Todes!" Der Vater denkt an seine Tochter und bittet um sein Leben (er will ihr den Vaterverlust ersparen). Das Tier läßt ihn leben, aber nur mit dem Versprechen: „Das erste Wesen, das dir bei deiner Heimkehr entgegenläuft, mußt du mir schenken!" (Der Vater kann nur durch einen großen Verzicht sein Leben, seine Identität, retten.) Er erinnert sich, wie sein Hund ihm immer als erster entgegenläuft und willigt ein (er unterschätzt die Tragweite des Verzichtes). Aber welch ein Schreck für den Vater, als ihm nicht der Hund, sondern Bella entgegenläuft (ihm wird bewußt, wen er hergeben muß)! Der Vater verheimlicht aber den Preis, den er für die Rose bezahlt hat, an der sich Bella freut (die Liebe erfährt die Tochter zwar noch vom Vater, sie kommt aber bereits von einem anderen her, die Rose stammt aus dem Besitz des Tieres). Weil der Vater sein Versprechen nicht erfüllt, wird er krank bis auf den Tod (ohne Verzicht – Verlust der Identität, nur der Verzicht auf die Tochter kann den Vater am Leben = im Glück erhalten). Um den Vater zu retten, willigt Bella ein, in den dunklen Wald zum Tier zu gehen (die erste Lösung ihrer Vaterbindung erfolgt noch aus Liebe zum Vater!). Ein zauberhaftes Pferd bringt sie in das Schloß des Tieres (das Pferd als Symbol der Überbrückung von seelischen, nicht räumlichen Gegensätzen und Entfernungen). Bella wird in ein wunderschönes, aber einsames und verzaubertes Schloß gebracht. Es ist das Schloß des Tieres. Das Tier wirbt um Bellas Liebe (das Tier ist ein junger Mann, der Bella begehrt – er ist noch ein Tier: sein Begehren ist noch voller sexualer Aggression, will Bella als Objekt für sich: der Sexualtrieb ist noch nicht humanisiert – in die Person so eingebaut, daß er Ausdruck inniger Liebe wäre –, es ist noch mehr egoistisches Begehren). Das Mädchen kommt sich im verzauberten Schloß noch ganz verlassen vor (die Welt des jungen Mannes ist für sie noch unheimlich, fremd). Das Tier hält sich von ihm fern, es weiß selbst, wie gefährlich es dem Mädchen werden kann. Das Tier möchte das Mädchen an sich gewöhnen und im Schlosse heimisch machen (das Schloß als Sinnbild ihres gemeinsamen Glückes muß erst innerlich erobert werden). Bella fühlt Erbarmen mit dem Tier und nicht nur Angst. Bella hat von daheim einen Spiegel mitgenommen: in ihm sieht man nicht sich selbst, sondern den, den man liebt (der Spiegel als Symbol des Bewußtwerdens und der Imago, des Bildes dessen, den man innerlich trägt). Eines Tages sieht sie ihren Vater im Sterben. Mit ihrem Zauberroß eilt sie an sein Krankenbett (die Vaterbindung ist noch mächtig, sie fürchtet um den Verlust des Vaters = die Auflösung der Bindung). Sie pflegt den immer schwächer werdenden Vater. Eines Tages sieht sie im Spiegel das Tier elendig und krank (ihr kommt zum Bewußtsein, daß der junge Mann unter ihrer Trennung leidet und unglücklich ist). Es erfaßt sie Mitleid und Liebe zu ihm, sie will ihm helfen (die Liebe zum „Tier“ war inzwischen gewachsen und fast stärker als die Vaterbindung). Der Vater stirbt, Bella kehrt freiwillig ins Schloß zurück (die Vaterbindung ist aufgegeben, sie bindet sich freiwillig an den Mann, von dem die Rose der Liebe ja schon stammte: die Vaterbindung war eine Einübung in ihre Beziehung zum Mann und lebt in der Liebe zu diesem fort). Mit Bangen und Freude zugleich kehrt sie in den Wald zurück. Dort findet eine Jagd statt. Mit Entsetzen merkt sie dies und fürchtet um das Leben ihres „Tieres“ (so sehr hat sie dieses schon liebgewonnen). Tatsächlich wird das Tier zu Tode getroffen (das Aggressive, das noch nicht zur Liebe Ausgereifte im Mann muß sterben). Doch aus dem toten Tier steigt ein Prinz: Er war als Tier verzaubert und ist nun erlöst (die Liebe Bellas, im Märchen sind es ihre Brüder, hat das Tierische, Aggressive überwinden helfen). Beide leben glücklich im Schloß (an die Stelle des unheimlichen Waldes tritt das zum Heim gewordene Schloß).

Das Märchen ist ein Erlösungsmärchen: Das „Tier“ löst das Mädchen (auch unter Schmerzen) vom Vater und bindet es an sich als an sein Glück. Das Mädchen erlöst durch ihre Liebe den Prinzen aus dem Tierischen. Aber beide müssen durch den Tod hindurch (Tod des Vaters, Tod des Tieres), um zum gemeinsamen Glück zu kommen. Die wahre Liebe wird nur unter Schmerzen geboren und durch freiwilligen Verzicht erkauft. Das Glück fällt nicht in den Schoß, sondern wird nur durch eine mühevolle Verwandlung hindurch geschenkt. Doch beide können sich in diesem Verwandlungsprozeß gegenseitig helfen!

Brüderchen und Schwesterchen

Brüderchen und Schwesterchen (in Wirklichkeit ein Liebespaar) laufen von zu Hause fort (Lösung der Elternbindung) in den dunklen Wald (die noch unbekannte Situation ihrer jungen Liebe). Nach langem Wandern bekommt das Brüderchen Durst (die Regung des Sexualtriebes, der durch eine Triebverschiebung „Durst“ genannt wird). Er kommt an eine Quelle und beugt sich darüber, um zu trinken (Versuch der Triebstillung, Brunnen, Tümpel und Quelle als Symbol der Fruchtbarkeit). Da tönt ihm aus dem Abgrund eine Stimme entgegen: „Wenn du aus mir trinkst, wirst du ein Löwe!“ (ein Wissen darum, daß das Begehren noch egoistisch ist, Aggression und Zärtlichkeit sind noch unvermischt – nach Freud). Das Schwesterchen bittet den Bruder, nicht zu trinken, damit er kein Löwe werde und es zerreiße (das Mädchen bittet um Triebaufschub, denn es weiß, daß es ihm noch schaden könne, da die integrierte Liebe noch fehlt). Wieder kommen sie zu einem Brunnen, aus dem die Mahnung kommt: „... sonst wirst du ein Bär!" (die Versuche wiederholen sich). Beim dritten Brunnen ertönt der Ruf: „... sonst wirst du ein Reh!" (die Aggressivität ist inzwischen überwunden, der Sexualtrieb, anfangs freischweifend, zur Liebe integriert; das Reh allerdings ist ein Symbol der Flüchtigkeit, des Unbeständigen). Das Mädchen liebt den Bruder auch als Reh, auch wenn dieses von ihm immer weg in den Wald springt. Doch bittet es immer, daß das Reh sich vor den Jägern hüte (die Gefahr besteht immer noch, daß das Mädchen vom Burschen verlassen werde). Ein jagender Prinz verfolgt die Fährte des verwundeten Rehleins und kommt zum Schwesterchen, gewinnt es lieb und führt es als Frau auf das Schloß (aus dem Wald wird ein Schloß: das Un-behauste wird zur bewohnten Stätte, sie werden sich gegenseitig vertraut). Das Schwesterchen bittet aber, das Reh mitnehmen zu dürfen. Glücklich leben sie zu dritt (das Rehlein wird nicht „getötet", die Gefahr der Unbeständigkeit bleibt auch in der Ehe erhalten, aber durch die Liebe der Frau „eingekreist" und gebändigt; eine ungenügende Lösung, weil nicht er-lösend, wäre die dauernde Eifersucht der Frau).

Das Märchen beschreibt den Weg von der Lösung der Elternbindung zur Ehe. Er führt durch Triebverzicht zur Triebverwandlung. Die Partner helfen sich gegenseitig. Dem Mädchen wird eine erlösende Rolle zugesprochen, die auch noch in der Ehe nötig ist.

DAS MÄRCHEN IM RELIGIONSUNTERRICHT

(K. Prantner)

Außer der sachlichen Begründung der Berechtigung des Märchens als Unterrichtsmittel, die im I. Teil unseres Beitrags versucht wird, soll hier kurz darauf hingewiesen werden, daß wir dabei nicht völliges Neuland betreten: Die ohnehin immer schon (aufgrund der Tatsache, daß man Kindern Märchen erzählt) erfaßte pädagogische Qualität dieser Erzählungen wurde schon auf wissenschaftlicher Ebene reflektiert[1] und ist auch für den Bereich des Religionsunterrichtes als fruchtbar erkannt worden, so z. B. von Josef F. Spiegel[2]. Zwar geht Spiegel nur auf die Verwendung im Volksschulalter ein, da aber sehr viele Märchen erwiesenermaßen als bildhaft-dichterische Darstellungen von Pubertätsproblemen zu verstehen sind, können sie eben gerade auch in dieser Altersstufe relevant werden, wenn man die Jugendlichen zum richtigen Verständnis der Erzählungen anleitet. Daraus ergibt sich als Formalobjekt unserer Betrachtung des Märchens die Psychologie (im Unterschied z. B. zu literaturgeschichtlicher oder volkskundlicher Betrachtungsweise). Das muß zwar nicht ausschließlich geschehen, jedoch wird der Hauptakzent verständlicherweise darauf liegen.

[1] Z. B.: R. Bamberger, *Das Märchen in der Erziehung:* Jugend und Buch 11 (1961/1); Ch. Bühler, *Das Märchen und die Phantasie des Kindes,* München [2]1961; H. Polatschek, *Zur Frage der Kategorisierung und der Beurteilung des erzieherischen Wertes der europäischen Volksmärchen,* Diss. (phil.), Wien 1965; C. Schultz, *Märchen und Erziehung* (hg. von A. Niegl), Wien 1950; W. Winkler, *Das Motiv der Lebensbewältigung im Volksmärchen und in der Kindergeschichte der Gegenwartsliteratur,* Diss. (phil.), Wien 1966; P. Wolfersdorf, *Märchen und Sage in Forschung, Schule und Jugendpflege,* Braunschweig 1958.

[2] J. F. Spiegel, *Das Kind und die Bibel. Zur Hermeneutik und Didaktik des Bibelunterrichts in der Vorschul- und Anfangsklasse* (Theologische Brennpunkte Bd. 26/27), Frankfurt a. M. 1970, 36–53.

I. Was ist ein „Märchen"?

„Märchen" – dieses Wort ist in unserem alltäglichen Sprachgebrauch nicht gerade eindeutig, das heißt, unsere Einstellung zu dem, was es bezeichnen soll, scheint zwiespältig. Da gibt es zum Beispiel die uns allen geläufige Redensart, in der „Märchen erzählen" etwa soviel bedeutet wie: Verbreiten von Unglaubwürdigkeiten, von Geschichten, die (bloß) dem Kopf eines besonders Phantasiebegabten entsprungen sind, eben „nur erfunden" (und deshalb – nach einem sehr positivistischen Wahrheitsverständnis – unwahr, unwirklich) sind. Die Bedeutung geht hier also in Richtung von „lügen". Auf der anderen Seite können wir dieses Wort bei einem Menschen antreffen, der ein Ereignis berichtet, das er wegen seines – zumindest für ihn selber – unüberbietbaren (besonders freudigen, erfüllenden) Charakters nicht adäquat in Worte zu bringen vermag, und sodann mit der Wendung „wie im Märchen ..." o. ä. zu umschreiben sucht. Es war eben so schön (und zeitlicher Abstand trägt ein weiteres zur Verklärung bei), daß es fast zu schön war, um wahr zu sein: so etwas gibt es sonst eben nur im Reich der Märchen, zumindest als Anhaltendes, Bleibendes. Schließlich sind Märchen ja jene Gattung von Erzählungen, die man den Kindern zumuten kann, die ja (scheinbar) noch nicht oder sehr wenig mit der widerständigen Wirklichkeit der Welt beschäftigt sind und sich an allen möglichen Phantastereien ergötzen können. Doch zeigt sich – bei all dem – etwas Merkwürdiges. M. Lüthi schreibt: „Jahrhundertelang ist das Volksmärchen als Kinder- und Gesindestubengeschichte von den Gebildeten verachtet worden, und doch haben sich große Dichter immer wieder von ihm inspirieren lassen ... Wenn etwas in solch entschiedener Weise anzuziehen und abzustoßen vermag, dann darf man vermuten, daß es da um Wesentliches gehe. Es ruft zur ausgesprochenen oder unausgesprochenen Auseinandersetzung auf. Die Rolle, die das Märchen im Leben der Kinder spielt, die Rolle, die es in der buchlosen Zeit jahrtausendelang auch im Leben der Erwachsenen gespielt hat, bestärkt uns in der Annahme, daß es sich um eine Dichtung besonderer Art handelt, eine Dichtung, die den Menschen als solchen angeht."[3] Dies aufzuzeigen, auch anhand einiger Beispiele, soll hier unser Anliegen sein.

[3] M. Lüthi, *Es war einmal. Vom Wesen des Volksmärchens* (Kleine Vandenhoeck-Reihe 136/137), Göttingen [3]1968, 5.

1. *Das Märchen ist ein symbolisches Geschehen*

Das Phänomen des Märchens kann man, wie schon einleitend erwähnt, von verschiedenen Seiten angehen, also verschiedene Methoden anwenden, von denen zunächst einmal keine einzelne für sich beanspruchen kann, die größte Annäherung an sein Wesentliches (die adäquateste Behandlung) zu garantieren. Man wird also unter den verschiedenen Möglichkeiten wählen müssen, was auch immer einen Verzicht darstellen wird, damit alles zu sagen, was im einzelnen (über das jeweilige Märchen) überhaupt gesagt werden kann, welcher Verzicht aber durch die Zielrichtung des Unternehmens gerechtfertigt werden kann. Und da es sich in unserem Fall um eine Verwendung des Märchens im Religionsunterricht handelt, das Märchen also in seiner Tragweite für die Erziehung Jugendlicher in Ansehung kommt, liegt die Betrachtungsweise der Psychologie (besonders Tiefenpsychologie) nahe. Es soll aufgewiesen werden, daß das Märchen als ein *symbolisches Geschehen* menschliche Grundsituationen (also Situationen, in die normalerweise *jeder* gerät) und deren mögliches Bestehen bzw. Bewältigen beschreibt. So wird es uns – im Handbuch zur achten Schulstufe – vor allem um solche Märchen gehen, welche die Konflikte und Probleme (und deren Lösung) darstellen, mit denen der durchschnittliche Jugendliche in der Phase seiner Pubertät bewußt oder unbewußt konfrontiert ist. Das sind die Übergänge Kind–Jugendlicher bzw. Jugendlicher–Erwachsener mit den damit verbundenen Problemen der Ablösung von der elterlichen Autorität und der Annahme und Integration der Sexualität, der freien Hinwendung zum anderen Geschlecht, eigentlich die Frage nach dem Weg zur Identität der Person[4].

Wenn wir nun das Märchen (oder einzelne Märchen) nach den psychologischen Strukturen untersuchen, soll damit nicht eine rationalistische Auflösung des *unmittelbar* Ansprechenden (das das Märchen als Symbol ist) in ein mechanistisches System betrieben werden, sondern es geht um eine (asymptotische) Annäherung an ein letztlich nicht in wissenschaftliche Sprache, vielleicht in eine andere Sprache als seine eigene überhaupt nicht Übertragbares. Das *Symbol* (als solches muß das Märchen auch als ganzes gesehen werden, nicht nur in

[4] Vgl. G. H. Graber, *Märchengestalten bei Jugendlichen: Märchenforschung und Tiefenpsychologie,* Hg. W. Laiblin, Darmstadt 1969 (abgek. Laiblin), 187–194.

seinen Bild-Bestandteilen) übersteigt die Aussagekraft des Wortes. Die Untersuchung hat also nur vermittelnden, relativen Charakter, soll als Beitrag zu einer Einübung ins Märchenlesen betrachtet werden, beansprucht also lediglich eben den Wert eines Umweges, der wieder auf die Straße des unmittelbaren Lesens, jetzt aber mit weiter geöffneten Augen, führt. „Das Symbol erweckt Ahnung, die Sprache kann nur erklären" (Bachofen)[5]. So wird es eben wichtig sein, in der Schule die Märchen nicht nur in irgendeiner selbsterstellten Kurzfassung zu erzählen, sondern in möglichst originärer Gestalt, mit der ihnen eigenen Struktur und den wiederkehrenden Formeln und typischen Redewendungen zu Gehör zu bringen[6].

Das Märchen ist also keine (oder nicht nur eine) schöne Geschichte. Das Märchen beschreibt – eigentlich sogar sehr rücksichtslos – das menschliche Leben so wie es ist, es flüchtet keineswegs in den Bereich der Phantasie und Irrealität. Natürlich, wahr im Sinne eines Zeitungsberichts ist es nicht. Die Wahrheit des Märchens ist eine *existenzielle,* eine die Grundstrukturen des menschlichen Daseins erhellende: *unsere* Wahrheit. M. Lüthi sieht im Märchen „eine Abenteurererzählung, die raffend, sublimierend und ordnend die wesentlichen Bezüge des menschlichen Daseins zur Darstellung bringt"[7].

Das Märchen gibt *Antwort;* es ist dies aber nicht die oft zweifelhafte Antwort eines einzelnen, die womöglich nur für ihn selbst Geltung hat, und nur in dieser einmaligen Situation, die sich nicht mehr wiederholt. Sondern das Märchen kommt von weiter her, sein Ursprung läßt sich zeitlich nicht fixieren, es hat nicht einen „Autor" im üblichen Sinn; es ist vielmehr eine Erscheinung unter jenen „représentations collectives" (Levy-Bruhl), die in Jung'scher Terminologie die schon einer bewußten Bearbeitung unterworfenen hypothetischen *Archetypen* (patterns of behaviour) darstellen[8]. Das Volks-Märchen

[5] Zit. bei E. Buchwald, *Symbolik im Märchen:* Laiblin, 407.

[6] *Kinder- und Hausmärchen,* gesammelt durch die Brüder Grimm, München 1949. Der Katechet verwende eine Originalausgabe!

[7] M. Lüthi, *Das europäische Volksmärchen – Form und Wesen,* Bern–München ²1960, 112. Diese Beschreibung des Märchens schien uns die beste von den eingesehenen. Zum Vergleich z. B. van der Leyen, *Die Welt der Märchen,* Bd. 1, Düsseldorf 1953, 9: „Das Märchen ist eine Geschichte von wunderbaren Erlebnissen, die ein Held meistert."

[8] Vgl. C. G. Jung, *Von den Wurzeln des Bewußtseins. Studien über den Archetypus,* Zürich 1954, 5 f.

ist also ein Produkt des „Volksgeistes“ (Brüder Grimm), des „Kollektiven Unbewußten“ (C. G. Jung), in ihm ver-dichten sich die Erfahrungen des Unbewußten vieler Generationen[9]. Es sind somit allgemeingültige Aussagen, Geschichten exemplarischen Charakters, Beschreibungen von Situationen, die seit jeher zum Menschsein gehören. Aber es ist eben nicht nur Beschreibung, sondern auch, wie schon gesagt, Anleitung zur *Bewältigung* der andrängenden Probleme existentieller Art, die unumgehbar sind, die nur im Hindurchgehen (Durchstehen) bewältigt werden können. So schildert das Märchen den notwendigen Prozeß der Selbstwerdung und Selbstfindung, welcher sich in *Krisen*situationen zuspitzt, die mit *Angst* verbunden sind[10]. Das Wort „Krise“ ist im allgemeinen unreflektierten Sprachgebrauch eher negativ behaftet; *krisis* (griech., von *krinein)* bedeutet aber positiv *(Ent-)Scheidung.* Die Bewältigung der Krise kann nicht in Form von Verdrängung vor sich gehen, das würde nur Aufschub bedeuten.

Solche entscheidenden Situationen im Leben des einzelnen sind nun jene des Übergangs von einem Lebensabschnitt in einen neuen, also der Übergang, den das Kind beim Antritt des Schulbesuchs erlebt, oder der Übergang vom Kind zum Jugendlichen bzw. Jugendlichen zum Erwachsenen (Pubertätsphasen), verbunden mit der Ablösung von der Eltern-Erzieher-Autorität, der Wahl des Berufes und des Sexualpartners, oder der Eintritt ins Alter.

[9] Ders., *Psychologie und Religion,* 1940, 93: Archetypen sind „Formen oder Bilder kollektiver Natur, welche ungefähr auf der ganzen Erde als Konstituenten der Mythen und gleichzeitig als autochtone, individuelle Produkte unbewußten Ursprungs vorkommen“. Vgl. H. v. Beit, *Symbolik des Märchens. Versuch einer Deutung,* Bern ²1960, 13 ff. Der Archetyp ist also „an sich“ nicht faßbar, bleibt unbestimmt, er wird als den Einzelgestaltungen der Bilder im Traum, Mythos, Märchen usw. Zugrundeliegendes postuliert. – Der Sinn dieser Bilder ist nach Freud in bewußter Sprache adäquat aussagbar, während Jung in ihnen eben den Ausdruck einer unbewußt wirksamen seelischen Grundstruktur sieht.

[10] Vgl. S. Freud, *Das Ich und das Es,* 1923, der die diversen Angstsituationen des Lebens als durch die „Trennung von der schützenden Mutter“ (S. 76) bei der Geburt, die die erste Verlassenheit bedeutet, präformiert sieht. – Weiters: *Die Angst. Studien aus dem C. G. Jung-Institut Zürich,* Bd. X, Zürich 1959, und J. Neumann, *Die Entstehung des Selbst aus der Angst,* in: *Angst und Schuld in theologischer und psychotherapeutischer Sicht,* Stuttgart ⁴1967, 122–132.

Hier wirken zwei Faktoren, ein „doppelter Wille" (Nietzsche): der *Hang zum Verweilen* im Gewohnten, Bisherigen einerseits und der *Drang nach vorne,* in Neuland anderseits: In diesem Zwiespalt ist die *Angst* beheimatet. Im Märchen wird nun dieses Überschreiten, Hinter-sich-Lassen eines Lebensabschnitts „als ein Sterben verbildert"[11]. Und die Angst ist eben Angst vor diesem „Sterben", das der Exodus aus einer Lebensphase bedeutet; es gilt das Gesetz des „Stirb und Werde" (Goethe); es ist „im Gesamtablauf ein bedeutsames, immer und überall wiederkehrendes Geschehen wirksam ...: Bedrohung und Erlösung, Lähmung und neues Erblühn, Tod und Auferstehung."[12] „Der kräftige Mann stirbt, indem er ein Greis wird, der Jüngling, indem er ein Mann wird, das Kind, indem es ein Knabe wird", hat schon Plutarch treffend festgestellt[13]. Und man kann sagen, daß es sich hier um eine wiederholte Vorwegnahme, eine langsame Einübung, Vorbereitung jener letzten Widerfahrnis handelt, welche der Tod sein wird, und die dann nicht nur erlitten, sondern bewußt und aktiv in einer höchsten Freiheitstat vollzogen werden kann.

Diese treibenden und hemmenden Faktoren werden im Märchen wie in den Reifungsträumen von Kindern und Jugendlichen paraphrasiert und personifiziert, woraus sich das Auftreten z. B. von Hexen, Zauberinnen, bösen Stiefmüttern erklärt, negativer Mutterbilder; es sind dies real keine neuen Personen außer oder neben der Mutter, objektiv handelt es sich um dieselbe Person, die sich subjektiv dem Kind oder Jugendlichen in seiner Reifungs-(= Ablösungs-)Phase zu einer solch negativen verändert, eben deshalb, weil sich die Beziehung zu ihr notwendig ändern muß. Also notwendige und (im Blick auf mögliches Fehlverhalten) gefahrvolle Entscheidungssituation. „Wo aber Gefahr ist, wächst das Rettende auch", sagt Hölderlin. Und da der Mensch als „dialogisches Wesen" zu bezeichnen ist, wird dieses Rettende ihm vom anderen zuwachsen: der Gruppe, den Kameraden, Freunden, dem andersgeschlechtlichen Partner. Der Prozeß der Selbstfindung geht über die Entäußerung. Selbstbejahung ist ohne Bejahung durch den (die) anderen nicht möglich: „Die Einbettung ins Du, das

[11] J. Bilz, *Menschliche Reifung im Sinnbild:* Laiblin 162; vgl. auch U. Steffen, *Das Mysterium von Tod und Auferstehung. Formen und Wandlungen des Jona-Motivs,* Göttingen 1963.

[12] M. Lüthi, a. a. O., 17.

[13] Zit. bei J. Bilz, a. a. O., 162.

Sehen und Erleben der Freude, der bejahenden und bejahten Lebenseinstellung eröffnet ein angstfreies, sich nicht mehr schützen müssendes Selbst."[14] Die Lösung des Konflikts ist *Er-lösung,* ist die Befreiung des Menschen aus der Uneigentlichkeit zur Eigentlichkeit seines Daseins. In der Bildersprache des Märchens werden die Gänsemagd zur Prinzessin und das Tier zum Prinzen und Herrscher. Das Bild des Königs zeigt den authentischen Menschen als das höchste Erreichbare, das jedem grundsätzlich offensteht, denn „jeder Mensch trägt sein heimliches Königtum in sich"[15]. Und es ist unsere Aufgabe, diesen „versiegelten Engel" im Mitmenschen und in uns selbst zu erkennen und aufzubrechen (bzw. aufbrechen zu lassen). Die *Liebe* ist in diesem Zusammenhang nicht nur Ziel, sondern schon Ferment der Reifung.

Das Märchen erzählt nicht eine individuelle Geschichte mit unverwechselbaren Zügen, sondern unser aller Geschichte: wir können uns darin wiederfinden. Die Erzählweise, der Stil ist nüchtern, knapp – bei allem Bilderreichtum (vielleicht gerade deshalb, das Symbol braucht keine schmückende Ausdehnung). Szene folgt auf Szene, es gibt kein geruhsames Verweilen vor Erreichen des Zieles; der Märchenheld ist ein Wandernder und Handelnder und nur als solcher interessant[16]. Er ist „reine(r) Handlungsträger"[17], lediglich „Funktionskomplex"[18]. (Hier liegt übrigens auch ein Unterschied zur Sage, wo der Mensch mehr als Grübler und Visionär erscheint[19].) Er handelt in dieser Welt, stößt dabei auf Widerstände (die außerhalb oder innerhalb seiner selbst liegen), wird aber von helfenden Mächten – sofern er auf sie vertraut – sicher geleitet. Auf die einzelnen Symbole, deren sich das Märchen bedient, kann hier nicht eingegangen werden; es ist überhaupt zu bedenken, daß diese nicht losgelöst vom Kontext (Sinnganzen) des jeweiligen Märchens nach ihrer Bedeutung befragt werden können. So erscheint es auch angebracht, die allgemeinen Ausführungen an einigen Beispielen von Interpretation zu konkretisieren.

[14] J. Neumann, a. a. O., 131.

[15] M. Lüthi, a. a. O., 107.

[16] Vgl. ebd., 108 ff.

[17] Ders., *Das europ. Volksmärchen,* Bern–München ²1960.

[18] H. Dieckmann, *Die Symbolsprache des Märchens,* Laiblin 456.

[19] Zum Verhältnis Märchen-Sage: H. v. Beit, a. a. O., 16 f; L. Röhrich, *Märchen und Wirklichkeit,* Wiesbaden ²1964, 9–27; K. J. Obenauer, *Das Märchen. Dichtung und Deutung,* Frankfurt a. M. 1959, 54–67.

Vorerst aber noch einiges über den Zusammenhang, die Verwandtschaft dieser Erzählungen mit anderen Wunschgebilden, über den utopischen Aspekt des Märchens.

2. *Das Märchen ist Utopie*

„... und wenn sie nicht gestorben sind, leben sie heute noch", heißt es am Schluß der Märchen; „sie leben" in einem dauernden, nicht mehr bedrohten Glück, das sich nach Überwindung der Widerstände (innen und außen) eingestellt hat, nach dem Durchstehen der Krise, welche sich als ein notwendiges Moment des Aufstiegs zeigt. Das Anlangen auf der Stufe des Königtums ist Ende des Märchens, aber als *Vollendung* gezeichnet: Bild des authentischen Menschseins.

Wir sagten, das Märchen spreche von *unserem* Leben: Können wir uns aber an dieser Stelle wiederfinden, wo von solcher Vollkommenheit geredet wird – im Gegensatz zu unseren Erfahrungen der Immer-noch-Ausständigkeit, der Differenz von Gewolltem und Erreichtem, bei größtem Bemühen nicht aufhebbar? Ist eine Wahrheit, die sich der des Sisyphus nähert, der Absurdität, nicht eher unsere? Ist hier das Märchen nicht doch „zu schön, um wahr zu sein", – womit wir wieder am Ausgangspunkt unserer Überlegungen wären?

„Unser Leben gleicht meist dem *unvollendeten* Märchen. Der Schlußakt der Glückseligkeit in der Erlösung und Wiedergeburt, in der vollkommenen Liebe, immerwährendem Glück, bleibt meist Wunschtraum. Dagegen stecken wir alle tief in den Mühsalen, die den Helden und Heldinnen der Märchen auferlegt sind."[20] Nach S. Freud sind hier Schutzmechanismen wirksam: die Psyche hat die Tendenz, das Weltbild in Entsprechung unserer Wünsche und Vorstellungen zu gestalten bzw. umzuarbeiten. (Tag-)Träume und Märchen sind Ersatzstoff, Mittel, Triebe zu kanalisieren, was dazu dient, daß wir uns letztlich doch mit dem Vorhandenen abfinden.

Das Märchen hat wahrscheinlich eine solche Funktion, die aber nicht die einzige sein muß; man kann sich fragen, ob hier nicht Komplexeres vorliegt. E. Bloch versucht diese Phänomene von einem anderen Standort aus zu verstehen[21]. Die Konzeption der Psychoanalytik wird kritisiert: die jeweils von ihr postulierten „Grund-

[20] G. H. Graber, a. a. O., 188.

[21] E. Bloch, *Das Prinzip Hoffnung, Bloch-Gesamtausgabe*, Bd. 5, 49 ff.

triebe"[22] kann man gar nicht als solche bezeichnen, weil sie tatsächlich zu partiell sind, nur bestimmte Teile eines umfassenderen Triebes – des *Hungers* überhaupt – darstellen. Die Verhältnisse werden umgedreht, das Unterbewußte, das nur „nach rückwärts" geht, wird zum „Vorbewußtsein eines Neuen"[23]. Das Märchen ist also – könnte man sagen – geradezu Anti-Surrogat, enthält laut Bloch „revolutionäre Elemente". Es entwirft, nimmt vorweg, baut in die Luft, bleibt dabei aber realistisch (wenn anders man realistisch nicht mit „schon bestehend" gleichsetzt). „Es war einmal: das bedeutet märchenhaft nicht nur ein Vergangenes, sondern ein bunteres und leichteres Anderswo. Und die dort Glücklichgewordenen leben, wenn sie nicht gestorben sind, heute noch. Auch im Märchen ist Leid, doch es wendet sich, und zwar auf immer."[24] Und da, wo es kein Negativum mehr gibt, ist es utopisch, das heißt „ortlos" *(ou topos* griech.), was aber nicht schon „unmöglich" bedeuten muß: ortlos also als *noch*-ortlos zu verstehen, in bisherigen Erfahrungen nicht angetroffen, höchstens blitzhaft, für einen Augenblick erlebt, aber soviel gerade, daß es nicht vergessen bleibt, sondern Appetit macht, daß schließlich der Hunger kommt, der gestillt werden will und daher zum Handeln treibt: eine alte Weisheit, daß der Hunger der beste Koch ist. „Daß man entbehrt, dies geht also zuerst auf. Alle anderen Triebe haben im Hunger ihren Grund ... Alles was lebt, muß auf etwas aus sein oder muß sich bewegen und zu etwas unterwegs sein ..."[25]

Aufs Sich-Bewegen also kommt es an. Mit der Welt kann man natürlich auch in der Weise fertig werden, daß man sich skeptisch gibt, die „Fakten" zählen läßt, lieber den Spatzen in der Hand hat als die Taube auf dem Dach (oder sich nach den ägyptischen Fleischtöpfen zurücksehnt, falls man doch schon ein Stück unterwegs ist); wenn man sich so verhält, kommt man am besten „durch", man erscheint vielleicht auch klug und nüchtern in dieser Haltung, verdeckt aber nur die Resignation, die dahintersteckt. Das Märchen hält nichts von Demut solcher Art, es ist geradezu unbescheiden, gibt sich nicht zufrieden: der Frosch will nicht Frosch und die Gänsemagd will nicht

[22] Freuds „Sexualtrieb", Adlers „Willen zur Macht" und Jungs „Rauschtrieb", Bloch, a. a. O., 55–71.

[23] E. Bloch, a. a. O., 71.

[24] Ebd., 410.

[25] Ders., *Tübinger Einleitung in die Philosophie I* (edition suhrkamp 11), Frankfurt a. M. ²1964, 12.

Gänsemagd bleiben! Was ist, ist nicht so gut, daß es nicht besser werden könnte. „Das Märchen läßt sich von den heutigen Paradiesbesitzern nichts vormachen; so ist es aufsässig, gebranntes Kind und helle."[26] Und es ist schon etwas drin von „Aufklärung", wenn die Herrschaftsverhältnisse relativiert, überhaupt Grenzen transzendiert werden. Die Bedeutung der Utopie liegt nicht zuletzt in ihrem evozierenden und provozierenden Charakter, man kann sich der Nichterreichbarkeit ihrer Entwürfe (des „utopischen Rests") durchaus bewußt sein, ohne sie abzuschreiben. Der (z. B. im Märchen) geschilderte Idealzustand kann zum Stimulans werden, sich zu bemühen, wenigstens in eine mögliche Nähe dahin zu kommen. Der Geburtsort der Utopie ist die Krise, weil sie die Frage nach der Zukunft ins Bewußtsein bringt. Und so trägt Utopie dazu bei, Angst zu überwinden, indem sie Hoffnung gibt. Und das tut, wie bereits im vorigen Abschnitt gesagt, eben auch das Märchen.

Das Märchen redet in Bildern, Symbolen. Diese Art zu sprechen ist auch die *biblische*[27], in einigen Büchern besonders deutlich, so in der apokalyptischen Literatur. Da treten die gleichen Bilder auf wie in Märchen, Bild des Herrschers, Königs, Bild der Frau, Bild des Tieres, Bild des Reiters, bestimmte Zahlenverhältnisse. Doch wird hier weniger der Weg beschrieben, den der einzelne zu gehen hat, es kommt vielmehr die *soziale* Dimension zum Tragen: Bild der Vollendung ist das neue Jerusalem, die *Stadt* (Apk 21), nicht nur der Einzug der beiden Liebenden als Herrscherpaar ins (private) Schloß. Das Leben im Schloß wird im Märchen nicht mehr beschrieben, nur kurz angedeutet, und es schließt den *Tod* nicht aus („wenn sie nicht gestorben sind ..."), an ihm hat dieses Glück seine Grenze, die nicht mehr „überträumt" wird. Aber in der Apokalypse geschieht der Sprung, da wird gesagt, daß es in jener neuen Stadt den Tod nicht mehr gibt (Apk 21, 4; vgl. Jes 25, 8), und ihre Herrlichkeit wird gezeichnet und das Leben in ihr.

Deswegen stehen die beiden utopischen Entwürfe des Märchens und der Bibel aber nicht gegeneinander. Ja man kann die Hoffnung, die

[26] Ders., *Das Prinzip Hoffnung, Bloch-Gesamtausgabe,* Bd. 5, 411.

[27] Vgl. P. Tillich, *Wesen und Wandel des Glaubens* (Ullstein-Buch 318), Frankfurt a. M.–Berlin 1961, 63: „Es gibt keinen Ersatz für Symbole und Mythen, sie sind die Sprache des Glaubens"; und U. Steffen, a. a. O., 22: „Es kann keinem Zweifel unterliegen, daß sich die Bibel weitgehend der mythischen Ausdrucks- und Denkweise bedient."

sich in den Utopien, den humanen Tagträumen, und so auch im Märchen, ausspricht, gewissermaßen theologisch qualifizieren; denn jede menschliche Hoffnung ist ein Transzendens, in ihr überschreitet sich der Mensch selbst in ein Absolutes. Diese „weltliche" Hoffnung darf nun vom Glauben nicht frustriert werden, sondern muß in den von ihm eröffneten weiteren Raum der theologischen Hoffnung eingebracht werden können, wenn diese nicht nur „Überbau" und „Jenseitsvertröstung" sein will (und darf). Denn – schreibt J. Moltmann – „die Verheißung des Reiches Gottes, in dem alle Dinge zu Recht, zum Leben und zum Frieden und zur Freiheit und zur Wahrheit gelangen, ist nicht exklusiv, sondern inklusiv"[28]. Das, was Menschen seit jeher als bessere Welt erträumt und als möglich erahnt haben bei Tag und bei Nacht, in Märchen, Mythen, Riten, Ekstasen, gesellschaftlichen Utopien, im weiten Raum von Imagination und Phantasie, all dieses „*wishful thinking*" ist – von seiner letzten Aporie, dem Auftreten des Todes, des „unheimlichsten aller Gäste" befreit – vollendet und aufgehoben/bewahrt in der ewigen Stadt, im Reich Gottes.

II. Interpretationen

1. *Der Froschkönig*

Dieses Märchen ist (wie die meisten hier behandelten) als „Erlösungsmärchen" anzusprechen, „in ihm kreuzen sich zwei Schicksale, die sich aus dem Zwischenstand der Reifung der gegenseitigen ‚Erlösung' zuführen"[29].

Da ist einmal das Mädchen, die Königstochter. Vor der Hitze des Tages pflegt sie sich in einen Wald zurückzuziehen, um dort an einem Brunnen mit ihrer „goldenen Kugel" zu spielen. „In dieser ‚Königstochter' dürfen wir ein Mädchen sehen, das im Begriff steht, die Grenze zwischen Kindheit und Reifung zu überschreiten. Dieser Übergang wird in steter Anwesenheit beider gegensätzlicher Pole vollzogen. Die innere Tragik erkennen wir dadurch, daß der Jugendliche zwei Gesichter zeigt, das des Noch-Kindes und das des Nicht-mehr-Kindes, die sich aber keineswegs im Sinne des Entweder-Oder, sondern in dem des Sowohl-als-Auch zeigen. Auf unseren Fall an-

[28] J. Moltmann, *Theologie der Hoffnung*, München [7]1968, 204.
[29] B. Jöckel, *Reifungserlebnis im Märchen:* Laiblin 205.

gewendet: in dem Mädchen wird durch die Kugel als dem eindeutigen Symbol der Fruchtbarkeit das Nicht-mehr-Kind immer und immer wieder angelockt, während das Noch-Kind ein ernsthaftes Eingehen auf den urmütterlichen Ruf verweigert: es sieht in ihm nur ‚Spielwerk'."[30]

Und da ist der Frosch. Er taucht aus ebendem Brunnen auf, an dem das Mädchen immer schon gespielt hat und in den eines Tages ihr goldenes Spielzeug fällt, und er tröstet die darum Weinende und bietet ihr an, es wieder herbeizuschaffen, wenn sie ihn ihren „Gesellen" werden lasse.

Die goldene Kugel, mit der zu spielen des Mädchens bisheriges Glück bezeichnet, ist nun unter der Verfügung des „Frosches", nicht unter ihrer eigenen, das heißt, sie kann sich selbst nicht mehr glücklich machen, die Phase der in sich geschlossenen Kindheit, des Spielens mit sich selbst, ist vorbei, muß in die Phase der bewußten Begegnung mit dem Andersgeschlechtlichen überschritten werden. Und weil solches Überschreiten mit Angst verbunden ist, wie oben dargelegt, geht sie nicht auf den Frosch ein, als er ihr die Kugel gleichsam „zuwirft", sondern eilt damit nach Hause. Und noch viel mehr fürchtet sie sich, als der Frosch sich am nächsten Tag während des Mahles an der Türe meldet und Einlaß begehrt. Da empfindet das Mädchen „das Angreiferische" des es verfolgenden „männlichen Prinzips"[31] in seiner ganzen Stärke und will sich der Auseinandersetzung mit ihm entziehen. In dieser kritischen (= entscheidenden s. o.) Situation aber wird die Rolle des Königs, des Vaters, bedeutsam, welcher „der Verzagten den vom Schicksal geforderten Weg weist"[32], der hier (im Gegensatz z. B. zum Vater im Dornröschen-Märchen) geradezu „ideal" konzipiert ist, dessen Prinzip – um es so auszudrücken – nicht „Bewahrung", sondern „Bewährung" heißt[33]. Hier verbildert sich nun die Auseinandersetzung zwischen Bursch und Mädchen. Der „Frosch" ist das Bild der noch nicht personalisierten, der noch vorwiegend egozentrisch-triebhaften Sexualität des jungen Mannes, die sich zu sehr

[30] Ebd.

[31] Ebd., 209.

[32] Ebd.

[33] Vielleicht zeigt sich hier eine Analogie zu archaischen Pubertätsriten: der König in der Rolle des das Ritual überwachenden Priesters, vgl. Jöckel, a. a. O., 210, und A. Winterstein, *Die Pubertätsriten der Mädchen und ihre Spuren im Märchen:* Laiblin 56–70.

als Begierde und zu wenig als Liebe zeigt. Die Verwandlung eines jungen Mannes in ein Tier, die das „Überfallenwerden" (im wörtlichsten Sinn) von der Sexualität bedeutet, ist überhaupt ein häufig vorkommendes Märchenbild[34]. „Frosch" ist eigentlich nicht der „ganze" junge Mann, sondern nur ein Teil von ihm, in ihm sind noch mehr Möglichkeiten, zu denen er erst befreit werden muß, und die ihn erst zu einer vollen personalen Begegnung mit dem andersgeschlechtlichen Du gelangen lassen. So ist es verständlich und richtig, daß das Mädchen mit dem jungen Mann, wie er ihr jetzt gegenübertritt als „Frosch", nichts zu tun haben will und vor seiner letzten Forderung („... in deinem Bettlein schlafen") zurückschrickt und ihn abweist (ihn an die Wand wirft mit den Worten: „nun wirst du Ruhe haben, du garstiger Frosch"). Dann kann es gelingen, daß der „Frosch" tatsächlich stirbt, damit der „Königssohn mit schönen freundlichen Augen" an seine Stelle treten, besser: in ihm auferstehen kann. Der letzte Teil des Märchens (Erzählung vom „treuen Heinrich") ist ein Anhängsel und tut der Geschlossenheit eher Abbruch, weshalb wir darauf nicht mehr eingehen wollen.

2. *Dornröschen*

Dornröschen – das ist jenes (und jedes) Mädchen, das „hundert Jahre" hinter Dornenhecken schlafen muß, weil es sich an einer „Spindel" gestochen hat; es schläft, bis es von seinem Prinzen erweckt wird. Es handelt sich also wie beim „Froschkönig" um ein typisches „Erlösungsmärchen", nur daß hier nicht das Mädchen, sondern der junge Mann in der aktiven Erlöserrolle fungiert.

Dem Königspaar, das zu seinem Leidwesen bisher noch kein Kind hat, wird von einem Frosch (Symbol der Fruchtbarkeit) vor Jahresfrist eine Tochter versprochen. Aus Anlaß der Geburt wird ein großes Fest gefeiert, zu dem auch die weisen Frauen (Feen) des Landes geladen sind. Ihrer sind dreizehn, jedoch werden nur zwölf geladen, weil nicht mehr goldene Teller vorhanden sind. Zwölf ist eine runde Zahl, die Zahl des gegliederten Jahreslaufs (12 Monate) und des Tageslaufs (12 Stunden): eine jener Zahlen (neben der Drei, Sieben

[34] Beim Mädchen wirkt sich diese „Verzauberung" in einer Ohnmacht oder in todesähnlichem Schlaf aus. – Man wird fragen können, ob diese Darstellung des Märchens (junger Mann wird sexuell aggressiv, das Mädchen regressiv) unter den heutigen gesellschaftlichen Verhältnissen noch stimmt, in denen die Frau keine so passive Rolle mehr einnimmt.

und Zehn), die in den alten Geschichten immer wiederkehren, in den Mythen und Träumen der Völker, und nicht nur dort. Israel hat zwölf Stämme, sein Altar trug zwölf Opferbrote, Jesus umgeben zwölf Apostel, und in der Apokalypse sind es zwölfmal zwölf, die dem Lamm singen. Und an Artus' Tafel sitzen zwölf Ritter. „Zwar ist das Bild der Zwölf herausgewonnen aus dem Sonnenjahr, in dessen rhythmischen Kreislauf der Mensch mit all seinen Lebensvorgängen unlöslich eingefügt ist: aber immer ist es (als Symbolum ausgeformt) gezielt durch den ‚Dreizehnten' auf die Erde, auf die konkrete Übernahme der Verantwortung. Das ist unbequem – darum ist die ‚dreizehnte Fee' im Dornröschen-Märchen nicht geladen worden, aber unvermeidlich, denn sie bringt den Stachel des Bewußtseins, der Bewußtwerdung ins Leben der Menschenseele ..."[35]. Der Mensch ist nicht irgendeinem Geschehen der Natur einfach unterworfen, sondern als Wahrnehmender und Denkender ist er dazu da, sich „die Erde untertan zu machen". Er muß ek-sistieren (darüber/heraus-stehen), sich selbst in den Griff bekommen. Vor diesem Zeitpunkt haben die Eltern Angst, weil ihnen das „Kind" entgleitet, wenn seine Sexualität vollends erwacht, wenn es das Bedürfnis verspürt, mit der „Spindel" umzugehen, wenn es sein Leben selbst in die Hand nimmt, weil es seiner Möglichkeiten innewird. Die dreizehnte Fee wird nicht eingeladen, aber sie kommt trotzdem mit ihrem Wunsch. An diese Situation ihres Kindes wollen die Eltern nicht denken – dafür steht kein Teller bereit, schon gar nicht ein goldener.

Und in seiner Sorge läßt der König, der Vater, alle Spindeln in seinem Reich verbrennen: Sexualität ist Tabu für Dornröschen. Doch diese Aktionen nützen letztlich nichts, denn *eine* Spindel ist für das Mädchen bestimmt, und die entdeckt es in seinem fünfzehnten Jahr, wie vorhergesagt (man muß also damit rechnen), und gerade zu einem Zeitpunkt, da die Eltern ausgegangen sind – wenn die Fragen kommen, sind sie nicht zur Stelle –, als sie allein ist im Schloß und alle Gemächer und Kammern ungehindert erkunden kann: da gerät sie in eine ihr bis dahin verborgen gebliebene Kammer und trifft dort eine Alte (die dreizehnte Fee) mit einer Spindel. So ein Ding hat Dornröschen noch nie gesehen, ist entzückt davon und will damit umgehen, von Neugierde getrieben. Ihre Geschlechtlichkeit wird ihr

[35] O. Stumpfe, *Die Symbolsprache der Märchen* (Schriften der Gesellschaft zur Pflege des Märchengutes der europäischen Völker, Bd. 3), Münster ²1969, 77.

geheimnisvoll bewußt. Aber sie sticht sich an der Spindel (sie hat noch nicht gelernt, sie zu gebrauchen) und fällt in Ohnmacht. Die Spindel „ist körperlich zu spüren – als ein Ding, das so lustig herumspringt. Zum andern ist sie ein Zeichen der Unruhe, die das Mädchen überkommt – und die unsere Uhren ticken läßt. Sie ist ein Zeichen der ständig weiterlaufenden Zeit, des ablaufenden Lebensfadens, den die Norne in ihren Händen hält, bis er reißt.“[36] Das Mädchen hat sich selbst – ihre Weiblichkeit – entdeckt, aber es begegnet ihr als etwas Fremdes, anderes, bisher Unbekanntes, dem es so plötzlich nicht gewachsen ist, dem gegenüber es also ohn-mächtig ist. Und so zieht sich das Mädchen in seine Individualität zurück, weil es zur Begegnung noch nicht fähig ist, letztlich zur Begegnung mit dem andersgeschlechtlichen Partner. Berührung der Spindel: Möglichkeit des „Verweile doch“ der Kindheit ist vorbei. Der „Kairos“ schlägt, und die Begegnung mit ihm, mit der je eigenen Zeit läßt den Wunsch des Verweilens aufkommen, den Wunsch, die Zeit möge stillstehen: Rückzug hinter die Hecke aus Dornen, hinter die Widerspenstigkeit und Verschlossenheit. „Geschlechtlichkeit und Sterben – die Neugier nach dem Ding, das so lustig umspringt, und Ohnmacht – der kindliche Raum und das erste Wissen, daß es Zeit wird – das Ahnen von Werden und Vergehen, von Leben und Tod – sind für den Menschen nah verwandt. Das alles bedeutet die Begegnung des Mädchens mit der Spindel.“[37]

Dornröschen schläft hinter der Dornenhecke, und das ganze Schloß schläft mit: für einen Menschen im Rückzug auf sich selbst, im Zustand des Unbewußtwerdens versinkt gleichsam die Umwelt[38]. Königssöhne kommen und versuchen, durchzudringen zu dem schönen Mädchen, scheitern aber, bleiben in den Dornen hängen („Keine Rose ohne Dorn“) und müssen qualvoll sterben. Sie sind zu früh gekommen, waren nicht die richtigen. Mancher junge Mann versucht, durch die Versponnenheit des Mädchens durchzustoßen zur Person, wird aber abgewiesen. Doch der rechte Prinz kommt zur rechten Zeit, die Dornen werden zu Blumen für ihn – das Mädchen öffnet sich, ist bereit, hinter ihm schließt sich die Hecke wieder, er ist kein Fremder mehr, gehört zum Schloß und zu Dornröschen für immer.

[36] O. von Wittgenstein, *Dornröschen:* Laiblin 435.
[37] Ebd., 436.
[38] Siehe H. von Beit, a. a. O., 698.

3. *Rapunzel*

M. Lüthi überschreibt seine Interpretation des Märchens „Rapunzel“ als „Darstellung eines Reifungsvorgangs“[39]; wir sagten, darum gehe es grundsätzlich in jedem Märchen. Hier ist diese Bezeichnung um so berechtigter, als sich der dargestellte Vorgang über längere Zeit erstreckt, nicht nur *eine* Krise erzählt, sondern *mehrere* solcher Situationen beinhaltet. „Die Entwicklung vollzieht sich in mehreren Stufen, und jeder Übergang ist mit Gefahr, Not und Angst verbunden; aber die Gefahren werden bestanden, die Entwicklung führt ins Helle.“[40] Das Geschehen des Märchens ist also „ein Vorschreiten mit deutlich markierten Übergängen, und die Entwicklung geht zu einem immer volleren und reicheren Dasein, das zum Schluß in der Vereinigung von Jungfrau und Jüngling verbildlicht wird[41].

Unser Märchen ist eigentlich in den Ländern um das Mittelmeer zu Hause, gibt also in der Grimmschen nicht die ursprüngliche Fassung[42]. Es gibt Abweichungen in Einzelheiten, so ist die Hexe in der griechischen Variante eine Menschenfresserin, oder – wie in einer maltesischen Erzählung – flieht das Mädchen mit seinem Geliebten aus dem Turm und die beiden werden von der Hexe verfolgt. – Ein Grundschema läßt sich erheben, das etwa so aussieht: eine schwangere Frau begehrt irgendeine Art von Gemüse, das auf einem fremden Boden wächst, holt es sich auch (bzw. läßt es sich holen), muß aber ihr Kind, das sie gebären wird, der Besitzerin des Gartens (einer Hexe) versprechen, die es gleich nach der Geburt oder nach 10, 12 oder 14 Jahren abholt. Es wird in einen abgeschiedenen Turm gebracht und bleibt dort so lange, bis der „Prinz“ auftritt, der es liebt.

Welche Lebensstationen werden nun hier bildhaft vorgestellt? Zunächst einmal zum Gelüst der Frau nach den Rapunzeln. Lüthi sieht es als „ein Zeichen der Sehnsucht nach einem geheimnisvollen höheren Wert, die begehrte Pflanze wächst ja nur im Garten der Zauberin, und es ist gefährlich, sie zu holen. In dem Verhalten der Frau oder ihres Gatten kommt zugleich auch die menschliche Schwäche zum Ausdruck, das ungeborene Kind wird einer unheimlichen Fremden preisgegeben, die Eltern sind sich ihrer Verantwortung nur halb be-

39 M. Lüthi, a. a. O., 79.

40 Ebd., 82.

41 Ebd., 83.

42 Vgl. ebd., 81.

wußt. Und nun vollzieht sich das Schicksal: das Kind wird ... gewaltsam dem schützenden Heim entrissen. Eine Schreckgestalt holt es ab."[43] Es ist erwiesen, daß vor entscheidenden Situationen, die den Übergang von einer Lebensphase in eine neue bedeuten (wie Übergang des Kleinkindes ins Schulalter oder dessen Ende = Berufswahl, oder Verehelichung, Geburt des ersten Kindes usw.) Angstträume mit Abholdämonen auftreten[44]. Manche Märchen werden als typische „Abholmärchen" bezeichnet (z. B. Rotkäppchen); jeder Schritt in der Entwicklung nach vorne verlangt Mut zum Abschied. Um solche Übergänge zu bewältigen, wurden sie in archaischen Völkern ritualisiert *(Rites de passage,* Übergangsriten), in einigen Bräuchen, die bei uns noch gängig sind, werden Überbleibsel dieser Schutzmechanismen vermutet[45].

Der „geheimnisvolle höhere Wert", von dem Lüthi spricht, wird einfach das Kind (Rapunzel!) sein, und in den Gestalten der Mutter und der Hexe wird sich eben die mütterliche Ambivalenz verbildert zeigen: Mutter und Hexe sind real dieselbe Person!

Seit seinem 12. Lebensjahr (Beginn der Pubertät) ist Rapunzel in einem Turm eingeschlossen (Bewahrung der Jungfräulichkeit), sorgfältig von der Hexe überwacht. Der Bereich des Sexuellen wird also tabuisiert, ferngehalten. Es ist dasselbe wie im Dornröschen-Märchen, wo der König alle Spindeln in seinem Reich verbrennen will, um seine Tochter zu bewahren, was einen vielleicht nur sehr vordergründigen Nutzen einbringt. Denn schließlich kommt es doch anders. Als der „Prinz" im Leben Rapunzels erscheint, erschrickt sie zuerst (sie ist wieder vor eine neue Entscheidung gestellt), willigt dann aber doch ein, sich von ihm entführen zu lassen, und die beiden verkehren miteinander. Als die Mutter (Hexe) schließlich vom Umgang Rapunzels erfährt, fallen die bezeichnenden Worte: „Ach du gottloses Kind, was muß ich von dir hören, ich dachte, ich hätte dich von aller Welt geschieden, und du hast mich doch betrogen!" Antwort der Mutter, die ihre (fragwürdige) Erziehungsmethode gescheitert sieht und für die zugleich die Tochter zur „Konkurrentin" geworden ist. Konsequenz: Rapunzel wird verstoßen, der Königssohn, der in Erwartung

[43] Ebd., 82.

[44] Ebd., 82 f.; vgl. auch J. Bilz, a. a. O., und G. H. Graber, a. a. O.

[45] Z. B. in den Hochzeitsbräuchen. M. Lüthi, a. a. O., 83; vgl. A. Winterstein, a. a. O.

der Geliebten die Hexe vorfindet, und erfährt, daß er Rapunzel nie mehr sehen soll, springt in seiner Verzweiflung vom Turm. „Das Leben brachte er davon, aber die Dornen, in die er fiel, zerstachen ihm die Augen!“ Das Leben geht also weiter für ihn, aber es ist gezeichnet durch ein Entbehren, ist unerfülltes Herumirren, blind für die Welt.

Nun ist aber folgendes zu bedenken: Die Trennung der beiden durch die Mutter muß dieser nicht unbedingt als eine Fehlhandlung der „Hexe“ angelastet werden (ganz abgesehen davon, daß die „Mutter der Urbeziehung ... unabhängig davon, wie positiv und richtig sie sich personal verhält, zur Hexe werden“ *muß*[46], sondern kann sich als *notwendige* Folge aus dem Umstand ergeben, daß die Begegnung der beiden nicht in dem dafür notwendigen Freiheitsraum stattfand, d. h. daß Rapunzel noch zu sehr selbstbezogen und zu sehr von der Bindung an die Mutter belastet war (sie hatte den Turm, in den sie von der Mutter gebracht wurde, noch nicht verlassen, anderseits versuchte sie ihre Begegnung vor der Mutter zu verheimlichen). Diese Beziehung konnte daher nicht glücken, mußte von der Hexe gestört werden, Rapunzel mußte verstoßen werden (= Ablösung von der Mutter und Selbstwerdung): die Hexe wird „Ferment der Wandlung im Reifungsprozeß von einer Lebensstufe zur anderen“[47].

Die beiden müssen sich nun getrennt, entfremdet auf den Weg machen, was aber nur Durchgangsstadium ist, in der Öde finden sie sich neu wieder, Rapunzel hat inzwischen Zwillinge geboren, und ihre Tränen lösen die Blindheit des Prinzen. Sie sind zur Liebe freigeworden.

4. *Schneewittchen (Sneewittchen)*

Auch das Schneewittchen-Märchen behandelt das Mutter-Tochter-Problem[48]. Die Triebkraft der erzählten Handlung ist die weibliche Eifersucht der „Stiefmutter“, die natürlich auf realer Ebene mit der leiblichen Mutter identisch ist: Ambivalenz der Mutterbindung.

Die Königin möchte ein Kind haben, das so „weiß wie Schnee, so

[46] E. Neumann, *Die Angst vor dem Weiblichen:* Die Angst, a. a. O., 67–112, Zit. 81.

[47] J. Bilz, *Märchengeschehen und Reifungsvorgänge unter tiefenpsychologischem Gesichtspunkt:* Laiblin 379–385, Zit. 380.

[48] Siehe H. von Beit, a. a. O., 702.

rot wie Blut, und so schwarz wie das Holz an dem Rahmen" sein soll. Die Farben haben ihre Bedeutung: die „ambivalenten Regungen der Mutter" kommen – nach der Deutung von Grant Duff – dabei zur Darstellung: „Ein Mädchen, so weiß wie Schnee, so schwarz wie Ebenholz, so rot wie Blut entspricht ihrer Idee von weiblicher Schönheit; aber weiß und schwarz sind Farben, die uns an den Tod gemahnen, auch Blut erinnert an den Tod; es mögen auch bei den Worten ‚rot wie Blut' unbewußte Gedanken an das Liebesleben der Tochter in der Mutter anklingen, mit der sie sich identifizieren will; denn die Tochter ist ihr zweites Ich, soll schöner sein, mehr Liebe empfangen und sie mehr genießen als sie selbst; und doch ist die Tochter auch eine Nebenbuhlerin und so soll sie tot sein."[49] H. v. Beit bringt die drei Farben mit alchemistischen Vorstellungen in Zusammenhang, nach denen sie „die drei Entwicklungsstufen der ‚materia prima'" darstellen, womit Schneewittchen als auserwählt gekennzeichnet ist[50]. Als schließlich der Wunsch in Erfüllung geht, „stirbt" die Königin und der König nimmt eine andere Gemahlin, d. h. die Mutter verändert sich für Schneewittchen zur „Stiefmutter", weil sie das Mädchen als „Nebenbuhlerin" erfährt. Der Spiegel steht im Zusammenhang mit dem Symbol der Sonne, die alles an den Tag bringt, die also „das eigentliche nicht trügende Wissen, das Ge-wissen" ist[51], also Instrument der Bewußtmachung/-werdung. Er läßt die Königin ihre Situation erkennen, die für sie Ablösung von einer Lebensphase bedeuten müßte (sie ist nicht mehr die Schönste im Land), worauf sie aber nicht eingehen will, was sie eifersüchtig auf die Tochter-Konkurrentin macht und an deren „Beseitigung" (Ausschaltung) denken läßt: in den Märchen immer wiederkehrendes Motiv, Bild der Auseinandersetzung zwischen Mutter und Tochter.

Im Jäger, den die Mutter mit der Beseitigung Schneewittchens beauftragt hat, wird man den Vater des Mädchens sehen dürfen. So

[49] Grant J. F. Duff, *Schneewittchen, Versuch einer psychoanalytischen Deutung:* Laiblin 88–99, Zit. 89.

[50] H. von Beit, a. a. O., 702 f.

[51] Ebd., 704; vgl. dies., *Das Märchen. Sein Ort in der geistigen Entwicklung,* Bern 1965, 142 f: Von Beit weist auf Lévy-Bruhls *Die geistige Welt der Primitiven* hin, wo von Wahrsagebräuchen, die alle magischen Charakter haben, berichtet wird. In unserem Märchen scheint ihr in der Befragung des Spiegels ein solcher Ritus angedeutet.

gibt das Mädchen hier im Verhältnis Mutter–Tochter auch den „uralten Konflikt“ zwischen den beiden „um den Vater wieder“[52].

Auch die Zwerge, bei denen Schneewittchen anlangt, sind als Stufe auf dem Weg zur Begegnung mit dem „Prinzen“ quasi Vater-Symbole, da ja der Vater für das Mädchen das erste Vor- bzw. Vergleichsbild für den künftigen Geliebten abgibt. So bringt auch Duff die Zwerge mit den auf den Vater gerichteten Masturbationsphantasien Schneewittchens in Zusammenhang[53]. Er hält auch für möglich, daß sich in diesem Märchen noch Reste uralter Pubertätsriten zeigen[54]: der Aufenthalt Schneewittchens im Haus der Zwerge würde in diesem Zusammenhang auf das sogenannte „Mädchenexil“ hinweisen, die Sitte archaischer Völker, die Mädchen bei beginnender Pubertät zu isolieren und verschiedenen Gebräuchen zu unterwerfen.

Nun zu den Aktionen der Stiefmutter: Sie stellen die unbewältigten Triebe Schneewittchens vor. Die ersten beiden sprechen auf ihre Eitelkeit an, die dritte auf ihre Sexualität, insgesamt auf ihren Narzißmus. Die Folgen sind todesähnliche Zustände – Schneewittchen ist seinerseits ebenso daran interessiert, im Konkurrenzkampf um den Vater die Gegnerin (Stiefmutter) auszuschalten, und so sind jene Zustände die repräsentative „Erfüllung des Todeswunsches gegen die Mutter und zugleich die Strafe für diesen Wunsch“ (weil Aggression sich bekanntlich in Schuldgefühl umwandelt[55]). Der letzte Anfall von Ohnmacht wird durch das Essen eines Apfels hervorgerufen, „ein uraltes und allgemein verstandenes Symbol für sexuellen Genuß; das gemeinsame Essen ist außerdem ein uraltes Symbol für Identifizierung. Wenn also Schneewittchen einen Apfel mit der Mutter zusammen ißt, so hat sie sich mit der Sexualität der Mutter identifiziert. Für diese verpönte Identifizierung wird sie mit einem todesähnlichen Zustand bestraft, aus dem sie erst befreit wird, als sie den Apfel ausspuckt; symbolisch bedeutet das, daß, wenn sie auf ihren Anteil an sexuellen Genüssen der Mutter – d. h. auf den Vater – verzichtet, sie keine Strafen mehr braucht.“[56] Und diese Situation tritt eben ein,

[52] Grant J. F. Duff, a. a. O., 91.

[53] Ebd., 97.

[54] Ebd., 92; vgl. A. Winterstein, a. a. O.

[55] Vgl. S. Freud, *Das Unbehagen in der Kultur* (Fischer Bücherei 47), Frankfurt a. M./Hamburg [13]1965, 120 ff.

[56] Grant J. F. Duff, a. a. O., 98.

wenn sie sich vom Prinzen aus dem isolierenden Glassarg[57] erlösen läßt, aus ihrer doch narzißtischen Befriedigung, und zur Liebe zu ihm als dem echten anderen fähig wird. Dann ist es auch Zeit, daß die „Stiefmutter" stirbt, d. h. die negative Mutterbindung überwunden wird, und auch von den Zwergen ist fortan nicht mehr die Rede.

5. *König Drosselbart*

Dieses Märchen hat viele literarische Gestaltungen erfahren, man wird z. B. an Shakespeares „Der Widerspenstigen Zähmung" erinnert. Es ist auch nicht mehr „Märchen" in seiner reinsten Form, sondern von schwankhaften Zügen durchsetzt[58], obwohl ethischer Gehalt und Ernsthaftigkeit in der Darstellung interpersonaler Beziehung gewahrt sind.

Es wird das „Hybris"-Thema angeschlagen. Die Königstochter schlägt alle Freier aus und verlacht sie, am meisten einen „guten König", dem sie den Spottnamen „Drosselbart" gibt, welcher sie aber (vielleicht sogar als einziger der Freier) aufrichtig und wirklich liebt (er ist auch „König": geglückte Personalität, und er steht unter den Bewerbern auch „ganz oben"). Hinter diesem steht sie in ihrer Persönlichkeitsentwicklung zurück, weil sie noch nicht zu ihrer Eigenheit gefunden hat, noch zu sehr an ihren Vater gebunden, von dessen Gestalt fasziniert ist – wahrscheinlich alle Männer mit ihm vergleicht –, was „Unzugänglichkeit in Liebesbeziehungen"[59] nach sich zieht. Und hier zeigt sich eben wieder (ähnlich wie etwa im „Froschkönig") die Wichtigkeit des väterlichen Verhaltens in solchen Situationen: das Mädchen muß von dieser Bindung freiwerden, um selbst zu echter Begegnung mit dem andern, zur Annahme seines unverwechselbaren Wesens, gelangen zu können, muß also dem ersten „Bettler" (der nach außen schon gar nichts mit dem Vater gemeinsam hat) zur Frau gegeben und aus dem „Schloß" als dem Bereich des Vaters verstoßen werden.

Die Zeit ihrer Reifung beginnt. Die zum „Bettelweib" gewordene Königstochter bedauert, den König Drosselbart verschmäht zu haben,

[57] Die auf dem Sarg sitzenden Eule und Rabe sind Symbole für Melancholie, Auflösung, Tod, die Taube aber ist Symbol der Verklärung; siehe H. von Beit, *Symbolik des Märchens*, 713.

[58] K. J. Obenauer, a. a. O., 227.

[59] H. von Beit, *Symbolik des Märchens*, 596.

zunächst aber nur wegen „Wiese“, „Wald“, „großer Stadt“, die sie sieht und die ihm gehören, also nur wegen des Drum-und-Dran, das ihre Eigenliebe aufputzen könnte, nicht *seiner selbst* wegen: zu diesem Schritt kommt es erst nach einem langen Weg, der (scheinbar) in immer tieferes Elend führt, aber objektiv einen Aufstieg bedeutet im Abtun der Hybris und Verwandlung der Vaterbindung bis dorthin, da sie im Bettler den „König Drosselbart“ mit neuen Augen entdecken darf und ihr „Unrecht“ ihm gegenüber bekennt.

6. *Der treue Johannes*

Obenauer bezeichnet dieses Märchen im Anschluß an Berendsohn als literarische Liebesgeschichte, als „Liebesmärchen“[60], das Züge beinhaltet, die „dem Volksmärchen sonst fremd sind“, wobei er auf den Umstand hinweist, daß die Liebe des Königssohns „wie in einer romantischen Dichtung, durch ein Bild erregt (wird) und nicht durch einen wirklichen Menschen“, und, dieser Zug wäre irgendwie noch märchenhaft, sieht schließlich in der listigen Entführung der Königstochter romanhafte Züge[61]. Ebenso vermutet Röhrich, daß die „Verliebtheit in ein Bild ... wohl auch nicht zur ursprünglichen Form dieses Märchens“ gehöre, weil in den meisten Varianten der Prinz die Prinzessin auf andere Weise kennenlernt[62]. In der Entführungsszene käme jedoch eine sehr alte Form der Eheschließung („Raubehe“) zum Vorschein[63], und nach v. Beit ist durch ein Bild erweckte Liebe gerade ein typisches Märchenmotiv, das auf die Identifizierung von Abbild und Urbild in archaischen Völkerschaften zurückweist[64]. Womit einmal an einem Beispiel die noch vorhandene verwirrende Uneinheitlichkeit in der Märchenforschung vorgestellt sein soll!

Die Gestalt des „treuen Johannes“ stellt die „Verbindung zur alten Generation“[65] dar, wobei es sich gleichbleibt, ob man sie nur als Personifikation der väterlichen Wertvorstellungen, der Erinnerungen des jungen Königs an die Ratschläge seines Vaters sehen will, oder als reale Person, den Diener, der seinen Herrn überlebt hat und

[60] K. J. Obenauer, a. a. O., 258 ff.
[61] Ebd., 269.
[62] L. Röhrich, a. a. O., 105.
[63] Ebd., 107 f.
[64] H. von Beit, *Das Märchen*, 146 f.
[65] Ebd., 18.

der nun auch an der Seite dessen Sohnes steht[66]. Jedenfalls redet das Märchen vom Konflikt der Generationen, zeigt, daß jeder freien Übernahme des Tradierten eben echte Auseinander-setzung damit (bis zu Ablehnung und Destruktion) vorausgehen wird.

Der erste Teil des Märchens zeigt den noch ungereiften jungen König, der glaubt, die Prinzessin vom goldenen Dach zu lieben, in Wirklichkeit aber nur ein „Bild" von ihr (d. h. nicht sie selbst, wie sie ist, sondern wie er sie sich zurechtgemacht hat in der Projektion seiner eigenen Wünsche, Vorstellungen, Ideale) „liebt"; zeigt die gleiche Unreife der Prinzessin, die dem König wahrscheinlich auch nicht um seinetwillen, sondern des Goldes wegen anhangt; zeigt schließlich den weisen treuen Johannes, der die Gefahren ahnt, die einer solchen unfertigen Verbindung drohen (er versteht die Sprache der Vögel), und durch seine Ratschläge und sein Eingreifen zu dämmen sucht. Da ist zuerst der „fuchsrote Gaul", der vom treuen Diener erschossen, dann das „Brauthemd", das verbrannt wird (nach Obenauer eindeutig von erotischer Bedeutung[67], m. E. könnte das Brauthemd sinnvollerweise auch auf die Putzsucht der Prinzessin hindeuten, von der ja berichtet wird, daß sie großes Gefallen an Kostbarkeiten findet), schließlich die drei Blutstropfen, die er der Braut aus der Brust saugt. Die ersten beiden Aktionen toleriert der König einfach, er vertraut, ohne nach dem Sinn zu fragen; die dritte aber wird für ihn zu einer unerträglichen Herausforderung, seine Aggressivität erwacht, solche Opfer kann er dem Über-Ich nicht mehr bringen: er schüttelt es ab, Johannes wird zum Tod verurteilt. Vom unkritischen Vertrauen plötzliche Wendung zur totalen Destruktion: der mittlere Weg muß erst gefunden werden. Trotzdem bedeutet der Untergang dieser Bindung einen Schritt nach vorne, von dessen Notwendigkeit der Diener selbst gewußt hat (: das Gespräch der Raben auf dem Meer).

Somit können wir hier den Beginn eines zweiten Teils der Erzählung ansetzen, der das Finden des „mittleren Wegs" bringt.

Dieser besteht eben – im Gegensatz zu Kritiklosigkeit einer- und völliger Negation anderseits – in der kritischen Annahme des Über-

[66] Vgl. O. Stumpfe, a. a. O., 179: „Da jede echte Hüterkraft aber stets unegoistisch ist, läßt sich dies Bild hier doppelt nehmen, nach innen sowohl als nach außen zum Nachbar Mensch hin."

[67] K. J. Obenauer, a. a. O., 173.

kommenen: so kann aus dem Stein wieder ein lebendes Wesen werden.

Die Tötung der Kinder ist vielleicht nur ein epischer Kunstgriff, der dazu dient, die folgende Freude um so strahlender erscheinen zu lassen: die Tötung ist in diesem Fall auf Wiederbelebung gezielt[68].

III. Zusammenfassung

Das Märchen hat sich uns als symbolische Darstellung wesentlicher Lebensbezüge, menschlicher Grundsituationen, Konflikte und deren Lösung erwiesen und somit als pädagogisch verwertbar gezeigt. Wir haben in ihm auch den Ausdruck eines „cor inquietum" gesehen, einer Sehnsucht nach Identität, Heil der Welt, dauerndem Gutsein, ausgesprochen in einer Utopie. Trotz gelegentlicher bürgerlicher Übermalung ist es „gebranntes Kind und helle" (Bloch) geblieben, kann seinen revolutionären Impuls nicht verleugnen. Es gibt sich mit dem Vorhandenen, Erreichten nicht zufrieden, es läßt die Letzten die Ersten sein; es bringt scharfe Kritik, wird sogar „theologisch" dabei, wenn es z. B. gegen einen Gott aufbegehrt, der nur ein Gott der Mächtigen sein soll, wie es in einem pommerschen Märchen zum Ausdruck kommt: „Nach Erschaffung der Welt schuf Gott eine große Menge Kaiser, Könige, Fürsten, Grafen und Herren und die ganze Geistlichkeit. Dann erst sprach er: Lasset uns Menschen machen, ein Bild, das uns gleich sei! Und schuf Adam und Eva. Und als später die Gebote gegeben wurden, sind diese nur an die Adamskinder gerichtet worden. Darum sind die großen Herren frei von den Geboten und dürfen Kriege führen und in Kämpfen und Schlachten die Menschen in Scharen zusammentreiben und totschlagen lassen ... Wenn aber ein gewöhnlicher Mensch jemand totschlägt, so kommt er an den hellichten Galgen."[69] – Theologie als Herrschaftsideologie oder Verkündigung an die Armen!

Bei der Besprechung einzelner Märchen sind wir auf Motive und Konstellationen von Symbolen gestoßen, die immer wiederkehren – z. B. Verwandlung eines Menschen in ein Tier, todesähnlicher

[68] Vgl. L. Röhrich, a. a. O., 129 ff.

[69] Zit. ebd., 212.

Schlaf und Wiedererweckung, Blindwerden, die Zahlen 3, 7, 12 usw. – und die eine bestimmte Bedeutung haben.

Grundsätzlich kann ein Märchen in zwei verschiedene Richtungen gedeutet werden: im Gefolge Freuds als Darstellung von Pubertätsproblemen (wie wir es etwa versucht haben), oder nach Jung als Beschreibung von Reifungsvorgängen der Lebensmitte (20.–40. Lebensjahr). Im letzteren Fall werden alle auftretenden Gestalten als Tendenzen und Kräfte der eigenen Seele, also „nach innen" gedeutet, die glückliche Verbindung von Prinz und Prinzessin erscheint als der harmonische Ausgleich der Gesamtpersönlichkeit; das uns so bedeutsam erschienene soziale und interpersonale Moment kommt überhaupt nicht zum Tragen, der Mensch erlöst sich hier selbst (gnostische Tendenz), wird nicht vom *andern* befreit.

Der Katechet sei besonders darauf hingewiesen, daß die sinnenhaft erlebbare Gestalt der Märchen nicht in einer rationalisierten Interpretation ersticken darf. So ist zu beachten, daß gute Texte (die Grimmschen Originalfassungen oder die von Bechstein) und keine Surrogate schön und bedächtig vorgelesen oder nacherzählt werden sollen.

KONFLIKTGESCHICHTEN

(A. Flucher)

Andrea hat einen sehr weiten Schulweg. Neuerdings nimmt sie immer der Bäcker, der zufällig den gleichen Weg hat, mit seinem Auto mit. Ihre Kolleginnen verbreiten die tollsten Gerüchte über Andrea und den Bäcker. Es kommt so weit, daß auch die Lehrer und die Eltern von diesen Gerüchten hören. Andrea, die weiß, daß alles erlogen ist, ist verzweifelt: „Was soll ich machen? Es ist mir bei dieser Kälte eine große Hilfe, mitfahren zu können. Sage ich die Wahrheit, glauben sie mir nicht. Soll ich wieder mit dem Rad fahren?"

Was soll Andrea tun?

Was sagt ihr zu den Kolleginnen?

Heinrich, 16, und Ernst, 14, planen, gemeinsam eine Campingwoche zu machen. Heinrich sagt: „Alleine wird es uns zu langweilig. Das macht keinen Spaß. Am besten, ein jeder von uns nimmt ein Mädchen mit. Ich habe schon eine."

Ernst ist sich der Sache zunächst nicht ganz sicher, kommt jedoch dann auf die rettende Idee, seine Schwester Margit dazu einzuladen. Margit aber sagt: „Was bildest du dir überhaupt ein, ich und so etwas mitmachen. Da mußt du dir wohl eine andere suchen."

Ernst weiß nun nicht, was er tun soll: „Eigentlich könnte ich Dora fragen. Die würde sicher kommen. Doch was wird aus der ganzen Sache werden? Sage ich ab, bin ich ein Feigling. Was soll ich tun?"

Was sagst du zu Heinrich?

Was sagst du zu Ernst? Was soll er nun tun? Und Margit?

Die Vierte A, eine gemischte Klasse, hat Schikurs. Erna, Hannerl und Luise sind in einem Zimmer untergebracht. Erna hat einen festen Freund in der Klasse, nämlich Hans. In der Nacht nun schleicht sich Hans wie ausgemacht in das Zimmer der Mädchen und kommt zu Erna ins Bett. Sie findet nichts dabei. Hannerl findet das nicht für richtig. Sie schweigt aber, denn Erna ist ihre Freundin. Sie weiß auch, daß Erna das schon länger so macht.

Luise, die vorher nichts davon wußte, erwacht plötzlich. Sie merkt bald, was vor sich geht. „Am liebsten möchte ich vor Wut laut schreien. So eine Schlampe! Soll ich einen Krach schlagen? Oder soll ich sofort zur Lehrerin laufen? Soll ich bis morgen warten und dann alles aufdecken oder soll ich etwa so tun, als hätte ich nichts bemerkt?"

Was sagst du zu Hans?
Was zu Erna?
Was zu Hannerl?
Was würdest du an Stelle von Luise tun?

Christa hat gleich die erste Rechenschularbeit im heurigen Schuljahr „verhaut". Sie klagt Bernd, der neu in der Klasse und ein guter Rechner ist, ihr Leid: „Ich weiß nicht, was ich machen soll, aber mit der Rechnerei geht es heuer sicher schief. Ich kapier' es einfach nicht!" Bernd bietet seine Hilfe an: „Wenn du willst, gebe ich dir gern Nachhilfestunden!" Bernd bemüht sich sehr, Christa etwas beizubringen, aber sie ist nicht recht bei der Sache und fragt oft das gleiche hintereinander. Da reißt ihm endlich die Geduld, er beginnt zu fluchen und nennt Christa „blöd". Diese aber schmiegt sich plötzlich an ihn und sagt leise: „Sei nicht böse, Bernd, das Rechnen interessiert mich überhaupt nicht. Ich möchte nur haben, daß du da bist!" Bernd bleibt die Luft weg und es wird ihm furchtbar heiß. Auf einmal umarmt er Christa und küßt sie. Doch sofort reißt er sich wieder von ihr los und verschwindet eiligst, ohne ein Wort zu sagen. Stundenlang rennt er in der Gegend herum. Am Abend kann er lange nicht einschlafen. Er glaubt, etwas Unrichtiges getan zu haben.

Wie beurteilt ihr Bernds Verhalten?
Was sagt ihr zu Christa?

Hannes, Werner und Gustl gehen in die gleiche Klasse. Sie sind Fahrschüler. Heute sind die letzten zwei Stunden ausgefallen, und so sitzen die drei wieder einmal im Warteraum des Bahnhofs. Der Zug geht erst um zwei Uhr. Sie erzählen ihre „Abenteuer" mit den Mädchen, besonders Gustl nimmt das Maul sehr voll. So fordert Hannes ihn auf: „Wenn du schon so groß daherredest, kannst du uns ja einmal einen Beweis liefern! Hör, wenn die kleine Blonde, die wir gestern gesehen haben, wieder im Zug ist, setzen wir uns zu ihr. Wenn der Zug durch den Tunnel fährt, mußt du sie küssen!" Gustl antwortet, das sei für ihn kein Problem, er habe schon Ärgeres hinter sich.

Tatsächlich sitzt das Mädchen im Zug, allein in einem Abteil, das natürlich sofort gestürmt wird. Die Burschen beginnen zu blödeln, dem Mädchen ist anscheinend nicht ganz wohl dabei. Aber Gustl geht es auch nicht besser. Je näher der verhängnisvolle Tunnel rückt, um so nervöser wird er. Er wagt es nicht, das Mädchen anzublicken, aus Furcht, daß er dabei rot wird. „Da hab' ich mir ja was Schönes eingebrockt", denkt er und überlegt, wie er sich am besten aus der Affäre ziehen könnte. „Wenn ich es nicht tu, lachen sie mich aus und nennen mich einen Angeber und einen Feigling. Und wenn ich's tu – ich weiß nicht, schließlich ist es doch ein fremdes Mädchen ..."

Was hättest du an Stelle Gustls getan?

Was sagst du zu Werner und Hannes?

Würde Gustl, wenn er küßt, nur gegen die Umgangsformen verstoßen, oder würde er damit ein Recht verletzen (das Recht auf Achtung)?

Herr Ellmaier ist Fotograf und ein Freund von Ingrids Vater. Er hat sie schon öfters zusammen mit ihren Eltern und ihrem kleinen Bruder fotografiert. Eines Tages trifft er sie im Autobus; er erkundigt sich nach dem Befinden ihres Vaters und meint, er müsse ihn ohnehin wieder einmal aufsuchen. Im weiteren Gespräch kommt Herr Ellmaier auf seine Berufstätigkeit und sagt: „Ich möchte mich jetzt mehr auf Charakterfotos verlegen. Ich habe da noch nicht viel Erfahrung, aber es ist sicher interessanter, als nur Paßbilder und Gruppenfotos zu machen, bei denen das künstlerische Element nicht sehr zum Ausdruck kommt. Von dir zum Beispiel würde ich gern einmal ein solches Porträt machen, wenn du willst." Ingrid ist stolz darauf, daß der Fotograf sie dafür geeignet findet und stimmt begeistert zu.

Tags darauf kommt sie ins Atelier. Herr Ellmaier verwendet einen ganzen Film nur für Ingrid. „Es ist eben nicht leicht, deinem hübschen Gesicht gerecht zu werden", meint er und lacht. „Am liebsten würde ich von dir auch ein paar Aktfotos machen. Zieh dich doch aus!" Als er ihre Verwunderung merkt, ergänzt er: „Du brauchst dich nicht zu schämen, du siehst doch gut aus. Übrigens tu ich dir auch nichts, ich bin doch ein Freund deines Vaters." Während er redet, geht er zur Tür und verriegelt sie: „Es muß aber trotzdem niemand hier hereinkrachen. Das könnte Mißverständnisse auslösen!"

Das kommt nun Ingrid doch etwas eigenartig vor. Wie soll sie sich verhalten?

Was sagst du zur Haltung von Herrn Ellmaier?

Was würdest du an Ingrids Stelle tun?

Bei Meier herrschen triste Familienverhältnisse. Die Frau hat aus ihrer ersten Ehe bereits eine 13jährige Tochter, Sylvia. Sie arbeitet in einer Fabrik und hat mitunter Nachtschicht. Auch der Stiefvater ist Arbeiter, hat aber abends immer frei. Er ist sehr nett zu Sylvia und so denkt sie auch nichts dabei, wenn er am Abend immer zu ihr ins Zimmer kommt, Gute Nacht zu sagen. Mit ihrer Mutter versteht er sich aber nicht mehr sehr gut. Eines Abends kommt der Mann in seltsamer Erregung in Sylvias Zimmer, schließt die Tür hinter sich ab und löscht das Licht. Sylvia erschrickt.

Nachdem er das Mädchen mißbraucht hat, droht er: „Halt ja den Mund und sag nichts deiner Mutter, sonst könnte es euch beiden schlecht ergehen. Dann laß ich mich scheiden!"

Wie soll Sylvia sich nun verhalten?

Was sagst du zum Vater?

Traude, 21 Jahre, hat in einem Café Hans getroffen. Sie kannte Hans schon seit langem, hat ihn aber in letzter Zeit nie mehr gesehen. Hans hat inzwischen geheiratet und ist Vater eines eineinhalbjährigen Buben.

Hans klagt darüber, daß seine Frau, seit das Kind auf der Welt ist, wenig Zeit für ihn habe. Sie haben häufig Streit, und er habe die Absicht, sich scheiden zu lassen.

Er lud Traude auch ins Kino ein und dann fuhren sie noch in eine Bar. In den nächsten Wochen trafen sie sich noch öfters und sie verliebten sich.

Aber eines Tages erscheint die Frau von Hans bei Traude und macht ihr schwere Vorwürfe. Als ihr Traude entgegnete, daß sie sich ohnehin scheiden lassen wollen, bricht die junge Frau in Tränen aus und klagt: „Nein, wir haben uns immer gut verstanden. Erst als Sie auftauchten, begann der Zank. Sie haben unsere Ehe zerstört." Traude ist erschüttert, aber sie weiß, daß sie Hans liebt und er die Erfüllung ihrer Wünsche ist.

Was soll Traude tun?

Hätte sie Hans nie glauben dürfen?

Was steht höher: Das Glück von Traude oder die Ehe, auch wenn sie unglücklich wäre?

Was sagt ihr zu Hans?

Wie könnte alles wieder in ein rechtes Geleis kommen?

Erika bügelt den Rock ihres Vaters und räumt die Taschen aus. Unter mehreren Briefen findet sie auch ein Bild mit einer hübschen Frau. So nebenbei liest sie: „Deine Dich liebende Freundin."

Sie überfliegt nun die Briefe und stellt fest: Der Vater hat eine Freundin.

Was soll sie tun?

Mit wem soll sie reden? Mutter? Vater? Freundin? Anderen Erwachsenen?

Sabine, 14, an ihre Freundin Dorli:

Liebe Dorli!

Ich möchte mich für Deinen Brief aus Italien bedanken. Ich war sehr, sehr froh, wieder etwas von Dir zu hören. Bei mir ist leider immer das Gleiche. Gestern am Abend war mein Vater wieder nicht zu Hause. Ich weiß nicht, wo er war. Vielleicht im Gasthaus? Oder hat er eine Freundin? Ist ja egal!

Klaus, mein großer Bruder, ist nicht einmal zum Abendessen nach Hause gekommen. Auch dieser gräßliche Alte kam wieder zu meiner Mutter. Ich hasse ihn. Meine Mutter hat mich weggeschickt. Am liebsten hätte ich sie geohrfeigt. Ich wußte nicht einmal, wohin ich gehen sollte. Du bist ja auch nicht zu Hause.

Liebe Dorli, ich halte es zu Hause einfach nicht mehr aus. Manchmal denke ich, ich sollte reden mit meiner Mutter, dem Vater und dem Bruder. Aber ich glaube, es würde nur schlimmer. Vielleicht wäre es besser, wenn ich ganz einfach auch einen Freund hätte. Oder sollte ich mich an jemanden wenden? Aber an wen? Und würde es etwas helfen?

Bitte, Dorli, schreib mir, was Du in meiner Lage tun würdest!!! Ich warte schon sehr gespannt auf die Antwort. Noch liebe Grüße

Deine Freundin Sabine

Was sagst du zum Vater?

Was zur Mutter?

Was würdest du Dorli antworten?

Wie können solche Situationen entstehen?

Lore ist 22 Jahre alt und Sekretärin in einem großen Versandhaus. Sehnsüchtig wartet sie schon darauf, daß der Abend kommt und sie sich mit Heinz treffen kann. Nächste Woche wollen sie sich verloben, und Lore träumt vom großen Glück.

Da kommt der Chef herein. Nervös nimmt er eine Zigarette aus dem Etui, zündet sie an, geht zum Fenster, und während er zum Fenster hinausschaut, sagt er zu Lore: „Fräulein Lore, ich liebe Sie. Fahren Sie jetzt mit mir hinaus auf mein Landhaus. Meine Frau und meine Kinder sind verreist. Wir sind ungestört."

„Nein, niemals", stammelte Lore.

„Warum nicht", fragte kalt der Chef.

„Sie wissen doch, daß ich verlobt bin, nein, das kann ich nicht tun", entgegnet nun entrüstet Lore.

Da dreht sich nun der Chef zu ihr um und sagt hart: „Gut, dann werden Sie die Folgen zu tragen haben. Ich werde es der Polizei melden, daß Sie sich vor zwei Jahren ein Kind abtreiben ließen. Ich bin neugierig, ob Ihr Verlobter Heinz dann noch Lust hat, eine Mörderin zu heiraten."

Lore wird bleich und tonlos fragt sie: „Woher wissen Sie das."

Zynisch antwortet ihr darauf der Chef: „Man hat halt seine Beziehungen. Nun, Fräulein Lore, wozu haben Sie sich entschlossen?"

Lore wird es schwarz vor den Augen. Tränen der Verzweiflung fließen ihr über die Wangen und angestrengt überlegt sie: „Wie rette ich mein Glück?"

Was soll Lore tun? Ist nicht ohnehin alles verloren?
Was denkt ihr über den Chef?

Edith, 16, ladet Vera, 14, ein, mit ihr eine Autostopptour nach Italien zu machen. Vera hat so etwas noch nie gemacht und freut sich schon sehr darauf. Ihre Mutter schimpft: „Das geht unmöglich, du bist wohl verrückt. Was da schon alles vorgekommen ist." Auch der Vater ist erzürnt: „Was bildest du dir eigentlich ein, du blöde Gans! Eine Tracht Prügel würde dir gut tun."

Vera redet mit Edith darüber. Edith meint: „Laß dir nichts von den Alten einreden. Die sind doch zu dumm für so etwas. Ich habe schon oft gestoppt und bin immer noch lebend nach Hause gekommen. Schließlich muß man die Jugend ausnützen und auch etwas erleben. Am besten, du haust einfach ab. Du wirst sehen, die werden noch froh sein, wenn du zurückkommst."

Vera aber ist sich unschlüssig und weiß nicht, was sie machen soll.
Was soll Vera tun?
Was sagst du zu Vater und Mutter?
Was tätet ihr anstelle der Eltern?

Emma, 14, erzählt ihrer Freundin Gertrud von ihrem Freund Franz, 17:

„Gleich nach dem ersten Kinobesuch hat er mich geküßt. Ich wollte es ihm zuerst verwehren, doch dann ließ ich mich überzeugen, daß da nichts dabei ist. Später wurde er immer heftiger. Er ging immer weiter. Manchmal habe ich Angst bekommen, daß das nicht richtig sei. Gestern haben wir uns wieder getroffen. Nach einigen Zärtlichkeiten sagte er plötzlich: ‚Komm mit auf mein Zimmer, ich möchte dich ganz haben. Du weißt, wie sehr ich dich liebe. Ich halte es nicht mehr aus.'

Als ich nicht wollte, wurde er böse: ‚Wenn du nicht tust, was ich will, liebst du mich nicht. Dann hat es keinen Sinn mehr. Alles oder nichts!'

Ich weiß nun nicht, was ich machen soll. Einerseits glaube ich, daß wirklich nichts dabei ist, aber andererseits habe ich doch Angst davor. Was meinst du dazu, Gertrud?"

Was würdest du Emma antworten?
Was müssen die beiden lernen zu unterscheiden?

Regina ist für einen Sonntagnachmittag bei Evelyn, 16 Jahre, zu einer Party eingeladen.

Als sie zu Evelyn kommt, sind außer Evelyn noch zwei Mädchen und vier Burschen anwesend.

Der Raum ist nur spärlich beleuchtet und es geht schon bunt zu.

Für Regina ist schon ein Partner „reserviert". Robert heißt er. Bald beginnen sich alle zu küssen. Regina wagt es nicht, sich gegen die Zudringlichkeit Roberts zu wehren.

Nachdem alle schon etliches getrunken haben, macht jemand das Licht aus. Plötzlich spürt Regina, wie Robert ihr Kleid öffnet.

Was soll Regina jetzt tun?
Wie weit darf sie bei dieser Party mittun?
Überlegt und widerlegt die Schlagworte: „Ich kann doch nicht aus der Reihe tanzen." „Es machen's doch alle." „Einmal ist keinmal." usw.

LERNABSCHNITT VII

GUT UND BÖSE

(A. Höfer)

Wie aus dem Eingangskapitel „Die sittliche Unterweisung bei Jugendlichen“ hervorgeht, ist das Lernziel des *ganzen* Jahres auf die sittliche Reifung der Schüler abgesteckt. Diese ist das Ergebnis und die Frucht, die aus jedem katechetischen Block erwartet wird. Diese Katechesenreihe VII dient vorwiegend der Reflexion über die Vorgänge des sittlichen Werdeprozesses im Menschen. Durch die Einblicke sollen die Schüler Haltungen bewußter aufbauen, eine Zielvorstellung sittlicher Mündigkeit entwickeln und das Problem des Moralischen neu sehen und würdigen. Folgende Einsichten sollen in ihnen wachsen:

1. Das moralische Handeln unterliegt wie alles andere im Menschen ebenfalls einer Entwicklung, die weitgehend, wenn auch nicht ausschließlich mit den Altersphasen gekoppelt ist. Die Bildung des Gewissens und des gewissenhaften Handelns hängt von der affektiven Reife ab. Das heißt: Die Erlebnisse und Erfahrungen, die ein Mensch im Elternhaus und in seinem Lebenslauf macht, bestimmen weitgehend seine Gewissensreife. Wer nie geliebt worden ist, kann auch schwer selber lieben. Die Schüler sollen durchaus sehen, daß Moral mit Schicksal zusammenhängt. Sie sollen über die sogenannten „gewissenslosen“ Verbrecher nachdenklich und im Urteil vielleicht gerechter werden. Einige Fälle aus „Wie verlorene Hunde“ können als Beispiel dienen. Wenn man die Taten eines Menschen beurteilt, soll man sein Schicksal immer mitsehen. Das ist durchaus ein Lernziel, das anzustreben ist.

Prüfen: Man lege Zeitungsberichte von tragischen und verbrecherischen Fällen vor (Selbstmord aus Verzweiflung, Mord in Trunkenheit, aus krankhafter Eifersucht usw.) und lasse sondieren, was an

Schicksal, was an Verantwortung vorliegt; was entschuldbar ist, was nicht. Die Verurteilung der Tat darf nicht zur Verurteilung des Menschen führen, umgekehrt aber darf die Tat um des Menschen und seines Schicksales willen nicht verharmlost werden. Die Schüler sollen auch darüber Auskunft geben können, welche Verantwortung die Eltern für das sittliche Werden ihrer Kinder haben. Man lasse dies mit Beispielen aus der eigenen Beobachtung belegen.

2. Die Schüler sollen darüber Bescheid wissen, wie jede Altersstufe neue moralische Verhaltensweisen entwickelt. Man muß verstehen können, was man moralisch von einem jüngeren, älteren, größeren oder erwachsenen Menschen erwarten kann. Sie sollen darüber Auskunft geben und mit Beispielen belegen können, was für ein Kleinkind, ein Schulkind und einen Jugendlichen konkret die Qualität des Guten ist. Von daher soll dann auch das Böse jeweils bestimmt werden – vom Menschen aus und seinen Voraussetzungen her. Die Schüler sollen in ihrer jetzigen Reifestufe – die Stufe des subjektiven moralischen Könnens – eine neue Chance sehen und dadurch einen neuen, positiven Zugang zur Moral finden. Sie sollen stolz sein, moralisch freier und mündiger handeln zu können. Die vielen Vorschläge, die man zu den Problemgeschichten einbringt, sind bereits ein Zeichen, daß sie nicht mehr alles über einen Leisten schlagen müssen, sondern differenzierter handeln können. Je mehr man sie auf ihr neues Vermögen hinweist, um so größer die positive Würdigung der Moral. Diese muß als eine große Kulturleistung der Menschheit verstanden werden und nicht als ein von außen auferlegtes Gesetz. Hier ist all das zur Sprache zu bringen, was in dem Eingangsaufsatz genannt ist.

Prüfen: Was bedeutet für jede Altersstufe gut und böse?

3. Jede Altersstufe bedeutet eine neue Möglichkeit der Freiheit und Reife. Was man auf einer Altersstufe lernt, bleibt irgendwie für das ganze Leben erhalten, auch wenn man Neues dazulernt. Die Schüler sollen weiters auf moralische Infantilismen und Fixierungen aufmerksam gemacht werden. Man kann als Erwachsener nicht wie ein Kind handeln. Man beurteile Fälle, die infantiles Handeln zeigen: Etwa wenn ein Erwachsener nach dem Beichtspiegel aus seiner Kinderzeit beichtet. Man darf (wie auch sonst im Leben) in der Moralentwicklung nicht steckenbleiben. Welche Konsequenzen und Impulse ergeben

sich daraus für die Schüler? Da sie aber erst im Anfangsstadium dieser neuen Stufe stehen, darf man sich von ihnen noch keine radikalen Veränderungen erwarten. Wohl aber sollen sie wenigstens darüber reflektieren und sprechen können.

Das Hörspiel „Die Bürde des Beichtgeheimnisses“ zeigt, wie ein Mensch moralische Verantwortung zu tragen versteht, während die Hörspiele „Die Übungspatrone“ und „Der Tod auf der Straße“ offenkundig machen, wie Menschen sich dieser Verantwortung entziehen.

Man gehe mit den Schülern die schon behandelten Lebensbilder nochmals durch und zeige, welche Verantwortung, welchen Ruf diese Menschen wie Kennedy, Gandhi und die anderen auf sich genommen haben. Worin hätte ihre Schuld bestanden (im Nicht-Tun des Geforderten, Zeitgemäßen)?

4. Schuld, Sünde, Versuchung: Zunächst soll an den biblischen Beispielen herausgearbeitet werden, daß im Ruf zur moralischen Verantwortung immer auch Gott den Menschen ruft. Auf die moralische Berufung nicht eingehen, heißt auch, Gott nicht hören wollen und auch vor ihm schuldig werden. Wichtig ist, daß den Schülern die Weltbezogenheit des Tuns aufgeht. Bevor man davon spricht, daß sie in der Schuld den Willen Gottes nicht tun, müssen sie sehen, wie sie die Wirklichkeit der Welt verfälschen und das Leben der Menschen zerstören, wenn sie unmoralisch handeln – und gerade das ist es auch, was Gott nicht will. Gottes Leidenschaft für das Gute ist eine Leidenschaft für die heile Welt des Menschen.

An der Paradieseserzählung soll den Schülern die psychologische Struktur der Versuchung aufgehen. Sie sollen den Text als eine bildhafte, nach außen projizierte Beschreibung innerer Vorgänge würdigen können (von den Märchen her werden sie dafür ein Verständnis haben). Als *Prüfung* kann man von ihnen verlangen, daß sie heutige Versuchungssituationen und ihre Abläufe nach innen und außen darstellen. Weitere biblische Beispiele des Bösen: Kain, David, Petrus, Paulus, Judas. Worin bestand deren Versuchung und deren Schuld?

Ganz wichtig ist, von einem objektivistischen, nomistischen Schuldverständnis zu einem subjektiven, vom Gewissen her konzipierten Sündenbegriff vorzustoßen. Man bespreche auch, wie dieses neue, erwachsenere Verständnis auch die Beichte mündiger und persönlicher machen müßte.

5. Wie kann das Böse aus der Welt geschafft werden?

Den Schülern muß aufgehen, daß das Böse aus der Welt zu schaffen nicht nur eine Angelegenheit der „Pfarrer" ist, sondern das brennendste Problem der Menschheit überhaupt. Jeder Mensch ist dazu aufgerufen. Man zeige das an dem Fragenkomplex Aggression, Krieg, Frieden: im Staat, unter den Völkern, in der Klasse („Der Herr der Fliegen"), in den Familien. Wie kann man aus sich selber das Böse hinwegschaffen? Die Reue als eine der größten Möglichkeiten des Menschen, eine Chance ständiger Regeneration, Erneuerung des verfallenen Menschen. Je mehr Beispiele die Schüler aus Presse, Rundfunk, Fernsehen und eigenen Beobachtungen beisteuern können, um so besser ist es. Die Stunden sollen einen eindeutigen Gesprächscharakter haben. Welche Chance bietet der Glaube, wenn es gilt, das Böse aus der Welt zu schaffen? Man erinnere sich daran, wie Christus zu diesem Problem und zu den davon betroffenen Menschen stand. Welche Möglichkeiten bietet die Kirche an? Man wiederhole (gesprächsweise) die verschiedenen Möglichkeiten der Sündenvergebung aus der sechsten Schulstufe, Katechese 33 und 34.

Die beiden Erzählungen von Tolstoi „Gott sieht die Wahrheit, auch wenn er lange Jahre schweigt" und „Die Kerze" veranschaulichen die biblische Parole, wenn es gilt, das Böse aus der Welt zu schaffen: „Überwindet das Böse durch das Gute!" (Röm 12, 21; als Beispielsätze Mt 5, 32–34). Dem Katecheten sei empfohlen: H. Zulliger, *Der Umgang mit dem kindlichen Gewissen* (Fischerbücherei Nr. 1069), aus dem man viele Beispiele erzählen kann, auf welche Weise Kinder und Erwachsene mit ihrer Schuld fertig zu werden suchen.

Prüfen: Was heißt für jede Alterstufe Schuldigwerden? Wie steigert sich die Verantwortung? Welche Verantwortung nahmen große Menschen auf sich (Interpretation der Lebensbilder)? Welche Beispiele von Sündern zeigt die Bibel und worin lag deren Schuld? Wie läuft eine Versuchung ab, und wie zeigt sich das in der Paradieseserzählung? Wie werden die Menschen mit dem Bösen fertig? Welche Hilfen bietet dafür der Glaube? Wie beichten Kinder, wie sollen Erwachsene beichten? Schuld und Schicksal in Zeitungsberichten abwägen. Warum ist Gott gegen das Böse? Wie hat es Jesus verspüren müssen? Wie war er mit Sündern?

KONFLIKTGESCHICHTEN

(A. Flucher)

Ein herrlicher Tag! Wie geschaffen für einen Schulausflug. Die 3b ist mit ihrem Klassenlehrer unterwegs, ein Berg wird bestiegen. Alle sind guter Dinge, als der Rastplatz erreicht wird, sind alle doch schon recht müde und – durstig. Auch kein Wunder bei der Hitze! 30 Grad im Schatten! „Da muß man ja austrocknen", meint der dicke Gerhard und kippt in aller Eile zwei große Kola. Dann legt er sich in den Schatten eines Baumes und schläft ein.

Plötzlich fährt er auf. Niemand ist mehr zu sehen. Doch – auf der gegenüberliegenden Berglehne kann er einige seiner Kameraden sehen. „Diese Idioten haben mich glatt hier weiterschlafen lassen!" Schnell kramt er seine Sachen zusammen und eilt den andern nach. Er wird von ihnen mit großem Hallo begrüßt. Gerhards Ärger über die „Blödheit" der Kameraden ist bald vorüber.

Als er am Abend den Autobus besteigt und sein Fahrgeld zusammensucht, durchzuckt es ihn wie ein Blitz: „Du liebe Zeit, ich habe mein Kola nicht bezahlt! Daß mir das passieren muß!" Er fragt Rudi, der neben ihm steht: „Hat jemand von euch oben im Gasthaus für mich bezahlt?" Rudi verneint: „Wieso? Ich nicht. Aber frag die andern." Auch die wissen nichts davon, sie fragen höchstens, ob er verrückt sei und nennen ihn schließlich unter großem Gelächter „Zechpreller". Gerhard ist aber gar nicht so wohl zumute. Er denkt: „Das ist doch Betrug! Wie soll ich das wieder gutmachen?" Doch anderseits denkt er sich: „Eigentlich bin ich entschuldigt, ich habe ja nicht absichtlich vergessen!"

Was würdest du an Stelle von Gerhard tun?
Was sagst du zu den anderen?

Stefan hat immer die Lacher auf seiner Seite. Wen er aufs Korn nimmt, der hat keine ruhige Stunde. Heute hat er während des ganzen Vormittages Fritz aufgezogen, weil er ihn gestern gemeinsam mit Rosi radfahren sah.

Da packt Fritz plötzlich die Wut. Er nimmt sein Lineal und wirft damit nach Stefan. Dieser duckt sich und das Lineal trifft den Lehrer, der gerade die Klasse betritt. Dieser gibt Fritz eine kräftige Ohrfeige und trägt ihn in das Klassenbuch ein.

Alle wissen, daß dies für Fritz eine schlechte Betragensnote geben wird. Die ganze Klasse ist nun gegen Stefan und verlangt von ihm, daß er sich beim Klassenvorstand melden soll.

Was soll Stefan nun tun?

Was sagt ihr zu Fritz? Wie hätte er sich anders verteidigen können?

Was haltet ihr von diesem Lehrer? Was hättet ihr an seiner Stelle getan?

Im Hinterzimmer eines Gasthauses treffen sich vier Männer zu einem verbotenen Kartenspiel. Sie spielen schon einige Stunden, und Sylvester, ein Postbeamter, hat bereits sein ganzes Vermögen verloren. Plötzlich bekommen sie einen Wink vom Wirt. „Haut ab! Polizei!“

Die Männer räumen sofort alles weg. Sylvester aber hat einen guten Gedanken. „Wenn ich jetzt alles auffliegen lasse, bekomme ich mein ganzes Geld zurück. Ich muß ja auch an meine Familie denken, und schließlich war es sowieso gesetzeswidrig.“

Was sagt ihr zu Sylvester?

Warum sind manche Spiele überhaupt verboten?

Robert, Manfred und Werner kommen in der Frühe in die leere Klasse und beginnen mit dem Schwamm zu werfen. Bei einem kräftigen Wurf von Manfred geht eine Fensterscheibe kaputt. Sie verlassen die Klasse, ohne jemandem etwas zu erzählen.

Was würdet ihr in diesem Falle tun? Warum?

HÖRSPIELE

(I. Neuhold)

DER TOD AUF DER STRASSE[1]

Dieses Hörspiel behandelt die mitmenschliche Thematik. Ein Mann verschuldet einen Unfall und begeht Fahrerflucht, um seine Karriere nicht zu gefährden. Daraus entwickeln sich die Probleme. Wie verhalten sich die im Auto Sitzenden dem Mitmenschen gegenüber? Sie lassen den alten Mann am Straßenrand liegen. Dieser hilflos liegengelassene Mann ist der andere, ihr Nächster und damit zugleich Christus.

Das kleine Mädchen, das die Augen schließt, um sich den alten Mann, der am Straßenrand ausgebreitet lag, besser vorstellen zu können, vergleicht ihn mit einem Kreuz. Sie muß immer wieder an den Mann, der wie ein großes, umgefallenes Kreuz aus Holz dalag, denken. Sie kennt diesen Mann, sie hat ihn schon oft im Bilderbuch gesehen.

▶ Eine Familie: Vater, Mutter und Bärbel, deren kleine Tochter, ist bei Freunden auf Besuch. Sie feiern dort einen Geschäftsabschluß. Es ist ein fröhliches Beisammensein. Sie spielen Schallplatten und trinken etwas Alkohol. Der Vater ist Vertreter. Er war nach dem Kriege in russischer Gefangenschaft und hat als kleiner Mann ganz unten angefangen. Doch er hat sich durch harte Arbeit emporgearbeitet. Jetzt kann er sich zu den gutsituierten Bürgern der Wohlstandsgesellschaft zählen. Er besitzt eine schöne, eigene Wohnung und hat sich vor kurzem auch einen anderen, viel größeren und neuen Wagen gekauft.

Die Feier ist vorüber. Nun befindet sich die Familie auf der Heimfahrt. Die Mutter ist noch etwas betäubt vom Trubel. Es ist schon spät und dunkel. Die kleine Tochter Bärbel ist im Wagen eingeschlafen. Der Vater fühlt sich plötzlich auch sehr müde, am liebsten würde auch er schlafen. Doch er ist zufrieden. Er denkt an all seine privaten und beruflichen Erfolge. Auch seine Frau ist stolz darauf. Heute

[1] Frei nach einem Hörspiel von F. Schillburg.

hat er wieder Glück gehabt. Der Geschäftsabschluß ist gut verlaufen. So hat er es auch erwartet.

Der Frau fällt auf, daß ihr Mann heute irgendwie anders fährt. „Fährst du unsicher, oder ist die Straße zu holprig? – Du, du hast doch bei den Freunden nicht ein Glas zu viel getrunken?“ Lachend wehrt der Mann ihre Besorgnis ab. Wieder sprechen sie von der Feier, der harten Arbeit, seinem beruflichen Aufstieg ...

Plötzlich wird die Unterhaltung vom Lärm des stark bremsenden Autos und vom Schreien der Frau unterbrochen. Was ist geschehen? Plötzliche Ernüchterung ... Auch Bärbel ist vom Lärm aufgewacht, sie schaut auf und wendet sich fragend an den Vater: „Vati, was ist ... Da draußen liegt ein Mann. Er hat die Hände wie ein Kreuz ausgebreitet und sein Fahrrad ist ganz verbogen.“

Sie haben einen Radfahrer niedergefahren. „Mach die Tür zu“, sagt der Vater erregt zu seiner Frau, die aussteigen will. Stotternd fährt er fort: „Wir ... wollen doch vernünftig sein, ganz vernünftig müssen wir sein. Ich werde erst einmal weiterfahren. Nur so können wir Hilfe holen ...“

Die Mutter redet auf ihren Mann ein, doch zurückzufahren und dem Radfahrer zu helfen. Bärbel geht der Mann, der wie ein Kreuz dalag, nicht aus dem Sinn. Sie fragt nach ihm. Doch die Eltern sprechen dem Kind zu, wieder einzuschlafen.

Der Vater versucht, den Unfall zu verharmlosen; er lacht darüber. Doch sein Lachen klingt gezwungen. „Na, ja, der Mann ist ja nicht schwer gestürzt, werden nur Kratzer sein; der alte Knabe sitzt schon wieder hinter einem Glas Bier und hat den Schrecken hinuntergespült.“

Das Firmenzeichen ist zersplittert. Der Mann steigt aus, um es ganz abzureißen. Seine Hände sind dabei blutig geworden. Vorwurfsvoll fragt seine Frau: „... oder ist es das Blut von unserem Opfer? Wir sind Verbrecher, wir begehen Fahrerflucht.“

Der Vater versucht seine Frau zu beruhigen und ihr sein Verhalten zu erklären: „Ich habe den Unfall verschuldet, schön. Aber wem ist geholfen, wenn ich meine Daten und Personalien abgebe. Du weißt ganz genau, für wen ich schufte, für euch. Stell dir vor, was passiert: Untersuchungshaft vielleicht, Verurteilung und Haft. Nicht, daß mir das Sitzen etwas ausmacht ... Ich habe lange genug in Kriegsgefangenschaft gesessen ... Aber was passiert in der Zwischenzeit? Man ruiniert mir die Geschäfte, die ich aufgebaut habe; es dauert Jahre, bis ich alles wieder eingelenkt habe. Ich bin nicht mehr jung, vielleicht schaff ich es nie mehr ... Helfen heißt bestraft werden, und dann geht der Zirkus los. Weißt du noch, wie wir von der Hand in den Mund gelebt haben? Du mußt wieder in die verfluchte Mietswohnung. Glaubst du, ich möchte mit euch allen auf der Straße sitzen? Ich kann nicht mehr so leben wie früher, ich kann nicht ... Darf ich das überhaupt, wegen eines Menschen, wegen eines unbekannten Radfahrers meine ganze Familie ins Unglück bringen?"

Er und seine Frau diskutieren hin und her. Es ist eine harte Auseinandersetzung. Die Frau spart nicht mit Vorwürfen. Wieder denkt sie an den alten Mann am Straßenrand: „Detlev, fahr zurück, es wird für mich schwer sein, mit einem Mann zusammenzuleben, der seine Selbstachtung mit einem schweren Wagen überrollt." Gequält antwortet der Mann: „Ja, vielleicht hast du recht, und ich soll ..."

In diesem Moment sehen sie Polizei, die an der Brücke steht. Der Posten winkt. Ihr Entsetzen ist groß. Eilig will er vorbeifahren. Doch sie müssen anhalten. Der Polizist, ein sehr freundlicher Mensch, informiert sie: „Sie müssen einen Umweg machen. Ein Lastwagen blokkiert die Straße, ein Unfall."

Nach diesen Worten des Polizisten atmet die Frau erleichtert auf. Der Ruf „Gott sei Dank" entkommt ihr. Es handelt sich um etwas anderes, um einen anderen Unfall. Man hat noch nichts bemerkt. Ihre Erleichterung ist groß. Sie plaudern noch einige Minuten unbeschwert mit dem Polizisten.

Plötzlich meldet sich Bärbel, die wieder aufgewacht ist: „Onkel Polizist, schaust du nach dem Mann, der wie ein Kreuz auf der Straße liegt?"

Erschreckt fällt die Mutter ein, um sie zum Schweigen zu bringen: „Bärbel, du hältst den Mann nur auf." Doch der Polizist winkt lächelnd ab und läßt die Kleine weitererzählen. „Wie ein Kreuz, ein großes umgefallenes Kreuz aus Holz", berichtet sie.

Der Polizist ist amüsiert. Gutmütig erklärt er der Kleinen, daß Männer nicht wie umgefallene Kreuze auf der Straße liegen, sondern stramm stehen.

Unbeirrt erzählt die Kleine weiter: „Wir haben aber einen Mann gesehen, der war gar nicht stramm, der lag nur da, ganz stumm."

Doch der Polizist lacht wieder über das Mädchen, das von „umgefallenen Vogelscheuchen" träumt. Freundlich verabschiedet er sich von den Eltern und der „kleinen Träumerin", die nun weiterfahren.

Die Frau ist nun durch ihr Verhalten dem Polizisten gegenüber zur „Verbündeten" ihres Mannes geworden. Sie hätte jetzt Gelegenheit gehabt, vom Unfall zu sprechen, aber sie hat es nicht getan. Sie hat zu ihm gehalten.

Sie kommen zu Schranken und steigen kurz aus. Da steigt die Frau plötzlich allein ins Auto und wendet es. Sie will zurückfahren zur Unfallstelle. Er ruft ihr nach. Doch es ist vergeblich. Schließlich geht er zu Fuß nach Hause. Dort wartet seine Schwiegermutter schon mit großer Sorge auf die Rückkehr ihres Mannes. Der Schwiegervater ist schon seit langem mit dem Rad unterwegs und bis jetzt noch nicht zurückgekehrt. Er hatte den gleichen Weg genommen wie die Familie mit dem Auto.

Die Mutter kommt mit dem Wagen zurück. „Ich bin doch deine Verbündete", sagt sie zu ihrem Mann. Sie hatte es nicht gewagt, zur Unfallstelle zu fahren und wieder kehrt gemacht.

Zuletzt vernimmt man noch ihre Frage: „Wo ist der Vater?" Etwas Schreckliches läßt sich erahnen. ◀

Impulse und Fragen:

Zeigt, wie die Last der Verantwortung immer schwerer wird, und wie der Mann sie abzuschütteln versucht!

Durch welche Personen wird der Mann zur Verantwortung gerufen?

Wieso kann man die Ausreden des Autofahrers nicht gelten lassen?

Wie zeigt die Erzählung, daß der allein gelassene, überfahrene Mann nicht irgend jemand, sondern der Nächste war?

An wen hat das kleine Mädchen gedacht?

Wie hätte alles anders ausgehen können?

Welche häufigen alltäglichen Situationen sind der geschilderten ähnlich?

DIE ÜBUNGSPATRONE[2]

Dieses Hörspiel behandelt das Thema der Gewissenserforschung. Soldaten müssen einen Menschen erschießen. Das System verwendet eine Übungspatrone, die ihnen die Last des Gewissens abnimmt oder zumindestens erleichtert. Einer von ihnen hat mit der Übungspatrone

[2] Nach einem Hörspiel von O. H. Kühner, in: A. Frank, *Hörspiele II*, 1970.

geschossen. Diese Übungspatrone ist eine hinterlistige Einrichtung, ein Betrug, ein Mittel zum Selbstbetrug. Es ist „eine raffinierte Einrichtung, die sogar die Beschaffenheit der Seele miteinkalkuliert". „Es werden Konzessionen an das Gewissen gemacht und es wird mit ihm jongliert."

Wäre diese Erfindung der Übungspatrone nicht, könnte sich keiner vor seiner Verantwortung drücken. Keiner hätte eine Entschuldigung für das, was er getan hat. Doch so redet sich jeder ein, die Übungspatrone gehabt zu haben. Jeder kann sein Gewissen beruhigen. Doch dieses Gefühl, schuldlos zu sein, bleibt ihnen nur, solange keiner die Wahrheit weiß, solange sie nicht wissen, wer die Übungspatrone hatte. Sind sie schuldlos?

Auch in unserem Leben begegnen wir immer wieder ähnlichen Situationen. Wir alle schießen bildlich wie mit Gewehren auf andere. Wir beschimpfen sie, wir beleidigen sie oder tun ihnen sonst irgendwie weh. Doch wir reden uns aus. Immer wieder verwenden wir eine Übungspatrone und verlassen uns auf sie. Doch einmal müssen wir der Wahrheit ins Auge schauen, zu unseren Handlungen stehen und die Verantwortung für sie voll und ganz tragen.

▶ Das Hörspiel handelt in der Zeit gegen Kriegsende. Zehn Männer einer Genesendenkompanie werden mit der Exekution eines Deserteurs beauftragt. Der Erzähler gehörte auch zu diesem Hinrichtungskommando, das schon ganz früh an einem Morgen zur Exekutionsstelle aufbricht. Ihre schleppenden Marschtritte, die sie zu jener Stelle führen, werden von inneren Monologen des Erzählers und der anderen Soldaten begleitet. Ein jeder hält diese Erschießung eines Menschen, noch dazu eines eigenen Kameraden, der völlig wehrlos ist, für eine Brutalität und Gemeinheit. Jeder ist von sich überzeugt, nicht auf Menschen schießen zu können. Deswegen nehmen sich alle in ihrem Inneren vor, sich nicht zum „Scharfrichter" machen zu lassen, sondern daneben zu schießen.

Plötzlich werden sie in ihren inneren Monologen unterbrochen. Der Befehl des Unteroffiziers „Abteilung – halt!" führt sie in die grausame Wirklichkeit zurück.

Sie befinden sich nun bereits auf der Hinrichtungsstätte selbst. Alles ist schon bereit. Man reicht ihnen die Gewehre, die schon geladen sind. Man hat sogar schon einen Sarg gerichtet. Ein Pfarrer, ein Militärjustizbeamter und ein junger Offizier mit zuckenden Lippen und einem verschlafenen, melancholischen Gesicht, der selbst einen sehr unsicheren und nervösen Eindruck macht, sind anwesend. Keiner fühlt sich wohl in seiner Rolle.

Der junge Offizier hält eine Ansprache, die von ihrer ungewöhnlichen Pflicht handelt. Er verwendet dabei Schlagwörter wie Ehre, Führer, Volk und Vaterland. Er teilt ihnen auch mit, daß sich in einem ihrer Gewehre eine Übungspatrone, die nicht tötet, befindet. Wenn also einer von ihnen Hemmungen oder moralische Bedenken habe, so könne jeder von sich annehmen, er habe diese Platzpatrone im Lauf. Jeder der zehn Männer empfindet es als lächerlichen Selbstbetrug, sich auf die Übungspatrone zu verlassen. Und doch werden sie es alle tun.

Jetzt kommt der Moment, in dem sie den Wink erhalten, auf den Fahnenflüchtigen in fünf Schritten Entfernung zu schießen. Sie müssen den roten Fleck auf seinem Hemd treffen. Trotz ihrer großen Vorsätze und der Empörung über eine solche unmenschliche Tat vergessen sie eine Sekunde lang doch alles und schießen. Der Arzt kontrolliert: er zählt genau neun Herzeinschüsse. Es hat also alles geklappt.

Die zehn Männer sind nun auf dem Heimweg. Wieder vernimmt man die inneren Monologe der einzelnen. Sie haben geschossen. Doch keiner fühlt sich schuldig. Jeder ist überzeugt davon, daß in seinem Gewehr die Übungspatrone gewesen ist, denn sonst hätte er ja niemals abgedrückt.

„... Ich habe bestimmt die Übungspatrone gehabt. Das hat man so im Gefühl. Das merkt man irgendwie. Und der Rückschlag gegen die Schulter war schwächer, bestimmt schwächer als sonst. Herrgott im Himmel, ich danke dir, daß er schwächer war, mein Rückschlag. Daß ich's nicht war. Daß ich der war, der die Übungspatrone hatte. Und daß meine Seele rein geblieben ist vor deinem Angesicht ..."

„Ich wäre nicht der Karl Hennemann aus Dreswitz – kann man wohl sagen, ich wäre das nicht, hätte ich nicht die Übungspatrone da drinnen gehabt. Und ich hab ja immer Glück bei solchen Sachen. Nee, ich knalle keinen ab, keinen von den unseren ... Nee, der Laden platzt doch bald auseinander. Armer Teufel. Feiglinge sind das, die dich umgelegt haben, Lumpen. Erbärmlinge!"

„Du hast sie natürlich gehabt, sonst wärst du ja umgekippt, ich meine, wenn du nicht das Gefühl gehabt hättest, daß sie da drin war im Lauf ... Du warst es also nicht ... du hast sie gehabt, die Übungspatrone. Du hast sie einfach gehabt, hörst du, du hast sie einfach gehabt ... hast sie gehabt ... gehabt – Schön, dieses Gefühl, sie gehabt zu haben ..."

So oder ähnlich denken sie alle. Jeder beruhigt sein Gewissen mit der Übungspatrone. Diese Einrichtung der Übungspatrone, die Idee hat geklappt. „... und alle laufen sie so leicht und gerne in die Falle, in diese Seelenfalle, diese Einrichtung mit der Übungspatrone, die Falle mit dem süßlichen Köder, diesem Zugeständnis an jeden einzelnen dieser Sorte Mensch, an alles in ihm: Empfindung, Schwäche, Mitleid ..."

Aber es kann nur einer mit einer Übungspatrone geschossen haben, und solange keiner weiß, wer es war, kann sich jeder schuldlos fühlen, solange funktioniert der ausgeklügelte Plan der Übungspatrone.

Doch während des Rückmarsches gesteht einer der Männer, Herbert Abend, dem Erzähler, daß er in seiner Aufregung gar nicht abgedrückt hätte: „Ich hatte schon den Finger am Abzug. Zum Erbrechen schlecht war mir plötzlich. Immer hab ich mir eingeredet, du hast die Übungspatrone. Dann war's mir wieder leichter ... als ob es wieder ginge. Aber es ging dann doch nicht. Dann war's auf einmal wieder weg, hier im Kopf. Alles weg. Vor den Augen. Ihr habt dann alle geschossen ... ich nicht ... und keiner hat's gemerkt."

Dieses Geständnis macht alles zunichte: Da es neun Einschüsse waren, muß in seinem Gewehr, das das einzige ist, mit dem nicht geschossen wurde, die Übungspatrone stecken. „Ausgerechnet du, du hättest doch ruhig schießen können und hättest doch nicht getötet. Du mußt die Übungspatrone ja gehabt haben. Da waren doch neun Einschüsse ..." Auch der Unteroffizier bestätigt: „Waren doch neun Treffer. Da kann in Ihrem Karabiner doch nur die Übungspatrone gewesen sein."

Damit ist den anderen die Ungewißheit, damit ihre einzige Chance genommen worden; sie können ihr Gewissen nicht mehr betrügen. Dadurch ist das ganze System zunichte gemacht worden: die Wirkung einer Übungspatrone auf das menschliche Gewissen. Mit der Übungspatrone ist ihnen jede Möglichkeit zur Rechtfertigung, ihre Ruhe und ihr Frieden genommen worden.

Die Wahrheit ruht schwer auf ihrem Gewissen und trifft sie wie ein Herztod: „Du hast uns ins Herz getroffen. Ganz tief. Wir haben einen einzigen, du hast neune hingerichtet. Spürst du, wie wir dich hassen, weil du unsere Ruhe genommen hast, unseren Frieden ... Du hast uns unsere Ungewißheit genommen, hörst du, das ist es, die

Ungewißheit ist doch solch ein Glück ... ein Segen sogar. Jetzt wissen wir die Wahrheit. Die Wahrheit, die so schwer ist. Wer kann sie ertragen? Wir haben alle scharfe Munition gehabt ... das wissen wir jetzt. Und wie er sich festfrißt im Kopf, ganz fest, der Gedanke: von den neun Herzschüssen war einer – von mir ... Hättest du doch nichts gesagt, Abend, hättest du doch geschwiegen!" ◀

Impulse und Fragen:

Welche Personen kommen vor?

Was haben sie miteinander zu tun?

Worum geht es bei dem Problem?

Wie und wodurch versuchen die Soldaten, ihren Gewissenskonflikt zu lösen?

Was sagst du dazu?

Wo kann im Leben so etwas Ähnliches auch uns begegnen?

Verwenden nicht auch wir oft eine Übungspatrone, um unser Gewissen zu betrügen und uns vor der Verantwortung zu drücken?

DIE BÜRDE DES BEICHTGEHEIMNISSES[3]

Der Student Leykam hat einen Mord begangen. In der Beichte gesteht er diesen dem Priester Martin. Ein anderer wird für den Studenten verurteilt. Nur zwei wissen die Wahrheit: der wirkliche Mörder, der flieht, und Martin, der unter der „Bürde des Beichtgeheimnisses" schwer leidet. Er tut alles, was er kann, um den unschuldig Verurteilten zu retten. Die Last seiner Verantwortung ist schwer, fast zu schwer, aber Martin trägt sie und versucht keinen Ausweg.

Dieses Hörspiel könnte man als Gegenstück zu der „Übungspatrone" ansehen. Hier wird ein Mann gezeigt, der sich nicht vor seiner Verantwortung drückt, obwohl er es könnte. Er hält aus, auch wenn es ihm noch so schwer fällt und er furchtbar darunter leidet.

▶ Martin ist als Prediger sehr bekannt und angesehen. Eines Tages ereignet sich in seiner Stadt ein Raubmord an dem braven Kleinhändler Schrob. Empörung und Mitleid sind groß unter der Bevölkerung. Dabei wurde bei diesem Raub nur Kleingeld erbeutet. Dies

[3] Frei nach einem Hörspiel von F. Schillburg.

steigert Grimm und Haß dem Gewalttäter gegenüber. Der Tat verdächtig ist ein junger Mann, von dem ein halb betrunkener Bierkutscher berichtet, daß er ihn gesehen habe. Der Bierkutscher wird ausgefragt. Die Personenbeschreibung, die er gibt, ist sehr präzise, und er bringt so viele Details, daß sie fast unglaubwürdig klingen. Der mutmaßliche Mörder wird für einen Studenten gehalten.

Der Priester Martin steigt die Treppen der Universität hinauf. Da sieht er einen Studenten vor sich gehen. Eine innere Stimme sagt ihm: Das ist der Mörder. Er will diese Stimme unterdrücken, doch es gelingt ihm nicht; und plötzlich ist er im Gespräch mit dem Studenten. Er hilft ihm, sich auf der Universität zu orientieren.

Das Gesicht des Studenten drückt auf einmal Angst und Furcht aus; er versucht alles, um den Priester los zu werden.

Es vergehen Wochen. Immer wieder sieht Martin den Studenten. Doch er vermeidet jedes weitere Gespräch.

Eines Nachmittags wird Martin zu einer Beichte gerufen. Als er erfährt, daß ein Student gekommen ist, weiß er sofort, um wen es sich handelt; und wirklich, der Mörder kommt, bei ihm zu beichten. „Ich habe zu Ihnen, bloß zu Ihnen Vertrauen." Martin erfährt von seinem Leben, von seiner Kindheit; er hört von seiner strengen Mutter und dem nachsichtigen Vater, von seinem stets wachsenden Leichtsinn, der schließlich zur Schuld führte. Langsam weicht das Entsetzen aus dem Gesicht des Studenten.

Abschließend sagt Martin zu ihm: „Ich werde es, sobald ich die Sakristei verlasse, nicht mehr wissen. Solange ich es ahnte, habe ich die Qualen mit Ihnen getragen. Die Qualen vergesse ich nicht, weil Menschen das nicht können ... Die Buße, die ich Ihnen auferlege, muß eine für Ihr ganzes Leben sein. Sie wird schwer sein. Wann immer Ihnen ein Mensch begegnet, von dem Sie wissen, daß er sündig, in schwere Schuld gefallen ist, sollen Sie diesem Güte und Glaube entgegenbringen mit aller Ihnen möglichen Überzeugungskraft. Haben Sie überlegt, was Sie damit auf sich nehmen ... ein ganzes Leben lang?" „Ja", lautet die Antwort. Martin spricht die Absolution aus. Anschließend bittet der Student den Priester Martin, einen Spaziergang mit ihm zu machen. Er nennt Martin auch seinen Namen, er heißt Ferdinand Leykam.

Durch seine ungeschickte Art macht sich der Bierkutscher Priel immer mehr verdächtig. Schließlich wird er verhaftet. Er ist unbeholfen und kann seine Unschuld nicht beweisen. Die aufgebrachte Bevölkerung fordert die Todesstrafe. Zwei Menschen wissen die Wahrheit, der Student Leykam, der die Stadt verläßt, und Martin, den das Elend fast erdrückt, weil er keinen Weg sieht, dem Unschuldigen zu helfen.

Leykam ist verschreckt, gehetzt und von Gram gepeinigt, schließlich verschwindet er für immer aus der Stadt. Martin erfährt von dieser Flucht durch eine Postkarte. Diese Karte ist mit ausländischen Marken beklebt und trägt nur wenige Worte: „Suchen Sie mich nicht. Sie werden mich nicht finden. Sagen Sie niemandem, was Sie wissen. Es ist so furchtbar."

Martin leidet schrecklich darunter, die Wahrheit zu wissen und doch nicht helfen zu können. Bald sieht man ihm seine Pein auch an. Er tut, was er kann. Er schreibt einen anonymen Brief an den berühmtesten Rechtsanwalt der Stadt mit der Bitte, die Verteidigung im Fall Schrob zu übernehmen. Diese geheimnisvolle Aufforderung lockt den Rechtsanwalt. Doch auch er kann bei der allgemeinen Stimmung das Todesurteil nicht verhindern. Jetzt besteht nur mehr eine einzige Möglichkeit, den Bierkutscher zu retten, und zwar durch eine Begnadigung, die nur der König aussprechen kann.

Martins Aussehen verschlechtert sich, er verfällt immer mehr. Schließlich unternimmt er den letzten Versuch zur Rettung des Unschuldigen. Martin bittet um eine persönliche Audienz beim König, bei dem er in großem Ansehen steht. Er merkt bald, daß ihm sein Anliegen, das dem König unverständlich ist, dessen Gunst verscherzt hat. Dennoch bedankt er sich zuletzt für die Aussicht, daß der König den Bierkutscher begnadigen wird. Diese Audienz hat ihm seine letzte Kraft gekostet, er sinkt ohnmächtig nieder.

Unauffällig wird er nach Hause, in seine Pfarre gebracht. Martin ist krank und leidet an schwerer Schlaflosigkeit. Der Arzt spricht von einer seelischen Last. Seine Schwester hält ihn für irgendwie schuldig. Martin wünscht zu sterben, doch er weiß, das wäre ein Ausweg der Feigheit.

Während der folgenden Zeit kreisen Martins Gedanken ständig intensiv um den König. Eines Morgens erfährt er, daß der König das Gnadengesuch berücksichtigt und das Todesurteil in eine lebenslängliche Gefängnisstrafe umgewandelt habe. Zum ersten Mal seit seiner Krankheit geht er wieder in die Kirche. Martin will eigentlich beten, doch er schläft ein.

Ein Jahr vergeht. Der Bierkutscher Priel hat plötzlich Aussichten auf Wiederaufnahme seines Verfahrens. Schließlich wird er sogar entlassen.

Leykam, der Student, war als Fremdenlegionär seinen Verwundungen erlegen. Knapp vor seinem Tode hatte er einem Kameraden sein Geständnis diktiert.

Jetzt erst begreift der Pfarrer, was Martin so gequält und bedrückt hat. Er sagt zu ihm: „Heute verstehe ich Sie, mein Freund, was Sie gelitten haben." ◀

Impulse und Fragen:

Welche Personen kommen vor?

Was haben sie miteinander zu tun?

Wodurch entsteht die schwierige Situation für Martin?

Wieso konnte für Leykam die Tat nicht allein durch die Beichte abgetan sein?

Wie trägt Martin seine Verantwortung?

Wo kann auch uns im Leben so etwas Ähnliches begegnen?

Vergleiche die Soldaten der „Übungspatrone" mit Martin!

LEGENDEN VON TOLSTOI

(A. Scherleitner)

DIE KERZE[1]

Der brutale Verwalter wird von seinen Untertanen gefürchtet und gehaßt. Er erwartet dies auch. Die Bauern beabsichtigen, ihn zu ermorden. Doch einer ist dagegen. Er handelt immer so, wie es der Verwalter Michail Ssemjonytsch verlangt. Er pflügt auch am Ostersonntag, dem Befehl des Verwalters Folge leistend. Aber nicht Schwachheit und Furcht sind seine Motive. Durch seine menschliche Größe ist er dazu imstande. Dies zeigt die Reaktion des Verwalters, die sich in den Worten: „Er hat mich besiegt!" ausdrückt.

Konkret ist die Erzählung ein Beispiel für den biblischen Satz: „Überwindet das Böse durch das Gute!"

▶ Auf einem russischen Gut lebten die Bauern in der Fron. Land gab es genug, und die Äcker waren ertragreich. Der Herr behandelte seine Leibeigenen gerecht und milde. Als aber ein Leibeigener von einem anderen Gute zum Verwalter eingesetzt wurde, begann für die Bauern eine schwere Zeit. Der neue Verwalter, Michail Ssemjonytsch war sein Name, war voll Neid und Habgier. Er trieb die Leute außerhalb der festgesetzten Arbeitszeit zum Frondienst. Man hatte erwartet, daß er die Bauern gut behandeln würde, da er doch selbst das Leben des Leibeigenen kannte. Doch um mehr Geld zu verdienen, richtete der Verwalter eine Ziegelei ein. Oft kam es vor, daß Männer und Frauen bei der schweren Arbeit umkamen. Er aber wurde reich, indem er die Ziegel teuer verkaufte.

Da gingen einige Bauern zu ihrem Herrn nach Moskau und beschwerten sich bei ihm. Anstatt einer Besserung trat das Gegenteil ein. Es ging ihnen noch schlechter, denn Michail Ssemjonytsch rächte sich durch härtere Arbeitsbedingungen und Schläge.

Es kam auch dazu, daß Bauern ihre eigenen Leute um des Geldes willen an den Verwalter verrieten. Wenn er durch das Dorf ritt,

[1] Nach L. N. Tolstoi, *Die schönsten Erzählungen von Tolstoi,* München o. J., 72–85.

liefen die Leute davon und schlossen sich in ihre Hütten ein. Er bemerkte ihre Furcht und ärgerte sich darüber.

Auf anderen Gütern war es schon vorgekommen, daß man solche Fronvögte ermordet hatte. Auch unsere Bauern redeten bald davon, und die Mutigeren unter ihnen sagten es frei heraus: „Wie lange soll uns dieser Teufel noch quälen?"

Es war kurz vor Ostern, und die Bauern arbeiteten im herrschaftlichen Walde. Sie mußten das Unterholz weghauen. Während des Mittagessens kamen sie wieder auf den Verwalter zu sprechen.

„Wie viele von unseren Leuten sind bereits an seinen Quälereien gestorben", sagte Wassili Minajew. „Wenn das so weitergeht, werden wir noch alle zugrunde gehen. Paßt ihm etwas nicht, so peitscht er uns aus. Worauf warten wir noch? Kommt er heute am Abend hierher, dann machen wir gleich ein Ende mit diesem elenden Schurken. Irgendwo im Walde können wir ihn verscharren. Kein Mensch wird etwas erfahren. Aber eines ist wichtig: Wir müssen zusammenhalten. Keiner darf ein Verräter sein!"

Wassili haßte den Verwalter mehr als alle anderen. Er hatte auch Grund dazu, denn jede Woche wurde er auf Befehl des Verwalters einmal ausgepeitscht. Seine Frau diente als Köchin im Hause von Michail Ssemjonytsch.

Am Abend kam der Verwalter, um die Arbeit seiner Untertanen zu überprüfen. Aus Versehen hatten die Bauern eine junge Linde geschlägert. Dies forderte den Zorn des Verwalters heraus. Sein Befehl war nicht eingehalten worden. Die Bauern schwiegen auf seine Frage, wer den Baum gefällt hatte. Als er alle mit Peitschenhieben bestrafen wollte, da wiesen sie auf den Schuldigen. Dieser bekam die Faust des Verwalters mitten ins Gesicht, daß ihm das Blut herunterfloß. Auch Wassili erhielt einige Hiebe, weil sein Holzhaufen zu klein war. Nachdem der Verwalter fortgeritten war, hetzte Wassili die eingeschüchterten Männer wieder gegen seinen Todfeind auf. Er wollte sich endlich rächen.

„Ihr könnt nur schreien: ‚Alle für einen, alle für einen!' Mehr jedoch könnt ihr nicht. Spatzen seid ihr, aber keine Menschen. Wenn ihr handeln sollt, zieht ihr eure Köpfe ein. Auch die Spatzen riefen: ‚Alle für einen, alle für einen!' Kam jedoch der Habicht, waren sie verschwunden. Kaum war er weg, so waren auch sie wieder da. ‚Geschieht ihm recht, warum ist er so dumm und läßt sich fangen. Er war ohnehin nichts nutze.' Genauso seid ihr. Wir hätten den Verwalter töten sollen, als er auf Ssidor seine Peitsche niedersausen ließ. Laute Schreier seid ihr, zittert aber vor Angst bei seinem Anblick."

Immer häufiger sprachen die Bauern von diesem Vorhaben. Schließlich entschlossen sie sich, mit Michail Ssemjonytsch ein Ende zu machen.

In der Karwoche sollten die Haferfelder gepflügt werden. Die Bauern murrten und versammelten sich im Hofe Wassilis. Auch Peter Michejew, ein stiller Mensch, war dabei, obwohl er sonst nicht an den Beratungen der Bauern teilnahm. Er sagte zu ihnen:

„Ihr wollt eine große Sünde begehen. Es ist nicht schwer, einen Menschen zu töten. Ich weiß, daß der Verwalter Böses tut. Er wird seine Strafe schon dafür erhalten. Wir aber müssen Geduld haben und warten."

Wassili ärgerte sich über Peter Michejews Worte. „Freilich ist es eine Sünde, einen Menschen umzubringen. Ich frage euch alle, ist denn der Verwalter überhaupt noch ein Mensch? Einen guten Menschen zu töten ist Sünde. Doch solch einen Kerl umzubringen, befiehlt uns Gott ja selbst. Einen tollwütigen Hund wird man erschlagen, weil er gefährlich ist. Und ihn wollen wir am Leben lassen! Ist es eine weniger schwere Sünde, wenn wir am Ostersonntag pflügen?"

Die Bauern kamen zu keinem Entschluß. Die einen hielten zu Wassili Minajew, die anderen zu Peter Michejew. Für diesen war es eine Sünde, einen bösen Menschen zu töten.

„Du glaubst, du hast durch den Mord das Böse aus der Welt geschafft und merkst gar nicht, daß es jetzt in dir ist."

Am Morgen des Ostersonntags zogen die Bauern auf die Felder hinaus und machten sich widerwillig an ihre Arbeit. Überall feierte man Ostern. Nur unsere Bauern pflügten.

Michail Ssemjonytsch tat seinen gewohnten Rundgang durch Haus und Hof. Dann ließ er den Dorfschulzen zu sich kommen. Dieser sollte die Leute beim Pflügen aushorchen, wer über den Verwalter schimpft und was er sagt.

Die Frau des Verwalters hatte das Gespräch mitangehört und sie trat für die Bauern ein. Oft hatte sie schon die Untergebenen in Schutz genommen. Auch heute tat sie es wieder. Ihr Mann wurde darüber sehr zornig, stieß ihr die brennende Pfeife ins Gesicht und jagte sie aus der Stube. Nach dem Mittagessen war der Verwalter wieder bei froher Laune. Er spielte auf seiner Gitarre und unterhielt sich mit der Köchin. Da trat der Schulze ein und erzählte, daß die

Bauern ihre Arbeit ordentlich ausführten. Zögernd gestand er, daß sie dabei über ihn schimpften und ihm alles Schlechte wünschten. Er wollte sie nicht verraten, aber mit Wassili war der Dorfschulze verfeindet und so wiederholte er dessen Worte und die der anderen. Michail Ssemjonytsch lachte über ihr Gerede und nahm es nicht ernst. Nur Peter Michejew sagte nichts über ihn. Es fiel dem Dorfschulzen nicht leicht, dieses seltsame Erlebnis wiederzugeben.

„Schon von weitem hörte ich jemanden singen. Als ich näher kam, erkannte ich den Bauern Michejew. In seinem schönsten Gewande ging er hinter dem Pfluge her, auf dem eine Kerze befestigt war. Obwohl er den Pflug wendete, verlosch die Flamme nicht. Ruhig brannte sie im Winde. Michejew sah mich, unterbrach sein Singen und wir wechselten den Osterkuß. Ich war über sein Benehmen verwundert. Die Bauern kamen herbei, lachten und verspotteten ihn. Er sagte aber nur: ‚Friede auf Erden und den Menschen ein Wohlgefallen.'"

Als Michail Ssemjonytsch dies gehört hatte, wurde er still und versank in tiefes Brüten.

So saß er längere Zeit da. Auf einmal sprang er auf, schickte die Köchin und den Dorfschulzen fort und legte sich auf sein Bett. Er stöhnte und ächzte wie ein Kranker. Seine Frau eilte herbei und forschte nach der Ursache seines Jammerns.

Er sagte immer wieder: „Besiegt hat er mich! Jetzt ist die Reihe an mir!"

Nach langem Zureden entschloß sich der Verwalter, auf seine Frau zu hören und die Bauern von der Arbeit heimzuschicken. Er bestieg sein Pferd und ritt durch die menschenleere Dorfstraße zum Tor, das ins freie Feld führte. Es war jedoch verriegelt, und trotz lautem Rufen kam niemand, um es ihm zu öffnen. Er stieg ab, machte es auf und wollte wieder aufs Pferd steigen. Doch das Tier scheute. Der Verwalter verlor das Gleichgewicht und fiel auf den Zaun. Der einzige spitze Pfahl, den es dort gab, schlitzte ihm den Bauch auf. Er stürzte zu Boden. Als die Bauern am Abend von der Feldarbeit heimfuhren, entdeckten sie den toten Verwalter. Er lag mit ausgebreiteten Armen in seinem Blute. Seine Eingeweide waren herausgequollen. Vor Entsetzen über den schaurigen Anblick liefen die Bauern davon. Peter Michejew blieb. Er trat zum Toten und drückte ihm die Augen zu. Er und sein Sohn brachten die Leiche auf den Gutshof.

Bald hörte der Gutsherr in Moskau vom Unglücksfall. Er entließ die Bauern aus der Fron. Vielleicht wollte er die Schuld seines Verwalters gutmachen? ◀

Impulse und Fragen:

Nenne die Personen, die in der Erzählung vorkommen.

Charakterisiere sie.

Wie entsteht das Problem?

Worum geht es bei diesem?

Wie versuchen der Verwalter, der Bauer Wassili und Peter Michejew das Problem zu lösen?

Was bedeutet Peter Michejews seltsames Auftreten am Ostersonntag?

Wo im Leben kann uns so etwas Ähnliches begegnen?

GOTT SIEHT DIE WAHRHEIT, AUCH WENN ER LANGE JAHRE SCHWEIGT[2]

Ein unschuldig Verurteilter verbringt sechsundzwanzig Jahre seines Lebens durch die Schuld eines anderen im Gefängnis. In dieser Zeit vollzieht sich eine Wandlung in ihm. Als sich ihm die Gelegenheit anbietet, sich an seinem Feind zu rächen, da ist er so weit geläutert, daß er die Kraft aufbringt, dem anderen zu verzeihen und ihn dadurch zum Guten zu führen.

▶ In der Stadt Wladimir wohnte ein junger Kaufmann namens Aksjonow. Er besaß zwei große Kaufläden und ein Haus. Aksjonow war ein heiterer Mensch, der als Liederfreund in der ganzen Stadt bekannt war. Vor seiner Heirat hatte er gerne getrunken. Doch danach gab er das Trinken auf, und es kam selten vor, daß Aksjonow über den Durst trank.

Alljährlich im Sommer fanden in Gorki große Messen statt, die für ganz Rußland von Bedeutung waren. Auch der Kaufmann Aksjonow fuhr nach Gorki. Vor seiner Abreise bat ihn seine Frau, zu Hause zu bleiben, denn sie sah ihren Mann im Traum mit weißen Haaren von seiner Reise zurückkehren. „Das bedeutet nichts Gutes", meinte die Frau. Aber Aksjonow lachte sie nur aus: „Im Gegenteil,

[2] Nach L. N. Tolstoi, *Die schönsten Erzählungen von Tolstoi,* München o. J., 143–156.

ich werde einen großen Gewinn erzielen. Viele Geschenke werde ich dir und den Kindern mitbringen."

Aksjonow nahm Abschied von zu Hause und fuhr los. Auf dem halben Wege nach Gorki traf er einen ihm bekannten Kaufmann. Die beiden übernachteten in einem Gasthaus, aßen ihr Nachtmahl zusammen und legten sich in zwei nebeneinandergelegenen Zimmern schlafen.

Aksjonow liebte es, am frühen Morgen aufzubrechen. So ließ er schon in aller Herrgottsfrühe anspannen, bezahlte seine Zeche und fuhr weiter.

Als er schon einige Zeit unterwegs war, ließ er bei einer Herberge anhalten. Er rastete sich von den Strapazen der Fahrt aus. Zwischendurch spielte er auf seiner Gitarre und sang dazu.

Auf einmal fuhr ein Pferdegespann vor. Aus dem Wagen stiegen Soldaten und ein Beamter. Aksjonow wurde gefragt, wer er sei und woher er komme. Der Kaufmann erzählte alles wahrheitsgemäß und forderte den Beamten auf, ein Glas Tee mit ihm zu trinken. Doch dieser ließ Aksjonow keine Ruhe und fragte weiter.

„Wo hast du in der vergangenen Nacht geschlafen? Mit wem warst du beisammen? Hast du den Kaufmann am Morgen gesehen? Warum bist du eigentlich schon so früh weggefahren?"

Aksjonow wunderte sich über die vielen Fragen. Er gab bereitwillig Auskunft. Dann aber sagte er: „Warum verhören Sie mich so? Ich bin kein Dieb und kein Räuber, und ich reise in meinen Geschäften. Ich brauche niemandem Rede zu stehen."

Der Beamte, es war der Landrichter, erklärte ihm: „Der Kaufmann, mit dem du gestern übernachtet hast, wurde ermordet. Zeig mir dein Gepäck!"

Aksjonows Koffer wurde untersucht. In seinem Reisesack fand der Landrichter ein blutiges Messer. Aksjonow erschrak sehr. Auf die Frage, wieso das Messer blutig sei, wußte er keine Antwort. Stotternd brachte er nur hervor: „Ich ... ich weiß nicht, ... ich ... das Messer ... ich ... gehört nicht mir."

Man verdächtigte den jungen Kaufmann, seinen Bekannten erstochen zu haben. Er mußte der Schuldige sein, denn das Haus war von innen zugeriegelt gewesen. Niemand sonst, außer ihm und dem Kaufmann, war darin gewesen. Das blutige Messer und sein Gesicht belasteten ihn.

Trotz seiner Beteuerungen, daß das Messer nicht ihm gehöre und er unschuldig sei, wurde er gefesselt und in die nächstgelegene Stadt gebracht.

Man klagte ihn an, den Kaufmann aus Rjasan ermordet und ihm 20.000 Rubel gestohlen zu haben.

Aksjonows Frau war verzweifelt. Zuerst ließ man sie nicht ins Gefängnis zu ihrem Mann. Sie bat so lange, bis man ihr eine Zusammenkunft gestattete. Als sie Aksjonow in Sträflingskleidern und Ketten sah, wurde sie ohnmächtig. Es dauerte lange, bis sie wieder zu sich kam.

Sie hatte bereits ein Gesuch eingereicht, welches aber nie zum Zaren gelangte. Auch sie verdächtigte ihren Mann, den Kaufmann ermordet zu haben. Nun wußte Aksjonow, daß nur Gott allein die Wahrheit kennt. Es war sinnlos, von Menschen Hilfe zu erwarten. Von dieser Stunde an verzichtete er, Gesuche einzureichen. Nur im Gebet fand er Trost.

Bald fand die Gerichtsverhandlung statt. Aksjonow wurde zur Strafe ausgepeitscht und zu lebenslänglicher Zwangsarbeit verurteilt.

Als die Wunden verheilt waren, brachte man ihn nach Sibirien, wo er 26 Jahre blieb. Seine Haare waren weiß geworden. Er betete viel und lachte nie. Im Gefängnis erlernte er das Schuhmacherhandwerk. Mit dem verdienten Gelde kaufte er sich ein Buch mit Heiligenlegenden. An den Feiertagen ging er zur Kirche und sang im Chor. Seine Stimme war noch immer schön. „Großväterchen oder Gottesmann" nannten ihn die anderen Gefangenen, die ihn wegen seiner sanften Art liebten. Immer wieder schlichtete er Streit zwischen ihnen. Auch bei den Aufsehern war Aksjonow beliebt. Er bekam von zu Hause niemals Briefe, und so wußte er nicht, ob Frau und Kinder noch lebten.

Einmal kamen neue Gefangene, die erzählten, woher sie kamen und weshalb man sie nach Sibirien schickte. Unter ihnen befand sich ein hoher, kräftiger Alter, etwa sechzig Jahre alt, mit einem grauen, gestutzten Bart. Als die Reihe an ihm war, erzählte er:

„Ohne jede Schuld bin ich hierhergekommen, liebe Brüder, ohne jede Schuld! Da habe ich doch nur einem Kutscher sein Pferd ausgespannt, am Schlitten. Man fängt mich, spricht: Du hast gestohlen! Aber nein, sage ich, ich wollte bloß rascher heimkommen. Ich habe das Pferd ja auch freigelassen, und der Kutscher ist mein Freund. Ordnung muß sein, sage ich. Nein, sagen die anderen, du bist ein Dieb. Hat man aber nun wirklich einmal gestohlen, dann merken die es nicht! Vor vielen Jahren, da hätte ich schon etwas auf dem Kerbholz gehabt, wofür ich längst hierher gehörte, aber wer konnte es mir schon nachweisen! Jetzt aber, jetzt wo ich ohne Schuld bin, da schickt man mich wider jedes Recht und Gesetz hierher. Aber ich war schon einmal hier, in Sibirien, allerdings nur kurze Zeit."

„Woher kommst du denn?" fragte ihn einer der Sträflinge.

„Meinst du mich? Ich stamme aus Wladimir, östlich von Moskau gelegen. Makar nennt man mich und mit Vatersnamen Ssemjonytsch."

Aksjonow sah auf ihn und fragte: „Hast du in deiner Heimatstadt etwas von der Kaufmannsfamilie Aksjonow gehört? Ist einer von den Leuten noch am Leben?"

„Warum sollte ich von ihnen nichts gehört haben? Es sind reiche Kaufleute. Ihr Vater aber ist ein großer Sünder und nichts besser als wir. Er ist auch hier in Sibirien. Sage mir, Alter, wofür haben sie dich hierher geschleppt?"

Aksjonow redete nicht gerne über sein Unglück. Seufzend sagte er nur: „Wegen meiner Sünden büße ich schon sechsundzwanzig Jahre als Zwangsarbeiter."

Makar forschte weiter: „Was hast du denn für Sünden?"

Kurz und abweisend antwortete Aksjonow: „Es hat wohl alles seine Richtigkeit." Mehr wollte er nicht erzählen. Doch die anderen Sträflinge berichteten, wie Aksjonow nach Sibirien gekommen war.

In einer Herberge war ein mit ihm befreundeter Kaufmann erstochen worden. Das blutige Messer hatte der Mörder in Aksjonows Reisesack gesteckt. Trotz seiner Unschuld war er verurteilt worden. Als Makar dies alles hörte, schlägt er sich auf die Knie und ruft: „Welch ein Wunder! Nein, welch ein Wunder! Bist du aber alt geworden, Großväterchen!"

Nun wurde er ausgefragt, worüber er sich denn wundere, ob er etwa schon früher einmal den Aksjonow gesehen habe. Doch Makar gibt darauf keine Antwort und ruft immerzu das gleiche:

„Nein, das ist doch das größte Wunder, daß wir uns hier treffen sollen."

Nun stutzte auch Aksjonow, und es kam ihm in den Sinn, dieser Mensch könnte vielleicht etwas darüber wissen, wer den Kaufmann ermordet habe. Er wandte sich gegen Makar und sagte: „Entweder hast du früher von meinem Unglück gehört, Ssemjonytsch, oder du hast mich sogar gesehen."

„Wie sollte ich von dir nicht gehört haben! Alles riß sich ja damals die Mäuler wund über dein Mißgeschick! Aber das ist schon lange her, und was ich damals gehört habe, das habe ich längst vergessen", war Ssemjonytschs Antwort.

„Vielleicht hast du aber gehört, wer eigentlich den Kaufmann ermordet hat?" fragte Aksjonow weiter.

Makar Ssemjonytsch lachte kurz auf: „Gewiß hat der gemordet, bei dem das Messer gefunden wurde. Es kann ja sein, daß dir jemand anderer das Messer zugesteckt hat, doch: ‚Ein Schuft, der sich fangen läßt' – und wie sollte er es auch getan haben! Dein Reisesack stand doch wohl dicht an deinem Kopf, du hättest es sicher gemerkt, wenn sich jemand daran zu schaffen gemacht hätte."

Kaum hörte Aksjonow diese Worte, da wurde es ihm klar: dieser Mensch hier und kein anderer hatte den Kaufmann ermordet.

Die ganze Nacht dachte er über sein verpfuschtes Leben nach. Er sah seine Frau und die Kinder vor sich, wie er von ihnen Abschied nahm. Auch sich selbst sah er jung und lustig. Die ganzen sechsundzwanzig Jahre seines Sträflingsdaseins kamen ihm in den Sinn. Er war so verzweifelt, daß er sich am liebsten umgebracht hätte. Nur wegen dieses Bösewichtes mußte er dies erdulden. Zorn überkam ihn, und er beschloß, sich an Makar zu rächen, auch wenn er selbst dabei zugrunde gehen sollte.

In den folgenden zwei Wochen vermied es Aksjonow, in die Nähe Makars zu kommen. Ohne Schlaf verbrachte er die Nächte, und unablässig kreisten seine Gedanken um Makar.

Eines Nachts ging Aksjonow ruhelos in der Baracke umher. Da sah er unter einer Pritsche Erde hervorrieseln.

Aksjonow trat näher heran. Plötzlich sprang Makar unter der Pritsche hervor. Aksjonow wollte vorbeigehen, doch Makar packte ihn am Arm und flüsterte ihm erregt zu, daß er einen Durchschlupf gegraben habe. Die Erde schaffte er täglich mit seinen Stiefeln aus der Baracke hinaus. Er würde Aksjonow mitnehmen. Wenn er ihn aber verriete, müßte Aksjonow sterben.

Aksjonow stieß hervor: „Ich brauche nicht zu fliehen. Umbringen brauchst du mich nicht, denn du hast mich schon längst getötet. Ob ich dich verraten werde, das wird Gott mir eingeben."

Am nächsten Morgen bemerkten die Soldaten, wie Makar Erde hinaustrug. Der Gang unter der Mauer wurde gefunden und bald begann das Verhör. Jeder einzelne kam dran. Alle leugneten. Die Leute verrieten Makar nicht, denn für den Fluchtversuch würde man ihn totpeitschen. Schließlich wandte sich der Oberst an Aksjonow und sagte: „Alter, du liebst die Wahrheit, sage mir vor Gott, wer hat dies Loch hier gegraben?“

Makar Ssemjonytsch stand da, als ginge ihn das alles nichts an; er blickte den Obersten an, ohne sich nach Aksjonow umzuschauen, dieser aber zitterte am ganzen Leibe und konnte eine ganze Weile kein Wort hervorbringen.

Ich kann ihm helfen, dachte er, warum aber sollte ich ihm vergeben? Er war es doch, der mich zugrunde gerichtet hat. Zeige ich ihn an, dann wird er ausgepeitscht, gut, soll er doch für das büßen, was ich um seinetwillen ausgestanden habe. Sollte ich ihn aber vielleicht ohne Grund verdächtigen? Was dann? Und was hilft es mir auch schon, wenn er leidet, mir selbst wird davon nicht leichter!

Der Oberst fragte noch einmal: „Nun, was ist denn, Alter? Sag die Wahrheit, wer hat das hier getan?“

Aksjonow schaut zu Makar Ssemjonytsch herüber und sagt: „Ich kann es Ihnen nicht verraten, Euer Wohlgeboren! Gott gab mir nicht den Befehl, dies hier zu sagen, und ich werde es auch nicht sagen. Tun Sie mit mir, was Sie wollen, Sie haben die Macht dazu.“

So sehr sich auch der Oberst bemühte, Aksjonow schwieg und sagte kein Wort mehr. So erfuhr man nicht, wer das Loch unter der Mauer gegraben hatte.

In der nächsten Nacht, Aksjonow lag auf seiner Pritsche und war beim Einschlafen, hörte er, wie sich jemand zu seinen Füßen niedersetzte. Er schaute hin und erkannte Makar. Aksjonow fragte: „Was willst du denn schon wieder? Was suchst du hier?“

Da Makar schwieg, richtete sich Aksjonow auf und fuhr fort: „Was willst du? Geh weg! Ich rufe die Wache.“

Makar Ssemjonytsch neigte sich zu Aksjonow und flüsterte ihm zu: „Iwan Dmitrijewitsch, verzeihe mir!“

Aksjonow sagte: „Wofür soll ich dir verzeihen?“

„Ich bin es gewesen, der den Kaufmann erstochen und dir das Messer zugesteckt hat. Zuerst wollte ich auch dich umbringen, doch entstand plötzlich Lärm im Hof, darum steckte ich das Messer in deinen Reisesack und machte mich durch das Fenster davon.“

Aksjonow schwieg. Was hätte er dazu sagen sollen? Makar stieg von der Pritsche herunter, fiel vor Aksjonow auf die Knie und vergrub sein Gesicht in seine Hände.

„Iwan Dmitrijewitsch“, sagte er, „verzeihe mir um Christi willen!

Ich werde es bekennen, daß ich der Mörder des Kaufmanns bin. Man wird dir verzeihen, du wirst nach Hause zurückkehren."

„Du hast gut reden", gab Aksjonow zur Antwort, „wie soll ich das alles ertragen? Wohin gehe ich denn jetzt? Meine Frau ist tot, die Kinder haben mich vergessen, nirgends habe ich eine Heimat mehr."

Makar Ssemjonytsch stand nicht auf, neigte sich immer wieder vor Aksjonow, immer wieder berührte seine Stirn den Boden.

„Iwan Dmitrijewitsch, verzeih mir! Als man mich peitschte, war mir leichter zumute als jetzt, da ich dich anschaue! Denn du hast Mitleid mit mir gehabt und hast mich nicht verraten. Verzeih mir um Christi willen, mir verfluchtem Bösewicht!"

Er schluchzte laut auf. Als Aksjonow hörte, daß Makar Ssemjonytsch weinte, traten auch ihm die Tränen in die Augen, und er sagte:

„Gott mag dir verzeihen! Wer weiß, vielleicht bin ich hundertmal schlechter als du."

Mit einem Male wurde es ihm um das Herz leichter. Er sehnte sich nicht mehr nach seinen Angehörigen in der Heimat. Er wollte nicht mehr aus dem Gefängnis herauskommen, sondern dachte nur mehr an seine letzte Stunde. Makar Ssemjonytsch hörte nicht auf Aksjonows letzte Worte. Er gestand seine schwere Schuld ein.

Als die Nachricht eintraf, daß der zu Unrecht verurteilte Aksjonow entlassen werden solle, war dieser bereits tot. ◀

Impulse und Fragen:
Welche Personen kommen vor?
Wie stehen Aksjonow und Makar zueinander?
Wie entsteht das Problem?
Worum geht es bei diesem?
Wie versucht Aksjonow sein Problem zu lösen?
Es stehen ihm drei Möglichkeiten offen, es zu lösen.
Bringe ähnliche Beispiele und zeige, wie Aksjonow noch im Alter innerlich wächst!

EINE NOVELLE VON STEFAN ANDRES

(K. Sterninger)

WIR SIND GOTTES UTOPIA[1]

▶ Diese Geschichte versetzt uns in die Zeit des spanischen Bürgerkrieges. Sinnlos tobte schon Monate der Bürgerkrieg. Ein Krieg, der auf beiden Seiten nur Tote, Verletzte, Leid und Elend gebracht hatte.

Langsam fuhr ein altes Militärauto die staubige Landstraße dahin. Die Sonne brannte erbarmungslos auf das ausgedorrte Land. Eine drohende Stille breitete sich aus, die das Geratter des Wagens noch lauter erscheinen ließ. Die Männer auf diesem alten Karren dösten müde vor sich hin. Sie waren gerade erst in schweren Kämpfen gefangengenommen worden. Hoffnungslosigkeit, Verzweiflung und Wut zeichneten ihre Gesichter ...

Der Transport näherte sich einer dem ersten Eindruck nach verlassenen Stadt. Die kleinen, weißen Häuser hingen in Terrassen übereinander an einem Berghang.

An einigen Stellen sah man Fliegerabwehrbatterien und leichte Kraftfahrverbände, die auf den Einsatz warteten. Langsam schleppte sich der Lastwagen die steile Straße hinauf und blieb dann auf einer kleinen Anhöhe über der Ansiedlung im Hof eines ehemaligen Karmeliterklosters stehen.

Sofort sprangen schwerbewaffnete Soldaten herbei und blickten auf die etwa zwanzig neu angekommenen Gefangenen. Das Kloster war als Gefangenenlager eingerichtet. Seine Geräumigkeit und vergitterten Fenster machten den Bau für seine Bestimmung besonders geeignet; mit der Hinterfront lag er an der Stadtmauer, und da ging es aus den Fenstern des ersten Stockes über 15 Meter tief hinunter.

So konnte das Lager, das ungefähr zweihundert Gefangene beherbergte, mit einer schwachen Bewachungsmannschaft auskommen. Diese bestand tatsächlich nur aus einem Leutnant, einem Sergeanten und zwei Soldaten.

[1] Nach der Novelle von Stefan Andres in: S. Andres, *Novellen und Erzählungen*, München 1962.

Der Leutnant, der den Transport empfing, beobachtete von der Treppe des Klosters aus, wie einer der Gefangenen auf dem Wagen stehen blieb und mit weit offenen Augen das Kloster anstarrte. Da er nicht gehen wollte, bekam er von einem Soldaten den Gewehrkolben in die Kniekehlen gestoßen, so daß er vornüberfiel. Es hatte den Anschein, als wollte er vor dem Kloster eine Kniebeuge machen.

Er sprang aber sofort auf und wurde dann zusammen mit den anderen Gefangenen in das Kloster geführt. Hier mußten sie im Kreuzgang Aufstellung nehmen. Der Leutnant rief sie anhand einer Liste auf.

Die Gefangenen standen schläfrig an die Mauer gelehnt. Die Aufgerufenen meldeten sich knapp. Da kam der Leutnant zu dem Namen „Paco Hernandez", aber keiner der Soldaten rührte sich. Der Leutnant blickte mißmutig umher und bemerkte einen Mann, der auf den Ziehbrunnen zuschritt. Der Leutnant erkannte denjenigen, der bei der Ankunft das Kloster so gebannt betrachtet hatte. Der Mann hatte den Brunnen erreicht, auch schon den schweren Eisendeckel gehoben und blickte verloren hinunter. Der Leutnant fürchtete plötzlich, der Mann wolle sich das Leben nehmen, indem er sich in den Brunnen stürzte. Er ging also auf den Gefangenen zu und zog ihn vom Brunnen zurück. Falls er sich in den Brunnen stürzen wollte, wäre ja auch das kostbare Trinkwasser ungenießbar geworden. Der Gefangene blickte nun den Leutnant ganz unerschrocken und auf eine gleichgültige Weise an, die diesen zum Zorne reizte. Der Leutnant fragte ihn, was er da wolle. „Ich wollte nur in den Brunnen schauen, Don Juan."

„Don Juan, wieso? Ich heiße nicht so."

„Nicht? Ach so, ich habe Sie verwechselt. Mein Leutnant hieß so. Mein Name ist Paco."

„Und Sie wollten jetzt wirklich nur in den Brunnen schauen? Haben Sie Durst?" Der Leutnant blickte Paco fragend in sein verstaubtes Gesicht.

„Eigentlich habe ich immer Durst, aber man kann auch ohne Durst in einen Brunnen schauen, oder nicht?"

„Warum haben Sie eigentlich bei der Ankunft so ein Theater aufgeführt?" fragte der Leutnant, nachdem er auch seinen Namen genannt hatte.

„Ach, Don Juan – ach, Don Pedro, ich gewöhne mich schwer an neue Namen und Plätze, wissen Sie – und trotzdem..." Paco blickte nachdenklich vor sich hin. „Es war kein Theater“, sagte er dann. „Ist es doch kein neuer Platz für mich, und so hätte ich eine Bitte: geben Sie mir meine alte Zelle wieder.“ Der Leutnant stand da und glotzte den Gefangenen mit großen Augen an. „Es ist zwar schon lange her, schon beinahe 20 Jahre, daß ich hier auszog, aber immerhin die Zelle, Sie verstehen – ein Hund gewöhnt sich auch an seine Hütte.“

Ganz erschrocken blickte der Leutnant Paco an, und nachdem er seine Verwunderung überwunden hatte, fragte er ihn: „Sind Sie Priester?“

Der Leutnant hatte diese Worte fast unhörbar ausgesprochen. Auch Paco blickte ihn jetzt an und antwortete ruhig: „Ich bin Matrose, Herr. Ja, Vollmatrose auf einem Kriegsschiff. Aber jetzt bin ich hier, wie Sie sehen. Der Krieg hat mich hierher verschlagen. Und da ich nun einmal hier bin, bitte ich Sie, mich in meiner alten Zelle unterzubringen. Oder werden die Gefangenen im Speisesaal oder in der Bibliothek oder im Keller untergebracht?“

„In den Zellen natürlich“, antwortete der Leutnant. „Aber Sie haben meine Frage noch immer nicht beantwortet. Sind Sie wirklich Priester?“ Der Leutnant fragte mit zitternder, ungeduldiger Stimme.

„Ja, aber ich bin exkommuniziert.“

Der Leutnant führte den ehemaligen Pater hinauf zu den Zellen. Paco sah, daß sich im Hause seit seinem Weggang nichts geändert hatte. Ruhig und friedlich wirkte selbst jetzt das alte Kloster. Unverwüstlich waren die Gemäuer, und dabei hatte sich bestimmt in den letzten Tagen hier mancherlei abgespielt. Der Leutnant erzählte ihm, was sich im Kloster ereignet hatte. Mit Gewalt war das Haus besetzt worden, und die Mönche hatte man aus dem Kloster getrieben. Wohin, das wußte er nicht zu sagen. Sie wurden wahrscheinlich erschossen. Bei jeder einzelnen Zelle wußte der Leutnant im Vorbeigehen von dem Pater, der darin gewohnt hatte, zu berichten, wie er die Schreckensbotschaft aufgenommen hatte.

Einige der Mönche hatten von selbst die Tür geöffnet und kamen den Soldaten entgegen, manche hatten die Tür offenstehen und warteten, wieder andere riefen, als die Soldaten mit den Revolvern anklopften, feierlich „Salve“. Salve war der Gruß, wenn jemand anklopfte, erinnerte sich Paco. Ein Mönch war dem Leutnant entgegengekommen, berichtete dieser weiter, und habe ihm eine Ohrfeige gegeben, so scharf wie er noch nie eine empfangen hatte.

Als sie zu der Zelle kamen, die Paco seinerzeit bewohnt hatte, sah er, daß sich in diesem kleinen Raum nichts geändert hatte. Die Bilder, das harte Lager, ja sogar die alte Bibel waren noch da. Nur in der schweren Zellentür sah er einige Einschüsse, die ganz frisch waren. Der Leutnant bemerkte die Verwunderung seines Gefangenen und berichtete von dem Pater, der diese Zelle bewohnt hatte. Dieser wollte die Zelle nicht verlassen, als der Befehl dafür gegeben wurde. Er rief, daß er noch nicht fertig angezogen sei, und hatte die Zelle abgesperrt. Schließlich hatte der Leutnant den Schießbefehl erteilt. Als man dann die durchschossene Tür aufgebrochen hatte, fand man den Pater angezogen, doch tot. Die Tür war mit Draht versperrt.

Paco war erschüttert von der Erzählung des Leutnants und bat um eine Zigarette und Wasser. Der Leutnant ging, um eine Erfrischung zu bringen. Paco stand nun auf und ging zum Fenster, er öffnete es, und seine Finger tasteten die Außenseiten der Gitterstäbe ab, oben und unten, und da spürte er die Stellen, wo er die Stäbe damals angefeilt hatte, so daß sie nur mehr wenig hielten. Ein Pater hatte ihm, als ihn das Gitter vor dem Fenster störte, den Rat gegeben, es anzufeilen, bis es gerade noch halte, dann sei das Gitter nichts weiter als ein Schmuck und ein Sinnbild der freiwilligen Gefangenschaft. Wie gut, daß er in seiner alten Zelle war. Heute nacht mußte er fliehen! Über die Mauer wollte er sich mit Hilfe des Strohsackes hinunterlassen. Er konnte diesen zerschneiden und daraus ein Seil machen. Dazu mußte er unbedingt ein Messer haben.

Während er so überlegte, kam der Leutnant zurück. Er brachte Wein, Wasser, Brot, Käse und sogar ein Messer. Es war ein langes, starkes, spitzes Messer. Während Don Paco seinen Käse verzehrte und den köstlichen Wein dazu trank, erzählte er stockend aus seinem Ordensleben. Er hatte den Orden reformieren wollen ... Aber jetzt hätten wohl die Soldaten das Kloster hier reformiert. Der Leutnant hörte nur zu, und plötzlich fragte er ganz leise: „Würden Sie meine Beichte hören?"

Don Paco blickte den Leutnant erstaunt an und antwortete dann gleichgültig: „Ich bin doch Matrose."

Pedro ließ aber nicht locker, er sagte: „Ich weiß, Paco, daß Sie Priester bleiben Ihr ganzes Leben lang. Sie behalten alle Vollmachten."

„Ich weiß", antwortete Paco, „aber ich als exkommunizierter Priester könnte Sie nur in der Gefahr des Todes lossprechen. Ich sehe aber, daß Sie sich keineswegs in Todesgefahr befinden."

„Wer spricht hier von Todesgefahr? Ich denke gar nicht daran. Außerdem haben wir Krieg. Aber da ist noch etwas anderes. Jeden Morgen, wenn ich wach werde, liege ich in Schweiß gebadet im Bett. Ich habe Angst, unbeschreibliche Angst, nie zuvor hatte ich ein solches Gefühl, bis zu dem Tag, da wir die Nonnen aus ihrem Kloster herausgeschossen ... Ja, sie kommen mir jede Nacht. Ich fürchte mich vor den Träumen. Die toten Nonnen kommen und lachen. Haben Sie schon einmal Tote lachen gehört? Sie lachen mich aus; es ist ein schauriges Gelächter."

„Ich wußte gar nicht, daß Tote lachen können. Aber glauben Sie, daß die Beichte Sie von den toten Nonnen befreien kann?"

Paco war, als der Leutnant mit ihm sprach, eine neue Überlegung gekommen. Er dachte an das Messer, das vor ihm lag. Wenn er es jetzt ergreifen würde und dem Leutnant damit ... Es wäre nur ein kurzer Augenblick. Er könnte dann mit dem Revolver des Leutnants die anderen Gefangenen befreien. Es würde alles sehr schnell gehen ...

Doch schon fuhr der Leutnant fort: „Ja, meine Sünden besuchen mich in der Nacht!" Er wandte sich ab.

Jetzt hätte Paco die Gelegenheit ergreifen können, aber er brachte es nicht fertig. Gleichzeitig ärgerte er sich über das Gejammer des Leutnants. War er doch selbst genug mit seinem eigenen Geschick beschäftigt. Jetzt mußte er diesen Menschen auch noch anhören. Auch ärgerte es ihn, daß er das Messer bekommen hatte. Nur um von ihm eine Entscheidung zu fordern.

Wieder begann Pedro, von den Nonnen zu erzählen. „Ich bin ein Teufel", knirschte der Leutnant. Paco blickte ihn an. „Ein Teufel? Sie sind ein Mensch, sogar ein sehr gläubiger. Ja, das ist sehr seltsam, wie? – daß die Menschen gläubig sind und doch sündigen – und noch seltsamer: daß sie sündigen und doch weiter glauben."

Jetzt wurde Don Pedro von einem Soldaten geholt. Paco war wieder allein. Wieder stellte er sich seine Flucht vor. Doch er durfte nicht allein fliehen. Nein, er konnte seine Kameraden nicht im Stich lassen. Er nahm das Messer und steckte es in seine Innenrocktasche. Dann legte er sich auf seine Pritsche und lauschte auf die Geräusche.

Da sah er über sich an der Decke eine Stelle, wo der Kalk abgesprungen war. Er erinnerte sich ... Früher hatte er oft auf diesem Lager meditierend gelegen, und da war ihm in diesem Fleck die Gestalt einer Insel erschienen. Er hatte sie Utopia genannt. Dies war sein Ziel gewesen. Eine Insel des Friedens – eine Insel, auf der es keinen Krieg gab, keine Menschen, die einander haßten; wo Menschen, Heiden wie Christen, einander verstanden und durch das Band der Liebe verbunden waren. Damals machte ihn ein Mitbruder, Pater Damiano, aufmerksam, daß es gefährlich sei, in Träumereien zu entschwinden und die Wirklichkeit zu übersehen. Aber immer wieder erschien vor seinem Geist, sobald er diesen Fleck sah, das Bild der Insel Utopia.

Doch er mußte erkennen, Utopia ist nicht wirklich. Es gibt sie nicht, diese erlösten, friedlichen Christen, diese erlöste Welt. Schmerzlich sah er damals, daß auch die Christen nicht weiterkommen. Dabei hat Christus doch gesagt: „Ihr werdet größere Werke tun als ich." Und wo sind diese Werke? Pater Damiano hatte ihm erklärt, daß das große Werk darin bestünde, an diesen Christus, der uns dies gesagt hat, zu glauben. Dieser Glaube sei wichtiger als eine Utopia, eine große Idee, die wir nie erreichen können. Gott kam nicht auf diese Insel, sondern auf diese tränenreiche Welt ... Paco auf seiner Pritsche seufzte. In der Ferne hörte er Feldartillerie. Er mußte handeln, in dieser Nacht noch – vielleicht sogar töten. Leise begann er auf das Pult zu trommeln. Das Messer! – dachte er immer wieder. Wenn er eine Zigarette hätte, ginge es wahrscheinlich leichter.

Er blickte auf den Gang hinaus, rief den Wachsoldaten herbei und bat ihn, ihn zum Leutnant zu führen. Er war nervös. Er hatte auch Angst. Das Messer machte ihn ganz verrückt: Er hatte in seinem ganzen Leben noch kein atmendes Wesen, nicht einmal ein Huhn oder ein Kaninchen getötet.

Der Soldat führte Paco in die Bibliothek. Als er eintrat, sah er den Leutnant am Schreibtisch sitzen, über ein Buch geneigt. Er las weiter, auch als Paco schon vor ihm stand. Paco erkannte das Buch: „Die Beichte". Der Leutnant las gerade, daß Gott einem jeden Menschen genügend Gnade gibt, um selig zu werden. Paco bat den Leutnant um eine Zigarette. Pedro wollte sie ihm sofort geben, aber da fiel ihm plötzlich etwas ein: er gebe ihm die Zigarette erst dann, wenn er ihm die Beichte abnehme.

Das Gesicht Pacos war wie versteinert und mit rauher Stimme sagte er: „Es gab einmal einen, der wollte den Aposteln ihre Kraft um Goldes Wert abkaufen. Sie wollen es mit einer Zigarette. Sie machen sich lächerlich, Leutnant! Ich habe eine geringe Meinung von der Beichte, vielleicht ist es gut so. Wenn Sie Ihnen doch nicht mehr als eine Zigarette wert ist. Ich glaube, es gälte vor Gott mehr, wenn Sie mir die Zigarette in netter Weise gegeben hätten, als diese Beichte. Die Beichte legen Sie ja nur ab aus Angst vor Tod und Hölle!"

Der Leutnant war verlegen und blickte Paco bestürzt an. Er sah, daß dieser zitterte. Ganz plötzlich hatte Paco Todesahnungen bekommen. Er erinnerte sich an eine Zigeunerin, die ihm vor kurzem prophezeit hatte, er müsse demnächst sterben. Auch hörte er Pater Damiano wieder, der ihm bei seinem Weggang aus dem Kloster noch gesagt hatte: „Im Kloster werden Sie sterben." Und er erzählte dem Leutnant diese Prophezeiungen.

Nachdem Pedro etwas kleinlaut seinem Gefangenen eine Zigarette gegeben hatte, begann er zu sprechen. Fast tonlos brachte er die Schilderungen seiner Untaten vor. Er begann mit den Erschießungen hier im Kloster. Ausführlich berichtete er, wie er einen Pater die Stiegen hinuntergeschleudert hatte, da sich dieser den Anordnungen widersetzt hatte. Pedro versuchte sich zu rechtfertigen, er sei wütend gewesen, und außerdem hätte er nur seine Pflicht getan.

In diesem Augenblick läutete das Telefon. Der Leutnant schickte Paco hinaus. Paco ging in seine Zelle. Er lauschte wieder den Geräuschen. Plötzlich heulten schwere Bomber über der Stadt, und die Erde wurde von den Einschlägen erschüttert. Nur gering war das Abwehrfeuer. Paco versuchte, sich die Lage zu deuten: ob der Leutnant neue Befehle erhielt? Der Lärm hatte wieder aufgehört. Paco ging an das Fenster, rüttelte an dem Gitter, und da fiel es auch schon zu Boden. Er könnte jetzt ausbrechen, doch wie würde es weitergehen? Seine Kameraden ...?

Paco hatte das Klopfen nicht gehört. Plötzlich stand der Leutnant in der Dunkelheit; er war sichtlich aufgeregt und nervös. „Es sind Ihre Leute, die angreifen. Wir müssen wahrscheinlich noch in dieser Nacht fort." Paco sah, daß der Leutnant Angst hatte. „Ich glaube, diese Situation genügt, mir nun endlich die Beichte abzunehmen. Ich habe alles vorbereitet. Kommen Sie mit in die Bibliothek!"

In der Bibliothek hatte der Leutnant eine Bibel und eine Stola aufgelegt. Paco lächelte, als er diese Dinge sah. Spöttisch nahm er die Stola in die Hand. Der Leutnant fragte: „Glauben Sie nicht an das Sakrament?"

„Das spielt keine Rolle", erwiderte Paco. „Sie haben doch gelesen, daß das Sakrament nicht vom Glauben des Spenders abhängt. Notwendig ist, daß ich die Weihe habe: dann passiert es. Sie werden, auch wenn Sie der räudigste Hund auf Gottes Erdboden wären, durch Christi Liebe wieder in den Stand der Gnade versetzt."

„Wieso haben Sie dann eine so geringe Meinung von der Beichte?"

„Meine Meinung kann Ihnen gleich sein!" sagte Paco energisch. Er ahnte, daß etwas vorgefallen sein mußte. Er konnte es von den unruhigen Augen seines Gegenübers ablesen: warum drängt der Leutnant plötzlich so? Noch war Paco in der Hand des Feindes, aber der Furcht des Leutnants nach zu schließen, mußten Pacos Leute im Vormarsch auf die Stadt sein. Jetzt hatten sie also die gleichen Überlebenschancen. Paco schlug dem Leutnant vor, auch die anderen Gefangenen zur Lossprechung zu holen. Es wäre nämlich ungerecht, wenn nur einer die Gelegenheit des Sakramentes bekäme. Der Leutnant stimmte zu. Er bat aber nochmals, allein beichten zu dürfen.

Und nun begann Pedro, aus seinem Leben zu erzählen. Es war ein schauriger Bericht. Da unterbrach Paco den Leutnant: „Kann sich der Mensch ändern?"

„Ich wünschte es, doch glaube ich nicht daran."

„Ja, aber wenn wir uns nicht ändern können, wenn Sie sich nicht ändern, was hat dann Ihre Beichte für einen Sinn?"

„Das gehört nicht zur Beichte. Sie sollen mich nur lossprechen, sonst nichts!"

„Ich möchte aber, daß Ihnen die Beichte hilft. Ich möchte, daß Sie sich Gott öffnen. Er kann Sie ändern, er allein, nicht die Beichte! Es werden viele Menschen täglich losgesprochen, aber keiner ändert sich deswegen. Wir müssen uns doch ändern, nicht wahr?", sagte Paco. Müde sank er in einen Sessel. Er dachte kaum mehr an sein Messer, obwohl er sein Vorhaben nicht vergessen hatte. Er stand vor zwei nicht miteinander zu vereinbarenden Aufgaben.

Der Leutnant reichte ihm die Stola. Paco wußte nicht, wie ihm geschah, aber er begann die lateinischen Segensworte zu murmeln ... Er schien ganz weit weg zu sein, fern ... Der Leutnant hatte sich vor Paco niedergekniet. Jetzt erhob Pedro seine Stimme zum Bekenntnis. Da hörte man wieder das Gedonner von Bomben und das Krachen der Fliegerabwehr. Der Kampflärm war schon sehr nahe. Pedro hatte einen Moment innegehalten, doch dann fuhr er fort. Und wieder wurden sie unterbrochen. Das Telefon schrillte. Pedro hob ängstlich ab. Paco beobachtete den Leutnant genau. Dieser sprach nur ein paar Worte in das Telefon. „Zu Befehl, jawohl! Selbstverständlich, ich habe verstanden!"

Er legte den Hörer auf und sagte zu Paco: „Rasch, Sie haben keine Zeit zu verlieren.“ Er kniete sich vor ihm nieder und wartete ungeduldig auf die Lossprechung. Er warf seinen Kopf auf den Schoß von Paco und begann zu weinen: „Ich führe doch nur Befehle aus ...“

Paco spürte plötzlich ein Stechen, dort, wo das Herz war, und er fuhr mit der Hand an diese Stelle. Er schnellte aber sofort wieder zurück – Blut tropfte von seinen Fingern, und jetzt sahen sie, daß aus dem Rock eine Messerspitze hervorkam. Der Leutnant erhob sich und trat erschrocken einen Schritt zurück. Keiner sagte ein Wort.

„Ich hatte Ihren Tod beschlossen, ich wollte Sie lossprechen und sofort niederstechen, um die Gefangenen zu befreien. Ich wollte es. Aber da kam ein Engel zwischen uns, und nun brauche ich es nicht zu tun!“

Pedro kniete wieder nieder und empfing von Paco die Lossprechung. Dann ging der Leutnant, die Gefangenen zu holen. Paco hörte sie auf dem Flur gehen. Er hörte, wie Pedro Befehle austeilte.

Die Gefangenen wurden in den Speisesaal gebracht. Es wurde ihnen mitgeteilt, sie würden abtransportiert werden und müßten sich vorher noch stärken. Außerdem sei der Transport nicht ungefährlich, und da ein Priester unter den Gefangenen sei, wolle dieser die Generalabsolution erteilen. Der Leutnant verließ nach diesen Erklärungen den Saal.

Nun stand Paco den Gefangenen allein gegenüber. Er sah schon die Zeichen des Todes auf ihren Stirnen geschrieben. Sie wollten nicht sterben, das merkte er ihnen an. Paco bemühte sich, ruhig zu sprechen. Er blickte in ihre müden Gesichter. Er endete mit dem Satz: „Gott richtet und Gott ist gnädig.“ Dann sprach er die Gebete – er konnte sie noch, Wort für Wort ... „Nachlaß, Vergebung und Verzeihung eurer Sünden ...“

Als er das Kreuzzeichen machte und sein „Amen“ hören ließ, hörte er, wie die Schiebetür zur Küche hin aufging. Ein jähes Rattern erfüllte den Saal. Paco hörte einen Schrei. Rechts und links von ihm fielen die Mäner um, während er selbst, einen Schlag verspürend, nach hinten sank. Es kam ihm vor, als fiele er in die Unendlichkeit, ohne hart aufzustoßen. ◀

Impulse und Fragen:
Welche Personen kommen vor?
Wie stehen sie zueinander?

In welcher Zeit spielt diese Geschichte?

Was will Paco?

Was will Pedro von Paco?

Welche Aufgaben stellen sich Paco, und welche ist die wichtigste?

Als Paco noch im Kloster lebte, suchte er etwas. Wie hat er es schließlich gefunden?

Beschreibe die Stationen der Wandlung Pacos!

Wie verstehen Pedro und Paco je die Beichte?

Wie verstehst du die Beichte? Wann ist sie gültig?

Was meint Paco, wenn er fragt, ob sich Menschen ändern können? Gehört diese Frage zur Beichte?

Warst du einmal in einer Situation, wo du jemanden brauchtest, dem du dich anvertrauen konntest?

LERNABSCHNITT VIII

ER WAR IMMER FÜR ANDERE DA

(A. Höfer)

Lernziel:

Die Schüler sollen eine Verstärkung ihres Motives, an Christus zu glauben, erhalten. Der Glaube an Christus bedarf einer Motivierung, einer Begründung, die weniger im Rationalen, Denkerischen liegt, als vielmehr im Haltungsmäßigen, in der Einstellung und Gesinnung. Zu den stärksten Motivierungen des Glaubens gehören: die menschlichen Erfahrungen im Elternhaus, die die menschlichen Fähigkeiten des Glauben- und Vertrauen-Könnens überhaupt erst grundgelegt haben; das Beispiel des Glaubens von Eltern, Freunden, Lehrern; die Meinung der Gruppe, in der sich die Schüler gerade befinden; der „Gegenstand" des Glaubens selbst, nämlich Gott und sein Christus. Dieses letzte ist bei Jugendlichen und Unmündigen im Glauben sicher nicht das stärkste Motiv; es ist schwächer als das Glaubenszeugnis der Mitmenschen. Das bedeutet, theologisch formuliert: credo ecclesiam, ich glaube an die Kirche. Wohl aber kann auf die Haltung der Gruppe und auf ihre positive Einstellung zu Gott und Christus ein verstärkender Einfluß ausgeübt werden, wenn das Glaubensmotiv Gott–Christus verbalisiert, durchdacht und anschaulich vorgestellt wird.

Ein weiteres Lernziel ist, daß die Schüler ihren Glauben auch vor anderen rechtfertigen können. Sie sollen auf die rationalen und irrationalen Argumente, die gegen den Glauben vorgebracht werden, hören lernen, damit sie sie analysieren und entschärfen. Die meisten dieser Gegenmotivationen sind ja populäre Schlagworte, die eine ebensolche Erwiderung brauchen. Diese muß geübt und gelernt werden. Wenn diese Gegenargumente oft auch nur sekundäre Rationalisierungen (nachträgliche Begründungen) von affektiven Einstellungen sind, so kann eine schlagwortartige Widerlegung eine positive

Rückwirkung auf Glaubenseinstellungen ausüben. Parolenhaft und schlagwortartig antworten können verleiht ein Gefühl der Sicherheit. Man stelle im Unterricht Angreifer und Verteidiger des Glaubens auf, die einander harte Gefechte liefern. Im Rollenspiel den Glauben verteidigen müssen, heißt ihn tiefer akzeptieren, denn das Rollenspiel verstärkt ebenfalls die Einstellungen.

Der Lehrstoff

Die Erzählung von der Fußwaschung ist nicht eine Episode aus dem Leben Jesu neben anderen, sondern ein Bild, das seine ganze Sendung und Gesinnung zusammenfaßt. Dieser grundsätzliche und beispielhafte Charakter der Erzählung soll herausgearbeitet werden. Der Blick werde also mehr auf die innere Gesinnung Jesu gelenkt als auf die äußeren Probleme des Ereignisses.

Von der Fußwaschung aus soll das ganze Leben Jesu mit seinen vielfältigen Ereignissen aufgerollt und wiederholt werden – aber immer unter dem Vorzeichen jener Gesinnung, die in der Fußwaschung sichtbar geworden ist. Man sammle, was man noch aus dem Leben Jesu weiß. Die Stunde wird so zu einer Generalwiederholung aller Jesusperikopen der Oberstufe. Sie alle sollen aufgehen lassen, daß und wie Jesus für die Menschen, für jeden einzelnen Menschen da war.

Die Perikope von der Heilung des Blindgeborenen macht diese Einstellung Jesu an einem Beispiel nochmals sichtbar. Darüber hinaus wird gezeigt, wie ein Mensch, der von der Liebe Jesu betroffen ist, diese beantwortet. Der Glaube des Geheilten ist eine Antwort auf die Erfahrung der Hilfe und Nähe Jesu. So sollen auch die Schüler darin bestärkt werden, daß sie auch heute noch auf Jesus zählen können; daß er nach wie vor für sie da ist und sie ihm auch heute noch so wie der Blinde anhängen können. Der Glaube soll vor den Schülern als persönliche Freundschaft mit Jesus gezeigt werden – er versteht uns immer und bleibt bei uns, auch wenn wir uns ganz einsam und verlassen vorkommen. Die Heilung der blinden Augen kann so auch als ein Symbol für die Erleuchtung des Menschen angesehen werden, der zum Glauben findet.

Die Erzählung einzelner Lebensbilder von Menschen, die sich ebenfalls zu Christus bekehrt haben, führen das Thema bis in die heutige Zeit weiter: Charles de Foucauld, Dag Hammarskjöld, die Märtyrer von Uganda, Priester im KZ.

Prüfungen und Leistungen

Die Schüler sollen die Fußwaschung und Heilung des Blinden nach Personen, Handlung und Sinn analysieren können; Beispiele aus dem Leben Jesu aufzählen, in denen seine Menschenfreundlichkeit besonders sichtbar ist; begründen können, warum wir heute von Jesus noch die gleiche Nähe und Zuwendung erwarten können; Motive für den Glauben aufzählen können; Einwände gegen den Glauben auf ihr Gewicht hin prüfen und sie widerlegen können; Merkmale aufzählen, die den Glaubenden von den Nichtglaubenden unterscheiden; Beispiele heutigen Glaubenszeugnisses nennen und bewerten können.

ZU DEN BIBLISCHEN TEXTEN

(A. Höfer)

DIE FUSSWASCHUNG JESU (Joh 13, 1–15, 21–38)

Die Perikope von der Fußwaschung hat mehrere Sinnschichten, einen geschichtlichen, „einen hintergründigen mystisch-sakramentalen Gehalt" und einen Gehalt, der „vordergründig, rein ethisch" ist[1]. Die Perikope will etwas be-deuten und darum wird die Katechese auch primär nach dem *Sinn* und nicht so sehr nach dem Ereignis im Gesamt des Passionsablaufes fragen.

1. *Der Liebesdienst Jesu als Deutung seines Todes:* Die Fußwaschung bei Johannes nimmt den Platz des Abendmahles bei den Synoptikern ein. Dieses ist dort zugleich eine Deutung und Übereignung des Todes Jesu als eines Heilstodes für die Jünger und die vielen. Die Fußwaschung ist ebenso zu sehen. Das ergibt sich aus der Stellung also und aus vielen Hinweisen: Der Abend vor dem (symbolisch verstandenen Todes-)Pascha Jesu, das zugleich die „Stunde" der Verherrlichung in Kreuz und Heimgang zum Vater ist; Liebe bis zur Vollendung *(eis telos)* – am Kreuz ist diese Liebestat „vollendet", vollbracht *(tetelestai);* die Liebestat Jesu besteht „eigentlich" im Kreuzestod, die Fußwaschung weist nur darauf hin. Fußwaschung war niedrigster Sklavendienst, den nur Heiden, nicht jüdische Sklaven vollziehen mußten: Jesus erniedrigt sich zum untersten und restlosen Sklavendienst an den Seinen; die Absurdität des Tuns wird von Petrus (6–8) und von Jesus (12–14) ausgedrückt: der Herr als Sklave! Es liegt hier die gleiche Christologie wie im Hymnus Philipper 2 vor, nur bildhaft geschildert: der freiwillige Abstieg des Gottessohnes in den Tod, die Selbsterniedrigung im Kreuzesgehorsam zugunsten der anderen. In der Fußwaschung wird symbolisch anschaubar, was am Kreuz leidvolle Wirklichkeit wird.

Diesen Sinn des Dienens und Sterbens kann der *natürliche Mensch* (Petrus!) nicht begreifen. „Der natürliche Mensch will solchen Dienst

[1] H. Strathmann, *Das Evangelium nach Johannes* („NTD" 4), Göttingen [11]1968, 198.

gar nicht. Warum nicht? Es handelt sich um den Dienst des fleischgewordenen Gottessohnes, nicht um einen persönlichen Liebesdienst überhaupt; denn warum sollte sich der natürliche Mensch einen solchen nicht gefallen lassen? Und wenn er ihn gewiß auch einmal aus Hochmut abweisen kann, so redet doch aus Petrus nicht einfach solcher Hochmut. Es ist vielmehr die menschliche Gesinnung als solche, die das Heil nicht in der Niedrigkeit, die Gott nicht in der Knechtsgestalt sehen kann."[2] Nur wenn man die Fußwaschung als Deutung und Symbolisierung des Liebesdienstes Jesu am Kreuz versteht, begreift man das Mißverständnis der Weigerung einerseits (auch Petrus bekommt dann eine symbolische Deutung, vgl. Mk 8, 32 f., wo Petrus auch das Kreuz zurückweist), wie auch andererseits die Forderung Jesu, sich die Liebe gefallen zu lassen. Von einer „Fußwaschung" allein kann die Gemeinschaft mit dem Messias nicht abhängen, wohl aber vom Anteil an seinem Kreuz (V. 8)! Nur wenn man unter diesem Dienst symbolisch die Kreuzesliebe sieht, begreift man: „Wer Jesu Dienst empfangen hat, ist mit ihm zur Gemeinschaft des Schicksals verbunden."[3] Und erst wenn einer *diesen* Dienst empfangen hat, wird er (*nach* Tod und Auferstehung Jesu!) diesen Dienst verstehen (V. 7).

(Der Vers 10, „Wer ein Bad genommen ..." ist sehr wahrscheinlich nur aus der Situation der Urkirche heraus zu verstehen: Wer ein Bad genommen hat = wer schon getauft ist, der braucht den weiteren Liebesdienst Jesu nur in der Form der Fußwaschung = der wiederholten Eucharistiefeier, denn durch die Taufe ist er schon prinzipiell gereinigt und geheiligt.)

2. *Der Liebesdienst Jesu als Vorbild für die Jünger:* Nach der Fußwaschung wird von Jesus selbst die zweite Sinndeutung des Geschehens gegeben, aber auch diese ist vom Kreuz her zu verstehen! Durch das Kreuz hat der Mensch eine neue Beziehung zu Jesus erhalten (Lebensgemeinschaft) und *dadurch* ist er imstande und auch aufgefordert, auch zu den Brüdern eine neue Beziehung zu haben. Weil der Jünger von Jesus geliebt ist, soll und kann er so lieben, wie der Herr. Das „neue Gebot" ist die Anwendung der Kreuzesliebe auf die Kirche. „Der Empfang seines Dienstes erschließt dem Jünger eine

[2] R. Bultmann, *Das Evangelium des Johannes* („Kritisch-exeget. Kom. ü. d. NT" II), Göttingen [18]1964, 356.

[3] Ebd., 385.

neue Möglichkeit des Miteinanderseins; und in der Bereitschaft, diese Möglichkeit zu ergreifen, muß sich zeigen, ob er den Dienst recht empfangen hat."[4] Das „Gebot der Fußwaschung" ist also identisch mit dem „neuen Gebot" und bezeichnet die Einweisung in die neue, vom Kreuz erlöste Existenz des Christen.

„*Zwei Deutungen der Fußwaschung* sind also kombiniert. Der Sinn dieser Kombination erschließt sich der Erkenntnis, daß beide Stücke von der durch Jesu Dienst geschaffenen Gemeinde als der Gemeinschaft der Jünger mit ihm und untereinander handeln. *Im ersten Stück* ist die Gemeinschaft mit ihm das ausdrückliche Thema, und zwar so, daß ihre Begründung in dem Dienst Jesu aufgezeigt wird als in einem dem natürlichen Verstande widersprechendem Ereignis, dessen bindende Kraft sich in der geschichtlichen Existenz der Jünger erweisen wird, wenn der Jünger bereit ist, sein Leben auf dieses Ereignis und allein darauf zu stellen. *Das zweite Stück* fügt hinzu, daß die Gemeinschaft der Jünger mit Jesus zugleich eine Gemeinschaft der Jünger untereinander erschließt, und daß diese durch die Tat verwirklicht werden muß, wenn jene bestehen soll."[5]

3. *Judas und Petrus – Verrat und Verleugnung:* Die Perikope ist in allen ihren Teilen hintergründig, die historischen Ereignisse und Figuren erhalten eine geistliche Deutung, die gleichsam der Gemeinde heute einen Spiegel vorhält. So auch Judas und Petrus: Wenn schon unter den ersten Jüngern Jesu diese dunklen Gestalten waren, wieviel mehr in der Gemeinde heute! Die Gemeinde muß ständig mit Abfall und Verrat rechnen, und der einzelne Christ soll sich ständig davor hüten! „Von der Gemeinde kann nicht die Rede sein, ohne daß der Möglichkeit gedacht wird, daß sich in ihr ein Unwürdiger findet. Unwürdigkeit aber ist im Kreise derer, die Jesu Dienst empfangen haben, gleichbedeutend mit Verrat. Das Bewußtsein, zur Jüngerschaft zu gehören, darf nicht zur Illusion der Sicherheit führen."[6] Petrus und Judas sind uns zur Warnung aufgezeichnet!

Auch das Geheimnis der Bosheit verstehen die Jünger nicht (Vers 22 f.). (Zur Tischordnung: man lag auf Polstern und Liegebetten, auf den linken Arm gestützt, den rechten frei zum Essen. Wer links von einem lag, lag an seiner Rückenseite, wer rechts, lag „an seiner

[4] Ebd., 363.
[5] Ebd., 365.
[6] Ebd.

Brust"-seite!) Jesus steht souverän über dem Werk der Bosheit, er weiß um den Verräter und liefert ihm gleichsam das Stichwort zur Tat. Hier steht Satan gegen Gottessohn! Judas – Satan – Verrat – Hinausgehen – Nacht: alles Chiffren für die unheimliche Wirklichkeit des Bösen!

Die Verherrlichung Gottes und Jesu geschieht am Kreuz, durch das Tun des Judas wird es geschichtlich ausgelöst. Jesus schaut bereits (Vers 31 f.) auf das Kreuz voraus. Auch Petrus ist weiterhin ein Typos des schwachen Jüngers, der sich auf seine (so mißverstehende!) Einsicht und Kraft verläßt. Eine Mahnung an die Kirche und ihre Glieder: Wie leicht wird man am Kreuz Jesu irre!

Zur Katechese

Ihre Kunst liegt darin, *nicht alles* zu sagen. Wir müssen die Schüler anleiten, selber die Deutung herauszufinden, erbauliches Gerede ermüdet. Mit der rechten Deutung wird man zufrieden sein müssen, eine tiefere Aneignung ist dem Erwachsenenglauben vorbehalten.

Einführung: Jesus sagte einmal: „Der Menschensohn ist nicht gekommen, sich bedienen zu lassen, sondern selber zu dienen und sein Leben hinzugeben als Lösegeld für die Menschen" (Mk 10, 45). Jesus vergleicht seinen Tod mit dem Sklavendienst; als Diener tut man auch nichts für sich, sondern alles für den anderen; nicht, daß man selbst etwas davon habe, sondern daß der andere davon etwas habe und lebe. Genauso meint Jesus bei der Fußwaschung auch seinen Tod. Sie ist eine symbolische Handlung. Fragen wir uns: Inwiefern weist die Fußwaschung auf den Tod Jesu? Was erinnert daran (Text lesen: „Stunde", „Pascha", „Liebe", „Vollendung", „Anteil haben an ihm", „Sklavendienst" ...)? Was soll der Christ von der „Fußwaschung" = vom Kreuz Jesu, lernen? Er muß es annehmen, sich erlösen lassen und lieben lernen wie Jesus! Welche Menschen verstehen das Kreuz nicht? Judas (= Verrat, Glaubensabfall, Sünde, Satan, Nacht, Gefahr der ewigen Verdammnis ...), Petrus (= jene, die selbstsicher auf ihre eigene Kraft vertrauen!). Diese beiden Kontrastgestalten brauchen aber noch nicht sehr deutlich ausgezogen zu werden.

Aufgabenstellung: Deute die Sinnbildhandlung! Erkläre einzelne Sätze! Einführung in die Gründonnerstagsliturgie und ihre Lieder lernen!

Die Erzählung ist deutlich gegliedert, an ihren Aufbau wird sich auch die Katechese halten: die Heilung und das Aufsehen, das sie verbreitet; das Verhör der Pharisäer mit dem Geheilten und seinen Eltern; neuerliches Verhör mit dem Geheilten und sein Ausstoß aus der Synagoge; seine Begegnung mit Jesus.

Das Licht der Welt: Wir haben ein sogenanntes johanneisches „Zeichen" vor uns, in dem die Überlieferung ganz im Dienst des Kerygmas steht, d. h., die Wunderheilung wird nicht um ihrer selbst willen erzählt, auch nicht (wie bei den Synoptikern) wegen ihres Hinweischarakters auf den Anbruch der Gottesherrschaft, sondern nur, um die Christusbotschaft der johanneischen Kirche auszurufen. Die Überlieferung ist also denkbar stark kerygmatisch stilisiert. Der erhöhte Christus des Glaubens als das Licht für die Welt, für die an ihn Glaubenden – das ist das Thema! Solange er in der Welt ist, wird dieser das Licht angeboten. Die Stunde seines Todes ist zugleich die „Stunde" der Finsternis.

Daß Jesus das Licht der Welt ist, wird in seiner Gerichtsfunktion offenbar: An ihm scheiden sich Licht und Finsternis. In der Stellungnahme zu ihm wird jeder selbst Licht oder Finsternis. Wer sich zu ihm bekennt, tritt in den Bereich des Lichtes und wird selber Licht. Wer sich ihm im Unglauben verschließt, erblindet und „wird" Finsternis, mag er auch körperlich sehen. Die Scheidefunktion des Lichtes wird schon im Schöpfungsbericht sichtbar (im *Glaubensbuch* nachlesen!). Das eschatologische Gericht wird hier innergeschichtlich an der Gestalt Jesu und in der Stellungnahme zu ihm vollzogen. Das wird beispielhaft am Blindgeborenen und an den Pharisäern dargestellt.

Der Blinde wird sehend: Nach der jüdischen Vergeltungstheorie mußte die Strafe der (persönlichen!) Sünde entsprechen. Wie war das aber bei einem von Geburt auf Blinden? Wer hat da gesündigt, seine Eltern oder er selbst in einem vorgeburtlichen Zustand? Ist er also „ganz und gar in Sünden geboren" (V. 34)? Beides wird von Jesus kategorisch abgelehnt (V. 3). Gewiß ist der Blinde ein Mensch wie alle anderen im Zustand der Sünde und der gefallenen Schöpfung. Aber Gott will an ihm nicht die Strafe, sondern seine rettende Herrlichkeit darstellen. Er ist Typos des Rettungswerkes Gottes.

Wir besprechen in der Katechese zunächst einmal die Haltung des

Blinden, die wunderbarerweise zum vollen Glauben ausreift: Er gehorcht dem fast sinnlosen Befehl und wäscht sich im Teich (V. 7). Dieser Gehorsam bringt ihm das Augenlicht, doch dabei sollte es nicht bleiben. Mutig gibt er der Wahrheit Zeugnis, läßt sich nicht (wie seine Eltern) von den Drohungen der anderen einschüchtern. Ehrlich bekennt er seine Meinung, daß Jesus ein Prophet sei (V. 17). Er läßt sich weder durch das „kluge" Gegenargument der Sabbatschändung Jesu überreden (V. 24 f.), noch durch die (auf Moses zurückgehende) Autorität erdrücken. Ja er deckt ironisch die Blößen der ihn Verhörenden auf (V. 30). Um der Wahrheit willen läßt er sich aus der Synagoge (und damit aus aller Lebensgemeinschaft!) ausschließen. In der Stunde seiner größten Ehrlichkeit und Not begegnet ihm aber Jesus und offenbart sich ihm als Heilbringer und Menschensohn. Der ehemals Blinde fällt glaubend und bekennend vor ihm nieder wie Thomas.

Vom körperlichen Sehendwerden wurde dieser Mensch beispielhaft zum „eigentlichen" Sehen, nämlich zum Glauben an Christus gebracht. Christus ist ihm jetzt als sein Licht aufgegangen. Von daher wird auch der Symbolismus in V. 7 verständlich, wo Johannes den Teich Siloa mit seinem gebräuchlichen Christustitel der „Gesandte" zusammenbringt. „Wie der Blinde durch das Wasser des Siloam das Augenlicht empfängt, so empfängt der Glaube von Jesus, dem ‚Gesandten', das Licht der Offenbarung" (Bultmann). Die Schüler können die Hintergründigkeit des von Johannes gemeinten Sehendwerdens am „Weg" des Blindgeborenen gut ablesen. Glauben heißt Christus sehen, von ihm erleuchtet zu werden. Glaube ist niederfallen vor dem Bekenntnis zu dem, der einem als das Licht aufgeht.

Die Sehenden erblinden: Das ebenso typische Gegenstück zum Blindgeborenen sind die Juden bzw. Pharisäer. Sie sehen zwar körperlich, verschließen sich aber durch ihren Unglauben dem Licht der Welt und werden so selbst blind, in Finsternis verschlossen. Ihre „Erblindung" ist ebenfalls dem Gefälle der Handlung abzusehen. Das Volk diskutiert zunächst über das Aufsehen erregende Wunder, ohne seinen tieferen Sinn erfassen zu können. Die Eltern wollen sich neutral halten. Die Pharisäer können das gottgewirkte Zeichen überhaupt nicht erkennen, weil es ihrer Sabbatdogmatik widerspricht. Wer gegen ihre „Religion" vorgeht, kann nicht von Gott gesandt sein. Sie merken aber nicht, daß sich ihre „Religion" schon längst von Gott entfernt hat, sonst müßten sie doch den Gesandten Gottes erkennen! Die Verhöre mit den Eltern und dem Blinden bringen ihren bösen, unehrlichen Willen an den Tag: Für sie ist Jesus wegen des Sabbatbruches ein Sünder. Für andere wieder spricht das Wunder für Jesus, so sind die „Juden" gespalten. Für den Geheilten ist Jesus sogar ein Prophet. Für ihn ist die Heilung als Gebetserhörung, die Jesus von Gott erhielt, einsichtig, einsichtig darum auch Jesu Gesandtsein, sein Prophetsein. Da sie gegen dieses Argument nichts vorbringen können, bezweifeln sie den Tatbestand der Heilung. Was ihnen zuerst ein Vorwurf gegen Jesus war, wollen sie nun aus ihrer Verlegenheit hinwegleugnen. Wären die Pharisäer ehrlich gewesen, wäre ihnen der Weg zum Glauben offen gestanden. Gerade aber den Glaubensgehorsam wollten sie nicht leisten, darum mußten sie entweder Jesus angreifen oder die Wirklichkeit verfälschen. Das ist – meint Johannes – der typische Unglaube: Sein Wesen ist Ungehorsam und Verfälschung der Wirklichkeit.

Die Pharisäer meinen, über Jesus zu richten und sprechen sich aber selbst das Gericht, denn sie schließen sich von der angebotenen Begegnung mit dem Licht aus. An Jesu Person scheiden sich Licht und Finsternis. Das endzeitliche Gericht wird in der Stellungnahme zu ihm vorweggenommen. Jesus als das Licht entlarvt jene, die sowohl körperlich sehen wie auch geistig (aufgrund der Mosestradition) zu sehen meinen, als Finsternis. Somit wendet sich die Perikope zum Schluß ins Grundsätzliche und fordert auch uns auf, wie der Blindgeborene den Glaubensgehorsam Jesus gegenüber zu leisten und so aus der Finsternis ins Licht zu treten.

Die Katechese

Zuerst soll man die Dramatik der Handlung gut ausspinnen. Das Grundsätzliche und Symbolische der Wunderheilung (wodurch sie eben ein johanneisches „Zeichen" wird) soll in der Betrachtung der zwei typischen Haltungen, der des Blindgeborenen und der Pharisäer, herausgearbeitet werden. In der Mitte steht Jesus als das Licht, das für die Menschen Heil (Erleuchtung) und Gericht bedeutet. Die Katechese wird auch davon sprechen, daß die Urkirche die Taufe als die „Erleuchtung" ansah: Die Taufe ist unsere Christusbegegnung, in der die Blindheit abgewaschen wurde und wir Christi Licht erhielten (Osterkerze, Taufsymbolik!). Die Perikope will uns nicht nur „irgendein" Wunder Jesu zeigen, sondern das ganze Wunder des christlichen Daseins!

WARUM WIR GLAUBEN

(A. Schrettle)

Wenn in dieser Katechese eine große Anzahl von Gründen angeführt wird, die angeben, warum man angeblich *nicht* glauben kann, so geschieht dies vor allem aus folgenden Gründen:

Es wäre erstens falsch, zu meinen, die Schüler seien in ihrem Alltagsleben in und außerhalb der Schule nicht solchen Schlagworten ausgesetzt. Man braucht nur ab und zu einen kurzen Blick auf die Titelseiten mancher Zeitungen und Illustrierten werfen, um zu sehen, wie sehr heute mit Schlagworten gearbeitet wird. Jedoch auch das direkte Gespräch – falls ein solches über ein derartiges Thema zustande kommt – weist sehr oft eine hohe Stereotypisierung auf. Man kann keinesfalls sagen, daß die Erwähnung derartiger scheinbarer Gegengründe gegen den Glauben im Religionsunterricht nicht angebracht sei oder daß die Schüler dadurch gar verdorben würden: Die allermeisten Schüler werden sicher nicht zum ersten Male mit diesen Themen konfrontiert; oft schon werden sie Teile davon in Gesprächen Erwachsener aufgefangen haben. Im Religionsunterricht soll aber vielleicht ein erstes Mal eine echte Auseinandersetzung damit möglich sein!

Ein zweiter wesentlicher Grund für die Darbietung in dieser Form liegt in der Tatsache, daß der Lernerfolg bei den Schülern in dem Maße größer wird, je mehr es ihnen gelingt, *Improvisation* und Phantasie in die Beantwortung bzw. Widerlegung dieser angeführten Behauptungen einfließen zu lassen. Es würde sehr wenig nützen, auf jede Behauptung gegen den Glauben, den Schülern eine ganze Reihe von wissenschaftlich-theologischen Argumenten für den Glauben zu „servieren"; der entscheidende Faktor in der Überzeugungskraft ist hier in dem Maß an „Selbstfindung" von Argumenten bzw. Gegenargumenten zu sehen, welche zur Widerlegung beigebracht werden.

Die folgende Behandlung der einzelnen Punkte darf also den Katecheten nicht verleiten, die Diskussion der Schüler abzubrechen oder erst gar nicht in Gang kommen zu lassen. Es soll hier nur eine theologische Klärung und die Angabe des „Stellenwertes" der einzelnen Themen erfolgen.

1. *Seitdem ich wissenschaftliche Bücher gelesen habe, in denen genau bewiesen ist, daß es keinen Gott gibt, glaube ich nicht mehr!*

Dieses ist wohl eines der häufigsten Argumente, die gegen den Glauben angeführt werden: *die* Wissenschaft. Es wäre methodisch nicht richtig, wenn man bei der Behandlung dieses Problems gleich darauf zu sprechen käme, daß es „eigentlich" gar keinen Widerspruch zwischen Wissenschaft und Glauben geben könne, weil sich beide auf einer anderen Ebene bewegen usw. Damit würde man dem Einwand schon einen Platz eingeräumt haben, der ihm aber durchaus nicht zukommt. Eine erste Gegenfrage wird also danach fragen, welche Bücher im einzelnen dies gewesen seien! Es dürfte sich dabei bald herausstellen, daß der Schüler ein solches Schlagwort eben auch nur vom Hörensagen her kennt, keineswegs jedoch aus eigener Erfahrung. Da in dieser Schulstufe das Autoritätsverhältnis meistens durchaus schon ein „gebrochenes" ist, wird es nicht allzu schwer sein, den Schüler davon zu überzeugen, daß eben auch Erwachsene manchmal nur nachreden, was sie selbst gar nicht erfahren haben.

Damit ist nun der Behauptung vielleicht einmal die Spitze abgebrochen; man kann dabei aber nicht stehenbleiben. Unser Denken ist ein Denken im Horizont auch der Naturwissenschaften, und deshalb darf man nicht so tun, als seien mit der Beziehung zwischen Glauben und Wissenschaft überhaupt keine Probleme aufgegeben. Eine theoretische Behandlung in der Schule ist zwar auch notwendig, doch sollte auf folgendes geachtet werden: *Personen* stehen in der Wertung der Schüler noch immer höher als abstrakte Argumentation und Konklusion. Man müßte deshalb hier Zeugnisse von Naturwissenschaftlern – und zwar von bedeutenden – beibringen, in denen diese wenigstens von der Möglichkeit sprechen, auch zu glauben! Wenn man also darauf hinweisen kann, daß bedeutende Männer und Frauen, auch solche, die bahnbrechend in der Wissenschaft waren, trotzdem – oder vielleicht deshalb – gläubige Menschen waren, so wird ein solcher Hinweis viel Überzeugungskraft für die Schüler haben.

Auf einer nächsten Stufe erst wird man auf das grundsätzliche Problem des Verhältnisses zwischen Glaube und Wissenschaft eingehen: daß die Wissenschaft mit ihren Mitteln Gott tatsächlich nie „beweisen", aber auch nie widerlegen können wird. Man wird vor allem aber auf die Tatsache hinweisen, daß die wesentlichen Probleme der heutigen Zeit nicht mit der Wissenschaft allein gelöst werden können: daß

z. B. überhaupt Frieden erstrebt wird, hängt von einer Überzeugung des Menschen ab, und nicht davon, ob er ein guter Wissenschaftler ist.

2. *Was ich nicht sehen kann, gibt es auch nicht!*

Wiederum wird man beachten müssen, auf welcher Ebene sich diese Behauptung bewegt: nimmt man sie wörtlich – und als solche versteht sie sich offenbar –, dann kann man ganz „primitiv" entgegenkommen: Sieht man die Luft, die man unaufhörlich einatmet und ohne die man überhaupt nicht leben könnte? Und wenn man darauf auch antworten kann, diese Luft könne man doch mit bestimmten Instrumenten „messen", so könnte man fragen, ob etwa die Liebe einer Mutter oder die Freundschaft eines Freundes meßbar sei?

Wiederum ist mit solch einer Widerlegung zunächst nur die Spitze des Arguments gebrochen; letztlich stichhältig ist diese Gegenargumentation nur dann, wenn man von der Erfahrbarkeit Gottes für die Menschen überzeugt ist!

3. *Es gibt so viel Leid und Elend auf dieser Welt; würde es einen Gott geben, könnte er das nie zulassen!*

Diese Frage an den Glauben ist überhaupt eine der ältesten Fragen und auch der ernstesten. Die Anfangskapitel des ersten Buches Moses befassen sich mit diesem Problem ebenso wie das Buch Job, es zieht sich jedoch durch alle Zeiten und wird sehr stark in der modernen Literatur greifbar, z. B. bei dem Franzosen A. Camus. Verschiedene religiöse Gruppen, auch im Judentum, meinten, eine schöne und bequemliche Formel für das Leid gefunden zu haben: es sei eine direkte Folge einer persönlichen Sünde des leidenden Menschen. Jesus ist gegen diese Meinung mit aller Schärfe aufgetreten. Schon im Buch Job versuchen die Freunde des Job, diesen zu überzeugen, daß er doch wohl wegen seiner Sünden von Krankheit befallen sei. Job stimmt dieser Argumentation nicht zu; er weiß sich keiner Sünde schuldig. Job verzweifelt, er verflucht den Tag, an dem er das Licht der Welt erblickt hatte; trotzdem ist er es schließlich, der gerechtfertigt wird!

Es ist eigenartig, sobald der Mensch meint, Gott für alles Leid in der Welt verantwortlich machen zu müssen, kehrt sich diese Frage um in eine Anfrage an den Menschen: wieviel unzähliges Leid wurde und wird durch die eindeutige Schuld des Menschen in diese Welt hineingetragen! Wie viele Menschen sind z. B. zu Neurotikern oder sogar zu „Kriminellen" geworden, weil sie von ihrem Elternhaus her nie erfahren haben, was echte Liebe bedeutet!

Trotzdem darf man gerade als Christ nie meinen, man habe den endgültigen Schlüssel für alles Leid in der Welt gefunden. Man wird aber immer wieder hinweisen müssen, daß es erstens billig sein kann, die Schuld dafür Gott in die Schuhe zu schieben; zum anderen wird man aber immer darauf auch hinweisen, daß solches Nachdenken in ein Bemühen einmünden muß, Angst und Leid in der Welt durch die eigene Tat zu vermindern!

4. *Ich brauche keinen Gott, mir geht es auch so gut!*

Auf ein derartiges Argument wird man vielleicht antworten, daß es in der heutigen „modernen" Welt Tausende von abergläubischen Praktiken gibt, die sich durch den hohen Lebensstandard oder durch die Verwissenschaftlichung unserer Welt keinesfalls von selbst erledigt haben, ja, gerade dadurch zugenommen haben! Es gibt Kult in vielfältigsten Formen und es gibt Magie in verschiedenstem Gewand. All dies zeigt zunächst nur einmal, daß der Mensch etwas haben muß, woran er sich klammern kann. Dann wird jedoch darauf hinzuweisen sein, daß derartige Praktiken den Menschen letztlich unfrei machen, und daß das Angebot des christlichen Glaubens gerade in einer Befreiung von solchen unpersönlichen versklavenden Mächten besteht.

Es wird also die Aufgabe darin bestehen, zu zeigen, wo die eigentliche Sphäre des Menschlichen liegt: nämlich im Mitmenschlichen, im Personalen. Der Glaube soll als diejenige Haltung gezeichnet werden, in der die letztlich tiefste menschliche Beziehung möglich ist – und damit auch das Glück!

5. *Die Märchen in der Heiligen Schrift kann man höchstens kleinen Kindern erzählen. Wie soll ich da an einen Gott glauben?*

Einem derartigen Einwand darf man auf keinen Fall mit einer Haltung entgegnen, die sich etwa so ausdrückt: die „Wissenschaft" habe die Richtigkeit des in der Bibel Berichteten praktisch auf allen Strecken erwiesen. Dies wäre Unaufrichtigkeit. Zunächst wird man fragen müssen, was denn nun eigentlich als Märchen bezeichnet werde. Wenn damit gemeint ist, daß praktisch alles unhistorisch sei, was in der Bibel niedergeschrieben ist, so wird man antworten müssen, daß dies die Höhe der Argumentation im 19. Jahrhundert gewesen sei, heute man jedoch schon viel genauer unterscheiden könne. Kommt dann aber die Rede auf das „Paradies" u. ä., dann wird es nicht viel Sinn haben, die letzten Zipfel für eine etwaige Historizität zu verteidigen und festzuhalten; vielmehr kann diesem Einwand *einzig und allein* durch eine Bewußtmachung dessen, was eine literarische Gattung ist, wirksam begegnet werden!

6. Es gibt so viele Religionen. Jede behauptet von sich, sie sei die einzig richtige. Da merkt man schon, daß Gott eine reine Erfindung von Menschen ist!

Die Erkenntnis der unendlichen Verschiedenartigkeit der Religionen auf dieser Welt kann – je nach Einstellung – für den einen Menschen eine echte Glaubensschwierigkeit darstellen, für den anderen hingegen durchaus Grund zur Bewunderung sein.

Auf jeden Fall wird man sagen können, daß es doch wenigstens grundsätzlich für die Religion spricht, wenn sich Menschen aller Völker und Zeiten mit der Frage nach einem Gott und nach dem Sinn des Lebens und des Todes befaßt haben. Sicher muß man zugeben, daß es sehr viele Antworten darauf gibt; aber vielleicht sind sie letztlich gar nicht so verschieden voneinander, wie es auf den ersten Blick scheinen mag. Sie stimmen doch fast alle darin überein, daß der Mensch für das, was er hier auf dieser Erde tut, in irgendeiner Form verantwortlich ist; die Frage der Benennung spielt dabei die unwesentlichste Rolle. Wichtig bei der Argumentation zu diesem Einwand ist, daß man es sich nicht zu einfach macht; so könnte man z. B. versucht sein, die „Primitivität" der meisten anderen Religionen und damit deren Falschheit ins Treffen zu führen und von daher auf die einzig wahre Religion – das Christentum – zu kommen. Eine solche Argumentation ist zutiefst unchristlich. Außerdem würde eine solche Art und Weise der Rede bei den Schülern auch Anstoß erregen.

Die Frage nach der „Wahrheit der anderen Religionen" muß also mutig gestellt werden; dabei kann man durchaus kritisch manche schwachen Punkte aufzeigen, in denen das Christentum vielleicht einen Vorsprung vor den anderen Religionen hat. Daß die meisten Religionen der Meinung sind, sie seien jeweils die wahre, hängt wohl ganz einfach mit der Tatsache zusammen, daß die Religion die tiefsten Schichten der menschlichen Seele berührt, daß hier also tiefste Überzeugung stattfindet, und man deshalb diese Überzeugung auch irgendwie ausdrücken will.

7. An einen Gott haben nur die primitiven Menschen geglaubt, weil sie sich verschiedene Naturereignisse (Blitze, Donner usw.) nicht erklären konnten. Aber die heutige Wissenschaft kann das alles erforschen. Gott ist also überflüssig!

Will man darauf eine Antwort geben, so darf man auf keinen Fall verschweigen, daß Blitz und Donner und ähnliche Dinge in den Frühzeiten vieler Religionen eine überaus große Rolle gespielt haben und in manchen Naturreligionen auch heute noch spielen. Allerdings ist es sehr einfach, das ganze Phänomen der Religion auf solche Ereignisse zurückzuführen – und damit falsch. Der Glaube des Christentums, daß z. B. Jesus Christus eine Person war, an der sich viel entscheiden kann, ist unabhängig davon, ob man ein bestimmtes Naturereignis erklären kann. Außerdem hat man heute längst eingesehen, daß die Frage, wohin die Wissenschaft und die Technik die Menschheit führen werden – in den Abgrund eines totalen Atomkrieges oder in eine Zukunft, in der alle Menschen die gleichen Chancen und Entwicklungsmöglichkeiten haben – von der Wissenschaft selbst nicht gelöst werden kann.

8. *Gott ist eine Erfindung jener Menschen, die zu schwach sind, mit dem Leben selbst fertig zu werden!*

„Religion ist Opium des Volkes" hat Karl Marx gesagt und damit gemeint, daß die Religion jene betäubende Wirkung ausübe, die für das Opium kennzeichnend sei; allerdings habe das arme Volk sich dieses Opium selbst geschaffen, weil es sonst die Leiden und Schmerzen nicht ertragen hätte können.

Hier müssen zwei Dinge scharf voneinander getrennt werden: einerseits stimmt es, daß das Christentum z. B. in Rom sich vor allem in der niedrigen Volksschicht ausbreitete, also unter jenen, die unter dem Zwang eines teilweise unmenschlichen Systems (Sklaven!) zu leben hatten. Das Christentum war in diesem Sinn ein echter Trost für sie. Trotzdem kann man nicht behaupten, daß es ohne Wirkung auf den weiteren Geschichtsverlauf geblieben wäre. Allmählich wurden die Ansprüche des christlichen Glaubens auf das Leben auch von den sozial Führenden erkannt. So wurde z. B. dann die Sklaverei abgeschafft. So hat das Christentum nicht nur als „Opium" gewirkt, sondern auch als „Dynamit"!

9. *Jesus war genauso ein normaler Mensch wie jeder andere von uns auch. Alles andere haben die ersten Christen erfunden!*

Diese Behauptung ist derart kategorisch und darum wieder dogmatisch, daß man darauf schon als erstes hinweisen müßte und zu fragen hätte, woher man denn nun das so genau wisse. Allerdings ist damit das Problem nicht aus der Welt geschafft, viele Bücher und Artikel über das Thema „Historischer Jesus und kerygmatischer Christus" legen davon Zeugnis ab.

Der Weg zum Verständnis dessen, was man mit Gottheit Christi bezeichnet, wird unter allen Umständen für die Schüler ein induktiver sein müssen; jeder andere Weg gerät in Gefahr, in Mythologie zu enden! Ausgangspunkt muß die Bibel sein; dieses Jesusbild wird zu entfalten sein. Dabei kann dann gefragt werden: Ist es „normal", wenn jemand eine jahrhundertelange und geheiligte Tradition in manchen Punkten einfach souverän übergeht – einfach mit dem Hinweis auf seine Person? Ist es „normal", wenn er behauptet, daß mit ihm das Reich Gottes anfanghaft schon zu den Menschen gekommen sei? (Die Verwandten Jesu hielten ihn jedenfalls für verrückt – Mk 3, 21!) Ist es „normal", daß jemand aus Liebe zu den anderen und aus Treue zu seinem Auftrag in den Tod geht?

Was die Christen nach Ostern getan haben, war der Versuch, Worte zu finden für das, was ihnen Jesus nun bedeutete. Eines davon war: Sohn Gottes.

Positive Glaubensgründe

Der zweite Arbeitsgang besteht darin, den positiven Grund des Glaubens zu heben. Dabei geht es weniger darum, die Gründe theologisch vollkommen und rationell exakt aufzuzählen, als vielmehr darum, für die Schüler *Motive* des Glaubens zu liefern, die für *sie* tragend sind. Von der Lernpsychologie her ist einsichtig, daß dies um so überzeugender geschieht, als die Schüler selber aktiv beteiligt werden. Ihr Wissen dürfte ausreichen, um in gemeinsamer Klassenarbeit das für die Schüler Wesentliche zur Sprache zu bringen. Darum stehen im *Glaubensbuch* auch nur Impulsfragen.

Die Frage nach Gott und Christus: Die Schüler sollen aufzählen, was Gott und Christus *ihnen* wert sind. Die Ausdrücke können ruhig aus der Sprachgewohnheit der Schüler genommen werden. Mit dem Blick auf das eigene Leben sollen die Schüler ehrlich formulieren, was der Glaube für sie persönlich bedeutet und für den Menschen bedeuten könnte. Der Blick auf die Mitglaubenden bringt die soziale Motivierung – den Glauben an und in der Kirche. Aber auch dies sollen die Schüler mit dem Blick auf Personen aus ihrem Bekanntenkreis (Eltern, Freunde, Priester ...) formulieren. Die Reihe soll durch ein persönlich formuliertes Credo abgeschlossen werden. Die Schüler schreiben ins Heft:

Ich Glaube an Gott, *weil* ... ich ... er ... wir ... Die Entwürfe werden besprochen und einige der besten schreibe man als Plakate für die Klassenwand – ein letztes Zeugnis des Glaubens vor Schulschluß!

LEBENSBILDER

(J. Kirchengast)

THOMAS MORUS

Das Thema:

Thomas Morus, geb. 7. 2. 1478, gest. 7. 7. 1535, Staatsmann und Humanist; wurde unter Heinrich VIII. 1523 Sprecher des Parlaments, 1529 Lordkanzler. Er legte seine Ämter nieder, da er als strenggläubiger Katholik die antipäpstliche Politik seines Königs nicht hinnehmen konnte. Thomas Morus verweigert seinen Eid auf den königlichen Supremat und wird schließlich als Folge seiner Weigerung hingerichtet.

Erst unser Jahrhundert hat die beispielhafte Bedeutung vom Leben und Sterben des Thomas Morus ganz erfassen können. Als er 1935 – 400 Jahre nach seinem Tod – heiliggesprochen wurde, lag drohend der Schatten der Diktaturen über der Welt mit jenem Machtwillen zur totalen Herrschaft, dem Thomas Morus um den Preis seines Lebens widerstanden hat. Seine Botschaft ist: immer für sein Volk und seine Kirche dasein, ganz gleich, was dadurch mit seinem eigenen Leben geschieht.

Die Lebensgeschichte[1]

▶ Thomas Morus ist einer der uns heute besonders sympathischen Heiligen. Sein Vater war Richter in London und schickte seinen Sohn früh zur Schule. Nach einer kurzen Zeit als Page beim Erzbischof, sandte dieser ihn an die Universität nach Oxford.

Kaum zwanzig Jahre alt, wurde Thomas bereits Anwalt und nach weiteren drei Jahren war er Mitglied des Parlaments. Als bedeutender Humanist war er mit Erasmus von Rotterdam eng befreundet. Durch sein unaufdringliches Wesen war Thomas überall beliebt, und man sagte ihm eine große Zukunft voraus.

Trotz seiner beruflichen Erfolge war sich Thomas nicht sicher, ob

[1] Nach H. Firtel, in: Peter Manns, *Die Heiligen in ihrer Zeit,* Band II, Mainz 1967.

er wohl den richtigen Weg eingeschlagen hätte. Längere Zeit trug er sich mit dem Gedanken, in den Dienst der Kirche zu treten und Priester zu werden.

Nach seiner Hochzeit mit Jane Colt, die ihm vier Kinder schenkte, führte er ein vorbildliches Familienleben. Das religiöse Leben wurde in seiner Familie eifrig gepflegt. Jeden Abend traf sich die ganze Familie und die Dienerschaft zum gemeinsamen Gebet; während der Mahlzeiten las abwechselnd ein Kind aus der Bibel vor. Oft durchwanderte Thomas die Armenviertel in London, um Armen und Notleidenden zu helfen.

Dieses überaus glückliche Familienleben nahm ein plötzliches Ende. Nach nur sechsjähriger Ehe starb seine Frau im Jahre 1511. Es dauerte nicht lange, und Thomas heiratete wieder, was ihm von vielen Bekannten übelgenommen wurde. Seine zweite Gattin war eine Witwe und etliche Jahre älter.

In all diesen Jahren ging es Thomas beruflich sehr gut. Daß ihm materielle Dinge aber nicht allzuviel bedeuteten, zeigt ein Brief, den er an seine Frau schrieb, als einmal seine Kornkammern abbrannten: „Gewiß ist es schade, daß soviel gutes Korn verloren ist; aber wenn Gott es für gut befunden hat, uns diese Prüfung zu schicken, dann müssen wir zufrieden sein, ja sogar uns freuen, daß er uns heimgesucht hat."

Wegen seines besonderen Verhandlungsgeschickes wurden ihm von Tag zu Tag mehr wichtige politische und auch diplomatische Aufgaben übertragen. Seinem Verhandlungsgeschick verdankt England das Zustandekommen des Friedens von Cambrai.

Im Jahre 1509 bestieg König Heinrich VIII. den englischen Thron. Seine Schrift gegen Luther hatte Heinrich eine päpstliche Auszeichnung eingetragen. Doch plötzlich war seine Einstellung zur römisch-katholischen Kirche getrübt. Er verliebte sich nämlich in eine Hofdame namens Anna Boleyn und versuchte, seine Ehe mit der spanischen Prinzessin Katharina von Aragon zu lösen. Da ihm das nicht gelang – Rom verweigerte die Zustimmung –, nahm er sich ein Beispiel an den deutschen Fürsten und sagte sich von Rom los. Der König hatte angenommen, daß dieses Problem leicht zu lösen sei, und mußte nun feststellen, daß er sich beim Volk nicht ohne weiteres durchsetzen konnte. Im Jahre 1529 machte König Heinrich VIII. Thomas Morus zum Kanzler, da er sich die Mithilfe des klugen Diplomaten erhoffte. Der König war seinem Kanzler sehr zugetan. Sir Thomas aber durchschaute die Lage. Die Hoffnung des Königs, in Sir Thomas einen Verbündeten gefunden zu haben, ging nicht auf.

Zunächst verstand es der Kanzler ganz ausgezeichnet, sich aus der Sache herauszuhalten. „Ich bin weder Kirchenrechtler noch Moraltheologe", pflegte er zu sagen, wenn der König oder ein anderer ihn um seine Meinung fragte, „für diese Dinge bin ich nicht zuständig."

Da nun der König einsehen mußte, daß er mit der Hilfe seines Kanzlers nicht rechnen konnte, zwang er die Geistlichkeit, ihn als „Schützer und Haupt der Kirche in England" anzuerkennen. Als Sir Thomas von den Absichten seines Königs erfuhr, bat er Heinrich VIII., sein Kanzleramt abgeben zu dürfen. Doch der König wollte Morus um jeden Preis halten.

Bald aber spitzte sich die Lage zu; für Sir Thomas wurde das Amt untragbar. Als er nun um seinen Rücktritt bat, entließ ihn der König sofort.

Mit der Niederlegung seines Amtes verlor Sir Thomas sein Gehalt, und seine ganze Familie kam in Not. Er zog sich von der Politik zurück und widmete sich seinen schriftstellerischen Arbeiten.

Inzwischen war es soweit, der König heiratete Anna Boleyn; Thomas, obwohl von König Heinrich VIII. ausdrücklich zu ihrer Krönung als Königin geladen, ging nicht zu dieser Zeremonie. Der König versuchte deshalb, dem Exkanzler einen Prozeß zu machen. Thomas Morus aber verteidigte sich mit gewohntem Geschick, und dem König blieb nichts übrig, als dieses Verfahren niederzuschlagen.

Der offene Bruch war nun unvermeidlich. Der Papst hatte die zweite Ehe als ungesetzlich erklärt und gleichzeitig den Kirchenbann ausgesprochen.

König Heinrichs Antwort auf diesen Bann war: Er ließ sich von der Volksvertretung zum Haupt der Kirche von England erklären. Jeder Untertan hatte einen Eid auf den König und auf die Neuordnung der Kirche zu leisten.

Sir Thomas weigerte sich, diesen Eid abzulegen, und wurde daraufhin im Tower von London eingekerkert. Mit allen Mitteln versuchten nun seine Angehörigen zu erreichen, daß er den Eid leiste. Am 22. Juni 1535 wurde sein Freund Kardinal Fisher enthauptet; nach neun Tagen machte man Sir Thomas den Prozeß.

Diesmal nützte ihm sein ganzes Geschick nicht; sein Todesurteil war beschlossene Sache.

Am 6. Juli 1535 wurde Thomas Morus zum Richtplatz geführt.

Geschwächt durch die lange Haft, mußte man ihm aufs Schafott helfen.

„Herunter komme ich alleine", scherzte er. Dann wurde er ernst. „Ich sterbe als treuer Diener des Königs", sagte er, nachdem er die Umstehenden um ihr Gebet ersucht hatte.

Er verband selber seine Augen und legte seinen Kopf auf den Block.

Im Jahre 1935, genau vierhundert Jahre nach seinem Tode, wurde er mit seinem Leidensgenossen Kardinal Fisher heiliggesprochen. ◀

Impulse und Fragen:

Was macht Thomas Morus so sympathisch?

Versucht anhand der Lebensgeschichte von Thomas Morus Mannesmut, Treue und Freiheitsliebe zu beschreiben!

Wie ist die Stellung des Thomas Morus zur totalen Herrschaft?

Lest nach Möglichkeit im Deutschunterricht Auszüge aus dem Schauspiel von Robert Bolt: „Ein Mann zu jeder Jahreszeit"!

DIE MARTYRER VON UGANDA

Das Thema:

Zweiundzwanzig Martyrer, teils hochgestellte Beamte am königlichen Hof, wurden in den Jahren 1885 bis 1887 wegen ihres Glaubens und ihrer Frömmigkeit hingerichtet. Im Jahre 1920 vom Papst Benedikt XV. seliggesprochen, wurden sie während der dritten Sitzungsperiode des zweiten Vatikanums heiliggesprochen.

Die Lebensgeschichte[2]*:*

▶ Bald sind es 100 Jahre her, daß erstmals weiße Priester nach Uganda kamen. Im Jahre 1879, König Mtesa beherrschte das Land, verstanden es arabische Händler, den König gegen die Weißen aufzuhetzen. Alle Priester mußten das Land wieder verlassen. Nach dem Tode Mtesas holte der junge König Mwanga sie wieder zurück. Doch diese Geneigtheit dauerte nicht lange.

Am Königshof gab es schon viele Christen, größtenteils in hohen Ämtern. Unter ihnen waren Josef Mkasa und Andreas Kagwa nahe

[2] Nach W. Bühlmann, in: Peter Manns, *Die Heiligen in ihrer Zeit*, Band II, Mainz 1967.

Freunde des Königs. Diese beiden deckten eine Verschwörung gegen den König auf, die von Katikiro angeführt wurde. Katikiro war einer der höchsten Beamten im Lande. Der König bestrafte diesen Verschwörer jedoch nicht, er durfte vielmehr sogar in seinem Amt bleiben. Katikiro sann natürlich auf Rache gegen die zwei „Verräter". Er verstand es, sich beim König einzuschmeicheln, und so wurde Katikiro bald wieder dessen engster Vertrauter. Er brachte es sogar fertig, daß der König am 31. Oktober 1885 einen anglikanischen Bischof und eine Anzahl Christen wegen angeblicher Spionage hinrichten ließ. Die gleiche Anschuldigung richtete Katikiro auch gegen Josef Mkasa. Ehe der König seinen Entschluß noch rückgängig machen konnte, war Josef Mkasa in der Nacht gefaßt und nach Empfang der Heiligen Kommunion hingerichtet worden.

Als die Henker ihm Fesseln anlegen wollten, sagte er: „Was? Ich sterbe für meinen Glauben und sollte davonlaufen? Ein Christ, der sein Leben für Gott hingibt, hat keine Angst vor dem Tod."

Nun wurden alle Christen verdächtigt und genau überwacht. Ein junger Christ, der einem Pagen Religionsunterricht erteilte, wurde vom König eigenhändig mit einer Lanze erstochen. Durch seinen ungetreuen Ratgeber verhetzt, erklärte der König eines Abends, er werde alle, die „beten", töten lassen.

Am nächsten Morgen ließ er die Sklaven antreten. Auf seine Frage, ob sie beten, antworteten alle geschlossen mit „Ja". Der König ließ alle einsperren und an den Hinrichtungsort bringen. Inzwischen war es Katikiro auch gelungen, Andreas Kwanga, den Freund des Königs, als Anführer dieser Sklaven-Christengemeinde anzuklagen.

Der König opferte, ohne zu zögern, seinen alten Freund dem Verräter. Andreas wurde an Ort und Stelle verurteilt, am 26. Mai enthauptet und anschließend verbrannt.

Kaum war sein Widersacher gemordet, da fand Katikiro noch einen Christen unter den Mächtigen am königlichen Hof: Matthias Murumba. Auch dieser erlitt das gleiche Schicksal wie seine treuen Glaubensgefährten. Vorher hatte er seinen Sohn noch im Katechismus unterrichtet.

In langen Tagesmärschen waren die Sklaven zur Richtstätte gebracht worden. Unter den Gefangenen befand sich auch der Sohn des Scharfrichters. Dieser versuchte, mit allen Überredungskünsten seinen einzigen Sohn zu retten. Doch alle seine Beschwörungen fruchteten nichts, sein Sohn blieb standhaft.

Tags darauf wurden sie in Strohbündel gebunden und auf den hergerichteten Scheiterhaufen gelegt. Der Scharfrichter ließ seinen Sohn wieder vom Scheiterhaufen herunterholen. Sein Sohn, Mbaga Tuzinde, aber flehte: „Der König hat dir befohlen, mich zu töten. So töte mich denn. Ich will sterben für Jesus Christus!“ Ein anderer Henker legte Mbaga wieder auf den Scheiterhaufen, der dann in Brand gesteckt wurde.

Es waren zweiundzwanzig junge Christen, die der König wegen ihres Glaubens ums Leben bringen ließ. Keiner schwörte ab. Jeder von ihnen zog das Leben aus dem Glauben dem Leben ohne Glauben vor.

Während der dritten Sitzungsperiode des Zweiten Vaticanums wurden die Martyrer von Uganda heiliggesprochen. ◀

Impulse und Fragen:
Wie alt waren wohl die Martyrer von Uganda?
Welche Stellung hatten sie am königlichen Hof?
Was ist an ihrem Glauben so bewundernswert?
Was können wir von ihnen lernen?
Zähle Beispiele ähnlicher Glaubenstreue auf!

CHARLES DE FOUCAULD[3]

Das Thema

Charles de Foucauld war das begabte, aber zuerst eher liederliche „Enfant terrible“ einer vornehmen französischen Familie. Nach Absolvierung einer Militärakademie nahm er als aktiver Offizier an Kämpfen in Nordafrika teil, wurde dann wegen seiner Lebensführung suspendiert, daraufhin war er Forscher in Marokko, Wissenschaftler in Paris, Pilger im Heiligen Land, Trappist in Frankreich und Syrien, Theologiestudent in Rom, Hausknecht und Mesner bei Klarissinnen in Nazareth, Eremit am Rande der Sahara. Schließlich lebte er zwölf Jahre als Einsiedler im Innern der Sahara unter unvorstellbaren Entbehrungen. Er verstand dabei sein Leben als Zeugnis der Gegenwart Gottes unter den Armen. Darum widmete er es auch als Einsiedler ganz der Sorge um die Tuaregs, über deren Sprache

[3] Nach J. F. Six, *Das Leben von Charles de Foucauld*, Freiburg 1966.

und Überlieferungen er auch grundlegende wissenschaftliche Arbeiten verfaßte. Am 1. Dezember 1916 wurde er von Eingeborenen, wahrscheinlich infolge von Machtkämpfen um die Herrschaft über die Sahara, erschossen. Der äußere wie der innere Weg Charles de Foucaulds war ein einziges großes Abenteuer, das ihn auf weiten Umwegen zwischen seiner französischen Heimat, Afrika und Kleinasien zum Ziel seines Lebens führte. Der ungewöhnliche Lebenslauf, die absolute Hingabe an Christus und an die Armen und nicht zuletzt das Zeugnis, das die kleinen Brüder und Schwestern Jesu nach seiner Regel für sein Ideal der Christusnachfolge weiterleben, macht ihn zu einer der faszinierendsten religiösen Gestalten der Zeit.

Die Lebensgeschichte von Charles de Foucauld kann lehren, was es heißt: sich völlig hinzugeben und in entschiedener Selbstverleugnung auch für die anderen da zu sein.

Die Lebensgeschichte

▶ Charles de Foucauld wurde am 15. September 1858 in Straßburg geboren. Drei Jahre später kam eine kleine Schwester zur Welt. Er war erst fünf Jahre alt, als sein Vater schwer lungenkrank wurde. Seine Mutter starb 1864 an den Folgen einer Fehlgeburt. Fünf Monate nach ihr wurde auch der Vater zu Grabe getragen. Charles de Foucauld und seine Schwester Maria wurden darauf ihrem Großvater, einem pensionierten hohen Offizier, anvertraut.

Mit zehn Jahren kam Charles in ein Gymnasium in Straßburg. Einer seiner Lehrer erzählte später von ihm: „Er war ein intelligentes und fleißiges Kind, aber keineswegs ließ er das glühende und der schnellen Eingebung folgende Temperament ahnen, das er später bekundet hat.“[4]

Als Vierzehnjähriger ging er zum ersten Mal zur heiligen Kommunion. Dieses Ereignis prägte sich tief in sein Gemüt. Lange und gründlich war er darauf vorbereitet worden. Zu diesem Zeitpunkt war sein Glaube von echter Frömmigkeit getragen. Doch die Inbrunst und geistliche Gesinnung dauerten nicht an. Charles hätte wohl einen geistlichen Berater gebraucht, den er aber im Gymnasium nicht finden konnte. Bald schlief sein Glaubenseifer ein; nicht daß er Atheist geworden wäre, Gott blieb ihm der große Unbekannte, der Unerreichbare. Seine Lieblingsautoren waren damals Montaigne und Voltaire, die ihn

[4] Ebd., 13.

auch weiterhin entscheidend beeinflußten. Seine Zweifel überwucherten allmählich die glimmenden Glaubensreste, und damit wurde für Charles de Foucauld auch der Anspruch auf sittliche Lebensführung fragwürdig. Seinen Lebenssinn fand er bald nur noch im sinnlichen Genuß und allenfalls im Erstreben historischen Ruhms. Diese Haltung erschien ihm die einzig richtige und normale. „Als mein Leben am schlechtesten war, war ich überzeugt, daß das ganz und gar in Ordnung und daß mein Leben vollkommen sei.“[5]

Nach der Schule schlug Charles die Offizierslaufbahn ein. Auf der Militärakademie war er vor allem wegen seiner Fettleibigkeit berühmt; in der Kleiderkammer fand sich keine passende Uniform für ihn. Als Leutnant war er in Nordafrika stationiert. Doch seine weitere militärische Laufbahn wurde durch eine „Freundin“ vereitelt, die er für seine Frau ausgab. Wegen seines Lebenswandels wurde er aus dem Heer entlassen. Nun brach in ihm der Abenteuerdrang durch, zugleich wollte er wohl auch seinem Vaterland nützen: Er brach zu einer Erforschung der unbekannten Gebiete des feindseligen Marokko auf. An Mut fehlte es dem entlassenen Offizier nicht. Fast zwei Jahre lang durchquerte er verkleidet das Atlasgebirge und die angrenzenden Gebiete, dabei sammelte er wichtiges geographisches und völkerkundliches Material. Die Ergebnisse veröffentlichte er und schuf damit ein Grundlagenwerk, das auch für die Eroberung Marokkos durch Frankreich entscheidend wichtig war – jedenfalls gewann er fast über Nacht Berühmtheit.

Doch Charles de Foucauld brach seine erfolgversprechende Karriere ab. Ihn hatte plötzlich das Bewußtsein überwältigt, daß einzig von Gott her das Leben Sinn habe. Mit großem Ernst versuchte er, die Verwirrungen seines bisherigen Lebens zu überwinden und sein Leben auf Gott hinzurichten. In ganz besonderer Weise hatte ihn in Marokko der Islam beeindruckt; die das ganze Leben durchdringende konsequente Frömmigkeit der Mohammedaner und die Einfachheit dieser Lehre erregten in ihm einige Zeit den Gedanken, selber Moslem zu werden. Doch sein scheinbar völlig verschütteter Glaube brach machtvoll auf; dazu kam die entscheidende Begegnung mit einem heiligmäßigen Priester, dessen geistlicher Führung er sich nun in aller Konsequenz unterstellte.

Nach längerem Überlegen wählt er die ihm erreichbare strengste

[5] Ebd., 15.

mönchische Lebensform und tritt in ein Trappistenkloster ein. Ihn zieht die Verbindung von strenger persönlicher Askese und konsequentem Gemeinschaftsleben an, das schweigsame Leben, das, ganz Gott geweiht, die Stimme nur bei den feierlichen und ausgedehnten Gottesdiensten laut werden läßt, und das Ideal einer ganz entschiedenen Armut, wobei der Lebensunterhalt durch die körperliche Arbeit gewonnen werden soll. Dabei will er nicht Priester werden, er fühlt sich dessen nicht würdig. Sieben Jahre bleibt er diesem Orden treu. Von einem Kloster in Frankreich läßt er sich nach Syrien versetzen, wo die Mönche in noch strengerer Armut leben. Doch befriedigt ihn sein Entschluß nicht, er suchte etwas anderes, was dem in sich abgeschlossenen, geregelten Klosterleben widersprach. Als er einmal von seinem Abt zur Totenwache in ein arabisches Haus geschickt wurde, überkam ihm die klare Erkenntnis, daß seine Berufung nicht das Leben der Trappisten war. Er wollte dem Leben Jesu nachfolgen, das dieser in Nazareth unerkannt und bescheiden inmitten seines Volkes führte, bis er zu seiner Lehrtätigkeit aufbrach, ohne äußere Sicherheit, ohne auch nur die Gewißheit zu haben, ein Dach über seinem Kopf zu finden.

Als Bettler kam er in Nazareth an. Die Oberin eines strengen Nonnenklosters stellte ihn als Hausknecht an. Seine Wohnung war in einem Bretterverschlag über einem Stall. Dort bemühte sich Charles de Foucauld ganz in der Gegenwart Jesu zu leben, er war bestrebt, sich in keiner Weise äußerlich von den anderen Armen rundum zu unterscheiden, um konsequent seinem Meister nachzufolgen. Eines Tages fragte ihn die Äbtissin des Klosters, die seine Frömmigkeit und Hingabe erkannt hatte, warum er eigentlich nicht Priester werde. Seine Antwort war ausweichend – er meinte, daß dazu eine besondere Berufung notwendig wäre.

Doch nicht nur die Äbtissin, auch sein geistlicher Berater und schließlich sein Heimatbischof hielten ihn für zum Priester berufen. So wurde er schließlich, nach kurzem ergänzendem Studium in Rom, 1901 in seiner Heimat zum Priester geweiht. Das Verlangen, in der Wüste den Armen das Evangelium zu verkünden, zerstreute alle Bedenken. Doch auch als Priester blieb Charles de Foucauld seinem Entschluß zu äußerster Armut und Selbstentäußerung treu.

Er ließ sich nun in einer Einsiedelei am Rande der Sahara, nahe der marokkanischen Grenze, in der Oase Benis Abbes nieder. Dort widmete er sich besonders der Seelsorge an den Soldaten der französischen

Garnison. Dabei sah er die Möglichkeit, der islamischen Bevölkerung zu helfen und ihr ein Zeugnis von Christus zu geben. Am 1. Dezember 1901 feierte Charles de Foucauld sein erstes Meßopfer in der Wüste.

Um getreuer seinen Idealen leben zu können und auch um ganz bei seinen Freunden, den Tuaregs, zu sein, errichtete er nach drei Jahren eine Einsiedelei in Tamanrasset inmitten der Sahara. Fünfzehn Jahre insgesamt verbrachte er in der Wüste. In einem seiner Briefe schrieb er: „Mit den Menschen sprechen, Medikamente, Almosen verteilen, Gastfreundschaft im Lager gewähren, sich als Bruder erweisen, immer wieder sagen, daß wir in Gott alle Brüder sind und daß wir hoffen, alle einmal in den Himmel zu kommen, für den Tuareg von ganzem Herzen beten, darin besteht mein Leben ... Ich versuche sehr vorsichtig, sehr unaufdringlich, Vertrauen anzubahnen zwischen den Eingeborenen, den Tuaregs, und mir, zu erreichen, daß sie ihre Scheu verlieren, daß Freundschaft zwischen uns herrsche ...“[6]

Viele Jahre betete er um Gefährten, die seinen Auftrag weiterzuführen helfen. Doch niemand hielt den Anforderungen seines strengen Lebens stand, das er auch von seinen Gefährten forderte. Aber er war felsenfest überzeugt, daß sie kommen werden. Schon bevor er in die Einsiedelei ging, plante er die Gründung einer Gemeinschaft von Kleinen Brüdern und Schwestern des Heiligsten Herzens Jesu. Die Richtlinien, die er dafür schuf, sind: kein Habit – wie Jesus von Nazareth, keine Klausur – wie Jesus von Nazareth, keine ständige Behausung – wie Jesus von Nazareth. In bewußter Armut und Demut sollten diese Kleinen Brüder und Schwestern das Zeugnis der radikalen Nachfolge Jesu in die Welt tragen.

Am Freitag, den 1. Dezember 1916 erfüllte sich sein Leben. Er, der allen Menschen gegenüber brüderlich war und ohne Vorbehalt sein Letztes mit den Armen teilte, wurde offenbar von Beduinen eines räuberischen Stammes, der die Kriegswirren zu Raubzügen ausnutzte, ermordet. Erschossen fand man ihn vor seiner Zelle.

Doch sein leuchtendes Vorbild trägt große Frucht. Heute gibt es mehr als vierhundert Kleine Brüder und Schwestern, die nach seiner Regel in aller Welt in ganz kleinen Gemeinschaften leben. Arm und ohne sich von ihrer Umgebung zu unterscheiden, leben sie als Arbeiter

[6] F. Betz, *Charles de Foucauld – schweigend das Evangelium künden,* in: O. Betz, *Das Wagnis mit der Welt,* München 1969, 20.

unter Arbeitern, als Nomaden unter Nomaden, als Mitmenschen unter Menschen, die sonst kaum die Botschaft von Christus erreicht. Dabei unterscheiden sich die Priester nicht von den Laien. Es wird keine Missionspropaganda betrieben. Ihr Werk ist die Entäußerung unter den Menschen in der Nachfolge Jesu. So wollte es Charles de Foucauld.

Impulse und Fragen

Wie war der bewegte Lebenslauf von Charles de Foucauld?

Warum trat in seinem Leben wohl eine so plötzliche Änderung ein?

Wie verstand er die Nachfolge Jesu?

Worin besteht die Größe seines Zeugnisses?

Welchem Ziel ging er nach?

Zu seinen Lebzeiten schien sein Tun ohne Nutzen, doch nach seinem Tod zeigte es reiche Wirkung – weshalb wohl?

Was macht ihn Christen und Nichtchristen so sympathisch?

Was können wir von ihm lernen?

Wie geht sein Werk weiter?

PROVIKAR CARL LAMPERT[7]

Das Thema

Carl Lampert wurde am 9. 1. 1894 geboren, er starb am 13. 11. 1944. Als Provikar von Innsbruck wurde er auf Anordnung des kirchenfeindlichen Gauleiters von Tirol verhaftet. Er hatte ohne Scheu vor den Machthabern sein Amt versehen und getreulich der Kirche gedient. Im Gefängnis zeigte er wahre Menschlichkeit und Größe, so daß ein Mithäftling über ihn schrieb: „Er war der edelste Charakter, den ich in dieser fünfzigmonatigen Leidenszeit kennengelernt habe, denn er hat Christentum nicht nur gepredigt, sondern auch danach gelebt und sogar seinen Henkern in der Todesstunde verziehen."[8]

Priester sein heißt für den Mitmenschen da sein. Im Gefängnis und in harter Bedrängnis zeigt dieser Geistliche den Weg zu Christus nicht nur durch sein Wort, sondern durch seine echte Nachfolge.

[7] Nach B. M. Kempner, *Priester vor Hitlers Tribunalen,* Gütersloh 1970.
[8] Ebd., 214.

▶ „Stellv. Vorsitzender in der Hauptversammlung am 24. Juli 1944, Torgau: ‚... Es handelt sich in diesem Falle weder um Verbrecher noch um asoziale Elemente. Ihre einzige Tragik ist es, daß sie katholische Priester sind ...'"[9]

Carl Lambert wurde am 9. Jänner 1894 als Sohn einer alten Vorarlberger Bauernfamilie geboren. Schon in früher Jugend zeigte Carl tiefe Religiosität und wollte Priester werden. Sein Onkel, der Stadtpfarrer in Bregenz war, förderte die Berufung seines Neffen. Das Gymnasium besuchte Carl Lampert in Feldkirch. Im Jahre 1913 trat er in das Priesterseminar in Brixen ein und studierte Theologie. Durch seinen Humor und seine Heiterkeit, aber auch durch seine Hilfsbereitschaft war er überall beliebt. Nach seiner Priesterweihe trat er seinen ersten Posten als Kaplan in Dornbirn an. Da er sich während der Studien- und seiner Kaplanzeit ausgezeichnet hatte, konnte er in Rom weiterstudieren. Sein Studium schloß er mit dem Doktorat für Kirchenrecht ab. Die Stelle des Leiters am kirchlichen Gericht in Innsbruck war nicht besetzt und so berief ihn Bischof Paulus Rusch ans Ordinariat. Am 15. Jänner 1939 ernannte ihn der Bischof zum Provikar von Innsbruck.

Carl Lampert übernahm in einer schweren Zeit ein verantwortungsvolles Amt. Franz Hofer, bekannt wegen seines scharfen antiklerikalen Kurses, war Gauleiter. Viele Klöster, Kirchen und Kapellen wurden beschlagnahmt. Im Jahre 1939 wurde Bischof Rusch vom Gauleiter in Verbannung geschickt. Sein Provikar hatte einen schweren Stand. Da er versuchte, vielen zu helfen und, vor allem, das kirchliche Leben voll aufrechtzuerhalten, so kam er oft ins Kreuzfeuer des Gauleiters. Die Schikanen wurden bei Kriegsausbruch immer größer; Prozessionen wurden verboten, Priester erhielten Predigtverbot, und bald waren in Innsbruck an die vierzig Priester im Gefängnis. Der Gauleiter ließ auch den Provikar öfters einsperren. Interventionen und Proteste waren zwecklos. Als in der Osterwoche 1940 Radio Vatican einen Bericht über die kirchlichen Verhältnisse in Tirol ausgestrahlt hatte, zog der Gauleiter den Provikar zur Verantwortung und steckte ihn für zwei Wochen ins Gefängnis. Franz Hofer beschuldigte nämlich den Innsbrucker Provikar, diese Nachricht dem Vatikan zugespielt zu haben.

[9] Ebd., 207.

Inzwischen waren schon viele Geistliche in Konzentrationslagern gestorben. Carl Lampert entwarf für seinen Kameraden Otto Neururer, der im KZ Buchenwald ermordet worden war, einen Nachruf. Dieser Nachruf sollte schwere Folgen für den Provikar haben. Franz Hofer sah in der Todesanzeige eine „Aufwiegelung", und Aufwiegler mußten ins KZ.

Am 5. Juli 1940 brachte man Carl Lampert ins Gestapogefängnis Innsbruck, am 24. August wurde er nach Dachau und dann nach Sachsenhausen weitertransportiert.

Gauleiter Hofer hatte einen langen Arm. Ein Wink genügte, und Carl Lampert wurde bei einer KZ-Strafkompanie eingeteilt. Mißhandlungen schwerster Art, Arbeiten im Steinbruch, Beschimpfungen und Hunger nagten an Dr. Lamperts Aussehen. Körperlich gebeugt, doch geistig frisch wurde der Provikar im August 1941 aus dem Gefängnis entlassen. Von der Staatspolizei in Innsbruck hatte er einen Gauverweis erhalten und war gleichzeitig aufgefordert worden, in Pommern-Mecklenburg seinen Aufenthalt zu nehmen. Damit wurde, wie sich später herausstellte, eine ganz besondere Absicht verfolgt. Das Gebiet Pommern-Mecklenburg war der Auffangplatz für „fällige" Priester.

Der Berliner Erzbischof Graf von Preysing sorgte für Lamperts Aufnahme im Carolusstift. Carl Lampert widmete sich besonders den Verwundeten, den kranken Soldaten in den Spitälern, den Zwangsarbeitern und der Jugend. Lamperts Herzlichkeit und Vertrauen in die Menschen machten ihn überall beliebt. Diese Zutraulichkeit wurde ihm aber zum Verhängnis. Die Gestapo bespitzelte die entlassenen Priester und wartete nur darauf, sie bei nächster Gelegenheit wieder in die Hände zu bekommen. Dies gelang bei Lampert durch Denunziation nur allzubald. Verschärfte Verhöre mit Schlagstöcken, Gummiknüppel, mit Prügeln bis zum Bluten sollten nun zu den „Stettiner Protokollen" führen.

„Der Leiter der Ermittlungen gegen die Geistlichen, Kriminalkommissar Trettin, ein NS-Fanatiker, der ‚für Deutschland drei Meineide leisten würde' – wie er selbst einmal gesagt haben soll –, lud die von Einzelhaft und qualvollen Verhören zermürbten Gefangenen zu seinen ‚Plauderstündchen' ein, die in einer sadistischen Vernehmungstaktik eigener Prägung stattfanden. Man diskutierte zunächst religiöse Themen, konnte während der ‚Unterhaltung' Anträge auf Leseerlaubnis stellen. Das Ziel der Bemühungen war stets deutlich: Belastungsmaterial gegen die Priester zu finden. Trettins Ausfälle: ‚Glaubt ja nicht, daß ihr hier noch frei kommt, sollten vielleicht einige von euch mit dem Leben davonkommen, heraus kommt ihr nie wieder!'... Trettins Überzeugung war: ‚Laßt nur erst einmal den Krieg zu Ende sein, dann wird die katholische Kirche zerbrochen, wie man einen morschen Ast abbricht!'"[10]

Einmal schien es, als ob er die menschliche Größe Dr. Lamperts fühlte. Trettin schrie ihn an: „Warum müssen gerade Sie, ausgerechnet Sie, mit Ihren Fähigkeiten und Talenten und Ihrem angenehmen Äußeren dieser Schwindelreligion anhängen und den Beruf eines Saupfaffen ergreifen! Sie sehen ja jetzt, wer von dieser Sorte kommt jetzt zu ihnen! Keiner kommt! Den Auftrag haben sie Ihnen gegeben, jetzt lassen sie Sie stecken! ..."[11]

Man teilte den Gefangenen mit, daß sie nicht vor den Volksgerichtshof, sondern vor das Reichsgericht gestellt würden. Doch diese Hoffnung erwies sich als trügerisch. Zu zweit aneinandergekettet wurden die Priester aus dem Dunkel des Gefängnisses in die Justiz-Arena vor uniformierte Richter gebracht. Die Justiztragödie spielte sich in drei Verfahren ab.

In dem ersten dieser drei Gerichtsverfahren wurde auch Provikar Dr. Carl Lampert zum Tode verurteilt.

Während des ganzen Verfahrens, das sich fast über ein ganzes Jahr erstreckte, brach zweimal durch den Nebel von Infamie und Verrat dieses satanischen Spiels eine menschliche Note durch: Bei einer Verhandlung sprang ein höherer Offizier auf und nahm die Angeklagten vor dem Staatsanwalt in Schutz, der alle als Verbrecher bezeichnet hatte: „Es handelt sich in diesem Falle weder um Verbrecher noch um asoziale Elemente, ihre einzige Tragik ist es, daß sie katholische Priester sind ..."[12]

Und dann geschah noch etwas höchst Aufsehenerregendes: Generalrichter Lüben, der Verhandlungsleiter und Senats-Vorsitzende, fehlte am Tage der Urteilsverkündung. Er hatte sich am Vortag erschossen.

Ingenieur Schweighausen wurde gezwungen, der Hinrichtung Dr. Carl Lamperts beizuwohnen. Er berichtet in einem Brief:

„... Am 12. November 1944 abends um 9 Uhr ging die Kommis-

[10] Ebd., 210.
[11] Ebd., 211.
[12] Ebd., 213.

sion nicht an unserer Zellentür vorbei. Es wurde geöffnet: ‚Carl Lampert, alle Privatsachen herauslegen'... kurz darauf wird wieder geöffnet – ein Papierhemd wird Carl Lampert übergeben. Er muß sich ausziehen, wir wissen, er lebt morgen nicht mehr. Etwa 11 Uhr nachts, am 12. 11. 1944, bringt der Militärgeistliche den Beistand seines Glaubens, *die Letzte Ölung* – in der einen Ecke der Zelle –, ich knie in der anderen Ecke und muß erleben, wie Carl, stark, ohne Tränen, religiösen Abschied von dieser Welt nimmt...

Etwa morgens ½4 Uhr, am 13. 11. 1944, kam der Geistliche mit der letzten Begleitmannschaft. Carl Lampert sagte: ‚Also, so Gott will, soll ich auch mein liebes Tirol nicht mehr sehen.' Ein Muttergottesmedaillon zog er von seiner Halskette ab. Während er zur Tür hinausging, sagte er noch zu mir: ‚Sie kann mir jetzt keinen Beistand mehr geben, aber dich, Freund, wird sie wieder zu Frau und Kindern heimführen.' – Nicht gebrochen, nur todbleich, ja weiß im Gesicht, sehe ich ihn die Zelle verlassen.

Gleich darauf mußte ich mich fertig uniformieren und mit drei anderen Soldaten in Ketten, wie auch er gegangen war, ein Auto besteigen, in Halle aussteigen. In einem Kellerraum des Zuchthauses Halle angekommen, angesichts einer Fallbeilmaschine, sehe ich meinen Freund in Ketten. Diese Zeremonie sollte uns Zwangszuschauer zu einem Bekenntnis verleiten. Ein Generalreichsanwalt verlas das Vollstreckungsurteil. ‚Scharfrichter, walte deines Amtes' – war die letzte Formalität. Carl Lampert, mit gesenktem Haupt laut betend, ging allein zur Maschine. Er betet lauter wie auf der Kanzel – er wird festgebunden, er ruft laut: ‚So lasse diesen bitteren Kelch nicht an mir vorübergehen!' – der Tisch der Maschine, bisher wie eine Tür stehend, kippt um, das Beil fällt, er ruft laut: ‚Jesus – Maria' – und sein Kopf fällt in einen Korb mit Sägemehl."[13]

So starb der in Torgau unter der Bezeichnung Tiroler „Erzbischof" bekannte Provikar.

Ein Leben, das Christus und der Kirche geweiht war, schien mit seinem Märtyrertode zu Ende zu sein; sein Herz voller Glauben wußte jedoch: „Christus ist mein Leben, und Sterben war mein Gewinn." ◀

[13] Ebd., 216–218.

Impulse und Fragen

Was war das „Verbrechen" von Carl Lampert?

Warum nahm er den Tod auf sich, obwohl er unschuldig war?

Wie zeigt sich darin sein Glauben?

Warum lehnte der Nationalsozialismus die christliche Religion ab?

Warum mußten gerade viele Priester ins KZ?

Welche Möglichkeit der Verkündigung hatten Priester in Gefängnissen und Konzentrationslagern?

Wo ergeht es heute noch Christen ebenso?

Schreibt einen Nachruf auf Carl Lampert!

DAG HAMMARSKJÖLD[14]

Das Thema

Der schwedische Politiker wurde am 29. 7. 1905 in Lönköping geboren, er starb nach einem ungeklärten Flugzeugabsturz am 17. (18.) September 1961. Dag Hammarskjöld hatte Jus und Volkswirtschaft studiert, war von 1941 bis 1948 Präsident der Schwedischen Staatsbank, anschließend Unterstaatssekretär im schwedischen Außenministerium. Am 7. 4. 1953 wurde er zum Generalsekretär der Vereinten Nationen gewählt. Posthum wurde ihm 1961 der Friedensnobelpreis verliehen.

„Für eine friedliche Zukunft" – unter dieses Motto kann man das Wirken Dag Hammarskjölds stellen. Seine politische Arbeit, vor allem seine Tätigkeit in der UNO, entsprach konsequent seinem innerlichen Weg einer echten Läuterung. Es ging ihm um die Mitarbeit am Vollbringen des Friedens und somit an der Vollendung der Welt.

Die Lebensgeschichte

▶ Politik hat wenig Ähnlichkeit mit anderen Weisen des menschlichen Wirkens. Das Tun des Politikers steht immer im Licht der Öffentlichkeit. So erwirbt er sich leicht Berühmtheit, die aber schnell vergänglich ist. Seine Aufgaben stellen den Politiker täglich vor Ent-

[14] Nach G. Thurmaier, *Dag Hammarskjöld – Der Mystiker im Frack,* in: O. Betz, *Das Wagnis mit der Welt,* München 1969. Hier werden Texte aus D. Hammarskjöld, *Zeichen am Weg,* München 1965, u. von S. Stolpe, *Dag Hammarskjölds geistiger Weg,* Frankfurt/M. 1964, zitiert.

scheidungen, die breite Wirkung in die Geschichte haben. Erst viel später zeigt es sich, ob seine Handlungen wirklich von Nutzen oder schädlich waren. Dies gilt schon für jeden kleinen Gemeindepolitiker, wieviel mehr aber für den an der Spitze einer weltumfassenden Organisation stehenden Generalsekretär der Vereinten Nationen. Trygve Lie, der erste Generalsekretär der UNO, sagte einmal, daß dieses Amt sehr, sehr schwer sei; dieser Satz ist leicht als berechtigt einzusehen. Wir brauchen nur an die Krisen der letzten Zeit zu denken (Korea, Kongo, Zypern, Vietnam, Nahost u. a.), um die Schwierigkeiten eines Amtes zu ermessen, das weniger durch Macht als durch kluges politisches Verhandeln wirksam werden kann.

Gerade das Wirken der Großen der Weltpolitik ist oft schnell vergessen. Was sie erreichen können, sind immer nur Schritte, nur Kompromisse, das Ziel, das dahinter steht, ist meist schwer zu erkennen. Am Tagebuch des tödlich verunglückten UNO-Generalsekretärs Dag Hammarskjöld sehen wir, wie wenig das innere Streben dieses besonnenen und klugen Taktierers der Weltpolitik äußerlich erkennbar war. Der glänzende Diplomat entpuppt sich hier als ein religiöser Denker, vertraut mit den großen religiösen Strömungen unserer Zeit, ein Kenner von Pascal, Kierkegaard, Bloy, Claudel und Buber; sein Denken war aber nicht ein abstraktes Theoretisieren, es blieb immer ganz mit dem Leben verbundene Einsicht, in ihm zeigt sich echte christliche Mystik. Die klaren und unmittelbar ansprechenden Sätze dieses persönlichen Tagebuches zeigen, wie ausgereift und einfach Denken und Streben dieses Mannes geworden waren. Es ist ein weiter Weg, der hinter einem Satz steht wie: „Gott hat für dich Verwendung, auch wenn dir das im Augenblick nicht passen will."[15]

Sein Biograph schreibt: „Unter der stets verbindlichen Oberfläche verbarg sich tiefe Unruhe, bisweilen Angst; er verstand es ausgezeichnet, sich mit einer Maske zu umgeben. Erst sein Tagebuch macht uns vieles klar . . ."[16]

Hammarskjöld entstammte einer alten schwedischen Adelsfamilie. Sein Vater war während des Ersten Weltkrieges Ministerpräsident gewesen. Seine Mutter wird als eine warmherzige, redselige Frau geschildert. Die Eltern bekannten sich zu einem strengen, altlutherischen Christentum, worin auf Pflichterfüllung besonderer Wert gelegt

[15] Ebd., 142.
[16] Ebd., 142.

wird. In einer eigentümlichen Weise verknüpft sich in dieser Tradition Religion mit Staatsdenken. Die Verantwortung gegenüber dem Staat wird als religiöse Pflicht gesehen. Ein wichtiger Begriff ist dabei der der Ehre; doch „Ehre" ist nicht etwa persönlicher Ruhm oder Geltung, sondern erwächst immer aus der Verantwortung für alle, für das Ganze. Dem strengen Ehrbegriff und Verantwortungsgefühl in diesen alten lutherischen Beamtenfamilien steht negativ leicht eine gewisse Starre gegenüber, es ist hier nicht leicht, aus den Konventionen auszubrechen. Und wenn Dag Hammarskjöld auch von zu Hause her eine gute Ausgangsposition für sein Denken und auch für seine Karriere hatte, so müssen wir doch sehen, wie sehr sein persönlicher religiöser Weg ein Aufbruch aus einem konventionellen Milieu war. Sein mystisches Denken blieb seiner Umwelt fremd, von daher versteht man auch die Einsamkeit, die oft aus seinem Tagebuch spricht, und die Überraschung, mit der dieses Tagebuch gerade in Schweden aufgenommen wurde.

An der alten Universität Upsala studierte Dag Hammarskjöld Philosophie und Nationalökonomie. Ursprünglich hatte er auch Theologie studieren wollen, sich jedoch für eine politische Beamtenlaufbahn entschieden. Diese Laufbahn führte steil und rasch vom Sekretär einer Regierungskommission zum Regierungsmitglied. Sein scharf geprägtes Pflichtgefühl kannte dabei keine Halbheiten. Immer wieder finden wir in seinem Tagebuch rücksichtslose Selbstkritik. Klarerweise mangelte es seinem Lebensweg nicht an Versuchungen, oft boten sich ihm Ersatzlösungen an. In konsequenter Redlichkeit versuchte er in seinen Entscheidungen nicht nur dem Anschein etwaiger Korruption auszuweichen, er vermied, auch wo es rechtschaffen möglich gewesen wäre, jede persönliche Bequemlichkeit im praktischen Tun wie im Denken.

Schon sehr früh bot sich in den verworrenen Zeiten der glänzende Diplomat eines strikt neutralen Staates als Vermittlungsperson in komplizierten zwischenstaatlichen Angelegenheiten an. Wegen seiner Vorurteilslosigkeit und geschickten Verhandlungsführung in den internationalen Gremien geschätzt, wählte man ihn 1953 zum Generalsekretär der Vereinten Nationen. Kriege und Krisen im Nahen und Fernen Osten, in Afrika wie in Südamerika kennzeichnen die Zeit seiner Amtsführung. Unermüdlich versuchte er zu vermitteln. Und seinem persönlichen Einsatz und seiner Autorität ist manches Zustandekommen von Vergleichen zu danken. In vielen Teilen der Welt wäre auch nur zeitweiser Friede ohne ihn reine Illusion gewesen. Friede, Freiheit, Entkolonialisierung, Leben ohne Angst, ohne Bedrückung und Hunger – dies alles sind schöne Schlagworte, aber ihre wenn auch nur schrittweise Verwirklichung bedeutet Mühsal, kluge Taktik und unermüdliches Neu- und wieder von vorne Beginnen. Dies war das Werk Dag Hammarskjölds.

Vielen paßte der Friede nicht, den er zu vermitteln trachtete. Und noch immer ist die Ursache nicht geklärt, aus der das Flugzeug abstürzte, mit dem er September 1961 im Krisengebiet Afrikas unterwegs war. Der große Mann des Friedens starb den einsamen Tod des Soldaten.

Das Geheimnis seines Lebens enthüllte sich nach seinem Tod, als seine persönlichen Tagebücher publiziert wurden. Im Zentrum dieses Lebens stand ganz unverschlüsselt die große Leidenschaft zu Gott. „Das Unerhörte, sich in Gottes Hand zu befinden", bewegt seine Gedanken: „Für das Vergangene – Dank, für das Kommende – Ja ..."[17] Sein ganz geheimes persönliches Sprechen ist Lobgesang und Gebet:

Gib mir einen reinen Sinn – damit ich dich sehen kann,
einen demütigen Sinn – damit ich dich hören kann,
einen Sinn der Liebe – damit ich dir dienen kann,
einen Sinn des Glaubens – damit ich in dir verbleiben kann![18] ◀

Impulse und Fragen

Welche besonderen Möglichkeiten haben Politiker und Diplomaten, zum Frieden unter den Menschen beizutragen?

Was sind die Aufgaben und Möglichkeiten des Generalsekretärs der UN?

Wie hat Hammarskjöld den Beginn der Gottesherrschaft verkündet?

Dag Hammarskjöld sprach offenbar kaum von religiösen Dingen, wieso wird sein Leben als christliches Zeugnis betrachtet?

Was können wir von ihm lernen?

[17] Ebd., 148.
[18] Ebd., 149

LERNABSCHNITT IX

ARBEIT UND BERUF

(A. Höfer)

Lernziel

Viele Schüler stehen vor der Berufswahl. Die Katechesenreihe soll ihnen ein wenig helfen, ihre Vorstellungen zu klären und eine positive Einstellung zur Arbeit zu finden. Arbeit und Freizeit sollen von der christlichen Sinngebung her gesehen werden, damit sie von ihr aus eine verstärkte und vertiefte Motivation erhalten.

Lernstoff

Die Klärung des eigenen Berufszieles kann dadurch unterstützt werden, daß die Schüler verschiedene Berufe vorstellen, ihre Vor- und Nachteile untersuchen und mit ihren eigenen Neigungen und Talenten vergleichen.

Die religiöse Sinngebung der Arbeit wird aus der Bibel erhoben: Der Schöpfungsbericht in Gen 1 schlug bereits die drei großen Themen dieses Jahres an: Arbeit, Liebe und Feier (Sabbatruhe). Von ihm aus soll die Berufstätigkeit als Chance der Entfaltung und Selbstgestaltung des Menschen gesehen werden. Die Kehrseite der Arbeit liegt darin, daß sie auch viele Mühen und Leiden bringt und nicht selten zur Selbstentfremdung führt. Die Erzählung von Gen 2–3 führt dies auf den Sündenfall zurück. So spiegelt sich auch in der Arbeit und ihren Bedingungen das Schicksal der gefallenen Menschheit.

Das Neue Testament motiviert die Arbeit von der Liebe her und verstärkt so ihre soziale Dimension. So wie Jesus für die Menschen da war (Fußwaschung), so sollen die Menschen durch ihre Berufsausübung füreinander da sein. Die Schüler sollen in dem Geflecht, das alle Berufe darstellen, und in der Angewiesenheit auf alle Dienste die soziale Dimension der Arbeit erkennen. Nachdem die Frage anfangs lautet: Welcher Beruf sagt *mir* besonders zu?, soll sie sich schließlich dahin wenden: Wie kann ich den *anderen* am besten helfen? Wenn die Berufsausübung von der Liebe her motiviert wird, dann kommt in ihr auch die Einheit von Gottes- und Nächstenliebe zum Tragen. Für die anderen da zu sein, heißt auch für Gott da sein. Der weltliche Gottesdienst der Christen, die Gott dienen, wenn sie dem Bruder dienen, kommt besonders schön in den Erzählungen Tolstois zur Darstellung: „Die beiden Alten“ und „Wo die Liebe ist, da ist Gott.“

Die soziale Dimension wird bis in die Gruppen hinein verfolgt: Familie, Schule, Dorf, Stadt, Volk, Völker – in ihnen verwirklicht sich die Du-Bezogenheit des Menschen. Die Schüler sollen erarbeiten, wie die Gemeinschaften das Menschenleben tragen und verwirklichen helfen. Daraus entsteht der Impuls, selber alles daranzusetzen und seine Talente zu entfalten, damit man seinen eigenen Einsatz und Beitrag voll leisten kann: das Gleichnis von den Talenten (Mt 25).

Wir leben nicht nur in einer Arbeits-, sondern auch in einer Freizeitgesellschaft. Feierabend und Feiertage sind nicht nur zur Erholung von und zum Kräfte sammeln für die Arbeit da, sondern haben einen eigenen Sinn in sich: Durch sie sollen menschliche Fähigkeiten zur Entfaltung kommen, die durch die Arbeit allein nicht angesprochen werden. Sport, Hobby, Kunst, Geselligkeit, Fest und Feier helfen dem Menschen, den Sinn seines Daseins zu finden und zu verwirklichen. Durch Freizeit und Festlichkeit kann der Mensch seinen Alltag übersteigen (transzendieren) und zur Frage nach den letzten Zielen des Menschseins finden. Eine Erziehung zur Freizeitgestaltung ist also eine Vorerziehung (Propädeutik) zum Religiösen. Den Schülern wird es nicht schwerfallen, aus eigener Erfahrung von ihren Freizeittätigkeiten zu berichten. Sie sollen sich gegenseitig auf viele Möglichkeiten aufmerksam machen: Wie kann ich den Feierabend, den Sonntag, die Ferien, den Urlaub noch sinnvoller und phantasiereicher gestalten? Dieser Aufgabe soll man sich intensiv widmen.

Prüfen und Leistung

Die Schüler sollen über ihre Berufsvorstellungen sprechen und den sozialen Charakter ihres gewählten Berufes darlegen können; sie sollen nachweisen, wie alle Berufe zusammen ein großes Geflecht von wechselseitigen Dienstleistungen darstellen. Sie sollen die Strukturen einer Gemeinschaft ein wenig analysieren können und über die Bedingungen Auskunft geben können, die für das Funktionieren einer jeden Gemeinschaft notwendig sind. Sie sollen davon sprechen können, welchen Dienst ihnen selbst schon die verschiedensten Berufe erwiesen haben. Sie sollen aus den Massenmedien Weltprobleme entnehmen und darüber sprechen können. Sie sollen von ihrem Hobby reden und eine sinnvolle Gestaltung von Freizeit, Feiertagen und Ferien vorschlagen können. Sie sollen Fehleinstellungen der Arbeit und dem Beruf gegenüber entdecken, darlegen und begründen können, entlarven können – vor allem sollen sie einen Blick für fehlende soziale Motivierungen bekommen. Sie sollen das Gleichnis von den Talenten als Aufforderung an sich selbst verstehen und darüber sprechen können, welche Talente sie in sich selber fördern sollen. Sie sollen die Vor- und Nachteile ihres gewählten Berufes aussprechen. Sie sollen sich über die Motive ihrer Berufswahl äußern.

LEGENDEN VON TOLSTOI

(A. Scherleitner)

DIE BEIDEN ALTEN[1]

Zwei Bauern versprechen eine Wallfahrt zu machen. Der eine, Jefim, erreicht das Ziel seiner Reise. Der andere, Jelissei, kommt nicht ins Heilige Land. Doch auch er erfüllt sein Gelübde in der aktiven Nächstenliebe. Dies erfährt man durch seine „Anwesenheit" am Grabe Christi. Gott wertet die Nächstenliebe genauso wie den religiösen Akt (Wallfahrt, Gebet). Die Frage, was wichtiger ist: „Religionsausübung oder Nächstenliebe?" ist nach Tolstois Meinung das letztere. Er mißt ihr mehr Wert zu. Dies zeigt sich in der Legende, daß es der Familie Jelisseis in dessen Abwesenheit besser geht als der des reichen Jefim.

▶ Zwei alte Bauern legten ein Gelübde, nach Jerusalem zu pilgern, ab. Der eine, Jefim Tarassytsch, war ein ordentlicher und reicher Mann. Er trank keinen Schnaps und rauchte nicht. Zweimal war er zum Dorfschulzen ernannt worden und er führte sein Amt so gewissenschaft aus, daß kein Groschen in der Gemeindekasse fehlte. Jefim lebte mit seinen zwei Söhnen und einem verheirateten Enkel zusammen. Jefim war für sein Alter noch gesund und kräftig.

Der andere Bauer, Jelissei Bodrow, war nicht so reich wie Jefim. Früher hatte er als Zimmermann auswärts gearbeitet. Nun lebte er zu Hause und züchtete Bienen. Von seinen zwei Söhnen wohnte einer beim Vater. Der andere arbeitete in der Stadt. Jelissei war ein gutmütiger und heiterer Mensch. Manchmal trank er ein Glas Schnaps und schnupfte Tabak. Er verstand sich gut mit seiner Familie und den Nachbarn. An seinem Aussehen fielen sein gelockerter Bart und seine Glatze auf. Jelissei war klein und schmächtig von Gestalt.

Immer wieder kam den beiden Alten etwas dazwischen, ihr Gelübde zu erfüllen. Besonders Jefim hatte viel zu tun.

An einem Feiertag trafen sich die beiden Alten auf der Dorf-

[1] Nach L. N. Tolstoi, *Die schönsten Erzählungen von Tolstoi,* München o. J., 86–121.

straße. Jelissei wollte endlich sein Versprechen einlösen. Jetzt im Frühjahr war die Zeit günstig dafür. Jefim getraute sich nicht recht, seine Familie allein zu lassen, denn er war gerade dabei, ein neues Haus zu bauen. Auf seinen ältesten Sohn war kein Verlaß, weil er gerne über den Durst trank. Schließlich gelang es Jelissei aber doch, den Freund zu überreden.

Nach einer Woche brachen die beiden Alten auf. Jelissei freute sich schon auf die weite Reise, und kaum hatte er das Dorf hinter sich, dachte er nicht mehr an die häuslichen Sorgen. Er sann darüber nach, wie er sich mit seinem Weggenossen gut vertragen und wie er in Liebe und Eintracht das Ziel seiner Pilgerfahrt erreichen könnte. Während des Gehens betete er. Nur das Schnupfen konnte er nicht aufgeben. Immer wieder blieb er hinter Jefim zurück, um seinen Freund nicht auch zur Sünde zu verführen.

Jefim Tarassytsch dachte immerfort an Zuhause. Hoffentlich erfüllte sein Sohn seine Aufträge.

Fünf Wochen waren bereits vergangen. So kamen sie nach Kleinrußland, wo die Menschen sie umsonst bewirteten. In ihrer Heimat hatten sie für Essen und Nachtlager bezahlen müssen. Die Kleinrussen gaben ihnen noch Brot für die Weiterreise mit. Nach langer Wanderung gelangten sie in ein Gebiet, das von einer Mißernte heimgesucht worden war. Auch hier gewährte man ihnen Nachtquartier, ohne daß die beiden bezahlen mußten. Nur Wegzehrung erhielten sie keine. Oft bekamen sie nicht einmal für viel Geld ein Stück Brot.

Im vorigen Jahr gab es keine Ernte. Sogar reiche Bauern waren zugrunde gegangen und hatten das Letzte verkaufen müssen. Die ärmeren Leute waren in eine andere Gegend gezogen. Manche von ihnen bettelten oder schlugen sich irgendwie durch.

Einmal kamen die zwei Pilger in ein großes Dorf. Es war sehr heiß, und Jelissei wollte unbedingt Wasser trinken. Jefim wanderte weiter, während Jelissei in den Hof einer kleinen Lehmhütte trat. Neben der Bank lag ein magerer Mann, dem die Sonne unbarmherzig auf den Kopf brannte. Unbeweglich und mit offenen Augen lag er da. Jelissei rief ihn an und bat um Wasser. Doch der Mann antwortete ihm nicht.

„Entweder er ist krank oder er ist zu unfreundlich, um eine Antwort zu geben", dachte Jelissei. Im Hause hörte er ein Kind schreien. Jelissei klopfte an, aber es rührte sich nichts. Er wollte schon weitergehen, als er ein Stöhnen hinter der Tür vernahm. Jelissei trat in die

Stube ein. Eine alte Frau saß da, den Kopf auf den Tisch gelegt. Neben ihr stand ein magerer Bub, der wimmerte. Sein Körper war aufgedunsen. Jelissei trat näher heran. Hinter dem Ofen lag eine junge Frau mit geschlossenen Augen, die sich vor Schmerzen krümmte. Schlechter Geruch war im Raum.

Die Alte fragte Jelissei: „Was willst du? Wir können dir nichts geben, weil wir selber nichts haben."

Jelissei bat um einen Schluck Wasser. Doch die alte Frau wollte ihn fortschicken.

„Alle werden wir sterben! Der Bauer wird auf dem Hofe sterben und wir im Hause."

In diesem Augenblicke schwankte der Mann vom Hofe in die Stube. Vor Schwäche fiel er nieder. Er konnte kaum sprechen.

„Eine Krankheit hat uns befallen. Wir sind hungrig. Der Bub wird vor Hunger sterben", sprach er.

Jelissei vergaß, weshalb er hierher gekommen war. Rasche Hilfe war notwendig. Er band seinen Reisesack auf und holte einen Laib Brot hervor. Ein Stück reichte er dem Bauern, der auf den Bub und auf ein Mädchen zeigte, das hinter dem Ofen stand. Als Jelissei dem Knaben ein Stück Brot gab, begann er gierig zu essen. Auch der alten Frau reichte Jelissei eine Schnitte Brot.

Vom Brunnen holte er Wasser und erfrischte damit alle. Die Kranke lag noch immer bewußtlos auf ihrem Lager. Jelissei kaufte Mehl, Hirse, Salz und Butter ein. Dann machte er Feuer, kochte und stärkte die Leute.

Der Bauer erzählte nun, wie es sich zugetragen hatte: „Bevor die Mißernte kam, hatten wir gerade so viel zu essen, daß wir satt wurden. Aber nach der Mißernte hatten wir bald nichts mehr zu essen, und wir lebten nur davon, was uns mitleidige Menschen gaben. Überall machten wir Schulden. Es gab keine Arbeit für mich, und so mußten die alte Frau und das Kind betteln gehen. Etwas bekamen sie. Doch im Frühjahr stand es ganz schlimm mit uns. Die Menschen gaben den beiden nichts mehr, und dann wurden wir krank. Einen Tag aßen wir, und zwei Tage hungerten wir. Schließlich begannen wir Gras zu essen. Vielleicht wurde meine Frau davon krank."

Jelissei entschloß sich, bei den Bauern zu bleiben. Jefim konnte er auch am nächsten Tage noch einholen. Jelissei half den alten Leuten, so gut er konnte. Er kaufte das Notwendigste ein, denn die armen Leute hatten ihre Wirtschaftsgeräte und Kleider verkauft.

Jelissei war schon drei Tage bei der Familie. Der Bub hatte sich etwas erholt und das Mädchen folgte dem alten Jelissei auf Schritt und Tritt. Der Bauer konnte schon aufstehen und auch die kranke Frau verlangte am dritten Tage zu essen.

Nun wollte Jelissei weitergehen. Am vierten Tage war ein Feiertag und so blieb er noch, um mit den Leuten zu feiern. An diesem Tage war auch schon die Frau so weit, daß sie einige Stunden aufstehen konnte.

Acker und Wiese hatten die Leute verpfänden müssen, ohne Geld erhielten sie nichts zurück. Wenn Jelissei sie jetzt verließ, würden sie in das gleiche Elend wie vorher geraten. So beschloß Jelissei, noch einen Tag zu bleiben und mit seinem Geld Acker und Wiesen auszulösen. Doch tat er dies, dann würden die Leute noch eine Kuh und ein Pferd für die Feldarbeit brauchen. Er war verzweifelt und wußte nicht, was er tun sollte.

In der Nacht träumte Jelissei etwas Seltsames. Er war schon reisefertig und ging beim Tor hinaus. Aber sein Sack blieb hängen. Als er ihn losmachen wollte, verfing sich sein Schuh. Jelissei war jedoch nicht am Zaun hängengeblieben, sondern das Mädchen hielt ihn fest und bat um Brot. Nun wurde er auch vom Buben am Fuß festgehalten. Aus dem Hause blickten der Bauer und die Alte heraus.

Als Jelissei am Morgen erwachte, wußte er, was er zu tun hatte. Er löste Acker und Wiese aus und kaufte eine Sense, einen Sack Mehl, ein Pferd und einen Wagen.

Mitten in der Nacht verließ er die Leute, ohne ihnen Abschied gesagt zu haben. Er konnte aber nicht ins Heilige Land pilgern, denn es war ihm kaum Geld geblieben.

„Jefim wird auch ohne mich hinkommen. Meine Schuld werde ich wohl bis zu meinem Tode nicht abtragen können."

Er machte einen Bogen um das Dorf, damit ihn die Bewohner nicht sahen. Ohne Mühe erreichte er seine Heimat. Die Ernte war schon eingebracht. Man war neugierig und fragte ihn aus, wie es ihm ergangen war und wo er Jefim Tarassytsch gelassen habe. Er sagte nur: „Gott hat es anders gewollt. Ich habe mein Geld unterwegs verloren. Jefim ist allein ins Heilige Land gezogen. So bin ich umgekehrt."

Während seiner Abwesenheit hatte seine Familie bestens für die Wirtschaft gesorgt. Die Dorfbewohner wunderten sich über seine frühe Rückkehr. Doch bald dachte man nicht mehr daran, warum er ohne Jefim zurückgekehrt war.

Jefim wartete einen Tag auf seinen Gefährten. Inzwischen schlief er jedoch ein und war der Meinung, daß Jelissei schon weiter sei als er. Überall fragte er nach ihm. Doch niemand hatte einen Greis mit Glatze gesehen. „Wahrscheinlich wird er in Odessa auf dem Schiff sein. Dort werde ich ihn bestimmt treffen."

In einer Herberge schloß sich ein Pilger Jefim an. Endlich kamen sie nach Odessa, wo sie auf die Abfahrt des Schiffes warten mußten. Es waren noch viele andere Pilger da, die von weit her kamen. Keiner hatte Jelissei gesehen.

Nach einigen Tagen Schiffsreise, die sehr unangenehm verlief, langten Jefim und sein neuer Begleiter in Jaffa ein. Von dort pilgerten sie zu den heiligen Stätten. Am vierten Tage kamen sie nach Jerusalem, wo sie in einem russischen Hospiz zu Mittag aßen. Dann brachen sie auf, um das Heilige Grab zu besuchen. Doch um diese Zeit durfte man es nicht besichtigen. Der andere Pilger zeigte Jefim alle heiligen Stätten und sagte ihm immer, wieviel Geld er opfern sollte. Als sie wieder im Hospiz waren, sprang er plötzlich auf und schrie: „Man hat mich bestohlen. Mein ganzes Geld ist weg."

Jefim machte sich darüber Gedanken. „Vielleicht hatte der Mann gar keines bei sich gehabt, denn überall ließ er mich bezahlen ... Das ist aber nicht richtig von mir, daß ich schlecht über meinen Mitbruder denke."

Beim Besuch des Heiligen Grabes stand Jefim mitten im Gedränge der vielen Leute. Plötzlich sieht er – o Wunder! – unter der vordersten Ampel, dort wo das heilige Feuer brennt, steht ein alter Mann in einem schlichten Kaftan aus grauem Tuch, und die Glatze leuchtet über seinen ganzen Schädel, genau wie bei dem Jelissei Bodrow. Wie mein Jelissei schaut der aus!, denkt Jefim. Aber er kann es doch gar nicht sein, wie sollte er vor mir hergekommen sein? Das Schiff vor uns war schon acht Tage weg, als ich nach Odessa kam. Unmöglich war es ihm, mich so sehr zu überholen, und auf meinem Schiff war er auch nicht. Ich habe mir doch alle Wallfahrer genau angesehen.

Kaum hatte sich Jefim das alles überlegt, da verneigte sich der alte Mann unter der Ampel im Gebet, einmal nach vorn, vor Gott dem Herrn, dann vor den Rechtgläubigen rechts und links, und wie er dabei seinen Kopf nach rechts wendet, erkennt ihn der Jefim. Er ist es, Jelissei Bodrow, das ist sein Bart, schwarz, lockig, an den Wangen leicht ergraut, und auch seine Augenbrauen, seine Augen, seine Nase, kein Zweifel, er und kein anderer ist's, da vorne unter der Ampel.

Jefim freute sich von ganzem Herzen, endlich seinen Gefährten gefunden zu haben; wenn es ihm auch wunderbar vorkam, daß Jelissei vor ihm nach Jerusalem gelangt war.

Am Ausgang mußte er Jelissei treffen. Doch nirgends fand er seinen früheren Gefährten, soviel er auch suchte. Inzwischen hatte sich der andere Pilger aus dem Staub gemacht. Am nächsten Morgen ging Jefim in Begleitung eines alten Mannes zur Grabkapelle. Und welch ein Wunder. Wieder stand in der Nähe des Heiligen Grabes Jelissei mit ausgebreiteten Armen. Jefim zwängte sich nach vorne in die erste Reihe. Doch Jelissei war nicht mehr da.

Jefim blieb sechs Wochen in Jerusalem. Er besuchte alle heiligen Stätten. Dann trat er den Heimweg an. Je näher er der Heimat kam, um so mehr beschäftigten sich seine Gedanken mit zu Hause.

„Wie hat mein Ältester gewirtschaftet?" fragte er sich oft.

Er kam in das Dorf, wo er sich von Jelissei getrennt hatte. Als er bei einem Haus vorbeiging, lud ihn ein kleines Mädchen ein, zu übernachten. Zu Jefims Überraschung war es das Haus, wo sich Jelissei Wasser zum Trinken holen wollte. Die Leute erzählten ihm, welch ein gütiger Mensch sie vom Tode gerettet hatte. Vielleicht war es ein Engel gewesen? Nun erkannte Jefim, daß der Herr Jelisseis Opfer angenommen hatte. Dreimal hatte er ihn am Grabe Christi gesehen. Ob Gott auch das seine annehmen werde?

Zu Hause erwartete ihn nichts Gutes. Sein Sohn hatte schlecht gewirtschaftet und überall Schulden gemacht.

Jefim besuchte Jelissei, der sich gerade mit seinen Bienen beschäftigte. Jefim erzählte ihm, daß er auch in das Haus eingekehrt war, wo er ihn verloren hatte. Dieser unterbrach ihn und lenkte das Gespräch auf häusliche Angelegenheiten. Jefim erzählte nun nicht mehr, was er in Jerusalem gesehen hatte. Er begriff, daß es darauf ankommt, unseren Nächsten zu lieben und ihm Gutes zu tun. ◀

Impulse und Fragen

Beschreibe den Konflikt, in den Jelissei gerät!
Wird das Gelübde von beiden erfüllt?
Was bedeutet die „Anwesenheit" Jelisseis am Grabe Christi?
Was gefällt dir daran?
Wo und wie könntest du in einen ähnlichen Konflikt geraten?

Der Schuster Martin zweifelt nach dem Tode seines Sohnes an Gottes Gerechtigkeit. Für Martin wird das Leben sinnlos. Er ist unglücklich. Durch einen anderen Menschen erfährt er die Ursache seiner Verzweiflung. Man lebt nicht für sich selbst, sondern für Gott. Wie kann man aber für ihn leben? Wenn man den Nächsten liebt, dann lebt man für Gott. Die Liebe zu Gott zeigt der Mensch nur durch die Liebe zum Mitmenschen. Gott, den man nicht sieht, muß im sichtbaren Nächsten geliebt werden (1 Joh 4, 20).

▶ In einer Stadt lebte der Schuster Martin Awdejitsch, der ein gerechter Mann war. Früh schon hatte er seine Frau verloren, die ihm ein drei Jahre altes Kind hinterließ. Zuerst wollte er seinen kleinen Sohn Kapiton zu einer Verwandten geben, aber dann behielt er ihn doch bei sich. Martin gab seine alte Stelle auf und zog in eine Kellerwohnung, die aus einer einzigen Stube mit einem kleinen Fenster bestand. Diese war ihm Heim und Werkstatt zugleich. Kapiton half seinem Vater gerne bei der Arbeit, der sehr stolz auf seinen Sohn war. Doch sein Glück und seine Freude waren nur von kurzer Dauer. Das Kind starb. Der Schuster begann an Gottes Gerechtigkeit zu zweifeln, denn er konnte den Tod seines einzigen Sohnes nicht verstehen. Oft fragte sich Martin:

„Warum lebe ich als alter Mann? Was hat mein Leben noch für einen Sinn? Mein Bub mußte sterben, obwohl er so jung war. Warum kann ich nicht sterben?“

Eines Tages kam ein alter Bauer zu ihm. Diesem klagte Martin sein Leid. Sein Besucher wies ihn zurecht und machte ihn darauf aufmerksam, daß er deshalb verzweifelt sei, weil er zu seiner eigenen Freude leben möchte.

„Man lebt nicht für sich selbst, sondern für Gott. Der Herr schenkt einem das Leben und der Mensch hat nicht das Recht, über Taten Gottes zu richten. Wenn du am Leben bleibst, dann ist es richtig. Wie du für Gott leben kannst, lehrte uns Christus im Neuen Testament“, erklärte der Bauer Martin.

Noch am selben Tage kaufte sich der Schuster Martin die Heilige Schrift. Er wollte nun an Sonn- und Feiertagen darin lesen. Aber bald griff er jeden Abend zur Bibel. Je mehr er sich darin vertiefte,

[2] Ebd., 122–142.

desto besser wußte er, was Gott von den Menschen verlangt und wie sie für Gott leben sollten.

Martins Lebensweise begann sich zu ändern. Oft war er früher in ein Gasthaus gegangen, um einige Gläschen Schnaps zu trinken. Klatschereien hatte er gerne wiederholt und über seine Mitmenschen nichts Gutes erzählt. Jetzt aber konnte er dies nicht mehr tun.

Von früh bis spät arbeitete Martin. Nur am Abend las er in der Heiligen Schrift. Er verglich sich mit dem reichen Pharisäer, bei dem Christus Gast gewesen war. Auch er handelte genauso. Seine Sorgen galten nur dem eigenen Wohlbefinden und nicht dem seiner Mitmenschen. Wie leicht hatte es doch der reiche Pharisäer! Bei ihm war ja Christus zu Besuch. Wenn er zu Martin käme, würde er ihn nicht so schlecht bewirten, sondern für den Herrn würde er sein Letztes hergeben.

Über diese Gedanken schlief Martin ein. Plötzlich hörte er ganz leise an seinem Ohr eine Stimme: „Martin!"

Er schreckte auf und sah sich in der Stube um. Doch es war niemand da. Ganz deutlich vernahm er wieder: „Martin!" Und dann die Worte: „Schau morgen auf die Straße, ich werde zu dir kommen!" Davon erwachte er, wußte aber nicht recht, ob es Traum oder Wirklichkeit gewesen war.

Am nächsten Morgen sann Martin über das Geschehene nach. Hatte eine Stimme zu ihm gesprochen oder war es ein Traum gewesen?

Von seinem Fenster aus beobachtete er die vorbeigehenden Leute. Obwohl er nur ihre Füße sah, kannte er sie an den Schuhen. Entweder hatte er sie selbst angefertigt oder ausgebessert. Schlecht arbeitete der Schuster heute. Immer wieder blickte er zum Fenster, um jemand zu entdecken, den er nicht kannte.

Aber es war nur der alte Stepanytsch, ein ausgedienter Soldat, der vor seinem Fenster Schnee schaufelte. Und Martin hatte schon geglaubt, es wäre Christus. Der Schuster stand von seinem Arbeitstisch auf, um den Arbeitenden besser betrachten zu können.

„Wie müde er schon aussieht! Ich werde ihn zum Tee einladen. Das Teewasser kocht gerade", sagte Martin zu sich selbst. Dann holte er den alten Mann in seine warme Stube. Der Tee tat dem Alten gut und wärmte ihn auf. Martin erzählte von Jesus, und Stepanytsch, der nicht lesen konnte, hörte ihm mit Tränen in den Augen zu. Es fiel ihm aber auf, daß Martin oft zum Fenster blickte, und so fragte er nach dem Grunde. Nun berichtete Martin sein gestriges Erlebnis.

Als sein Gast weggegangen war und Martin wieder bei seiner Arbei saß, wartete er wieder auf Jesus Christus. Ab und zu blickte er aus dem Fenster, doch nichts Besonderes war zu sehen. Die Leute, die vorbeigingen, kannte er alle. Auf einmal erblickte er ein Paar fremde Schuhe. Rasch stand er auf. Eine junge Frau mit einem Kind auf dem Arm, welches sie vor Kälte und Wind schützen wollte, lehnte an der Hausmauer. Ihre Kleidung war dürftig. Auch besaß sie kein Tuch, worin sie ihr Kind hätte einwickeln können. Durch das Fenster hindurch hörte er das Kleine schreien.

Voll Erbarmen und Mitleid für die arme Frau lud er sie in seine Stube ein. Nach dem Essen erfuhr Martin, daß die Frau seit Monaten ohne Arbeit war. Es würde noch eine ganze Woche dauern, bis sie ihre neue Stelle antreten konnte. Wenn der Schuster sie nicht in seine Werkstatt hereingeholt hätte, wäre ihr Kind erfroren. Er schenkte ihr eine warme, nicht mehr neue Jacke für den Säugling und ein wenig Geld. Die Soldatenfrau war für seine Hilfe sehr dankbar. Sie glaubte, daß der Herr Jesus sie zum Fenster des Schusters geführt habe. Vielleicht hatte sie recht.

Wieder beobachtete Martin die Menschen, die bei seinem Fenster vorbeigingen. Viele waren es, Bekannte und Fremde, aber es war nichts Außergewöhnliches an ihnen.

Nur eine Alte blieb vor seinem Fenster stehen. Sie stellte ihren Korb mit den Äpfeln auf den Boden, um sich einen Sack mit Spänen bequemer auf den Rücken zu legen. Da sprang ein Bub heran und stahl einen Apfel aus dem Korb. Die Alte erwischte ihn und schlug ihm die zerrissene Mütze vom Kopf. Martin eilte, so schnell er konnte, dem Kind zu Hilfe. Die alte Frau wollte den Buben zur Polizei bringen. Es gelang Martin, ihr dies auszureden. Der Bub wollte sich davonschleichen, aber der Schuster hielt ihn zurück. Zuerst mußte er die Frau um Verzeihung bitten.

„Wie sollte der Herrgott uns die Sünden vergeben, wenn wir selbst einem anderen keine Fehler verzeihen", sprach er zur Alten.

Bald wurde es dunkel, und der Schuster packte sein Werkzeug zusammen. Das Neue Testament nahm er vom Regal herunter, um wie jeden Abend zu lesen. Doch was ist? Das Buch tat sich an einer ganz anderen Stelle auf. Auf einmal bewegte sich hinter Martin etwas. Er drehte sich erschrocken um. In einer dunklen Ecke des Zimmers sah er undeutlich Gestalten.

„Martin, Martin, hast du mich erkannt?" sprach die Stimme zu ihm. Die Menschen traten hervor und lächelten ihm zu, bevor sie wieder verschwanden.

„Auch das war ich", sagte die Stimme, und aus der dunklen Ecke des Zimmers trat der alte Stepanytsch hervor.

„Und das war ich", sagte die Stimme, und die junge Frau mit dem Kinde kam auf ihn zu.

„Und das bin ich auch", sagte die Stimme wieder, und aus dem Dunklen kam eine alte Frau mit dem Buben, der einen Apfel in der Hand hielt.

Nun wußte Martin Awdejitsch, daß sein Traum ihn nicht getäuscht hatte. Jesus Christus war an diesem Tage sein Gast gewesen.

Impulse und Fragen
Welche Personen kommen vor?
Warum geriet der Schuster in Verzweiflung?
Wie wird er davon befreit?
Wodurch geschieht die endgültige Wandlung des Schusters?
Was hat Martin erkannt?
Was kann man aus dieser Geschichte entnehmen?
Wo im Leben kann uns so etwas begegnen?

WOVON LEBT DER MENSCH?[3]

Es werden in dieser Erzählung drei Fragen gestellt. Ihre Beantwortung liegt in den Handlungen der Person.

Was wohnt im Menschen? Das zeigt uns die Schustersfrau durch ihr Mitleid mit dem Engel. Ihre erste Reaktion ist jedoch ganz anders. Sie ist von Sorge um ihre eigene und um die Existenz ihrer Familie erfüllt. Wenn der Mensch Hunger hat, denkt er nur an sich selbst und nicht an andere. Schließlich zeigt die Frau dem Engel, daß die Liebe verborgen im Menschen lebt.

Was weiß der Mensch nicht? Durch den Besuch des reichen Mannes wird die Antwort zur zweiten Frage gegeben. Niemand weiß, was für ihn gut und gerade notwendig ist. Er glaubt es nur zu wissen. Der reiche Mann bestellte Stiefel, die er dann nicht mehr benötigte. Nämlich deshalb nicht, weil für ihn die Todesstunde gekommen war.

[3] Ebd., 9–46.

Der Tod ist gewiß. Das „Wann“ jedoch ist dem Menschen nicht bekannt.

Die dritte Frage: „Wovon lebt der Mensch?“ beantwortet uns die Frau, welche sich zweier Waisenmädchen angenommen hatte. Der Mensch braucht den anderen. Immer wieder treten Situationen auf, wo er ohne die Hilfe seiner Mitmenschen nicht auskommt. Die Frau hilft aus Liebe, und deshalb können die Kinder am Leben bleiben. In ihr erblickt der Engel Gott in seiner erbarmenden Liebe und begreift, wovon die Menschen leben.

Das Kernstück der Legende sind die Worte aus dem Johannes-Evangelium: Wer Liebe hat, der ist in Gott, und Gott ist in ihm, weil Gott Liebe ist.

▶ In einem russischen Dorf lebte ein Schuster, der weder einen Acker noch ein eigenes Haus besaß. Die Bauern gaben ihm wenig Geld für seine Arbeit, und es kam oft vor, daß der Schuster Ssemjon und seine Familie einige Tage hungern mußten. Aber nicht nur um das Essen war es schlecht bestellt, auch die Kleidung der armen Leute war sehr dürftig. In der kalten Jahreszeit mußten Ssemjon und seine Frau sich mit einem ganz zerfetzten Pelz begnügen. Schon im vergangenen Jahr wollten sie sich einen neuen Schafspelz anschaffen, doch das Geld reichte nicht dazu. Vielleicht würde es ihnen in diesem Jahr gelingen? Bauern schuldeten ihm einige Rubel und etwas Geld hatte Ssemjon sich erspart.

So machte er sich eines Tages im Winter auf, um seine Schulden einzutreiben. Sein Weg führte ihn ins Nachbardorf. Sogleich ging er zu seinen beiden Schuldnern. Doch diese waren nicht zu Hause und ihre Frauen vertrösteten ihn auf die nächste Woche. Dann würde er sein Geld bekommen. Ssemjon eilte zum Gerber mit der schwachen Hoffnung, daß dieser ihm einige Felle abtreten würde, ohne daß er sogleich bezahlte. Aber er wurde enttäuscht, und mutlos machte sich Ssemjon auf den Heimweg. Außer einigen Kopeken und einem Paar Stiefeln, die auszubessern waren, hatte er nichts bekommen. Ssemjon setzte den Betrag in Schnaps um, und seine frühere Verzweiflung wich einer Fröhlichkeit, deren Ursache der Schnaps war. Jetzt war es ihm auch nicht mehr kalt, während es ihm am Morgen recht kalt vorgekommen war. Sein Weg führte an einer Kapelle vorbei, die an einer Stelle stand, wo die Straße einen Bogen machte. Schon von weitem kam es dem Schuster vor, daß hinter der Kapelle etwas im Schnee läge.

„Ob das ein Tier ist? Doch nein, es sieht eher einem Menschen ähnlich."

Voll Neugierde trat der Schuster näher heran, und er sah einen jungen Mann, der unbekleidet war, an der Mauer sitzen. Ssemjon konnte nicht erkennen, ob der Mensch lebte.

„Vielleicht hat ihn jemand umgebracht, und wenn nun ich hingehe, habe ich nur Scherereien, die ich dann nicht mehr loswerde. Es ist viel besser, ich überlasse ihn seinem Schicksal."

Eilig setzte Ssemjon seinen Heimweg fort, blickte aber zur Kapelle zurück, und es kam ihm vor, daß der junge Mann ihm nachschaute. Voll Angst eilte der Schuster weiter.

„Das ist bestimmt kein guter Mensch, der dort allein sitzt. Womöglich raubt er mich aus und tötet mich, wenn ich ihm helfen will. Was soll ich mit einem nackten Menschen überhaupt anfangen? Soll ich vielleicht meine letzten Kleider ausziehen?"

Rasch setzte er seinen Weg fort. Doch plötzlich, er hatte die Kapelle schon weit zurückgelassen, blieb er stehen. „Was tust du da, Ssemjon? Du läßt einen Menschen dort sitzen, der in Not ist und gerade deine Hilfe braucht. Das ist nicht richtig!"

Und der Schuster erkannte, daß er falsch gehandelt hatte. Er wandte sich um und lief zur Kapelle zurück.

Als er ganz nahe vor dem jungen Mann stand, wachte dieser auf und blickte den Schuster an. Von diesem Augenblick gefiel der Fremde Ssemjon.

Der Schuster half ihm, seinen eigenen Rock anzuziehen und auch die Stiefel. Bis jetzt hatte der Fremde noch kein Wort gesprochen und erst als sie schon eine Weile miteinander gingen, antwortete er auf die Fragen seines Retters. Er berichtete, daß er von Gott bestraft wurde, aber woher er komme, darüber gab er keine Auskunft. Er wußte nicht, wohin er gehen sollte, und es war ihm recht, daß Ssemjon ihn zu sich nach Hause nehmen wollte. Wenn der Schuster an seine Frau dachte, wurde ihm unbehaglich zumute. Anstatt eines warmen Pelzes brachte er nun einen nackten Menschen mit.

Ssemjons Frau hatte wie gewöhnlich ihre Hausarbeit verrichtet und wartete ungeduldig auf ihren Mann. „Wenn mein Mann sein Nachtmahl schon gegessen hat, dann brauche ich kein Brot backen, und es reicht noch für morgen."

Während Matrjona sich darüber Gedanken machte, trat der Schuster ein. Aber er war nicht allein. Ein Fremder war mit ihm, der noch dazu den Überrock des Schusters anhatte. Als Matrjona die beiden sah, wurde sie sehr zornig, und der arme Schuster hörte kein gutes Wort mehr von ihr. Sie riß ihm sein Hemd vom Leibe. Sie wußte nicht mehr, was sie tat.

Doch dann packte sie die Neugier, und sie sah sich den unerwünschten Gast etwas genauer an. Ihr Mann redete ihr ins Gewissen, und Matrjona begann sich ihrer anfänglichen Haltung zu schämen. Der Fremde hörte schweigend zu, wie der Schuster seiner Frau ihr schlechtes Benehmen vorwarf. Wie ihm aber die Schustersfrau den Napf mit Kwaß (gegorenes Getränk aus Brot oder aus Früchten) und den Laib Brot auf den Tisch stellte und ihn zum Essen einlud, da leuchtete sein Gesicht plötzlich auf, und er lächelte der Hausfrau zu. Diese, sie wußte nicht warum, war über sein Lächeln beglückt, und eine Welle von Sympathie für den jungen Mann überflutete sie.

Michailo, so nannte der Fremde sich, hatte keinen Beruf gelernt. Doch er war sehr geschickt, und bereits am dritten Tage war er imstande, Schuhe zu nähen. Der Schuster hatte einen sehr fleißigen und tüchtigen Gesellen in sein Haus bekommen. Bald verbreitete sich der Ruf, daß bei Ssemjon ein vortrefflicher Geselle arbeite. Nur sein Benehmen war etwas seltsam. Wenn er einmal nichts zu tun hatte, saß er schweigend da und blickte zum Himmel empor. Aus dem Hause ging er nie, sprach kein überflüssiges Wort, und gelächelt hatte er nur am ersten Abend.

Ein ganzes Jahr war vergangen, und Michailo arbeitete immer noch beim Schuster, dem es jetzt viel besser ging.

An einem Wintertag kam ein reicher Mann zum Schuster, um ein Paar Stiefel zu bestellen, die aus feinstem und teuerstem Leder gemacht werden sollten.

Die Stiefel müßten auch ein ganzes Jahr halten, ansonsten Ssemjon ins Gefängnis kommen würde. Zuerst traute der Schuster sich nicht, den Auftrag anzunehmen. Doch Michailo nickte ihm beruhigend zu.

Sogleich begab sich der Geselle an die Arbeit. Aber was machte der sonst so tüchtige Michailo daraus? Totenschuhe anstatt Stiefel stellte er her. Ssemjon war darüber sehr erschrocken. Während er Michailo dessen Irrtum vorhielt, trat ein Diener des reichen Mannes mit der Nachricht ein, daß sein Herr verstorben ist.

Sechs Jahre lang lebte nun Michailo bei der Familie des Schusters. Sein Benehmen hatte sich nicht geändert. Das zweite Mal hatte er gelächelt, als der reiche Mann die Stiefel bestellt hatte.

Eines Tages, es war wieder Winter, kam eine Frau mit zwei kleinen Mädchen zum Schuster. Sie wollte für die Zwillinge Lederstiefel machen lassen. Michailo starrte die hübschen, gut gekleideten Mädchen an, daß man sich darüber wunderte, denn an diesen war nichts Außergewöhnliches zu sehen. Nur eines von ihnen hinkte. Die Frau, die nicht ihre Mutter war, erzählte vom Schicksal der beiden von ihr angenommenen Mädchen.

„Innerhalb einer Woche starben die Eltern der Zwillinge. Der Vater verunglückte bei seiner Arbeit als Holzfäller, und die Mutter mußte ihr Leben bei der Geburt der Kinder lassen. Im Sterben war sie auf den Fuß des einen Mädchens gefallen, und seither war dieses lahm. Ich nahm mich der Neugeborenen an, da ich damals selbst einen Knaben von wenigen Wochen hatte, der nach zwei Jahren starb."

Als die Frau mit ihrer Erzählung zu Ende war, erfüllte ein Leuchten die ganze Stube. Michailo kreuzte die Arme auf seinen Knien und lächelte zum Himmel empor.

Endlich war der Besuch weg, und der Schuster fragte Michailo, warum er gelächelt hatte.

„Verzeiht mir", sagte er, „Gott hat mir meine Schuld vergeben. Verzeiht nun auch ihr, wenn ich gefehlt habe!"

Und es sahen der Schuster und seine Frau, daß ein Leuchten von Michailo ausging. Da stand Ssemjon auf, verneigte sich vor Michailo und sprach:

„Ich sehe es, Michailo, daß du kein Mensch bist wie wir, und ich kann dich weder zurückhalten noch dich fragen, wer du bist. Doch sage mir bitte nur eines: Als ich dich an der Kapelle sitzen sah, warst du betrübt und dein Gemüt verdüstert. Du lächeltest aber, als meine Frau dir zu essen brachte, und von dem Augenblick an wurdest du fröhlicher. Als dann der reiche Mann seine Stiefel bestellte, ging ein zweites Lächeln über dein Antlitz, und dein Gemüt wurde noch lichter. Jetzt aber, da uns die Frau mit den zwei Mädchen aufgesucht hat, lächeltest du zum drittenmal, und so freudig ist dein Gemüt, daß ein Leuchten von dir ausgeht. Sage mir, Michailo, warum ist das so, und warum hast du dreimal gelächelt?"

Michailo antwortete und sprach: „Es geht ein Leuchten von mir aus, weil Gott, der Herr, mir meine Schuld vergeben hat. Wenn ich eines der Worte fand, die Gott mir aufgetragen hatte zu erkennen, lächelte ich, und mein Herz erfüllte sich mit Freude. Das erste Wort erkannte ich, als deine Frau mit mir Erbarmen hatte. Das zweite, als der Reiche die Stiefel bestellte, und das dritte, das letzte, wurde mir bewußt, als die Frau mit den Mädchen in deinem Haus war.“

Ssemjon fragte weiter: „Sage mir, Michailo, wofür hat dich Gott bestraft und wie heißen diese drei Worte, damit auch ich sie kennenlerne.“

Und Michailo antwortete: „Der Herr bestrafte mich dafür, daß ich nicht erfüllte, was er mir befohlen hatte. Ich war ein Engel im Himmel und war doch ungehorsam gegen den Herrn. Gott schickte mich, seinen Engel, auf die Erde hinab, um einer Frau ihre Seele zu nehmen und sie in den Himmel zu tragen. Als ich nun zur Erde gekommen war, sah ich: die Frau, deren Seele ich holen soll, hatte soeben Zwillinge geboren, zwei Mädchen. Hilflos regten sich die Neugeborenen neben der Mutter, sie aber hatte keine Kraft mehr, ihre Kinder an die Brust zu nehmen. Da sah die Frau mich und begriff, daß ich von Gott gesandt war, um ihre Seele zu holen. Sie weinte auf und sagte: ‚O Engel Gottes! Erst vor zwei Tagen hat man meinen Mann zu Grabe getragen, ein Baum hat ihn bei der Waldarbeit erschlagen. Ich habe weder Mutter noch Schwester oder Tante, wer soll sich meiner Kleinen annehmen? Nimm meine Seele nicht von mir, laß mich erst meine Kinder aufziehen, sie auf eigene Füße stellen. Wie sollen denn die Kleinen ohne Vater und Mutter bestehen?‘

Ich verstand die Frau in ihrem Schmerz und hörte auf sie. Ein Kind legte ich ihr an die Brust, das andere in ihre Arme und flog rasch zu Gott.

Ich trat vor den Herrn und sprach: ‚Ich konnte die Seele der jungen Mutter nicht nehmen. Der Vater der Neugeborenen ist tot. Ein Baum hatte ihn erschlagen. Die Frau lag in ihrem Bett und bat mich inständig, ihre Seele nicht von ihr zu nehmen. – Laß mich erst meine Kinder aufziehen, sagte sie zu mir, laß mich die beiden Kleinen auf eigene Füße stellen! Wie sollen sie denn ohne Vater und ohne Mutter bestehen? Und da mich diese Worte rührten, habe ich der Frau ihre Seele nicht genommen.‘ Gott der Herr sagte aber zu mir: ‚Fliege noch einmal hinab auf die Erde und tu, was ich dir gesagt habe. Nimm der Frau ihre Seele! Dann suche drei Dinge zu begreifen: Was in dem Menschen wohnt, was ihm nicht gegeben ist, und wovon der Mensch lebt. Erst dann, wenn du diese drei Dinge erkannt haben wirst, kannst du wieder zum Himmel zurückkehren.‘ Und so flog ich denn zur Erde zurück und nahm der jungen Mutter ihre Seele.“

Michailo erzählte den erstaunten Schustersleuten, wie er in der

Kapelle vor der Kälte Schutz gesucht hatte. Der Anblick des Schusters war für ihn furchterregend. Ihm graute vor dem Antlitz seines Helfers. Als der Schuster dann aber zurückkam, da hatte sich sein Gesicht verändert. Es war jetzt vom Leben erfüllt, wo vorher Tod und Verwesung darin gestanden hatte. Die Frau aber war noch schrecklicher als ihr Mann anzusehen. Leichengeruch ging von ihr aus. Der Engel erkannte auch in ihr Gott, nämlich dann, wie sie dem Schuster und ihm zu essen gab.

Michailo begriff, daß die Liebe verborgen im Menschen wohnt. Durch den Todesengel, der hinter dem reichen Manne gestanden war, wußte er, daß es dem Menschen nicht gegeben ist, zu wissen, was er für sich allein braucht. Er weiß nicht, was sein sterblicher Leib benötigt. Das dritte Wort des Herrn war dem Engel noch verborgen. Dies erfuhr er, als die Frau mit den Kindern beim Schuster war. Der Mensch lebt von der Liebe, und nur durch sie allein und nicht durch die Sorge um das Wohlergehen vermögen die Menschen zu leben.

„Ich wußte auch schon früher, daß Gott der Herr den Menschen das Leben geschenkt hat, damit sie dem Leben erhalten bleiben, jetzt aber erkannte ich etwas anderes:

Ich verstand, daß es dem Willen Gottes nicht entspricht, wenn die Menschen voneinander getrennt leben und jeder für sich bestehen will, darum ist es auch dem Menschen nicht gegeben zu wissen, was er für sich allein braucht. Gottes Wille ist es, daß alle Menschen in Eintracht leben und von Liebe zueinander erfüllt sind, darum ist dem Menschen nur das bekannt, was jeder von ihnen, der eine wie der andere, braucht und wessen sie alle gemeinsam bedürfen.

Jetzt verstand ich auch, daß es nur eine Täuschung ist, wenn es den Menschen so scheint, als sei es die Sorge um das tägliche Brot, was sie dem Leben erhält. Alle Menschen leben nur von der Liebe und nur durch sie allein. Wer Liebe hat, der ist in Gott, und Gott ist in ihm, weil Gott Liebe ist."

Der Engel begann das Lob des Allerhöchsten zu singen. Von seiner gewaltigen Stimme erbebte das ganze Haus. Die Decke öffnete sich, und eine Feuersäule erhob sich von der Erde bis zum Himmel. Ssemjon, seine Frau und die Kinder stürzten vor Schreck auf den Boden. Der Engel aber breitete seine Flügel aus und fuhr gen Himmel. Als der Schuster Ssemjon wieder zu sich kam, da stand sein Haus wie vorher. Außer ihm und den Seinen war niemand in der Stube.

Impulse und Fragen

Schildere die Wandlung des Schusters und seiner Frau.

Wie handeln beide zuerst?

Wo kann auch uns im Leben so etwas Ähnliches begegnen?

Beantworte die drei Fragen, die der Engel erkennen mußte, mit eigenen Worten!

Was können wir aus der Geschichte lernen?

DIE WELT VOLLENDEN

(A. Höfer)

Die letzte Reihe soll den Blick auf das Ganze der menschlichen Bemühungen lenken: Worauf läuft alles hinaus? Die Welt wächst immer mehr zu einer Einheit zusammen. Sie bildet im Grunde eine einzige Schicksalsgemeinschaft. Das kann in großartigen Bildern ausgedrückt werden: Die Stadt der Menschen oder die Mutter Menschheit. Alle Bemühungen der Menschen aller Berufe und Kulturen zielen auf die Vollendung der Welt hin. Aus ihr soll eine wohnliche Stadt, ein kultivierter Garten (Paradies heißt Park!) gemacht werden: Sie soll zur Welt des Menschen werden. Glückt dieses Unternehmen? Führen alle Berufe die Vollendung der Welt herauf? Die Schüler sollen beides begreifen: Allem Tun liegt der Drang zur Vollendung, die Suche nach dem Paradies zugrunde. Und andererseits ist alles Tun zum Scheitern verurteilt, denn gegen den Tod „ist kein Kraut gewachsen". Das darf aber nicht lähmen. Impulse zur Weltverbesserung sind immer wieder zu setzen, die Menschheit ist aufzurufen, ihr Möglichstes zu tun.

Je mehr das Ziel ins Auge gefaßt wird (induktiv) und je schärfer die Grenzen gesehen werden, um so deutlicher kann die christliche Botschaft vernommen werden: Die Hoffnung der Menschen ist nicht vergebens, ihr Mühen nicht umsonst. Denn Gott selber wird das Tun des Menschen mit seinen Händen umgreifen und zur Vollendung führen. Jedes Scheitern soll den Menschen in seiner Hoffnung bestärken, weil es ihn auf Gott verweisen kann.

Die Auslegung des bildstarken und großartigen 21. Kapitels der Geheimen Offenbarung soll die Hoffnung der Christen und die Utopien der Menschen aufgreifen und in die Vollendung, die von Gott kommt, mithineinnehmen. Man kann auf die Parallele zu den Märchenbildern zu sprechen kommen. Auch sie sind Ausdruck der menschlichen Hoffnung und werden durch das Wort Gottes gleichsam bestätigt. Die Botschaft von der Vollendung greift nicht nur ihre phantasiereichen Bilder, sondern auch ihren Drang zum Glück und zur Vollendung auf und übertrifft sie „himmelweit“ – denn hier gibt es das Wasser des Lebens (Paradiesesstrom), das den Tod besiegt.

Die Legende von Tolstoi „Wovon lebt der Mensch?“ mag eine gute Überleitung zur transzendenten, eschatologischen Hoffnung bilden. Denn sie zeigt, wie alle Sorge dem Menschen nicht das einbringt, was er zuinnerst braucht.

Die Vollendung der Menschen bei Gott (Apk 21, 9–14. 21–27; 22, 1–5*)*

Alle Menschen träumen von einer besseren Welt und von einem neuen Paradies. Keiner kann sich zwar genau vorstellen, *wie* das sein soll, aber jeder weiß, wie es *nicht* sein darf: es darf kein Leid, keinen Krieg und keinen Tod mehr geben. Wie versuchen die Menschen, dieses neue Paradies zu erringen? Die Ärzte durch ihre Kunst, die Wirtschaft und Politik, die Technik ..., alle arbeiten mit, daß das Los der Menschen besser werde. Die Bibel sagt: Ohne Gott kann der Mensch nicht glücklich werden, und nur durch Gott kann er das „Paradies“ wiederfinden. Schauen wir, was der Seher Johannes darüber schreibt. Auch er kann nicht genau sagen, *wie* es einmal sein wird, dennoch hat er in prachtvollen Bildern von der Vollendung erzählt.

1. *Schriftlesung:* All diese Bilder meinen die Herrlichkeit der Menschheit, wenn sie bei Gott vollendet ist. Drei Bilder umgreifen das Ganze, welche sind das (Braut, Stadt, Paradies)?

a) Die Braut: Wer gehört zur Braut (der Bräutigam)? Braut und Bräutigam gehören zusammen – die Menschheit gehört zu Christus (Lamm), beide sind unzertrennlich verbunden und lieben sich wie Braut und Bräutigam. Wenn die Menschheit also „Braut“ genannt wird, dann ist damit ihre *Gemeinschaft* mit Christus gemeint.

b) Die Stadt: Was ist das Gegenteil von Stadt (Land)? Wie wohnen die Leute in der Stadt, wie am Land, wie sind sie dort und da verteilt (Bevölkerungsdichte)? Am Land wohnen sie weiter auseinander, in der Stadt näher zusammen. Wenn die Menschheit „Stadt“ genannt wird, dann soll darauf hingewiesen werden, daß diese Menschen beieinander wohnen, also eine *Gemeinschaft* sind. „Braut" meint die Gemeinschaft der Menschen mit Christus, „Stadt" meint die Gemeinschaft der Menschen untereinander! Es ist also nicht gemeint, daß wir einmal *in* einer Stadt wohnen werden, sondern daß wir selber diese Stadt *sind!*

c) Das Wort „Paradies" kommt zwar nicht vor, aber 22, 1–5 ist das „neue" Paradies gemeint, warum (Strom, Lebensbaum, Frucht, Heilung, Gegenwart Gottes)? Was war mit dem „ersten" Paradies gemeint? Es war umschrieben, *wie* es dem Menschen in der Welt ergangen war. Und hier? So sollen die Menschen in der vollendeten Welt Gottes leben: ohne Leid, wie es am „Anfang" von Gott gedacht gewesen wäre – es wird wieder alles heil und gut werden. Was die Sünde zerstört hatte, wird wieder geheilt und vollendet.

2. *Wir erarbeiten im gemeinsamen Gespräch den Sinn der Bilder:*

a) *Die Menschheit als Braut des Lammes:* Wer wird heute schon „Braut Christi" genannt? Wer ist jetzt schon die vollendete Jungfrau bei Gott (Maria)? Die Vollendung der Mutter Jesu bei Gott ist der Anfang der Endvollendung der Menschheit! Wer wird noch „Braut Christi" genannt (Kirche)? Eph 5, 25–27: Christus hat sich die Kirche selber zur Braut gemacht. Er arbeitet an ihr, daß sie schön sei. Da sind wir gemeint: Durch die Taufe, das Wort Gottes und seinen Geist will Christus uns jetzt schon heilen und vollenden. Die Offenbarung des Johannes sagt aber, daß einmal *alle* Menschen die vollendete Braut Christi sein werden, seine Freunde, seine Gemeinschaft!

b) *Die Stadt Gottes:* Hier sind die meisten Bilder, wir müssen sie deuten. Jerusalem ist der Name der alten Gottesstadt, auch die neue ist von Gott; das gleiche ist gemeint, wenn sie „aus dem Himmel" kommt: die Vollendung der Menschen muß also von Gott geschenkt und gewirkt sein! Die Stadt ist von der Herrlichkeit Gottes überstrahlt. Gottes Schönheit und Vollendung spiegeln sich in ihr, das ist gemeint, wenn von den kostbaren Baumaterialien der Stadt gesprochen wird. Das einzelne Baumaterial ist also nicht eigens zu deuten, es meint, daß die neue Menschheit ganz kostbar sein wird (Tore aus Perlen, Straßen aus Gold). Auf welchem Grund ruht die vollendete Gemeinschaft der Menschen (die Apostel sind die Grundlage der Gemeinschaft)? Und was hält sie zusammen (die Engel auf den Mauern)? Und wer ist diese Gemeinschaft, was steht auf Mauer und Toren geschrieben (die zwölf Stämme Israels) = das alte und neue

Gottesvolk, die ganze Menschheit wird einmal zum Gottesvolk (jetzt ist es noch die Kirche allein)! Kein Tempel mehr? Kein Tempel, keine Sakramente, kein Gottesdienst, wie wir ihn feiern, denn Gott ist selber da, und Christus ist in unserer Mitte, wir werden direkt mit ihm reden können! Es ist auch kein Werden und Vergehen (Tag und Nacht), Gott selbst wird uns erleuchten. Es wird ewiger Friede sein (die Tore brauchen nicht geschlossen zu werden); diese Gemeinschaft ist jedem Menschen zugänglich! Die Völker bringen ihre Herrlichkeit: Nichts, was es auf dieser Erde an Kostbarem, Gutem und Schönem gibt, wird dort einmal fehlen, alles Irdische, was uns jetzt schon freut, wird vollendet! Endlich wird es auch keine Sünde mehr geben. Wir können uns das alles nicht richtig vorstellen, aber wenn wir unter Schuld und Leid stöhnen, dann wünschen wir uns doch jedesmal, daß das alles nicht sei!

c) *Das neue Paradies:* Warum nennt man diese Stelle so: Was erinnert an das „Paradies"? Wovon lebt der Mensch in diesem Bild (Lebenswasser, Lebensbaum, Lebensfrucht, Gesundheitsblätter)? Was will das Bild besagen? Der Mensch wird ganz gesund sein, sein Leben ist heil, von Krankheit und Tod nicht bedroht. Woher das Leben? Der Strom entspringt beim Thron Gottes, d. h. nur Gott allein kann dem Menschen ewiges Leben geben. Auf „ewig" deutet auch, daß der Baum „zwölfmal im Jahr" Früchte bringt, d. h. immer wird das Leben angeboten! Gott und Christus werden im Paradies anwesend sein, wie einst im alten Paradies Gott bei den Menschen war, er wird als ihr Licht bei ihnen sein. Leben und Herrschaft sind die Zukunftshoffnung der Menschen, die nur Gott restlos erfüllen kann.

3. *Überlegungen:* Man kann sich die Vollendung der Menschheit auf zweifache Art vorstellen oder sich ein Bild von ihr machen: Entweder man denkt sich immer alles Leid und Ungute weg, das man gerade erdulden muß, und sagt: Wenn es das einmal nicht mehr gäbe! Oder man denkt sich alles Gute und alle Herrlichkeiten dieser Welt zusammen, und stellt sie sich in phantastischen Bildern vor (so Johannes). Früher hat man sich gern solche großartige Bilder vorgestellt. Heute, im Alltag vor allem, macht man es lieber anders, man wünscht die Übel hinweg, vor allem die, an denen man gerade leiden muß. Man sagt: Wäre doch mein Kind nicht gestorben! Hätten wir doch genug zu essen! Gott möge uns helfen! Jesus hat es in den Seligpreisungen (besonders nach Lukas) ebenso gemacht: Er hat

von den Leiden und Übelständen gesprochen, die die Leute gerade hatten, und hat ihnen verheißen, daß Gott das einmal ändern wird, daß er sie trösten wird (nachlesen!).

4. *Aufgabenstellung:* Schreibe einem kranken Kameraden und tröste ihn mit der Verheißung, daß Gott alles wenden wird! Wie würdest du als Christ eine Mutter trösten können, die ihr Kind verloren hat? Was kann man von den großen Verheißungen des Glaubens aus zum Leiden, Hunger und zum ständigen Kriegszustand in der Welt sagen? Woran klammert sich unsere Hoffnung, wer ist der Garant, daß hier nicht nur phantastisch geträumt wird, sondern Gott schon begonnen hat mit der Vollendung? An wem hat er sie schon begonnen (am Auferstandenen, an Maria, an den schon vollendeten Gerechten)? Schreibe diese Schriftstelle mit modernen Bildern und heutigen Vorstellungen um (wie heute etwa eine Zeitung darüber schreiben würde)!

Freeman/Roberts · Der kälteste Krieg

Clive Freeman
Gwynne Roberts

Der kälteste Krieg

Professor Frucht
und das Kampfstoff-Geheimnis

Ullstein

Quellennachweis der Abbildungen: Freeman/Roberts (2), Mehner (1), Privat (10), Ullstein Bilderdienst (2)

CIP-Kurztitelaufnahme der Deutschen Bibliothek

Freeman, Clive:
Der kälteste Krieg: Professor Frucht u. d. Kampfstoff-Geheimnis/
Clive Freeman; Gwynne Roberts. [Ins Dt. übertr. von Erwin Duncker]. –
Frankfurt/M; Berlin; Wien: Ullstein, 1982.
Einheitssacht.: The Coldest War ‹dt.›
ISBN 3-550-07955-9
NE: Roberts, Gwynne:

Titel des Originalmanuskripts
The Coldest War

Ins Deutsche übertragen von Erwin Duncker

Satz: Fotosatz Otto Gutfreund, Darmstadt
Druck und Verarbeitung: May + Co, Darmstadt
Printed in Germany 1982
ISBN 3 550 07955 9

Vorwort

Die Vereinigten Staaten, überzeugt davon, daß der Warschauer Pakt einen beherrschenden Vorsprung auf dem Sektor der chemischen Kriegführung erlangt habe, planen jetzt Ausgaben in Milliarden-Dollar-Höhe für eine neue Generation chemischer Waffen. Das Pentagon fürchtet, daß die Sowjetunion im Konfliktfall nicht zögern würde, ihr Schreckensarsenal gegen ihre Feinde einzusetzen. Vor diesem Hintergrund haben Amerika und seine NATO-Partner die höchstmögliche Priorität der Aufgabe zuerkannt, genau zu ermitteln, was der Ostblock auf diesem Gebiet im Schilde führt. Westliche Geheimdienst-Experten behaupten, daß ein Drittel der sowjetischen taktischen Lenkwaffen mit chemischen Gefechtsköpfen armiert ist und daß Nervengase in riesigen Mengen in der DDR und der Tschechoslowakei gelagert und für den sofortigen Einsatz bereitgehalten werden. Die Sowjets, erklären sie, besitzen jetzt die Fähigkeit des ersten Schlages mit diesen Waffen.

Der Einsatz chemischer Waffen ist durch das Genfer Protokoll von 1925 verboten, das nach den Schrecken des Ersten Weltkrieges ausgearbeitet worden war. Die chemischen Kampfstoffe von heute sind 100 000mal so wirksam wie die vor 60 Jahren. Das macht es nur noch dringender erforderlich, einen neuen Vertrag zu entwerfen, der Produktion und Lagerung chemischer Waffen ebenso verbietet wie ihren Einsatz. Aber eine derartige Vereinbarung zwischen den Großmächten ist noch immer nicht in Sicht, obwohl die Sowjetunion und die Vereinigten Staaten seit 1976 verhandeln. Angesichts der Tatsache, daß die Ost-West-Spannungen einem neuen Höhepunkt zustreben, verstärken sich die Befürchtungen, daß eine nukleare Konfrontation der Supermächte auch den zusätzlichen Schrecken eines chemischen Holocaust einschließen würde. Nervengaswolken könnten ganze Völker dezimieren, und die Opfer würden nach Krämpfen und Lähmung einen qualvollen Tod erleiden.

Verfolgung

Anfang Mai 1967 war es soweit. Agenten des Ministeriums für Staatssicherheit in Ost-Berlin standen sprungbereit für eine Festnahme. Monatelang hatten sie alles mit äußerster Sorgfalt für diesen Augenblick vorbereitet, waren dem Verdächtigen auf Schritt und Tritt durch die Stadt gefolgt und hatten jeden nur möglichen Aspekt seines privaten und beruflichen Lebens ausgeforscht, bis sie überzeugt waren, daß sie ebensoviel, oder womöglich mehr, über ihn wußten als seine eigene Frau. Das Ministerium für Staatssicherheit (in der DDR meist nur »Stasi« genannt) ging dem gefährlichsten Spionagefall in der Geschichte der Deutschen Demokratischen Republik nach und hatte zu diesem Zweck eine Geheimoperation organisiert, an der vier andere Ostblock-Geheimdienste beteiligt waren. Die Stasi hatte mit KGB-Offizieren in Karlshorst zusammengearbeitet, dem sowjetischen Spionage-Hauptquartier in Ost-Berlin; mit dem polnischen Sicherheitsdienst in Warschau; mit tschechischen und ungarischen Kollegen in Prag und Budapest. In der DDR waren elf geheime Informanten für den Fall abgestellt; ein umfangreiches Dossier über die angebliche Spionagetätigkeit des Verdächtigten für einen imperialistischen Nachrichtendienst lag vor. Sie hatten seine Post abgefangen, sie hatten seine privaten und seine Diensttelephone angezapft und auf diese Weise versucht, Indizien für verräterische Tätigkeiten zusammenzutragen, hatten aber nur einmal Erfolg, als sie eine belastende Mikrofilm-Nachricht – »Mikrat« im DDR-Geheimdienstjargon – in einem Brief verborgen fanden, den ein amerikanischer Geheimdienst an ihn gerichtet hatte.

Ihre Zielperson war ein hochgeachteter Wissenschaftler mittleren Alters, der seit seiner Heimkehr aus einem sowjetischen Kriegsgefangenenlager im Jahre 1945 im Osten Deutschlands gelebt und gearbeitet hatte. Professor Adolf-Henning Frucht war Gründer und Direktor des Instituts für Arbeitsphysiologie in Ost-Berlin, ein prominenter Wissenschaftler der DDR. Er war ein schlanker, hagerer Mann, 1,78 Meter groß, hatte das Auftreten eines Gentleman und hellwache, tiefliegende braune Augen. Seine Haltung, die Präzision seiner Bewegungen waren diejenigen eines Gelehrten, und er war Abkömmling einer der hervorragendsten Familien Deutschlands, deren Mitglieder Außerordentliches als Historiker, Theologen und Naturwissenschaftler geleistet und sich in jüngster Vergangenheit durch entschlossenen Widerstand gegen Hitler ausgezeichnet hatten. Trotz der Jahre, die er in der DDR verbracht hatte, war er ein Mann von kosmopolitischen Neigungen geblieben. Vor dem Zweiten Weltkrieg hatte er in den Vereinigten Staaten studiert; dort lebten noch immer Verwandte und Freunde von ihm. Seine Vorliebe für Westliches wurde weiterhin gestärkt durch die Tatsache, daß seine Schwester durch Heirat britische Staatsangehörige war.

Zu Hause führte er ein relativ komfortables Leben mit Maria, seiner zweiten Frau, und den beiden Töchtern aus dieser Ehe, der damals zehnjährigen Karin und der fünfjährigen Uta. Sein Einkommen von 3600 Mark im Monat war für DDR-Verhältnisse hoch, und der Bungalow, den er vom Staat gemietet hatte, kostete ihn sehr wenig. Das Grundstück befand sich im friedlichen Vorort Grünau am Südostrand Ost-Berlins, und die Familie hatte dort seit mehr als acht Jahren glücklich und zufrieden gelebt. Für einen vielbeschäftigten Mann wie Frucht war es ein ideales Refugium, umgeben von Kiefern in einem 2500 Quadratmeter großen Garten nicht weit vom bewaldeten Ufer des Flusses Dahme.

Es gab dort Blumenbeete, einen Steingarten und einen Fischteich, und eine gewaltige Eiche ragte hoch hinaus über den Bungalow. Die Familie besaß auch ein kleines Feriengrundstück in der Nähe des winzigen Seebades Spandowerhagen an der

Ostseeküste. Das Haus dort und die Nebengebäude waren verfallen, und während ihrer Aufenthalte mußten sie im Dorf wohnen. Eines Tages aber hofften sie, sich dort ein kleines Ferienhaus bauen zu können. Der große Reiz der Gegend bestand in ihrer Unberührtheit; Seeadler schrien an der Küste, und gelegentlich erschienen Elche. Frucht gehörte dort auch ein kleines Boot – ein weiteres, konkretes Indiz für seine privilegierte Stellung in der DDR. Der Besitz eines Bootes war offiziell nicht erlaubt. Damit hätte man ja aus dem kommunistischen Staat fliehen können.

Suchte der Wissenschaftler in Berlin Erholung und Entspannung, so fand er sie vor allem auf langen Waldspaziergängen in der Nähe seines Hauses. Viele Stunden verbrachte er damit, klassische Musik zu hören. Er war ein guter Fagottspieler, und es machte ihm Freude, in einem Ärzte-Orchester mitzuspielen. Eine andere seiner Passionen war das Lesen. Aus ganzem Herzen liebte er die Klassiker und hatte ein tiefes Verständnis für Goethe. Aber auch etliche modernere Autoren faszinierten ihn. In seiner großen privaten Bibliothek fanden sich mehrere James-Bond-Romane sowie eine kritische Arbeit über den Bond-Kult. Frucht besaß vieles – und die Bond-Bücher gehörten dazu –, was seine Bereitschaft verriet, die kulturellen Grenzen zu überschreiten, hinter denen die meisten Ostdeutschen eingesperrt waren.

Das von Frucht geleitete Institut war 1957 gegründet worden, und sehr schnell zog es Wissenschaftler aus den Ostblockländern an. Aber auch Forscher aus England, der Bundesrepublik und den USA waren gern gesehene Gäste. Das Institut befand sich in einem Komplex alter Krankenhausbauten am Nöldnerplatz im Ostberliner Stadtteil Lichtenberg, und Frucht arbeitete in einem schäbigen kleinen, karg möblierten Büro. Vom Fenster aus hatte man einen Blick auf die ehemalige Krankenhauswäscherei. Einige seiner Kollegen hielten es für einen Fehler, daß er sich mit einer so heruntergekommenen Umgebung begnügte. Das sei schwerlich eine gute Reklame. Aber Frucht blieb mit seinem Institut eigensinnig in diesem Quartier, weil es sich in unmittelbarer Nähe dessen befand, was das Herz des ganzen Unternehmens war, nämlich in der Nähe der Forschungslaboratorien.

Monatelang hatte das Ministerium für Staatssicherheit sein Institut, seine Wohnung und seinen Ferienort an der Ostsee genau observiert. Mit besonderem Mißtrauen verfolgten die Stasi-Leute seine Besuche in Spandowerhagen. In der Nähe gab es hochsicherheitsbedürftige militärische Anlagen in Peenemünde, wo sich zur Hitlerzeit die V2-Raketenversuchsanstalt befunden hatte. Sie hielten es für keinen Zufall, daß Frucht sich entschieden hatte, ausgerechnet dort seine Ferien zu verbringen. Noch brennender interessierten sie sich für sein äußerst aktives Berufsleben.

Die Physiologie ist ein Querschnittsfach. Überall wo Lebenserscheinungen beobachtet oder gemessen werden sollen, kann ein Physiologe sich nützlich machen. Frucht sah sein Institut als Forschungs-, aber auch als Dienstleistungsstelle an, das wissenschaftliche Arbeitsmethoden anzubieten hatte. Augenzwinkernd sagte er, der Physiologe sei eigentlich ein Händler, der in Physik, Mathematik und Technik Meß- und Auswertungsverfahren einkaufe und an die Medizin und Biologie verhökere.

Die Beschäftigung mit Methoden ermöglicht auch eine fundierte Kritik an Untersuchungsverfahren und ihren Ergebnissen. Deshalb wünschen viele Wissenschaftsbereiche einen Physiologen als Berater. Niemand möchte am Ende langer wissenschaftlicher Bemühungen erfahren, daß er ein unscharfes oder verzerrendes Meßverfahren benutzt hat. Da ist es besser, vorher zu fragen, und das gibt der Physiologie die natürliche Verbindung zur Wissenschaftsplanung. Schließlich verfügt die Humanphysiologie über fortlaufende Meßverfahren mit hoher Zeitauflösung, wie sie die moderne Technik benötigt. Deshalb sucht auch die Industrie gern den Rat eines Physiologen, der dann gewissermaßen ein Exportgeschäft von der Medizin zur Technik betreibt.

Mit den meisten führenden Wissenschaftlern der DDR war Frucht gut bekannt. Darunter befanden sich auch einige, die mit russischen Kollegen an streng geheimen sowjetischen Rüstungsprogrammen zusammengearbeitet hatten. Er kannte Männer vom Kaliber eines Manfred von Ardenne, eines Peter-Adolf Thiessen und Gustav Hertz, die sämtlich eine Rolle bei der

Entwicklung der sowjetischen Atombombe gespielt hatten. Tatsächlich liest sich die Liste der professionellen Kontakte Fruchts wie ein Auszug aus einem wissenschaftlichen »Who's Who« des Ostblocks. Vielfältig war die wissenschaftliche Arbeit, die unter seiner Leitung geleistet wurde. Sie reichte von der Forschung auf Gebieten der Mikrobiologie bis hin zur Sportmedizin.

Die Kampfstoffexperten der Nationalen Volksarmee waren ganz versessen darauf, Frucht zu Rate zu ziehen. Offiziere des Chemischen Dienstes der Armee suchten ihn in seinem Institut auf und sprachen offen über geheime Arbeiten. Dabei übersahen sie die Tatsache, daß er nicht sicherheitsüberprüft war. Wie das ausgerechnet im sensibelsten Bereich der Geheimhaltung möglich war, ist schwer verständlich, denn Frucht legte Wert darauf, den Charakter seines Institutes als offene Einrichtung zu betonen. In einem Lande, in dem man schon seinen Personalausweis vorlegen muß, wenn man ein Päckchen bei der Post aufgeben will, war es ein Kuriosum, wie jedermann in den Räumen des Institutes für Angewandte Physiologie ein und aus gehen konnte. Das Institut war in drei Berliner Stadtteilen und sechs Gebäuden untergebracht, was nach den in der DDR üblichen Vorstellungen selbst mit der untersten Geheimhaltungsstufe unvereinbar war.

Die Sicherheitsbehörden der DDR waren deshalb aufs höchste alarmiert, als sich ein Spionageverdacht gegen einen Mann ergab, der nicht nur als Physiologe, sondern auch als Professor an der Akademie für Ärztliche Fortbildung, durch deren in Institutsnähe gelegene Räume wöchentlich mehrere hundert Ärzte aus allen Teilen der DDR gingen, eine Fülle von Kontaktmöglichkeiten hatte. War das labyrinthähnliche Institut ein Spionagezentrum? Wie weit reichten die Verbindungen in die mit der DDR verbundenen Länder? Seit wann und für wen arbeitete er? Weshalb war er überhaupt in der DDR und nicht in den USA oder der Bundesrepublik, wohin er nach Meinung der Stasi viel besser gepaßt hätte?

Ein Anfang Mai 1967 aufgenommenes Foto zeigt Frucht als einen Mann, der plötzlich gealtert ist – sein Gesicht ist angespannt und tief gefurcht, er ist hohlwangig, seine Augen wirken müde. In den vorangegangenen sechs Monaten hatte sich eine ungeheure Spannung in ihm aufgestaut. Den Grund dafür kannte er nur zu gut, aber niemandem konnte er seine Sorgen anvertrauen, nicht einmal Maria, seiner Frau, obwohl sie doch ein so verständnisvoller Partner war. Noch nie hatte er sich so niedergeschlagen gefühlt, so pessimistisch, wenn er an die Zukunft dachte. Ein kleiner Vorfall verriet das Ausmaß seiner inneren Spannung. Ein alter Freund der Familie, Conrad Felixmüller, ein in beiden deutschen Staaten berühmter Maler, wollte sein Portrait malen. Bilder von Maria und den beiden Kindern hatte er schon angefertigt. Aber Frucht schien peinlich berührt von der Bitte. Er weigerte sich, ihm zu sitzen, und sagte: »Ich habe so viel zu arbeiten, ich habe keinen inneren Frieden. Ich fühle mich schrecklich . . .«

Am 11. Mai 1967 strebte die MFS-Operation gegen Frucht ihrem Höhepunkt zu. Der Wissenschaftler war unerwartet in das Rektorat im Zentralinstitut für Arbeitsmedizin gerufen worden, zu dem auch sein eigenes Institut gehört. Er sollte dort Professor Ludwig Mecklinger treffen, damals Stellvertretender Gesundheitsminister der DDR, der ihn mit einem festen Händedruck begrüßte. Frucht war ein wenig erstaunt über die Wärme der Begrüßung, denn er hatte von Mecklinger nie eine besonders gute Meinung gehabt. Nach dem Krieg hatten die beiden Männer eine Zeitlang in ähnlichen Stellungen im Gesundheitswesen der sowjetischen Besatzungszone gearbeitet. Mecklinger war immer von politischem Ehrgeiz erfüllt gewesen und hatte von Anfang an ein hohes Regierungsamt angestrebt (er ist jetzt Gesundheitsminister der DDR), während Frucht sich für eine rein wissenschaftliche Laufbahn entschieden hatte.

In späteren Jahren hatten sich ihre Wege beruflich kaum noch gekreuzt, bis es 1964 wegen einer wissenschaftlichen Arbeit aus dem Greifswalder Militärärztlichen Institut, das damals zu Mecklingers Bereich gehörte, zu einem offenen Zusammenstoß kam. Zündfunke des Konflikts war eine Doktorarbeit. Die Arbeit war so mangelhaft, daß sie unmöglich die Zustimmung des Greifswalder Physiologen Professor Gerbstedt gefunden haben konnte. Frucht schrieb diesem deshalb. Tatsächlich hatte Mecklinger die Arbeit an dem gewissenhaften Fachmann vorbei manipuliert. Dieser war empört, weil die Annahme der Dissertation seinem Ansehen und dem der Universität schaden mußte, und daher verlas Professor Gerbstedt Fruchts kritischen Brief in Anwesenheit Mecklingers während der Fakultätssitzung.

Vierzehn Tage später wurde Mecklinger zum Stellvertretenden Gesundheitsminister der DDR im Rang eines Staatssekretärs ernannt. Über Nacht war Mecklinger zu Fruchts Vorgesetztem geworden.

Keiner der beiden Männer hatte diesen Vorfall vergessen, und es war daher nur zu verständlich, daß der Wissenschaftler sich über den plötzlichen Ausbruch von Herzlichkeit bei dem Staatssekretär wunderte – und auch über die Bitte, die er jetzt äußerte.

»Ich bitte Sie, nach Prag zu fahren«, sagte er, »und zwar als Vertreter des Ministeriums auf einer wissenschaftlichen Konferenz der Bruderstaaten.«

»Was ist das Thema der Gespräche?«

»Abstimmung der Planung auf dem Gebiet der medizinischen Grundlagenforschung.«

»Und wann soll ich reisen?«

»Nächsten Mittwoch – am 17. Die Reise dauert drei Tage.«

»Dann fahre ich mit dem Auto«, sagte Frucht, »und nehme einen meiner Assistenten mit.«

»Nein«, erwiderte Mecklinger nervös. »Mir wäre es schon lieber, Sie täten das nicht. Das bedeutet nur zusätzliche Spesen. Wir haben schon einen Platz im Vindobona für Sie reserviert. Der fährt früh vom Ostbahnhof. Die Genossen in Prag kümmern sich um Sie, ein Kollege wird Sie vom Bahnhof abholen. Der wird Ihnen auch das nötige Geld geben.«

Solche Abmachungen gingen erfahrungsgemäß fast immer schief, aber Mecklinger versicherte hoch und heilig, daß alles auf das Gewissenhafteste vorbereitet worden sei. Er sollte mit einem vom Ministerium ausgestellten Diplomatenpaß reisen, den er am Tag vor seiner Abreise abholen sollte.

»Aber ich habe doch meinen eigenen Paß«, rief Frucht.

»Ja, aber hier reisen Sie im Auftrag des Ministeriums, und es wäre uns schon lieber, wenn Sie mit unseren Papieren reisen.«

Obwohl die Plötzlichkeit der Bitte überraschte, erhob Frucht keine Einwände. Er war ein geschickter Verhandlungsführer und hatte Erfahrung darin, Konferenzen zu leiten. Auch das Thema entsprach seinem Arbeitsgebiet. Dennoch hatte er das Gefühl, irgend etwas sei an diesem Auftrag sehr merkwürdig.

Am Abend jenes Tages gab das Orchester, dem er angehörte, ein Konzert in der Ostberliner Kongreßhalle am Alexanderplatz. Wie üblich spielte Frucht Fagott. Das Konzert wurde für das Fernsehen aufgezeichnet, und als es vorüber war, bot er der Sopranistin, der Frau eines Medizinerkollegen, an, sie in seinem Wagen nach Hause zu bringen. Sie wohnte in Königswusterhausen bei Berlin. Als sie ein paar Kilometer gefahren waren, bemerkte der Wissenschaftler, daß ein anderes Auto hinter ihnen war. Als er langsamer fuhr, um es überholen zu lassen, verringerte auch der andere Fahrer die Geschwindigkeit. Als er beschleunigte, fuhr auch das andere Auto schneller. Frucht, nun überzeugt, daß man ihm folgte, teilte das seiner Mitfahrerin mit. Der Wissenschaftler wurde nervös, und kurz vor Königswusterhausen bog er scharf von der Straße ab, hielt auf einem Parkplatz und löschte das Licht. Das andere Fahrzeug brauste vorbei. Frucht fragte sich, ob der Zwischenfall irgend etwas mit Mecklingers Besuch an diesem Tage zu tun haben könnte, aber dann verdrängte er diesen Gedanken wieder.

Als er am nächsten Morgen erwachte, fühlte er sich unruhig. Das Pfingstwochenende stand bevor, und er hatte versprochen, mit seiner Familie nach Meißen zu fahren, immerhin eine Entfernung von rund 220 Kilometern, aber er hatte im Institut noch vieles zu erledigen, bevor er nach Prag fuhr. Es herrschte starker Verkehr auf den Straßen, und er fuhr unkonzentriert. Seine Schwiegermutter teilte Maria mit, daß sie sich nie wieder zu ihm ins Auto setzen werde.

An jenem Abend verriet ein anderer Zwischenfall seine Gereiztheit. Die Familie wohnte in einem kleinen Gartenhaus in Meißen, das Verwandten gehörte. Karin und Uta waren länger als üblich noch auf, lasen Micky-Maus-Hefte und weigerten sich, zu Bett zu gehen. Für Frucht waren die Hefte ein zusätzliches Ärgernis. Sie waren von Gabriele, einer seiner Töchter aus erster Ehe, durch die Berliner Mauer geschmuggelt worden und lagen gewöhnlich stapelweise im Hause herum. Die Mädchen hatten sich etliche dieser Hefte als Lektüre für die Autofahrt mitgenommen. Damals betrachteten die DDR-Behörden derartige Westveröffentlichungen als Zeichen einer dekadenten Kultur. Eltern, die bei ihren Kindern solche Lektüre duldeten, galten als ungeeignet für ihre Erziehung. Fand man sie bei seinen Kindern, würden die Behörden erheblichen Ärger bereiten; das wußte Frucht. Als daher die Kinder ihm nicht gehorchten und nicht aufhören wollten, die Hefte zu lesen, raffte er sie in einem plötzlichen Wutanfall zusammen, stürmte nach draußen und verbrannte sie auf dem Hof. Karin schluchzte bitterlich und schmollte noch tagelang.

Am nächsten Tag fuhr er mit seinem Volkswagen seiner Familie voraus nach Hause. In Grünau beschloß er spontan, einen alten Bekannten zu besuchen, Professor Ernst Holstein, und ihm zu seinem 66. Geburtstag zu gratulieren. Jahrelang hatte Holstein dem Zentralinstitut für Arbeitsmedizin vorgestanden, zu dem auch Fruchts eigenes Institut gehörte, war aber gegen den Wunsch des Ministers zum frühestmöglichen Zeitpunkt in den Ruhestand getreten. Frucht hatte das unbehagliche Gefühl, daß Holsteins Ausscheiden irgend etwas mit ihm zu tun hatte. Holstein würde auch jetzt wissen, was bevorstand. Aber Holstein war »nicht zu sprechen«, und Frucht war voller unguter Gefühle wieder gegangen.

Am Dienstag kehrte er in das Institut zurück und ging durch die Abteilungen. Er traf die Technischen Assistentinnen bei einer Besprechung. Es waren Frauen, die Naturwissenschaften oder Medizin hatten studieren wollen, dies aber nicht durften, weil ihre Eltern weder der Arbeiterklasse noch der privilegierten

Schicht angehörten. Frucht hatte sich von den Physiklehrern der Abiturklassen Ost-Berlins die geeignetsten Schülerinnen nennen lassen. Er stellte sie jeweils zunächst als Reinigungskräfte im Institut ein und bildete sie aus. Auf diese – etwas unorthodoxe – Weise konnten die Mädchen vom ersten Tage an Geld verdienen, und das Institut zog sich einen fachlich hervorragenden Unterbau heran. – Hübsch waren sie auch noch. Frucht hielt ihnen eine kleine Stegreif-Rede, wies sie auf ihre Rechte hin und riet ihnen, sich energischer durchzusetzen. Er sagte, sie sollten sich keine untergeordneten Arbeiten von Forschungsdoktoren aufhalsen lassen, die überhaupt nichts mit der Arbeit zu tun hatten, für die sie ausgebildet worden waren. Als er wieder ging, sagte eines der Mädchen zu den Kolleginnen: »Das hat sich ja ganz wie eine Abschiedsrede angehört.«

Am Nachmittag brannte draußen über seiner Bürotür das rote Licht. Es bedeutete, daß er nicht gestört zu werden wünschte, weil er die Habilitationsarbeit seines zur Freien Universität übergewechselten ehemaligen Mitarbeiters Dr. med. vet. J. Werner durchsehen wollte. Um 17.00 Uhr schickte er einen Kollegen, Dr. Heinz Frauendorf, ins Ministerium, um seinen Reisepaß abzuholen. Obwohl er eine schriftliche Vollmacht vorlegte, schickte man ihn wieder weg. Eine halbe Stunde später rief ein Beamter an und sagte, Frucht müsse das Dokument persönlich abholen. Verärgert über die Störung, fuhr er zum Ministeriumsgebäude an der Mauer. Erwartet wurde er vom Pressesekretär und dem Leiter der Abteilung für Internationale Beziehungen. Beide waren äußerst höflich und entschuldigten sich überschwenglich wegen der Unannehmlichkeiten, die sie ihm hätten bereiten müssen. Sie übergaben ihm das Dokument, das Frucht an Ort und Stelle unterschrieb und einsteckte, ohne auch nur einen Blick darauf geworden zu haben. Beim amtlich eingetragenen Ausstellungsdatum fehlte der Monat. Der gewissenhafte Dr. Frauendorf hätte das sicherlich bemerkt.

Am Abend war auch Maria mit den Kindern aus Meißen zurück, und Frucht aß mit seiner Familie zu Abend, bevor er sich in sein Arbeitszimmer zurückzog, um in letzter Minute noch ein wenig an mehreren wissenschaftlichen Papieren zu arbeiten. Kurz nach Mitternacht kam Maria hastig herein und sagte, sie habe merkwürdige Geräusche von der Terrasse gehört. Dann ging sie hinaus, um nachzusehen. Aber sie sah nichts außer der Silhouette der Kiefern, die sich sanft im Winde wiegten. Sie war bald wieder da und schloß die Tür hinter sich ab. Ihr Mann arbeitete weiter an seinem Schreibtisch; Maria ging zu Bett.

Wenig später tauchten mehrere Stasi-Beamte aus den Schatten auf, um näher am Arbeitszimmer des Wissenschaftlers Posten zu beziehen. Ihr Auftrag für diese Nacht lautete, sicherzustellen, daß er nicht versuchte, den Bungalow zu verlassen oder belastende Papiere zu verbrennen.

Um 3.00 Uhr ging Frucht endlich schlafen, aber um sechs war er schon wieder auf und traf hastige Vorbereitungen für seine Reise nach Prag. Nach einem raschen Frühstück packte er um 7.15 Uhr seinen Koffer auf Marias Fahrrad, das er sich lieh, um schnell zum Bahnhof zu kommen. Als er davonradelte, winkten Maria und Uta ihm vom Eingang des Hauses aus zu. Karin, die den Streit von Meißen noch nicht verwunden hatte, saß schmollend in ihrem Zimmer. Frucht sah flüchtig das Rot und Gold der Tulpen – Marias Lieblingsblumen –, die von einem Blumenbeet herüberleuchteten, aber in einer Seitenstraße weiter unten sah er wieder den schwarzen Mercedes, der häufig während der letzten Tage frühmorgens dort geparkt gewesen war. Ein Mercedes war ein seltener Anblick in Ost-Berlin, ungewöhnlich genug, um Aufmerksamkeit zu erregen. Dieser Wagen machte Frucht Sorgen. Schwerlich konnte er Besuchern aus West-Berlin gehören, denn die mußten, so schrieb das Gesetz es vor, um Mitternacht die Stadt verlassen haben, und erst um sechs Uhr früh wurde der Grenzübergang wieder geöffnet. Die einzig mögliche Erklärung war, daß der Wagen irgendeinem Staatsfunktionär gehörte – oder vielleicht der Stasi.

Frucht radelte weiter und erreichte gerade noch seinen Zug. Als die S-Bahn sich ratternd vom Bahnsteig des Bahnhofs Grünau in Richtung Ost-Bahnhof entfernte, sah er, wie seine Frau und seine Tochter ankamen, um das Fahrrad abzuholen, das er in aller Eile an eine Mauer gelehnt hatte. Dreißig Minuten später stieg er in den Vindobona-Expreß Berlin–Prag. Er ignorierte den Platz, der für ihn in einem 1. Klasse-Wagen reserviert war, und ging den Gang englang, bis er ein leeres Abteil gefunden hatte, in dem er sich ausstrecken konnte. Nach wenigen Minuten schon schlief er fest.

Unterdessen fuhr auch der schwarze Mercedes, den er in der Nähe seines Hauses gesehen hatte, mit hohem Tempo nach Süden. Die Endphase der Überwachungs-Operation hatte begonnen, und Monate sorgfältigster Planung sollten nun Erfolg bringen. In dem Wagen saßen vier Stasi-Beamte. Hauptmann Walter Runge, der Chef des Kommandos, saß neben dem Fahrer. Der Mann war gut gebaut und rothaarig, und er hatte viele Stunden auf der Pirsch nach seiner Beute verbracht. Sein Plan war es, den Vindobona in Bad Schandau abzufangen, der letzten DDR-Station vor der tschechischen Grenze, die der Zug um 11.41 Uhr erreichen sollte. Als zusätzliche Vorsichtsmaßregel hatte er schon in Dresden Männer in den D-Zug einsteigen lassen. Sie sollten sicherstellen, daß Frucht nicht vorher verschwand. Sie fanden ihn tief schlafend auf seinem Fensterplatz. Frucht rührte sich erst, als der Zug auf dem Grenzbahnhof hielt. Ein Zollbeamter riß lärmend die Abteiltür auf und verlangte seine Papiere. Der aufgeschreckte Wissenschaftler kramte umständlich in seinen Taschen und zog schließlich den Paß hervor, den er vom Ministerium bekommen hatte. Nach flüchtiger Prüfung sagte der Beamte: »Ihr Paß ist ungültig.«

»Unsinn«, erwiderte Frucht. »Es ist ein Diplomaten-Paß, das Ministerium hat ihn gestern erst für mich ausgestellt.«

»Er ist nicht in Ordnung. Sie müssen aussteigen. Folgen Sie mir.«

Frucht gehorchte. Er nahm seinen Koffer mit. Der Bahnsteig war wie leergefegt – bis auf einen stämmigen Gepäckträger, der argwöhnisch zusah, wie der Wissenschaftler den Bahnsteig entlang und in einen kleinen Raum im Bahnhofsgebäude geführt wurde. Schnell wurde die Tür hinter ihm geschlossen, und zwei Männer in Zivil standen ihm gegenüber. Hauptmann Runge zog seine Marke heraus, Staatssicherheit, und sagte: »Ich erkläre Sie für festgenommen.«

Der Wissenschaftler war wie betäubt. Obwohl es im Laufe der letzten Wochen klare Anzeichen dafür gegeben hatte, daß sich das Netz der Stasi um ihn zusammenzog, war er doch auf diesen Augenblick innerlich nicht vorbereitet. Er fühlte sich gleichzeitig hellwach und emotional wie unbeteiligt. Diesen Zustand kannte er aus Augenblicken höchster Gefahr im Kriege. Alles Gefühlsmäßige versinkt. In diesem Zustand wurde er nach Waffen durchsucht, aus dem Bahnhofsgebäude hinaus- und zu dem Mercedes geführt. Dort saß er plötzlich auf dem Rücksitz, eingezwängt zwischen den beiden anderen Stasi-Beamten. Runge setzte sich vorn neben den Fahrer, dem er befahl, nach Ost-Berlin zurückzukehren.

Frucht erkannte, wie säuberlich man ihm die Falle gestellt hatte. Die Stasi-Leute hatten keine Mühe gescheut, eine Fassade der Legalität zu wahren, ja, sie hatten sich sogar der Mithilfe durch einen Minister der Regierung versichert, um ihre Falle zu stellen. Nach DDR-Recht ist ein Haftbefehl nicht erforderlich, wenn der Täter im Begriff ist, die Staatsgrenze zu überschreiten. Sie taten deshalb einfach so, als sei der Wissenschaftler im Begriff gewesen, »in die Tschechoslowakei zu fliehen«. Indem sie die Notwendigkeit umgingen, einen Haftbefehl zu beantragen, hatten die Stasi-Leute auch das Risiko, daß Frucht und mögliche Komplizen vorgewarnt werden könnten, auf ein Minimum reduziert. Plötzlich fiel es dem Wissenschaftler wie Schuppen von den Augen. Er erkannte den Zusammenhang zwischen der ganzen Serie von Zwischenfällen, die ihm in den letzten Wochen solche Rätsel aufgegeben hatte. Er erkannte Runge als einen der Insassen des Mercedes wieder, den er in Grünau gesehen hatte. Der Mercedes, der Stellvertretende Minister, die merkwürdigen Geräusche im Telephon, der Zwischenfall nach dem Konzert... plötzlich machte das alles Sinn. Ein Gedanke aber peinigte ihn. Wieviel wußte die Stasi?

Nach wenigen Kilometern beugte Frucht sich vor und sagte zu Runge: »Wissen Sie, Sie machen eine kolossale Dummheit. Ich bin in wichtiger Regierungsmission unterwegs, und meine tschechoslowakischen Kollegen erwarten mich in Prag. Man wird eine Menge peinlicher Fragen stellen, wenn ich nicht ankomme.«

»Wenn wir jemanden wie Sie festnehmen«, sagte Runge mit drohendem Unterton, »dann wissen wir auch, warum. Darauf können Sie sich verlassen.«

Frucht ließ sich in seinen Sitz zurücksinken und schloß die Augen. Der drohende Unterton in der Stimme des Stasi-Hauptmanns war nicht zu überhören, und unverkennbar befand er sich in einer äußerst ernsten Lage. Die kommenden Tage und Wochen würden sehr anstrengend werden und höchst unangenehm, und er hatte im Grunde keinen wirklichen Plan, wie er mit dem fertig werden sollte, was ihm nun bevorstand.

Der Mercedes fuhr schnell, zeitweise 180, aber kurz vor Dresden verlangsamte sich die Fahrt, und der Wagen machte kurvenreiche Umwege, Sicherheitsmaßnahmen, um nicht die Hauptstraße durch die Stadtmitte nehmen zu müssen. Der Fahrer hatte klare Anweisungen: Frucht durfte nicht erkannt werden. Stadtverkehr und belebte Straßen waren zu meiden.

Als sie wieder auf der Autobahn in Richtung Berlin waren, fragte der Gefangene, ob er schlafen dürfe. »Sie sollten sich lieber auf die Vernehmung einstellen und ihr Geständnis vorbereiten«, sagte Runge zu ihm. Trotzdem zog Frucht sich die Jacke über den Kopf und schlief bald fest. Als er fünfzig Minuten später wieder aufwachte, näherte sich der Wagen dem Autobahnring Berlin. Nach Osten fahrend, umfuhr der Mercedes Berlin und holperte nach der Ausfahrt Schwanebeck über das Kopfsteinpflaster von Berlin-Buch. Es ging an der Südseite des Klinikums entlang zur Kolonie Buch. Dort hielt er vor einer Villa, die von einem ungepflasterten Feldweg weit zurückgesetzt war. Es hatte knapp zwei Stunden gedauert, um das »Gästehaus« des Ministeriums für Staatssicherheit zu erreichen.

Frucht wurde eine Treppe hinauf in einen Raum des ersten Stocks geleitet, wo schon mehrere Stasi-Leute warteten. Andere Beamte betraten den Raum, sahen ihn an, gingen wieder, und er hatte das bestimmte Gefühl, den einen oder anderen von ihnen schon einmal gesehen zu haben. Aber wo, daran konnte er sich nicht erinnern. Zu Anfang gewährte man ihm erstaunlich viel Freiheit, und er konnte hinausgehen auf den Balkon über der Veranda und den Obstgarten unten betrachten. Fahrzeuge trafen ein, er hörte, wie Wagentüren zugeschlagen wurden.

Drinnen war ein opulentes kaltes Buffet auf einem großen Tisch aufgebaut, ganz so wie bei einem diplomatischen Empfang. Frucht, in dessen Vorstellung Verhaftung und Gefängnis immer mit Hunger und Entbehrung verbunden gewesen waren, nahm ein viel zu großes Mittagessen zu sich, gleichsam als Vorbereitung auf bevorstehende magere Zeiten.

Die Vernehmung begann am frühen Nachmittag, und die, die ihn befragten, waren überraschend höflich. Einmal ließ man ihn sogar allein in dem Raum; nur ein Mann, der auf dem Balkon stand, bewachte ihn. Das gab ihm Gelegenheit, über seine Lage nachzudenken. Frucht beschloß, sich möglichst wenig festzulegen, bis er sich eine Verteidigungsstrategie zurechtgelegt hatte.

Die Vernehmung begann in ruhigem Ton. »Arbeiten Sie mit uns zusammen, und Sie können heute Abend bei Ihrer Familie sein«, sagte ein Geheimdienst-Oberst leise, beinahe vertraulich. »Und morgen schon können Sie bei Ihren Kollegen in Prag sein.«

»Ich weiß gar nicht, was Sie von mir wollen«, sagte Frucht.

»Sie haben sich nach unseren Gesetzen strafbar gemacht. Seien Sie offen zu uns, und Sie ersparen sich eine Menge Ärger.«

»Ich weiß nicht, wovon Sie reden. Ich habe einen guten Teil meines Lebens damit verbracht, beim Aufbau unseres Staates zu helfen. Es ist schäbig von Ihnen, mich jetzt so zu behandeln.«

Der Oberst verzog keine Miene. Ohne ein weiteres Wort stand er auf und verließ still den Raum. Ein anderer Offizier nahm seinen Platz ein.

»Sie haben mit ausländischen Nachrichtendiensten zusammengearbeitet«, begann er. »Dafür haben wir unwiderlegbare Beweise. Sie sind ein Spion«.

Frucht zuckte mit den Schultern und gab sich die größte Mühe, weiterhin ganz unbeteiligt zu wirken.

»Hören Sie – Sie sind doch ein intelligenter Mensch, und wir möchten die Sache auf möglichst zivilisierte Weise klären«, fuhr der Stasi-Mann fort. »Helfen Sie uns – und ersparen Sie es sich, daß Sie auf sehr lange Zeit ins Gefängnis müssen.«

Als Frucht weiterhin schwieg, verließ auch dieser Mann den Raum.

Der Nachmittag schritt voran, andere Personen kamen und starrten ihn an. Er hatte die Vermutung, daß man sie eigens aus militärischen und nuklearen Forschungszentren herbeigeholt hatte, um festzustellen, ob sie ihn kannten oder nicht. Als Runge dann wieder erschien, war es draußen schon dunkel geworden, und Frucht bat um die Erlaubnis, Maria anrufen zu dürfen.

Er bekam die Erlaubnis nicht.

Am Ende erschien der Oberst wieder. »Kooperieren Sie, Herr Professor. Ich kann nicht eindringlich genug betonen, um wieviel besser das sein wird für Sie und für Ihre Familie.«

»Ich habe nichts zu sagen«, erwiderte Frucht. »Was soll ich getan haben? Sagen Sie mir das, und vielleicht werde ich dann alles erklären können.«

Aber der Oberst dachte nicht daran, ihm irgendwelche Informationen zu geben. »Es sieht nicht gut aus für Sie«, sagte er und zündete sich eine Zigarette an. »Der 17. Mai ist ein Tag, an den Sie sich für den Rest Ihres Lebens erinnern werden.«

Jugend

Adolf-Henning Frucht wurde am 2. September 1913 in Torgau geboren, einer Garnisonstadt an der Elbe in der Nähe von Leipzig. Die Stadt war geprägt von den militärischen Traditionen des kaiserlichen Deutschlands. Sein Vater, Ernst Emil, fiel als Hauptmann des 72. Thüringischen Infanterie-Regiments zu Beginn des Ersten Weltkrieges, und Adolf-Henning wurde mit seiner Schwester Gisela künftig allein von ihrer Mutter Annie erzogen, einer Frau von starkem Charakter und entschieden nationaler Gesinnung.

Der Krieg, die Kriegsfolgen und die militärische Atmosphäre in Torgau färbten die politischen Anschauungen der Familie auf Jahre hinaus. Selbst für Kinder galt die Armee als Vorbild. Adolf-Henning spielte mit seinen Freunden endlos in dem Labyrinth von Gräben und Redouten der alten Infanterie-Schießstände. Sie sammelten Patronenhülsen, Stahlhelme, Granatsplitter und sogar Gasmasken, die auf dem Gelände herumlagen. Zu Hause ließen sie Heere von Bleisoldaten gegeneinander aufmarschieren und erlebten noch einmal die großen Schlachten des Weltkrieges. Adolf-Henning simulierte sogar Gasangriffe. Er pustete Babypuder über die »feindlichen Linien« und teilte seinen Freunden mit, daß ihre Truppen vernichtet seien.

Annie scheute keine Mühe, um ihren Sohn nach dem Vorbild seines Vaters zu erziehen. Sie tat alles, um die Erinnerung an ihn lebendig zu erhalten. Schon in ganz jungen Jahren war Adolf-Henning sich sehr genau bewußt, wo die politischen Sympathien seiner Mutter lagen. Der Versailler Vertrag war für sie ein klarer

Rechtsbruch, und die Waffenstillstandsbedingungen waren ihrer Meinung nach brutal, rachsüchtig und demütigend. Für sie war das Deutsche Reich in einen finsteren Abgrund geschleudert worden. Sie sah in Deutschlands Niederlage eine Strafe Gottes für Hochmut und Unterdrückung. Wie die preußischen Reformer von 1806 war sie überzeugt, daß Deutschlands Wiederaufstieg nur durch Reformen und Aufrüstung möglich war.

Aber außerhalb der erstickenden militaristischen Atmosphäre von Torgau und des strengen Konservatismus dieser Stadt gab es andere Einflüsse, die eine tiefe Wirkung auf den jungen Adolf-Henning ausüben sollten. Ganz allmählich wurde ihm bewußt, daß er in eine Familie mit großer akademischer Tradition hineingeboren worden war. Seit dem 19. Jahrhundert hatten die Vorfahren seiner Mutter, einer geborenen von Harnack, zu den Säulen der deutschen Wissenschaft gehört und als Historiker, Theologen und Naturwissenschaftler wertvolle Beiträge zum Wissen der Menschheit geleistet.

Der Ururgroßvater des Jungen, Justus von Liebig, hatte die Technik des wissenschaftlichen Arbeitens in der Chemie revolutioniert, die künstliche Düngung begründet und war der erfolgreichste populärwissenschaftliche Schriftsteller seiner Zeit. 1803 in Darmstadt geboren, lehrte und inspirierte Liebig eine ganze Generation von Chemikern. Seine wissenschaftlichen Kollegen feierten seine grundlegende Arbeit auf dem Gebiete der organischen Chemie als »Morgenröte eines neuen Tages«. Bis zum heutigen Tage sagt man, daß jeder, der mit dem Nobelpreis für Chemie ausgezeichnet wird, der »Schüler eines Schülers« von Liebig sei.

Sein Großvater, Adolf von Harnack, war ebenfalls berühmt in ganz Deutschland und genoß hohes Ansehen in theologischen, akademischen und politischen Kreisen. Er stand mit dem Kaiser auf vertrautem Fuße, und zu seinen Werken gehörten ein dreibändiges »Lehrbuch der Dogmengeschichte« und eine vielgerühmte »Geschichte der Königlich Preußischen Akademie zu Berlin«. Eine seiner bedeutendsten Leistungen war die Gründung der Kaiser-Wilhelm-Gesellschaft in Berlin, der heutigen

Max-Planck-Gesellschaft. Harnack blieb zeitlebens ihr Präsident, und unter seiner Führung wurde sie rasch zur einflußreichsten wissenschaftlichen Organisation der Welt.

Adolf von Harnack kümmerte sich sehr um seinen Enkel, wenn Annie mit ihm zu Besuch in den Grunewald kam. Er spielte mit ihm Spiele nach den Regeln der Wahrscheinlichkeitsrechnung, gab dem Jungen Rätsel auf und versuchte, ihm den mathematischen Beweis dafür zu erbringen, daß er elf Finger habe.

Im Jahre 1927 beschloß seine Mutter nach Kiel umzuziehen, um dort die Leitung eines Studentenwohnheims zu übernehmen. Ihren Sohn schickte sie auf das Joachimsthalsche Gymnasium, ein exklusives protestantisches Internat in der Uckermark, rund 30 Kilometer nördlich von Berlin, wo er sieben lange und überwiegend unglückliche Jahre verbringen sollte. Die Schule pflegte eine strenge preußische Tradition, und er fühlte sich einsam und isoliert. Als Schüler war Adolf-Henning ein Versager – sogar in Mathematik, jener Wissenschaft, in der er später glänzen sollte. Er blieb zweimal sitzen, und er krönte diesen kummervollen Abschnitt seines Lebens mit der feierlichen, öffentlichen Verbrennung seiner Logarithmentafel während des Abiturs. Sein einziger Trost war die Musik. Stundenlang spielte er die Flöte, fand Tröstung in der Musik von Bach und dachte eine Zeitlang ernstlich daran, Berufsmusiker zu werden.

Politisch lehnte er sich energisch gegen die militärische Tradition seiner Familie auf und wurde zum Pazifisten. Mit der Begründung, es verstoße gegen den Versailler Vertrag, lehnte er es ab, sich vormilitärisch ausbilden zu lassen. Auch die Hitlerjugend ignorierte er. In diesen Entscheidungen war er stark von seinem Vetter beeinflußt, Max Delbrück, der an der Universität Göttingen gerade mit einer Arbeit über theoretische Physik promoviert hatte. Später wurde Delbrück zu einem der Begründer der Molekularbiologie und erhielt den Nobelpreis. Als junger Mann war er der Prototyp der rebellischen Jugend, in ständigem Konflikt mit der älteren Generation und eingeschworener Gegner der Nazis.

Annie Frucht war nicht minder schockiert über die Vulgarität des Nationalsozialismus, ebenso die meisten ihrer Verwandten. Sie war eine Konservative, ihre Schwester Agnes war liberaldemokratisch, ihr Bruder Ernst war Sozialdemokrat, ihre Neffen Falk und Arvid waren Kommunisten, aber alle politischen Gegensätze zwischen ihnen waren vergessen, wenn die Rede auf Hitler kam. Alle Familienmitglieder verloren 1933 ihre Stellen. »Die Nazis haben die Familie vereint«, sagte Annie einmal.

Die Einstellung der Familie von Harnack zu Hitler war bestimmend für Adolf-Hennings politische Haltung, und Besuche bei seinem englischen Freund Owen Williams, der später seine Schwester Gisela heiratete, sorgten für eine Erweiterung seines weltanschaulichen Horizonts. Ehe er studieren durfte, mußte er sechs Monate Arbeitsdienst ableisten. Er wurde rechtzeitig Mitglied der Reichsmusikkammer und konnte seinen Arbeitsdienst als Flötist im Gauorchester Schlesien des RAD ableisten. Während die politischen Wolken immer düsterer wurden, begann er im Herbst 1934 das Studium der Medizin in Jena. Er arbeitete schnell und schloß seine Doktorarbeit in nur vier Semestern ab. Das Thema war eine akademische Rarität: »Zur Physiologie des Blasinstrumentenspiels«. Sein Doktorvater, Professor Martin Gildemeister, war so beeindruckt, daß er noch für dasselbe Jahr einen Vortrag Fruchts über seine Ergebnisse vor dem Deutschen Physiologischen Kongreß arrangierte. Dann, im Jahre 1937, gewann er ein zwölfmonatiges Stipendium für die Universität Cincinnati, gestiftet von der dortigen Germanistischen Gesellschaft. Er verlängerte, da er ein zweites Stipendium erhielt, seinen Aufenthalt in den Vereinigten Staaten um drei Monate, um an einem Kursus des puertorikanischen Instituts für Tropenmedizin teilzunehmen, und anschließend bot ihm ein dortiger prominenter Chirurg an, als Sponsor für seine weitere medizinische Ausbildung in Amerika zu wirken. Frucht entschied sich jedoch für die Rückkehr nach Deutschland.

Die Spannung in Deutschland strebte im Sommer 1938 einem Höhepunkt zu. Er wußte sich mit seiner Mutter einig, daß in dieser Situation sein Platz in Deutschland war. Allerdings war der Passagierverkehr bereits eingestellt. Der Direktor des

HAPAG-Lloyd-Büros in New York verschaffte seinem Freund Günther Späing und ihm einen Platz auf der leer auslaufenden »St. Louis«. Dem war ein dramatisches Gespräch vorausgegangen. »Von unserer Schulklasse leben noch drei«, sagte der in einem pompösen Büro residierende Mann. »Ihr Vater, lieber Späing, ist als einziger unverwundet geblieben. Ich habe ein Bein verloren, der andere einen Arm. Sie versäumen nichts, wenn Sie hier bleiben, und nach diesem Krieg wird Deutschland jeden Überlebenden brauchen...« Späing, glänzender Sportsmann und hochbegabter Jurist und ebenso wenig ein Freund der Nationalsozialisten wie Frucht, antwortete für beide: »Wir sind entschlossen. Wenn Sie uns nicht helfen, werden wir andere Wege suchen.« Damit war die Sache entschieden. Auf dem abgeblendeten und unter Militärrecht stehenden Passagierschiff waren sie die einzigen Gäste. Noch während der Überfahrt kam die Nachricht von Chamberlains Flug nach Godesberg. Die Welt hatte eine letzte Atempause. Freund Späing erlebte den Kriegsbeginn nicht, er verunglückte im Frühjahr 1939 in den Alpen tödlich.

Frucht nahm sein Studium an der Universität Leipzig wieder auf. Am Morgen des 10. November 1938 erfuhr er auf dem Wege zur Vorlesung von dem als Reichskristallnacht bezeichneten Pogrom. Es wurde ein bewegter und für ihn bewegender Vormittag, an dessen Ende die Familie Nachod ihn für den folgenden Abend zu einer Besprechung in eine Villa des Leipziger Gewandhausviertels einlud. Dort traf er im verdunkelten Wintergarten etwa vierzig ältere jüdische Mitbürger, die zur Besprechung der Lage zusammengekommen waren. Die einhellige Meinung dieser Verleger, Rechtsanwälte und Handelsherren war, daß die scheußlichen Ereignisse nicht überbewertet werden sollten. Es handele sich um eine vorübergehende Störung, Mißgriffe bestimmter Gruppen. Die Nationalsozialisten hätten keinen Rückhalt in der Bevölkerung, nicht einmal bei den Behörden. Frucht, der der einzige nicht unmittelbar Betroffene unter den Anwesenden war, fühlte eine würgende Beklemmung in sich aufsteigen.

Als er sich neun Jahre später um die Rückgabe des Eitington-Krankenhauses an die neuerstandene jüdische Gemeinde Leipzigs bemühte, erfuhr er, daß nur wenige Teilnehmer dieses Treffens überlebt hatten. Es waren zwei Ehepaare, die fast gegen ihren Willen von ihren Kindern ins Ausland geholt worden waren, und ein Musiker, der schwere Jahre in Shanghai verbracht hatte. Alle anderen hat der Holocaust verschlungen.

Im Frühjahr 1939 sprach Arvid Harnack, damals Regierungsrat im Reichswirtschaftsministerium und ein Verwandter Fruchts, diesen an. Er schlug ihm vor, im Sommer nach Dänemark zu reisen, um Kontakt mit einem seiner Freunde dort aufzunehmen, der junge Deutsche vaterländischer Gesinnung um sich sammelte. Der Medizinstudent notierte Namen und Adresse: Dr. Harro Schulze-Boysen, Akademisches Informationsbüro, Studierstraße, Kopenhagen. Da Frucht im Sommer jedoch dienstverpflichtet wurde, blieb ihm eine Entscheidung über die Reise erspart. Schulze-Boysen war gewiß der vorausschauende, kluge, gebildete, um Deutschlands Zukunft besorgte Mann, als den ihn Arvid Harnack schilderte, nur war er seit 1936 im Reichsluftfahrtministerium und nicht in Kopenhagen. Dort war dagegen eine Anlaufstelle der »Roten Kapelle«, wie die Gestapo später den von Harnack und Schulze-Boysen geleiteten deutschen Teil einer in Westeuropa operierenden sowjetischen Spionageorganisation nannte. Das erfuhr Frucht erst Jahre nachdem Arvid Harnack, dessen liebenswürdige und schöne Frau Mildred, Harro Schulze-Boysen sowie etwa 130 deutsche Mitglieder dieser Gruppe 1941 verhaftet und grausam verhört worden waren. Mehr als 50 Angehörige der Gruppe wurden in der Haft ermordet, hingerichtet oder begingen Selbstmord. Arvid wurde an einem Fleischerhaken im Gefängnis Plötzensee gehenkt, seine Frau, die als bloße Mitwisserin eine Zeitstrafe erhalten hatte, von Hitler persönlich »im umgekehrten Gnadenweg« zum Tode bestimmt und hingerichtet.

Im März 1939 hatte sich Frucht in Südtirol mit Owen Williams getroffen, mit dem er seit seinem 16. Lebensjahr befreundet war. Während dieses Skiurlaubs war Hitler am 15. März 1939 in den Rest der Tschechoslowakei einmarschiert, und Owen, der damals im britischen Schatzamt arbeitete, hatte gesagt: »Bei der nächsten Annexion bricht der Krieg aus, auch wenn die Regierung Chamberlain weiter auf eine Beschwichtigungspolitik setzt. Es wird darauf ankommen, Hitler diesen Zusammenhang klar zu machen.«

Tatsächlich gab Großbritannien bereits am 31. 3. 1939 eine Garantieerklärung für die staatliche Unabhängigkeit Polens ab und ließ es nicht an ständigen Warnungen vor einseitigen deutschen Schritten fehlen. Da gleichzeitig mit Händen zu greifen war, daß Deutschland weder wirtschaftlich noch militärisch auf einen größeren Krieg, geschweige denn auf einen Weltkrieg vorbereitet war, erwartete Frucht damals wohl fieberhafte Rüstungsanstrengungen, aber keinen Krieg für den Rest des Jahres und verabredete sich mit Owen und einer Leipziger Freundin, die Deutschland hatte verlassen müssen, zu einem Treffen im September 1939 in Paris.

Statt dessen gab es Krieg, und unter allen Leuten, die sich mehr auf ihren gesunden Menschenverstand als auf Goebbels' Rundfunk verließen, brach, wie Frucht sich erinnert, tiefe Skepsis, in vielen Fällen Verzweiflung aus. Ein befreundetes Arztehepaar, das weder rassisch noch politisch verfolgt war, beging Selbstmord. Annie, Adolf-Hennings Mutter, reagierte auf charakteristische Weise: sie ließ eine hohe Antenne auf das Dach des städtischen Mietshauses, indem sie mit vielen anderen wohnte, setzen und kaufte einen Kurzwellenempfänger. Sie würde sich nicht für dumm verkaufen lassen.

Frucht wurde, obwohl er nur drei statt der geforderten sechs klinischen Semester in Deutschland absolviert hatte, durch Anordnung zum Arzt ernannt (»notapprobiert«) und in Leipzig zum Heer einberufen. Dort kam er in eine nur aus meist älteren Ärzten bestehende Kompanie, die sehr genau die wahre wirtschaftliche, psychologische und rüstungstechnische Lage widerspiegelte. Keiner sagte ein kritisches Wort, aber fast niemand glaubte, daß das, was hier angefangen worden war, gutgehen konnte.

Annie hatte alte Beziehungen zu dem jetzt im Ruhestand befindlichen Leipziger Oberbürgermeister C. F. Goerdeler (am 2. Februar 1945 hingerichtet) und zu dem verwandtschaftlich verbundenen Publizisten Theodor Heuss, dem späteren Bundespräsidenten, der sich damals in Leipzig aufhielt. Zu diesen trat ihr Bruder Ernst von Harnack, der bis zu seiner Absetzung durch die Regierung von Papen Regierungspräsident in Halle-Merseburg gewesen war. Diese Männer erörterten mit hohen Offizieren, was man zur Abwendung einer Katastrophe für Deutschland tun könne. Die Basis der Gruppe war schmal. Ernst von Harnack fragte seinen Neffen, ob er bereit wäre, Einzelgespräche mit Politikern, die als Regimegegner bekannt waren, zu führen. Frucht übernahm diese Aufgabe, die ihn meist mit ehemaligen Reichstagsabgeordneten verschiedenster Richtung in Mitteldeutschland zusammenbrachte. Die Gespräche verliefen sehr ähnlich, doch gab es einen wesentlichen Unterschied: alles, was links von der Mitte stand, sah, wie schwierig und gefährlich ein solches Unternehmen sein würde, und wünschte nur eines, nämlich, daß es stattfand. Die Konservativen hielten eine Art von »parlamentarischem Mißtrauensvotum« durch das Militär für möglich und erfolgversprechend und wollten noch bestimmte Bedingungen an ihre spätere Mitwirkung knüpfen.

Immer wurde Frucht gefragt, wann es denn nun losginge. Er gab diese Fragen weiter und erhielt eine niederschmetternde Antwort. Vor dem Sieg im Polenfeldzug wollte das Militär nicht handeln, weil man in schwieriger Lage dem Führer nicht in den Rücken fallen könne, und nachher nicht, weil er so schön gesiegt hatte. Frucht schloß aus dieser Mitteilung, es gäbe keine denkbare Bedingung, unter der die Militärs handeln würden, und war erleichtert, als ihm sein Onkel mitteilte, das Unternehmen sei vorerst aufgegeben.

Die ärztliche Tätigkeit, die er nun aufnahm, brachte ihn mit einfachen Menschen in Berührung. Hatte er vor seinem Amerikaaufenthalt noch gemeint, die Nazis seien wie eine dünne Schicht, die sich über ein tiefes Wasser gelegt hätte, so entdeckte er im Kriege, wie viele der Dämonie Hitlers verfallen waren. In seiner Goethe-Ausgabe fand er eine Stelle, die er 1931 angestrichen hatte. Es heißt dort über das Dämonische:

»Am fruchtbarsten aber erscheint dieses, wenn es in einem Menschen überwiegend hervortritt... Es sind nicht immer die vorzüglichsten Menschen, weder an Geist noch an Talenten... aber eine ungeheure Kraft geht von ihnen aus, und sie üben eine unglaubliche Gewalt über alle Geschöpfe... und wer kann sagen, wie weit sich eine solche Wirkung erstrecken wird. Alle vereinten sittlichen Kräfte vermögen nichts gegen sie; vergebens, daß der hellere Teil der Menschheit sie als Betrogene oder als Betrüger verdächtig machen will, die Masse wird von ihnen angezogen... Sie sind durch nichts zu überwinden, als durch das Universum selbst, mit dem sie den Kampf begonnen.«

Der Kampf gegen das Universum selbst wurde nun das Thema des Krieges.

Dieser zeigte sich zuerst von einer trügerisch-harmlosen Seite. Frucht kam im Dezember 1939 als Truppenarzt zu einer Neuaufstellung, die eine der merkwürdigsten Einheiten der Großdeutschen Wehrmacht war. Sie nannte sich Stellungsartillerie-Abtlg. 803, bestand aus Sudetendeutschen, die bis vor kurzem tschechische Soldaten gewesen waren, und aus Batteriechefs, die zum letztenmal am 9. November 1918 eine Uniform angehabt hatten. Ihnen klang noch der Donner der letzten Materialschlachten des Ersten Weltkrieges in den Ohren. Der Schrecken der Revolution von 1918, als man ihnen die Offiziersabzeichen abgerissen hatte, war unvergessen. Kanonen gab es vorerst nicht, sie sollten sich in einer vorbereiteten Stellung an der Front finden, aber pro Batterie eine riesige Kiste mit Sprengmitteln – falls der Feind käme.

Aschermittwoch 1940 rückte die Abteilung ins Feld. Auf dem Wege zum Bahnhof gelang es nicht einmal, die Kanoniere zu einer Art von Gleichschritt zu veranlassen.

Die Truppe kam an die deutsch-französische Grenze. Frucht kümmerte sich eifrig um die Gesundheit seiner 310 Soldaten, richtete eine – in keiner Vorschrift vorgesehene – Zahnstation ein, verschaffte seinen vier Sanitätsdienstgraden, die jeder mehr klinische Semester und mehr militärische Erfahrung hatten als er, Themen für eine Doktordissertation und büffelte für das in unbekannter Ferne liegende Staatsexamen. Die Einheit hatte inzwischen Kanonen bekommen, aber falsche Munition, so daß keines der insgesamt 96 über die ganze Westfront verteilten ehemals tschechischen Geschütze am 10. Mai 1940 zum Beginn des Frankreichfeldzuges einen Schuß abgeben konnte. Frucht hatte Zeit, über die von Deutschland gegenüber den Niederlanden, Belgien und Luxemburg begangene Neutralitätsverletzung nachzudenken.

Als die Front von der Schweizer Grenze bis zum Kanal in Bewegung kam, erfaßte eine merkwürdige Euphorie die gesamte Stellungsartillerieabteilung, die inzwischen am Kaiserstuhl auf der deutschen Seite des Rheins lag. Der Kommandeur erklärte, er werde Traktoren requirieren und gen Westen marschieren. Das war ein wahrhaft tollkühner Plan, denn die urtümlichen Kanonen hatten zwar Eisenräder, aber keine Bremsen, und auf der anderen Seite lagen die Vogesen mit ihren steilen Straßen. Frucht fragte, ob es da nicht zweckmäßig wäre, dem Truppenarzt einen Wagen zu verschaffen. Hierfür erhielt er am 18. Juni 1940 einen Auftrag. Mit einem Unteroffizier auf dem Soziussitz seines Motorrades fuhr er nach dem rund 60 km entfernten und noch nicht eroberten Straßburg. Dort hatte man seit Tagen auf die Ankunft der deutschen Wehrmacht gewartet; die Franzosen hatten in der Nacht das Rheintal geräumt und auch die Stadt Straßburg verlassen. Als Frucht in die Stadt knatterte, glaubten die dort noch verbliebenen Menschen, daß seine Maschine das Eintreffen der Wehrmacht ankündigte. Prompt führte man den jungen Truppenarzt in die Amtsräume des Bürgermeisters, um die Kapitulation der Stadt entgegenzunehmen, und eine provisorisch hergerichtete Flagge wurde auf dem gewaltigen gotischen Münster der Stadt gehißt. In Deutschland unterbrachen die Sender des Reichsrundfunks eigens ihr Programm, um das Ereignis zu melden.

Abends war er wieder bei der Truppe, allerdings ohne Auto, aber der Kommandeur hatte auch keine Traktoren. Später wurden die Umstände der Übergabe Straßburgs und sein Name durch ein Rundfunkinterview einer Straßburgerin in ganz Deutschland bekannt. Seine militärischen Vorgesetzten hatten die Sache auf sich beruhen lassen; nun geriet er in die Schwierigkeiten, die seine Mutter vorausgesagt hatte: »Unterärzte nehmen keine Festungen ein.« Viele seiner Freunde waren kritisch und fragten sich, ob aus ihm ein Nazi geworden sei. Er selbst konnte sich keinen Vorwurf machen. Die zwischen den Linien liegende herrliche Stadt war durch Plünderer und sinnlose Sprengungen gefährdet, der Wunsch des Präfekten nach schneller Beendigung des Zwischenzustandes verständlich. Insofern hatte sich der Ausflug gelohnt.

Eine unvorhergesehene Nebenwirkung erwies sich als bedeutungsvoll. Im Sanitätsoffizierskorps war man froh, daß ein junger Arzt selbständig und schnell entschlossen Schaden von einer großen Gruppe von Nicht-Kombattanten abgewendet hatte. Das entsprach der »Genfer Konvention zum Schutze der Zivilpersonen in Kriegszeiten«, von der sonst wenig die Rede war. Frucht sollte das Wohlwollen seiner ärztlichen Vorgesetzten noch dringend brauchen.

In der Zeit nach dem Frankreichfeldzug legte er das medizinische Staatsexamen und die Doktorprüfung mit dem Gesamturteil »sehr gut« ab, verlobte sich mit einer Gymnastiklehrerin, Tochter eines verarmten Grafen, die er bei einem Konzert kennengelernt hatte. Die beiden heirateten kurz vor Beginn des Rußlandkrieges, ohne einander wirklich zu kennen. Es hatte einfach die Zeit gefehlt, in der die beiden sehr verschiedenen jungen Menschen sich prüfen konnten, denn Frucht war nach der Auflösung seiner Artillerie-Abteilung zu einem »Feuerwehreinsatz« bei der Bessarabien-Umsiedlungsaktion abkommandiert worden.

Die Sowjetunion hatte im Juni 1940 erhebliche Teile der Bukowina und ganz Bessarabien von Rumänien abgetrennt. Als Gegenleistung für die deutsche Zustimmung durften Personen, die für Deutschland optierten, dorthin auswandern. Dies geschah in großer Hast in der zweiten Jahreshälfte 1940. Frucht hatte die verstörten Menschen, von denen nur ein kleiner Teil eigentliche Deutsche nach Sprache und Kultur waren, in überfüllten Lagern in Leipzig ärztlich zu versorgen und sollte den mitgekommenen Ärzten bei der Eingliederung in das deutsche Gesundheitswesen behilflich sein. Er hatte erlebt, wie auswanderungswillige Juden überall abgelehnt wurden; hier waren nun Einwanderer, die offiziell wenigstens willkommen waren. Zahlreiche Freiwillige versuchten ihnen zu helfen, doch scheiterten am Ende alle Bemühungen an der brutalen Willkür der Mächtigen, die in wechselnder Reihenfolge und in allen möglichen Richtungen von nun an Millionen von Menschen in Europa umhertrieben. Frucht lernte auch, wie eng Massenelend und Korruption zusammengehören. Der oberste Lagerleiter und Amtswalter der NSDAP hatte gemeinsam mit einem NS-Arzt regelmäßig Stuhlproben unterschlagen und in seinen Büchern durch falsche positive Befunde eine Schar von diätbedürftigen Kranken geführt. Die hochwertigen Nahrungsmittel für diese »toten Seelen« wurden der Gesamtverpflegung entnommen und von den beiden verschoben. Die beiden verstanden es tatsächlich, aus Fäkalien – aus Scheiße – Geld zu machen. Als Frucht klinisch bei zwei Lagerinsassen Typhus feststellte und dies der Landesmedizinalbehörde unmittelbar meldete, platzte das Unternehmen. Der Amtswalter beging einen Kurzschluß-Selbstmord, der Arzt wurde versetzt.

Korruptionsaffären während der Nazizeit endeten sonst eigentlich nie so. Gefährlich waren sie höchstens für den, der sie aufdeckte. Insgesamt wurde die Front der in der Heimat als unabkömmlich belassenen Nazifunktionäre mit jedem Kriegsjahr fester.

Frucht war froh, als er am 5. Februar 1941 ganz überraschend zu einem Panzerregiment versetzt wurde. Die III. Abtlg. Pz. Rgt. 18 hatte schon drei Ärzte verbraucht, die mit den rauhen Umgangsformen der Leutnants des hochadligen Regimentes nicht zurecht kamen. Frucht fand offenbar den richtigen Ton. Das Regiment befand sich in intensiven Vorbereitungen für den Angriff auf die Sowjetunion. Zwischen den Mannschaften, die alle Metallarbeiter und größtenteils frühere Kommunisten waren, und den Offizieren und Unteroffizieren bestand ein vorzüglicher Zusammenhalt. Politisch waren alle Parteien vertreten, nur keine Nazis. Das Regiment befand sich am 10. Mai 1941 auf dem Panzerübungsplatz Milovîcs bei Prag, als der Großdeutsche Rundfunk mitteilte, der Stellvertreter des Führers, der bekanntlich immer schon geistig nicht ganz gesund gewesen sei, wäre nach England geflogen. Diese Mitteilung löste bei den Teilnehmern eines Kasinoabends eine überwältigende Heiterkeit aus. Junge Offiziere fielen sich um den Hals: »Heß war schon immer verrückt! Das wußten Sie nicht? Sie hören wohl keinen Rundfunk?« Als die Stimmung eine bedenkliche Höhe erreichte – immerhin stand in einer Ecke des Kasinosaales der einzige Nazi des Regimentes, ein SA-Führer, der gerade einer Nachbarabteilung vom Heerespersonalamt zugeteilt war –, ordneten die Kommandeure den Vorbeiritt des Regimentes in 12er Reihen auf Stühlen an. Das war ein derartig anstrengendes Unternehmen, daß der Abend in allgemeiner Erschöpfung endete. Viele hatten wohl gehofft, der Rußlandkrieg bleibe ihnen erspart.

Am Abend des 24. Juni 1941, zwei Tage nach Beginn des Angriffs auf die Sowjetunion, geriet Frucht bei der Ortschaft Slonim, 40 km westlich von Baranovîci, in einen Überfall auf den Divisions-Troß. Motorisierte sowjetische Infanterie hatte sich bei einbrechender Dunkelheit in die buntgemischte, weit auseinandergezogene deutsche Marschkolonne mit einzelnen Fahrzeugen eingefädelt, die durch Personen in Zivilkleidung getarnt waren. Die eingesickerten Soldaten eröffneten schlagartig aus allen Fahrzeugen das Feuer, was zu einer totalen Konfusion führte. Fahrzeuge stürzten um, es gab hohe Verluste. Aber auch den sowjetischen Angreifern erging es schlecht. Am Morgen räumte herangezogene Infanterie das Gelände. Sie fand neben den ausgebrannten sowjetischen Fahrzeugen Munition, Handfeuerwaffen und pro Fahrzeug einen oder mehrere Zivilisten. Die Überlebenden wurden zusammengetrieben, vor ein Standgericht gestellt, und, weil sie »ohne erkennbare Abzeichen und ohne verantwortlichen Führer mit versteckten Waffen kämpfend« angetroffen worden waren, zum Tode verurteilt.

Frucht hatte eine bewegte Nacht hinter sich. Der Führer der

Nachschubkompanie, Graf Stolberg, war gefallen. An seine Stelle war ein älterer Hauptmann aus dem Divisionsstab getreten. Als er sich nach längerem Suchen bei diesem abmelden wollte, um mit den verbliebenen Fahrzeugen der Truppe nachzufahren, sagte der Hauptmann: »Ich kann Sie nicht weglassen. Ich habe keinen Offizier. Kommen Sie mit.«

Damit führte er Frucht in ein Viereck von schweren Lastwagen, in dem sich in der Mitte von Soldaten ein Haufen von etwa 15 Zivilisten befand. Ein Feldwebel rief: »Achtung!« Die Soldaten nahmen Haltung an. Der Hauptmann sagte: »Das von mir einberufene Standgericht hat unter meinem Vorsitz getagt. Feldwebel, verlesen Sie das Urteil.« Während das geschah, überlegte Frucht. Natürlich hatte der Hauptmann gesehen, daß er kein Offizier war. Es war zweifelhaft, ob ein Unterarzt ein Erschießungskommando führen, und ganz unwahrscheinlich, daß er dazu gezwungen werden konnte. Die Situation war aber nicht zum Einlegen von formalen Protesten geeignet. Das zeigte auch ein Blick auf die erbitterten Soldaten. Zu viel Schreckliches war in der Nacht geschehen.

Der Hauptmann, der Fruchts Zögern bemerkt hatte, sagte leise: »Machen Sie keine Schwierigkeiten. Alles korrekt, exakt nach Haager Landkriegsordnung.« Dann mit lauter Stimme: »Ich übergebe Ihnen das Kommando zur Erschießung.«

Frucht trat vor die Truppe und rief: »Alles hört auf mein Kommando! Rührt Euch! Das Gewehr über! Links um! Ohne Tritt marsch!«

Auf der Landstraße, die noch immer mit Ausrüstungsgegenständen und defekten Fahrzeugen übersät war, strömten Troßsoldaten zusammen, um den weiteren Verlauf zu beobachten. Frucht führte seine Leute auf Feldwege, bis der letzte Zuschauer zurückgeblieben war.

Er hatte in der Nacht eine Frau mit ihrem Säugling auf einem russischen Lkw angetroffen und konnte einfach nicht glauben, daß sie freiwillig auf das mit Soldaten und Munition gefüllte Fahrzeug gekommen war. Die Vernehmung einzelner Verurteilter bestätigte seine Vermutung. Die Leute stammten alle aus einem nicht weit von der Rollbahn liegenden Dorf und waren unfreiwillig auf die Fahrzeuge geraten. Er ließ die Verurteilten laufen und löste das Erschießungskommando auf. Die erschrokken-ungläubigen Gesichter der erst zögernd, dann immer schneller flüchtenden Zivilisten gingen ihm noch lange nach. Das waren die einzigen nachteiligen Folgen für ihn, obwohl der Vorgang in der ganzen Division bekannt wurde. Erst nach dem Kriege wurde Frucht deutlich, gegen wie viele Paragraphen des Militärstrafgesetzbuches er damals verstoßen hatte.

Nach drei Wochen Krieg war die Panzerabteilung III/18 vor Smolensk, statt in Moskau. Ein Drittel der Offiziere war tot, ein Drittel mit schweren Verwundungen abtransportiert, alle übrigen bis auf Frucht ein- oder mehrmals leicht verwundet. Bei den Fahrzeugen sah es entsprechend aus. An blitzkriegartige Unternehmungen war nicht mehr zu denken. Frucht, der im Sommer bereits an Gelbsucht erkrankt, aber bei der Truppe geblieben war, bekam bei der Winterschlacht um Moskau einen Rückfall. An den Rückzug von Tula, das er noch hatte liegen sehen, erinnert er sich nicht mehr. Am 12. Dezember 1941 traf er in desolatem Zustand mit Lazarettzug in Metz (Frankreich) ein. Es folgte eine lange Rekonvaleszenz.

Ende Mai 1942 wurde er noch als Lazarettkranker zu einer Teilzeit-Arbeit in das Generalkommando IV in Dresden befohlen. Bei Aktendurchsicht stieß er auf die hohe Todesrate sowjetischer Kriegsgefangener im Lager Zeithain bei Riesa. Frucht protestierte bei seinem Vorgesetzten, wurde barsch abgewiesen und in sein Lazarett zurückgeschickt. Dort beantragte er nach der erforderlichen Wartezeit von zwei Tagen ein Ehrengerichtsverfahren gegen sich und wählte den Chefarzt des Reservelazarettes I, Dr. Witt, zu seinem Verteidiger. Dieser durfte nach den Bestimmungen die Aufgabe nicht ablehnen. Das Verfahren kam nicht zustande. Statt dessen gab der Vorgesetzte im Generalkommando unter grotesken äußeren Umständen eine Ehrenerklärung für Frucht ab und teilte mit, das Oberkommando der Wehrmacht (!) habe auf Grund eines internistischen Gutachtens entschieden, Frucht unter vollen Bezügen zur Wiederherstellung seiner Gesundheit zu beurlauben. Er könne sich jeden Ort oder Kurort des Großdeutschen Reiches zum Aufenthalt wählen und selbst entscheiden, wann er wieder arbeitsfähig sei.

Frucht trat am 21. Juli 1942 diesen sonderbarsten aller Urlaube an, der ihm entgegen seinen Erwartungen überhaupt nicht bekam. Was mußte hinter den Kulissen des Großdeutschen Reiches vorgehen? Er war nun mit der Minderheiten- und Kriegsgefangenenpolitik des Reiches in Konflikt geraten und hatte die Hilflosigkeit »des helleren Teiles der Menschheit« gegenüber dem Diktator erlebt. Der von ihm hochgeschätzte Kommandeur seiner Panzerabteilung hatte ihn im Lazarett besucht und sich unmißverständlich über die brutale Ausnutzung der Pflichttreue des deutschen Soldaten geäußert. Er sah nicht nur den Untergang der Armee, sondern namenlose Schande voraus.

Frucht meldete sich, als die Katastrophe von Stalingrad das innerdeutsche Sanitätswesen überforderte, wieder zum Dienst. Konflikte und bittere Erfahrungen mit den Nazis standen ihm noch bevor. Daneben aber gab es die befriedigende Tätigkeit als Arzt, in die er nun erst hineinwuchs. Immer kam er – wohl geschunden, aber doch unversehrt – davon. Das galt selbst für die sowjetische Kriegsgefangenschaft, in die er nach der Kapitulation geriet. Am 9. September 1945 war er »auf eigene Initiative« und mit erstklassigen Papieren zum erstenmal seit seiner Heirat bei seiner Familie in Dippoldiswalde/Sachsen. Ein neuer Abschnitt begann.

Die Nachkriegsjahre

Frucht entschloß sich, in der sowjetischen Besatzungszone zu bleiben. Wie 1938, als er aus den USA zurückkehrte, war er der Meinung, er müsse da sein, wo er gebraucht würde. Niemand wartete im Westen auf ihn. In der Ostzone dagegen herrschte ein kolossaler Mangel an qualifiziertem ärztlichen Personal. Frucht kam beruflich sehr schnell voran. Innerhalb eines Jahres war er der dienstälteste Arzt in der Hauptabteilung Gesundheitswesen des Landes Sachsen, und von den Russen erhielt er dann den Auftrag, in dieser Region den Kampf gegen Geschlechtskrankheiten zu leiten, die epidemisches Ausmaß erreicht hatten. Später wurde Frucht mit der Leitung sämtlicher Krankenhäuser, Röntgenstationen und wissenschaftlichen Institute in Sachsen beauftragt, so wie sie in jener düsteren Periode nun eben beschaffen waren. Er war verantwortlich für 55000 Betten in der Aufsicht und 17000 in der eigenen Verwaltung.

Im Winter 1946/47 waren die Zustände in den Krankenhäusern, für die Frucht verantwortlich war, geradezu katastrophal. Es gab nur wenige Schwestern, keine Heizung und kaum Lebensmittel. Die Temperaturen in den Krankensälen sanken oft unter 10 Grad minus. Gefrorener Urin hing in Stalaktiten unter den Betten sterbender Patienten, und den Ärzten fiel es schwer, irgendeinen Patienten länger als 14 Tage am Leben zu erhalten. Alle Krankenhäuser waren weit über ihre Kapazität hinaus belegt, und Frucht sah sich gezwungen, seine Zuflucht zum Schwarzmarkt zu nehmen, um sie überhaupt noch in Gang zu halten.

Er war auch gezwungen, noch ungewöhnlichere Methoden anzuwenden, um mit dem drakonischen Vorgehen der Russen in Gesundheitsangelegenheiten fertig zu werden. So erfuhr Frucht eines Tages, daß die Russen die Absicht hätten, sämtliche Fälle von offener Tuberkulose in ihrer Zone in einer ehemaligen Nervenheilanstalt in Arnsdorf bei Dresden zusammenzulegen. In der Anstalt konnten mehr als 2000 Patienten untergebracht werden, und es bestand die Absicht, sie unter scharfer Bewachung von der Außenwelt abzuriegeln, um auf diese drastische Weise die sowjetischen Truppen vor Ansteckung zu schützen. In Fruchts Augen hätte dies den sicheren Tod der Patienten bedeutet. Er nahm sofort Verbindung zu Dr. Baumeyer auf, dem Psychiater, der die Anstalt Arnsdorf geleitet hatte, aber gerade nach West-Berlin umgezogen war. Frucht bat ihn, einem amerikanischen Mitglied der Viermächtekommission für Ansteckende Krankheiten die Nachricht von diesem Plan zuzuspielen. Als die Angelegenheit bei der nächsten Sitzung vorgebracht wurde, gab der sowjetische Vertreter vor, nichts von der ganzen Sache zu wissen. Später erfuhr Frucht, daß man das Projekt aufgegeben hatte. Er empfand das nicht nur persönlich, sondern auch in beruflicher Hinsicht als Erlösung, denn das Tuberkulose-Zentrum hätte ihm als Landeskrankenhaus unterstanden.

Wenn aber die Russen gleichgültig und unempfindlich waren, so konnten die Westmächte das gelegentlich auch sein. Nach 1945 verhinderten die Alliierten, daß auch nur die geringste Menge Penicillin den Sowjetblock erreichte, und das führte zu einer wesentlichen Verschärfung der medizinischen Probleme. Eines dieser Probleme waren die Geschlechtskrankheiten. Mit den vorhandenen Medikamenten war es nicht möglich, Prostituierte zu heilen, sie gingen weiterhin ihrem Gewerbe nach und infizierten jeden Mann, mit dem sie Kontakt hatten. Es gab keine andere Wahl als zwangsweise Einlieferung ins Krankenhaus. Aber die mangelhafte Ernährung verhinderte, daß sie je wieder gesund wurden. In seiner Verzweiflung wandte Frucht sich an seinen Freund Fritz Nachod, der kurz vor dem Krieg aus Deutschland geflohen war. Jetzt lebte Nachod als ein führender Forschungschemiker in den Vereinigten Staaten. Frucht wußte, daß er in der Lage wäre zu helfen, aber er wußte auch, daß er wegen des Kalten Krieges ein Risiko auf sich nähme, wenn er kooperierte. Nachod zögerte nicht. Als er gebeten wurde, eine Probe zu schicken, tat er das unverzüglich, und Frucht gab sie an Madaus weiter, ein pharmazeutisches Werk in Dresden. Bei der Probe handelte es sich um den hochreinen G-Stamm, der es Madaus erlaubte, jetzt die eigene Penicillin-Herstellung aufzunehmen. Es war ein medizinischer Durchbruch für Ostdeutschland.

Trotz seiner medizinischen Leistungen sah Frucht sich zunehmendem politischen Druck ausgesetzt. Als die Kommunisten und die Sozialdemokraten sich 1946 zur Sozialistischen Einheitspartei Deutschlands zusammenschlossen, wurden Walter Ulbricht Generalsekretär (später Erster Sekretär) sowie Wilhelm Pieck und Otto Grotewohl Gemeinsame Vorsitzende. Von jetzt an wurde es zunehmend schwieriger für Nicht-Kommunisten wie Frucht, sich im öffentlichen Dienst zu behaupten. Unter der Hand erhielt er die Warnung, daß die Reihe bald an ihm sein werde, wegen seiner politischen Einstellung verhaftet zu werden, und er beschwerte sich bei den sächsischen Gesundheitsbehörden. Man erklärte ihm, daß seine Befürchtungen grundlos seien. Das änderte nichts daran, daß immer wieder Kollegen von ihm verschwanden.

Mit noch einer anderen nagenden Sorge mußte Frucht leben. In jenen ersten Nachkriegsjahren war Dr. Konitzer, mit dem er während des Krieges wegen des Sterbens sowjetischer Kriegsgefangener in Zeithain einen so heftigen Zusammenstoß gehabt hatte, als Leiter der Gesundheitsabteilung in der von den Russen geförderten Deutschen Wirtschaftskommission zu Macht und Einfluß gelangt, und er galt allgemein als zukünftiger Gesundheitsminister eines vereinigten Deutschlands. Frucht wußte, daß Konitzer schon jetzt so mächtig war, daß er nur einen Finger krumm zu machen brauchte, und er, Frucht, wäre ein toter Mann gewesen. Eines Sonntagabends im Herbst 1946 arbeitete Frucht noch zu später Stunde im Gesundheitsamt von Dippoldiswalde.

Er prüfte Gesundheitsakten und brachte sie auf den neuesten Stand. Da wurde er durch die Ankunft des Leiters der Personalabteilung der Deutschen Wirtschaftskommission unterbrochen. Er war ein Herr Coutelle, ein Parteigenosse, der früher geheimdienstlich gearbeitet hatte.

»Ich habe gehört, daß Sie Dr. Konitzer im Krieg gekannt haben«, sagte Coutelle.

»Herrn Dr. Konitzer...?«

»Ja, Sie sind ihm begegnet, als Sie im Dresdner Generalkommando arbeiteten.«

»Ich war da nur einen einzigen Tag«, sagte Frucht vorsichtig.

»Erzählen Sie mir von diesem Tag«, sagte sein Gast.

Frucht berichtete von seiner Entdeckung in den medizinischen Akten der Wehrmacht.

»Sie werden von uns hören«, sagte sein Besucher und ging.

Zwei Wochen später wurde Frucht von der sowjetischen Geheimpolizei in deren Dienststelle im Dresdner Bezirk Wolfshügel vorgeladen. Er ließ sich dort hinfahren und bat seinen Fahrer, drei Stunden auf ihn zu warten. Wenn er bis dahin nicht zurück sei, solle er nach Dippoldiswalde fahren und seine Familie benachrichtigen. Frucht wurde in ein Zimmer tief im Inneren des Gebäudes geführt. Ein Offizier der GRU, der Geheimdienstorganisation der Roten Armee, grüßte ihn kurz und forderte ihn auf, sich zu setzen. Drei andere Polizisten befanden sich in dem Raum. Einer saß ihm gegenüber, zwei saßen hinter ihm. Frucht wurde aufgefordert, alles zu sagen, was ihm über den Fall bekannt sei, was er tat. Aber als sie von ihm die Namen anderer beteiligter deutscher Offiziere hören wollten, machte er Ausflüchte und sagte, daß alle, die Kenntnis davon gehabt hätten, schon tot seien. Man ließ ihn gehen.

Die GRU wandte sich nicht wieder an ihn, aber die möglichen Folgen dieses Treffens begannen ihn tief zu beunruhigen. Sowjetische Geheimgerichte waren nichts Ungewöhnliches, und es gab nur drei mögliche Urteile – Freispruch, Verbannung oder Tod. Frucht beschloß, Konitzer zu warnen, ihm zu raten, die DDR zu verlassen, und er schickte jemanden nach West-Berlin, damit er Konitzers Tochter benachrichtige. Ein paar Tage später nahm Konitzer an einer Ausschußsitzung von Abteilungsleitern in Ost-Berlin teil, und angeblich soll er bei dieser Gelegenheit mitgeteilt haben, daß ihm geraten worden sei, in den Westen zu fliehen. Er aber habe keinerlei Absicht, so etwas zu tun, erklärte er; er habe ein reines Gewissen und wolle den Ereignissen ihren Lauf lassen.

Was dann geschah, erfuhr Frucht von einem Kollegen, Professor Linser. Konitzer stieg in sein Auto, das draußen vor dem Gebäude der Wirtschaftskommission in Ost-Berlin wartete, und entdeckte, daß sein Fahrer gegen einen anderen Mann ausgewechselt worden war. Ein Mann in Zivil stieg zu und setzte sich neben ihn, zwei andere Autos setzten sich in Bewegung und bezogen Position – eines vor Konitzers Wagen, das andere dahinter. Er wurde zu einer Kiesgrube bei Biesdorf draußen vor Berlin gebracht, wo man ihm befahl, auszusteigen und sich vor die Front eines Erschießungskommandos zu stellen. Ein sowjetischer Offizier verlas formgerecht das Urteil, und dann wurde er erschossen.

Als Frucht später diese ganze Angelegenheit mit einem hohen Richter erörterte, der während des Krieges mit den Nazis sympathisiert hatte, erfuhr er, daß es tatsächlich einen von Hitler ausgehenden Generalplan zur Liquidierung russischer Gefangener gegeben habe. Wer gegen diesen Plan auftrat, setzte sich schwerwiegenden Konsequenzen aus, und Fruchts Entlassung vom Generalkommando in Dresden war Konitzers Weg gewesen, ihn vor seiner eigenen Torheit zu schützen. Normalerweise, sagte der Richter, hätte man Frucht an die Front abkommandiert, was aber wegen seiner Krankheit nicht möglich war. In offizieller Sicht war Konitzer das Sterben der Russen in Zeithain nicht anzulasten, da ihr Wohlergehen zum Verantwortungsbereich des Lagerkommandanten gehörte. Ganz im Gegenteil, wenn hier das Verhalten irgendeines Beteiligten zu tadeln sei, dann dasjenige Fruchts, denn er habe einen hohen Offizier in Schwierigkeiten gebracht und hätte sich klarmachen müssen, was er da tat.

Am 31. Dezember 1948 wurde Frucht von seinem Posten bei der sächsischen Gesundheitsbehörde abgelöst. Hunderte anderer leitender Beamter, die bei den Russen als politisch unzuverlässig galten, wurden zur gleichen Zeit aus ihren Ämtern entfernt. Die Säuberung der ostdeutschen Verwaltung kam, als der Kalte Krieg auf vollen Touren zu laufen begann: Es war das Jahr der westdeutschen Währungsreform, des sowjetischen Auszugs aus dem Alliierten Kontrollrat und der Luftbrücke nach den Westsektoren Berlins. Ost und West schienen auf Konfrontation aus zu sein.

Frucht war empört über seine Entlassung. Ansteckende Krankheiten waren weitgehend unter Kontrolle gebracht; die Zustände in den Krankenhäusern hatten sich sehr verbessert, und in bescheidenem Umfang war jetzt auch medizinische Forschung möglich geworden. Er hatte bis zur Selbstaufopferung gearbeitet und deshalb seine Familie nur noch selten gesehen. Mehrere Male hatte er mit dem Gedanken gespielt, in den Westen zu gehen, aber immer wieder hatte er diese Idee zurückgewiesen.

Ein hochgestellter kommunistischer Funktionär, der de-facto-Chef des sächsischen Gesundheitsdienstes, hatte zu seinen Gunsten interveniert, und Frucht erhielt eine Dozentur am Leipziger Institut für Physiologie. Er verpflichtete sich, keine politische Rolle in der Verwaltung der Universität anzustreben. Die neuen Aufgaben, die eine akademische Laufbahn ihm stellten, reizten ihn außerordentlich, aber die Anforderungen seines neuen Postens waren erheblich. Er entdeckte, daß er plötzlich einer von zwei Stellvertretern an einem Institut war, dem ein Direktor fehlte. Es mangelte an Geräten, an Büchern und Unterlagen. Es galt, das Institut zu leiten, Lehrpersonal anzustellen und seine eigene Arbeit auf physiologischem Gebiet nach zehn Jahren wieder aufs Laufende zu bringen. Außerdem mußte er neben seiner eigenen wissenschaftlichen Arbeit Vorlesungen halten und Seminare leiten. Bald war er mit gerontologischer Forschung befaßt, und er begann, sich intensiv für gewisse Aspekte der Sportmedizin zu interessieren. Er untersuchte die Auswirkungen des Alterns auf körperliche Ausdauer und die gesamte physische Leistungsfähigkeit.

Gegen Ende der vierziger Jahre hatte Frucht ein Monatsgehalt von nur etwa 480 Mark. Das reichte kaum aus, um seine Familie zu ernähren und zu kleiden. Ein Brot kostete auf dem schwarzen Markt 50 Mark. Sie hatten oft Hunger, und er war gezwungen, sich eine Nebenbeschäftigung als Berater der Sozialversicherung zu suchen.

Im Institut sah Frucht sich sehr bald in Auseinandersetzungen mit Kollegen verwickelt, die entschlossen waren, ihren Studenten kommunistische Dogmen aufzuzwingen. Zu ernsten Schwierigkeiten kam es, als er die Lehren der Grauen Eminenz der russischen Wissenschaft, Trofim Denisowitsch Lysenko, in Frage zu stellen wagte, des Mannes, der die von allen modernen Genetikern akzeptierte Chromosomentheorie abgelehnt hatte. Er glaubte, daß die Einflüsse der Umgebung erbliche Veränderungen der Organismen herbeiführen könnten. Im Jahre 1948 behauptete er, daß seine Erkenntnisse den Lehren des Marxismus entsprächen, und er fand die Unterstützung des Zentralkomitees der KPdSU für seine Ansichten – eine Wendung, die die ganze wissenschaftliche Welt in Erstaunen versetzte. Von jenem Zeitpunkt an bis zu Stalins Tod im Jahre 1953 übte er diktatorische Macht auf dem gesamten Feld der Biologie im Sowjetblock aus.

Frucht wurde auch in die langjährige Kontroverse um Iwan Petrowitsch Pawlow hineingezogen, den russischen Physiologen, der vor allem durch seine Theorie der bedingten Reflexe bekanntgeworden ist, die er später auch auf die Erforschung der menschlichen Psychologie anwandte. In seinem klassischen Experiment zeigte er, daß ein hungriger Hund beim Ertönen einer Glocke, die er mit Fütterung assoziierte, Speichel absonderte.

Später stand Pawlows Name dann auch für eine Art mechanistischer Physiologie, die auf seiner Überzeugung beruhte, daß das zentrale Nervensystem nach starrem hierarchischen Muster strukturiert sei. Dieser Gedanke gefiel den sowjetischen Ideologen, weil er die Autorität der kommunistischen Partei durch eine biologische Analogie zu stützen schien. In Stalins letzten Lebensjahren wurden Pawlows Lehren zur offiziellen Grundlage der theoretischen Medizin in der Sowjetunion gemacht. Für Frucht, der die mechanistische Betrachtungsweise als primitiv ablehnte, stellte Pawlow ein unüberwindliches Hindernis dar; solange er mit der russischen Art der wissenschaftlichen Arbeit nicht übereinstimmte, war seine eigene Aussicht auf Beförderung äußerst begrenzt.

Bald erfuhren die maßgeblichen Behörden von seinem »wissenschaftlichen Abweichlertum«. Als er Anweisung erhielt, über Pawlow zu lesen, sprach Frucht über seine Bedenken gegenüber den Pawlowschen Lehren. Seine kritischen Äußerungen wurden von einem Spitzel weitergegeben. Dessenungeachtet arbeitete er mit äußerster Energie und Härte weiter. Aufgrund seiner Forschungen schrieb er seine Habilitationsschrift über die Anwendung von Ultraschallwellen in der Diagnostik. Der Direktor des Instituts war Emil Bauereisen, der 1951 aus München gekommen war. Als er an Tuberkulose erkrankte, mußte Frucht für ein ganzes Jahr die Leitung des Instituts übernehmen. Obwohl er strenggenommen noch nicht qualifiziert war, hielt er Vorlesungen für mehr als 500 Studenten und übte zusätzlich noch eine Lehrtätigkeit an der Dresdner Universität aus. Außerdem hatte er pro Jahr mehrere hundert Studenten zu prüfen, und schließlich brach er unter der Belastung zusammen. Er kam mit akuter Blinddarmentzündung ins Krankenhaus.

Auch zu Hause gab es Probleme. Wegen seiner Arbeitsüberlastung hatte er kaum Zeit für seine Familie – er hatte inzwischen vier Kinder –, und seine Angehörigen erinnerten sich später an die fünfziger Jahre als eine Zeit höchster seelischer Belastung. Gisela, seine Frau, beklagte es, die Kinder praktisch alleine großzuziehen, und auch Uli, das älteste Kind, fühlte sich vernachlässigt. Für ihn schien der Vater nicht zu existieren, denn wenn er irgendwann einmal nach Hause kam, arbeitete er noch bis spät in die Nacht hinein an seiner Schreibmaschine. Auch Ulis Schwester Gabriele litt unter dem Mangel an väterlicher Zuneigung.

Die Fruchts standen in ihrem Kampf ums nackte Überleben keineswegs allein da. Für viele tausend andere Familien in der

DDR war das Leben nicht minder hart. Sie alle vegetierten am Rande der Armut, während die Russen rücksichtslos Reparationen eintrieben. Ganze Fabriken wurden demontiert und Stück um Stück in die Sowjetunion geschafft. Lokomotiven, Waggons und sogar die Schienen wurden nach Rußland abtransportiert. Die Nachkriegsjahre waren von grausamer Härte, und wie so viele andere auch zerbröckelte Fruchts Ehe allmählich. Es kam zur Trennung, dann zur Scheidung.

1953 habilitierte er sich. Langsam begann er auch die Schwierigkeiten zu überwinden, die sich zwischen ihm und den Behörden ergeben hatten. Nach Stalins Tod verblaßte Lysenkos Stern; Chruschtschow machte ihn für die Rückständigkeit der sowjetischen Agrarwissenschaft verantwortlich. Aus seinen Versprechungen, neue Getreidesorten zu entwickeln und die Erträge zu verbessern, war nichts Konkretes erwachsen. Auch Pawlows Einfluß schrumpfte. Im Jahre 1955 ging Frucht in die Bundesrepublik, um kürzere Zeit an der Isotopenverteilungsstelle der Max-Planck-Gesellschaft in Göttingen zu arbeiten – und als er dann in die DDR zurückkehrte, wurde ihm die Chance geboten, sein eigenes Institut zu gründen.

Frucht richtete sich in einem verwinkelten, kaninchenbauähnlichen Gebäude am Nöldnerplatz in Berlin-Lichtenberg ein. Hier befand sich bereits das Deutsche Zentralinstitut für Arbeitsmedizin. Der Gebäudekomplex war 1906 als Krankenhaus gebaut worden – ein Geschenk der Kaiserin Auguste Viktoria an die Arbeiter von Rummelsburg. Formell war das neue Institut dem Gesundheitsministerium unterstellt, aber Frucht war von Anfang an entschlossen durchzusetzen, daß es ausschließlich der wissenschaftlichen Grundlagenforschung dienen sollte. Er richtete drei Abteilungen ein – Biophysik, Physiologie, Angewandte Physiologie. Obwohl die meisten Institute in der DDR gezwungen wurden, Richtlinien zu folgen, die von zentralen Planungsgremien ausgearbeitet wurden, gelang es Frucht in den meisten Fällen, den Dienstweg zu umgehen, so daß er seinen eigenen Forschungsinteressen nachgehen konnte. Das Tempo, mit dem er sein Institut aufbaute, trug ihm sehr bald offizielles Lob ein, und er wurde, an DDR-Maßstäben gemessen, zu einer privilegierten Person.

In dieser Phase hektischer Tätigkeit fand er auch noch die Zeit, sich wieder zu verheiraten. Seine Braut war Dr. Maria Boehme, eine Zahnärztin aus Leipzig. Wegen des Interesses ihrer Mutter an den Lehren Rudolf Steiners hatte die Familie in den dreißiger Jahren ständig Schwierigkeiten mit dem NS-Regime gehabt. Ihr waren also die Probleme des Lebens in einem totalitären Staat keineswegs fremd.

Erste Begegnungen

Seinen ersten Kontakt mit amerikanischen Geheimdienstbeamten hatte Frucht an einem kalten und wolkenverhangenen Februartag des Jahres 1958. Zusammen mit Dr. Nitz, Leiter der Sportärztlichen Hauptberatungsstelle von Ost-Berlin, überquerte er die Grenze zum britischen Sektor Berlins und machte sich auf den Weg zu einer stark frequentierten Bus-Haltestelle in der Nähe des Stuttgarter Platzes. Das war mitten in einem Charlottenburger Vergnügungsviertel, in dem es von schummrigen Kneipen und billigen Restaurants wimmelte. Dort traf er zwei Agenten – der eine glatzköpfig, dick und deutsch, der andere, der Wortführer der beiden, mittelgroß, dunkelhaarig und amerikanisch. Während die vier Männer sich miteinander bekanntmachten, polterte ein Zug in den nahen S-Bahnhof und ließ ihre Stimmen im Lärm untergehen. Sie fuhren dann mit dem Auto zu einer ruhigen Bar in der Uhlandstraße, in der Nähe des Kurfürstendamms, wo sie sich ungefähr eine halbe Stunde auf Englisch unterhielten. Diese erste Begegnung, die nur eine halbe Stunde dauerte, sollte Fruchts Leben verändern.

Es gibt widersprüchliche Angaben darüber, wie die Verbindung zwischen Frucht und den Amerikanern hergestellt worden war. Nach DDR-Darstellung wurde der Kontakt über den Bund Freiheitlicher Juristen hergestellt, eine Organisation von Juristen in West-Berlin, an die Frucht sich in aller Unschuld als Ratsuchender in seiner Scheidungssache gewandt hatte. In jenen Tagen nutzte der Bund westliche Nachrichtenmedien, um DDR-Bürgern Rat in Rechtsfragen zu geben und um angebliche Verletzungen der Menschenrechte durch die kommunistischen Behörden anzugreifen; in den Augen der DDR-Regierung handelte es sich bei dem Bund ganz einfach um einen Geheimdienst, der hinter juristischer Fassade arbeitete.

Frucht selbst aber stellt die Sache von Grund auf anders dar. Abgesehen von der Leitung seines eigenen Instituts fungierte er in seiner Eigenschaft als Physiologe auch als Berater der Sportärztlichen Hauptberatungsstelle, und diese Tätigkeit führte ihn mit dem medizinischen Leiter der Organisation, Dr. Nitz, zusammen. Ohne daß Frucht etwas davon ahnte, hatte Nitz schon Verbindung zu den Amerikanern. Nach Darstellung Fruchts kam sein erstes Treffen als Folge seiner heftigen Kritik an westlicher Politik gegenüber dem Osten zustande. Er hatte mit Nitz über diese Fragen diskutiert. Frucht war irritiert über die Art und Weise, in welcher der Westen die Menschen zum Verlassen der DDR ermutigte. Jede Flucht erschwerte seine wissenschaftliche Arbeit; brauchte er dringend das Gutachten eines Spezialisten, so mußte er nur zu oft feststellen, daß der fragliche Wissenschaftler sich gerade in Richtung Westen abgesetzt hatte. Es gab sogar Fälle von Ärzten, die sich einen Vorschuß auf ihr Gehalt auszahlen ließen und dann in den Westen gingen. In der Bundesrepublik behaupteten sie dann, Opfer »politischer Verfolgung« zu sein, was in Wirklichkeit selten der Fall war.

Nitz zeigte sich verständnisvoll und erklärte Frucht, er habe »Freunde« in West-Berlin, die mit politischen Fragen und Flüchtlingsangelegenheiten befaßt seien und die es sehr interessieren würde, seine Sicht der Dinge zu erfahren. Frucht erklärte sich zu einem Gespräch mit ihnen bereit. In diesem Stadium versicherte er, er wolle lediglich seinem Unbehagen über die westliche Politik gegenüber der DDR Ausdruck verleihen.

Das änderte nichts daran, daß er in den Strudel der Spionage hineingezogen wurde, der damals schäumte und brodelte wie vorher nicht und später nie wieder. Seit dem Ende des Zweiten Weltkriegs war West-Berlin, wie Chruschtschow sich ausdrückte, »die Eiterbeule am amerikanischen Fuß in Europa«, und im Jahre 1958 schienen die Russen im Begriff zu sein, diese Beule auszustechen. Sie hatten damit gedroht, einen separaten Friedensvertrag mit der DDR abzuschließen und West-Berlin zu einer »Freien Stadt« zu machen. In Paris, London und Washington wurden Befürchtungen laut, daß die Sowjets einmarschieren und die Westsektoren der Viermächtestadt besetzen könnten.

Berlin war damals die Spionagehauptstadt der Welt, und die verschiedenen Nachrichtendienste, die dort miteinander konkurrierten, waren in wilde und manchmal tödliche Kämpfe verstrickt. Riesige Summen wurden zur Finanzierung der Spionage-Tätigkeit in die Stadt geleitet. Die amerikanische Central Intelligence Agency (CIA) grub sich in einem ihrer sensationellsten Coups tief unter der Erde 600 Meter weit in den Sowjetsektor vor und zapfte rund neun Monate lang die wichtigsten Fernmeldekabel an. Amerikanische Techniker und Fremdsprachler, die Anweisung hatten, sich notfalls ihren Fluchtweg aus dem Tunnel freizuschießen, hörten die Gespräche mit, die auf 60 Telephonsträngen von sowjetischen Militärs geführt wurden, bis diese Untergrundoperation durch den britischen Agenten George Blake enttarnt wurde, dessen Name auch auf den Gehaltslisten des sowjetischen KGB stand.

Blake, der von einer großen Mietwohnung in Charlottenburg aus operierte, war verantwortlich für Verhaftung und Tod einer Reihe von MI6-Agenten, bevor man ihn 1961 faßte. Er kann als Symbol gelten für die Schattenwelt der Spionage, die damals in der Stadt wucherte. Es gab nie aufgeklärte Morde; prominente DDR-Flüchtlinge wurden in West-Berlin gekidnappt und in Autos hineingestoßen, die dann auf Nimmerwiedersehen im Ostsektor verschwanden. Monat für Monat flohen Tausende von Ostdeutschen über West-Berlin in die Bundesrepublik. Sie alle wurden von der Angst getrieben, daß Chruschtschow die Stadt endgültig zerteilen und ihnen den Weg nach Westen versperren würde.

In diesem Chaos florierte das Spionagegeschäft. Westliche Geheimdienste nutzten den Vorteil der »offenen« Grenze, um ihre Spitzel und Agenten in Ost-Berlin anzuwerben, während östliche Nachrichtendienste Hunderte, wenn nicht Tausende ihrer eigenen Leute als Flüchtlinge in die Bundesrepublik einschleusten.

Vor diesem Hintergrund der west-östlichen Intrigen fand Fruchts erste Begegnung mit Männern vom amerikanischen Geheimdienst statt. Es war ein Kontakt mit dem Counter-Intelligence Corps (CIC), dem Spionage-Abwehrdienst der US-Armee, dessen Hauptaufgabe es war, aus den riesigen Scharen von Ostflüchtlingen, die nach West-Berlin strömten, kommunistische Spione herauszufischen. Die CIC-Einheiten operierten überall, wo es starke Kontingente von US-Truppen gab, und in der Viermächte-Stadt waren sie entsprechend vertreten. Eines ihrer Tätigkeitsgebiete war es, Verrats-, Spionage- und Sabotageversuche rechtzeitig aufzudecken und zu verhindern. Sie waren auch damit befaßt, die lokale Politik zu beobachten, »subversive« Tendenzen zu erkennen und sie dem Armee-Hauptquartier in Heidelberg zur weiteren Auswertung zu melden.

Doch als Frucht seine Bekanntschaft mit dem Abwehrdienst machte, galten CIC und seine Mutterorganisation, der Armee-Geheimdienst G-2, längst als sehr arme Verwandte der Central Intelligence Agency (CIA). Ja, sie spielten absolut die zweite Geige; der Star war ihr ziviles Gegenstück. Für die CIA war die Crème der Fälle da; für das CIC blieb das schmutzige Alltagsgeschäft der Spionage.

Frucht hatte kaum einen Blick auf die beiden CIC-Männer geworfen, als ihm schon klar wurde, daß es sich hier um Geheimdienstleute handelte. Minuten nach der Ankunft in der Bar in der Uhlandstraße sah er, daß der eine von ihnen eine Armbanduhr besaß, in die ein Mikrophon eingebaut war. Die Uhr streckte er immer demjenigen entgegen, der gerade sprach.

Als Frucht ihm vorschlug, die Uhr doch einfach auf den Tisch zu legen, was die Aufnahmequalität sicherlich verbessern werde, antwortete der Amerikaner säuerlich: »Wir sind moderne Leute, und wir wenden die modernsten Methoden an. Sie müssen verstehen, daß wir jedes Detail benötigen.«

Während dieses ersten Treffens wurde nach Fruchts Darstellung eine breite Palette von Themen erörtert. Man sprach über den ganzen Ost-West-Komplex und auch über die Entnazifizierung in der DDR. Er erklärte den Amerikanern, daß es auf lange Sicht weder im Interesse der Alliierten noch der Westdeutschen liegen könne, die gesamte Intelligenz Ostdeutschlands abzusaugen. Die Russen würden nicht einfach untätig bleiben und zuschauen, wie das Land zerbröckelte; sie würden drastische Maßnahmen ergreifen, um die Lage wieder in den Griff zu bekommen.

Sein Monolog über die Berliner Situation wurde aufgezeichnet. Die beiden Agenten äußerten sich nicht dazu, aber Frucht ging davon aus, daß sein Bericht die Ohren erreichen würde, für die er bestimmt war.

Diese erste Begegnung hatte ernste Weiterungen für ihn. Ganz gleich, wie sehr er beteuern mochte, daß der ursprüngliche Kontakt gänzlich harmlos war, so drohten ihm jetzt nach geltendem DDR-Gesetz Freiheitsentzug und sofortiger Verlust seiner Stellung als Wissenschaftler. In ostdeutscher Sicht war er bereits ein Spion.

Außerdem folgten diesem ersten Kontakt bald weitere, und es wurde sehr schnell deutlich, daß die Amerikaner keineswegs nur an Fruchts Ansichten über die Ost-West-Beziehungen interessiert waren; sie wünschten von ihm auch Auskünfte über Ostdeutsche, die in West-Berlin Zuflucht suchten. Eine der Hauptaufgaben des CIC war damals die Durchleuchtung der Neuankömmlinge mit dem Ziel, kommunistische Infiltranten zu entdecken, und Frucht wurde um Informationen über Leute gebeten, die die Sektorengrenze überschritten hatten. Die Amerikaner wünschten Angaben über deren Herkunft, ihre persönliche Geschichte und ihren Ruf, und sie begannen ein Gespräch mit Fragen wie: »Herr Soundso macht folgende Angaben. Ist das Ihrer Meinung nach glaubwürdig? Wie weit können wir uns darauf verlassen?« Frucht sagte dann seine Meinung.

In mindestens einem Fall machte Frucht das CIC auf Mängel in den Sicherheitsmaßnahmen der Alliierten in West-Berlin aufmerksam. Im Jahre 1959 wechselte Dr. Nitz auf die andere Seite hinüber; ein Jahr, nachdem er Frucht angespornt hatte, sich beim

US-Geheimdienst über die Flucht qualifizierten Personals in den Westen zu beklagen, schlug er selbst den nun schon sehr ausgetretenen Pfad über West-Berlin in die Bundesrepublik ein. Als läge in diesem Ereignis nicht schon Ironie genug, folgte sein Nachfolger in Ost-Berlin ihm dicht auf den Fersen. Fruchts Tante, Elisabeth von Zahn, leitete die Westberliner Flüchtlingslager. Er versuchte, ihn zur Rückkehr nach Ostdeutschland zu überreden, indem er das Flüchtlingslager Marienfelde im Westteil der Stadt anrief, aber man sagte ihm, daß der Mann schon nach Westdeutschland weitergeflogen sei. Als er dem CIC darüber berichtete, zeigte man sich äußerst erstaunt, daß er sich eine derartige Information durch einen einfachen telephonischen Anruf hatte beschaffen können, und man erklärte ihm, daß man nun wohl die innere Sicherheit im Lager werde überprüfen müssen.

Von 1958 bis 1961 hatte Frucht eine ganze Reihe von Zusammenkünften mit den Agenten in West-Berlin. Wie viele es genau waren, ist schwer zu sagen. Die Ostdeutschen behaupteten später, Frucht habe im Verhör gestanden, an 72 solcher Treffs teilgenommen zu haben, er aber bezeichnet diese Zahl als falsch. Jede seiner Tagesfahrten in die Westsektoren sei von den kommunistischen Grenzbeamten registriert und später als Spionage interpretiert worden, ganz gleich, ob er seine Angehörigen besucht oder nur Einkäufe erledigt habe.

Die wirklichen Treffs fanden in »gesicherten« Wohnungen statt, die der US-Nachrichtendienst unterhielt, sowie in Autos, Bars und Restaurants, wo die Gefahr, gestört oder mitgehört zu werden, gering war. Obwohl er behauptete, daß er nie Geld erhalten habe, gab man ihm kleine Geschenke – Zeitungen, Zeitschriften, gelegentlich auch einmal eine Flasche Whisky, Zigaretten. Wichtiger war ihm jedoch die praktische Hilfe, die er erhielt. Im Jahre 1959 zum Beispiel übertrug man ihm die Leitung eines einwöchigen Zivilschutz-Lehrgangs für Ärzte des öffentlichen Dienstes an der Akademie für Ärztliche Fortbildung in Ost-Berlin. Ein paar primitive Flugblätter über die Wirkung der Atombombe standen ihm zur Verfügung, sonst so gut wie nichts. Also bat er seine amerikanischen Kontaktleute, ihm Dias und alles mögliche schriftliche Material zu beschaffen. Zuerst lehnten sie das ab, aber er argumentierte, daß es sich hier um eine humanitäre Frage handele, und binnen vierzehn Tagen hatte er, was er brauchte, frisch aus den Vereinigten Staaten. Als er das Material an Lehrgangsteilnehmer verteilte, die hauptsächlich der Polizei und dem militärärztlichen Dienst angehörten, stellte man ihm keinerlei Fragen – ein sicheres Zeichen dafür, daß er innerhalb der DDR einen Sonderstatus hatte.

Manchmal endeten die geheimen Gespräche mit einem Mißklang. Frucht verlor die Geduld und reagierte verärgert auf den Strom absurder Fragen, auf die die Amerikaner schnelle Antworten verlangten: »Sind Sie Mitglied der SED?« oder »Waren Sie ein Nazi?« Diese Fragen stellten sie ihm mindestens dreimal, und jedesmal betonten sie, daß man es ihm nicht als Minuspunkt anrechnen würde, falls er der NSDAP angehört habe. Die Agenten wollten außerdem wissen, welche Posten er unter den Nazis und den Kommunisten innegehabt habe, und warum er 1938, als der Kriegsausbruch drohte, aus den Vereinigten Staaten abgereist sei. Frucht erkannte aus diesen Fragen, daß die Amerikaner sich miserabel vorbereitet hatten; das NS-Dokumentationszentrum unterstand den US-Behörden in West-Berlin, und es lag gleich um die Ecke von ihrem eigenen Büro.

Allmählich versuchte das CIC, die Bandbreite ihrer Beziehungen zu vergrößern. Frucht erlebte, daß man ihn zu Themen befragte, die überhaupt nichts mit Flüchtlingen zu tun hatten, und als die Agenten zu begreifen begannen, welchen wissenschaftlichen Rang er in der DDR einnahm, bedrängten sie ihn, Namen von Wissenschaftlern zu nennen, die in Ostdeutschland arbeiteten.

Einige ihrer Erkundungsversuche wirkten harmlos. So baten sie ihn zum Beispiel um Rat, ob westliche Wissenschaftler an irgendwelchen speziellen wissenschaftlichen Kongressen im Ostblock teilnehmen sollten. Einmal empfahl er ihnen, Leute zu einer neurobiologischen Konferenz in Ost-Berlin zu entsenden, wo sie einige der Spitzenwissenschaftler Osteuropas kennenlernen könnten, und man war ihm dankbar für den Vorschlag. Aber später stellten sie schwierigere Forderungen. Sie verlangten vertrauliche Berichte über Wissenschaftsplanung in der DDR. Er lehnte das ab – und als der Agent ein paar Wochen später dasselbe Thema wieder anschnitt, reagierte er mit Schärfe und erklärte dem Mann, er wünsche ihn nicht wiederzusehen. Bei der nächsten Begegnung stellte Frucht fest, daß man den Agenten durch einen neuen Kontaktmann ersetzt hatte, der lediglich anmerkte, daß sein Vorgänger keineswegs die Absicht gehabt habe, ihn zu kränken.

Bei einer späteren Gelegenheit erschienen zwei Agenten zu einem der Treffs in besonders wichtigtuerischer Stimmung. Sie erklärten Frucht, die Ostdeutschen hätten das gesamte Gebiet der DDR aus der Luft photographiert und eine topographische Karte im Maßstab 1:50000 hergestellt. Es lag ihnen viel daran, ein Exemplar dieser Karte in die Hand zu bekommen.

Im Jahre 1958, als die Satellitentechnologie noch in den Kinderschuhen steckte, hatte G-2, die Nachrichtenorganisation der US-Armee, den Betrag von 44 Millionen Dollar für ein weltumspannendes militärtopographisches Programm bereitgestellt, das weitgehend vom kartographischen Dienst der US-Armee, einem Teil des Pionierkorps, in Zusammenarbeit mit dem US-Innenministerium geführt wurde. Das vom US-Verteidigungsministerium in Auftrag gegebene Programm sollte einen entscheidend wichtigen Teil der U.S. National Intelligence Surveys bilden. Sämtliche G-2-Sektionen erhielten Anweisung, zu diesem Programm beizutragen, und ein Objekt von hoher Priorität war das kommunistische Osteuropa. Aber die Art und Weise, wie die Amerikaner Frucht ansprachen, war eines Schmierentheaters würdig.

»Da würde man ja einen Lastwagen brauchen, um eine Karte dieser Größe zu transportieren«, antwortete er dem Agenten. »Bei dem Maßstab wäre sie mehr als 20 Meter lang. Wenn es sich um zusammengesetzte Photographien handelt, wie, meinen Sie, soll ich sie dann tragen? Das wäre alles viel zu schwer. Und das Monstrum über die Grenze zu schmuggeln...«

Der Agent war ganz eingeschüchtert durch Fruchts sarkastische Art. »Ich weiß nicht, wie man das machen soll«, gab er zu. »Ich folge lediglich meinen Anweisungen, wenn ich Ihnen das sage. Wir haben Auftrag, allen unseren Kontaktpersonen das zu sagen.«

»Und was geschieht, wenn ich Ihnen das Riesending bringe?« fragte Frucht. »Was wird dann aus mir und meiner Familie?«

»Wir würden Sie sofort in die Staaten schaffen. Sie würden ein neues Gesicht und eine neue Identität bekommen.«

»Und meine Verwandten und Freunde? Soll ich ganz einfach vergessen, daß sie je existiert haben?«

Der Agent antwortete mit einem Achselzucken.

»Sie sind mit Ihrer Bitte bei der falschen Adresse«, sagte Frucht voller Grimm. »Sie reden mit dem falschen Mann. Ich würde Ihnen die Sache nicht geben, auch wenn ich sie hätte.«

Ähnlich unbeugsam war Frucht, als man in den späten fünfziger Jahren den Versuch machte, ihn zu bewegen, auf einem Kongreß in Prag Kontakt mit einem sowjetischen Luftfahrt-Physiologen aufzunehmen. Wieder erklärte er den Amerikanern, daß er ihnen dabei nicht helfen könne, daß diese Art von Tätigkeit nicht auf seiner Linie läge. Das CIC blieb sehr hartnäkkig und schnitt das Thema einen Monat später noch einmal an, aber er lehnte es wiederum ab, hier mitzuspielen.

Jeder Annäherungsversuch gegenüber sowjetischen Spezialisten, die mit militärischer Forschung befaßt sind, hätte unverzüglich die intensive Aufmerksamkeit sowohl der sowjetischen als auch der ostdeutschen Sicherheitskräfte geweckt. In der DDR war den Angehörigen der Armee jeder Zugang zu Zivilisten praktisch verboten. Sie führten ein gettoähnliches Dasein. Ende der fünfziger Jahre, also vor dem Bau der Mauer, entkamen viele Armee-Angehörige in den Westen und gaben den westlichen Alliierten detaillierte Informationen über Verteidigungsmaßnahmen des Warschauer Pakts. Das hatte zur Folge, daß die Russen ihren deutschen Genossen zutiefst mißtrauten. Alle Kontakte mit Militärs oder mit Leuten, die Verbindung zu ihnen hatten, waren deshalb ganz besonders heikel.

Doch wenn Frucht militärische Themen mied, so gab es gewiß

Gebiete, auf denen er sich frei fühlte, seinen Rat mitzuteilen. Gegen Ende 1959 machte er zum Beispiel seine Bereitschaft deutlich, den Amerikanern bei der Beschaffung von Kinderlähmungs-Impfstoffen zu helfen. Während der fünfziger Jahre war die Krankheit in der ganzen Welt weit verbreitet gewesen, aber eine gründliche Kampagne der Gesundheitsbehörden hatte sie im Sowjetblock nahezu ausgelöscht. Im Jahre 1959 waren in der Bundesrepublik zahlreiche Kinder an Kinderlähmung erkrankt, und Dutzende waren daran gestorben. In der DDR war in jenem Jahr kein einziger Fall registriert worden. Diese außerordentliche Leistung war einem aus Polio-Viren entwickelten sowjetischen Impfstoff zu verdanken.

Der sowjetische Impfstoff garantierte nicht allein Schutz, sondern er war auch sicher. In Westeuropa und Nordamerika jedoch war man besorgt wegen des Schadens, den die verfügbare westliche Prophylaxe kleinen Kindern zufügen konnte. Im November 1959 wurde Frucht gebeten, eine Probe des neuen Impfstoffs zu beschaffen. Er wandte sich an seinen langjährigen Freund Professor Dost, Präsident der Impfkommission der DDR und Direktor der Ostberliner Universitäts-Kinderklinik. Dost erklärte sich sofort bereit zu helfen und beschaffte einige Ampullen aus seinem Laboratorium. Frucht übergab sie amerikanischen Freunden, die jenseits der Sektorengrenze, nur ein paar Straßen weiter, auf ihn warteten. Sie waren begeistert und sorgten dafür, daß der Impfstoff sofort per Flugzeug nach Washington geschickt wurde. Als Dost selbst ein paar Wochen später in den Westen floh, staunte er über den Empfang, den man ihm bereitete – die Amerikaner schafften sogar seinen Wartburg-Zweitakter mit einer Maschine der US Air Force in die Bundesrepublik.

Für Frucht hatte dieses Ereignis wenig mit Geheimdienstarbeit zu tun. Das war vielmehr eine Frage des ärztlichen Anstands, und sein Motiv war das gleiche wie jenes, das ihn 1948 veranlaßt hatte, seine amerikanischen Kontakte zu nutzen, um Penicillin für Ostdeutschland zu beschaffen.

Doch 1959 erwies sich als ein Jahr der persönlichen Krise für Frucht. Familiäre Ereignisse ließen ihn plötzlich in den Augen der ostdeutschen Behörden zu einem erhöhten Sicherheitsrisiko werden. Seine frühere Frau Gisela floh von Leipzig nach Rheda in der Bundesrepublik und nahm drei ihrer vier Kinder mit. Nur ihren ältesten Sohn, Ulrich, der damals 17 Jahre alt war, ließ sie zurück. Frucht glaubte, er müsse versuchen, sie zur Rückkehr in die DDR zu überreden, bevor ihre Abwesenheit von den Behörden bemerkt wurde. Als er um Erlaubnis zu einem Besuch in der Bundesrepublik bat, sagte man ihm, es könne drei Tage bis zum Eintreffen der Genehmigung dauern. Also beschloß er, das Risiko einer unerlaubten Reise auf sich zu nehmen, und er wandte sich um finanzielle Unterstützung an das CIC.

Seine Absicht war es ursprünglich gewesen, sich das Westgeld für die Flugkarte von Verwandten in West-Berlin zu borgen und dann inkognito in die Bundesrepublik zu fliegen. Aber als er bei den Verwandten eintraf, mußte er feststellen, daß sie verreist waren. In seiner Verzweiflung rief er die Amerikaner an, und sie erklärten sich bereit, ihm auszuhelfen. Das Bargeld wurde auf dem Flughafen Berlin-Tempelhof übergeben. Frucht fürchtete, daß er von einem Stasi-Spitzel erkannt und photographiert werden könnte. Deshalb trug er einen falschen Bart, dazu Brille und Hut. Er traf den amerikanischen Agenten, der ihm eine Zeitung mit darin versteckten 250 Mark in westdeutscher Währung übergab.

Noch immer in seiner Verkleidung, traf er in Rheda ein. Er war sehr aufgeregt. Er bot Gisela an, ein Haus in Ost-Berlin für sie zu beschaffen, wenn sie sich bereit erklärte zurückzukehren. Er sagte: »Wenn es drüben gefährlich werden sollte, werde ich dich rechtzeitig hinausbringen, das verspreche ich dir. Ich habe gute Verbindungen.« Sie lehnte entschieden ab. Sie sagte, sie sei über einen Abgrund gesprungen, ohne hineinzustürzen, und es wäre Wahnsinn, wieder zurückzuspringen.

Sein Versuch war gescheitert. Frucht kehrte nach Ost-Berlin zurück und fuhr mit dem Auto nach Leipzig, wo er Uli ernstlich an einer Blinddarmentzündung erkrankt vorfand. Das Verschwinden der übrigen Familie wurde bald bemerkt, und das war ein weiterer Faktor, der Frucht zu einer verdächtigen Gestalt machte.

Das Institut

Die unter Frucht arbeitenden Wissenschaftler forschten auf so unterschiedlichen Gebieten wie Schlaf, Verwendung von Kleinorganismen zur Entsorgung von radioaktivem Müll geringer Strahlungsintensität, Recycling von Sauerstoff in hermetisch abgedichteten Räumen unter Verwendung von Algen zur Entfernung von Kohlendioxyd aus der Atemluft. Staatsfunktionäre zeigten sich besonders interessiert an diesem Forschungsgebiet, weil sie potentielle Anwendungsmöglichkeiten für Atemluft-Systeme in Atom-U-Booten, Atomschutzbunkern und Raumfahrzeugen erkannten.

Die Sportmedizin spielte eine Hauptrolle in den frühen Arbeiten des Instituts, das bahnbrechende Beiträge zur Entwicklung neuer Techniken für die Messung physiologischer Vorgänge während der Arbeit und des Sports leistete. Frucht ging von der Überzeugung aus, daß biologische Prozesse unter völlig natürlichen Bedingungen gemessen werden müßten. Nach herkömmlicher Theorie glich der menschliche Körper einem Motor, der wie auf dem Prüfstand unter Labor-Bedingungen erprobt werden könne. Frucht lehnte solche Vorstellungen entschieden ab mit der Begründung, daß der Körper auf seine unmittelbare Umwelt reagiert, ganz gleich, wie sie gerade beschaffen sein mochte. Von 1957 an entwickelten die Werkstätten seines Instituts ihre eigenen Sender, Empfänger, Sensoren und Leiter, die es ermöglichten, Herz, Puls, Blutdruck, Sauerstoffverbrauch, Magendruck und Schnelligkeit von Sportlern zu jedem gewünschten Zeitpunkt während tatsächlicher Wettkämpfe zu messen und aufzuzeichnen.

Die Radiotelemetrie ermöglichte die ständige Beobachtung und Messung der Vorgänge im Körper sich bewegender Tiere oder Menschen. Die medizinische Elektronik wurde zu einem Spezialgebiet, und ein Team von Ingenieuren, Physikern, Biologen und Mathematikern war mit der Entwicklung neuer Techniken beschäftigt. Sie wußten, daß ihre Messungen relativ ungenau waren, verglichen mit den stationären Beobachtungen im Labor. Das Gesamtbild aber, zu dem sich ihre Daten zusammenfügten, war weitaus realistischer; darüber hinaus trugen sie durch Anwendung dieser neu gewonnenen Erkenntnisse zu einer deutlich sichtbaren Leistungssteigerung bei. Tatsächlich spielte das Institut eine führende Rolle beim Aufrücken der DDR in die Welt-Spitzenklasse der Ruderer. Ähnliche Methoden wurden später auf das Schwimmen, die Leichtathletik und sogar auf das Reiten angewendet. Die gleichen Techniken der angewandten Physiologie wurden auch für die Luftwaffe der DDR bedeutsam. Die Radiotelemetrie konnte angewandt werden, um Fliehkraft-Belastungen während der Testflüge in großen Höhen zu messen, und man bat Frucht, sich der entstehenden Luftfahrt-Industrie der DDR als Berater zur Verfügung zu stellen.

Im Institut wurde auch Experimentalarbeit in der Aufzeichnung der rhythmischen elektrischen Ströme im Gehirn von Tieren geleistet. Es wurde eine neue Technik unter Anwendung eines weiterentwickelten Elektroenzephalographen erarbeitet, und diese Arbeiten erregten zuerst die Aufmerksamkeit der Kampfstoff-Experten der DDR.

In den späten fünfziger Jahren erschien Dr. von Lutzki, leitender Arzt einer Ostberliner chirurgischen Klinik, im Institut, um dort eine Reihe pharmakologischer Versuche vorzunehmen. Entsandt hatte ihn Professor Lohmann, Vizepräsident der Akademie der Wissenschaften der DDR und Entdecker des Adenosintriphosphats, einer biochemischen Substanz, die von großer Bedeutung bei der Energieübertragung innerhalb lebender Zellen ist. Von Lutzki wollte Fruchts fortgeschrittene technische Methoden anwenden, um die Wirkung eines speziellen Nervengases auf Tiere zu messen. Diese Substanz wirkte durch Blockierung des Schlüssel-Enzyms Azetylcholinesterase, das Muskelbewegungen kontrolliert. Sobald der Kampfstoff in den Körper gelangt, geraten die Muskeln in einen Vibrationszustand und werden bald gelähmt. Mit Hilfe des 12-Kanal-Enzephalographen des Instituts wollte von Lutzki Klarheit darüber gewinnen, auf welche Weise dieses Nervengas die Weitergabe von Informationen an die Muskelfasern behindert.

Da die hochgiftigen Nervengase sich in identischer Weise auf die inneren Körpermechanismen auswirken, war sein Forschungsprojekt von unmittelbarer Bedeutung für zivile Toxikologen. Unter ihnen befand sich einer der brillantesten Kampfstoff-Experten des Sowjetblocks, Professor Karlheinz Lohs, der sich mit der Erforschung der Phosphorsäureester befaßte, also der Nervengase. Lohs war es auch, der Frucht anregte, an dem Projekt zu arbeiten, das ihn unausweichlich in die Sphäre der militärischen Geheimhaltung hineinzog.

Lohs ist ein kleiner, stämmiger Mann mit Pokergesicht und lebhaften, klugen Augen. Mit Meteorgeschwindigkeit war er zu seinem derzeitigen hohen Rang als Mitglied der DDR-Akademie der Wissenschaften aufgestiegen. Als Spätentwickler hatte er seine berufliche Laufbahn als Gehilfe im Leichenkeller eines Krankenhauses begonnen. In seiner freien Zeit büffelte er für das Abitur, bestand es mit glänzenden Noten und wurde Chemie-Student. Von Anfang an faszinierten ihn die chemischen Kampfstoffe und das Problem, sie aufzuspüren, und mehr durch Zufall fand er sich plötzlich im Mittelpunkt eines rasch an Bedeutung gewinnenden wissenschaftlichen Gebietes.

Überall in Ostdeutschland war man nach dem Krieg auf große Kampfstofflager gestoßen, die die kommunistischen Behörden vor ungeheure Probleme stellten. Die Russen zum Beispiel hatten Fischer dafür bezahlt, einen Teil der Kampfstoffe mitten in der Ostsee zu versenken, aber die Stoffe – hauptsächlich handelte es sich um Gelbkreuz, aber auch um das tödliche Nervengas Tabun – wurden oft nur wenige Kilometer vor der Küste über Bord gekippt, und immer wieder wurden Kanister davon an den Strand gespült. Lohs erhielt die Aufgabe, ihren Inhalt zu identifizieren. Er entdeckte auch große Mengen Gelbkreuz, vergraben unter einem Eisenbahndamm ganz in der Nähe von Fruchts Haus in Grünau, nicht allzu weit entfernt von einem Trinkwasser-Schutzgebiet. Er hatte gute Verbindungen zu den Kampfstoff-Trupps der Polizei, die diese Chemikalien beseitigen mußten. Diese Leute bildeten später den Kern der Heeresabteilung für chemische Kampfstoffe.

Lohs war mit sämtlichen neuen Entwicklungen auf dem Sektor der chemischen Kampfstoffe in Osteuropa vertraut. (»Er war einer der größten Lieblinge der Russen«, sagte ein ehemaliger amerikanischer Geheimdienstbeamter mit 25jähriger Erfahrung in der Auswertung kommunistischer Daten aus dem Bereich der chemischen Kriegführung. »Die Sowjets wußten schon, wie sie sich die besten Köpfe zunutze machen konnten, und Lohs stand in ständigem Gespräch mit den Spitzengruppen des Sowjetblocks. Er stand hinter fast allem, was auf diesem Gebiet geschah.«)

Lohs trug mehr als irgendein anderer dazu bei, Frucht auf die potentiellen Schrecken eines chemischen Holocaust hinzuweisen. Er malte ein düsteres Bild von den Verheerungen, die chemische Waffen anrichten konnten, wenn sie in die falschen Hände gerieten. In Zeitschriften wie der »Militärmedizin« der DDR schrieb er über das »scheußliche Erbe« des Zweiten Weltkrieges und darüber, wie jetzt ehemalige NS-Wissenschaftler ihre Gastländer mit den technischen Möglichkeiten versahen, einen dritten, noch viel entsetzlicheren Völkervernichtungskrieg zu führen.

Bald waren er und Frucht gute Freunde. Frucht hatte großen Respekt vor seinem Mut, mit so gefährlichem Material zu arbeiten; mindestens einmal hatte Lohs sich schon mit einem der Nervengase vergiftet. Er sprach oft über die Rolle des verantwortungsbewußten Wissenschaftlers im Kampf um die Beherrschung dieser tückischen, hochgiftigen V- und VX-Stoffe, und er beschrieb Frucht das allem Anschein nach unüberwindliche Problem, Substanzen aufzuspüren, die selbst noch in einer Verdünnung von 1 : 1 Milliarde toxisch sind. Eine Lösung des Problems war dringend nötig. »Wir brauchen etwas, das auch unter Feldbedingungen wirksam ist«, sagte er. »Im Ersten Weltkrieg nahm man Kanarienvögel, ja sogar Fliegen. Aber das ist heutzutage viel zu primitiv. Denken Sie über das Problem nach. Vielleicht finden Sie irgend etwas.«

Frucht nahm die Herausforderung an. Als Teil des Zentralinstituts für Arbeitsmedizin war sein Institut leidenschaftlich an den Problemen der Industriegifte interessiert sowie an neuen Methoden zum Erkennen von Umweltverschmutzung. Auf diesen Sektor hatte er sich anfangs konzentriert, immer in der Hoffnung, die militärischen Aspekte des Gebiets umgehen zu können. Aber schon bald mußte er erkennen, daß es nicht möglich war, den Blick derart einzuengen. Industrielle und militärische Toxikologie sowie die Pharmazeutik erwiesen sich als untrennbar verflochten, so daß er nicht auf einem Gebiet arbeiten konnte, ohne sich in den Gesamtkomplex zu verstrikken. So sind die Nervengase in ihrem chemischen Aufbau den überall verwendeten Insekten- und Unkrautbekämpfungsmitteln sehr ähnlich. Und Lewisit etwa, im Zweiten Weltkrieg als Kampfstoff vorgesehen, wird heute, keine vierzig Jahre später, bei der Behandlung von Leukämie eingesetzt. Diese Substanzen dringen tief in den Stoffwechsel der Zellen ein, und es gibt kaum einen Zweifel, daß man sie in Zukunft pharmazeutisch verwenden wird.

Frucht entschied sich, das Problem auf höchst originelle Weise anzugehen. Die industriellen und militärischen Anwendungsmöglichkeiten waren offenkundig. Sein erster Gedanke lautete, daß die Lösung *biologische* Tests sein könnten – irgendeine verfeinerte Form der grobschlächtigen Methode, die man während des Krieges 1914–18 in den Schützengräben anwendete. Damals setzten die Soldaten rasch die Gasmaske auf, wenn ihre Kanarienvögel tot umfielen. Frucht beschloß, lebende Organismen zu suchen, die empfindlich genug waren, um auf verschiedene Stärken von Toxizität zu reagieren. Zweitens mußte ein Weg gefunden werden, die Veränderungen mit großer Präzision zu messen. Drittens mußte eine enge Verbindung bestehen

Adolf-Henning Frucht im Alter von 21 Jahren, 1934. Er trägt eine Arbeitsdienst-Uniform. Seine Tätigkeit beim Reichs-Arbeitsdienst bestand hauptsächlich im Flötenspielen in einem Orchester dieser Organisation.

Fruchts Vater, der Hauptmann Ernst Emil Frucht starb in den ersten Wochen des Ersten Weltkriegs.

Justus von Liebig (1803–1873) war der Urgroßvater Fruchts.

Adolf-Henning Frucht mit seiner Mutter Annie und seiner Schwester Gisela.

Fruchts Großvater Adolf von Harnack (1851–1930), Gründer der heutigen Max-Planck-Gesellschaft.

Professor Dr. Frucht kurz vor seiner Verhaftung. Im Gespräch mit einem Kollegen.

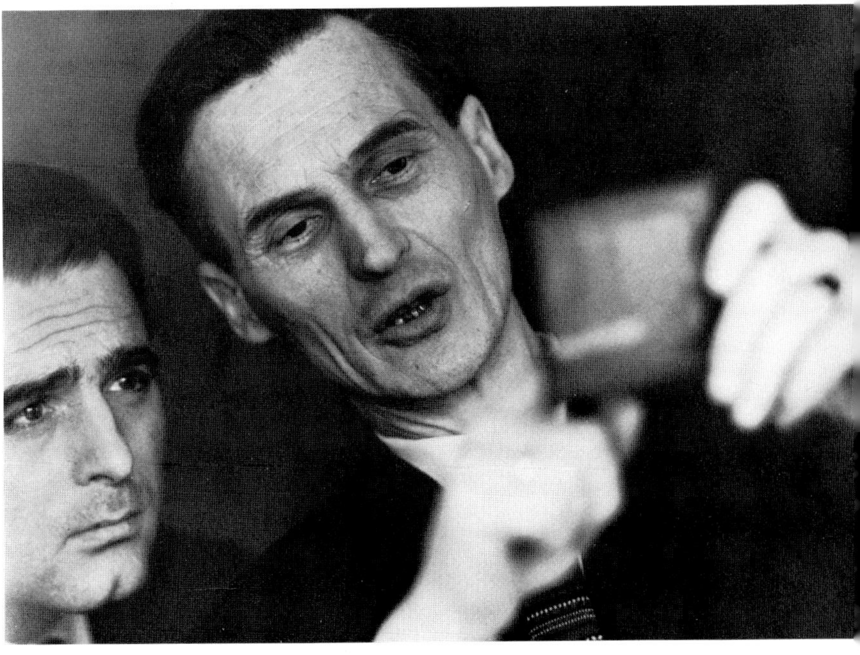

Das Haus der Familie Frucht im Ost-Berliner Vorort Grünau.

Nach Jahren ist die Familie wieder vereint. Links die Töchter Uta und Karin, rechts Frau Maria Frucht.

zwischen diesen Veränderungen und den biologischen Vorgängen, die durch die chemischen Stoffe im Menschen selbst ausgelöst wurden. Er entschied sich für Leuchtbakterien als Medium. Er wußte, daß die optischen Meßverfahren die am höchsten entwickelten der ganzen Physik sind. Und er wußte auch, daß das chemische kalte Leuchten lebender Organismen einen Wirkungsgrad hat, der um das Acht- bis Zehnfache über dem der besten Lampen der Welt liegt. Lampen leuchten mit ein paar tausend Grad, die Tiere machen das bei normalen Temperaturen und bei normalem Druck. Es gibt Leuchttiere, bei deren Licht man Zeitung lesen kann.

Frucht wußte außerdem, daß der Energie-Umwandlungsprozeß, den diese Mikro-Organismen nutzten, demjenigen ähnelt, den man im Menschen selbst findet. Als Ausgangspunkt untersuchte er zunächst den energieliefernden Prozeß in den Bakterien, von dem er wußte, daß er sehr genau gemessen werden konnte. Die Biolumineszenz resultiert aus einem Oxydationsprozeß, der sich sehr viel langsamer vollzieht als in einer Flamme. Er kommt aus einer chemischen Reaktion, in der das Enzym Luziferase eine spezielle Verbindung zerstört, die man Luziferin nennt. Dabei wird chemische Energie auf extrem wirksame Weise in Strahlungsenergie umgewandelt. Sehr geringe Wärme wird abgegeben, und aus diesem Grunde nennt man dieses Licht »kaltes Licht«.

Frucht importierte Leuchtbakterienstämme aus der ganzen Welt, aus Japan, den Vereinigten Staaten, Großbritannien und der Tschechoslowakei. Um den geeigneten Stamm zu finden, züchtete seine Forschungsgruppe Generation um Generation unter strengsten Laboratoriumsbedingungen. Dann untersuchten sie, welche Wirkungen verschiedene giftige Substanzen auf sie ausübten. Unter diesen Substanzen befand sich auch Benzol, ein farbloser, hochgiftiger Kohlenwasserstoff, der als Bestandteil von Motortreibstoffen verwendet wird und zu den besonders giftigen Industriechemikalien gehört. Bei den Experimenten wurde Luft, die mit der toxischen Substanz verseucht war, durch eine Zelle geleitet, in der sich eine Leuchtbakterienkultur befand.

Jede Veränderung der Kaltlicht-Reaktion wurde dann elektronisch gemessen. Schwand die Leuchtkraft, wurde Alarm ausgelöst. Es war eine komplizierte Aufgabe, deren Lösung mehrere Jahre in Anspruch nahm.

Frucht und seine Mitarbeiter leiteten auf diesem Forschungsgebiet Pionierarbeit für den gesamten Sowjetblock. Sein Fernziel war es, biologische Substanzen zu finden, die außerhalb der Mikroorganismen selbst leuchten würden – ein mögliches, aber, wie er meinte, eben sehr fernes Ziel.

Seine Arbeit auf diesem hochempfindlichen Gebiet blieb weitgehend vom Gesundheitsministerium unbeachtet, denn die Experimente wurden aus dem für Grundlagenforschung bereitgestellten allgemeinen Etat des Instituts finanziert, und es war keine besondere offizielle Genehmigung erforderlich. Er betrieb diese Arbeit ganz auf eigene Faust, fast schon privat. Am Ende jedoch erreichte er einen Punkt, an dem er ohne Unterstützung von außen nicht mehr auskam. Inzwischen war klar geworden, daß es in der Industrie kaum Anwendungsmöglichkeiten für die von ihm entwickelte Methode geben würde; die hochgiftigen Chemikalien, mit denen er arbeitete, waren viel zu gefährlich für Industrieverfahren, und sie waren außerhalb des militärischen Bereichs von geringem Interesse. Er brauchte jemanden, der ihm das Projekt aus den Händen nahm.

Ausgerechnet in diesem Stadium gelangten gewisse Leute zu der Ansicht, daß er mit geheimen Forschungsaufgaben befaßt sein müsse, und sie begannen, ihn ins Vertrauen zu ziehen.

Sie fingen an, ihm gegenüber militärische Geheimnisse preiszugeben, die bei Fruchts Vorgesetzten helles Entsetzen ausgelöst haben würden – und darüber hinaus bei so gut wie jedem, der in der ostdeutschen Hierarchie eine Rolle spielte.

»Heckenschütze«

Als man in den späten fünfziger Jahren entdeckte, daß es dem KGB gelungen sei, eine Reihe amerikanischer und europäischer Nachrichtendienste zu unterwandern, waren Fruchts amerikanische Freunde in West-Berlin beunruhigt. Man riet ihm, sich abzusetzen.

Der Alarm bei den Amerikanern war ausgelöst worden, als im Jahre 1958 bei der US-Botschaft in der Schweiz ein an den Botschafter, Henry Taylor, adressierter Brief eintraf. Der anonyme Absender behauptete, ein hoher Beamter eines Ostblock-Geheimdienstes zu sein, verschwieg aber nicht nur seinen Namen, sondern sogar seine Nationalität. Der Kern seiner Mitteilung besagte, daß es »Maulwürfe« in westlichen Geheimdiensten gäbe, die ihn sofort verraten würden, wenn er seine Identität preisgäbe. Er unterschrieb seinen Brief mit dem deutschen Wort »Heckenschütze«.

Im Laufe der nun folgenden Monate identifizierte er sieben Sowjetspione, darunter Harry Houghton, Angestellter der britischen Admiralität im Marinestützpunkt Portland, und Oberst Stig Wennerström, den schwedischen Luftwaffenattaché in Washington, der im KGB bis zum Generalsrang aufgestiegen war. Und »Heckenschütze«, bei dem es sich in Wahrheit um Michael Goleniewski handelte, stellvertretender Vorsitzender des polnischen militärischen Geheimdienstes, trug durch die von ihm gelieferten Informationen zur Enttarnung von George Blake bei. Er sorgte für Beweise, daß nicht nur die CIA und der britische MI6 unterwandert worden waren, sondern auch westdeutsche, französische und schwedische Dienste. Im Jahre 1959 verriet er, daß es dem KGB gelungen sei, durch Erpressung nicht wenige Spitzenbeamte des Bundesnachrichtendienstes zu zwingen, für den Osten zu arbeiten. Wie ein Donnerschlag wirkte seine Behauptung auf die CIA, daß von den sechs BND-Beamten, die 1956 das CIA-Hauptquartier in Langley bei Washington zu einem Treffen mit CIA-Direktor Allen Dulles besucht hatten, zwei »Maulwürfe« des KGB waren.

»Heckenschütze« floh 1960 in den Westen; am ersten Weihnachtstag traf er mit seiner Frau in West-Berlin ein. Er teilte seinen amerikanischen Leitoffizieren mit, daß er einen Stapel Dokumente in einem hohlen Baumstamm in Warschau versteckt habe. Die CIA ließ sie bergen, und es stellte sich heraus, daß es sich um Tausende von Seiten polnischer und sowjetischer Militärbulletins handelte, die militärische Geheimnisse der Vereinigten Staaten enthielten. Diese Geheimnisse konnten nur von hochgestellter Seite in der NATO und im US-Verteidigungsministerium selbst stammen.

Die Amerikaner warnten Frucht. Ein Agent, der sich selbst als Quäker und Christ bezeichnete, riet ihm mit allem Nachdruck, sich rechtzeitig aus Ost-Berlin abzusetzen, »bevor etwas Ernstes passiert«.

Frucht ließ sich keine Angst einjagen. Er war fest davon überzeugt, daß er selbst dann, wenn seine Verbindungen bekannt wurden, die ostdeutschen Behörden davon abhalten könnte, gegen ihn vorzugehen. Er sah sich in einer besonderen Beziehung zur DDR, die solange bestehen würde, wie die DDR sich davon Vorteile versprach. Gewiß konnte sich die Situation ändern. Und für diesen Fall traf er eine Vorsichtsmaßnahme. Er bat seinen V-Mann um einen doppelten Dienst. »Sollte das je erforderlich werden«, sagte er, »dann bitte ich Sie, mir und meiner Familie bei der Flucht aus dem Osten zu helfen.«

»Ich werde Ihre Bitte weiterleiten«, sagte der Agent.

»Die andere Bitte betrifft meine Kinder. Möglicherweise wird man sie zwingen, einer kommunistischen Jugendorganisation beizutreten. Ich wünsche eine Garantie, daß ihnen deshalb das amerikanische Einreisevisum nicht verweigert wird, falls sie jemals eines benötigen sollten.«

Zwei Monate später erhielt er die Zusicherung, daß Washington sich einverstanden erklärt habe.

Mittlerweile versuchten die Amerikaner immer deutlicher, das Feld der Gespräche über den politischen Bereich auszudehnen. Die zunehmenden Forderungen des CIC ärgerten Frucht außerordentlich. Andererseits empfand das CIC Frucht als einen schwierigen Partner. Er schien Ideen im Kopf zu haben, die aus tausend verschiedenen Richtungen kamen. Um ihn bei einem bestimmten Thema zu halten, richteten sie es so ein, daß mehrere Agenten ihn mit Fragen bombardierten, erst von der einen Seite und dann von der anderen – alles war ihnen, wie ein Geheimdienstler später sagte, recht, »um nur zu verhindern, daß er wieder einmal über Gott und die Welt redete«.

Dagegen erklärt Professor Frucht, daß das eine Taktik war, um die Gespräche im vereinbarten Rahmen zu halten. Er fand, daß das meiste von dem, was er sagte, auch am Rande irgendeiner wissenschaftlichen Konferenz hätte erörtert werden können. Aber sein Versuch, sich dem amerikanischen Drängen zu widersetzen, auch empfindlichere Informationen preiszugeben, endete manchmal mit einem Fehlschlag. Gelegentlich wurde ihm klar, daß man ihn auf ein Gebiet drängte, das er nicht zu betreten wünschte... daß er wider Willen Angelegenheiten erörtert hatte, über die er nicht hatte sprechen wollen. Er war sich immer einer Grenze bewußt, die er auf keinen Fall überschreiten durfte, und wenn die Amerikaner über diese Grenze hinaus vorstießen, empfand er deutliches Unbehagen.

Die Vereinigten Staaten hatten keine Botschaft in Ost-Berlin, und einmal baten ihn die Agenten, im sowjetischen Sektor einen Brief nach Leipzig für sie aufzugeben. Der Adressat sollte ihn seinem Verwandten geben, einem Ostdeutschen, der dort für den US-Geheimdienst arbeitete. Als er den Kontrollpunkt passierte, befingerte er den Brief, als ob es sich um eine Zeitzünderbombe handelte. Frucht sagt, daß er zutiefst irritiert gewesen sei. Er hatte sich beschwatzen lassen, als Kurier zu arbeiten, und er ärgerte sich über sich selbst und über das CIC. Es lag auf der Hand, daß man ihn tiefer in die Welt der Spionage hineinziehen wollte. Als er die Amerikaner wiedersah, spürte er ein sonderbares Gefühl in der Magengrube. »Das reicht«, sagte er zu ihnen. »Es ist genug. Ich will nicht weitermachen.« Sie machten nicht den Versuch, ihn durch Druck zum Weitermachen zu bewegen. Sie baten ihn lediglich, wenn ihm irgend etwas Besonderes auffiele, in ihrem Hauptquartier in der Clay-Allee anzurufen. Sie würden sich dann wieder mit ihm in Verbindung setzen.

Bevor jedoch die Verbindung abgebrochen wurde, kam es noch zu einer weiteren Begegnung, die von entscheidender Bedeutung für Fruchts zukünftiges Verhältnis zum US-Nachrichtendienst gewesen zu sein scheint. Man machte ihn mit einem ranghohen Agenten bekannt, der sich als Schulz vorstellte. Er sei, sagte man Frucht, so eine Art »reisender Feuerwehrmann«, und er war deutscher Herkunft. »Schulz«, Sohn eines sozialdemokratischen Vorkriegs-Politikers in Deutschland, war vor 1939 in die Vereinigten Staaten ausgewandert und hatte es zu einem hohen Posten in der amerikanischen Geheimdienst-Organisation Office of Strategic Services (OSS) gebracht, dem Vorläufer der CIA. In den fünfziger Jahren war er zu einem engen Bekannten von Allen Dulles geworden, der nach seiner Kriegstätigkeit als Chef der OSS-Dienststelle in Bern im Jahre 1955 zum CIA-Direktor ernannt worden war.

Als Frucht diesem »Schulz« gegenüber erklärte, daß er nun genug von den Treffs habe und in Frieden gelassen zu werden wünsche, war der Agent voller Verständnis und Mitgefühl. »Natürlich«, sagte er. »Das ist durchaus zu verstehen. Wir werden Sie zufrieden lassen. Aber wenn Sie mal irgend etwas mitzuteilen haben, setzen Sie sich doch bitte mit uns in Verbindung. Hier haben Sie unsere Telephonnummer.«

Frucht wußte weder damals noch später, für welche amerikanische Organisation er eigentlich arbeitete. Die US-Geheimdienstler hüllten ihre Zugehörigkeiten nach Möglichkeit in den Mantel tiefsten Geheimnisses. Doch in der Rückschau scheint wenig Zweifel möglich, daß Fruchts Begegnung mit Schulz seine Übergabe vom militärischen CIC an die zivile CIA bedeutete.* Die Nummer, die Schulz ihm gegeben hatte, war die der US-Mission in West-Berlin, nicht die des militärischen Dienstes.

---

* Ein ehemaliger Direktor des amerikanischen militärischen Geheimdienstes in West-Europa erläuterte das CIA/CIC-Verhältnis so: »Alles ist koordiniert, wobei allerdings die CIA die Primärfunktion ausübt. Man muß das wie einen Luftschacht sehen. Stoßen Armee, Luftwaffe oder Marine auf Informationen, die von nationalem Interesse sind, leitet man sie durch den Schacht nach oben. Erweist sich ein Fall, den einer der Dienste angefangen hat, als eine Angelegenheit von nationalem Interesse, wird die CIA sich einschalten. Mittel und Möglichkeiten, die den Diensten der Teilstreitkräfte verschlossen sind, müssen jetzt eingesetzt werden.«

Die Mauer

Im Sommer 1961 jagte in Berlin ein Gerücht das nächste. Die Zahl der Flüchtlinge aus der DDR stieg ständig. Die Spannung verschärfte sich im Juni nach Chruschtschows Drohung, Berlin zu einer Freien Stadt zu machen, falls die Westmächte sich nicht bereit erklärten, den Status der Stadt bis Ende des Jahres »ein für allemal« zu klären. Anfang August wurden im Lager Marienfelde in West-Berlin jeden Tag mehr als 1500 Menschen registriert.

Wie Tausende anderer Ostberliner auch, sah Frucht mit Entsetzen die Aussicht, eingeschlossen zu werden, und er begann mit Vorbereitungen für die Flucht seiner Familie. Er schaffte persönliche Dokumente hinüber, Bücher, sogar Familiensilber, das er in der Heizung seines Autos versteckte, und er übergab alles einem in West-Berlin wohnenden Vetter zu treuen Händen. Trotz seiner tiefen Besorgnis meinte er doch, vorläufig noch keine unmittelbaren Fluchtpläne schmieden zu können, denn Maria hatte soeben dem zweiten Kind das Leben geschenkt, und sie brauchte Zeit, um wieder zu Kräften zu kommen.

Dann aber, in der Nacht des 13. August, wurde die Mauer gebaut. Am nächsten Morgen versuchten einige Westberliner, die noch provisorische Sperre wieder einzureißen, aber sie wurden von Ostberliner Polizei mit aufgepflanztem Seitengewehr vertrieben, während sowjetische Panzer drohend im Hintergrund auffuhren.

Im französischen Sektor war die Bernauer Straße durch den Grenzverlauf in zwei Teile zerschnitten worden. Männer und Frauen versuchten, aus den Fenstern der Wohnblocks auf der östlichen Seite der Straße zu springen. Die Westberliner hielten Decken als provisorische Sprungtücher auf, aber etliche verfehlten sie und starben in Blutlachen auf dem Pflaster. Demonstranten marschierten protestierend durch die Straßen mit Spruchbändern: »Wo sind die alliierten Mächte?« »Wer schützt uns jetzt?« und »Hau auf die Pauke, Willy!« Brandt war damals der Regierende Bürgermeister der Stadt, aber als die Krise ausbrach, war er genauso ohnmächtig wie die Demonstranten. Er bat Präsident Kennedy telegraphisch um eine »politische Initiative«, bekam aber nur zu hören, daß die Schließung der Grenze eine sowjetische Grundsatz-Entscheidung sei, die nur durch einen Krieg rückgängig gemacht werden könnte. »Weder Sie noch wir, noch irgendeiner unserer Alliierten sind je davon ausgegangen, daß wir in einer solchen Situation in den Krieg eintreten sollten«, erklärte Kennedy ihm.

Frucht machte Ferien in Spandowerhagen, als er die Nachricht hörte. Er kehrte sofort nach Berlin zurück, und die Atmosphäre, die in der Stadt herrschte, ließ ihn zu der Überzeugung gelangen, daß er sofort wieder Verbindung zu den Amerikanern aufnehmen müsse. Er wollte erkunden, ob sie ihm dabei helfen würden, mit seiner Familie doch noch hinauszukommen.

Unter Ausnutzung seines privilegierten Status als Arzt fuhr er am Morgen des 15. August um 11.15 Uhr über die Sektorengrenze. Kaum hatte der ostdeutsche Posten den Schlagbaum wieder hinter ihm gesenkt, als ein zorniger Haufen von Westberlinern seinen Wagen anhielt. Die Leute beschimpften ihn und trommelten mit den Fäusten auf seine Kühlerhaube und die Windschutzscheibe. Plötzlich wurde ihm klar, daß Fahrzeuge mit ostdeutschem Nummernschild in den Westsektoren nicht mehr willkommen waren, denn es war ja davon auszugehen, daß die Fahrer solcher Autos kommunistische Würdenträger sein mußten. Frucht kurbelte das Fenster herunter und versuchte, vernünftig mit der Menge zu reden. Er wollte den Leuten mitteilen, daß er auf ihrer Seite sei, daß er in Wirklichkeit ein Mann des Westens in östlicher Verkleidung sei, aber er mußte erkennen, daß diese Menschen mit Worten nicht zu besänftigen waren.

Zentimeterweise brachte er sein Fahrzeug voran, bis er von der empörten Menge frei war und davonfahren konnte.

Er fuhr durch die Prinzenstraße in Richtung Flughafen Tempelhof. Dann bog er nach Schöneberg ein und hielt bei einem Straßenkiosk in der Nähe des Rathauses, um die US-Vertretung anzurufen. Nachdem er kurz mit einem Beamten gesprochen hatte, fuhr er zur Clay-Allee in Dahlem und parkte in einer Nebenstraße. Zu Fuß ging er um die Ecke und sah, daß er von einem Geheimdienstmann erwartet wurde.

Der Amerikaner, der etwa vierzig Jahre alt sein mochte, wirkte blaß und erschöpft. Tatsächlich hatte er in den letzten beiden Tagen sehr wenig Schlaf gehabt. Er ließ durchblicken, daß man noch immer einen militärischen Angriff der Russen auf West-Berlin nicht völlig ausschloß. Die Mitglieder der US-Vertretung hatten in aller Hast Geheimdokumente in Kisten gepackt, damit sie sofort aus der Stadt transportiert werden konnten. Die Aktenschränke waren mit versteckten Sprengladungen gesichert, die sofort explodieren würden, wenn Unbefugte sich an ihnen zu schaffen machen sollten.

»Na, es ist also passiert«, sagte Frucht zur Begrüßung.

»Das kann man wohl sagen«, erwiderte der Amerikaner. »Haben Sie gewußt, daß das kommen würde?«

»Ja, aber ich wußte nicht, wann.«

»Genauso war es bei uns. Dennoch hat es uns überrascht.«

»Jetzt sitze ich da drüben fest mit meiner Frau und den Kindern. Ihre Leute haben mir etwas versprochen. Können Sie noch halten, was Sie versprochen haben?«

»Moment mal. Es gibt keinen Grund zur Panik. Sie müssen noch etwas Geduld haben...«

Der Amerikaner wich Fruchts Blick aus, und es entstand ein kurzes Schweigen. »Wir befinden uns in einer schwierigen Lage«, fuhr er fort. »Wir haben strenge Anweisung, uns nicht in diese deutsch-deutschen Angelegenheiten einzumischen. Tut mir leid. Sie müssen verstehen, das ist alles über unsere Köpfe hinweg gemacht worden. Soweit ich weiß, haben Kennedy und Chruschtschow in Wien über den Status von Berlin gesprochen.

Es scheint da eine Art Übereinkunft gegeben zu haben, daß wir nicht allzu laut protestieren, falls die Sowjets gewisse Maßnahmen in ihrem Sektor ergreifen.«

»Und was wird da aus uns Ostdeutschen?«

»Ja, es scheint, daß nach Meinung des Präsidenten die Deutschen 16 Jahre Zeit gehabt haben, sich zu entscheiden, ob sie im Osten oder im Westen leben wollen.«

»Das ist grausam.«

»Nur Geduld«, sagte der Agent. »Vielleicht können wir später etwas für Sie tun.«

Frucht erkannte, daß er von den Amerikanern, die viel zu sehr mit ihren eigenen Sorgen beschäftigt waren, keine Hilfe erwarten könne, und tief bedrückt kehrte er in den Osten zurück. Von nun an würde es kein bequemes Fluchtloch in den Westen mehr geben, keine mühelose Möglichkeit mehr, Kontakt aufzunehmen. Nun würde er die Kinder aus seiner ersten Ehe nicht mehr in West-Berlin besuchen können, und sie würden umgekehrt nicht mehr zu ihm kommen können. Sein ältester Sohn, Ulrich, der bis zum Bau der Mauer bei ihm im Osten gewohnt hatte, war gerade zu Arbeitsferien in England gewesen. Trotz der Bitten seines Vaters, nach Hause zurückzukehren, blieb er nun in West-Berlin beim Rest der Familie.

Frucht war jetzt weitgehend von der westlichen wissenschaftlichen Gemeinschaft isoliert. Er fühlte sich eingesperrt. Vor der Mauer hatte er durchaus noch mit den kommunistischen Behörden verhandeln können. Aber nachher wurden sie immer härter und kompromißloser. Die Veränderung löste eine Krise in seinem Verhältnis zur DDR aus. Er fühlte sich von der neuen Haltung der Regierung gegenüber Spezialisten bedroht, und seine Stellung wurde noch unsicherer, als ein amerikanischer Überläufer Einzelheiten über Fruchts Kontakte mit den Amerikanern vor 1961 preisgab. Andere Ostdeutsche, in ähnliche Dinge verstrickt, wurden zu langen Freiheitsstrafen verurteilt. Drei hohe Staatsbeamte der DDR warnten Frucht und wiesen ihn auf seine exponierte Lage hin. Alfred Neumann, Staatssekretär für Sport, der ihn gebeten hatte, seine telemetrischen Experimente mit den besten Ruderern des Landes fortzusetzen, sagte zu ihm: »Ich habe ein Boot auf der Ostsee. Kommen Sie zum Segeln mit mir. Dann können wir über die Sache reden.« Frucht schlug die Einladung aus; aber ähnliche Warnungen kamen von Professor Lohmann von der Akademie der Wissenschaften und Professor Holstein, dem Rektor des Zentralinstituts für Arbeitsmedizin. Die Botschaft war klar. Frucht galt als politisch unzuverlässig und als Sicherheitsrisiko. Dennoch leiteten die Behörden keine Maßnahmen gegen ihn ein. Noch war er die Gans, die die goldenen Eier legte, und allem Anschein nach hatte man beschlossen, ihn am langen Zügel laufen zu lassen.

Frucht gelangte zu der Überzeugung, daß er die ganze Familie in den Westen bringen müsse. Mehrere Monate nach dem Bau der Mauer suchte er einen von den Amerikanern ganz unabhängigen Fluchtweg, und er wandte sich an einen ehemaligen Mitarbeiter, Professor Johannes Werner, der sich schon 1959 in den Westen abgesetzt hatte und Leiter der Fakultät für Veterinär-Physiologie an der Freien Universität in West-Berlin geworden war. Gefälschte Dokumente wurden beschafft, Vorbereitungen für die Flucht der Familie über Schweden wurden getroffen. Alles, was sie mitnehmen würden, mußte westlichen Ursprungs sein, insbesondere die Kleidung. Unterwegs sollten ihnen westliche Pässe zugesteckt werden; sie sollten an einem bestimmten Punkt in einen Zug einsteigen und das Land verlassen, als wären sie Transitreisende.

Zum Tag der Flucht wurde der 24. Februar 1962 bestimmt. Ein Schweizer Verbindungsmann aus West-Berlin sollte Frucht treffen und ihm die Reisepapiere übergeben. Aber an dem fraglichen Tag, einem Samstag, war schon alles vorbereitet worden für die Taufe der kleinen Tochter Fruchts, Uta, in der Kirche von Grünau, und man gab den ganzen Plan auf.

Danach schob Frucht dann den Termin der Flucht immer wieder hinaus, und seinen Helfern wurde allmählich klar, daß er kalte Füße bekommen hatte. Die Fruchts scheuten alles, was das Leben ihrer Töchter hätte gefährden oder dazu hätte führen können, daß sie voneinander getrennt würden, und das erwies sich jedesmal, wenn Fluchtpläne besprochen wurden, als das Haupthindernis. Doch sie mochten diese Pläne auch nicht endgültig aufgeben, und Frucht prüfte mehrere ungewöhnliche Möglichkeiten.

Die Bekanntschaft mit der Schattenwelt der Fluchtorganisationen vermittelte ihm jemand, von dem er es am wenigsten erwartet hätte – sein alter Gärtner, Herr Meyer, ein Rentner, der behauptete, er habe vor und im Ersten Weltkrieg als Agent für den deutschen Geheimdienst gearbeitet. Meyer brüstete sich damit, Verbindungen zu einem kommerziellen Fluchthilfenetz zu haben, das von einem führenden ostdeutschen Spion geleitet wurde, einem Stasi-Mann, der wegen seiner erstaunlichen Fähigkeit, erst unter den Nazis und dann unter den Kommunisten nicht nur zu überleben, sondern dabei auch noch gute Geschäfte zu machen, den Spitznamen »Chamäleon« bekommen hatte. Während des Krieges war er bei der Gestapo in Polen gewesen, wo er seine ersten Erfahrungen im Fluchtgeschäft gesammelt hatte – er schmuggelte Juden über die Ostsee nach Schweden, gegen Bezahlung in Gold. Er hatte ausgezeichnete Verbindungen zu Fischern und Seeleuten, die für den polnischen Untergrund arbeiteten, und er behauptete, dafür gesorgt zu haben, daß ihre Boote unbehelligt die Sperren der deutschen Marine passieren konnten, wenn sie ihre Geschäfte mit Skandinavien betrieben. Nach dem Krieg leistete er der DDR wertvolle Dienste beim Aufbau ihres Staatssicherheits-Apparats, indem er seine Kenntnis der Geheimdienstmethoden der Gestapo einbrachte.

Ohne daß seine neuen Herren es ahnten, arbeitete er jedoch zugleich auch für den Westen. Frucht ist diesem Stasi-Offizier nie begegnet; sein Mittelsmann war Herr Meyer, der sehr diskret arbeitete. Einige Monate lang machte das »Chamäleon« über Herrn Meyer verschiedene Vorschläge. Bei einem ging es darum, die Pässe zu vertauschen, die Westberliner Kommunisten ausgestellt wurden, um ihnen die Teilnahme an den Feiern zum Jahrestag des »Sieges über den Faschismus« in Ost-Berlin zu ermöglichen. Die Pässe ermöglichten ein müheloses Passieren der Grenzübergänge in der Mauer; für Frucht und für Maria hätte das zwar funktionieren können, aber für die Kinder ging es nicht.

Eine andere Chamäleon-Idee war es, daß sie über die Grenze nach Westdeutschland, nicht nach West-Berlin gehen sollten. Anscheinend war der Stasi-Mann zuständig für Einheiten der Staatssicherheit, die den Wachdienst an den Grenzübergängen zur Bundesrepublik versahen, so daß er genaue Kenntnis von den neuesten Fluchtmethoden hatte, die von den westlichen kommerziellen Fluchthelfern angewendet wurden. Aber es war auch bekannt, daß er seine Leute – nach Einzahlung eines nennenswerten Betrages auf ein Konto in der Schweiz – auf sehr viel offiziellerem Weg hinauszuschmuggeln verstand. So arrangierte er zum Beispiel eine Überquerung der vielfach gesicherten Zonengrenze für etwa zehn seiner Schutzbefohlenen. Wirklicher Zweck des Unternehmens war es aber, Agenten in die Bundesrepublik zu schaffen. Die Gruppe schlich sich bei Nacht über die Grenze, und die Chamäleon-Kunden unter ihnen meinten, unglaubliche Risiken überstanden zu haben. In Wahrheit waren sie nie in ihrem Leben sicherer gewesen.

Trotz seines legendären Ruhms war es auch für Chamäleon nie leicht gewesen, eine Flucht für Kinder zu arrangieren. Eine aussichtsreiche Möglichkeit eröffnete sich Anfang 1962, als er Willi Stoph, damals zuständig für die innere Sicherheit der DDR, bei einem Moskau-Besuch begleitete. Chruschtschow empfahl damals den sowjetischen Satellitenstaaten, ihre Deviseneinnahmen durch Förderung des Fremdenverkehrs zu steigern; aber jeder Zustrom von Ausländern stellte »Frontstaaten« wie die DDR vor ganz besondere Probleme. Seit Jahren hatte die DDR alles getan, um Besucher aus dem Westen abzuwehren, und Stoph schlug jetzt vor, besondere Touristengebiete in Thüringen und auf der Ostsee-Insel Rügen einzurichten.

Der Grundgedanke dabei war, daß man dann alle Ostdeutschen, die als politisch unzuverlässig galten, aus den Touristen-Enklaven fernhalten könne. Westbesucher würden sich frei in ihnen bewegen können, aber für Ostblock-Bürger sollten sie Sperrgebiet sein. Die Urlaubsreisenden würde man mit Bussen an der Grenze abholen und sie so auch später wieder zurücktransportieren, und diese Masche im System wollte Chamäleon ausnutzen. Seine Männer würden mit den Touristen reisen, sie an ihren Bestimmungsorten aus den Bussen herauslassen und sie 14 oder 21 Tage später wieder abholen. Sein Plan sah vor, die Fruchts gegen eine Familie auf Rügen auszutauschen, die aus irgendeinem Grunde früher als geplant heimreisen mußte.

Nach einiger Zeit aber mußte auch dieser Gedanke zu den Akten gelegt werden, weil westliche Reiseunternehmen verständlicherweise an diesem Projekt desinteressiert waren. Westliche Bürger, erklärten sie, würden keine Lust haben, sich in einer ostdeutschen Urlauberenklave wegschließen zu lassen.

Später nahm Frucht Verbindung zu einer anderen Fluchthilfeorganisation auf, die von einer osteuropäischen Botschaft in Ost-Berlin aus organisiert worden war. Es hieß, daß Chamäleon auch hier mitspielte. Die Menschen wurden in Diplomatenwagen versteckt und so in den Westen geschafft, oder sie wurden als Sicherheitsbeamte des Botschafters getarnt. Ostdeutsche Kunden verbarg man vor dem Fluchtversuch auf dem Botschaftsgelände, und zur Tarnung ließ man sie da gelegentlich als Gärtner arbeiten. Chamäleons Beitrag bestand darin, ihre Papiere zu überprüfen. Die Organisation nannte ihm die Paßnummern ihrer Kunden, und er forschte nach, ob es sich bei ihnen um gesuchte Kriminelle handelte oder vielleicht um Leute, die so bekannt waren, daß man sie an der Grenze sofort ohne Schwierigkeiten erkennen würde.

Nach einiger Zeit kam Frucht zu der Erkenntnis, daß auch dieser Fluchtweg schwerwiegende Nachteile hatte. Ein guter Freund, ein Wissenschaftler, kam zu ihm und sagte, er wolle sich absetzen. Frucht gab den Namen des Mannes an Chamäleon weiter, aber der Stasi-Mann lehnte es ab, ihm zu helfen, und zwar mit der Begründung, daß das Gesicht des Kunden viel zu bekannt sei und daß seine Papiere an der Grenze wahrscheinlich als Fälschungen erkannt werden würden. Es wurde deutlich, daß auf diesem Wege nur ganz unbekannte, harmlose Leute in den Westen gelangen konnten. Ein weiterer entscheidender Nachteil lag darin, daß die Organisation die Sicherheit der Kinder nicht garantieren konnte.

Fruchts Umgang mit Chamäleon führte zu nichts; aber bevor der Stasi-Offizier selber nach Amerika floh, nahm er noch ein letztes Mal durch Herrn Meyer Kontakt auf. Er wußte, daß Frucht Verwandte in den Vereinigten Staaten hatte. Er bat, ihm dort ein wenig den Weg zu ebnen. Mit Nachdruck sagte Frucht zu Meyer, daß er nicht im Traum daran dächte, einem solchen Menschen zu helfen; er halte es für äußerst wahrscheinlich, daß die Amerikaner einen Menschen mit solcher Vergangenheit sofort einsperren würden.

Im Sommer 1962 wandte Frucht sich wieder an die Amerikaner. Dieses Mal nahm er durch seine Kusine Margarethe, in der Familie »Gritli« genannt, Kontakt zu ihnen auf. Gritli, in West-Berlin als Ärztin hochangesehen, war, so mußte es scheinen, alles andere als ein Agentinnentyp. Sie sprach leise, war nervös, sie wirkte mit ihrem dunklen Haar ein wenig matronenhaft – kurz, sie sah aus wie Tausende anderer Berlinerinnen von Anfang vierzig, nämlich konservativ und von solidem Menschenverstand. Sie war so unauffällig, daß sie vor dem Mauerbau selten Schwierigkeiten beim Passieren der Kontrollpunkte gehabt hatte, und jetzt mußte ihre Unauffälligkeit sich als besonders wertvoll erweisen. Eine Zeitlang erwies sie sich als unentbehrliche Verbindung zwischen Frucht und der CIA.

Vor August 1961 hatte sie oft die Fruchts zu Hause in Ost-Berlin besucht, und sie war ihm dankbar für seine Hilfe bei ihrer Doktorarbeit. Jetzt, in der Not, schien sie ganz der Mensch zu sein, an den man sich wenden konnte, und tatsächlich zögerte sie nicht zu tun, was in ihren Kräften stand. Ihre erste Begegnung mit einem amerikanischen Geheimdienstmann scheint Ende 1961 oder Anfang 1962 stattgefunden zu haben. Nach einem Anruf im US-Hauptquartier in der Clay-Allee wurde sie gebeten, sich an der Pförtnerloge der US-Mission zu melden. Dort wurde sie von einem Agenten begrüßt, der sich ihr nur mit dem Namen

»Fanny« vorstellte. Er verabredete sich mit ihr in ihrer Wohnung, und dort erörterten sie einen Plan, Frucht und seine Familie in den Westen zu holen. Gritli war überzeugt, daß die Amerikaner ganz bestimmte Gründe haben mußten, sich ihrem Vetter gegenüber als so kooperativ zu erweisen; sie sagte sich, daß er ihnen alles mögliche nützliche Material zugespielt haben müsse und daß sie gleichsam als Lohn dafür bereit waren, ihn herauszuholen. Sie begann, heimliche Botschaften Fruchts in den Westen zu schaffen, die von der CIA ihrem Eindruck nach als »kolossal wichtig« bewertet wurden. Diese Mitteilungen erreichten West-Berlin in den Einkaufstaschen einer Altersrentnerin: Fruchts Schwiegermutter aus seiner ersten Ehe, Gräfin zu Bentheim, pflegte regelmäßig mit der S-Bahn nach Ost-Berlin zu fahren, um Lebensmittel für ihre Tochter und ihre vier Enkelkinder einzukaufen.

Eine gewisse Ironie lag darin, daß ihre Fahrten ganz offiziell von den ostdeutschen Behörden genehmigt waren, die kommunistischen Grenzwachen ihr höflich die Taschen trugen und ihr beim Einsteigen in den Zug im Bahnhof Friedrichstraße halfen, der sie in den Westen zurückbrachte. Das Geld für diese Einkäufe stammte von der Akademie der Wissenschaften in Ost-Berlin, die Fruchts Mutter Annie einen Ehrensold von 200 Mark im Monat ausgesetzt hatte in Anerkennung der Verdienste ihres Vaters als Gründer der Staatsbibliothek in der Hauptstadt. Nur eine Bedingung war daran geknüpft: das Geld mußte im Osten ausgegeben werden. Die Behörden hatten Annie ermächtigt, einen Beauftragten über die Grenze zu schicken, der in ihrem Auftrag die Einkäufe tätigte. Versteckt in den Reis- und Mehlpaketen waren oft kleine, für die Amerikaner bestimmte Päckchen. Es war Gritlis Aufgabe, diese Päckchen abzuholen und dann Verbindung zu »Fanny« aufzunehmen

Sie hatte das Material nie sehr lange in ihrem Besitz, und sie sah sich den Inhalt der Päckchen nie an. Aber einmal zeigte »Fanny« ihr etwas. Er schnitt eine Packung Mehl mit einer Rasierklinge auf und holte ein einziges, kleines Stück Mikrofilm heraus; gegen das Licht gehalten, sah es aus wie die photographierte Seite eines Buches, oder wie ein Aktenstück. Obwohl Gritli neugierig war, akzeptierte sie, was Adolf-Henning tat, und erhob keine Einwände. Sie sagte sich, es müsse wohl wichtig sein, wenn er es für wichtig hielt. (Frucht bestritt später energisch Gritlis Schilderung der Vorgänge und beharrte darauf, daß der Film, den sie sah, nichts anderes war als ein Kleinbild-Negativ einer Photographie von Familienpapieren, erforderlich für die Herstellung falscher Reisepapiere. Er habe auch Photos zur beruflichen Dokumentation wie seine Promotionsurkunde hinübergeschickt. Die Photos seien mit einer normalen Leica aufgenommen, die Route sei insgesamt nur dreimal benutzt worden.)

Der Plan der Amerikaner sah vor, daß Pässe über die Mauer geschmuggelt werden sollten. Gritli erklärte sich ohne weiteres bereit, als Kurier zu fungieren. Die Schwierigkeit war nur, daß sie als Westberlinerin nicht in den Sowjetsektor durfte, und deshalb begann die CIA, ihr eine neue westdeutsche Identität zu verschaffen. Die Vorbereitungen waren so weit gediehen, daß man ihr schon mitteilte, welchen neuen Namen sie bekommen würde, woher ihre Familie stammte und wo sie geboren worden sei. (Sie suchte sich Tübingen aus, weil sie dort studiert hatte und die ganze Gegend gut kannte.) Die Amerikaner kamen dann nicht mehr dazu, eine völlig neue Identität für sie aufzubauen. Sonst hätte sie alle Einzelheiten ihrer neuen Persönlichkeit auswendig lernen müssen.

Sie gab ihre Unterschrift für die gefälschten Dokumente und bereitete ein Versteck für die Pässe vor, indem sie den Saum ihres schweren Tweedmantels aufschlitzte. Bevor man sie jedoch nach Ost-Berlin schickte, traf die CIA eine wichtige Vorsichtsmaßnahme. Auf Verabredung wurde sie eines Tages von einer amerikanischen Limousine abgeholt und in eine verlassene Nebenstraße irgendwo in der Nähe des Botanischen Gartens gebracht. Dort wartete ein Lieferwagen, der wie ein kleiner Möbelwagen aussah, auf sie; man führte sie an die hintere Wagentür und schloß sie in den Laderaum ein. Nach einer kurzen Fahrt (es mußte irgendwo in Dahlem gewesen sein, wie sie meint) fuhr der

Lieferwagen in eine Kellergarage. Man ließ Gritli aussteigen und führte sie nach oben in ein Erdgeschoßzimmer, dessen Fenster geschlossen waren. Die Lichtverhältnisse wirkten entspannend, es war in diesem Raum weder zu hell noch zu dunkel, und es hingen keine Bilder an den Wänden, die einen hätten ablenken können.

Irgend jemand gab ihr eine Tasse Mokka, der merkwürdig bitter schmeckte, und sie begann sich danach ausgesprochen seltsam zu fühlen. Sie fragte sich, ob man ihr irgendein Betäubungsmittel gegeben haben könnte. Dann wurde sie gebeten, auf einem Stuhl mit hoher Lehne Platz zu nehmen, der dem Behandlungsstuhl eines Zahnarztes nicht unähnlich war, während man sie an einen Lügendetektor anschloß. Man sagte ihr, sie möge sich entspannen und eine an der Wand aufgehängte Leinwand anschauen. Benebelt, wie sie sich fühlte, tat sie das. (Sie wußte nicht, daß man sie einem CIA-Standardverfahren unterzog. Der Geheimdienst hält sehr viel von der »black box«, dem schwarzen Kasten, wie der Lügendetektor im CIA-Jargon heißt. Mit dem Apparat soll geprüft werden, ob der Agent den Ansprüchen seiner Tätigkeit entspricht. Der Apparat zeichnet physiologische Veränderungen auf, die durch Belastung, Aufregung oder starke Gefühlsbewegungen im Körper verursacht werden. Eine Nadel zeichnet die Reaktionen auf Millimeterpapier auf. Das Prinzip ist ganz einfach. Das Nervensystem steuert die automatischen Reflexe des Körpers, und die fluktuieren, wenn die Versuchsperson glaubt, beim Erzählen von Lügen oder Halbwahrheiten ertappt worden zu sein. Experten der CIA behaupten, daß diese Tests in mehr als 90 Prozent der Fälle zuverlässig seien.)

Gerippte Gummischläuche zur Atemmessung wurden Gritli um die Brust gelegt, Elektrokontakte kamen an die Fingerspitzen, um Veränderungen im elektrischen Widerstand der Haut, verursacht durch Schweiß, zu messen. Der Lügendetektor-Spezialist, der einen weißen Kittel trug, legte ihr auch eine Manschette an den Oberarm an, um Blutdruck und Puls zu messen. Solange der Test im Gange war, mußten die anderen amerikanischen Beamten draußen vor der Tür warten.

Bevor die Maschine eingeschaltet wurde, fand ein vorbereitendes Gespräch statt. Man ging die Fragen durch, die man ihr stellen würde. Es war alles sehr sorgfältig und gründlich. »Sehen Sie gern fern?« fragte der Mann, der den Apparat bediente, während er ihre normalen Reaktionen prüfte. »Wie viele Stunden arbeiten Sie am Tag? Wo verbringen Sie Ihren Jahresurlaub?« Mit diesen Fragen wurde nichts Politisches sondiert, aber man wandte psychologische Tricks an.

»Ich werde Ihnen nun eine außerordentlich peinliche Frage stellen«, sagte der Amerikaner; um des besseren Effekts willen sagte er das ganz langsam. Es folgte eine lange Pause, und Gritli konnte hören, wie der Apparat im Hintergrund leise vor sich hin summte. Dann sagte der Mann: »Keine Frage«, und der Lügendetektor registrierte ihr Gefühl der Erleichterung. Viele der Fragen, die dann folgten, erschienen ihr lächerlich, aber man stellte sie ihr zu einem bestimmten Zweck. Die Sequenz beruhte auf der »relevant-irrelevant«-Technik. Eine irrelevante Frage bewirkt eine »neutrale« Reaktion; es ist eine Frage, die nichts mit der Angelegenheit zu tun hat, um die es geht. Die potentiell bedenkliche Frage liefert eine Aufzeichnung darüber, wie die Versuchsperson auf das Gefühl der Bedrohung reagiert. Dann kommen die stärker befrachteten »relevanten« Fragen.

»Kennen Sie Professor Fruchts Sohn Uli sehr gut?« fragte der Beamte. »Was erzählt er so über die Tätigkeit seines Vaters?«

Gritli antwortete so aufrichtig wie sie es vermochte, entschlossen, sich nicht aus der Fassung bringen zu lassen. Sie hatte keine Ahnung, welche Reaktion man eigentlich von ihr erwartete; sie wollte ja nur eins, nämlich ihrem Vetter helfen. Sie war bereit, sich vorbehaltlos einzusetzen, und sie hatte nichts zu verbergen.

Nach einer knappen Stunde war der Test vorbei. Man führte sie wieder zu dem Lieferwagen, setzte sie in einer Nebenstraße ab, und ihr V-Mann von der CIA brachte sie mit dem Wagen nach Hause. Ein paar Tage später erfuhr sie, daß die Amerikaner entschieden hatten, sie sei nicht zu verwenden. Sie drückten sich sehr zurückhaltend aus, sagten aber, daß sie nicht »stabil« genug sei; man befürchte, daß ihre Nerven nicht standhalten könnten, wenn sie die Grenzkontrollen passierte. Ihr Kontakt zur CIA wurde kurz darauf abgebrochen.

In einem weiteren Versuch, jemanden zu finden, der vier Pässe nach Ost-Berlin hinüberschmuggeln könnte, wandte sich die CIA an eine gute Bekannte der Familie Frucht, eine Wissenschaftlerin, die unverheiratet war und allein in Heidelberg lebte. Sie erklärte aber, man würde sie wahrscheinlich auf der Stelle festnehmen und sie könne ihnen deshalb nicht helfen. Die Amerikaner ließen daraufhin die ganze Angelegenheit fallen und stellten ihre Versuche ein, Frucht aus der DDR herauszuholen.

Er war wütend. Er hatte den Eindruck, daß die CIA ihm gar nicht ernsthaft helfen wolle. Sie hatten so getan, als versuchten sie, Personalpapiere hinüberzuschaffen, aber vollbracht hatten sie in Wirklichkeit überhaupt nichts. Frucht und seine Angehörigen warteten monatelang und saßen sozusagen auf gepackten Koffern. Niemand kam. Am Ende sagte er dann zu Maria: »Das reicht. Es gibt keinen Ausweg. Wir müssen bleiben, wo wir sind.«

Die Berlin-Krise

Gewißheit darüber, ob die Amerikaner wirklich fest entschlossen gewesen waren, Frucht und seine Familie in den Westen zu holen, wird es nie geben. Die Zweiteilung Berlins bedeutete das Ende der Rolle, die die Stadt als Spionagezentrum der Welt gespielt hatte, und der US-Geheimdienst zog seine Europa-Spezialisten aus Berlin ab. Nach dem Chruschtschow-Kennedy-Gipfel in Wien schienen die Amerikaner keinerlei Verlangen mehr zu haben, in unnötige grenzüberschreitende Aktionen in Berlin verwickelt zu werden. Frucht war ganz eindeutig wertvoller für sie, wenn er in der DDR blieb.

Durch die Teilung Berlins waren für seine Kinder aus erster Ehe ernste Schwierigkeiten entstanden. Die Behörden hatten ihnen die Anerkennung als Flüchtlinge versagt, da die Mutter »aus rein persönlichen Gründen« mit drei Kindern 1959 von Leipzig nach West-Berlin übergesiedelt war. Nun war auch noch der älteste Sohn, der im Sommer 1961 gerade in England war, als die Mauer gebaut wurde, unter Verzicht auf seinen Studienplatz an der Humboldt-Universität jenseits der Mauer geblieben.

Frucht suchte nach Möglichkeiten, diesen Sohn zu sprechen – Telefongespräche zwischen Ost- und West-Berlin waren damals unmöglich – und mit den Amerikanern zu verhandeln, die immerhin versprochen hatten, ihm gegebenenfalls beim Verlassen der DDR behilflich zu sein.

Eine Chance zur Wiederaufnahme einer Verbindung ergab sich, als er dazu ausersehen wurde, die DDR auf einer UNESCO-Sportkonferenz im August 1962 zu vertreten. Ursprünglich war

Amsterdam als Konferenzort ausersehen gewesen, und die DDR war zur Teilnahme eingeladen worden, obwohl der Staat nicht Mitglied der Vereinten Nationen war und zu jener Zeit keine diplomatischen Beziehungen zu westlichen Ländern unterhielt. Aber die Ostdeutschen fürchteten eine mögliche gegen sie gerichtete Diskriminierung in Holland, das ja Mitglied der NATO war, und erhoben Einspruch gegen den Ort der Konferenz, die daraufhin in das neutrale Schweden verlegt wurde. Die CIA, stark daran interessiert, eine frische, unbelastete Verbindung zu Frucht herzustellen, buchte sofort eine Hotelsuite mit doppeltem Ausgang in Stockholm und ließ die Zimmer gründlichst überprüfen. »Er war wichtig«, sagte ein US-Geheimdienstbeamter später, »und eine Menge Leute würden dort zu ihm kommen und mit ihm sprechen.«

Die Verlegung nach Schweden stellte für die DDR einen politischen Durchbruch dar. Organisiert wurde die ganze Sache von dem Mann, der die Ostberliner Sportbehörden davon zu überzeugen wußte, daß Frucht und kein anderer sie auf dieser Konferenz vertreten müsse. Professor Ernst Jokl von der Universität Kentucky, ein jüdischer Emigrant aus Deutschland, war Vorsitzender des International Council for Sport and Physical Education (ICSPE), einer regierungsunabhängigen Organisation, welche die UNESCO in sportpolitischen Fragen beriet. Er hatte sich stark für Fruchts Forschungen auf dem Gebiet der Telemetrie interessiert, die inzwischen im Rudern, Reiten und Fallschirmspringen Anwendung gefunden hatten und in geringerem Maße auch beim Schwimmen und Laufen. Frucht hatte sich auch auf die mathematischen Aspekte des Sports spezialisiert. Er glaubte, daß es möglich sei, künftige sportliche Leistungen vorherzusagen. Auf diesem Gebiet hatten er und Jokl zusammengearbeitet. Gemeinsam hatten sie mehrere Artikel in westlichen Fachzeitschriften darüber publiziert.

Jokl war Professor der medizinischen Fakultät, sein Spezialgebiet waren sportmedizinische Forschungen. Er war ein weitgereister Mann, und seine internationalen Kontakte machten ihn für Ostdeutschland außerordentlich wertvoll. Vor und nach dem

Mauerbau besuchte er Frucht zu Fachgesprächen in dessen Institut. Jokl brachte dann auch den Gedanken in Umlauf, daß Frucht zu der UNESCO-Konferenz fahren solle, und er setzte sich bei Staatssekretär Alfred B. Neumann, Vorsitzender des Komitees für Körperkultur und Sport, für ihn ein.

Als man ihn ins Ministerium rief, gab er dort sein Ehrenwort, daß er die Stockholm-Reise nicht »zur Flucht oder zu Fluchtzwecken« mißbrauchen werde. Neumann schien verblüfft zu sein über diese Offenheit. »Normalerweise sind die Leute mir gegenüber nicht ganz so freimütig«, sagte er. »Warum nicht?« fragte Frucht. »Es gibt doch keinen einzigen Wissenschaftler in der DDR, der nicht das eine oder andere Mal mit dem Gedanken gespielt hat, in den Westen zu gehen.«

»Da mögen Sie wohl recht haben«, sagte Neumann. »Vielleicht können wir auf dieser Basis verhandeln. Aber es ist Ihnen doch klar, daß ich für den Fall, daß Sie Republikflucht begehen, die persönliche Verantwortung für Ihre Handlungsweise zu tragen haben werde.«

Man einigte sich darauf, daß Frucht reiste. Neumann sorgte dafür, daß ein zweiter Mann zusammen mit ihm nach Stockholm entsandt wurde, ein Dr. Schuster aus Leipzig, dessen Spezialgebiet die Geschichte des Arbeitersports war. Frucht erfuhr später, daß Neumann trotz erheblicher Bedenken für seine Entsendung eingetreten war.

Abgesehen davon, daß er die Amerikaner gern wieder treffen wollte, lag Frucht alles daran, seinen damals 20jährigen Sohn Uli zu sprechen, der im Westen studierte und das Gefühl hatte, »aus der Bahn zu geraten«. Stockholm erschien als idealer Ort, die Konferenz als idealer Anlaß. Aber ihm fehlte das Geld, um für Uli ein Flugticket nach Schweden zu kaufen, und wieder einmal wandte er sich an die Amerikaner mit der Bitte, ihm zu helfen.

Die CIA war sofort an dem Gedanken interessiert, Uli als Zwischenträger zu benutzen. Über Gritli streckten sie erste Fühler zu Fruchts Sohn aus. »Unsere amerikanischen Freunde«, sagte sie zu ihm, »möchten, daß du etwas für sie tust.« Dann wurde er von einem Geheimdienstler angerufen, und es wurde ein Treffen nicht weit vom Rathaus Steglitz vereinbart. Neugierig, wie die Amerikaner so eine Sache arrangieren würden, erschien Uli vor der vereinbarten Zeit und bemerkte einen Mann, der auf der anderen Straßenseite die Zeitung las. Er dachte »Na, da ist er«, als ihm plötzlich jemand von hinten auf die Schulter klopfte und zu ihm sagte: »Ulrich Frucht?« Er war total überrascht.

Der Agent war unauffällig gekleidet, und er mochte Ende dreißig sein. Er sprach gut deutsch. Er war allein und schlug vor, daß sie sich in seinen Volkswagen setzen und in der Stadt herumfahren sollten. Er ließ Uli laut darüber nachdenken, ob er nach Stockholm fahren wollte oder nicht, und er fragte ihn über verschiedene Leute aus. Er schien ein Gedächtnis wie ein Computer zu haben, der unauslöschlich alles speicherte, was er hörte. Uli erkannte, daß die CIA von ihm nicht einfach nur erwartete, daß er sich mit seinem Vater treffe. Ihm wurde zu verstehen gegeben, daß er auch noch eine andere Rolle zu spielen haben werde.

Was das aber im einzelnen sein sollte, erfuhr er nie, denn die Pläne aller Beteiligten – Fruchts ebenso sehr wie diejenigen der CIA – wurden durch Einflüsse von außen durchkreuzt. Als der erste Jahrestag des Mauerbaus heranrückte, intensivierte sich der Nervenkrieg zwischen Ost und West, und erneut wurde Berlin zum Brennpunkt internationaler Spannungen.

Wieder einmal beschworen die Russen das Gespenst eines einseitigen Friedensvertrages mit der DDR, und das hätte zur Folge gehabt, daß die DDR die Kontrolle über die Transitstrecken von der Bundesrepublik nach West-Berlin bekommen hätte. Moskau stellte in aller Deutlichkeit seine Entschlossenheit heraus, seinen Verbündeten gegen jeden zu unterstützen, der etwa versuchen sollte, die Grenze zwischen den beiden deutschen Staaten zu verletzen. Der Westen fürchtete, in eine Lage zu geraten, in der er eine militärische Konfrontation riskieren müsse, um die lebenswichtigen Verbindungen West-Berlins offenzuhalten, auf die man sich im Potsdamer Vertrag von 1945 geeinigt hatte.

Die Russen forderten den Abzug alliierter Truppen aus der Stadt, und Anfang August fragte man sich allenthalben, ob eine entscheidende Veränderung der Lage Berlins unmittelbar bevorstehe. Die westlichen Befürchtungen wurden angeheizt durch einen geheimnisvollen Besuch des Parteivorsitzenden Walter Ulbricht und des Ministerpräsidenten Willy Stoph zu Anfang des Monats in der Sowjetunion. Man vermutete, daß die beiden führenden Männer der DDR in Kiew mit Chruschtschow zusammengetroffen seien und daß man dort über den vorgesehenen Vertrag konferiert habe.

Die Zeitungen in der Bundesrepublik schrieben jetzt, es liege etwas in der Luft, was den Status quo in der DDR und in Berlin verändern werde. Aus Bonn meldete die »New York Times«, daß sowjetische Diplomaten ihr Teil dazu beigetragen hätten, ein Gefühl der Spannung zu schaffen: »Sie gaben in aller Stille zu verstehen, daß Botschafter Andrej Smirnow, der drei Wochen in Moskau verbracht hatte, bevor er am Dienstag, dem 7. August, nach Bonn zurückkehrte, ›Grundsatzdiskussionen über den gegenwärtigen Stand der sowjetisch-deutschen Beziehungen‹« geführt habe. Es gab auch westliche Presseberichte über eine Lebensmittelknappheit in der DDR, was darauf schließen lasse, daß Vorräte angelegt würden für den »Fall, daß eine harte Politik gegenüber West-Berlin zu einem Abbruch der Handelsbeziehungen durch die Bundesrepublik führen würde«.

Am 11. August, dem Tag, an dem Frucht in die Stadt fuhr, um seine Reisepapiere abzuholen, schien die Krise sich dem Höhepunkt zu nähern. Während die Ostdeutschen ihre Grenzwachen an der 160 Kilometer langen Sperre aus Beton und Stacheldraht rings um West-Berlin verstärkten, legte die Sowjetunion in aller Form bei den West-Alliierten Protest ein gegen angebliche »ernste Provokationen« gegenüber der DDR. Die sowjetischen Nachrichtenmedien behaupteten, Elemente in den Westsektoren versuchten, Zwischenfälle zu provozieren, die zu einem Zusammenstoß zwischen den Großmächten führen könnten. Ungefähr zur gleichen Zeit wurden Truppenkonzentrationen an der Autobahn Helmstedt–Berlin beobachtet, die die Stadt mit der Bundesrepublik verbindet, und die sowjetische Regierungszeitung »Iswestija« zitierte Willy Stoph mit der Äußerung, daß ein Friedensvertrag geschlossen werde, falls der Westen nicht bereit sei, ein Abkommen über die Beendigung der alliierten Besatzung der Stadt zu schließen. Fast gleichzeitig schickten die Russen das Raumfahrzeug Wostok III in die Kreisbahn um die Erde, und plötzlich wurden sowjetische Trawler auf der Höhe von Long Island gemeldet, die Monitorstationen für den Satelliten an Bord hatten.

Die Propaganda-Botschaft war eindeutig. Ein Land, das über eine Weltraum-Technologie gebot, die in der Lage war, einen Menschen in den Weltraum zu schicken oder von einem Satelliten die der Erde abgewandte Seite des Mondes zu photographieren, mußte auch in der Lage sein, Wasserstoffbomben an jeden Punkt der Erde zu transportieren. Amerikanische politische Analytiker deuteten den Weltraumstart als eine weitere, zielgerichtete Demonstration sowjetischer Raketenüberlegenheit, die den Zweck verfolgte, Washington vor den Gefahren einer militärischen Intervention zugunsten Berlins zu warnen.

Frucht konnte zufällig einen Blick auf das werfen, was sich da abspielte. Als er zum staatlichen Komitee für Körperkultur und Sport fuhr, um seinen Auslandspaß abzuholen, fand er einen völlig konsternierten Sachbearbeiter vor, der ihm erklärte, daß sein Visumsantrag im letzten Augenblick abgelehnt worden sei. Frucht könne nicht nach Stockholm fahren, sagte der Mann, es sei eine Ausreisesperre verhängt worden.

Frucht wies darauf hin, daß die Konferenz auf ausdrücklichen Wunsch der DDR von Amsterdam nach Stockholm verlegt worden sei. Ginge man nun nicht hin, werde man die ganze Glaubwürdigkeit der DDR bei der UNESCO aufs Spiel setzen. Obwohl er bitter enttäuscht war, spürte er, daß die plötzliche Kehrtwendung der Behörden nicht durch irgend etwas, was er selbst gesagt oder getan hatte, ausgelöst worden sei, sondern durch Ereignisse, die sich ihrem Einfluß gänzlich entzogen.

Als er durch den Treptower Park wieder nach Hause fuhr, sah er, wie eine Armeefunkstelle aufgebaut wurde, die – das sagten ihm seine Erfahrungen aus der Kriegszeit – in der Lage sein mußte, zwischen neun und 15 Divisionen zu bedienen. Die Funkstelle war nur 500 Meter von der Mauer entfernt, und sie sah stark genug aus, um bis nach Wladiwostok zu funken. Er hatte in den Zeitungen gelesen, daß sich Truppen aus Polen, Bulgarien und Rumänien zu Warschauer-Pakt-Manövern in der Umgebung von Berlin befanden, aber dies sah doch sehr viel weniger harmlos aus. Er fuhr langsam in Richtung Grünau weiter und machte dann einen Umweg nach Schmöckwitz. Auf der Rückfahrt kamen ihm Panzerbataillone und eine lange Kette von Tiefladefahrzeugen mit spanischen Reitern aus Beton entgegen, jeweils zehn pro Lastwagen. Es waren Panzersperren, mit denen man Flugplätze oder Pisten sperren konnte. Ihm fiel ein, daß er sich ganz in der Nähe von Schönefeld befand, dem Hauptflughafen Ost-Berlins. Auch Tempelhof, der Flughafen im Westteil der Stadt, war nicht weit entfernt.

Was er sah, beunruhigte ihn so sehr, daß er zu einer Tankstelle fuhr, volltankte und einen Kanister mit Benzin füllen ließ. Dann fuhr er nach Hause und sagte zu Maria, sie solle Lebensmittelvorräte einkaufen. Wenn das einträte, was er befürchte, dann könne es auf etliche Tage hinaus in den Läden nichts zu kaufen geben.

Er sorgte dafür, daß die Kinder im Hause blieben, schaltete das Radio ein und wartete. Aber als er einige Stunden später wieder hinausging, stellte er fest, daß sämtliche Militärfahrzeuge verschwunden waren.

Nicht nur er war beunruhigt; auch die westlichen Geheimdienststellen waren alarmiert. Den ganzen Frühling und Sommer über hatten die Agenten Berichte über erhebliche Verstärkungen der sowjetischen Truppen in Ostdeutschland geschickt – und keiner hatte das Bild klarer gesehen als Günter Wendemacher, Inhaber einer kleinen Speditionsfirma in Oranienburg bei Berlin, der für den westdeutschen Bundesnachrichtendienst (BND) arbeitete.

Der stämmige, kräftige Mann hatte sich während seiner Dienstzeit im Kriege einen beachtlichen Ruf erworben. Als

Unteroffizier war er gegen Kriegsende an dem Verzweiflungskampf beteiligt gewesen, den Hitler führen ließ, um Berlin 1945 doch noch vor den Russen zu retten. Nach dem Kriege galt er dann bald als einer der einfallsreichsten und zuverlässigsten BND-Agenten in Ostdeutschland.

Sein Revier befand sich im Norden der Hauptstadt; es erstreckte sich über Potsdam hinaus nach Neuruppin, Nord-Brandenburg, Neustrelitz und Eberswalde. Seine Aufgabe bestand darin, Truppenbewegungen zu registrieren, über Manöver zu berichten und etwa zehn Kasernen und vier Flugplätze im Auge zu behalten. Abgesehen von vielen anderen Coups, die ihm gelangen, photographierte er mit so großem Erfolg Maschinen des Typs MiG 21, daß es den Westdeutschen gelang, an Hand der Bilder die Leistungscharakteristik dieser streng geheimen Düsenmaschinen zu errechnen. Während des ganzen Jahres 1962 befand er sich in ständiger Funkverbindung mit dem BND. Er funkte über die Mauer hinweg zu einer Empfangsstation in Zehlendorf.

Zu seinen größten Erfolgen zählte es auch, im voraus erfahren zu haben, wo sich das Armee-Hauptquartier für die Herbstmanöver des Warschauer Pakts befinden werde, und sich dann zusammen mit seiner Frau ganz in der Nähe ein Ferienhäuschen zu mieten. Sein Funkgerät war so alt, daß es mit Strom aus dem allgemeinen Leitungsnetz betrieben wurde, und im Laderaum seines Lastwagens hatte er immer ein Paar Steigeisen dabei, damit er auf Lichtmasten klettern und die Leitungen anzapfen konnte. Seine Kühnheit kannte keine Grenzen. Einmal setzte er seine Frau ans Steuer des Lastwagens, während er selbst sich hinten unter einem Haufen Stroh versteckte und sowjetische Truppen bei ihren Manövern photographierte.

Der BND wußte 1962, daß irgendeine sehr große Operation geplant wurde. Wendemacher bekam auch Vorausinformationen über eine beabsichtigte Blitzaktion gegen die Westsektoren; die Situation in seinem eigenen Revier nahm sich bedrohlich aus, und er beobachtete, wie starke Truppeneinheiten ihre Kasernen verließen und in den Wäldern der Umgebung Stellung bezogen.

Die einheimische Bevölkerung, sagte er sich, würde von den Veränderungen kaum etwas bemerkt haben, aber er selbst war Tag und Nacht mit seinem Möbelwagen auf der Straße, und überall begegneten ihm Kolonnen von Soldaten. Verstärkungen wurde aus den Gebieten jenseits der Oder auf Straße und Schiene herangeführt, um die bereits in Stellung gegangenen Einheiten zu verstärken.

Das Unheimlichste an dem ganzen Aufmarsch war die Tatsache, daß die DDR-Armee dabei überhaupt keine Rolle zu spielen schien; wichtig schienen nur die Russen selbst zu sein.

Wendemacher war auch Kreisbrandmeister, und in dieser Eigenschaft konnte er sowjetische Raketensilos in seinem Gebiet ausspähen. Überall entstanden Abschußrampen, und der BND wollte wissen, welche bereits bestückt waren und welche sich erst im Bau befanden. Er hatte auch Ausschau zu halten nach den bis zu zwölf Meter langen Spezialfahrzeugen, die zum Transport der Boden-Luft-Raketen dienten.

Wendemacher, ein erfahrener Beobachter, war überzeugt, daß es sich hier um mehr handelte als um ein großes Manöver. Er erklärte, er habe überhaupt keinen Zweifel, daß die Truppen in den Wäldern nur noch auf den Marschbefehl warteten. Vom Alarm bis zur Besetzung West-Berlins wäre es nur ein kurzer Schritt gewesen. Wäre der Befehl erteilt worden, hätte alles sehr schnell vorbei sein können, vielleicht im Laufe von nur zwölf Stunden. Angesichts der Masse der sowjetischen Truppen, die rings um die Stadt bereitstanden, wäre jeder örtliche Widerstand der reine Selbstmord gewesen.

Was die Amerikaner im Falle eines sowjetischen Angriffs getan hätten, steht auf einem ganz anderen Blatt. Mag sein, daß Chruschtschow sich durch die nukleare Überlegenheit des Westens hatte bremsen lassen; aber die meisten Berliner glaubten, daß die Amerikaner niemals ihre Drohung wahrgemacht hätten, Kernwaffen zur Verteidigung der Stadt einzusetzen.

Am Montag, dem 13. August, dem Jahrestag des Mauerbaus, nahm Frucht an einer Dienstbesprechung der Direktoren des Zentralinstituts für Arbeitsmedizin teil. Seine Kollegen waren überrascht, ihn noch in Berlin zu sehen. Er stellte dann fest, daß die Ausreisesperre eine ganze Reihe von Ostdeutschen getroffen hatte, die auf Auslandsreisen außerhalb Osteuropas hatten gehen sollen, unter anderen den DDR-Botschafter in Ghana. Er hatte keine Erlaubnis erhalten, von Schönefeld nach Accra zu fliegen. Frucht hörte auch, daß die SED-Spitze den ganzen vorigen Samstag über in einem Atomschutzbunker im Norden Berlins in Permanenz getagt habe.

An diesem selben Tag sagte der US-Außenminister Dean Rusk in einer großen außenpolitischen Rede in Minneapolis: »Wir werden uns aus Berlin nicht mit Gewalt hinauszwingen, nicht hinausärgern und nicht hinausdrängen lassen.« Die Mauer bezeichnete er als ein Monument des kommunistischen Versagens.

An der Mauer selbst spitzte sich die Lage in gefährlicher Weise zu. Es kam zu Menschenaufläufen, wütende Berliner schleuderten Steine und leere Bierflaschen über die Mauer nach Ost-Berlin, und DDR-Truppen antworteten mit Tränengasgranaten. Ätzende Schwaden trieben über die Sektorengrenze. Die Fenster mehrerer sowjetischer Armeefahrzeuge wurden zerschlagen.

Den Siedepunkt erreichten die aufgestauten Emotionen mit dem Tod des 18jährigen Maurers Peter Fechter, der von MG-Geschossen niedergemäht wurde, als er versuchte, über die Mauer hinweg in den Westen zu fliehen. Schwer verletzt ließ man ihn wenige Meter von westlichem Gebiet entfernt verbluten. Entsetzt sahen die Menschen zu, wie DDR-Grenzposten Tränengasgranaten in seine Richtung schleuderten und die amerikanischen Soldaten dem Befehl gehorchten, auf ihrer Seite der Grenze zu bleiben. Empörte Demonstranten marschierten später durch die Straßen West-Berlins mit Plakaten, auf denen Texte standen wie: »Schutzmächte? Ihr duldet Mord, ihr leistet Beihilfe!«

Busse, die sowjetische Soldaten zum Kriegerehrenmal in West-Berlin brachten, wurden von empörten Menschenmengen mit Steinen bombardiert, und die Gefühle wurden noch weiter angeheizt, als wenig später ein weiterer Mensch an der Mauer erschossen wurde.

Wochen vergingen, und die Russen verstärkten ihren Druck auf die Westmächte noch. Sie fingen wieder damit an, westliche Flugzeuge in den Berliner Luftkorridoren durch waghalsige Anflüge zu gefährden, sie schickten gepanzerte Fahrzeuge in die Westsektoren und drohten damit, US-Militärpatrouillien auf den Straßen anzuhalten, die von der Bundesrepublik über DDR-Gebiet nach Berlin führten. Im Spätsommer hatte die Lage sich so verschlechtert, daß der US-Verteidigungsminister Robert McNamara nach einem Besuch in der Bundesrepublik erklärte, die Vereinigten Staaten seien bereit, Kernwaffen zum Schutz lebenswichtiger Interessen in West-Berlin einzusetzen.

Frucht war ebenso wie Wendemacher überzeugt, daß die Warschauer Pakt-Mächte bis auf Haaresbreite an die Entscheidung herangekommen waren, in die Westsektoren einzumarschieren. Nach seinen Informationen, die während seiner Haftzeit von vielen Seiten bestätigt wurden, glaubte Chruschtschow fest, daß West-Berlin genommen werden könne, ohne daß es zu amerikanischen Vergeltungsmaßnahmen kommen würde, doch sei sein Plan auf einer Sitzung des Zentralkomitees in Moskau von der Parteiführung niedergestimmt worden. Seine Absichten, obwohl den westlichen Geheimdiensten bekannt, waren damals aus Angst davor, eine Massenflucht aus der Stadt in die Bundesrepublik auszulösen, nicht publiziert worden. Wäre die Sache publik geworden, hätten mit Sicherheit viele Westberliner die Flucht ergriffen.

Aus allen Richtungen hörte Frucht Berichte, daß drastische Maßnahmen unmittelbar bevorstünden. So sprach sich zu ihm etwa herum, daß der Leiter eines der größten osteuropäischen wissenschaftlichen Verlagshäuser, des Ostberliner Akademie-Verlages, eingeteilt gewesen sei, das Druckhaus Tempelhof in West-Berlin zu übernehmen. Der Leiter des volkseigenen Baustoffunternehmens Asbest in Grünau habe das Eternit-Werk übernehmen sollen. Außerdem habe der Osten die Schließung aller höheren Bildungsstätten in West-Berlin geplant, um sie nach marxistischen Grundsätzen zu reorganisieren. Jede Grundschule sollte einen Direktor aus der DDR erhalten; das wurde

Frucht von einem Mann berichtet, der selbst für einen derartigen Auftrag eingeteilt worden war.

Soweit er es beurteilen konnte, war der Angriff für den 11. August angesetzt gewesen, den Tag, an dem er losgefahren war, um seine Reisepapiere für Stockholm abzuholen. Aufgrund der regen militärischen Aktivität, die er um etwa neun Uhr vormittags feststellte, gelangte er zu der Annahme, daß der vorgesehene Beginn der Offensive irgendwann zwischen vier und sechs Uhr früh gelegen haben mußte. Er hatte auch das sichere Gefühl, daß die Berlinkrise in irgendeiner Weise mit den Ereignissen in Kuba verknüpft sein müsse. Gegen Ende August befanden sich über 3000 russische Techniker auf der Insel, und in Leningrad bereiteten sich die ersten sowjetischen Schiffe darauf vor, mit Raketen an Bord nach Havana auszulaufen. Hier handelte es sich allem Anschein nach um die zweite Phase des Großen Plans von Nikita S. Chruschtschow. Dann aber zwang Kennedy die Russen, in Kuba einen Rückzieher zu machen, und als Frucht wenig später Moskau besuchte, spürte er deutlich, daß es in den höheren Machtbezirken der Sowjetunion einen Stimmungsumschwung gegen Chruschtschow gegeben hatte. Für den hitzigen und temperamentvollen russischen Führer war der Anfang vom Ende da. Es war ihm nicht gelungen, Berlin zu nehmen, und er war gezwungen worden, die Stützpunkte in Kuba wieder abzubauen.

Frucht behauptet, US-Geheimdienstquellen hätten später bestätigt, daß Warschauer Pakt-Streitkräfte auf dem Sprung gewesen seien, gegen West-Berlin vorzurücken. Für ihn war die ganze Episode ein enervierendes und niederschmetterndes »Schlüsselerlebnis«. Tiefe Sorge wegen der Gefahr für den Weltfrieden, die von der Berlinkrise ausgegangen sei, habe dann als *einer* der Faktoren gewirkt, die ihn am Ende dazu trieben, sich um engere Kontakte zu westlichen Geheimdiensten zu bemühen.

Alaska

Gegen Ende 1962 fuhr eine dunkelblaue Opel-Limousine vor der baumbestandenen Front des Zentralinstituts für Arbeitsmedizin am Nöldnerplatz vor, und es stieg ein kräftig gebauter Mann mit schütterem blonden Haar aus. Hans Rudolf Gestewitz war von Bad Saarow, einem Kurort etwa 45 Kilometer südöstlich der Hauptstadt, nach Ost-Berlin gekommen. Mit schnellen Schritten marschierte er durch den Eingang, vorbei am Pförtner und hinein in das weitläufige, verwinkelte Gebäude in Richtung auf Fruchts wenig imposantes Büro im dritten Stock.

Seine sehr konservative Zivilkleidung ließ seinen beruflichen Status nicht ahnen. Er war General, Mitglied des DDR-Verteidigungsrates und als habilitierter Mediziner Obermedizinalrat, Verdienter Arzt des Volkes und ranghöchster Sanitätsoffizier der Nationalen Volksarmee. Als Hals-, Nasen- und Ohrenspezialist eine wissenschaftliche Kapazität, leitete er das Zentrallazarett der Nationalen Volksarmee in Bad Saarow, und er hatte ausgezeichnete Verbindungen zu den führenden Wissenschaftlern der Warschauer Pakt-Länder. Er war Professor an der Universität Greifswald und zu alledem auch noch »Verdienter Erfinder des Volkes«. Es konnte nicht überraschen, daß er sich seiner Stellung sehr klar bewußt war. Doch privat blieb er gern unauffällig und vermied es im allgemeinen, Uniform zu tragen. Eines seiner wenigen Zugeständnisse an den Hang zur Extravaganz war sein westdeutsches Auto. In seinem Umgang mit Frucht war er stets mitteilungsfreudig und liebenswürdig gewesen. Er wußte von Fruchts Experimenten und nahm, wie viele andere prominente

Besucher, fälschlicherweise an, daß der Professor sich mit geheimer, von den Behörden genehmigter Forschung befasse. Wegen seiner irrigen Annahme fand Gestewitz auch gar nichts dabei, ganz freimütig über höchst empfindliche Themen zu reden. Frucht seinerseits sah seinen Gast bei aller professionellen Achtung auch als miles gloriosus, den von seinen Taten schwärmenden Soldaten.

Die beiden Männer kannten einander seit Anfang der sechziger Jahre und kamen beruflich gut miteinander aus. Sie hatten sich in Bad Saarow kennengelernt, als der General dort einen Vortrag über das Gleichgewichtsorgan des Menschen hielt. Gestewitz hatte sich höchst imposant auf dem Podium des Hörsaals ausgenommen. Seine vorzüglich geschneiderte Uniform aus grauem Flanell war übersät mit Auszeichnungen, rot leuchtete es von Kragenspiegeln und Schulterstücken. Frucht war beeindruckt, zugleich aber auch beunruhigt, als er bemerkte, daß an dieser Konferenz außer ihm nur Militärärzte teilnahmen. Er war sich der Gefahren bewußt, die mit so offenen Kontakten zum Militär verbunden waren, und vorsichtshalber entsandte er zu der nächsten Konferenz dieser Art einen Oberarzt als Stellvertreter.

Frucht hatte eine hohe Meinung von Gestewitz, den er für die stärkste Persönlichkeit im gesamten militärärztlichen Dienst hielt; dessen Mitarbeiter jedoch hielt er für Dilletanten. Auch der General schätzte den Professor und ging auf dessen Bemühungen, den Kontakt abzubrechen, überhaupt nicht ein. Frucht fühlte sich durch diese Haltung des Generals geschmeichelt. Gestewitz hatte die Angewohnheit, ihn anzurufen, seine Meinung zu einer ganzen Vielfalt von Themen einzuholen und gelegentlich auch bei ihm vorbeizukommen, wenn er etwas Spezielles mit ihm besprechen wollte.

Das besondere Interesse des Generals gehörte der Anwendung der Naturwissenschaft auf die militärische Technik und Taktik, und man mußte bei ihm darauf gefaßt sein, daß er jeden Augenblick die unwahrscheinlichsten Gedanken hervorbrachte. Einmal sagte er zu Frucht, daß man in Zukunft an die Bereitstellung ganzer motorisierter Heeresdivisionen unter Wasser, in den Flüssen und Seen Mitteleuropas, denken werde. Er argumentierte, daß Wasser der beste Strahlenschutz sei. Bei der Entwarnung würden die Panzer einsatzbereit ans Ufer rollen. Ein großes Problem gäbe es, räumte er ein – nämlich das Problem der Versorgung einer solchen Unterwasser-Streitmacht mit Atemgasen. Bewegliche Sauerstoffabriken seien da unentbehrlich, und die müßten natürlich erst noch entwickelt werden. Frucht fand das Thema interessant, die Durchführung schwierig. Rettungsmaßnahmen bei Vergiftung, Verständigung unter Wasser in weit verzweigten Seen-Systemen, Verpflegung und Hygiene der eingeschlossenen Besatzungen und dazu fast alle medizinisch-biologischen Probleme, die es in kleinen U-Booten gibt, würden auftreten. Darüber unterhielten sie sich.

Sie sprachen auch über die Bedeutung der Nasenatmung bei hoher Belastung. Sie sollte nach Gestewitz auch zur Sauerstoffaufnahme in das Blut beitragen. Das war eine Lieblingsidee von ihm. Deshalb wollte er alle Soldaten in der Nasenatmung schulen und zu ihrer alleinigen Anwendung in allen Lagen anhalten. Kein Luftschnappen, kein Japsen mit offenem Mund! Frucht war da skeptisch. Er zeigte durch Rechnung die Bedeutungslosigkeit der Nasenschleimhäute als Resorptionsfläche für Sauerstoff und meinte, wenigstens diese Art, den Mund aufzumachen, sollte man den Soldaten nicht verbieten.

Jetzt, an diesem frostigen Wintertag des Jahres 1962, gänzlich unberührt von der Armseligkeit der Büroausstattung des Institutsdirektors, marschierte Gestewitz ins Zimmer und begrüßte seinen Freund herzlich. Sehr bald lenkte er das Gespräch auf ein Thema, das beiden Männern wohlvertraut war – Gasmasken. Frucht hatte sich als Arbeitsphysiologe mit dem Atemschutz in der Industrie und bei der Brandbekämpfung zu beschäftigen. Der General berichtete voller Stolz, ihm sei es gelungen, Masken für militärische Zwecke wesentlich zu verbessern.

Atemschutzmasken hatten einen langen Entwicklungsweg zurückgelegt, seit britische Soldaten sich zum Schutz gegen deutsche Chlorgasangriffe an der Westfront im April 1915 Taschentücher vor Mund und Nase hielten, die entweder mit Urin oder mit doppeltkohlensaurem Natrium getränkt waren. Ein ganz großes Problem aber war bislang ungelöst – Masken waren bei extremer Kälte oft wirkungslos. Das war ein Mangel, den die Deutschen im Zweiten Weltkrieg an der Ostfront in Rechnung stellen mußten, und es war ihnen nicht gelungen, eine Lösung zu finden. Bei Temperaturen unter dem Gefrierpunkt wurden die Maskenkörper steif; sie ließen sich schwer aufsetzen und legten sich nicht fugenlos an den Kopf; Ventile vereisten und machten die Geräte unwirksam, außerdem wurden die Träger durch Beschlagen der sogenannten Klarglasscheiben praktisch blind. Sie konnten weder schießen noch Richtmittel bedienen. Das waren einige Faktoren, die einen Angriff mit chemischen Kampfstoffen während der russischen Winter von 1941 bis 1945 extrem unwahrscheinlich gemacht hatten.

Noch in den sechziger Jahren versuchten Militärwissenschaftler in den NATO- ebenso wie in den Warschauer Pakt-Ländern, die Mängel der Masken in sehr kalter Luft zu überwinden. Mittlerweile waren die von den Streitkräften gestellten Anforderungen an die Masken wegen der Toxizität der von beiden Bündnissystemen gelagerten Kampfstoffe außerordentlich hoch. Die Masken mußten mit ihren besonders behandelten Holzkohlen- und Faserfiltern zur Reinigung der Atemluft 99,99 Prozent aller möglichen Schadstoffe fernhalten. Sie mußten bequem zu tragen sein, um der Ermüdung und Erschöpfung der Soldaten vorzubeugen, die Stimme der Soldaten mußte verständlich bleiben, auch wenn sie Gasmasken trugen, und der Widerstand, den sie dem Atmungsvorgang entgegensetzten, durfte nur gering sein. Selbst wenn sie diesen strengen Forderungen entsprachen, blieb das Feuchtigkeitsproblem. Beim Ausatmen lief Kondenswasser in das Ventil. Dort gefror es und blockierte den Mechanismus. War das erst einmal geschehen, war die Maske weitgehend unwirksam gegen chemische Kampfstoffe.*

---

* Die Tatsache, daß die Warschauer Pakt-Länder in den sechziger Jahren Schwierigkeiten mit Gasmasken hatten, wurde später in

Der große Durchbruch, den er erzielt habe, sagte Gestewitz, bestehe darin, daß er einen Weg gefunden habe, um das Einfrieren der Maske zu verhindern. Das Geheimnis liege darin, die Maske mit besonders oberflächenaktivem Innenfutter aus einem speziellen synthetischen Material zu versehen, das viele winzige Erhöhungen und Vertiefungen aufweise. Unter dem Mikroskop, sagte er, könne man erkennen, daß die tatsächliche Oberfläche des Materials riesig sei. Das ganze darauf ausgeatmete Wasser kondensiere zu einem hauchdünnen Film. Atmete der Träger der Gasmaske ein, verdampfe der Film vollständig, so daß das ganze Wasser aus der Maske wieder beseitigt werde.

»Das ist eindrucksvoll«, sagte Frucht. »Aber was soll es eigentlich?«

Gestewitz erzählte ihm, daß die Armee die Maske bei extrem niedrigen Temperaturen auf einem Winter-Schießplatz erprobt habe. Die Soldaten zweier Artillerie-Batterien waren mit verschiedenen Masken ausgerüstet worden – die eine mit der neuartigen, die andere mit der alten. Beide Einheiten hatten ein komplettes Gefechtsprogramm mit Stellungswechsel in einem mit Übungskampfstoffen belegten Gelände auszuführen. Die eine fiel nach kurzer Zeit aus, weil die Reizstoffe durch die eingefrorenen Ventile eingedrungen waren. Die anderen Männer führten die Acht-Stunden-Übung bei Temperaturen von minus 20 Grad ohne Beeinträchtigung zu Ende.

Frucht sah noch immer den Vorteil der Sache nicht. Er wußte, daß chemische Kampfstoffe noch nie bei extremer Kälte eingesetzt worden waren, und das aus gutem Grund. Sie gefroren und wurden unbrauchbar. Als er darauf hinwies, korrigierte Gestewitz ihn.

»Ah, Sie sind nicht auf dem laufenden«, sagte der General. »Wir haben eine Substanz, die wir auch bei Kälte versprühen

---

Washington von einem Nachrichtenanalytiker für chemische Kriegführung bestätigt, der für die US-Marine Ostblock-Daten auswertete. Ein regelmäßiger Strom von Berichten und Handbüchern ließ darauf schließen, daß die Masken bis zum Ende des Jahrzehnts immer wieder modifiziert worden sind.

können. Wir haben eines der neuen amerikanischen Nervengase modifiziert, und es ist sehr wirksam. Der Trick besteht darin zu verhindern, daß es in den festen Zustand übergeht, damit es auch noch bei minus 40 Grad seine toxische Wirkung behält.«

»Aber was passiert am nächsten Tag, wenn die Sonne wieder aufgeht?« fragte Frucht. »Die Temperatur kann innerhalb weniger Stunden auf Werte um Null ansteigen. Statt am Boden zu bleiben, würden die Kampfstoffe verdampfen, es würden Giftwolken aufsteigen, die Hunderte Kilometer weiter treiben können. Diese toxischen Dämpfe könnten sich irgendwo in der Welt niederschlagen, etwa so wie radioaktiver Fall-out.«

»Es wird keine Fernverschleppung in großen Mengen geben«, sagte der General eifrig.

»Das verstehe ich nicht. Es handelt sich doch immer darum, verhältnismäßig große Gebiete zu belegen. Das ist die Aufgabe, für die Kampfstoffe geeignet sind. Man benötigt große Mengen, die dann bei großen Temperatursprüngen auch weit fortgetragen werden können.«

»Nicht in diesem Fall«, sagte Gestewitz. »Wir wollen ja nur einen begrenzten Abschnitt verseuchen, sagen wir, mehrere tausend Quadratmeter.«

»Aber würden die Nervengase nicht verdampfen, wenn die Temperatur plötzlich stark ansteigt?«

»Bis dahin ist schon alles vorbei«, erwiderte der General. »Die militärische Operation ist abgeschlossen. Die kleine Menge Kampfstoff würde keinen großen Schaden anrichten, wenn sie die obere Atmosphäre erreicht. Sie wäre so stark verdünnt, daß sie keinen weiteren Schaden mehr tun kann. Sie selbst haben die Arktis erwähnt, und es gibt da nur ein paar Punkte, die uns wirklich interessieren...«

Bis dahin hatte Gestewitz keine spezifischen militärischen Ziele erwähnt, doch jetzt beunruhigte Frucht die Wendung, die das Gespräch plötzlich nahm. Der General aber sprach ungerührt weiter.

»Ja, da gibt es Punkte wie die Radar-Beobachtungsbasen in Alaska, die Verbindungswege zwischen den Wohnquartieren und den Anlagen. Mit diesem neuen Kampfstoff können wir unseren Berechnungen nach die US-Radarkette dort für zwölf Stunden außer Gefecht setzen. Unsere Freunde sagen, sechs Stunden würden ihnen schon genügen.«

Frucht war sprachlos. Ihn hatte schon vieles von dem überrascht, was der General vorher gesagt hatte. Aber diese letzte Bemerkung gab für ihn den Ausschlag. Sie war für ihn ein unmißverständliches Indiz, daß es sich hier nicht um irgendein futuristisches Kriegsspiel handelte, sondern um einen Plan, der innerhalb *und außerhalb* der DDR ernsthaft erwogen wurde. Der Ausdruck »unsere Freunde« bedeutet im Sprachgebrauch der DDR ausnahmslos die Russen. Hätte Gestewitz das Thema der chemischen Kampfstoffe im allgemeinen ins Gespräch gebracht und die Wirksamkeit der Nervengase auf breiter Basis erörtert, hätte Frucht der Sache keine große Aufmerksamkeit geschenkt. Aber der General hatte sich sehr präzise ausgedrückt. Er hatte ganz deutlich gesagt: »Unsere Freunde sagen, sechs Stunden würden ihnen schon genügen.« Für Frucht bedeutete das nur eins: Daß der gesamte nordamerikanische Kontinent dann für diese Zeit einem Angriff offen ausgeliefert wäre. Aus der Art und Weise, in der Gestewitz sprach, schloß er, daß der Plan das Stadium theoretischer Überlegungen bereits überschritten und eine neue, potentiell katastrophale Dimension erlangt hatte.

Eine Mitteilung solcher Art kam ihm ganz und gar unglaublich vor. Anfangs dachte Frucht, der General habe sein Gewissen erleichtern und mit jemand außerhalb des militärischen Establishments reden wollen. Später aber wurde deutlich, daß es sich keineswegs so verhielt, und er gelangte zu der Ansicht, daß Gestewitz ganz einfach im Eifer des Gesprächs zu weit gegangen war.

Frucht blieb mit einigen brennenden Fragen zurück. War der Alaska-Plan reine Phantasie – ein hirnverbranntes Kriegsspiel, beiläufig in Bad Saarow von sowjetischen Militärs erwähnt, die zu Besuch dort waren, dann von Gestewitz ausgeschmückt und von Frucht selbst in grotesker Weise ausgedeutet? Oder war das alles realistisch? Und wenn ja, ließ es sich praktisch verwirklichen? Angenommen, die Antwort war positiv, was sollte er nun unternehmen?

Fruchts Kenntnisse über die amerikanischen Radarstationen in der Arktis waren lückenhaft, aber er wußte, daß es dort zwei Hauptsysteme gab, nämlich BMEWS (Ballistic Missile Early Warning System – Frühwarnsystem für Interkontinentalraketen) und DEW (Distant Early Warning – Vorgeschobene Frühwarnung). Das erste System hielt Ausschau nach Raketen, das zweite nach Flugzeugen.

Es gab (und gibt) nur drei BMEWS-Stationen: Eine in Fylingdales in der englischen Grafschaft Yorkshire, eine in Thule auf Grönland, 960 Kilometer nördlich des Polarkreises, und eine in Clear, rund 100 Kilometer südwestlich von Fairbanks in Alaska. Die drei Stationen ermöglichen eine übergreifende Abdeckung chinesischer und sowjetischer Startgebiete für Interkontinentalraketen (ICBM). Sie beobachten außerdem Raketenstarts von Unterseebooten aus, die sich im Nordatlantik und im Pazifik befinden.

Da Gestewitz ganz speziell von Alaska gesprochen hatte, schien Clear das bei weitem wahrscheinlichste Ziel für einen Gasangriff zu sein. Der Stützpunkt war im Juni 1961 in Dienst gestellt worden, und er ermöglichte es den Amerikanern, feindliche Raketen fünfzehn bis fünfundzwanzig Minuten vor dem Einschlag zu entdecken. Die Station war außerdem darauf programmiert, den Weg feindlicher Atomsprengköpfe zu verfolgen, die von Unterseebooten vor der Küste aufsteigen. Heute kann die Station mit ihren vier Ortungsgeräten, jedes mit feststehenden Antennen-Reflektoren von 50 Meter Höhe und 120 Meter Länge, Raketen auf eine Entfernung von 4800 Kilometer erfassen, den Startpunkt orten und die projektierte Zielbestimmung errechnen. Sie ist in der Lage, ein Objekt, das nur die Größe eines Fußballs hat, über Tausende von Kilometern hin zu entdecken. Anfang der sechziger Jahre war die Ausrüstung der Station bei weitem nicht so verfeinert, aber auch damals schon war Clear unter den Verteidigungsinstallationen der Vereinigten Staaten die wichtigste. Bei einer »Blendung« dieser Station wäre nach einer Einschätzung durch das Pentagon eine Raketenflugbahn von der Sowjetunion in die Vereinigten Staaten eröffnet worden, die von keinem der anderen untergeordneten Radarsysteme, die damals im Einsatz waren, abgedeckt wurde.

Die andere Verteidigungskette, die DEW-Linie, war seit dem 31. Juli 1957 im Einsatz. Sie erstreckte sich einige 5600 Kilometer über das Dach der Welt zwischen 69 und 71 Grad nördlicher Breite mit übergreifenden Radarstationen in Abständen von 160 Kilometern. Sie war darauf abgestellt, dem Nordamerikanischen Luftverteidigungskommando (NORAD) in Colorado Springs und dem Strategischen Luftkommando (SAC) in Omaha eine bis zu sechsstündige Vorwarnung zu geben, wenn sich feindliche Bomber näherten. Die DEW-Linie kann Flugzeuge über riesige Entfernungen hin erfassen, aber ihre Computer ignorieren Objekte, die mit mehrfacher Schallgeschwindigkeit fliegen; das sind Ziele, die dem BMEWS vorbehalten bleiben. 1962 gab es allein in Alaska schon mehr als 30 DEW-Linien-Stationen. Ihre große Zahl und ihre Weltabgeschiedenheit machten sie verwundbar gegen Angriffe.

Fielen nur eine oder zwei dieser Stationen aus, wäre eine Lücke in der amerikanischen Luftverteidigung entstanden. Sie wäre nach einer Pentagon-Schätzung breit genug gewesen, um es der Sowjetunion zu ermöglichen, Atombomber durch diesen »Trichter« eindringen zu lassen, und zwar unentdeckt von den US-Streitkräften. Anfang der sechziger Jahre hätten russische Bomber zwischen sechs und zwölf Stunden benötigt, um von sibirischen Stützpunkten aus Ziele in den Vereinigten Staaten zu erreichen. Wäre aber die BMEWS-Station in Clear außer Gefecht gesetzt worden, hätten Interkontinentalraketen ihre Ziele innerhalb von 30 Minuten nach dem Start erreichen können.

Sowjetischen Kommando-Einheiten mußte es relativ leicht möglich sein, über die zugefrorene Bering-Straße zwischen den Halbinseln Tschukotsk und Seward, die Sibirien von Alaska trennen, hinweg vorzustoßen. Sie würden damit nur den Weg nehmen, den Hunderte russischer politischer Verbannter um die Jahrhundertwende auf ihrer Flucht gegangen waren. Zehn Monate des Jahres ist dieser Weg mit Packeis verstopft, und die Überquerung ist voller Gefahren. Aber einer vorher mit kleinen Radarreflektoren markierten Route folgend, könnten Heckpropeller-Motorschlitten die Straße mit Geschwindigkeiten bis zu 50 km/h passieren, armiert mit den relativ kleinen Raketen, die man braucht, um das Nervengas ins Ziel zu befördern.

Der Anmarsch wäre äußerst strapaziös, aber er wäre möglich. Man wußte, und man weiß, daß die Russen ebenso wie die NATO den Winterübungen ganz besondere Aufmerksamkeit zuwenden, und allem Anschein nach gehen sie davon aus, daß militärische Operationen großen Stils auch bei extrem niedrigen Temperaturen möglich sind. Der Gedanke eines arktischen Guerrilla-Schlages war also keineswegs absurd.

Ein strapaziöser 1000-Kilometer-Sprung über die eisbedeckte Tundra hinein in das unwirtliche Innere Alaskas würde die Sabotage-Kommandos in Angriffs-Reichweite an ihr Ziel heranbringen. Die Basis in Clear war nach allen Seiten weit offen. Sie erstreckte sich über eine Fläche von fünf bis acht Quadratkilometer, und da sie nicht im Hinblick darauf angelegt worden war, daß sie einer Sabotage-Operation ausgesetzt sein könnte, hatte sie keinerlei Sicherheitszäune und wurde von einer nur sehr kleinen Truppe bewacht. Die Unterkünfte befinden sich 800 Meter von den Radar-Hauptanlagen entfernt. Während der Polarnacht herrscht fast den ganzen Tag Dunkelheit; die Sonne erhebt sich nur für drei oder vier Stunden ein wenig über den Horizont. Im Winter sinken die Temperaturen bis auf fünfzig Grad unter Null.

Der eigentliche Angriffsschlag hätte schon geführt werden können, wenn die Kommandos noch bis zu 160 Kilometer vom Ziel entfernt waren. Frucht bezweifelte nicht, daß die Russen die erforderlichen Träger für das Gas besaßen, denn sie hatten Kurzstreckenraketen, direkte Nachfolger der von den Deutschen im Zweiten Weltkrieg entwickelten V-2, für den Transport chemischer Gefechtsköpfe modifiziert.

Bei Kriegsende hatten sie die deutschen Raketenversuchsstationen in Peenemünde, Niedersachswerfen, Prag und anderswo besetzt, und sie hatten ein dichtes Netz über das ganze von ihnen besetzte Gebiet ausgeworfen, um deutsche Raketenspezialisten und -techniker zu fangen. Schon sehr früh leiteten sie ein Schnellprogramm zur Entwicklung von Lang- und Kurzstreckenraketen ein.

Ausgangsmodell war die V-2. Deutsche Wissenschaftler hatten 1945 angenommen, daß sie innerhalb von fünf Jahren weit genug entwickelt sein werde, um Ziele in den Vereinigten Staaten angreifen zu können. Als der Zweite Weltkrieg zu Ende ging, waren mehr als 4000 V-2 gegen London und Antwerpen eingesetzt worden, und diese Rakete bildete mit ihrem in der Praxis erprobten und bewährten Antriebssystem und ihrem aerodynamisch günstigen Rumpf einen idealen Ausgangspunkt für die sowjetische Forschung. Von 1946 an arbeiteten deutsche Wissenschaftler mit den Russen bei verschiedenen Projekten zur Weiterentwicklung der V-2 zusammen. In Chimki bei Moskau arbeiteten sie an der Verbesserung der Grundkonstruktion; Steuerungssysteme wurden in Ostachkosch entwickelt; in Leningrad konzentrierten sie sich auf Raketentreibstoffe; in Kuibischew arbeiteten sie an Raketentriebwerken.

Das Resultat waren die T-Serien, die von Interkontinental- bis zu Kurzstreckenraketen reichten. Eine der kleineren Boden-Boden-Raketen, die toxische Chemikalien ins Ziel tragen konnten, war die T-7A, ein ferngelenktes Geschoß mit einer Reichweite von 160 Kilometern. Die Waffe, die von der NATO die Bezeichnung »SCUD-A« erhielt, wog etwas mehr als vier Tonnen und wurde um das Jahr 1957 in Dienst gestellt. Es gab auch noch die T-5 mit einem Startgewicht, das zwischen zwei und drei Tonnen lag, und einer Reichweite von etwa fünfzig Kilometern. Sehr geeignet für die arktische Sabotage-Aktion wäre auch die T-7 gewesen, eine viel leichtere meteorologische Rakete, die normalerweise für wissenschaftliche Experimente verwendet wurde. Jede dieser Waffen hätte unentdeckt unter dem damals operierenden amerikanischen Radarschirm hindurch in den Stützpunkt Clear hineinfliegen können.

Es ergibt sich folgendes mögliche Szenario: Wenn die Techniker der Radarbasis Schichtwechsel haben, durchqueren sie das mit Kampfstoff belegte Gelände. Dabei setzt sich die Chemikalie an ihren Schuhen und Kleidern fest – es ist eine Substanz mit geringem Dampfdruck und hoher Haftfähigkeit. Das fragliche Nervengas hat eine hohe Giftigkeit und wirkt schon, wenn Spritzer auf die Haut gelangen. Kleider bieten keinen sicheren Schutz, und sogar durch manche synthetische Schutzkleidung diffundiert es. Die eigentliche Gefahr für die Soldaten entsteht aber beim Übergang von der Kälte in die Arbeitsräume.

Sobald die Männer das zentralbeheizte Radarzentrum betreten, beginnt das Gift auf ihrer Kleidung zu verdunsten. In den körpernahen Luftschichten bildet sich eine Kampfstoff-Atmosphäre. Fußboden, Hände und Arbeitsgegenstände werden kontaminiert. Das gleiche geschieht in den Unterkünften. Die Vergiftung erfolgt über die Atem- und Verdauungswege, die Augen und die Haut. Es entwickelt sich ein vieldeutiges und wenig charakteristisches Vergiftungsbild – Atembeschwerden, Magenschmerzen, Hör- und Sehstörungen, Übelkeit, Erbrechen und Durchfall. Das Opfer verliert die Kontrolle über die Muskeln, die die Ausscheidung regeln. Er beginnt zu zucken, und ihm wird schwindlig. Die Lungen sind mit Blut überfüllt, die Brustmuskulatur ist nicht mehr in der Lage, genügend Luft zu holen. Todesursache ist im allgemeinen Erstickung, herbeigeführt durch Lähmung der Atemmuskeln.

Ein Arzt erscheint und untersucht eines der Opfer. Er ist nun selbst betroffen. Ein weiterer Arzt trifft ein, und wenn er vorsichtig ist, trägt er Schutzkleidung und eine Maske. Er kann kaum etwas sehen und schwitzt heftig in seinem Anzug.

Am Haupt-Schaltpult betätigt der leitende Techniker einen Schalter. Millisekunden später ist Colorado Springs alarmiert. Dort versucht man, die Basis anzurufen, aber niemand antwortet. Es gibt auch keine Möglichkeit, rasch Auskunft über das Geschehene zu bekommen, etwa von Leuten in nahegelegenen Städten. Die Zeit verstreicht. Dann fällt der Radar aus. Es herrscht Stille. Für die Sowjetunion ist das leicht festzustellen, indem ein Flugzeug losgeschickt wird, um den amerikanischen Radarschirm zu testen. Die Geräte an Bord der Maschine geben sehr schnell Auskunft darüber, ob die amerikanische Station in Funktion ist oder nicht. Ist sie ausgefallen, beginnt jetzt der eigentliche Druck auf den Feind...

Soweit das Szenario. –

Frucht hatte einen anderen Ansatz. Er war durch das Zusammentreffen extrem unwahrscheinlicher, aber in sich logischer Entwicklungen beunruhigt. Die DDR hatte einen neuen Kampfstoff, offenbar weil sie gegen jede Regel mit der Entwicklung beauftragt war; dieser Kampfstoff war für die Verwendung in der Kälte geeignet, eine Möglichkeit, um die sich bis dahin kaum jemand gekümmert hatte, und sein Gesprächspartner hatte seine originelle taktische Verwendung erwähnt. Und endlich sollten – was gleichzeitig unwahrscheinlich und möglich war – die Russen im Spiele sein. Der Wissenschaftler wußte, daß in der Entwicklung der Naturwissenschaften wie im Leben das Unvorhergesehene oft das Entscheidende ist. Gewiß konnte das alles ein Phantasiegebilde sein, aber wie sollte er das in der starren, ganz auf Geheimhaltung gerichteten DDR feststellen können. Sollte er zum Verteidigungsminister oder dem Chef der Chemischen Dienste der NVA gehen? Und außerdem fielen die wirklichen Entscheidungen, wie er sehr wohl wußte, in Moskau und nicht in Ost-Berlin.

Als nächstes fragte er sich, ob man den Ostblock von einem so desperaten Plan abbringen könnte. Und wieder lautete die Antwort eindeutig: Nein. Wäre er zu einem hohen Regierungsfunktionär gegangen, so wäre der einzige, unvermeidliche Effekt seine Einstufung als Sicherheitsrisiko gewesen.

Noch eine letzte Überlegung war anzustellen. Sollte er die Information ignorieren, ganz einfach deshalb, weil sie so phantastisch war? Er rief sich in Erinnerung, daß das Unwahrscheinliche in der Wissenschaft wie im Leben oft eine entscheidende Rolle spielt. So gelangte er schließlich zu der Überzeugung, daß ihm nichts anderes übrig blieb, als eine Stelle außerhalb der DDR zu informieren.

Da er ja Wissenschaftler war, kein Politiker oder Soldat, war es ihm nicht möglich, Aussagen darüber zu machen, welche Ziele die Sowjetunion verfolgen könnte. Gewiß war für ihn nur, daß weder die USA noch die Sowjetunion es sich leisten konnten, einen Krieg zu führen, in den beide mit dem gleichen militärischen Potential eintraten, denn sie würden einander nur vernichten. Befand sich der Angreifer auf dem Gebiet der Rüstungstechnik nicht ganz wesentlich im Vorsprung, mußte der Krieg für ihn gleichbedeutend sein mit Selbstmord. Er wußte auch, daß die Männer der sowjetischen Führungsspitze nicht mit Hitler zu vergleichen waren. Das Politbüro bestand aus nüchtern denkenden Männern, die nicht dazu neigten, das Risiko militärischer Abenteuer einzugehen. Doch eine gefährliche Ausnahme gab es dort – Chruschtschow.

Frucht konnte sich nicht vorstellen, daß die Russen, hatten sie erst einmal die Radarstationen in Alaska ausgeschaltet, tatsächlich ihre Raketen gegen die Vereinigten Staaten starten würden. Wäre es aber nicht denkbar gewesen, daß sie nach dem Lahmlegen der Warnanlagen zu den Amerikanern gesagt hätten: »Was wollt ihr nun machen?« Sie hätten dann durchaus auch fordern können, daß der Westen sich aus Berlin zurückzieht. Und hätten sie dieses große Ziel tatsächlich erreicht, dann hätten sie vielleicht sagen können: »Wir vergessen die ganze Angelegenheit einfach.«

Frucht glaubte, daß die Russen damals in der Verfassung waren, derartiges zu unternehmen. Er hatte das Gefühl, daß sie wahrscheinlich erreichen wollten, was ihnen im August 1962 in West-Berlin nicht gelungen war, ebensowenig wie im September und Oktober jenes Jahres mit der Installierung von Raketenbatterien auf Kuba. Hier lag eine seltene Kombination einer ganz neuen technischen Möglichkeit und einer militärischen Strategie vor, die eine Novität war. Der Plan fügte sich in das ihm bereits bekannte Muster chemischer Kriegführung ein. Aus seiner umfassenden Lektüre von Literatur über den Ersten Weltkrieg wußte Frucht, daß Kampfgase eine verheerende Wirkung haben konnten, wenn der Feind unvorbereitet getroffen wurde. Aber abgesehen von wenigen Gasangriffen in Belgien im Jahre 1915 war es selten gelungen, den Überraschungseffekt zu erzielen. Er versuchte nicht, seine Analyse weiter voranzutreiben – die von Gestewitz umrissene Strategie war ungeheuerlich, und der Wissenschaftler hielt die Gefahr für so real, daß er sich verpflichtet fühlte, davon Mitteilung zu machen.

Martin Rückert

Frucht brauchte dringend einen Kurier, jemanden aus dem Westen, der als Zwischenträger fungieren konnte. Er entschied sich für einen Neffen, den 23 Jahre alten Martin Rückert. In Ostdeutschland geboren, hatte Martin seine Kindheit in der Nähe des Ostseehafens Rostock verbracht, aber als sich 1953 ostdeutsche Arbeiter gegen die Strenge des Ulbricht-Regimes auflehnten und sowjetische Panzer zur Wiederherstellung der Ordnung eingesetzt wurden, war seine Familie in den Westen geflohen. Er war vierzehn, und wie Millionen anderer, die aus der Sowjetzone geflohen waren, glaubte er, daß alles Amerikanische gut, alles im Osten dagegen schlecht sei, insbesondere die Russen.

Als die Berliner Mauer gebaut wurde, demonstrierte er zusammen mit anderen Studenten, indem er mit seinem Auto in den Strom der Fahrzeuge einscherte, die sich am Checkpoint Heinrich-Heine-Straße versammelten und als Zeichen des Protestes hupten, so laut und so lange sie konnten. In voller Absicht tat er aufreizende und alberne Dinge, so trug er zum Beispiel möglichst auffällig die Frankfurter Allgemeine Zeitung in der Hand, als er die Kontrollen in Richtung Ost-Berlin passierte. Er wußte, daß er die Festnahme riskierte, aber er wollte eben einfach einmal sehen, was geschehen würde. Es war ein offener Akt des Trotzes und der Auflehnung. Er wurde von zwei Grenzbeamten gejagt, die ihm die Zeitung aus den Händen rissen.

Es war, so schien es, eine ungewöhnliche Wahl für diesen Job. Er hatte sandblondes Haar, eine hohe Stirn und eine Adlernase, runde Schultern, er war nervös und neigte zur Vergeßlichkeit.

Seine langen, zarten Hände sahen nach dem aus, was sie waren – Hände eines Pianisten. Frucht jedoch hielt ihn für geradezu ideal geeignet, denn er vertraute dem jungen Mann absolut und behandelte ihn fast wie einen Sohn. Sie teilten eine tiefe Liebe zur Musik, und wenn sie sich in Grünau trafen, sprachen sie oft stundenlang über Bach, Richard Strauss und Rossini. Sie segelten auch zusammen, und Martin begleitete die Familie oft auf ihren Ferienreisen an die Ostseeküste.

Ebenso wie Frucht hatte er Sinn für das Abenteuer, und als der Gedanke, für die CIA zu arbeiten, zur Sprache kam, gelangte er sehr rasch zu der Überzeugung, daß das ein faszinierendes Erlebnis sein müsse. James Bond war zu jener Zeit eine Kultfigur, und Martin sah sich schon in dieser Rolle. Auch die Vorstellung, ein bißchen Geld nebenher zu verdienen, hatte etwas sehr Anziehendes für einen Musikstudenten, der ewig knapp bei Kasse war.

Seine erste Begegnung mit einem amerikanischen Geheimdienstbeamten fand im Spätsommer 1962 statt. Sie wurde von seiner Tante, Gritli, arrangiert. Er war gerade drüben im Osten gewesen, um seinen Onkel zu besuchen, und als er wieder im Westen war, fuhr er zu dem vereinbarten Treffpunkt in der Hardenbergstraße in der Nähe des Bahnhofs Zoo. Die Begegnung war kurz. Der Amerikaner stellte sich als »Jörg Zimmerling« vor und fragte Martin nach seiner Adresse in Köln. Nach knapp fünfminütiger Unterhaltung sagte der Mann zu ihm, später werde sich jemand mit ihm in Verbindung setzen.

Drei Monate vergingen, ohne daß irgend etwas geschah, und in Frucht wuchs die Überzeugung, daß man seinen Vorstoß zurückgewiesen habe. Aber dann, eines Abends im Oktober, kam Martin spät nach Hause und fand eine Nachricht von seiner Wirtin in seinem Zimmer. »Ein Amerikaner ist hier, der mit Ihnen sprechen möchte«, hatte sie geschrieben. »Scheint sehr dringend. Ich habe ihm das Campingbett in der Kammer gegeben.«

Am nächsten Morgen um 7.00 Uhr erschien »Jörg« in seinem möblierten Zimmer. Die Zeit sei gekommen, sagte er, um Kontakt mit Frucht aufzunehmen. Er wies Martin warnend auf die strenge Geheimhaltung hin, mit der dieser Auftrag behandelt werden müsse. Er dürfe mit niemandem darüber sprechen. Es wurde vereinbart, daß er am Neujahrstag 1963 nach drüben gehen solle. Ein genauer Plan wurde aufgestellt, wann und wohin er gehen, von wo er telephonieren, was er sagen sollte. Wenn er in West-Berlin seinen Leitoffizier sprechen wollte, sollte er eine Nummer in der US-Mission anrufen. Er wurde angewiesen, den Apparat 813 zu verlangen und dann, ganz gleich, wer sich meldete, zu sagen: »Hier spricht Friedrich.« Niemals solle er sagen: »Ich bin hier«, sondern: »Die Sonne ist im Schatten.« Obwohl ihm das alles absurd vorkam, erklärte er sich bereit, mitzuspielen.

Nachdem er das Weihnachtsfest mit seinen Eltern in London verbracht hatte, flog er mit einem von der CIA bezahlten Flugtikket nach Köln zurück. Am Flughafen holte er seinen winzigen Fiat 500 vom Parkplatz und fuhr damit durch dichten Schnee und bei vereister Fahrbahn zum Zonengrenzübergang Helmstedt und dann weiter über die Autobahn nach Berlin. Vom alliierten Kontrollpunkt, der in die Westsektoren der Stadt führte, rief er die Nummer an, die ihm die Amerikaner gegeben hatten, und vereinbarte unter Verwendung der vereinbarten Kode-Floskeln das Treffen. Dann nahm er sich ein Zimmer in einem kleinen Hotel in der Nähe des Kurfürstendamms. Am nächsten Morgen erschien »Jörg« in einem Volkswagen Variant, dessen Scheiben abgedunkelt waren und der von einem Chauffeur gefahren wurde. Anstatt zur Mauer in Richtung Ost-Berlin zu fahren, steuerte der Chauffeur das Auto nach Dahlem. Als Martin versuchte, durch eine hell gebliebene Stelle im Glas hinauszuschauen, hob »Jörg« schnell die Hand und bedeckte das Guckloch damit. Martin amüsierte sich über diese sextanerhafte Heimlichtuerei, sagte aber nichts.

Der Wagen fuhr in eine Kellergarage, und man brachte ihn in ein Zimmer im ersten Stock, wo er sich wie seine Tante Gritli einem Lügendetektor-Test unterziehen mußte. Es fing sehr milde an. »Mögen Sie Ihre Eier hartgekocht?« fragte der Mann, der das Gerät bediente. Martin lächelte. Aber dann drangen die Fragen tiefer in seine persönlichen Angelegenheiten ein, und er wurde besonders eingehend über seine Freundin Marlies befragt, deren Vater früher einmal Kommunist gewesen war. Hatte Martin ihr von seinem Treffen mit »Jörg« erzählt? Er gab zu, daß er das getan hatte.

Die Befragung empfand er als unheimlich und recht unbarmherzig. Obwohl die Amerikaner kein Aufhebens davon machten, merkte er doch, daß ihnen Marlies und ihr persönlicher Hintergrund Unbehagen bereiteten. Nach drei sehr anstrengenden Stunden erklärten sie ihm, er solle nach Köln zurückfahren, es sei nämlich viel zu gefährlich für ihn, Ost-Berlin zu besuchen.

Martin aber war sehr ungehalten. Er sagte, er werde nach drüben fahren, ob sie das nun billigten oder nicht. Er versicherte, daß kein Risiko damit verbunden sei. Marlies' Vater habe sich vor vielen Jahren schon vom Kommunismus losgesagt; selbst wenn sie ihm von Martins Besuchsplänen erzählt haben sollte, bedeute das noch längst keine Gefahr, er sei nämlich vertrauenswürdig.

Der Geheimdienstoffizier blieb skeptisch, aber am nächsten Tag hatte er sich offenbar anders besonnen. Er wies Martin an, Frucht nun doch eine Nachricht zu überbringen. Bevor man ihn absetzte, brachte man Martin mit dem Auto zum Nollendorfplatz. Der Wagen hielt vor einem Wohnblock, und »Jörg« sagte: »Da oben im dritten Stock, wo das Licht brennt, ist ein Freund von Ihnen. Er heißt Joachim Emmerich. Wenn die Ostdeutschen Sie fragen, was Sie in West-Berlin machen, sagen, Sie, daß Sie ihn besuchen.«

Solchermaßen vorbereitet, machte Martin sich auf den Weg nach Ost-Berlin. Am Checkpoint gab es keine Probleme, und er verbrachte mehrere Stunden mit seinem Onkel in Grünau. Wieder in den Westen zurückgekehrt, bezahlte man ihn für das Unternehmen, sagte ihm aber gleichzeitig, daß er nicht noch einmal verwendet werden könne. Das Problem des Vaters von Marlies war der CIA offenbar zu heiß. Er erhob Einspruch, erreichte aber nichts damit. Die Entscheidung schien endgültig zu sein, und einige Wochen später besuchte einer von »Jörgs« Kollegen ihn in Köln und bestätigte, daß ihre Verbindung zu Ende sei.

Mittlerweile hatte Fruchts Forschung ein kritisches Stadium erreicht. Die grundlegende Arbeit an seiner biologischen Vorrichtung für den Nachweis toxischer Chemikalien war fertig, und er mußte sie an extrem giftigen Substanzen erproben: den Kampfgasen. Er wandte sich deshalb an die Armee und bat sie, die Sache zu übernehmen. Er sei an dem Punkt angelangt, an dem er ohne Unterstützung von außen nicht weitermachen könne. Abgesehen davon, daß er mehr Geld benötigte, war sein Institut nicht auf den Umgang mit den toxischen Substanzen eingerichtet, die zur Erprobung seines Verfahrens erforderlich waren. Der Bau war viel zu alt. Schon der Umgang mit ganz gewöhnlichen Quecksilber-Thermometern war gefährlich, denn wenn eines zerbrach, würde der Inhalt durch die Fugen im Fußboden verschwinden, und dann wäre nicht viel anderes übrig geblieben, als das ganze Gebäude niederzubrennen, um die giftigen Dämpfe loszuwerden. Bei Substanzen, die ungeheuer viel giftiger waren, wuchsen die Probleme ins Unermeßliche.

Die Nationale Volksarmee war interessiert, schlug aber vor, daß Frucht mit Dr. Karlheinz Lohs zusammenarbeite, dem Spezialisten für chemische Kriegführung. Der aber wies den Vorschlag zurück mit der Begründung, daß er Chemiker sei und nicht Biologe. Es gäbe nur eine Lösung, sagte er: Die NVA müsse das Projekt übernehmen.

Aber immer noch zögerte die Armee. Dennoch war sie angetan von dem militärischen Potential der Gas-Nachweismethode Fruchts. Zu jener Zeit besaßen die Warschauer-Pakt-Länder die chemischen Waffen, um die NATO-Streitkräfte zu lähmen; aber ihnen fehlte ebenso wie dem Westen ein wirksames Frühwarnsystem, mit dem Alarm gegeben werden könnte im Falle einer ebensolchen Offensive durch die andere Seite. Das Problem lag darin, daß die extrem giftigen Substanzen geruchlos, unsichtbar und tödlich selbst dann noch sein konnten, wenn sie bis unterhalb der Wahrnehmungsschwelle verdünnt waren. Fruchts Entdeckung, daß Leuchtbakterien empfindlich genug sein könnten, um sie wahrzunehmen, schuf erhebliche Aufregung bei der NVA und noch darüber hinaus. Sein neues Verfahren gab Grund zu der Hoffnung, daß – bei weiterer Forschung – eine gefährliche Lücke in der Verteidigungstechnologie geschlossen werden könnte.

Militärwissenschaftler des Sowjetblocks hatten ebenso wie ihre westlichen Gegenspieler davon geträumt, eine tragbare Alarmvorrichtung zu schaffen, die in der Lage ist, jeden chemischen Kampfstoff zu identifizieren. Aber es hatte sich als schwierig erwiesen, ein solches Gerät herzustellen, und im Laufe der sechziger Jahre wurden verschiedene Spürsysteme auf beiden Seiten des Eisernen Vorhangs ausprobiert. Eines beruhte auf Testpapier, das sich blau verfärbte, wenn es mit flüssigen Kampfstoffen in Berührung kam, und es war gut genug, um den Soldaten anzuzeigen, daß sie ihre Atemschutzgeräte und ihre Schutzkleidung anlegen müßten; viel mehr leistete es nicht. Anfang der sechziger Jahre gab die US-Armee bekannt, sie habe die Produktion eines 12,6 Kilogramm schweren, tragbaren »chemischen Wachpostens« begonnen, der das ganze Spektrum der Kampfstoffe aufspüren könne. Aber die Bekanntmachung war verfrüht, und Mitte der sechziger Jahre wurden noch immer zahlreiche »vielversprechende neue Verfahren« untersucht.

Eins davon war das Lopair-Detektorsystem, das nach dem Prinzip arbeitete, daß toxische Verbindungen Infrarotstrahlen je nach ihrer chemischen Zusammensetzung mehr oder minder stark absorbieren. Man hoffte, daß es nach diesem Verfahren möglich sein werde, die Existenz eines Giftstoffes zu registrieren, seinen Typ zu identifizieren und seine Konzentration zu messen. Aber jahrelange Forschung war noch erforderlich, um das Verfahren zu vervollkommnen. Tatsächlich war das vom Westen in den sechziger Jahren hauptsächlich angewandte Spürverfahren der sogenannte »Point-Source«-Alarm, der unhandlich war, schwierig betriebsfähig zu erhalten und dabei nicht imstande, die ganze Bandbreite der existierenden Kampfstoffe insgesamt nachzuweisen. Das war kein effektives Frühwarnsystem.

Der Sowjetblock stand vor ähnlichen Problemen, so daß Fruchts Verfahren ganz gewiß eine eingehende Untersuchung verdiente. Abgesehen aber von den physikalischen Schwierigkeiten gab es da noch die Frage nach dem Status seines Instituts. Es war nicht überprüft für geheime Arbeiten, und Frucht selbst war möglicherweise verdächtig. »Streng genommen«, sagte ein höherer Armee-Offizier einmal zu ihm, »dürfen wir gar nicht mit Ihnen arbeiten, weil Sie ein offenes Institut sind. Es wäre schon besser, wenn Sie fortführen, Ihre eigenen Forschungen voranzutreiben. Wir beraten Sie und halten uns selbst im Hintergrund.«

»Das kann ich nicht akzeptieren«, erwiderte Frucht. »Wir müssen uns nach zweieinhalb Jahren der Forschung gegenüber dem Ministerium rechtfertigen. Die werden wissen wollen, was wir mit ihrem Geld angestellt haben. Wir sind verpflichtet, dem Minister Bericht zu erstatten...«

»Wir haben weder den Platz noch die Zeit noch die Leute«, sagte der Offizier. Die fehlende Bereitschaft der Armee, die Angelegenheit auf eine offiziellere Basis zu stellen, sollte sich als kostspieliger Fehler erweisen.

Die CIA greift ein

Frucht brannte es jetzt auf den Nägeln, endlich Kontakt zu irgendeinem westlichen Geheimdienst aufzunehmen, um die andere Seite zu warnen. Es war ihm gleichgültig, welcher Dienst das war. Es mußten ja durchaus nicht die Amerikaner sein, von denen er sich enttäuscht fühlte. Die Agenten, die er bislang kennengelernt hatte, waren unzuverlässig gewesen, störrisch und nicht gerade intelligent. Er bat deshalb seine Schwester Gisela, sich über ihren Mann, Owen Williams, an die Briten zu wenden, und er drängte seine Kusine Gritli, ihre Geheimdienstverbindungen wieder aufzunehmen. Er bat auch mit allem Nachdruck einen befreundeten Wissenschaftler, der zwischen Ost und West hin- und herpendeln durfte, sich an irgendeinen Geheimdienst zu wenden. Er dachte sogar daran, seinen jüngsten Sohn, Hubertus, einzuspannen, so frustriert fühlte er sich. Aber diesen Gedanken ließ er dann rasch wieder fallen.

Vor allem war er wegen Martin Rückert enttäuscht. Martin hatte den Amerikanern zu Anfang erzählt, er habe keinerlei Kontakt zu Kommunisten, und als sie dann die Sache mit dem Vater seiner Freundin aufdeckten, hielten sie ihn offenkundig für einen Lügner. Sie schienen Studenten im allgemeinen zu mißtrauen, und er gab ihnen einen Vorwand, Frucht nicht ernst zu nehmen.

Der Wissenschaftler bat seinen Neffen dringend, wieder Kontakt mit den Amerikanern aufzunehmen. Martin tat das auch während eines Arbeitsurlaubs in Berlin, aber wieder war die Reaktion negativ. Frucht schien jetzt alle ihm offenstehenden

Möglichkeiten erschöpft zu haben. Ein westlicher Geheimdienst, allem Anschein nach ein britischer, reagierte zwar auf seine Vorstöße, aber er wies die Bitte dieses Dienstes zurück, Geheimbotschaften per Funk zu übermitteln.

Seine Versuche zur Kontaktaufnahme hatten seine Lage noch mehr gefährdet. In dem kleinen Kreis der Freunde und Verwandten, die die Mauer passieren durften, hatte er sich an jeden einzelnen gewandt, und nichts war daraus geworden. Der Durchbruch kam schließlich, als Martin unaufgefordert zur US-Mission in West-Berlin ging und verlangte, einen Geheimdienst-Offizier zu sprechen. Zwei Beamte erschienen nach geraumer Zeit an der Pförtnerloge und hörten sich an, wie er Fruchts »lebenswichtige Information« skizzierte. Man ließ ihn eine Stunde in einem Nebenzimmer warten, während sie bei ihren Kollegen Erkundigungen einholten (er hatte den Eindruck, daß sie in direktem telephonischen oder Funk-Kontakt mit Washington standen). Er wurde gebeten, am nächsten Tag wiederzukommen, was er tat, aber eine Antwort bekam er immer noch nicht. Dann wurde er aufgefordert, nach Köln zurückzufahren und eine Reaktion abzuwarten.

Mehrere Wochen verstrichen, dann setzten sich die Amerikaner mit ihm in Verbindung und baten ihn, sich wieder in Berlin zu melden. Als dann endlich ihre Reaktionen auf Fruchts Mitteilungen bezüglich Alaska kamen, da waren sie plump und kompromißlos. Sie erklärten rundheraus, daß er ihnen Lügen erzählte und daß er überhaupt nicht wissen könne, was er zu wissen vorgab. Für sie war es unbegreiflich, daß ein Mann wie Frucht, der in seinem eigenen Land als nicht besonders zuverlässig galt, Zugang zu Verteidigungsinformationen des Warschauer Paktes erlangt haben sollte. Sie gaben ihm praktisch zu verstehen, daß er sie nicht länger belästigen möge.

Diese Reaktion festigte nur Fruchts Entschlossenheit, nicht aufzugeben. Das alles erinnerte ihn an die Tragödie seines Vetters Arvid Harnack und der anderen Mitglieder der Spionage-Organisation »Rote Kapelle«, der es im Jahre 1941 nicht gelungen war, Stalin gegenüber glaubhaft zu machen, daß Hitler im

Begriffe war, die Sowjetunion zu überfallen. Er überwand seinen Ärger und sagte sich, daß er nur noch eine Möglichkeit habe – er mußte jetzt demonstrieren, daß er tatsächlich Zugang zu harten Informationen über die Kampfstoff-Forschung im Ostblock hatte. Mit dem Alaska-Stoff war Frucht nicht angekommen. Jetzt lieferte er normale Informationen über chemische Kampfstoffe. Nun klappte es.

Für die US-Geheimdienste, bei denen bitterer Mangel an konkreten und zuverlässigen Daten über die Militärwissenschaft des Sowjetblocks herrschte, wirkten Fruchts Mitteilungen über Kampfstoff-Entwicklungen im Ostblock offenkundig als nicht geringer Schock. Sie änderten sofort ihr bisheriges Verhalten, und Martin Rückert wurde an einer Spionageschule in West-Berlin in einem Intensivkursus mit Spionagetechniken vertraut gemacht. Man trug ihm auf, nach Tempelhof zu fliegen, wo er von einem amerikanischen Geheimdienstoffizier in Empfang genommen wurde.

»Willkommen«, sagte der CIA-Mann auf Deutsch und drückte ihm herzlich die Hand. Der neue »Jörg« mochte Mitte vierzig sein, und er trug einen dunkelblauen Flanellanzug; er sprach ein akzentfreies Deutsch, und man hätte ihn seiner ganzen Erscheinung nach für einen typischen deutschen Büroangestellten halten können. (Sieben oder acht verschiedene Leitoffiziere führten während Martins Verbindung mit den Amerikanern denselben Decknamen, und alle waren einander chamäleonhaft ähnlich in ihrer Kleidung, alle beherrschten sie die Kunst, unauffällig mit jeder beliebigen Umgebung zu verschmelzen.)

Martin wurde eingeladen, in einem beigefarbenen VW-Käfer Platz zu nehmen, und die Fahrt ging in Richtung Stadtmitte. Nach mehreren Minuten wendete der Amerikaner auf der Yorckstraße, fuhr in die Richtung zurück, aus der er eben gekommen war, und um doppelt sicher zu gehen, daß er nicht verfolgt wurde, rief er einen Kollegen über Funktelephon an. »Jörg« nannte seinen Standort. Sekunden später kam die Antwort. »Fahren Sie weiter. Niemand folgt Ihnen.« Bald setzten sich zwei andere Geheimdienst-Fahrzeuge hinter sie, als sie mit hoher

Fahrt quer durch die Stadt zu einem großen, aus der Vorkriegszeit stammenden Wohnblock in der Bundesallee, nicht weit vom Bundesplatz, im amerikanischen Sektor fuhren.

Die beiden Männer stiegen die Treppe eines Hauses hoch bis zum zweiten Stock und traten in eine Wohnung ein, deren Fenster mit schweren Vorhängen verhängt waren. Am anderen Ende eines großen, offenen Zimmers befand sich ein Korridor, von dem etliche Türen in andere Räume führten. Schreibtische und Schränke waren vollgepackt mit elektronischer Ausrüstung, mit Werkzeug, Kabeln, Sendegeräten, Empfängern und Tonbandgeräten. Schränke und Wände waren mit graphischen Darstellungen jeder Art tapeziert, und es gab eine ganze Anzahl von Telephonen. Offensichtlich handelte es sich hier um einen Ort, an dem gearbeitet wurde, und zwar emsig. Fünf oder sechs Geheimdienstbeamte bewegten sich in der Wohnung, als Martin in der Küche eine Tasse Kaffee bekam. »Ihre Ausbilder«, sagte »Jörg« anstelle einer Vorstellung. Andere Schüler waren nicht zugegen.

Den Amerikanern lag daran, daß Frucht es lernte, verschlüsselte Funksignale zu empfangen und zu senden, und Martin sollte die erforderlichen Techniken lernen, damit er seinerseits seinen Onkel unterweisen konnte. Die Ausbildung dauerte eine Woche. Martin lernte es, verschlüsselte Nachrichten abzusetzen, und im Laufe seiner Arbeit nahm er Kontakt zu einem zweiten amerikanischen Geheimsender auf, der an anderer Stelle der Stadt arbeitete. Ein ganzer Strom von Meldungen wurde ausgetauscht. Obwohl er neugierig war, verrieten ihm die Agenten nicht, wo sich der andere Sender befand. Er entdeckte, daß es relativ unkompliziert war, Sendungen zu empfangen; die ganze Ausrüstung, die man dazu benötigte, war ein Rundfunkempfänger. Um aber Nachrichten zu senden, bedurfte es einiger Geschicklichkeit; Zeit und Geduld waren erforderlich, um zu lernen, wie man Nachrichten straff formulierte, ohne Gefahr zu laufen, daß sie unverständlich wurden.

Er hielt sich jeden Tag acht bis zehn Stunden lang in der Wohnung auf, aber nie ließ man ihn alleine. Seine Ausbildung war gründlich und professionell; sie hielt sich streng an den Text der amerikanischen Handbücher, die seine Ausbilder ständig zu Rate zogen. Die CIA hatte die Erfahrung gemacht, daß die besten Resultate durch kurze, intensive Unterrichtsstöße zu erzielen seien, und jede Sitzung beschränkte sich auf rund zwei Stunden, um eine Übermüdung des Rekruten zu vermeiden. Die Agenten kauften Lebensmittel in den PX-Läden der US-Armee in Dahlem ein und brachten sie in großen braunen Papiertüten in die Wohnung. War die Arbeit getan, aßen sie am späten Abend alle gemeinsam in einem Restaurant in der Nähe.

Während der ganzen Dauer des Intensiv-Lehrgangs taten die Ausbilder und die Leitoffiziere ihr Äußerstes, um zu verhindern, daß Martin dahinterkam, welcher Geheimdienst-Organisation er eigentlich beigetreten war. So gebrauchten sie zum Beispiel nie die Bezeichnung »CIA«, sondern suchten den Eindruck zu vermitteln, daß es alles gar nicht so konkret sei und daß der neue Rekrut gar nicht in irgendeine besondere Geheimdienst-Organisation integriert werde. Sie behaupteten, einer kleinen Gruppe anzugehören, die mit »so ein paar Dingen« jenseits der Mauer beschäftigt sei; sie sagten, sie hätten ein paar Aufgaben für Martin und würden ihn vielleicht später noch einmal einsetzen wollen. Nie gaben sie zu erkennen, zu welchem Dienst sie eigentlich gehörten.

Sie gaben ihm den Tarnnamen »Friedrich« und unterwiesen ihn darin, einen Kode zu benutzen, wenn er Frucht von Ost-Berlin aus anrief. Damit er merkte, ob er beschattet wurde, unterwiesen sie ihn in den Grundlagen der Observierungstechnik. Sie zeigten ihm auch, wie sie selbst Menschen beschatteten. Sie wandten dabei ein Dreipunktsystem an. Ein Agent übernahm dabei von einem anderen, wenn die observierte Person die Richtung änderte oder in eine andere Straße einbog. Um sicherzustellen, daß er verstanden hatte, wie das System funktionierte, brachte man Martin mit dem Auto zu einer praktischen Vorführung durch zwei Geheimdienstmänner an die Ecke Kurfürstendamm/Joachimsthalerstraße. Seine Ausbilder erklärten ihm, wie man Schaufensterscheiben nutzen kann, um festzustellen, ob man verfolgt wird, und wie man einen Verfolger durch Kehrtwendung abschüttelt.

Das war alles Elementarunterricht, und zu Zeiten kam ihm die Sache oberflächlich und recht komisch vor. Aber die im Sicherheitshandbuch der CIA niedergelegten Verfahrensweisen waren Standard, und alle Rekruten mußten sie über sich ergehen lassen, ganz gleich, ob sie das Gelernte jemals in die Praxis umzusetzen haben würden.

Martin lernte auch den Umgang mit Mikrofilm, unsichtbaren Tinten und Geheimschriften. Er lernte Nachrichten in toten Briefkästen zu deponieren und sie dort abzuholen. Beauftragt, einen geeigneten Ort für so einen Briefkasten zu suchen und genau zu beschreiben, wo er sich befand, schrieb er dann etwa, daß er sich 120 Meter von einem näher bezeichneten Punkt entfernt befinde, 85 Meter östlich des Parktores, 20 Meter westlich des letzten Laternenmasts und in der Nähe eines Baumstumpfes. Nie sagten die Ausbilder, seine Leistung sei gut oder schlecht. Sie bemerkten einfach nur: »Aber Martin, warum haben Sie denn den Winkel nicht berücksichtigt? Das Ganze noch einmal bitte.«

Am Ende stellte sich dann ein großer Teil der Ausbildung als reine Zeitverschwendung heraus, denn Frucht erwies sich als ein schwierig anzuleitender Agent. Er lehnte viele der von der CIA vorgeschlagenen Kommunikationsmöglichkeiten ab. So wollte man ihm zum Beispiel ein leistungsfähiges Rundfunkgerät kaufen, das für Empfang und Sendung von Funknachrichten hätte hergerichtet werden können, aber als Martin ihm von dieser Idee erzählte, protestierte er heftig. »Quatsch, mache ich nicht«, sagte er. »Das muß man sich vorstellen: Ich wohne in einem Bungalow in Ost-Berlin. Ich habe zwei kleine Kinder und arbeite die meiste Zeit zu Hause. Dann stehe ich, sagen wir, um zwei oder drei Uhr morgens auf, meine Frau liegt im Bett und fragt ›Was um Himmels willen hast du vor?‹ Sie kann ja gar nicht anders, als merken, was ich vorhabe.«

Frucht glaubte fest, daß Maria nicht die blasseste Ahnung von seinem Verkehr mit den Amerikanern habe. Es war aber nicht nur der Gedanke an sie, der ihn veranlaßte, die Sache mit dem Radio abzulehnen. Er wußte, daß die Stasi-Leute überaus tüchtig darin waren, Funksignale aufzuspüren, die aus unbefugter Quelle kamen.

Die CIA regte sich nicht weiter auf, als Martin Bericht erstattete. »Jörg« sagte nur, daß sie in diesem Falle eben etwas anderes versuchen müßten. Ihr nächster Vorschlag war die Einrichtung eines toten Briefkastens, aber auch das stieß auf starken Widerstand. Martin bekam die Skizze eines Verstecks mit auf den Weg, die er seinem Onkel zeigen sollte. Die Stelle befand sich dicht bei einer Friedhofsbank im Vorort Biesdorf. Auf dem Plan war ein Haufen alter Blumen, Farnkraut und Kränze, etwa zehn Meter von der Sitzbank entfernt, verzeichnet, aber als Frucht sich den toten Briefkasten ansah, konnte er nur einen Komposthaufen entdecken. Er fürchtete, die Stasi könnte den Platz schon entdeckt haben, und er wies seinen Neffen an, »Jörg« mitzuteilen, er sei gegen komplizierte Methoden, die zur Folge haben mußten, daß andere Menschen in sein Vorhaben verwickelt wurden – und das wollte er auf jeden Fall vermeiden.

Selbst bei Versuchen, ihn mit besonderen Kodes zu versehen, kam es zu Schwierigkeiten. Martin hatte die Feinheiten der Umsatz-Chiffre gemeistert, bei der die Buchstaben des Textes durch andere Buchstaben, Ziffern oder Symbole ersetzt werden. Er hatte auch den »Einmal«-Kode gelernt, der auf Muster verzichtet, die normalerweise einen Schlüssel für die Chiffre verraten können. Die Grundlage dieser Methode ist der »Einmal-Block«, ein Täfelchen aus photographisch reproduzierten Blättern, die aus brennbarem Zellulosenitrat-Film bestehen und sehr schnell vernichtet werden können. Diese Blätter enthielten oft fünfstellige Listen auf einer Fläche, die nicht größer war als eine Briefmarke. Die Hälfte der Seiten war schwarz gedruckt für die Verschlüsselung, die andere Hälfte dagegen rot für die Entschlüsselung.

Einmal schickte man Martin mit einem Päckchen »HB«-Zigaretten über die Mauer, das eine Umsatz-Chiffre enthielt, die in einem der Filter an der Kante der Packung verborgen war. Aber

Frucht war auch mit dieser Methode nicht zufrieden. Er schaltete das rote Licht über seiner Bürotür ein – es zeigte seinen Mitarbeitern an, daß er nicht gestört zu werden wünschte – und klaubte die Chiffre aus den Zigaretten, wobei er Tabak über seinen Schreibtisch verstreute. Als Martin anfing, ihm zu erklären, wie die Sache funktionierte, fiel er ihm ins Wort und wies darauf hin, daß alles zu Ende sein würde, wenn man ein derartiges Dokument in seinem Besitz fände. Er war fest davon überzeugt, daß der beste Weg zur Übermittlung einer Geheimbotschaft darin bestünde, sie so offen wie möglich niederzuschreiben. »Jörg« schickte daraufhin keine präparierten Zigaretten mehr hinüber nach Ost-Berlin.

Frucht hatte oft das Gefühl, daß die von den Amerikanern angewandten Methoden durch ein Übermaß an Mißachtung für seine persönliche Sicherheit gekennzeichnet waren. Sein Ärger nahm zu, als Briefe aus West-Berlin mit gefälschten ostdeutschen Poststempeln einzutreffen begannen, so als habe jemand in Leipzig die Briefe geschrieben. Die Stempel waren immer verschmiert, und seine Büro-Anschrift enthielt absichtlich einen Fehler. Anstelle von Berlin-Lichtenberg (in der DDR) war der Westberliner Bezirk Lichterfelde angegeben. Das war dann durchgestrichen, und man hatte auf den Umschlag geschrieben: »In Berlin-Lichtenberg versuchen«.

Frucht erschien das als »primitiv« und gut geeignet, sofortigen Verdacht zu erwecken. »Briefe werden maschinengestempelt, und das verschmiert nicht«, sagte er. Er forderte die Amerikaner auf, sofort aufzuhören, diese Briefe zu schicken.

In dieser Anfangsphase ging es darum, die Amerikaner von der Ernsthaftigkeit Fruchts und der Bedeutung seiner Warnung zu überzeugen. Dies verlangte die Darlegung verschiedener wissenschaftlicher, politischer und persönlicher Zusammenhänge, und Martin stand ziemlich hilflos vor der Fülle der Probleme. Er entdeckte, daß er sich das, was ihm erzählt wurde, am besten merken konnte, wenn er es sich gleichzeitig mit musikalischen Phrasen einprägte. Deshalb nahm er Taschenpartituren mit nach Grünau, und man konnte ihn intensiv auf die Noten blickend und gleichzeitig unverständliche Worte murmelnd durch den Garten gehen sehen.

Sein Interesse an klassischer Musik und das seines Onkels war auch in anderer Hinsicht nützlich. Sie entwickelten eine Methode, sich unter Verwendung von Namen berühmter Komponisten in einer Geheimsprache zu verständigen. Weil beide Freude an der technischen Seite der Musik hatten, an der Stimmführung, dem Instrumentenklang, diskutierten sie gern über Aufführungen und Schallplatten, weshalb ihre langen Gespräche im Haushalt nie den geringsten Verdacht erregten. Aber keineswegs die gesamte Unterhaltung drehte sich um Musik. Während sie eine Platte abspielten, gab Frucht zu verstehen, daß er etwas von Interesse für die Amerikaner habe. Jetzt wurde die Musik zu einer wirksamen Verteidigung gegen etwa in dem Raum versteckte Mikrophone. Manchmal gingen die Männer die Treppe hinauf, sprachen auf dem Boden, oder sie fuhren mit dem Auto umher, oder sie machten einen Spaziergang im nahen Wald. Es gab immer eine ganze Menge an Informationen, und Martin mußte selber beurteilen, was davon von Wichtigkeit war. Das fiel ihm besonders schwer, weil er ja nicht als Chemiker oder Naturwissenschaftler ausgebildet war, und ein großer Teil des Materials befaßte sich mit physiologischen oder biochemischen Themen.

Für seine Kuriertätigkeiten erhielt Martin regelmäßig 100 DM im Monat plus Spesen. Er bekam das Geld in bar, mußte es aber quittieren. Geld für seinen Onkel erhielt er zunächst in unregelmäßigen Abständen, später bat ihn dann Frucht, mit »Jörg« über die Frage der Bezahlung zu sprechen. Eine Putzfrau, meinte Frucht, bekäme für ihre risikolose Tätigkeit mehr. Martin war das Thema unangenehm, dennoch brachte er es vorsichtig bei den Amerikanern zur Sprache. Diese zahlten dann schließlich regelmäßig 750 DM im Monat auf das Konto eines Freundes von Fruchts Sohn Uli.

Wenn er von einer Fahrt in den Osten zurückkehrte, nahm Martin gewöhnlich die S-Bahn. Er stieg am Bahnhof Friedrichstraße ein und verließ die Bahn entweder an der Station Bellevue oder Tiergarten. »Jörg« und ein weiterer Agent waren immer zur Stelle, um ihn in Empfang zu nehmen. Er ging raschen Schrittes vom Bahnhof weg, und wenn er die Amerikaner sah, ignorierte er sie zunächst. Sobald er eine Ecke hinter sich hatte und überzeugt war, daß die Luft rein war, wechselte er ein paar Worte mit ihnen, oder jeder setzte seinen Weg fort, bis die CIA-Männer plötzlich in ein Auto stiegen und er ihnen folgte.

Die Abschlußbesprechung fand jedesmal in einer stillen Kneipe oder einem der Restaurants in der Kurfürstendamm-Gegend, im Grunewald oder in Halensee statt. Manchmal hielt man sie auch in einer CIA-Wohnung ab; dann stand ein Mikrophon auf dem Tisch, die Amerikaner saßen ihrem Kurier gegenüber und bombardierten ihn mit Fragen. Wenn er sich über die Masse von Daten und Tatsachen beklagte, die er jedesmal zu verdauen hatte, und wenn er sagte, er brauche Zeit, um sie alle zu Papier zu bringen, zeigten sie normalerweise Verständnis. Die Amerikaner ließen sich schließlich eine effektivere Methode einfallen, wie man Informationen über die Mauer schaffen könne, eine Methode, die für Frucht akzeptabel war. Sie sah die Verwendung von chemisch präpariertem Papier vor. Sie forderten Martin auf, seinem Onkel direkt zu schreiben. Die Botschaften nahmen sich wie ganz gewöhnliche Briefe zwischen Freunden aus. »Es gibt keinen Grund, warum Sie Frieda (Frucht) nicht schreiben und einen normalen Briefwechsel mit ihr führen sollten«, schrieb die CIA an Martin. »Sie haben allen Grund, ihr zu schreiben, ebenso wie sie Grund hat, Ihnen zu schreiben. Denken Sie aber immer daran, die Dinge nicht zu schnell voranzutreiben und zu vieles zu frühzeitig zu schreiben.« Diese Botschaften wurden dann von den Amerikanern »präpariert« und per Post nach Ost-Berlin geschickt. Ganz absichtlich ließ man Martin im dunklen darüber, wie viele seiner Briefe benutzt wurden, um verschlüsselte Botschaften an Frucht zu schicken. Die CIA organisierte es, daß er das Spezialpapier hinüberschaffte, und sie versorgte Frucht mit Adressen in Österreich und der Bundesrepublik, an die er schreiben sollte.

Auf die eine Seite des Papiers kritzelte Frucht einen dem

Anschein nach ganz harmlosen Brieftext an nicht existierende Verwandte. »Liebe Tante Emma«, schrieb er einmal, »die Tulpenzwiebeln, die Du uns geschickt hast, sind sehr schön aufgegangen, wir freuen uns immer daran. Der Onkel läßt die Dachrinne reparieren. Wir wollen demnächst mal einen Ausflug nach Thüringen machen. Der Hund hat Durchfall gehabt. Herzliche Grüße, Dein Alfons.«

Die wirkliche Mitteilung befand sich auf der Rückseite des Papiers. Martin hatte Frucht genau gezeigt, wie man auf die Rückseite einen Bogen des Spezialpapiers legt und darauf einen Blankobogen, auf dem man dann seine Nachricht formuliert. Die wird von dem präparierten Durchschlagpapier unsichtbar auf die Rückseite der Normalpost übertragen. Das obere Blatt wird dann vernichtet, und auf den unteren Bogen mußte Frucht irgendeinen fiktiven Brief an irgendeinen Verwandten schreiben. Erreichte dieser Brief die Amerikaner, behandelten sie ihn mit Chemikalien und entschlüsselten ihn. Ein wesentlicher Teil des Briefes war die Unterschrift, ein weiterer die verschlüsselte Zusicherung, daß die Nachricht nicht unter Zwang geschrieben wurde (ein absichtlicher Fehler hier hätte als Alarmzeichen für die Empfänger gedient).

Diese Methode bedeutete nur ein geringes Risiko. Frucht ging von der Prämisse aus, daß jede Woche Millionen Briefe zwischen den beiden deutschen Staaten hin- und hergingen. Die Stasi konnte sie nicht alle überprüfen, und den Ursprung einer Geheimnachricht zu ermitteln, die einen falschen Namen und eine falsche Adresse trug, war unmöglich.

In seinen Briefen an die Amerikaner hatte auch Martin Anweisung, sich streng an vorher vereinbarte Formeln zu halten. Eine Bemerkung über das Wetter mußte, als Beweis der Authentizität, in jeder Mitteilung enthalten sein. Der amerikanische Geheimdienst war die »Tante«, während Fruchts wirkliche Tante in West-Berlin als »die alte Tante« bezeichnet wurde. Er selbst war stets nur »Frieda« und der Leitoffizier »Jörg Zimmerling«. Martin wurde unter seinem eigenen Namen erwähnt, unterschrieb aber mit verschiedenen Namen wie »Horst«, »Emil«, »Karl« oder

»Johann«. Ortsnamen wurden oft ausgetauscht; ein Hinweis auf ein Treffen in Berlin konnte eine Verabredung in Köln bedeuten oder umgekehrt. Wurde 17.00 Uhr vorgeschlagen, mußte eine bestimmte Zahl von Stunden abgezogen oder hinzugefügt werden, je nachdem, in welcher Stadt das Treffen stattfinden sollte. »Urlaub nehmen« bedeutete, daß einer der Briefschreiber mit anderen Dingen beschäftigt war. Martin schickte seine Briefe an »Jörg« immer an eine Deckadresse in der Stresemannstraße in Kreuzberg. Weil ihn die Sache zu beschäftigen begann, beschloß er einmal, sich das angegebene Haus näher anzusehen. Er fand einen großen Block mit Mietwohnungen, aber nirgendwo tauchte der Name »Zimmerling« auf – weder auf den Namensschildern noch auf den Briefkästen. Wie »Jörg« seine Briefe bekam, blieb ein Geheimnis – es sei denn, sie wurden von der Post in West-Berlin abgefangen und den Amerikanern direkt zugestellt.

Das schwache Glied in der Kommunikationskette war der direkte Kontakt der Amerikaner mit Frucht in Ost-Berlin. Manchmal trafen Briefe von fiktiven Tanten und Onkeln in seinem Haus ein. Diese allem Anschein nach harmlosen Mitteilungen mußten erhitzt werden, bevor der eigentliche Text sichtbar wurde. Da gab es geringfügige Pannen. Einmal versengte Frucht, der Marias Bügeleisen benutzte, das Papier und verursachte eine Brandstelle auf dem Mahagoni-Eßtisch, den er als Bügelbrett mißbraucht hatte. Als Maria ihn fragte, wie das denn passiert sei, sagte er, ihm sei ein Mißgeschick beim Trocknen von photographischem Material aus dem Institut passiert.

Weil er damit rechnen mußte, daß sein Institut irgendwann einmal überraschend einer Sicherheitsprüfung unterzogen wurde, war Frucht dagegen, daß die Amerikaner Post dorthin adressierten. Es gab auch ein internes Risiko: Hätte er seinen Assistenten Anweisung gegeben, seine Post nicht zu öffnen, so hätte sie das neugierig gemacht. Zu Hause dagegen herrschte der Grundsatz, daß individuelle Post zu respektieren sei, und es kam nie vor, daß Maria seine persönlichen Briefe öffnete oder las. Ein- oder zweimal stellte sie Fragen, aber er redete sich damit heraus, daß es sich bei den Briefen um wissenschaftliche Anfragen handele.

Frucht war oft recht unglücklich über die Kommunikationsmethoden der CIA. Er fand, daß die Amerikaner nicht selten sorglos und unprofessionell arbeiteten. Eine Zeitlang glaubte er, ihr nachlässiges Verhalten sei aus der Tatsache zu erklären, daß sie ihn noch immer für einen Strohmann der Stasi hielten, absichtlich vorgeschoben mit der Aufgabe, das Sicherheitsnetz der Amerikaner zu durchlöchern; aber allmählich wurde klar, daß es sich hier um ihre normale Arbeitsweise handelte. Oft ärgerte er sich darüber, daß ihre Schlamperei ihn immer wieder in Gefahr brachte – und doch begann nun trotz aller Mängel des Kommunikationsnetzes eine große Menge harter Informationen hinauszusickern.

Die kalte Schulter

Fruchts Besessenheit in Sicherheitsfragen war keineswegs fehl am Platze. Zu Hause hatte er endlosen Ärger mit dem Telephon. Freunde beklagten sich darüber, daß sie oft überhaupt nicht zu ihm durchkamen, und wenn es ihnen dann doch einmal gelang, hörten sie merkwürdige Geräusche. Das Knistern, das Knacken und die Störungen dauerten Monate an, trotz seiner Beschwerden bei der Post.

In beruflicher Hinsicht war es nun so weit, daß man ihn als verdächtigen Außenseiter betrachtete. Als der Versuch unternommen wurde, ihn zum Mitglied der Akademie der Wissenschaften der DDR wählen zu lassen, kamen Einwände von Parteigenossen der harten Linie, und ein Physiologe, den er wegen seiner doktrinären, marxistisch-leninistischen Einstellung gegenüber der medizinischen Wissenschaft kritisiert hatte, schrieb, daß es, würde er in die Akademie gewählt, »ein Affront für die Sozialistische Einheitspartei der DDR« sein würde. Nach einiger Zeit wurde Fruchts Name von der Liste der Kandidaten gestrichen.

In seinem Institut wurde ein Fernsehfilm über biologische Forschung im Weltraum gedreht, und er selbst gab ein Interview, aber der Film wurde nie gesendet. Als er sich nach dem Grund erkundigte, erklärte man ihm, der Film sei verlorengegangen. Er nahm auch an einem Fernsehprogramm über Sexualerziehung teil, und der Produzent lobte ausdrücklich seinen »hervorragenden Beitrag«. Als das Programm gezeigt wurde, stellte er fest, daß man ihn aus dem Film herausgeschnitten hatte. Er fragte, was denn da schiefgegangen sei, und der Produzent sprach verlegen von »anderen Händen am Werk«.

Nicht viel besser erging es ihm mit Radiosendungen. Man ließ zu, daß er mehrere Interviews über seine Arbeit am Nöldnerplatz gab, aber das war auch schon fast alles. Frucht hatte Vorlesungen über die Vorstellungen gehalten, die hinter der Tötung von Geisteskranken und Behinderten im Dritten Reich standen, und er wollte seine Ergebnisse veröffentlichen. Ein DDR-Verleger war ganz begeistert von dem Projekt, aber dann hörte Frucht sehr lange überhaupt nichts mehr. Als er schließlich den Verleger traf, war auch dieser Mann ganz verlegen; man hatte ihn angewiesen: »Nicht Frucht«.

Hinter diesen Rückschlägen, davon war Frucht überzeugt, stand die Stasi. Der Staat hatte entschieden, daß er nicht zu sehr herausgestellt werden und nicht als Persönlichkeit des öffentlichen Lebens aufgebaut werden dürfe. Er wußte sehr genau, welchen Kräften er da gegenüberstand. Aber er wußte auch, daß er sehr wahrscheinlich sicher sein würde, solange er gute Resultate vorzuweisen hatte und solange die Behörden nichts von seinen Geheimdienstkontakten wußten.

Und seine Resultate waren gut. Mittlerweile experimentierten die Mitglieder von Fruchts Team im Institut auf vielen Gebieten – so auf dem des Schlafs, der Farbenblindheit und auf dem der Sauerstoff-Versorgung während der Anästhesie. Sogar im Hinblick auf die Möglichkeit eines Forschungsprojekts aus dem sexuellen Bereich wandte man sich an sie. Ein Psychiater wünschte sich elektroenzephalographische Messungen, vorgenommen während eines Geschlechtsakts zwischen Homosexuellen, weil er als Gutachter die eingeschränkte strafrechtliche Verantwortlichkeit sexuell erregter Personen sozusagen objektiv an den Hirnströmen nachweisen wollte. (Tatsächlich gleicht das Geschehen in hohem Maße demjenigen während eines epileptischen Anfalls.) Frucht war bereit, das Experiment zu veranstalten, aber am Ende wurde es doch wieder fallengelassen, weil sich bei ihm Zweifel an den wahren Motiven seines Kollegen einstellten.

Die Rudersportler der DDR begannen in die Weltklasse aufzusteigen. Sie erreichten neue Werte der körperlichen Leistung, des Durchhaltevermögens und der Technik, die es ihnen ermöglichten, zweimal Gold und einmal Silber auf den Olympischen Spielen in Mexiko im Jahre 1968 zu erringen. Fruchts Institut wurde wegen seines »hervorragenden Beitrags« zur Leistungssteigerung der Ruderer mit Lob überschüttet. (Vielen seiner Kollegen wurden später Nationalpreise für Wissenschaft oder entsprechende Auszeichnungen verliehen, sobald sie ihre beruflichen Verbindungen zu ihm gelöst hatten.)

Die einzige Form staatlicher Anerkennung, die Frucht zuteil wurde, war ein offizielles Essen, das Staatssekretär Alfred B. Neumann als Präsident des Ruderverbandes der DDR gab. An dem Abendessen im Ganymed, einem exklusiven Restaurant am Schiffbauerdamm, nahmen die führenden Sportpersönlichkeiten des Landes teil. In seiner Tischrede sagte Neumann, Fruchts Institut habe wesentlich dazu beigetragen, die Rudererleistungen der DDR zu verbessern. Aber der Abend endete mit einem Mißklang. Es brach eine hitzige politische Diskussion über Israel aus, und Frucht sagte, daß Deutsche, ganz gleich, ob sie im Osten oder im Westen lebten, wegen der unter Hitler geschehenen Dinge nicht berufen seien, die Israelis zu kritisieren. Eine solche Meinung war in der DDR sehr unbeliebt, weil die Kommunisten behaupteten, auch sie seien von den Nazis unterdrückt und verfolgt worden und trügen deshalb keine Verantwortung für die Vernichtung der Juden.

Ansichten wie die seinen irritierten das amtliche Ost-Berlin, denn Frucht versuchte hartnäckig, seinen Sonderstatus aufrechtzuerhalten und wider den Stachel zu löcken. Von westlichen Kollegen ließ er sich den »New Yorker« und den »Spiegel« schicken. Sein Institut durfte wissenschaftliche Literatur aus dem Westen empfangen, und seine Freunde ließen ein paar Gummistempel mit Namen und Adresse von Phantasie-Instituten als Absender anfertigen. Eins hieß zum Beispiel Institut für Bio-Amaurose, ein Kunstwort, das Lebensblindheit bedeutet. So kam dann also der »Spiegel« an mit einem vorgedruckten Zettel, auf dem stand: »Beachten Sie den bio-amaurotischen Artikel auf S. 17.« Das reichte, um den Zoll zu überlisten.

In seiner Arbeit unterlag Frucht nominell den gleichen Einschränkungen wie andere Institutsdirektoren, die gezwungen waren, Forschungspläne der zentralen Dienststellen einzuhalten. Doch er fand immer wieder Mittel und Wege, um seine eigenen Ideen zu verfolgen. Da er sein Institut als Dienstleistungseinrichtung für alle Arten von Nachbarwissenschaften konzipiert hatte, kamen auch Militärs dorthin. Wenn sie sich an ihn wendeten, war Frucht im allgemeinen bereit, Wissenschaftlern der Streitkräfte zu helfen, aber jedesmal sagte er zu ihnen: »Erkundigen Sie sich erst einmal bei ihrem Ministerium, ob Sie überhaupt mit uns reden dürfen.« Gewöhnlich lautete die Reaktion dann: »Warum sollte das nicht möglich sein?« Aber oft kamen die Auskunftsuchenden auch nicht wieder.

Die Rekrutenausbildung ist in allen Armeen problematisch. Wie hoch darf ein junger Mensch belastet werden? Wo liegt die Grenze der individuellen Leistungsfähigkeit? Frucht hatte sich theoretisch mit dieser Frage beschäftigt und sein Institut verfügte mit seiner telemetrischen Technik über praktische Lösungswege. Deshalb drängte der Kommandeur einer Offiziersschule auf eine Zusammenarbeit. Frucht hatte Bedenken, duldete aber eine Kooperation mit dem Oberarzt, der die motorisierte Gruppe »Arbeitsphysiologie« leitete. Die Untersuchung wurde ein großer Erfolg und vermittelte ganz unerwartete Einblicke.

Trotz dieses Erfolges kam es sehr schnell zu einem bedeutenden Konflikt. Der Kommandeur bekam vom Armeestab eine Rüge, weil er Zivilisten in die Ausbildungsmethoden der Armee hatte blicken lassen, der Minister für Gesundheitswesen protestierte, weil er nicht gefragt worden sei. Das ganze Theater war von einer finsteren Widersinnigkeit. Hier waren mehr als eine Million Mark für die Entwicklung von Belastungsprüfverfahren unter natürlichen Bedingungen ausgegeben worden, und wenn sie angewendet werden sollten, protestierten die Stellen, die ständig nach moderner Technik und wissenschaftlichen Neuentwicklungen riefen. So sahen es jedenfalls die beteiligten Ärzte und Offiziere. Der Kommandeur der Offiziersschule gab seinem General eine Antwort, die an schöner militärischer Deutlichkeit nichts zu wünschen übrig ließ. Frucht empfand das Ganze als wesentlich komplizierter. Hier hemmte wieder der aufgeblähte Verwaltungsapparat, der übertriebene Zentralismus im Verein mit der für die Planwirtschaft typischen Unfähigkeit die praktische Anwendung. Aber spielte nicht auch ein Mißtrauen gegen sein gesamtes Institut mit, selbst dort, wo er nicht beteiligt war? Lohnte es sich für diesen Staat überhaupt, eine Einrichtung zu betreiben, deren Arbeit er weder verstand noch anwenden wollte?

Trotz dieser Schwierigkeiten setzte sich die Zusammenarbeit mit der NVA nicht nur fort sondern wurde noch intensiver, denn die Kampfstoffexperten der Armee interessierten sich immer stärker für seine Forschungen über Leuchtbakterien.

Daß die Zusammenarbeit sich weiter entwickeln konnte, lag an der Dickfelligkeit der Generalstabsoffiziere im Armeestab in Strausberg. Nachdem Frucht die Militärs gebeten hatte, sein biologisches Kampfstoff-Nachweisverfahren zu übernehmen und es mit Kampfstoffen zu erproben, wurde er eingeladen, sein Angebot auf einem Treffen in Magdeburg mit einigen führenden Spezialisten des Landes zu erörtern.

Die Toxikologische Kommission der DDR trat in der Bibliothek des Instituts für Pharmakologie der örtlichen medizinischen Fakultät zusammen, und Frucht sprach vor acht zivilen und militärischen Spezialisten über seine Forschungsergebnisse. Zu seinem Publikum gehörten auch Offiziere von der Abteilung für Chemische Dienste in Strausberg sowie Wissenschaftler eines der ältesten pharmazeutischen Werke in Europa, Fahlberg-List in Magdeburg. Unter Benutzung graphischer Darstellungen und Tabellen teilte Frucht seinen Zuhörern (die berechtigt waren, der Regierung und führenden Militärs Forschungsrichtlinien zu empfehlen) mit, daß sein Institut Leuchtbakterien aus der ganzen Welt gesammelt und gewisse Stämme ausgewählt und adaptiert habe. Dabei habe es sich auf sachverständige Hilfe aus der DDR und dem Ausland, und zwar auch aus Amerika, gestützt.

Die Kommissionsmitglieder erkannten die Förderungswürdigkeit seiner Arbeit an und sagten, sie müsse auch im militärischen Interesse fortgesetzt werden. Aber freie Diskussionen gab es nicht. Frucht hatte Verständnis für ihre Zurückhaltung, denn er nahm an, daß die NVA eigene Erkundigungen angestellt und Dinge aus seiner Vergangenheit entdeckt haben müsse.

Hatte sie das getan, dann waren ihre nächsten Schritte doppelt unbegreiflich. Die Kommission lehnte es ab, Fruchts Forschungsprogramm zu übernehmen, erklärte sich aber bereit, die erforderlichen zusätzlichen Forschungsmittel in Zusammenarbeit mit dem Gesundheitsministerium zu beschaffen. Es wurde vereinbart, daß die Armee das Institut mit neuem Gerät versorgen werde, zum Beispiel mit einem Gefrier-Trockner für Bakterien. Die Armee wünsche, sagten die Offiziere, daß er die Vorrichtung für sie erprobe. Sollte es zu irgendwelchen Schwierigkeiten mit dem Ministerium kommen, würden sie zu seinen Gunsten intervenieren.

Diese Entscheidung sanktionierte auf wirksame Weise Fruchts Kontakte zu den Kampfstoff-Spezialisten der DDR auf inoffizieller Ebene und stützte weiter den Eindruck, daß er sicherheitsüberprüft und zu geheimhaltungsbedürftiger Arbeit befugt sei. Seine Gäste von der Armee fingen an, ohne Einschränkung über ihre eigene Forschung zu sprechen.

In der DDR wie in allen kommunistischen Ländern lebten die Funktionäre in ständiger Angst, bei der allgegenwärtigen, alles durchdringenden Bürokratie anzuecken. Angesichts der unlösbaren Aufgabe, alle Weisungen buchstabengetreu zu befolgen, suchten sie Kontakt zu Menschen von vergleichbarem professionellen Status, um psychologische Unterstützung in ihrer mißlichen Lage zu finden, und fanden sie dann jemanden wie Frucht, redeten sie sich ihre ganze Last vom Herzen.

Von nun an hatte er regelmäßig Begegnungen mit führenden Kampfstoff-Experten der DDR. Es gab zwei Hauptgruppen. Eine war die Strausberger Abteilung Chemische Dienste, die administrative Funktion hatte, direkt mit dem Ministerium verhandeln konnte und über finanzielle Fragen entschied, die sich auf Forschungsarbeiten bezogen. Hier wurden Richtlinien-Entscheidungen getroffen. Die andere Gruppe gehörte zum Greifswalder Umwelt-Institut, einer Armee-Einrichtung, deren Mitglieder mit den rein praktischen Aspekten der chemischen Kriegführung, wie Nachweis und Lagerung, befaßt waren.

Viele Leute kamen mit Fragen zu Frucht, die meisten von ihnen recht farblose, ordentliche Spezialisten, die wenig Aufsehen erregten. Einige sprachen von der Gefährlichkeit der schrekkenerregenden Chemikalien, mit denen sie befaßt waren; sie sahen sich als einsame Minderheit und führten Klage darüber, daß niemand wirklich wisse, wie entsetzlich die toxischen Waffen in Wirklichkeit seien. Sogar die Armee, sagten sie, redete über Nervengase so, als handele es sich um Waffen wie alle anderen auch. Ein Kollege sagte zu Frucht, daß man nukleare Waffen mühelos verbieten könne, daß es aber viel schwieriger wäre, ein Verbot von Nervengasen zu erreichen, weil die Menschen normalerweise keine Ahnung von diesen Gasen und ihrem Potential hätten und es folglich keinen Druck der öffentlichen Meinung gäbe, sie zu verbieten. Ein anderer Aspekt sei die Tatsache, daß jedes Land, ganz gleich, wie klein oder wie arm es auch sei, sie selbst unter primitiven Laborbedingungen herstellen könne. Auch wäre es ein Kinderspiel, internationale Verträge zu umgehen; man könne die erforderlichen chemischen Bestandteile getrennt aufbewahren und sie erst dann zusammenmischen, wenn die Kampfgase gebraucht würden. Das ist das Grundprinzip der »binären Kampfmittel«, die aus zwei nichttödlichen Stoffen bestehen – erst wenn sie auf das Ziel abgeschossen werden, vereinigen sie sich und bilden ein tödliches Nervengas.

Fruchts Besucher erzählten ihm, daß es unmöglich sei, die Produktion derartiger toxischer Verbindungen zu verbieten. Es sei sogar unsinnig, ihre Produktion für friedliche Zwecke zu verbieten, denn sie fänden zum Beispiel auch im Kampf gegen den Krebs Verwendung; einige Medikamente, die zur Bekämpfung dieser Krankheit eingesetzt würden, hätten ihren Ursprung in Kampfstoff-Verbindungen. Mit keinem internationalen Vertrag könne man jemals die Produktion aus der Welt schaffen, allerdings sei es denkbar, daß durch Verträge die Herstellung und Lagerung der Gifte in großem Maßstab behindert werden könnte.

Aus Gesprächen dieser Art gewann Frucht einen tiefen Einblick in die Kampfstoff-Entwicklungen in der DDR. Chemiker im staatlichen Arzneimittelwerk Dresden, einem riesigen Konzern, der Medikamente in die Länder des Ostblocks und der Dritten Welt exportierte, waren mit der Grundlagenforschung befaßt. Sie entschieden, welche Stoffe synthetisch hergestellt werden konnten und welche nicht. Ein weiteres Forschungs- und Produktionszentrum war das Magdeburger Chemiewerk Fahlberg-List, das sich seinen Namen im 19. Jahrhundert gemacht hatte, als es die Produktion von Saccharin aufnahm. Hier wurde auch das neue Nervengas des Warschauer Paktes – zuerst von General Gestewitz gegenüber Frucht erwähnt – in kleinen Mengen hergestellt.

DDR-Wissenschaftler erpobten hochgiftige Stoffe auch an Tieren in Laboratorien des Bezirks Pirna bei Dresden. Die Testverfahren waren standardisiert. Eine winzige Menge, vielleicht ein Mikrogramm, wurde in das Auge eines Kaninchens eingeführt, und die Wirkung wurde dann genau beobachtet. Manchmal rasierten die Wissenschaftler auch das Fell des Tieres ab und trugen den Stoff auf die nackte Haut auf. Solche Experimente mögen entsetzlich klingen, aber neu sind sie keineswegs. Sie werden im Westen ebenso vorgenommen wie im Osten. Zur Hitler-Zeit wurden Tierversuche in der Zitadelle Spandau in Berlin veranstaltet, während des Krieges eines der wichtigsten deutschen Forschungszentren für Nervengas. Pferde, von Kampfstoffen vergiftet, tobten sich in wilden Krämpfen innerhalb von Minuten zu Tode.

Frucht erfuhr, daß man Kampfstoffe ganz nach speziellen Bedürfnissen »maßschneidern« könne. Das Problem aber bestand darin, daß die Verbindungen so fein abgestimmt waren, daß jede Veränderung ihrer chemischen Zusammensetzung auch ihre Wirksamkeit als Waffe beeinflußte. Kampfstoffe mußten eine ganze Palette von Eigenschaften haben, zum Beispiel mußten sie Haut und Lungen durchdringen können, keine Kleidung durfte sie abhalten, sie mußten einer plötzlichen Explosion widerstehen oder wärmestabil sein. Wurde das Nervengas chemisch verändert, änderten sich auch seine physikalischen Eigenschaften.

Das schuf immer dann eine ganz besondere Schwierigkeit, wenn Chemiker versuchten, den wirksamen Temperaturbereich eines Stoffes zu verändern. Während des Zweiten Weltkriegs senkten die Deutschen den Gefrierpunkt von Kampfstoffen, indem sie sie in Flüssigkeiten wie Öl lösten. In den fünfziger Jahren begannen Ostblock-Wissenschaftler mit viel komplizierteren Trägersubstanzen zu experimentieren. Es gelang ihnen sogar, zur Zerstäubung geeignete Kampfstoffe auch bei niedrigen Temperaturen wirksam zu machen. Das Gift wurde in Millionen winziger Kügelchen transportiert, aus denen die Zerstäuberwolke bestand. Später gingen sie noch einen Schritt weiter. Sie konnten jetzt den Kampfstoff auf molekularer Ebene mit Trägersubstanzen vermischen, ohne die chemische Struktur der Substanz zu verändern. Das verschaffte den Militärs viel mehr Möglichkeiten in arktischem Klima.

Für die Amerikaner, die für ihre Informationen über Gaskrieg-Entwicklungen im Sowjetblock hauptsächlich auf offene wissenschaftliche Publikationen angewiesen waren, wurde Frucht immer interessanter. Er selbst fand seine Beschäftigung mit Kampfstoffen eher langweilig, tröstete sich aber mit dem Satz: »Material zu sammeln und es in Beziehung zueinander zu setzen, ist die Tätigkeit eines Naturwissenschaftlers.«

Es gab eine Überraschung für »Jörg«, als Martin Rückert gegen Ende 1964 mit einem wissenschaftlichen Dokument in einer Socke versteckt durch die Grenzkontrollen nach West-Berlin hineinspazierte. Dieses eine Mal hatte er eine goldene Regel ignoriert, die ihm seine Lehrer eingebleut hatten – niemals belastendes Material durch die Grenzkontrollen zu befördern. Aber sein Leitoffizier zeigte keinen Ärger; im Gegenteil, zum ersten Mal zeigte sich bei ihm so etwas wie ein Funke von Begeisterung für die Arbeit seines Kuriers. »Alle sind sehr zufrieden«, sagte er. »Wir sind sehr an dieser Sorte Material interessiert. Wenn Sie so etwas noch einmal bekommen, wird es eine Menge Geld wert sein.«

Was die CIA da bekommen hatte, war eine auf den letzten Stand gebrachte Zusammenfassung der Forschungen Fruchts für sein bio-leuchtendes Nachweisverfahren. Die Arbeit hatte ein derartiges Interesse bei Militärchemikern der Volksarmee erregt, daß die NVA beschlossen hatte, eine zusammenfassende Darstellung der Arbeiten einem Forschungsplanungs-Komitee des Warschauer Pakts vorzulegen. Der Bericht legte weitere Forschungen nahe, denen von Militärwissenschaftlern des Sowjetblocks eine hohe Prioritätsstufe zuerkannt wurde; die DDR wurde später angewiesen, sich auf die Entwicklung biologischer Nachweisverfahren für die Dauer der nächsten beiden Fünfjahrespläne zu konzentrieren.

Frucht hatte versucht, seinem Kurier den Inhalt des Berichts zu erklären, aber Martin hatte gesagt, es sei unmöglich, das alles auswendig zu lernen. Frucht hatte schließlich voller Verzweiflung aufgegeben und gesagt: »Dann nimm in Gottesnamen dieses Papier und sieh zu, daß du es heil über die Grenze schaffst.« Er riß ein dünnes grünes Blatt aus einer Akte und drückte es seinem Neffen in die Hand. Das Dokument erschien »Jörg« so wertvoll, daß Martin für seine Mühe eine Sonderprämie von 700 Mark bekam.

Geheim war an dem Bericht nach Meinung Fruchts nichts. Es handelte sich um eine auf eigene Initiative aufgenommene Grundlagenforschung. Wegen des weiten Weges bis zu einer eventuellen praktischen Anwendung sollten möglichst viele der potentiellen Anwender unterrichtet werden. Er veranlaßte daher die Veröffentlichung in der Hauszeitschrift der Max-Planck-Gesellschaft, die unter dem Titel »Die Naturwissenschaften« zusammen mit »Science« und »Nature« in allen wichtigen Forschungsstellen gelesen wird. Die »Kurze Originalmitteilung« erschien am 22. März 1965 mit dem Titel: »Über den Einfluß toxischer Substanzen auf die Biolumineszenz von Bakterien«. In einer Fußnote wurde auf ein wichtiges, einschlägiges wissen-

DIE NATURWISSENSCHAFTEN

52. JAHRGANG

1965

HEFT 12; SEITE 354

(KURZE ORIGINALMITTEILUNGEN)

heranzuziehen. Auch in der Mikrobiologie, wo seit langem Stoffwechselmessungen an Bakterien zur Prüfung von Antibiotika oder Desinfizienzien herangezogen werden[2]), könnte die Lumineszenzmethode Bedeutung erhalten. Die Lichtemission läßt sich heute technisch einfacher und schneller messen als der Gasstoffwechsel. Vorversuche mit gleichzeitiger Atmungs- und Lichtmessung zeigen, daß bei gleicher Konzentration die Biolumineszenz durch einige Substanzen eher gehemmt wird als der Gaswechsel. Die Untersuchungen werden fortgesetzt.

Institut für Arbeitsphysiologie (Direktor: Prof. Dr. med. habil. A.-H. FRUCHT), *Berlin-Lichtenberg 4*

F. KÖSSLER und A.-H. FRUCHT

und Institut für Mikrobiologie der Humboldt-Universität, Berlin

G. MÜLLER

Eingegangen am 22. März 1965

[1]) SCHRADER, G.: Die Entwicklung neuer insektizider Phosphorsäureester, S. 363 u. 372. Weinheim: Verlag Chemie 1963. — [2]) RITZERFELD, W.: Ergeb. Mikrobiol. Immunitätsforsch. u. exp. Therapie 37, 1—58 (1963).

Über den Einfluß toxischer Substanzen auf die Biolumineszenz von Bakterien

Die Experimente sollten entscheiden, ob die Biolumineszenz von Bakterien zum Nachweis von Dosis-Wirkungs-Beziehungen bei der Prüfung toxischer Substanzen geeignet ist. Es wurde die Lichtemission von Photobacterium pierantonii Stamm IMB 837 mit 2 SEV in paralleler Meßanordnung aufgenommen und fortlaufend registriert. 20 Std alte Kulturen

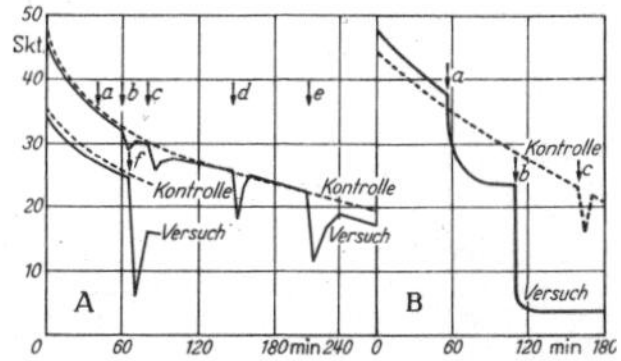

Fig. 1. A: Lichtemission von Photobact. pierantonii (100 mm^3 Zellen); (a): 2 µl, (b): 4 µl, (c): 6 µl, (d): 10 µl, (e): 50 µl, (f): 100 µl CS_2. — B: Einfluß des Phosphorsäureesters Tinox auf Photobact. pierantonii (100 mm^3 Zellen); (*a*): 4 mg Tinox ohne Lösungsmittel, (*b*): 5 µl Tinox (50%ig), (*c*): 5 µl Monochlorbenzol

wurden vom Agar-Nährboden abgeschwemmt und in Phosphat-Puffer (pH 7,0) gemessen. Die zu prüfenden Substanzen pipettierten wir mit einem Flüssigkeitsprobengeber in je 25 ml Bakteriensuspension. Auf diese Menge beziehen sich alle Konzentrationsangaben.

In Fig. 1 A ist die Wirkung verschiedener CS_2-Konzentrationen dargestellt. In der belüfteten Suspension verflüchtigt sich die Substanz auf Grund ihres niedrigen Siedepunktes auch bei Zimmertemperatur sehr schnell. Darauf beruht die nach geringen Konzentrationen sichtbare Erholung.

Aus Fig. 1 B geht der Einfluß des Insektizids Tinox [0,0-Dimethyl-0-2(methylmercapto)-äthylthionphosphat][1]) hervor. Die Zugabe des Phosphorsäureesters ohne Lösungsmittel (a) wirkt deutlich langsamer als die des gelösten Stoffes (b). Das liegt vorwiegend an dem erschwerten Kontakt mit den Bakterien; aber auch das Lösungsmittel selbst verursacht eine geringe, reversible Herabsetzung der Biolumineszenz (c). Die Grenzkonzentration, die noch eine deutliche Herabsetzung bewirkt, liegt bei diesem systemischen Insektizid (Präparat mit 50% Wirkstoff, VEB Farbenfabrik Wolfen) bei 0,25 µl.

Eine Reihe getesteter Substanzen läßt die vermutete Beziehung zwischen der Konzentration eines Schadstoffes und der Biolumineszenz von Bakterien erkennen. Danach ist es möglich, diese Methode als Biotest zum Nachweis und zur Einschätzung der biologischen Wirkung von toxischen Stoffen

DIE WAHL EINES TOXISCHEN PHOSPHORSÄURE-ESTERS ALS ZU PRÜFENDE SUBSTANZ UND DER HINWEIS AUF G.SCHRADER, DER WESENTLICH AN DER ENTWICKLUNG VON KAMPFSTOFFEN VON BIS DAHIN UNBEKANNTER TOXIZITÄT BETEILIGT WAR, WURDEN VON DEN FACHLEUTEN SOFORT VERSTANDEN. ES MELDETEN SICH DER BRITISCHE UND DER SCHWEIZERISCHE KAMPFSTOFF ABWEHRDIENST MIT SONDERDRUCKANFOERDERUNGEN.

DAS BESCHRIEBENE NACHWEISPRINZIP WIRD INZWISCHEN WELTWEIT, DARUNTER IN DER SOWJETUNION UND DEN USA VERWENDET.

Durch diesen Artikel wurden Wissenschaftler im Westen auf Arbeiten Professor Fruchts aufmerksam gemacht.

1,135,091

PATENT SPECIFICATION

DRAWINGS ATTACHED **1,135,091**

Date of Application and filing Complete Specification: 26 Jan., 1966.

No. 3587/66.

Application made in United States of America (No. 428,744) on 28 Jan., 1965.

Complete Specification Published: 27 Nov., 1968.

Index at acceptance:—G1 A(20Y, 208, 247, 248, 269, 30X, 357, 358, 359, 369, 372, 380, 382, 385, 389, 504, 508, 510, 511, 512, 620, 761, 768); G1 B1

Int. Cl.:—G 01 n 31/22

COMPLETE SPECIFICATION

Toxicant Detector

We, North American Aviation, Inc., a Corporation organized under the laws of the State of Delaware, United States of America, of 1700 East Imperial Highway, City of El Segundo, State or California, United States of America, do hereby declare the invention, for which we pray that a Patent may be granted to us, and the method by which it is to be performed, to be particularly described in and by the following statement:—

This invention relates to detection of materials that are toxic.

Rapid detection of toxic agents in gaseous or aerosol form is a substantial problem for many industrial applications to warn personnel of sudden escapes of toxicants or detect accumulations of toxicants in working areas. Several techniques are suitable for detection systems but many of these do not find ready adaptation to field use due to problems of reliability, maintenance, ruggedness, speed of response, size, weight, and the like. In addition most of the systems are highly specific in that they detect the presence of single toxic materials or limited classes of toxic materials. A system capable of detecting small quantities of one toxic agent may be almost completely insensitive to another toxicant which may occur in the same environment.

It is therefore a broad object of this invention to provide a toxicant detector for low concentrations of a broad variety of toxic materials.

A system provided in the practice of this invention is a sophisticated evolution from the procedure of using a canary in coal mines to detect methane. The canary reacts to lower levels of methane concentration than would affect man and its response to the gas is readily detected. Luminous micro-organisms also respond at considerably lower levels of toxicant concentration than those that are harmful to man. When a luminous micro-organism is contacted by a toxicant its metabolism is affected and the intensity of light output is also affected.

Thus in the practice of this invention according to a preferred embodiment there is provided a culture of luminous organisms on a solid nutrient medium. A photodetector is arranged adjacent the luminous culture for detecting light output therefrom. A sampling system is provided for exposing the culture of luminous organisms to air which may contain a low concentration of toxicant. When a toxicant contacts the luminous culture a rapid change in light output occurs which is detected by the photodetector.

In order to provide a toxicant system which can operate automatically and unattended, it is desirable to record the light output from the culture of luminous micro-organisms and also to provide sensing circuitry which detects rapid changes in light output. Since luminous micro-organisms have a limited period of rapid growth in a nutrient, there is a steady change in the light output therefrom. Early in the life of the micro-organism culture there is an increase in light intensity as a function of time up to a certain maximum intensity. Thereafter the light intensity steadily decreases to a level where the culture is no longer useful as a toxicant detector. Because of the change in light output intensity the detection circuitry provided must include a means for continual adjustment of an internal reference state or baseline from which comparatively rapid excursions of light output can be detected. Additionally after exposure to a toxicant, light intensity and variations in light intensity upon exposure to a toxicant from a culture are changed and adjustment to compensate for these changes must also be provided.

Thus in the practice of this invention according to a preferred embodiment there is provided a drift normalizing system including means for repetitively generating voltage ramps that converge on a value of voltage

[*Price 4s. 6d.*]

Diese Patentschrift zeigt, daß Anregungen von Professor Frucht im Westen aufgegriffen wurden.

schaftliches Werk hingewiesen: »Schrader, G. (Gerhard): Die Entwicklung neuer insektizider Phosphorsäure-Ester, S. 363 und 372, Weinheim: Verlag Chemie 1963«.

Durch den Artikel wurden westliche Wissenschaftler auf die Tatsache aufmerksam gemacht, daß Frucht, Dr. Kössler und ein Kollege vom Ostberliner Institut für Mikrobiologie, Professor Müller, mit einer Chemikalie experimentiert hatten, die nach Struktur und Wirkung eng verwandt war mit den während des Zweiten Weltkrieges in Deutschland entwickelten Nervengasen.

Schrader war auf der Suche nach neuen Schädlingsbekämpfungsmitteln auf eine hochgiftige Gruppe von Verbindungen gestoßen, die vor dem Krieg von deutschen Militärchemikern entwickelt worden waren. Das Resultat war das hochgiftige Tabun. Tausendmal stärker als Gelbkreuz, bedeutendster Teil des alliierten chemischen Arsenals und König der Gifte des Ersten Weltkrieges, wäre dieses Nervengas 1945 beinahe von den Nazis als Waffe der letzten Zuflucht eingesetzt worden.

In Fruchts Bericht wurden irgendwelche Kampfstoffe nicht erwähnt; die Rede war nur von »toxischen Substanzen«. Doch binnen einer Woche nach Erscheinen des Artikels baten die britischen und schweizerischen Kampfstoff-Abwehrdienste ihn um Zusendung von Sonderdrucken. Damit, das wußte er, sagten sie nichts anderes, als daß sie verstanden hätten, wovon er redete.

Einige Zeit nachdem Rückert das grüne Papier mit dem Nachweisverfahren den Amerikanern gebracht hatte und sieben Tage *bevor* Fruchts Artikel in der Bundesrepublik erschien, hatten zivile amerikanische Wissenschaftler in Kalifornien mit einer Serie von Experimenten begonnen, um die Empfindlichkeit von Leuchtbakterien gegen zwei im amerikanischen Arsenal gelagerte chemische Waffen zu prüfen. Damals wußte Frucht natürlich nichts von dem Projekt, aber es ähnelte zum Verwechseln der Arbeit, die er in Ost-Berlin getan hatte. Als er später von den Experimenten erfuhr, hatte er nicht den geringsten Zweifel, daß sie direkt auf das grüne Blatt Papier zurückgingen. Obwohl die fortgeschrittenen elektronischen Meßgeräte der Amerikaner ge-

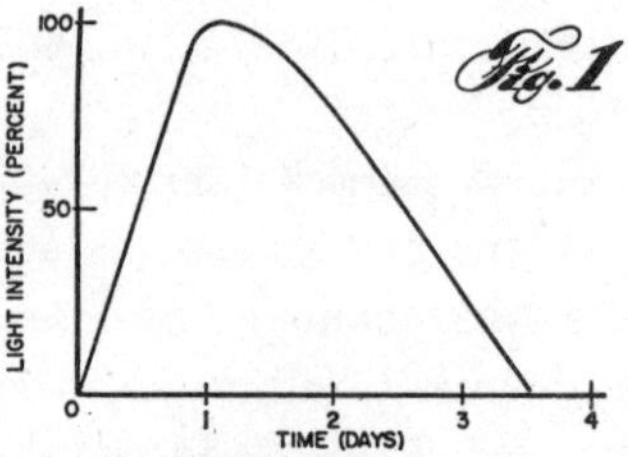

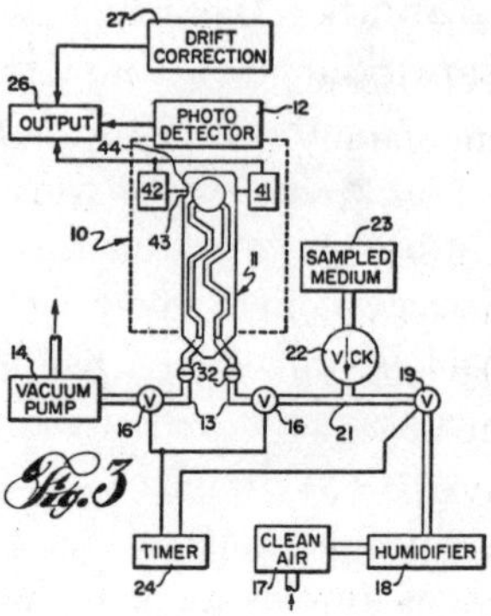

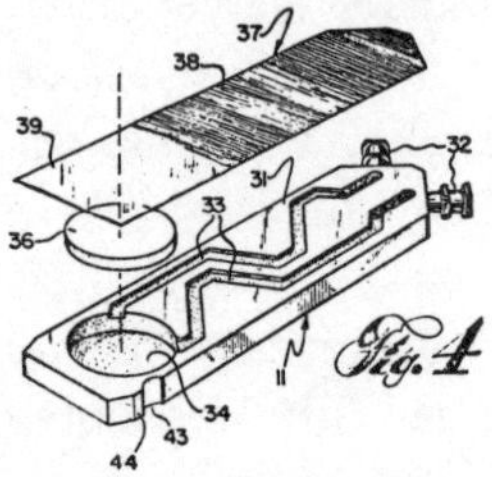

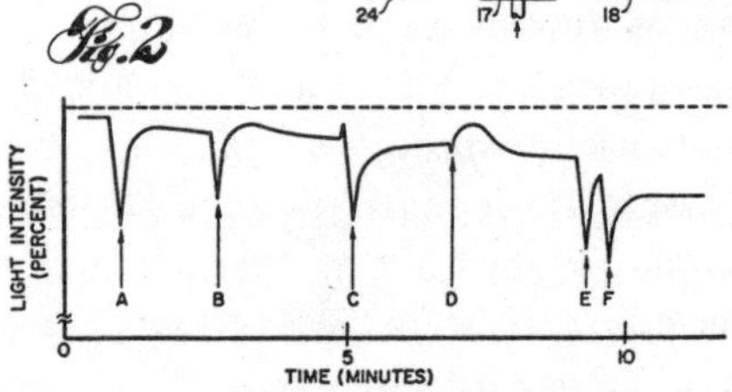

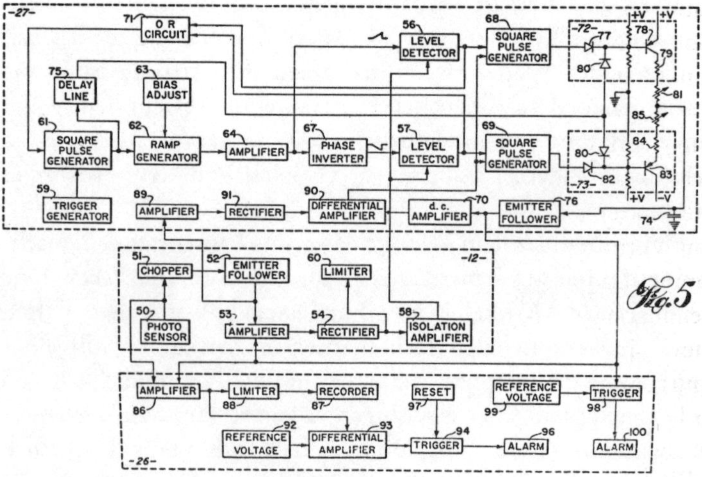

Graphische Darstellungen aus dem Anhang der Patentschrift.

nauer waren als seine Methoden und trotz einiger geringfügiger technischer Abweichungen entsprachen Versuchsgrundlagen und daraus gewonnene Schlußfolgerungen den seinen.

Das Projekt war von der US-Luftwaffe in Auftrag gegeben worden, die schon oft als Schaltstelle für Kampfstoff-Forschung der CIA gedient hatte. Sponsor war das Directorate of Armament Development auf dem Luftwaffenstützpunkt Eglin in Florida, das die Space and Information Systems Division der North American Aviation Inc. mit der Arbeit beauftragte.* Das von einer Wissenschaftlergruppe in Downey im US-Staat Kalifornien ausgeführte Projekt nahm sechs Monate in Anspruch, und die Ergebnisse erregten nicht unerhebliches Aufsehen bei amerikanischen Spezialisten. Bei Versuchen, die in Nevada, Kalifornien und Utah vorgenommen wurden, zeigte sich, daß die beiden fraglichen Substanzen durch die leuchtenden Mikroorganismen »positiv nachgewiesen« wurden. Eines der Gifte war ein Psycho-Pharmakon mit der Bezeichnung »BZ«. Es löst bei ihren Opfern Halluzinationen aus und macht sie denkunfähig. Das andere war das tödliche Nervengas »VX«, einer der wichtigsten Kampfstoffe der Amerikaner.

»›BZ‹ wurde bei 1,0 Milligramm pro Kubikmeter nachgewiesen«, heißt es in dem Mitte Oktober vorgelegten Abschlußbericht, »und ›VX‹ bei einer Konzentration von 0,7 Milligramm.« Die Mikroorganismen waren effektiv gewesen, trotz der Präsenz von Verunreinigungsstoffen wie Kerosindämpfen oder Pulverdampf. Das war ein vielversprechender Anfang, der »die Verwendbarkeit von Leuchtbakterien als Sensoren schlüssig nachwies«. In dem Bericht wurde empfohlen, den Prototyp eines Spürgerätes dieser Art für die Erprobung unter Feldbedingungen zu bauen. Die Autoren empfahlen ebenso wie Frucht weiterhin

* Die Frage, ob die CIA der ursprüngliche Auftraggeber dieser Arbeit gewesen sei, vermochte das Office for Public Affairs auf dem Stützpunkt in Florida nicht zu beantworten. Ein Sprecher erklärte, daß die Akten über das Forschungsprojekt entweder vernichtet oder zu einem anderen Stützpunkt oder einer anderen Einrichtung verbracht worden sein müßten – wohin, das wisse er nicht.

dringend Forschungen zur Verbesserung geeigneter Leuchtbakterien-Stämme.

Bei dem amerikanischen Projekt handelte es sich, wie es in dem Bericht hieß, »um die spezifische Anwendung von Techniken und Apparaturen, die im Laufe eines von der North American Aviation, Inc. finanzierten Programms entwickelt wurden«. Am 28. Januar 1965 meldete die Gesellschaft ein industrielles Gerät für den Nachweis »geringer Konzentrationen einer breiten Vielfalt toxischer Materialien« zum Patent an. In der detaillierten Anwendungsbeschreibung, eindeutig als das Resultat monatelanger Experimente zu erkennen, wurde die Verwendung von Leuchtbakterien mit derjenigen von Kanarienvögeln in Kohlebergwerken verglichen. Dieses Detail hatte Frucht zur Erleichterung des Verständnisses seinem Kurier mitgegeben. Die Vögel reagierten schneller als Menschen auf winzige Mengen Methangas, hieß es in dem Bericht, und das neue Gerät sei eine »verfeinerte Weiterentwicklung« dieses Verfahrens.

Inzwischen ist klar, daß die sechs Monate, in deren Verlauf die kalifornischen Wissenschaftler die Leuchtbakterien erprobten und ihren Bericht schrieben – vom 15. März bis zum 15. Oktober – nicht zufällig eine Phase der Spannungen in Fruchts Verhältnis zur CIA darstellten. Es lag auf der Hand, daß es wenig zu erörtern gab, solange seine Daten noch nicht verdaut und analysiert waren. Frucht und Martin jedoch glaubten noch immer, daß die Amerikaner ihnen mißtrauten. Schließlich waren sie beide Freiwillige, und sie waren nicht nach dem üblichen Verfahren angelaufen worden. Es bestand immer die Möglichkeit, daß sie nichts anderes waren als Köder, ausgelegt von den Ostdeutschen.

Tatsächlich hatten die Amerikaner jeden Grund, vorsichtig zu sein. Die US-Dienste waren durch die Verhaftung von Robert Thompson schwer getroffen worden. Thompson war ein Chiffrierer der US-Luftwaffe, stationiert in West-Berlin, und er hatte 1965 gestanden, Hunderte von militärischen Geheimpapieren photographiert und an die Sowjets weitergegeben zu haben. Er erhielt eine Freiheitsstrafe von 30 Jahren; seine Enttarnung machte die Amerikaner ganz besonders empfindlich für die Gefahren einer Ostblock-Infiltration, und es kam zu einer Verschärfung der internen Sicherheitsmaßnahmen.

Dann gab es noch den Fall Robert Lee Johnson, US-Soldat aus Alexandria im US-Staat Virginia. Auch er war vom sowjetischen militärischen Geheimdienst in Berlin angeworben worden, und er wurde im April 1965 vom FBI verhaftet, während er offiziell noch Angestellter des Pentagon war. Es hieß, er habe den Sowjets einen amerikanischen Plan zur Aufstellung einer Partisanen-Armee in Ost- und Westeuropa verraten, die von den »Green Berets« für einen Guerrillakrieg gegen die Streitkräfte des Warschauer Paktes ausgebildet werden sollte. Dieses Projekt, das im Falle eines Weltkonflikts verwirklicht werden sollte, war Anfang der sechziger Jahre von der Support Operation Task Force Europe (SOFTE) entwickelt worden, und man sagte, es habe auch den Einsatz taktischer Nuklearwaffen, Kampfstoffe und biologischer Kampfmittel vorgesehen. Johnson, der von den Sowjets 300 Dollar pro Monat bekommen hatte, wurde am 30. Juli 1965 von einem Washingtoner Gericht zu 25 Jahren Freiheitsentzug verurteilt. Aus eigener bitterer Erfahrung wußte die CIA daher, daß äußerste Vorsicht geboten war, vor allem in Deutschland und ganz besonders in Berlin.

Monate vergingen, ohne daß Frucht oder sein Neffe auch nur ein Wort von den Amerikanern hörten. Beide ärgerten sich über das lange Warten, beide fanden, daß ihre Kontakte allzu sehr zu einer Einbahnstraße geworden seien. »Man konnte sich die Finger wundschreiben, und die Amerikaner reagierten überhaupt nicht«, sagte Martin. »Nach allem, was wir wußten, konnte das lange Schweigen auch bedeuten, daß unsere Verbindung zu Ende war.«

Einmal drohte Frucht, den Kontakt ganz und gar abzubrechen, wenn die CIA »nicht den Anstand besaß«, ihm mitzuteilen, was da eigentlich vor sich ging. Er meinte, daß ein Gespräch unter vier Augen mit »Jörg« das geeignete Mittel sein könnte, die amerikanischen Bedenken zu zerstreuen. Aber als er im Sommer 1965 versuchte, die Erlaubnis zum Besuch seiner Mutter Annie zu bekommen, die in West-Berlin ernsthaft erkrankt war, schien der Amerikaner ganz besonders auf der Hut zu sein.

Ostdeutsche erhielten damals höchst selten eine Erlaubnis zu einem Besuch im Westen, selbst wenn humanitäre Gründe vorlagen, und ein Mann wie Frucht schien wenig Aussicht zu haben, eine solche Genehmigung zu bekommen. Eine Zeitlang sah es so aus, als wollten die DDR-Behörden eine Ausnahme machen, und das amerikanische Unbehagen angesichts der Möglichkeit eines Treffs kam bei einem kurzen Gespräch zwischen Martin und »Jörg« ans Licht. Später beklagte Martin sich bei Frucht darüber, daß die Unterhaltung nicht völlig zufriedenstellend verlaufen sei. »Sie wird mißtrauisch«, schrieb er und bezog sich dabei auf die Tante (die CIA). »Das Wetter ist nicht gut. Wir geben die Hoffnung nicht auf. Noch sind wir nicht zufrieden mit unserem Sommer.« Aber dann, nach langem Warten, wurde Frucht endgültig die Erlaubnis zum Überqueren der Sektorengrenze verweigert.

Am 9. November gab »Jörg« wieder ein Lebenszeichen. Er schrieb einen Brief, aus dem hervorging, daß Washington wieder einmal von Lethargie in Begeisterung gefallen war. »Alles klappt hier vorzüglich und ich hoffe, daß es bei Dir und Frieda weitergeht und Ihr bald für immer zusammenzieht«, schrieb er.

Für Martin kam das überraschend. »Nach Deinem langen Schweigen hatte ich nicht das Gefühl, daß es so sehr drängt«, schrieb er zwei Tage später. Aber er signalisierte seine Bereitschaft zu einem neuen Treff in West-Berlin.

Die Begegnung fand Anfang Dezember statt, in dem Monat also, in dem die US-Luftwaffe offiziell ihren Kalifornien-Bericht veröffentlichte, und die Amerikaner zeigten neues Interesse daran, ihre Verbindung zu Frucht weiter zu entwickeln. Gleichzeitig erklärten sie sich einverstanden, ihre Geheimkommunikation nach Ost-Berlin zu verbessern. Ihr plötzlich aufbrechender Enthusiasmus ist in einem Brief dokumentiert, den Martin im Januar 1966 an seinen Onkel schrieb. Dem äußeren Anschein nach wurde darin Annies Testament behandelt, die gerade gestorben war, dem Empfänger aber teilte er unmißverständlich mit, daß das amerikanische Vertrauen zu ihm wiederhergestellt sei:

»Ich habe den gesamten Nachlaß mit Tantchen (mit der CIA) durchgesehen, und wir haben versucht, einen Weg zu finden, wie wir gewissenhaft den letzwilligen Verfügungen dergestalt gerecht werden können, daß alle zufriedengestellt werden. Ich bin dieses Mal sehr gut mit Tantchen zurechtgekommen, und ich glaube, wir werden zu guten Resultaten gelangen. Zuerst müssen wir uns mit den Möbeln befassen und einem ganzen Stapel von Büchern und Haushaltsgegenständen, die in ihrem Keller gelagert sind. Wir würden gerne wissen, was Du Dir wünschst, und wir haben eine Liste aufgestellt, die wir Dir schicken werden.«

Die CIA strengte sich jetzt einigermaßen an, die Kommunikation zu verbessern, hauptsächlich durch die Verwendung von Mikrofilm bei der Korrespondenz. (Es handelte sich hier um eine Photographie, die durch das Mikroskop lesbar ist – sie ist so klein, daß eine beträchtliche Menge an Informationen sich auf eine Fläche komprimieren läßt, die nicht größer ist als ein i-Punkt.) Martin schrieb irgendwelche harmlosen Briefe an seinen Onkel und leitete sie »Jörg« zu, der dann einen Mikrofilm unter der Briefmarke oder der Umschlagklappe unterbrachte und das Ganze nach Ost-Berlin abschickte. Die winzigen Punkte, mit bloßem Auge kaum sichtbar, waren vollgestopft mit Weisungen oder Fragen, und Frucht las sie mit einem kleinen Mikroskop.

Die Informationen begannen reibungslos zu fließen. Von West nach Ost empfing Frucht Wünsche und Berichte per Mikrofilm, versteckt in Martins Briefen. Von Ost nach West schrieb er seine Mitteilungen mit unsichtbarer Tinte. Aber auch jetzt noch belasteten gelegentliche Spannungen seine Beziehungen zur CIA; Zeiten heller Begeisterung wechselten mit ausgesprochenen Kälteperioden. Als die Amerikaner ihn mit Fragen nach Details des Alaska-Plans ins Kreuzverhör nahmen und sich nach den Bezeichnungen der Kältekampfstoffe erkundigten, von denen er gesprochen hatte, wiederholte er, was er von General

Gestewitz gehört hatte. Aber die Antwort war kurz und verletzend: »Sie glauben doch nicht, daß Sie uns *damit* überzeugen können.«

Frucht war so erbost, daß er wieder einmal die Verbindung abbrach, und die Reibungen, die das verursachte, wurden in einem Brief deutlich, den Martin am 27. Februar 1966 an die CIA schrieb:

»Lieber Jörg – ich bin ernstlich beunruhigt, um nicht zu sagen, verärgert, weil ich seit meinem Brief vom 10. Januar nicht ein Wort von Ihnen gehört habe. Ich dachte, wir hätten uns darauf geeinigt, uns gegenseitig auf dem laufenden zu halten, wie die Angelegenheiten, über die wir gesprochen haben, sich entwikkeln. Ich halte es einfach für unfreundlich und unhöflich, daß Sie offenbar nicht bereit sind, sich endgültig zu diesen Dingen zu äußern. Ich habe bisher noch nichts wieder von Frieda gehört. Aber ich werde sie wahrscheinlich in den Osterferien sehen. Ich hätte gern gewußt, was ich ihr sagen soll. Ich habe gerade jetzt sehr viel zu tun. Die Sonne scheint jetzt wirklich kräftig, und ich habe so wenig davon. Aus diesem Grunde freue ich mich richtig auf meine Ferien. Alles Gute, Ihr Karl Beir.«

Die am 3. März aufgegebene CIA-Antwort war höflich, aber distanziert:

»Lieber Martin – aus Gründen, die Ihnen bekannt sind und die uns auch früher schon Sorgen bereitet haben, war es mir leider nicht möglich, Ihnen zu schreiben. Ich möchte Sie persönlich um Entschuldigung bitten, und wenn es Ihnen gelingt, Ihren Ärger zu unterdrücken, bis wir uns treffen und über die Einzelheiten sprechen können, wird sich alles regeln lassen. Mir wäre wirklich sehr daran gelegen zu erleben, daß Sie und Frieda in eine dauerhafte Beziehung treten. Ich würde gerne erfahren, wann Sie wieder in Berlin sein werden, und ich würde gern mit Ihnen sprechen, bevor Sie sie wiedersehen. Ich habe da ein paar Ideen, die Ihnen vielleicht von Nutzen sein werden, wenn Sie mit ihr sprechen. Wenn Sie mir Ihre Ferientermine schreiben und mich nach Ihrer Ankunft in Berlin anrufen, werden wir dieses Mal bestimmt alles regeln können. Also bis ich wieder von Ihnen höre: Genießen Sie Ihren Aufenthalt in Italien, wo die Sonne öfter scheint als in Köln. Ihr Jörg.«

Selbst noch in diesem Stadium betrachtete also die CIA ganz offensichtlich ihren Umgang mit Frucht und seinem Boten als eine sporadische Angelegenheit. Doch wie sehr sich die Amateuragenten auch über die ständigen Unterbrechungen ärgerten, für die professionellen Meisterspione waren sie völlig normal. Es war keineswegs ungewöhnlich, daß der Kontakt mit einem Agenten für drei Monate oder noch länger ruhte und dann wieder aufgenommen wurde.

Resignation schwang mit in »Jörgs« Brief an Martin vom 30. April 1966. »Hier gibt es nicht viel Neues. Aber verwunderlich ist das nicht. Manchmal vergehen Monate in ewig gleicher Routine, und das schlägt einem natürlich aufs Gemüt, aber vielleicht wird sich das in Zukunft ändern. Wer weiß...«

Und es änderte sich dann sehr plötzlich und unerwartet.

Die Killer-Substanz

An einem Frühlingstag des Jahres 1966 gaben Chemiker der Nationalen Volksarmee Frucht tatsächlich Kenntnis von dem neuen, aber noch namenlosen Nervengas des Warschauer Pakts – es handelte sich um den Kältekampfstoff, den General Gestewitz erwähnt hatte, als er seine Alaska-Operation skizzierte.

Die neue Verbindung wurde bei einer Besprechung im Institut erwähnt, bei der es um den Wirkungsmechanismus von Giften gegenüber Leuchtbakterien ging. Frucht konnte den Ausführungen von Leutnant Peter Rausch, einem Mitarbeiter des Greifswalder Instituts der NVA, nicht folgen. Seine chemischen Kenntnisse reichten bei ihm als physikalischem Physiologen nicht aus.

»Aufschreiben kann man das wohl nicht?« sagte Frucht.

»Doch, doch«, antwortete der Leutnant. »Das stand in der Sommernummer der Zeitschrift für Militärmedizin der DDR und ist kein Geheimnis.« Rausch warf die Formel auf einen Zettel, der auf Fruchts Schreibtisch lag, und sagte:

»Man muß nur eine kleine Ergänzung machen. Hier in der Seitenkette des Moleküls steht in der Veröffentlichung einfach ›R‹, also das Zeichen für eine valenzmäßig ungesättigte Atomgruppe. Wir haben da eine ganz einfache Verbindung eingesetzt.«*

* Auf Vorschlag von Lars-Erik Tammelin (siehe Anhang C) werden in diesem Buch wegen der Möglichkeit des Mißbrauchs keine genauen Angaben über die Konstitution von Ultragiften gemacht.

»Das ist aber keine große Erfindung«, sagte Frucht nach einem Blick auf die Formel.

»Sie würden staunen«, antwortete der Offizier. »Das macht ungeheuer viel aus, ob sie da Schwefel oder Kohlenstoff, eine lange oder kurze Kette hineinstecken. Wir waren selber überrascht, wie bei unserer Lösung die Giftigkeit und militärische Verwendbarkeit außerordentlich steigt.«

Das Gespräch wandte sich anderen Fragen zu und war bald beendet. Als die übrigen Teilnehmer den Raum verlassen hatten, blickte Frucht nachdenklich auf die Aufzeichnung. Es handelte sich offenbar um eine Variante eines der V-Stoffe, die von den Engländern entwickelt und von den Amerikanern produziert wurden. Möglicherweise kannten die Amerikaner die Verbindung bereits, doch war das gar nicht sicher, denn ein kompliziertes organisches Molekül hat sehr viele Abwandlungsmöglichkeiten, deren Eigenschaften im Gegensatz zur Behauptung mancher Chemiker keineswegs aus der Konstitution vorausgesagt werden können. Die eigentliche Bedeutung der Information lag aber in der Verbindung zum Alaska-Plan. Da Frucht zu dieser Zeit keinen einigermaßen sicheren Kommunikationsweg zur amerikanischen Seite besaß, entschloß er sich, Martin Rückert zu einem Besuch beim Bachfest in Leipzig aufzufordern. Das war eine gefährliche Sache, denn Rückert würde nicht in der Lage sein, die Formel sich einfach zu merken.

Martin setzte die CIA unverzüglich in Kenntnis:

»Frieda berichtet mir voller Freude über ihre Orchesterarbeit, die sie fleißig und in höchst lohnender Weise neben ihrer normalen beruflichen Arbeit leistet«, schrieb er. »Sie betont, daß sie großen Erfolg hatte, und sie bedauert, daß sie die Fingerfertigkeit, die sie auf ihrem Instrument erworben hat, und zwar durch hartes Üben, nur immer jeweils ganz kurze Zeit lang nutzen kann, wegen der Belastung durch ihre beruflichen Pflichten.

Aus diesem Grunde, schreibt sie, würde sie mich gerne recht bald sehen. Da ich ja etwas davon verstehe, verspricht sie sich etwas von meinem Rat. Sie fragt mich, ob ich zu einem musikalischen Kongreß reisen möchte, wo wir uns dann treffen könnten. Der Kongreß findet zu Pfingsten statt. Ich würde schon gern fahren, aber ich habe das Geld für die Reise nicht. Aber Sie kennen natürlich meine finanzielle Situation.«

Die musikalischen Anspielungen, die zu einem regulären Bestandteil der Geheimnachrichten wurden, signalisierten, daß Frucht Material erlangt habe, das er so schnell wie möglich weiterleiten wollte. Die CIA jedoch reagierte mit typischer Vorsicht. »Am besten planen wir voraus und tun nichts, bevor nicht alle meine Kontaktgespräche und Verhandlungen abgeschlossen sind«, schrieb »Jörg« am 24. Mai. Anfang Juni flog Martin selbst nach Berlin, um persönlich zur Eile zu mahnen, aber er hatte keinen Erfolg. Die CIA hielt unvorbereitete Ausflüge in die DDR für viel zu gefährlich, und es ist dann nie zu der Reise gekommen.

Ende August jedoch rafften die Amerikaner sich plötzlich auf und unternahmen geradezu hastige Versuche, den Kontakt wiederherzustellen. »Ich wiederhole noch einmal, es ist außerordentlich wichtig, daß ich Sie sehe, sobald Sie es einrichten können, nach Berlin zu kommen«, schrieb »Jörg« an Martin. »Von Tag zu Tag weitet sich mein Geschäft aus, und ich bin sicher, daß Sie einige meiner neuen Produkte interessant finden werden.«

Dieses Mal war der Kurier an der Reihe, zu zögern und Ausflüchte zu machen. Obwohl er Verständnis für die amerikanische Taktik hatte, ihn im dunkeln zu halten, konnte er sich immer noch nicht recht damit abfinden, und jetzt reagierte er auf den Eifer der Amerikaner, indem er sich rar machte. Er sagte, er habe zuviel zu tun und könne nicht nach Berlin kommen, und in einem zweiten Brief, der das Datum vom 18. September trug, schrieb er, es habe ihn überrascht, zu erfahren, daß die CIA »die Produktion wieder aufgenommen« habe. Er sei an einer weiteren Zusammenarbeit interessiert, schrieb er, fügte aber hinzu:

»Ich habe es mir angewöhnt, hinsichtlich Ihrer Erzeugnisse ein wenig skeptisch zu sein, nachdem Sie mich zum zweiten Mal mehr als ein Jahr lang haben zappeln lassen. Aber ich meine doch, wir sollten uns treffen und darüber sprechen, ob es Sinn hat, noch weiterzumachen.« Er schlug Köln als Treffpunkt vor und unterschrieb mit »Herbert Klüder«.

Es wurde ein Treffen vor dem Römisch-Germanischen Museum am Kölner Dom vereinbart. »Jörg« versprach, dort zu sein »am 13. um 14.00 Uhr, und für den Fall, daß Sie es dann nicht einrichten können, werde ich auch um 15.00, 16.00 und 17.00 Uhr dort sein«. Er kam mit einem anderen Agenten namens Steiner zusammen. Sie nahmen Martin mit auf ihr Zimmer im Hotel Mondial und traktierten ihn reichlich mit Whisky. Er begriff, daß sie versuchten, ihn betrunken zu machen – um einmal zu sehen, wieweit er den Belastungen der Kurierarbeit gewachsen war, und auch, wie er sich unter Alkoholeinfluß verhalten würde.

Ein zweites Treffen wurde vereinbart, und dieses Mal plauderten die drei Männer im Café des Hotels. Sie hatten einen Tisch für sich, und die beiden Amerikaner hatten sich so gesetzt, daß sie den ganzen Raum überblicken konnten. Das Restaurant war vorher »abgesichert« worden, und Martin war überzeugt, daß noch andere Geheimdienstleute anwesend waren. Bei einer anderen Gelegenheit besuchten sie alle das Kabarett Machtwächter in der Gertrudenstraße. Nach diesem vorbereitenden Geplänkel einigte man sich endlich darauf, daß er so bald wie möglich ein Treffen mit Frucht in Ost-Berlin arrangieren solle.

Das Netz schließt sich

Als das Jahr 1966 zu Ende ging, hatten die Anspannungen des Doppellebens angefangen, ihren Tribut zu fordern. Anfangs hatte Frucht seine Arbeit für die Amerikaner als eine Art Pflichtübung angesehen, die seine übrige Arbeit nicht beeinträchtigen würde, aber allmählich wurde sie zu einer Last. Sein Sohn Uli kam aus West-Berlin zu Besuch und war ganz beunruhigt wegen der seltsamen Reaktion seines Vaters auf den Spionageroman »Es muß nicht immer Kaviar sein« von Simmel, den er gelesen hatte. Das Buch zeichnete ein leichtsinniges, amüsantes Bild von der Spionage, und Frucht, der recht niedergeschlagen und bedrückt aussah, murmelte vor sich in, in Wirklichkeit sei die Sache ganz anders.

Im Institut wurde er unbeherrscht und sogar grob gegenüber seinen Mitarbeitern. Einmal, als Uli bei ihm war, ignorierte Fruchts Kollege Dr. Kössler das rote Licht über dessen Tür und trat ein. Der Professor schrie ihn an, was dem Jungen entsetzlich peinlich war.

Fruchts Ansehen in der wissenschaftlichen Welt des Ostblocks war noch immer hoch, aber gegen Jahresende wuchs allem Anschein nach das staatliche Mißtrauen. Sitzungen fanden ohne ihn statt, und in wissenschaftlichen Gremien wichen ihm manche Kollegen aus. Und gerade in dieser schwierigen Zeit bedrängten die Amerikaner ihn, über die von ihm gesetzte Grenze hinauszugehen. Sie baten ihn um Auskunft über Konferenzen in Osteuropa, an denen er teilgenommen hatte. Eine davon, die in Prag stattfand, befaßte sich mit Luftfahrtmedizin. Nachdem er einen

Vortrag gehalten hatte, wurde Frucht von zwei sowjetischen Wissenschaftlern angesprochen, die ihm vorschlugen, er möge doch ostdeutschen Luftfahrtmedizinern helfen, die Auswirkungen der Beschleunigung beim Überschallflug zu messen. Später setzte sich der Spitzenmann des Medizinischen Dienstes der Luftstreitkräfte der DDR, Oberst Dr. Kurt Steude, mit ihm in Verbindung und schlug ihm vor, seine telemetrischen Methoden für die Messung der Belastung während des Fliegens zur Verfügung zu stellen. Der Plan war, den befohlenen und den tatsächlich geflogenen Kurs zu vergleichen und gleichzeitig wichtige neurophysiologische Daten wie das Hirnstrombild, die Augenbewegungen und den elektrischen Hautwiderstand zur Erde zu funken. Außerdem war er an einer Verbesserung der Auswertung sehr stark interessiert, die damals in Fruchts Institut bereits mittels Videorekorder und anderen Breitbandverfahren erfolgte.

Es wurde vereinbart, daß Frucht seine Meßverfahren in Cottbus, nicht weit von der polnischen Grenze entfernt, vorführen sollte, wo sich das Luftfahrtmedizinische Institut der NVA befand; seine Mitarbeiter sollten ihre Kollegen von der Luftwaffe beraten. Aber dann hatte er plötzlich das Gefühl, daß die Staatssicherheit anfing, sich allzu sehr für ihn zu interessieren, und abrupt zog er seine Zustimmung zurück. Sonderbarerweise wurde auch Steude nervös und brach fast im selben Augenblick den Kontakt zum Institut ab.

Wenig später festigte sich Fruchts Überzeugung, daß er von den Geheimdiensten durchleuchtet werde. Er hatte gute Beziehungen in der Sowjetunion zu Kollegen, die sich auf Luftfahrt- und Weltraummedizin spezialisiert hatten, unter ihnen Dr. Boris Jegorow, der sowjetische Kosmonaut und Arzt, der im Oktober 1964 am ersten Mannschafts-Raumflug teilgenommen hatte. Jegorow war Mitglied der Wissenschaftlergruppe, die ausgesucht worden war, um telemetrische Daten sowjetischer Weltraumflüge auszuwerten. Als erster Kosmonauten-Arzt untersuchte er die Wirkungen von Strahlung, räumlicher Enge und Schwerelosigkeit auf sich selbst und auf zwei Gefährten, und die von ihm gesammelten medizinischen Daten schufen die Grundlage für längere Weltraumflüge.

Seine Freundschaft mit Frucht interessierte die Amerikaner aus naheliegenden Gründen, aber sie weckte auch den Verdacht des KGB und der Stasi. Die beiden Männer hatten sich im April 1965 kennengelernt, als Jegorow Ost-Berlin besuchte, um einen Ehrendoktorgrad der Humboldt-Universität entgegenzunehmen. Danach standen sie nur unregelmäßig in Verbindung, aber sie sahen sich 1966 auf einer Konferenz in Prag wieder. Frucht behauptet, daß er kurz nach dem Wiedersehen, als er sich noch in der tschechoslowakischen Hauptstadt befand, von einer Provokateurin des KGB kontaktiert wurde.

Eine russische Ärztin, deren Mann unter Steude in Cottbus arbeitete, sprach ihn an und fragte ihn, ob ihr Mann ihn in Ost-Berlin besuchen dürfe, um seine wissenschaftliche Arbeit mit ihm zu besprechen. Sie sagte, er brauche dringend den Rat eines Spezialisten und fragte, ob Frucht ihm helfen wolle. Daß eine Russin zu jener Zeit einen Ostdeutschen geheiratet haben sollte, war ganz gewiß außergewöhnlich. Frucht hatte das Gefühl, daß es sich bei ihr um eine KGB-Agentin handeln müsse. Er sagte, solange ihr Mann Mitglied eines Luftwaffeninstituts sei, könne er ihn nicht beraten.

Noch ein weiterer Vorfall beunruhigte ihn. Eine Studentin, sie mochte Mitte zwanzig gewesen sein, fragte ihn, ob er ihr Doktorvater sein wolle. Vertrauliche Erkundigungen ergaben, daß sie von der Stasi war; ihr Vater war Leiter einer Geheimabteilung, die sich mit dem Sammeln westlicher militärischer Daten befaßte. Frucht beschloß, die junge Frau vom übrigen Institut zu isolieren, und er brachte sie in einem Büro unter, das räumlich weit von den Laboratorien getrennt war. Alle Literatur wurde ihr gebracht, und sie erhielt nur eine Ärztin als Kontaktperson. Sie kam zweimal und ließ sich dann nie wieder blicken.

Während sich der Druck auf ihn verstärkte, begann Frucht, Verantwortung zu delegieren, wo immer es möglich war. Im Herbst 1966 schickte er eine Mathematikerin aus seinem Institut an seiner Stelle in ein Ministerialkomitee, das geschaffen worden war, um die elektronische Datenverarbeitung im Gesundheitsdienst voranzutreiben. Sechs führende Wissenschaftler waren schon als Ausschußmitglieder ernannt worden, und seine Entscheidung, nicht teilzunehmen, löste große Überraschung aus. Bei einer anderen Gelegenheit traf er zu einer wichtigen Ausschußsitzung ein und entdeckte, daß die anderen Mitglieder bereits tagten. Er war rechtzeitig gekommen, aber die anderen hatten Dinge erörtert, die offensichtlich nicht für seine Ohren bestimmt waren. Er beendete also auch seine Teilnahme an den Sitzungen dieses Ausschusses und schickte an seiner Stelle Mitarbeiter.

Die erste Ahnung, daß er in ernstlichen Schwierigkeiten sein könnte, hatte er während eines Moskau- und Leningradbesuchs im November 1966. Der Zufall wollte es, daß die CIA gerade angefangen hatte, ihn zu drängen, seine Sicherheitsmaßregeln zu verschärfen und sie über jede seiner Bewegungen zu informieren. Er hatte keine Lust, sich mit solchen Details behelligen zu lassen, und er reagierte auf die Briefe nicht. Er irritierte die CIA-Leute weiter, indem er sich weigerte, einen russischen Kollegen in Leningrad zu besuchen, der sich auf Wärmephysiologie spezialisiert hatte. Dieser Mann hatte die Todesursachen des russischen Astronauten Komarow untersucht, der beim Wiedereintritt seiner Sojus 1 in die Erdatmosphäre an extremer Wärmeeinwirkung gestorben war. Die Amerikaner waren an dem gesamten Problem interessiert, aber Frucht lehnte es ab, sich damit zu befassen.

Was er zu tun bereit war und was den Tatbestand der Spionage erfüllte, hatte seine Wurzel in dem Erlebnis vom 11. August 1962. Er wollte die Amerikaner vor einem Überraschungsangriff warnen. Dann hatten sie seine Glaubwürdigkeit bezweifelt und ihn damit gezwungen, sich mit dem Gesamtgebiet der Kampfstoffe zu beschäftigen. Er betrachtete das als ein notwendiges Übel, das sich dem einen Ziel unterzuordnen hatte. Die wiederkehrenden Bemühungen der anderen Seite, ihn in landläufige Spionage zu verwickeln, kannte er schon aus früherer Zeit. Er hatte sie damals abgewehrt und er wollte das weiter tun. Diese

Grundhaltung bestimmte auch seine Einstellung zur Kommunikationstechnik. Sie sollte so einfach sein, wie das was er mitteilen wollte. Hier lagen deutliche Schwächen seiner Konzeption, denn einfach war das nicht, was er übermitteln mußte, wenn er die andere Seite überzeugend warnen wollte. Sein Überblick war auch viel zu gering, um selbst entscheiden zu können, welche Anfrage nur seiner Sicherheit diente und welche ihn tiefer verstrickte. Sein Entscheidungsraum wurde immer enger.

Inzwischen war die Lage seiner Arbeitsgruppe »Biologische Nachweisverfahren« schwierig geworden. Die weitere Finanzierung eines weit von der Arbeitsmedizin liegenden Forschungsthemas war unvertretbar; außerdem mußten jetzt hochgiftige Substanzen geprüft werden. Frucht sprach deshalb mit der NVA.

»Sie dürfen Ihre Experimente nicht einstellen«, beschwor ihn der Major aus der Militärärztlichen Fakultät der Universität Greifswald.

»Dann lassen Sie doch unsere Leute die Versuche bei Ihnen vornehmen«, entgegnete Frucht. »Sie können unsere Technik übernehmen.«

»Das ist ganz ausgeschlossen«, erwiderte der Offizier.

Ein paar Tage später stellte das Institut für Angewandte Physiologie ein Ultimatum. Falls die Armee nicht bis zum 1. Januar beschlossen haben sollte, die gesamte Arbeit in eigener Regie zu übernehmen, werde man diese Arbeit einstellen, und zwar sofort. Die Militärs boten einen Kompromiß an; sie wollten ihre eigenen Wissenschaftler entsenden, damit sie die erforderlichen Versuche im Institut selbst vornähmen. Frucht erklärte sich einverstanden, jedoch unter der Bedingung, daß seine eigenen Mitarbeiter in keiner Weise an den Experimenten beteiligt würden.

»Machen Sie, was Sie wollen, aber lassen Sie meine Leute aus dem Spiel«, sagte er zu dem Major. »Sie tragen die Verantwortung.«

Bevor er abreiste, gab er Dr. Kössler klare Weisungen. Er sollte dem NVA-Spezialisten, der avisiert worden war, die Beschickung der Apparatur zeigen, probehalber mit destilliertem

Wasser. Dann sollte er die Apparatur fertig machen und sich an den Zimmerrand zurückziehen. Frucht wußte, daß er in ernsthafte Schwierigkeiten geraten würde, wenn irgend etwas schiefging.

Er flog in die Sowjetunion mit zwei Kollegen, einem russischsprechenden Assistenten und dem Leitenden Sicherheitsingenieur des Energieministeriums. Die Gruppe sollte die Auswirkungen elektrischer Hochspannungsfelder auf die Umwelt mit sowjetischen Wissenschaftlern erörtern. Die Russen hatten Versuchsreihen über die Belastung von Arbeitern im Energiesektor durchgeführt und beabsichtigten, den Arbeitern Zulagen und eine Verkürzung der Arbeitszeit zu gewähren. Fruchts Institut war ebenfalls an dem Problem interessiert; möglicherweise waren die Risiken in einem eng besiedelten Gebiet wie der DDR eher größer. Jedenfalls sollte ein Erfahrungsaustausch stattfinden.

Bei seiner Ankunft in Moskau aber stieß Frucht prompt auf Schwierigkeiten. An der Flughafensperre wurde ihm sein Paß zur Prüfung abgenommen und nicht zurückgegeben. Nach langem Warten erklärte man ihm, das Dokument sei ungültig, und als er Einspruch erhob, führte man ihn in einen hell erleuchteten Raum, wo man ihn anscheinend heimlich photographierte. Erst nach zornigen Protesten durfte Frucht endlich passieren.

Andere Schwierigkeiten folgten. Als die drei Ostdeutschen gegen ihre kümmerliche Unterbringung protestierten, quartierte man sie im Hotel Armenia in der Nähe des Bolschoi-Theaters und des Roten Platzes ein. Frucht spürte, daß er unter Beobachtung stand, und er mahnte seine Kollegen zur Vorsicht.

Sein Mißtrauen führte ihn gelegentlich zu Fehlurteilen. In Leningrad wurde einer seiner Kollegen von einer Russin angerufen, die sie alle zu einem Besuch in ihre Wohnung an der Allee Eins einlud. Frucht wußte, daß das KGB auf eine lange Erfahrung im Aufstellen von Fallen zurückblicken konnte. Deshalb versicherte Frucht sich vorher, daß sie allein sei, und vor allem, daß niemand mit Kameras hereinstürzen oder plötzlich auftauchen und behaupten konnte, er sei der Ehemann, und Geld fordern würde. Es lag hoher Schnee auf den Straßen, und es wehte ein bitterkalter Wind. Die Ostdeutschen nahmen dankbar das Angebot einer behaglichen Zuflucht an. Getränke wurden gereicht, und alle genossen zwei harmlose Stunden. Es endete damit, daß einer von Fruchts Kollegen mit einer übermütigen Jüngerin des ältesten Gewerbes der Welt auf dem Tisch tanzte.

In Fruchts Abwesenheit erschien ein junger Chemiker der NVA mit einer ganzen Palette chemischer Kampfstoffe zur Prüfung im Institut. Die toxischen Verbindungen hatten alle eine Kode-Bezeichnung. Diese Kodifizierung der Gifte ist ein Routineverfahren, das verhindern soll, daß die Wissenschaftler des Instituts unabsichtlich die Testergebnisse fehlinterpretieren. Das gehört zum kleinen Einmaleins solcher Ansatzversuche. Aus dem gleichen Grund waren sogenannte Doppelbestimmungen vorgesehen. Manche Stoffe waren zwei- oder gar dreimal im Test, doch jedesmal unter einer anderen Bezeichnung. Die NVA-Spezialisten hatten zehn oder zwölf verschiedene Substanzen mitgebracht, darunter Kampfstoffe aus dem Ersten Weltkrieg wie Lewisit und Gelbkreuz, aber auch die flüchtigeren und weit giftigeren, unter Hitler in Deutschland entwickelten Nervengase Tabun, Soman und Sarin. Außerdem brachten sie Proben des modernsten Kampfstoffs des Warschauer Pakts, die ein NVA-Offizier aus einem Geheimlager in der Nähe von Fruchts Haus in Grünau herausgeschmuggelt hatte.

Mit zwei ungesicherten Flaschen in einem Pappkarton war der Mann mit der Bahn gekommen. Die Flaschen enthielten nach Fruchts Angaben einige hundert Kubikzentimeter eines neuen, sehr speziellen Kampfstoffs.

Als er mit diesem Gepäck erschien, war Dr. Kössler entsetzt. »Sie sollten doch nur winzige Mengen bringen«, rief er aus. »Da ist ja genug, um halb Berlin zu vergiften!«

»Nur keine Panik«, sagte der Chemiker. »Ich weiß, wie man mit dem Zeugs umgeht.«

Nach den Experimenten erklärte der NVA-Wissenschaftler, er könne die Flaschen mit dem neuen Kampfstoff nicht wieder mitnehmen.

»Behalten Sie das nur«, sagte er zu Kössler. »Damit können Sie jahrelang Versuche machen.«

»Unmöglich!« erwiderte Fruchts Kollege. »Mein Chef reißt mir den Kopf ab. Was soll ich mit dem Zeug machen? Wir können es unmöglich hier aufbewahren.«

»Na«, sagte der NVA-Offizier, »dann kippen wir es eben weg.«

Kössler war fassungslos. Sie befanden sich im 3. Stock eines Altbaus, die Leitungen waren 60 Jahre alt. Unvorstellbar, welche Folgen das hätte haben können. Er führte dann den Offizier ins Kellergeschoß, wo eine Großpumpe das Abwasser wegschaffte. Dahinein kippten sie die eine der Flaschen. Das Gift wurde in Ost-Berlins zentrales Sielsystem hineingeschwemmt. Der NVA-Mann bedrängte Kössler, den zweiten Behälter aufzubewahren.

»Das ist die einzige Probe in der ganzen Welt außerhalb von NVA-Lagern«, sagte er. »Sie sind ja irre, wenn Sie das nicht nehmen. Warten Sie doch wenigstens, bis Professor Frucht aus Moskau zurückkommt. Wegschütten können Sie es dann ja immer noch. So eine Chance bekommen Sie nie wieder.«

Die Flasche wurde schließlich in dem Pappkarton hinter einem Schrank seines Büros versteckt. Aufschrift: »Lichtempfindlich – nur in Gegenwart des Professors oder Dr. Kösslers zu öffnen.«

Als Frucht zurückkam, wurde er über den seltsamen Vorfall unterrichtet und beriet sich mit seinem Mitarbeiter über das weitere Vorgehen. Die erste Reaktion war: mit einem Boot in die Mitte des Müggelsees und wegkippen. Wie aber die Beseitigung nachweisen, falls mal einer fragte? Es gab keine Quittung, die genaue Menge war unbekannt. Das konnte zu einem ernsten Nachteil werden. Also aufheben, aber wo? Im Giftschrank? Die Leitende Technische Assistentin würde Fragen stellen. Sie war zu Kontrollen verpflichtet. Das beste schien es noch, die Flasche sorgfältig zu verpacken und an einer Stelle im Dienstzimmer verstecken.

Wenig später suchte der amtierende Leiter des Zentralinstituts Frucht in dessen Dienstzimmer auf und teilte ihm mit, daß soeben eine geheime Mitteilung des Gesundheitsministeriums eingetroffen sei. In der nächsten Woche sei der Parteitag der SED in Berlin, sagte er, und er habe strenge Anweisung erhalten, sich bei allen Instituten zu überzeugen, daß alle giftigen Substanzen in den Instituten gesichert untergebracht seien.

Frucht lächelte. »Wissen Sie, wo sollen wir als Physiologen giftige Substanzen herhaben?« fragte er. Der Rektor schien zufrieden und ging – ohne zu ahnen, daß nur ein paar Schritte von ihm entfernt eine Substanz gewesen war, die, wenn man sie in den passenden Belüftungsschacht im Kongreßsaal brächte, die gesamte Parteiführung der DDR auslöschen könnte.

Die Flasche mit dem Ultragift war wirklich eine ärgerliche Last. Den Gedanken, sie den Amerikanern zuzusenden, hatte er sofort verworfen. Es gab keine denkbare Art eines Transportes unter konspirativen Bedingungen, die nicht eine unvorhersehbare große Gruppe Unbeteiligter gefährdet hätte. Das war entscheidend. Außerdem hatten die Amerikaner ja die vollständige Formel, Frucht schrieb ihnen, er sei im Besitz von mehreren hundert Kubikzentimetern des neuen Kampfstoffes, beabsichtige aber nicht, damit etwas anzufangen. Zu seiner Erleichterung reagierten die Amerikaner mit Unglauben. Eine Flasche mit Kampfstoff in einem Büroschrank ging offenbar über ihr Vorstellungsvermögen.

Die Arbeitsgruppe Nachweisverfahren hatte eine Liste vorbereitet, auf der die vorerst unbekannten geprüften Substanzen mit der von der NVA angegebenen Kode-Bezeichnung aufgetragen waren. Daneben stand die Verdünnung, bei der das System noch reagiert hatte. In eine dritte Spalte setzten die Chemiker der NVA die offenen Bezeichnungen. Anders konnte man nicht vorgehen, wenn man die Leistungsfähigkeit des Nachweisverfahrens kennenlernen wollte. Die Amerikaner haben später in der erwähnten Patentschrift eine gleichartige Liste veröffentlicht.

Erst später wurde Frucht klar, daß es sich bei den in den Tests verwendeten Kode-Bezeichnungen um den offiziellen Kampfstoffabwehr-Kode des Warschauer Pakts für die in seinen Arsenalen lagernden spezifischen Kampfstoffe gehandelt hatte. Das war eine Information von höchster Bedeutung. Damit war es möglich geworden, im Kriegsfall die Kampfstoffabwehr des Sowjetblocks zu durchdringen.

Alle modernen Heere testen ständig ihre Ausrüstung, um Aufschluß darüber zu erhalten, wie sie sich unter Kampfstoffeinwirkung verhält. Ein lebenswichtiger Faktor ist die Wirksamkeit von Schutzvorrichtungen wie Gasmasken, Schutzanzügen und besonderen Kunststoffhüllen, mit denen Menschen, Lebensmittelvorräte und Material vor Nervengas geschützt werden sollen. Im Falle eines Kampfstoffangriffs werden die Streitkräfte sehr wahrscheinlich je nach Wirksamkeit ihrer Abwehrvorrichtungen stehen oder fallen.

Die Kode-Bezeichnungen, die man Frucht nannte – nehmen wir als fiktives Beispiel A_1 für Tabun oder B_3 für einen V-Stoff – waren die Standard-Bezeichnungen, die die Ostblock-Wissenschaftler bei der Beurteilung der Schutzvorrichtungen benutzen. Nach harten Tests wird dem Chemischen Dienst mitgeteilt, wie es den Gasplanen und Schutzanzügen im Falle eines Kampfstoffangriffs ergehen werde. »Schützt gegen A_1 20 Minuten«. »Gegen B_3 nutzlos« oder »Schützt gegen C_1 unbegrenzt.« Diese oder ähnliche Beschreibungen sind die Grundlage für taktische Entscheidungen je nach der militärischen Lage auf dem Kampfstoffsektor. Sie kamen auch in den Spezialberichten vor, die von den westlichen Geheimdiensten gesammelt und analysiert wurden.

Waren die Kode-Bezeichnungen erst einmal entschlüsselt, konnten die Folgen katastrophal sein. Sobald ein Angreifer sie kannte, konnte er theoretisch seine Nervengase sozusagen maßgeschneidert einsetzen, um die Schutzmaßnahmen des Feindes zu durchbrechen. Er konnte zum Beispiel die chemische Zusammensetzung von V-Stoffen um Winzigkeiten so verändern, daß ihre Fähigkeit, Schutzgerät wie etwa Gasmaskenfilter zu durchdringen, ganz wesentlich verbessert wurde.

Durch die Weitergabe dieser Informationen an den Westen hatte Frucht also die Verteidigung des Sowjetblocks gegen Kampfstoff-Angriffe wirksam neutralisiert – jedenfalls vorläufig. Das Bemerkenswerteste daran war die Tatsache, daß diese Wirkung gänzlich unvorhersehbar war. Sie beruhte auf einem Verstoß der NVA-Offiziere gegen die einfachste aller Sicherheitsregeln und zeigte gleichzeitig ein profundes Unverständnis für wissenschaftliche Prüfverfahren.

Obwohl Frucht unter stärkster Anspannung stand, hatte er seinen trockenen Humor nicht verloren. Dem NVA-Major, der die Gift-Versuche im Institut arrangiert hatte, schickte er einen Weihnachtsgruß in Form einer Karikatur des »New Yorker«, die er auch an die Wand seines Dienstzimmers geheftet hatte. Auf der Zeichnung sah man einen Universitätslehrer, mit dickem Bauch und blassem Gesicht, den man an die Wand gestellt hatte. Vor ihm standen fünf oder sechs Kollegen mit Baretten und Talaren und Gewehren im Anschlag, die zielten auf ihn. Daneben stand ein Professor mit einer Pistole in der Hand. Die Unterschrift lautete: »It's publish or perish, and he hasn't published« – Veröffentlichen oder sterben, er hat nicht veröffentlicht, wird also erschossen.

Frucht war diese Karikatur wie eine Offenbarung erschienen, denn er war davon überzeugt, daß Wissenschaftler gezwungen werden müßten, ihre Entdeckungen zu veröffentlichen, selbst dann, wenn es sich um militärische Geheimnisse handelte. Aber der NVA-Major hatte keinen Sinn für diesen Scherz. »Sie sollten wissen, Herr Professor, daß für uns umgekehrt ein Schuh draus wird«, sagte er melancholisch. »Veröffentlichen *und* sterben.« Die ganze, ironische Bedeutung der Karte dämmerte dem Offizier erst, als er später beim Prozeß als Zeuge gegen Frucht geladen wurde.

Anfang Februar 1967 spürte der Wissenschaftler zum nächsten Mal wirkliche Gefahr. Er war zum Vorsitzenden eines Physiologenkongresses mit internationaler Bedeutung ernannt worden, den die DDR im August jenes Jahres veranstalten wollte. Seine erste Aufgabe war es, einen geeigneten Kongreßort zu finden, und er hatte bereits gegen Ost-Berlin, Dresden und Leipzig entschieden, weil dort alles ausgebucht war. General Gestewitz kam ihm zu Hilfe. Er bot ihm den großen Konferenzraum und die Vortragssäle des Militärkrankenhauses in Bad Saarow an. Als Frucht jedoch mit mehreren Assistenten erschien und die Räumlichkeiten besichtigen wollte, wurden sie brüsk abgewiesen. Trotz der schon getroffenen Vereinbarungen verweigerte ihm ein Oberst, dem das sichtlich peinlich war, die Erlaubnis, sich umzusehen.

General Gestewitz war nicht da, aber er war nicht minder verlegen, als er später von dem Zwischenfall erfuhr, und er gab Frucht gegenüber zu, daß er wegen irgendwelcher »Sicherheitsprobleme« von seinen Vorgesetzten überstimmt worden sei. Diese Bemerkung traf bei Frucht genau ins Ziel, und der Professor fragte sich schon, ob wohl die Staatssicherheit Schritte unternehmen werde, um zu verhindern, daß er bei dieser wichtigen internationalen Konferenz den Vorsitz übernahm.

Die dringende Notwendigkeit, besondere Vorsicht zu üben, wurde in der Korrespondenz der CIA mit Martin deutlich. »Ich habe versucht, alles zu glätten und vorzubereiten, so daß Sie sich mit Frieda treffen können«, schrieb »Jörg« am 1. März. »Aber allzu große Hoffnung kann ich Ihnen noch immer nicht machen. Sie haben Verpflichtungen, ich auch, und das gilt auch für Frieda. Ich weiß, daß sie sich gern mit Ihnen treffen würde, um Ihnen persönlich zu danken, aber alles ist in ständiger Bewegung. Vielleicht können wir in letzter Minute eine Zusammenkunft arrangieren, wenn Sie nach Berlin kommen. Ich würde mich deshalb freuen, wenn Sie für den Fall der Fälle ein bißchen Zeit dafür freihalten... Die Musiker, Arrangeure und Veranstalter sind alle auf Gedeih und Verderb den Aufführungsterminen für das Orchester ausgeliefert, und ein Termin stört den anderen... Die geschäftlichen Vereinbarungen und die endgültigen Abschlüsse dauern eben immer ihre Zeit.«

Der Brief deutete eine intensive Tätigkeit Fruchts an und gab zu verstehen, daß sein Material analysiert werde. Der ganze Grundtenor der Mitteilung aber lief darauf hinaus, daß Martin dringend davon abgeraten wurde, seinen Onkel zu besuchen. Im April jedoch schien Frucht sich wieder etwas weniger Sorgen zu machen, und er drang auf ein Treffen. »Der Konzertdirektor tut, was er kann, um alles für die Aufnahme in Ordnung zu haben, aber wie üblich wird es wohl erst in allerletzter Minute bereit sein«, schrieb »Jörg«. »Natürlich brauche ich Ihnen nichts von den Launen der Musiker, Direktoren usw. usw. zu erzählen. Was mich betrifft, so können Sie meinetwegen ein Treffen mit Frieda verabreden... Ich bin fest davon überzeugt, daß sie überglücklich wäre, für Sie zu singen, und Sie werden sehen, daß sie zwar eine ausgezeichnete Naturstimme hat, daß aber noch mehr Ausbildung erforderlich ist. Ich bin sicher, daß Sie da helfen könnten, wenn Sie nur die erforderliche Zeit aufbringen können.«

Wieder machte Frucht sich Sorgen, ob die Kommunikationswege auch sicher genug seien. Über Ostern teilte er der CIA mit, daß er keinen Mikrofilm mehr zugeschickt haben wolle; die Korrespondenz werde zu gefährlich.

Ein weiterer Beweis dafür, daß sich das Netz um ihn zuzog, wurde bei einem Besuch in Polen deutlich, den er Anfang Mai mit seinen Mitarbeitern unternahm. Zwei Militärärzten, die unter ihm arbeiteten, wurde überraschend die Erlaubnis verweigert, die Reise mitzumachen, die der wissenschaftlichen Tatsachenfindung dienen sollte. Die Viertagereise war so organisiert worden, daß sie zeitlich mit den Feiern zum 1. Mai zusammenfiel, und der Gastgeber, Professor Boguslawski, hatte arrangiert, daß Fruchts zwanzig Mitarbeiter in einer großen, abgeschiedenen Villa mit Blick auf ein Steilufer an der Küste bei Gdingen untergebracht wurden. Als Frucht eintraf, erfuhr er, daß drei Beamte der polnischen Geheimpolizei in einem Raum des Erdgeschosses links vom Haupteingang untergebracht worden waren.

Kein Wort der Erklärung über ihre Anwesenheit fiel, aber irgend jemand deutete an, daß es etwas zu tun haben könne mit der Ankunft eines niederländischen Kreuzers, der am selben Tage zu einem Freundschaftsbesuch im Hafen festgemacht hatte; aus diesem Grunde seien alle Sicherheitsmaßnahmen verschärft worden. Zufällig trafen Frucht und seine Kollegen einen der Offiziere des Kriegsschiffs noch am ersten Abend in einem Restaurant in der Stadt. Als sie auf Englisch miteinander plauderten und sich gegenseitig Familienfotos zeigten, wurden sie von polnischen Abwehroffizieren beobachtet, die dem Staatssicherheitsdienst der DDR sofort Meldung von der Begegnung machten. Geheimpolizei beobachtete auch Frucht und Maria, als sie einen steilen Pfad von ihrer Villa zum Strand hinunterkletterten. An dieser zerklüfteten Küste segelten Uferschwalben steigend und stürzend um die Klippen, und die Polen hatten den Verdacht, daß deren Nester vielleicht zu Verstecken für Geheimbotschaften gemacht worden waren.

Während eines Ausflugs zu einer Insel nicht weit von Danzig folgten Geheimdienstleute Frucht und Maria auf die Fähre und beschatteten sie. Polnische Agenten waren auch zur Stelle, als das Ehepaar einen Tisch im Restaurant mit einem polnischen Marineoffizier, dessen Frau und deren Vater teilte, einem Professor an der Breslauer Universität. Das Tischgespräch drehte sich um das Kriegstagebuch eines polnischen Priesters über die Einschließung und Einnahme Breslaus. Auszüge daraus waren gerade von Radio Liberty gesendet worden, einem in München stationierten amerikanischen Propagandasender. Wie Frucht später erfuhr, wurde die ganze Unterhaltung von der Geheimpolizei mitgehört.

Gegen Ende des Besuches fühlte Frucht sich wie Ochs von Lerchenau im »Rosenkavalier«, der am Stadtrand von Wien ein Rendezvous mit einem hübschen Mädchen haben möchte, dessen Pläne aber immer wieder von unheimlichen Gestalten durchkreuzt werden, die plötzlich aus allen Ecken und Winkeln auftauchen.

Auf der Rückfahrt nach Ost-Berlin teilten die Fruchts ihr Abteil im D-Zug Warschau–Berlin–Paris mit dem Sohn eines ehemaligen polnischen Diplomaten. Der junge Mann begleitete ein 17jähriges Mädchen auf seiner ersten Auslandsreise, einem Verwandtenbesuch in der DDR. Zwischen Posen und der DDR-Grenze kamen zwei Beamte in Uniform in das Abteil und befahlen Frucht und Maria, ihr Gepäck mitzunehmen und im Gang zu warten. Das junge Mädchen wurde den Gang entlang nach hinten geführt, während ihr Reisegenosse in dem inzwischen abgeriegelten und versiegelten Waggon durchsucht und befragt wurde. Dreißig Minuten später durften die Fruchts auf ihre Plätze zurückkehren. Der junge Pole, der sagte, man habe ihn in Verdacht gehabt, gegen die Devisenbestimmungen verstoßen zu haben, war wütend. »Idioten!« murmelte er vor sich hin. Seine Gefährtin erschien auch wieder. Sie war aufgeregt und verlegen. Man hatte eine Leibesvisitation an ihr vorgenommen.

»In Wirklichkeit waren sie an uns interessiert«, sagte Maria plötzlich. Diese Bemerkung schreckte ihren Mann auf, der immer geglaubt hatte, daß sie nichts von seiner Spionagetätigkeit wisse. Aber auch er war überzeugt davon, daß sie recht hatte. Die beiden jungen Leute, dessen glaubte er sicher zu sein, hatten im Verdacht gestanden, seine Kuriere zu sein. Obwohl die Überwachung Fruchts gut programmiert war, hatten die koordinierten Ostblock-Geheimdienste bislang keinen einzigen Komplizen festnehmen können, und die Stasi war überzeugt, daß er die Reise nach Polen nur als Vorwand für seine eigentlichen, geheimen Zwecke benutzt hatte. Nach ihrer Logik konnte seine Anwesenheit in Gdingen ausgerechnet während des Besuches durch ein NATO-Kriegsschiff keineswegs ein Zufall sein. Sie waren überzeugt davon, daß es verborgene Motive für seine »Treffs« mit den niederländischen und polnischen Marineoffizieren geben müsse.

Auch Fruchts Kontakte mit Professor Boguslawski, dem Chef des Danziger Instituts für Arbeitsmedizin, wurden unter die Lupe genommen. Nach Fruchts Abreise wurde der Professor von der polnischen Geheimpolizei verhört.

Aber die Nachforschungen blieben ergebnislos. Fruchts Reise war tatsächlich ganz harmlos gewesen.

Wenn er nach seiner Polenreise noch Zweifel hegte, daß die Stasi im Begriff war, die Falle zuschnappen zu lassen, dann hätten sie durch seine letzte Begegnung mit General Gestewitz ausgeräumt werden müssen.

»Erinnern Sie sich noch daran, daß ich mit Ihnen einmal über Kaltwetter-Kampfstoffe gesprochen habe?« fragte der General.

»Ja, natürlich.«

»Es ist eigenartig«, sagte Gestewitz, »wie sowohl die NATO als auch die SEATO ihre Stationen in der Antarktis so geändert haben, daß sie damit fertig werden. Die Frage ist: Sind die selbst darauf gekommen? Oder hat es auf unserer Seite eine undichte Stelle gegeben?«

Frucht wechselte abrupt das Thema. Aber schlagartig war ihm klar: Wenn eine undichte Stelle im Zusammenhang mit Kampfstoffen gesucht wurde, mußte man auf ihn kommen. Er wußte nun, daß für ihn die Uhr ablief.

Mitte Mai kamen dann der seltsame Ruf zum Stellvertretenden Gesundheitsminister Mecklinger und die plötzliche Weisung, nach Prag zu reisen. Wie war es möglich, daß Frucht nicht merkte, daß er im Begriffe war, seinen Hals in die Schlinge der Stasi zu stecken? Nach der Verhaftung war es nur ein kleiner Trost, daß die Staatssicherheit selbst dann, wenn er sie hinsichtlich der Reise nach Prag hätte überlisten können, dennoch keine Zeit verloren hätte, einen anderen Vorwand zu finden, um ihn dingfest zu machen.

Das Verhör

Als das Auto nach seiner Verhaftung Berlin-Buch hinter sich ließ und mit großer Geschwindigkeit durch verlassene Nebenstraßen jagte, fühlte Frucht sich ungefähr so, als säße er in einem Boot, das in eine starke Strömung geraten war und auf einen Wasserfall zuschoß. Nichts konnte er tun, er war hilflos, und ihm blieb nur zuzuschauen, wie das Flußufer immer schneller und schneller vorbeiglitt. Zum ersten Mal hatten sie ihm jetzt Handschellen angelegt, und er saß eingezwängt zwischen den beiden Geheimdienstleuten. Seine gefesselten Handgelenke ruhten auf seinem Schoß. Sein Gesicht war blaß und eingefallen, sein Anzug war zerdrückt und faltig.

Der Gedanke an seine Familie quälte ihn. Seit dem Scheitern seiner ersten Ehe war Maria ihm immer eine großartige Stütze gewesen – und jetzt würde das, was er getan hatte, ihr grenzenlose Schwierigkeiten und Qualen bereiten. Wenn sie zugab, auch nur eine entfernte Ahnung von seinen Verbindungen zu den Amerikanern gehabt zu haben, würde die Stasi sie beschuldigen, seine Komplizin gewesen zu sein. Man würde sie verhaften und sie zu mindestens vier Jahren Gefängnis verurteilen. Die Kinder würde man dann in ein staatliches Waisenhaus stecken. Das war für ihn eine so entsetzliche Vorstellung, daß er gar nicht darüber nachdenken mochte. Was auch geschehen mochte, er durfte nichts sagen, was geeignet sein könnte, Maria in Gefahr zu bringen.

Als er an die letzten Wochen vor seiner Verhaftung dachte, wurde ihm bewußt, daß er in dieser Zeit ein Gefühl der Einsamkeit gehabt hatte wie noch nie vorher in seinem Leben. Er hatte sich in die Lage des Mannes begeben, der auf einem Seil über die Niagara-Fälle wandelt und der auf halbem Wege erkennt, daß er keinen Schritt weiter gehen kann – dem aber gleichzeitig bewußt ist, daß eine Umkehr noch gefährlicher wäre. Die Amerikaner, dachte er voller Bitterkeit, hatten ihm nicht die geringste moralische Unterstützung gegeben. Das war ihre große Schwäche beim Einsatz von Spionen: Es gelang ihnen einfach nicht, Loyalitätsgefühle zu wecken. Statt dessen gingen sie mit ihren Agenten um, als seien sie Bauern im Schachspiel; beim Auftauchen der geringsten Schwierigkeit ließen sie sie einfach im Stich, ohne mit der Wimper zu zucken.

Trotz seiner vielen Vorahnungen drohender Gefahr war Frucht innerlich nicht vorbereitet auf seine Verhaftung. Ihm wurde jetzt klar, wie seinem Onkel Ernst von Harnack zu Mute gewesen sein mußte, als die Gestapo ihn wegen seiner Widerstandsarbeit gegen das NS-Regime festnahm. Es kam jetzt alles darauf an, den Ablauf der jüngsten Ereignisse zu rekonstruieren und sich gefaßt zu machen auf die Anschuldigungen, die man gegen ihn vorbringen würde.

Es war schon dunkel, als der Wagen von der Berliner Straße abbog und an einem Kontrollpunkt in der Freienwalder Straße hielt. Die Straße war menschenleer, denn diese ganze Gegend war Sperrgebiet. Ein Stasi-Posten kontrollierte die Papiere des Fahrers, bevor der Mercedes in Richtung auf die stählernen Gefängnistore weiterfahren durfte. Als der Wagen das inoffizielle Hauptquartier der Geheimpolizei in Hohenschönhausen erreichte, erhaschte Frucht einen verschwommenen Blick auf eine Betonfestung mit Stacheldraht auf dem Dach, auf Gitterstangen, auf uneinnehmbare Stahltore, und er sah grelles Neonlicht, das sich mit undurchdringlicher Finsternis abwechselte.

Es war schwer, sich einen Ort vorzustellen, der noch düsterer, noch furchteinflößender gewesen wäre. Der gesamte Komplex ist vom übrigen Berlin abgeriegelt; Zutritt hat nur, wer eine offizielle Genehmigung besitzt. Die ganze Gegend ist verlassen. Villen stehen leer, die Gärten sind ein Unkrautdschungel, Geschäfts- und Gewerbegrundstücke verfallen, und wer sich unbefugt hierher verirrt, wird von bewaffneten Streifen verjagt.

Hohenschönhausen ist das Nervenzentrum der Stasi. Hier verfügt die Geheimpolizei über die Ausrüstung, die man braucht, um Ost-West-Verbindungen anzuzapfen und internationalen Telephonverkehr abzuhören. Das Gelände dient auch als Lager für Güter, die auf den Transitstrecken beschlagnahmt worden sind, sowie für Personen- und Lastwagen, die eingezogen wurden, nachdem man ihre Fahrer verhaftet hatte, weil sie Menschen oder Waren aus der DDR hinausschmuggeln wollten. In der Abhörzentrale, in der Verwaltung, im Krankenhaus, in den Werkstätten, Lagerhallen und Freizeiteinrichtungen sind zwischen 3000 und 4000 Stasi-Angestellte beschäftigt.

Der Kern von Hohenschönhausen ist jedoch ein Hochsicherheitsgefängnis für Untersuchungsgefangene. Dazu gehören Spione und Agenten jeder Schattierung sowie DDR-Bürger, die versucht hatten, mit Hilfe westlicher kommerzieller Fluchthilfe-Organisationen zu fliehen, Stasi-Offiziere unter Korruptionsverdacht, Soldaten und Offiziere unter Sabotageanklage und nicht zuletzt Wirtschaftsfunktionäre, die sich an der Bastion des Kommunismus, der staatlichen Planung, versündigt hatten. Sitzt er einmal hier, hat der Gefangene kaum noch Hoffnung, wegen Mangels an Beweisen wieder frei zu kommen. Die Vernehmungsbeamten sind darauf trainiert, jeden Fetzen an Information herauszuholen, der für eine Verurteilung ausreicht – ganz gleich, wie lange das dauert. In hartnäckigen Fällen hält man die Verdächtigen vier Jahre oder länger in Hohenschönhausen gefangen, bis die Stasi endlich bekommt, was sie haben will.

Der Wagen passierte die Tore, aufmerksam gemustert von den Posten der Nachtschicht auf ihren Beobachtungstürmen. Nach hundert Metern bog er von der Haupteinfahrt ab. Auf beiden Seiten von hohen Mauern flankiert, ging es auf einen Gefängnishof. In verschwommenem Licht zur Rechten erkannte Frucht den Bau, der »U-Boot« genannt wurde, einen ehemaligen Gefängnisblock, in dem bis 1961 Gefangene in unterirdischen Zellen gehalten wurden. Das einstige Gestapo-Gefängnis war bei

Kriegsende von den Russen übernommen worden, die es ihrerseits später den Ostdeutschen übergeben hatten. Hier wurde die berüchtigte Wasserfolter angewendet. Die Gefangenen wurden nackt ausgezogen und mußten stundenlang wadenhoch im Wasser stehen. Der Widerstand wurde gebrochen, indem man allmählich das Wasser steigen ließ – aber nie so hoch, daß die Gefangenen ertranken.

Knirschend rollte der Mercedes über Schlaglöcher in der Auffahrt, schob sich in eine Garage zur Rechten des Gefängnishofes und hielt. Eine Tür fiel metallisch hinter ihnen ins Schloß. Frucht wurde befohlen auszusteigen. Er hatte die Orientierung völlig verloren. Man führte ihn durch eine innere Tür in die Gefangenen-Aufnahme, wo ein diensttuender Stasi-Beamter ihn in eine Wartezelle brachte.

Die Vernehmung sollte unverzüglich beginnen.

Er wußte nicht, was ihn erwartete, als er hinter einem Wärter hertrottete. Es ging über einen Streifen dünner Kokosmatte, der unter seinen Füßen wegzurutschen drohte. Alle fünf Sekunden blickte sich der Mann, der ihn führte, nervös nach ihm um, als habe er Angst, von hinten angegriffen zu werden. Unwillkürlich mußte Frucht an den französischen Film »Orphée« von Cocteau denken, den er einmal gesehen hatte. Darin schafften »Todesboten« ihre Opfer auf Motorrädern weg und töteten sie dann leidenschaftslos. Die Situation, in der er sich jetzt befand, erschien im gleichermaßen surrealistisch.

Der Gefängnisbeamte knipste einen Schalter am Anfang eines langen, nur schwach beleuchteten Korridors an. Rote Lampen leuchteten auf. Es war das Signal für das gesamte übrige Personal, den Gang zu räumen und leer zu lassen. Sollte es dennoch einmal zu einer Begegnung in dieser Sperrzone kommen, befahl man den Gefangenen, das Gesicht fest an die Wand zu drücken, bis der Wärter mit seinem Schutzbefohlenen um die Ecke verschwunden war.

Die beiden Männer bogen vom Korridor des Haftzentrums ab in einen anderen Gang. Die Wände waren kahl, abgesehen von einem Bild, das Stalins Grab an der Kreml-Mauer zeigte und auf

Russisch mit seinem Geburts- und Sterbedatum beschriftet war. Frucht ließ man nicht im Zweifel, wo die Sympathien der Stasi noch immer lagen.

Der für seine Vernehmung ausgewählte Raum war klein und kahl. Hauptmann Runge saß an einem Tisch und wartete auf ihn. Ein Schreibblock lag vor ihm. Er lud Frucht mit einer Handbewegung ein, Platz zu nehmen. Zu seiner Rechten befand sich ein weißer Knopf; mit dem konnte Runge, falls es nötig wurde, Hilfe herbeirufen. Er ging sofort zur Offensive über.

»Wir haben uns sehr sorgfältig auf diesen Augenblick vorbereitet, Herr Professor«, sagte er. »Es hat keinen Sinn, wenn Sie versuchen, Ihre Spuren zu verwischen. Die Sache gegen Sie steht. Wir sind außerdem Profis. Wir können uns jedes bißchen an Information, das wir brauchen, beschaffen, entweder von den Westdeutschen oder von den Amerikanern. Vergessen Sie das nicht, und versuchen Sie nicht, uns anzuschwindeln. Wenn wir mal irgend etwas nicht wissen, dann kann das für uns beschafft werden.«

Frucht saß da und schwieg, erschöpft von der Anspannung und den Strapazen dieses Tages. Ihm ging es darum, Zeit zu gewinnen, jede Enthüllung so lange wie möglich hinauszuschieben. Bevor er irgend etwas zugab, wollte er sich genau darüber klar geworden sein, was er sich zu sagen leisten konnte, und worin seine Verteidigung bestehen sollte. Bis zu diesem Augenblick hatte er keine Gelegenheit gehabt, seine Gedanken zu sammeln, und er war so gut wie unvorbereitet auf Runges plötzlichen Offensivschlag.

»Wir wissen, daß Sie systematisch Nachrichten für die imperialistischen Länder gesammelt haben«, sagte der Hauptmann. »Sie haben durch diese Handlungsweise das Leben von Bürgern der DDR und unserer sozialistischen Verbündeten gefährdet. Um Ihres eigenen persönlichen Vorteils willen haben Sie skrupellos die Existenz unserer Frauen und Kinder aufs Spiel gesetzt. Sie haben die Sicherheit der sozialistischen Länder in ihrem Kampf gegen den Imperialismus unterminiert. Das ist ein sehr schweres Verbrechen.«

»Ihre Anschuldigungen entbehren jeder Grundlage«, sagte Frucht tonlos.

»Wirklich? Dann lassen Sie uns etwas präziser werden. Ich besitze eine Kopie der Fragen, welche die Amerikaner Ihnen geschickt haben. Sie umreißen die Arbeit für sie. Sie hatten Bericht zu erstatten über alles, was Ihnen über die Einrichtungen unserer Republik zur Abwehr der von den Imperialisten geplanten chemischen Angriffe bekannt war, Sie mußten sie über die Lage unserer Raketenstellungen informieren, die Ihnen bekannten Namen von Angehörigen des Staatssicherheitsdienstes verraten, die von Ihnen beabsichtigten Reisen vorher ankündigen und Auskunft darüber geben, welche Orte Sie in den letzten Jahren besucht haben. Es gab noch viele andere Aufträge, Herr Doktor. Wir wissen auch, wie tüchtig Sie alle diese Aufgaben erfüllt haben.«

Frucht war entnervt. Die Fragen erstreckten sich in der Tat auf das ganze Gebiet, über das er auf Drängen der Amerikaner hatte berichten sollen. Einen Augenblick lang flüchtete er sich in die Hoffnung, daß es sich um eine Aufzählung von Standardfragen handelte, die man routinemäßig Agenten in seiner Lage stellte. Aber Runge stieß weiter vor: »Die Zukunft sieht düster aus für Sie, Herr Doktor. Das Belastungsmaterial gegen Sie ist überwältigend. Da ist zum Beispiel die Sache mit den Dokumenten, die Sie an die Amerikaner weitergeleitet haben...«

»Das ist lächerlich«, protestierte Frucht.

»Die Papiere über Experimente im Institut...«

»Ich weiß nicht, wovon Sie reden.«

»Ein maschinegeschriebenes Dokument.«

»Unmöglich!«

»Vorsicht! Stellen Sie nicht solche Behauptungen auf.«

»Ich habe keine Ahnung, worauf Sie anspielen.«

»Sie haben sehr wohl etwas weitergeleitet. Ein grünes Blatt Papier.« Runge sprach langsam und mit großer Betonung. »Ein sehr dünnes Blatt Papier. Sie wissen sehr wohl, wovon ich rede.«

Wieder beteuerte Frucht seine Unschuld, dieses Mal aber mit weniger Überzeugung. Er spürte, wie der Schweiß sein Hemd durchnäßte, klebrig und kalt. Zu Anfang war er nicht sicher gewesen, was Runge meinte. Aber als das grüne Dokument erwähnt wurde, wußte er, daß es kein Bluff war. Es mußte sich um den Bericht handeln, den Martin Rückert, in einer Socke versteckt, im Winter 1964 über den Sektorenübergang Friedrichstraße geschafft hatte.

Die Tatsache, daß die Stasi über das grüne Dokument Bescheid wußte, konnte nur eines bedeuten – daß der Bericht von kommunistischen Agenten zurückgebracht worden war, die innerhalb der westlichen Geheimdienste arbeiteten oder ihnen sehr nahe standen. Damit war seine Lage als Gefangener neu definiert. Alles was die Amerikaner je von oder über ihn erfahren hatten, konnte auch in den Händen des Ministeriums für Staatssicherheit der DDR sein. Was etwa fehlte würden sie sich noch beschaffen. Blitzartig fiel ihm ein, was er in den Zeitungen über einen kommunistischen Agenten gelesen hatte, der in der amerikanischen Hauptstadt CIA-Akten photographiert und die Filme dem Osten zugespielt hatte. Er kannte auch Fälle, daß beim US-Hauptquartier in West-Berlin stationierte Soldaten geheimhaltungsbedürftiges Material an das KGB verraten hatten.

Runge fuhr fort:

»Sie haben Ihre eigene Familie rücksichtslos in Gefahr gebracht, und ich rate Ihnen dringend, sich Ihr Handeln genau zu überlegen. Wenn Sie uns helfen, können wir Milde walten lassen. Wenn Sie aber weiter Widerstand leisten und jede Zusammenarbeit verweigern, kann sich Ihre Lage nur verschlimmern. Im Augenblick hängt Ihr eigenes Schicksal auch davon ab, was Sie uns über Ihre Frau berichten...«

Runge hatte einen wirkungsvollen Anfang gemacht, der das Aussageverhalten seines Häftlings wesentlich bestimmte.

Um ein Uhr früh, als er schon seit mehr als dreizehn Stunden im Polizeigewahrsam war, brachte man Frucht endlich in eine Zelle. Ein Wärter öffnete eine Eisentür mit einem Guckloch in Augenhöhe und schloß ihn ein. Legte man Gefängnismaßstäbe an, so war der Raum groß und komfortabel. Er war mit zwei weichen Sesseln und zwei Betten mit guter Sprungfedermatratze möbliert. Auf einem dieser Betten lag ein anderer Gefangener, dessen schlafende Gestalt in der Dunkelheit undeutlich zu erkennen war.

Frucht setzte sich auf sein Bett und versuchte nachzudenken. Während der ganzen Vernehmung hatte er jede Kenntnis von irgendwelchen Verbindungen zu den Amerikanern bestritten, und er hielt es jetzt für notwendig, noch einmal genau durchzuarbeiten, was im Laufe dieses Tages geschehen war. Aber er war inzwischen ganz verstört und innerlich aufgewühlt. Nach wenigen Minuten trat er an die Klappe in der Tür und forderte mit lauter Stimme von dem Wärter Bleistift und Papier. »Ich verlange es!« schrie er. Aber das Schreibzeug wurde ihm verweigert, und überrascht hörte er plötzliches Kichern hinter sich.

»Großartig«, sagte sein Zellengenosse. »Ich bin seit Ewigkeiten hier, und ich habe noch nie Schreibzeug zu Gesicht bekommen.«

Im Laufe der nun folgenden Monate sollte sich Klaus Kannegiesser als ein höchst außergewöhnlicher Gefährte erweisen. Von Beruf Nachrichtentechniker, war er 1959 während einer sowjetischen Industriemesse in Kiew von der CIA angeworben worden, aber auch an die Westdeutschen hatte er Informationen verhökert. Ihn hatte man im Februar 1967 verhaftet. In jener ersten Nacht jedoch hatte Frucht wenig Zeit für Kannegiesser; er konzentrierte sich auf ein einziges Ziel – auf die Formulierung seiner Verteidigungsstrategie.

Es schien klar zu sein, daß die Stasi über exzellente Informationen verfügte. Es war sinnlos, sich auf einfache Unkenntnis zu berufen. Frucht gelangte zu dem Schluß, daß es gelte, drei Bereiche zu schützen. Maria mußte bei den Kindern bleiben. Das würde in dem Augenblick unmöglich werden, da die Stasi zu argwöhnen begann, daß sie von seinen Verbindungen zur CIA gewußt habe. Er war nicht sicher, wieviel sie in Wirklichkeit wußte. Die Amerikaner hatten ihn einmal gefragt, ob er ihr etwas von seiner Geheimdienstarbeit gesagt habe, und er hatte wahrheitsgemäß mit »Nein« geantwortet. Aber ihre Reaktion in dem Zug, der sie aus Polen zurückbrachte, hatte ihm Unbehagen bereitet; sie hatte den Verdacht gehabt, daß sie beobachtet würden.

Als zweites galt es, seine Mitarbeiter zu schützen. Keiner von ihnen durfte unter dem leiden, was er getan hatte. Um dieses Ziel zu erreichen, mußten gewisse Maßnahmen ergriffen werden. Und um seiner eigenen Zukunft willen durfte der Alaska-Komplex nicht erwähnt werden. Kam die Stasi dahinter, was es da gab und was er berichtet hatte, mußten seine Aussichten schlecht sein.

Am besten würde es sein, meinte er, wenn er die Aufmerksamkeit von Alaska ablenkte, indem er sich auf anderen Gebieten selbst schwer belastete. Er mußte sich in die Gruppe der konventionellen Agenten einreihen.

Als über Berlin der Morgen graute, verfiel Frucht in einen unruhigen Schlaf; seine Sorgen wollten seine Gedanken nicht zur Ruhe kommen lassen. Er hatte beschlossen, ein Geständnis abzulegen und zuzulassen, daß der Osten ihn als gewöhnlichen Agenten brandmarkte. Er hatte sich darauf vorbereitet, in allen Angelegenheiten von geringerer Bedeutung zu kooperieren. Bei empfindlichen Dingen würde er jedesmal abwarten, bis die Stasi das Thema anschnitt. Diese Taktik, meinte er, würde ihm Spielraum zum Manövrieren verschaffen.

»Nummer Zwei! Kommen Sie mit!« Die Zellentür öffnete sich, und im Eingang wurde die Silhouette eines Wärters – im Gefängnisjargon »Läufer« genannt – sichtbar. Frucht folgte ihm den Gang entlang. Als er den Vernehmungsraum betrat, bot Runge ihm eine Zigarette und eine Tasse Kaffee an. »Ich nehme an, daß Sie sich zur Zusammenarbeit entschlossen haben«, sagte der Hauptmann leise, fast so, als könne er die Gedanken seines Gefangenen lesen.

Frucht nickte und begann sofort sein Geständnis. »Fahren Sie zu meinem Haus nach Grünau. Im Keller steht ein alter Tisch, und unter dessen Platte werden Sie mehrere Mikrofilmstücke finden, die da mit Klebestreifen befestigt sind. Es handelt sich um eine Liste von Fragen der Amerikaner, die mir als Gedächtnisstütze diente. Man hatte mir aufgetragen, sie zu behalten, und ich habe sie als Checkliste benutzt.«

»Worauf beziehen sich die Fragen?«

»Auf Entwicklung, Herstellung, Lagerung und Transport von Kampfstoffen in der DDR. Sie befassen sich auch mit dem auf diesem Sektor tätigen Personal und mit Verbindungswegen.«

Ohne Fruchts Hilfe hätte die Stasi die Mikrofilme möglicherweise nie gefunden, selbst wenn sie das ganze Haus Zentimeter um Zentimeter auseinandergenommen hätte. Runge entspannte sich sichtbar und wurde freundlicher.

»Noch etwas?« fragte er.

»Ja.« Frucht forderte ihn auf, zur Privatwohnung eines Mitarbeiters in Treptow nahe der Mauer zu fahren und einiges Material sicherzustellen, das er dort vor zwei Tagen in einer Panik deponiert hatte. Der Mann sei völlig schuldlos, sagte er, und habe keine Ahnung von seiner Arbeit für die Amerikaner. Er gab Runge den Schlüssel zur Wohnung seines Kollegen und schrieb eine Vollmacht, in der er angewiesen wurde, die kleine Schachtel auszuhändigen, die er dort hinterlegt hatte. »Diese Leute handeln in meinem Interesse«, hieß es in der Vollmacht.

»Ist das alles?« fragte der Hauptmann.

»Nein. Gehen Sie in mein Büro im Institut und öffnen Sie den Bücherschrank. Entfernen Sie die Bücher, aber seien Sie sehr vorsichtig. Sie werden eine in einen Pappkarton verpackte Flasche finden. Auf der Flasche werden Sie die schriftliche Warnung finden: ›Lichtempfindlich – nur in Gegenwart des Professors oder Dr. Kösslers zu öffnen.‹ Lassen Sie die Flasche um Gotteswillen nicht fallen. Der Inhalt ist extrem giftig. Es ist der neueste Kampfstoff der Nationalen Volksarmee.«

Runge erhob sich von seinem Stuhl, drückte den Knopf, der den Läufer herbeirief, und ging ohne ein weiteres Wort. Frucht blieb zusammengesunken auf seinem Stuhl sitzen.

Reaktionen

Für die DDR war der Fall Frucht politisch explosiv. Die Tatsache, daß ein nicht sicherheitsüberprüfter Wissenschaftler Zugang zu Geheimnissen des Warschauer Pakts gehabt hatte, mußte für das Regime außerordentlich peinlich sein. Kampfstoffe waren seit dem Ersten Weltkrieg ein gefühlsbefrachtetes Thema, und Deutschlands furchterregende Geschichte auf diesem Gebiet war nur zu bekannt. Die Nachricht, daß die Russen sich mit Chemikern der DDR zusammengetan hatten, um neue und noch tödlichere Kampfgase herzustellen, mußte auf die ganze Welt alarmierend wirken, und ganz offensichtlich fürchtete Ost-Berlin, daß Fruchts Verhaftung einen Propagandafeldzug gegen die DDR selbst und gegen Moskau auslösen könnte.

Die Sowjetunion würde dastehen als ein Staat, der einen seiner Satelliten dazu mißbraucht hatte, gegen den Geist internationaler Vereinbarungen zu handeln, wie sie im Genfer Protokoll von 1925 und im Potsdamer Abkommen von 1945 vorlagen. Dieses Abkommen sah die Entwaffnung Nachkriegsdeutschlands und seine Entmilitarisierung vor und verbot u. a. die Herstellung von Giftgasen auf deutschem Boden, ausgenommen für »unerläßlichen Friedensbedarf«, womit unentbehrliche chemische Zwischenprodukte gemeint waren.

Die DDR und die UdSSR waren beide offiziell für ein Verbot der chemischen Kriegführung eingetreten, und beide beschuldigten den Westen, die bestehenden Abmachungen zu umgehen. Wurden Fruchts Beobachtungen bekannt, so bestand Gefahr, daß beide Länder international von den Vereinten Nationen verurteilt wurden; die Kampagne, die Vereinigten Staaten wegen des Einsatzes chemischer Entlaubungsmittel in Vietnam zu tadeln, würde zu nichts führen, und die von Ost-Berlin erhobenen Anklagen, daß Bonn insgeheim die chemische und biologische Kriegführung vorbereite, würde man als bedeutungslose Propaganda abtun.

Es bestand die Gefahr, daß die Verhandlungen über eine Ächtung von Entwicklung, Herstellung und Anwendung chemischer Waffen ernstlich behindert wurden. Bei weitverbreiteter Publizität könnte Washington sich ermutigt sehen, seine Ausgaben für den Kampfstoff-Sektor angesichts einer neuen »sowjetischen Bedrohung« zu erhöhen.

Es war zwingend notwendig für General Erich Mielke, den Minister für Staatssicherheit, äußerste Geheimhaltung zu wahren, während seine Ermittler das Ausmaß der Spionagetätigkeit Fruchts prüften, den Schaden abschätzten, der der Verteidigung des Warschauer Pakts zugefügt worden war, und klärten, ob er tatsächlich Muster des neuen Kampfstoffs dem Westen zugespielt hatte oder nicht. Mielke ordnete eine totale Nachrichtensperre an und ließ nur sorgsam ausgewählte Informationen in den Westen gelangen.

Es ergab sich dann, daß der Versuch der DDR, die Verhaftung geheimzuhalten, scheiterte. Innerhalb weniger Stunden wurden die Amerikaner vom BND informiert. Die Westdeutschen waren von einem ihrer Agenten in Ost-Berlin unterrichtet worden. Selbst die Mitarbeiter in Fruchts Institut hatten schon am Tage seiner Festnahme den starken Verdacht, daß er sich im Gewahrsam der Stasi befinde. Er hatte eine Reihe einfacher Kontrollen vereinbart für den Fall, daß er nicht in der tschechoslowakischen Hauptstadt eintreffen sollte: Hatte er bis zu einer bestimmten Stunde nicht zu Hause angerufen, sollte Maria sich mit dem Institut in Verbindung setzen, wo man die Sache dann weiter untersuchen werde.

Der Alarm kam dann aus Prag selbst. Am Spätnachmittag rief ein besorgter tschechischer Kollege im Institut an. Er hatte vergeblich am Hauptbahnhof auf Frucht gewartet. In Berlin wurden die leitenden Mitarbeiter informiert, und man rief Maria an. Sie war wie vor den Kopf geschlagen; sie konnte nur bestätigen, daß ihr Mann Grünau pünktlich und planmäßig verlassen habe. Ihr erster Gedanke war: Er muß einen Herzanfall gehabt haben. Als ihr dann einfiel, wie müde er war, dachte sie, daß er vielleicht eingeschlafen und über Prag hinausgefahren war. Uta, damals fünf Jahre alt, versuchte, sie zu trösten. Vielleicht war ja ihr Vater auf dem Ostbahnhof zwischen Bahnsteig und Schienen gefallen, meinte sie, und nun lag er da, bewußtlos, aber lebendig...

Am nächsten Vormittag ging um 10.30 Uhr die Türglocke, und zwei Männer in dunklem Anzug wollten Frau Frucht sprechen. Instinktiv wußte Maria, wer die beiden waren.

Aufgeregt frage sie: »Lebt mein Mann noch?«

»Er ist am Leben«, sagte einer der Männer. »Aber wir sind Ihretwegen gekommen. Ihr Haus muß durchsucht werden.«

»Haben Sie einen Durchsuchungsbefehl?«

»Ich brauche keinen. Ich bin Staatsanwalt. Sie müssen mitkommen.«

Karin war in der Schule. Uta spielte auf dem Rasen hinter dem Haus in der Sonne. Maria, die gerade beim Reinemachen gewesen war, hatte nur ein dünnes Kleid an.

»Kann ich Strümpfe anziehen?« fragte sie.

Der Staatsanwalt schüttelte den Kopf. »Das ist nicht nötig«, sagte er. »Sie werden bald zurück sein.«

»Was wird mit den Kindern?«

»Man wird nach ihnen sehen.«

Maria wurde in das Gefängnis des Staatssicherheitsdienstes in der Magdalenenstraße gefahren und sofort in ein kleines Vernehmungszimmer gebracht.

Der Vernehmungsoffizier eröffnete ihr, daß ihr Mann wegen Spionageverdachts festgenommen worden sei, nannte aber keine Einzelheiten der gegen ihn erhobenen Beschuldigungen. Immer wieder, über viele Stunden, zielten die Fragen einzig und allein darauf ab, was sie denn wüßte, und sie antwortete immer wieder: »Nichts.«

Die Stasi versuchte, einen Keil zwischen sie und ihren Mann zu treiben.

»Wie Sie wissen, hat Ihr Mann zahlreiche Liebschaften mit anderen Frauen gehabt, und er hat Sie die ganze Zeit in diesen Dingen angelogen«, sagte der Vernehmer.

»Wenn dem so ist, dann geht das nur mich und meinen Mann etwas an«, erwiderte sie, »ich würde gerne mit ihm sprechen. Sie geht das ja wohl nichts an.«

»Warum haben wir ihn Ihrer Meinung nach verhaftet?«

»Sie sind der Vernehmungsoffizier. Das müssen Sie mir sagen.«

»Weil er gegen die Interessen der DDR gehandelt hat. Er hat Verbindungen zu feindlichen ausländischen Mächten gehabt. Welche könnten das Ihrer Meinung nach sein? Die Amerikaner? Die Westdeutschen?«

»Wie soll ich das wissen?«

»Sie müssen etwas wissen. Sie müssen zumindest etwas geahnt haben.«

»Ich habe Ihnen nichts zu sagen. Ich weiß nichts.«

»Ihr Mann ist ein richtiger Verbrecher und ein Spion, der das Glück der Familie in unverantwortlicher Weise gefährdet hat. Denken Sie doch nur an Ihre Kinder. Es ist unverzeihlich, daß er sie in diese furchtbare Lage gebracht hat. Sie sollten ihm gegenüber keine Loyalität empfinden nach allem, was er Ihnen und Ihren Kindern angetan hat.«

»Was wollen Sie von mir?« schrie sie ihn an. »Ich habe es Ihnen schon hundertmal gesagt, ich weiß von alledem nichts. Bitte lassen Sie mich jetzt gehen. Meine Kinder müssen versorgt werden. Sie brauchen ihre Mutter.«

»Wenn Sie nicht mit uns zusammenarbeiten, sind Sie selber schuld. Sie werden in Gewahrsam bleiben, und Ihre Kinder kommen ins Heim.«

»Sogar schon vor der Ehe hat er als Spion gearbeitet«, fuhr der Vernehmer fort. »Das ist eine Tatsache. Er hat Sie in jeder nur möglichen Weise getäuscht und betrogen.«

»Ich glaube das nicht«, sagte sie.

Gegen Abend brach der Vernehmungsoffizier die Befragung ab. »Sie werden die Nacht bei uns verbringen müssen, Frau Dr. Frucht«, sagte er. »Übrigens werden Sie unter demselben Dach schlafen wie Ihr Mann.«

Maria wurde nach Hohenschönhausen gefahren. Es war eine Fahrt von rund zwanzig Minuten. Sie trafen nach Anbruch der Dunkelheit ein, und man führte sie durch lange, leere Gänge. Alle waren schon für die Nacht eingeschlossen, kein Mensch war zu sehen. Man hatte Maria ein Paar Strümpfe gegeben, aber sie rutschten immer wieder herunter. Als sie sich darüber beklagte, sagte der Gefangenenwärter: »Ruhe, pssst, Ruhe!«

»Aber meine Strümpfe haben keinen Halter«, sagte Maria. Er reagierte nicht.

Am nächsten Morgen nahm die Stasi ein Protokoll auf und ließ sie die Namen von Verwandten im Westen aufzählen. Dann ließ man sie nach Hause gehen.

Als sie ankam, machte Karin die Tür auf. Das ganze Haus war ein einziges Chaos. Papiere lagen im Korridor verstreut. Schränke waren geleert, alle Bücher waren weg. Sogar die Telephonbücher und Atschkas* vollständige Sammlung klassischer Schallplatten hatte man weggekarrt. Eine ganze Lastwagenladung persönlichen Eigentums war beschlagnahmt worden.

»Alles ist weg, Mama«, rief Karin, »aber die Mickymaus-Hefte haben sie uns dagelassen!«

Maria preßte ihre Tochter an sich. Karin, damals zehn Jahre alt, war am Vortag aus der Schule nach Hause gekommen und hatte Stasi-Beamte vorgefunden, die alle Sachen ihres Vaters durchwühlten und das ganze Haus durchsuchten. Niemand erklärte ihr, was da passierte, niemand sagte ihr, wo ihre Mutter sei. Sie und Uta waren ganz aufgelöst, aber gegen Abend war es einem der Geheimpolizisten gelungen, sie ein wenig zu beruhigen und sie zu Bett zu bringen.

Maria Frucht entschied sich dafür, ihnen die schlimme Nach-

---

* Kosename Fruchts im Kreise der Familie.

richt sogleich mitzuteilen. Sie setzte sich mit ihnen ins Eßzimmer.

»Euer Vater ist weggegangen, und er wird sehr lange nicht wiederkommen«, sagte sie. Die Mädchen brachen in Tränen aus, und sie umschlang sie mit den Armen. Später tadelten einige Leute sie, weil sie die Wahrheit so kraß ausgesprochen hatte, aber sie war ganz einfach davon überzeugt, daß sie es den Kindern sofort und auf der Stelle sagen müsse.

Sie suchte im ganzen Haus nach versteckten Mikrophonen, fand aber nichts. Das Haus wieder in Ordnung zu bringen, war ein geringes Problem verglichen mit den Sorgen, die drohend am Horizont aufstiegen – nicht zuletzt ein akuter Geldmangel. Die Behörden hatten sämtliche Bankkonten der Familie gesperrt, so daß sie ohne einen Pfennig dastand.

Hilfe kam von verschiedenen Seiten. Sie wandte sich an einen engen Freund, Dr. Bender, einen ostdeutschen Augenarzt, und er wiederum nahm Verbindung zu einem anderen Bekannten der Familie auf, dem Maler Conrad Felixmüller, der gerade die Erlaubnis erhalten hatte, legal nach West-Berlin zu übersiedeln. Er hatte das gesamte Mobiliar seines Hauses verkauft und einen Teil des Geldes Dr. Bender in Verwahrung gegeben. Am 19. Mai, zwei Tage nach Fruchts Verhaftung, trafen sich die beiden Männer im Café Unter den Linden. Felixmüller erklärte sich bereit, Maria Geld zu leihen, und er wurde auch mit einer einfachen Aufgabe betraut: Sobald er am Abend wieder im Westen der Stadt war, sollte er telefonisch Fruchts Verwandten von dem Geschehen berichten und sie auf Marias Notlage hinweisen.

Sein Telephonanruf kam um 22.30 Uhr am selben Abend durch. Fruchts Kusine, Erika Stuckenschmidt, und seine alte Tante Dr. Elisabeth von Harnack sahen gerade die Spätnachrichten im Fernsehen, als Felixmüller anrief. Seine Botschaft war kurz und sachlich. »Atschka ist verhaftet. Mehr weiß ich nicht. Sagen Sie es seinen Verwandten.«

Erika, die den Anruf entgegengenommen hatte, war wie betäubt durch den Schock. Sie konnte sich einfach nicht vorstellen, was er getan haben könnte. Aber Frau Dr. von Harnack war sogleich klar, was da geschehen sein mußte. Sie hatte den Verdacht gehabt, daß Frucht etwas mit Spionage zu tun haben müsse, seit sie versehentlich einen Brief geöffnet hatte, der ihm unter ihrer Adresse geschickt worden war. Dieser Brief war im Sommer 1965 gekommen, als Frucht gehofft hatte, seine kranke Mutter in West-Berlin besuchen zu dürfen. Sie hatte die Handschrift als die des jungen Martin Rückert erkannt, des Kölner Musikstudenten, der auf dem Weg zu einem Besuch seines Onkels in Grünau oft bei ihr gewohnt hatte. Der Brief war in der dunklen Sprache der Welt der Spionage abgefaßt gewesen, und sie hatte sogleich vermutet, daß hier mehr auf dem Tisch lag als nur ein Zeichen der Freundschaft.

Sie rief ihre Nichte Gritli an, die Urlaub am Bodensee machte. Sie riet ihr, nicht durch die DDR nach Berlin zurückzukehren, sondern zu fliegen und ihr Auto später von einem Freund holen zu lassen. Gritli folgte dem Rat. Sobald sie wieder in West-Berlin war, versuchte sie verzweifelt, Verbindung zu »Fanny« in der US-Mission in der Clay-Allee aufzunehmen. Aber dort leugnete man, irgend etwas von ihm zu wissen.

Martin hatte mehr Erfolg. Ihm gelang es, zu »Jörg« durchzukommen. Aber auch er konnte nichts in Erfahrung bringen. Im Laufe der nächsten Monate rief er die Amerikaner mehrfach an, und die Antwort war immer gleich: »Sagen Sie niemandem ein Wort.« Er gehorchte der Anweisung.

Fruchts erste Frau, Gisela, eine Physiotherapeutin, behandelte gerade einen Patienten in West-Berlin, als man Kontakt zu ihr aufnahm und ihr von der Verhaftung berichtete. Ihr fiel sofort wieder ein, was Frucht ihr vor Jahren gesagt hatte: »Wenn mir etwas passiert, wenn ich aus politischen Gründen verhaftet werden sollte, dann erzähle sofort aller Welt davon. Ich habe keine Lust, so einfach spurlos zu verschwinden.«

Gisela beschloß, genau das zu tun, worum er sie gebeten hatte. Sie wandte sich mit der Bitte um Hilfe an den Verband Freiheitlicher Juristen, eine Gruppe, die auf dem Umweg über die Medien den Menschen im Osten Ratschläge gab, die juristische Probleme hatten, und die Buch führte über Mißbräuche der Justiz im ganzen Sowjetblock.

Wegen ihres unabhängigen Vorgehens wurde Gisela später von anderen Verwandten kritisiert, die befürchteten, daß das, was sie getan hatte, Maria nur noch mehr Schwierigkeiten bereiten würde. Aber sie war innerlich davon überzeugt, daß Adolf-Henning selbst ihre Initiative gebilligt haben würde.

In Ost-Berlin erriet Maria sehr bald den Grund für die Verhaftung ihres Mannes. Sie ahnte, daß die Geheimnisse der chemischen Kriegführung dabei eine Rolle spielten. Einmal hatte er zu ihr gesagt, daß Giftgas noch schlimmer sei als die Atombombe. Alle Menschen sollten über Kampfstoffe Bescheid wissen: »Sie töten lautlos. Man kann sie nicht sehen, und riechen tun sie auch nicht. Einfache Menschen werden unter ihnen zu leiden haben. Abkommen wird man nicht einhalten.« Er hatte so ausführlich darüber gesprochen, daß Maria klar wurde, wie sehr er innerlich von diesem Thema gepackt war. Sie wußte auch, daß er mit anderen DDR-Wissenschaftlern in Verbindung stand, die auf dem Gebiet der Kampfstoffe arbeiteten, und daß einige von ihnen sie in Grünau besucht hatten.

War ihr Mann irgendeiner Sache schuldig, folgerte sie, dann mußte es damit zu tun haben. Handelte es sich tatsächlich um Spionage, dann konnte es sich ihrer Meinung nach bei dem beteiligten Land nur um die Vereinigten Staaten handeln. Ihr fiel ein Gespräch wieder ein, in dessen Verlauf er die Amerikaner als »unsere Freunde« bezeichnet hatte, und sie wußte, daß sie ihm 1959, als Gisela in den Westen floh, geholfen hatten, indem sie Geld für sein Flugticket von West-Berlin nach Rheda in Westfalen beisteuerten. Maria war auch zu dem Schluß gelangt, daß Martin in irgendeiner Weise beteiligt sein müsse: Er und Atschka waren einmal weggegangen, um sich mit einer dritten Person in der Stadt zu treffen, und sie hatte gehört, wie sie einen anderen Namen erwähnten. Als sie diesen Namen aussprach, war Atschka zornig geworden. »Sprich nie wieder von ihm«, hatte er gesagt. »Du darfst von dieser ganzen Angelegenheit nichts wissen. Es könnte mich sonst das Leben kosten.«

Die meisten von Fruchts Verwandten hatten einen West-Berliner Personalausweis, was bedeutete, daß sie nicht so ohne weiteres eine Erlaubnis zum Passieren der Mauer erhielten, und als einzige war Erika Stuckenschmidt, die einen westdeutschen Paß besaß, in der Lage, sofort den Grenzübergang zu passieren. Es wurde beschlossen, daß sie sofort Maria besuchen solle.

Sie fuhr mit dem Volkswagen ihrer Kusine Gritli hinüber. Ihr Treffen mit Maria wurde zu einer höchst aufregenden Angelegenheit. Weil sie fürchtete, daß es Abhörmikrophone im Haus gab, wagte sie es nicht, Fragen zu stellen. Maria schlug einen Spaziergang im nahen Wald vor. Die Kinder ließen sie im Bungalow. Erika sagte wenig, und es widerstrebte ihr zu fragen, was denn eigentlich hinter der Verhaftung stecke. Sie fürchtete, daß man sie bei ihrer Rückfahrt an der Grenze ins Verhör nehmen würde.

Das ganze Ausmaß der Tragödie wurde ihr erst bewußt, als sie wieder zum Bungalow zurückgekehrt waren und die Mädchen ins Bett brachten. Sie spürte, daß ihr die Tränen kamen, als sie auf dem Matratzenrand hockte, während Maria mit den Kindern betete und Gott bat, den Vater vor Schaden und Leid zu schützen und sie alle in den Monaten, die vor ihnen lagen, in seine Obhut zu nehmen.

Als nächste Verwandte besuchte Emmi Bonhoeffer Maria. Sie war Fruchts Kusine zweiten Grades, Schwester des Nobelpreisträgers Max Delbrück. Ihre Fahrt erwies sich als ebenso spannungsgeladen wie diejenige Erikas. Sie rief Maria an und verabredete sich mit ihr am S-Bahnhof Friedrichstraße in Ost-Berlin. Als die beiden Frauen plaudernd am Ufer der Spree entlangspazierten, folgte ihnen ein Mann auf einem Motorrad. (In den kommenden Monaten fuhr Emmi noch mehrmals zu Besuch auf die andere Seite der Mauer, bis man ihr schließlich erklärte: »Sie sind in der DDR unerwünscht.«)

In Fruchts Institut wurden alle Zweifel über seinen Aufenthaltsort bald beseitigt.

In allen wichtigen Büros wurde ein Geheimpolizist postiert. Ein Beamter der Staatssicherheit übernahm die Telephonvermittlung und notierte alle Nachrichten, die telephonisch an das Institut gegeben wurden. Für jeden Anrufer gab er sich einen anderen Namen. Im Hauptsekretariat wurde die Atmosphäre äußerst gespannt, als die Leitende Technische Assistentin, eine Frau in den Dreißigern, zwangsweise zum Verhör abgeführt wurde. Ihre Kolleginnen und Kollegen hörten, wie sich die Tür ihres Büros für kurze Zeit öffnete, und wie sie dann wieder zugeschlagen wurde – ein sicheres Zeichen dafür, daß man sie gewaltsam festhielt.

Es vergingen mehrere Tage, bevor sie sie wiedersahen. Als sie wieder auftauchte, wirkte sie, als habe sie eine Gehirnwäsche durchgemacht – alles, was um sie her geschah, schien ihr schrecklich fern und fremd zu sein. Die Frau gehörte zu den wichtigsten Mitarbeitern des Instituts. Sie war für den Giftschrank verantwortlich und hatte Kenntnis von allen Forschungsarbeiten. Glücklicherweise war ihr Kontakt mit Frucht begrenzt gewesen, und sie hatte keine Ahnung von dem Kampfstoff, der in seinem Büro lagerte. Trotz intensiver Befragung verriet sie nichts, was ihn noch weiter hätte belasten können.

Die Mitarbeiter des Instituts gaben sich alle Mühe, so wenig wie möglich aufzufallen. Die meisten hatten viel zu viel Angst, um ganz offen Auskunft zu verlangen. Sie sprachen nur im Flüsterton über die ganze Affäre.

Die Verhaftung wurde erst mehrere Wochen später öffentlich bekanntgegeben. Einer der Abteilungsleiter informierte die Mitarbeiter beim Frühstück in der Kantine des Instituts. Professor Frucht, sagte er, stehe unter der Anklage, militärische Spionage betrieben zu haben. Die Reaktion war gemischt. Einige waren entsetzt über das Geschehene. Andere fanden, daß er wohl verdient haben müsse, was mit ihm passiert war – sofern die Anklage begründet war. Einige meinten, die Stasi müsse sich Belastendes gegen ihn aus den Fingern gesogen haben. Es gab die wildesten Vermutungen darüber, was er wohl angestellt haben könnte; das meiste war konfus und ungenau.

Die Untersuchung

Drei Tage nach seiner Festnahme wurde Frucht zur Bekanntgabe des Haftbefehls in das Büro des Stellvertretenden Staatsanwaltes in einem Seitenflügel des hochgeschützten Untersuchungsgebäudes in Hohenschönhausen geführt. Er wurde von einem kleinen, dicklichen Mann Ende der Fünfziger empfangen, der fast hinter einem großen Schreibtisch verschwand. Seitlich von ihm saß eine etwa vierzigjährige, übermüdet aussehende Frau an einer Schreibmaschine.

»Die Liste der gegen Sie vorliegenden Haftgründe ist lang«, sagte der offenbar als Haftrichter fungierende Mann und blickte auf ein vor ihm liegendes, engbeschriebenes Blatt. »Ich werde sie Ihnen vorlesen, und Sie können sich dazu äußern. Wegen Gefährdung der Staatssicherheit ist jede Kommunikation nach außen unzulässig.«

Also kein Rechtsanwalt, dachte Frucht, fragte aber sicherheitshalber: »Was bedeutet keine Kommunikation?«

»Darüber können Sie noch lange nachdenken«, antwortete der Funktionär.

»Dann hätte ich gerne eine Strafprozeßordnung«, sagte Frucht.

»So etwas brauchen Sie bei uns nicht. Ihr Vernehmer wird Sie über alles, was Ihr Verfahren angeht, unterrichten. Wenn Sie sich entsprechend verhalten, können Sie ihn eventuell auch etwas fragen«, sagte der Mann hinter dem Schreibtisch ganz freundlich, so als ob es sich um die größte Selbstverständlichkeit handele.

»Darf ich Ihren Namen und Ihre Dienststellung erfahren?«

»Na, Sie sind aber zäh«, sagte der Funktionär herablassend und mit einem Anflug von Staunen. »Lassen Sie mich nur fortfahren; dann werden Sie schon merken, was ich tue. Im übrigen hat hier keiner einen Namen.« Damit ergriff er das vor ihm liegende Blatt und begann mit markiger Stimme: »Sie waren schon immer ein Feind der Sowjetunion. Sie haben sich im In- und Ausland als Nazi-Agent betätigt, und zwar in an sich strafverjährter Zeit bis 1945.«

Mit jedem Wort war der sonderbare Richter leiser geworden, als wollte er sagen: »Ich könnte auch brüllen, aber du wirst ohnehin merken, was die Stunde geschlagen hat. Hier wird jeder von ganz allein klein.«

Frucht spürte, wie hier ein eisiger Wind von einer Institution kam, in der ein Haftrichter gar keine Rolle spielte. »International, Sowjetunion, Nazi«, das war eine gefährliche Kombination, eine Ausweitung über die DDR hinaus, die möglicherweise Überstellung an die Sowjetunion nach sich ziehen konnte.

»Die Behauptung ist falsch und außerdem doch wohl unzulässig. Wie können Sie etwas, was Sie selbst für verjährt ansehen, als Haftgrund angeben?« fragte Frucht.

»Weil es zeigt, was Sie für ein Mensch sind«, erwiderte der Haftrichter.

Der Haftrichter stieß seinen Stuhl zurück und stellte sich in Positur.

»Ich spreche jetzt zu Ihnen von Mann zu Mann. Ihre Zukunft ist schwarz. Ihr Schicksal ist besiegelt. Sie haben nur noch eine Aufgabe: Tragen Sie die Folgen Ihrer Taten aufrecht. Zeigen Sie auch im Unglück, daß Sie ein deutscher Mann sind!«

Frucht überlegte, ob er jetzt wohl militärische Haltung einnehmen, den »deutschen Gruß« erweisen und laut »Jawohl, mein Führer« rufen sollte. Er hatte ein feines Gehör für Töne aus der Nazi-Zeit und kannte die Deutschnationalen, die sich einst mit ihrem Nibelungen-Ehrenkodex Hitler angeschlossen hatten. »Wenn das von den Nornen bestimmte Schicksal hereinbricht, wanke nicht! Ab nach Walhall!«

Hier hatte einer offenbar den Absprung von dieser Ideologie so gründlich verpaßt, daß er nur noch in einer entlegenen Ecke, als Haftrichter bei der Stasi, verwendet werden konnte.

Frucht war belustigt und ein wenig gerührt. Wie unglücklich mußte dieser Mensch sein! Gewiß würde er auf eine Ablenkung eingehen. Nach kurzer Zeit sprach der Richter über Fußball. Er war enttäuscht, wie wenig Frucht davon wußte, und begann, ihn über die wichtigsten Mannschaften aufzuklären. Das brachte die Sekretärin auf den Plan, die andeutete, über Fußball ausreichend informiert zu sein. Was man gegen Krampfadern tun könne? Wie sie mit ihrem Sohn, der so schwierig wäre, umgehen sollte? Das veranlaßte den Richter, sich über die Verwahrlosung der heutigen Jugend zu verbreiten. Die Unterhaltung endete erst, als der Läufer den Häftling zur Zählung holte.

Bei der nächsten Vernehmung durch Hauptmann Runge berichtete Frucht, er habe gegen einzelne Haftgründe Widerspruch vorgebracht und in dem amtierenden Richter einen Mann gefunden, mit dem sich reden lasse. Hauptmann Runge machte ein mißmutiges Gesicht und ließ ihn abführen. Am folgenden Tage sagte er: »Machen Sie sich keine Illusionen. Dieser Mann hat in diesem Hause nichts zu sagen. Halten Sie sich an mich. Bei mir entscheiden sich die Anklagepunkte; von mir hören Sie, was sonst noch mit Ihnen passiert und wie lange Sie hier sitzen.«

Das war deutlich genug. In dieser Situation erkannte Frucht eine Ironie, die in den Schriften Thomas Manns einen Platz hätte finden können. Er, der Gefangene, hatte nur zwei offizielle Kontakte. Der eine war der Ermittlungsrichter, nach dem Gesetz der entscheidende Mann, in Wirklichkeit nur eine Marionette mit Alibifunktion. Runge und seine Hintermänner, eigentlich Hilfsarbeiter des Richters, waren die Herren des Verfahrens. Dazu kam noch eine doppelte Ironie. Der alte Nazi war im Rahmen des Möglichen zugänglich und verhielt sich menschlich. Bei Runge, der sich Antifaschist nannte und sich als Vertreter einer menschheitsbeglückenden Ideologie verstand, waren Züge von Anteilnahme oder gar Rücksicht nicht zu erkennen. Er war sogar unmenschlich, wie sich noch zeigen sollte.

Das Klima bei den Vernehmungen verschlechterte sich zusehends. Das lag anfangs wohl auch an der Rastlosigkeit, mit der Runge sich und seinen Häftling an den Rand der totalen Erschöpfung trieb. Jeden Anhaltspunkt, jede noch so undeutliche Spur verfolgte er. Er hatte den Verdacht, daß Frucht für mehrere Geheimdienste gearbeitet hatte, auch für den Bundesnachrichtendienst und für die Briten.

Tausende von Dokumenten wurden durchgesehen, die man im Institut des Wissenschaftlers und bei ihm zu Hause beschlagnahmt hatte. Geschulte Analytiker fertigten lange Listen mit jeder Einzelheit seines beruflichen und privaten Lebens an und hörten Hunderte von Langspielplatten mit klassischer Musik und kilometerlange Tonbänder ab. Seine Sammlung von Notenhandschriften wurde mit dem Computer analysiert in der Hoffnung, hier verschlüsselte Geheimnachrichten zu finden. (Frucht machte Runge später den Vorschlag, daß es doch viel einfacher sein würde, die Musik von einem Orchester aufführen zu lassen; chiffrierte Nachrichten würden dann sehr schnell offenbar werden.) Seine Bibliothek wurde untersucht, eine Lastwagenladung Bücher wurde nach Hohenschönhausen zur Auswertung gebracht. In der Sicht der Stasi wies der literarische Geschmack eines Menschen auf seine politischen Neigungen hin, und Runge entdeckte bald Zeichen »ideologischer Dekadenz« in seiner Sammlung vowiegend wissenschaftlicher und klassischer Literatur, nämlich Fruchts James-Bond-Romane und eine psychologische Studie über den Sonderagenten. Er drohte damit, diese »antikommunistischen« Bücher als Beweismittel zu verwenden.

Wenige Tage nach der Verhaftung führte Runge eine Razzia gegen Fruchts Besitz an der Ostsee an. Dieser bestand aus einer Scheune mit Stall. Die Fruchts hatten gehofft, sich dort einmal ein kleines Sommerhaus bauen zu können. Inzwischen diente das Stückchen Land den Kindern als Zeltplatz, während die Eltern im nahen Dorf Spandowerhagen wohnten. Frucht charakterisierte das Dorf als eine »Gemeinde von 180 Seelen, bestehend hauptsächlich aus Fischern, zwei Förstern, vier regulären Stasi-Spitzeln und keinem einzigen Polizisten.«

Seine Anwesenheit in diesem malerischen kleinen Feriendorf hatte den äußersten Argwohn der Stasi erregt, denn sein Stückchen Land lag in der Nähe der hochgeheimen militärischen Anlagen von Peenemünde, dem ehemaligen Startplatz der V-2 Wernher von Brauns im Zweiten Weltkrieg. Dieses Gelände mit seinen unterirdischen Flugzeughallen und Pisten war ein wichtiger Militärflughafen der DDR, und im nahen Hafen legten regelmäßig sowjetische Lenkwaffenkreuzer an. Die Nähe des Kernkraftwerks Nord in Lubmin bot weiteren Anlaß zur Sorge.

Peenemünde stand lange im Brennpunkt der westlichen Spionage, und die Stasi mochte nicht glauben, daß Frucht rein zufällig da war. Sie glaubte, der Besitz in Spandowerhagen hätte westlichen Agenten, die an die Ostseeküste geschickt wurden, als Stützpunkt gedient. Insbesondere hegten die Beamten des Staatssicherheitsdienstes den Verdacht, daß Martin Stomann*, ein ehemaliger U-Boot-Kommandant, den die CIA zum Froschmann ausgebildet hatte, dort eines Nachts an Land geschwommen sei und auf Rügen eine Spionage-Zelle aufgebaut habe. Als Frucht verhaftet wurde, saß Stomann schon in Hohenschönhausen. Die Stasi jedoch war überzeugt davon, daß Frucht Verbindung mit ihm gehabt und ihm auf seinem Feriengrundstück Unterschlupf gewährt haben müsse. Der Wissenschaftler bestritt jede Verbindung mit ihm, und sehr viel Zeit wurde mit dem Versuch vergeudet, einen Zusammenhang nachzuweisen, der nie bestanden hatte.

Eine weitere falsche Spur führte Runge nach Ungarn, wo er stundenlang einen Professor in Budapest vernahm, weil er hoffte, Beweise dafür zu finden, daß Frucht einem internationalen Spionagering angehört und versucht hatte, Agenten dafür anzuwerben.

Der Vernehmer interessierte sich ganz besonders für ein Treffen des Wissenschaftlers mit dem Ungarn in Fruchts Grünauer Haus. Frucht hatte ihn zusammen mit mehreren westdeutschen und tschechoslowakischen Akademikern zu einem Glas Wein

---

* Anhang D enthält die Schilderung der Stomann-Mission.

eingeladen, und sie hatten einen schönen, warmen Sommerabend auf der Veranda verbracht. Der Sohn des Ungarn, ein Theologiestudent, hatte gewisse Probleme mit dem kommunistischen Staat, und Frucht hatte vorgeschlagen, er möge sich doch beim Weltkirchenrat in Genf um ein Stipendium bewerben. Das hatte den Vater des jungen Mannes mißtrauisch gemacht, und er hatte sich bei einem Mitarbeiter des Instituts darüber beklagt, daß Frucht versucht habe, ihn gegen die ungarische Volksrepublik zu beeinflussen. Diese Bemerkung kam der Stasi zu Ohren, und Runge witterte Intrige und Verschwörung. Vergeblich wies Frucht darauf hin, daß es schierer Wahnsinn gewesen wäre, wenn er versucht hätte, jemanden so offen und vor so vielen Zeugen anzuwerben. Runge wurde ärgerlich und lehnte es ab, ihm zu glauben. »In Genf gibt es viel mehr Organisationen als nur die Kirche«, fuhr er ihn an. »Das sollten Sie doch wissen.«

Am Ende unterschrieb Frucht dann eine langatmige Erklärung, er könne »die Möglichkeit nicht ausschließen«, daß man sich an den Sohn des Professors »hätte wenden können«, wenn er in die Schweiz gegangen wäre, doch habe es bei ihm keinerlei »verborgene Absichten« gegeben.

Die Stasi konzentrierte sich auch auf Fruchts zahlreiche berufliche Verbindungen mit DDR-Wissenschaftlern. Er hatte viele der besten Wissenschaftler des Landes gekannt, und diese Tatsache erfüllte die Behörden mit höchster Sorge.

»Sie saßen in der Direktorenkonferenz des Zentralinstituts für Arbeitsmedizin«, sagte Runge eines Tages. »Haben Sie den Amerikanern über die Sitzungen berichtet, an denen Sie dort teilgenommen haben?«

»Nein.«

»Warum nicht?«

»Es war zu langweilig.«

»Wußten die Amerikaner, daß Sie ein Mitglied dieses Gremiums waren?«

»Ja, die Mitgliederliste ist ja veröffentlicht worden.«

»Dann konnten die Amerikaner also den Schluß ziehen, daß dort nichts von Interesse geschah.«

»Das ist möglich.«

»In diesem Falle werde ich einen Bericht des Inhalts zu den Akten nehmen, daß Sie ihnen wertvolle Informationen über die Arbeit der Direktorenkonferenz gegeben haben.«

»Das werde ich nicht unterschreiben. Es entspräche nicht der Wahrheit.«

»Aber Sie haben selbst gesagt, die Amerikaner könnten aus Ihrer Reaktion den Schluß ziehen, daß dort überhaupt nichts passierte. Beweise für Spionage hängen nicht davon ab, ob *Sie* irgend etwas für wichtig halten oder nicht. Es spielt auch keine Rolle, ob Sie Informationen weiterleiten, indem Sie tatsächlich etwas mitteilen oder indem Sie nichts mitteilen. Das ist wie bei den Morsezeichen. Auch die Pausen zwischen kurz und lang sind wichtig.«

Zwei Tage später forderte Runge Frucht auf, eine Erklärung zu unterschreiben, daß er den Amerikanern wertvolle Informationen über die Direktorenkonferenz gegeben habe. Frucht weigerte sich.

»Sollen wir wieder von vorne anfangen?« fragte Runge.

»Ich unterschreibe das nicht.«

»Also gut«, sagte der Stasi-Offizier. »Lassen wir das.«

Runge nahm eine Schachtel Zigaretten heraus, zündete sich umständlich und langsam eine an und blies Frucht den Rauch ins Gesicht. »Es tut mir leid, daß ich heute keine Zigaretten für Sie haben. Ich habe Ihre vergessen«, sagte er.

Nach zehn Tagen beharrlichen, unablässigen Drucks wurde Frucht weich und unterschrieb; er hielt die ganze Sache für relativ unwichtig. Aber später, nach zahlreichen ähnlichen kleinen Zugeständnissen, wurde ihm klar, wie gefährlich diese Haltung für ihn war. Jedes wahrheitswidrige Geständnis, wie trivial es auch sein mochte, gefährdete seine Selbstachtung, bedrohte die Unversehrtheit seiner Persönlichkeit. Auf diese aber würde es, das ahnte er, mit jedem Monat seiner Haft mehr und mehr ankommen.

Die Staatssicherheit mußte damit rechnen, daß Frucht über sein eigenes Arbeitsgebiet hinaus Informationen geliefert hatte, und prüfte deshalb alle seine wissenschaftlichen Verbindungen. Das Ergebnis war eindrucksvoll. Frucht sagt dazu heute:

»In einem kleinen und extrem zentralistischen Staat wie der DDR muß der Vertreter eines Querschnittsfaches, wie es die Physiologie ist, mit vielen wissenschaftlichen Gremien und fast allen führenden Naturwissenschaftlern in Kontakt kommen, insbesondere, wenn er wie ich einem Ministerium direkt untersteht und in der Hauptstadt sitzt. Eine solche Stellung wirkt sich im Ostblock auch immer auf die internationalen Verbindungen aus. Hier herrscht ein streng hierarchisches Denken, und es wird automatisch angenommen, daß ein in der Hauptstadt arbeitender Vertreter eines Fachs auch der offiziell anzusprechende ist.«

Fruchts wissenschaftliche Kollegen waren entgeistert, als sie die Nachricht von seiner Verhaftung empfingen. Monatelang wußte man nichts. Dann folgten gezielte Desinformationen. Das Ereignis zog Kreise im ganzen Sowjetblock, und viele Wissenschaftler, die er kannte, wurden von Mitarbeitern ihres jeweiligen Staatssicherheitsdienstes überprüft. Sowohl Professor von Ardenne in Dresden als auch Professor Butenandt in München waren tief betroffen und fanden seine Verstrickung unbegreiflich.

Der Zermürbungskrieg

Nach Wochen und Monaten der Verhöre begann Professor Frucht an allem zu zweifeln – an seiner Intelligenz, an seiner Motivation, an seinen Gefühlen. Runge hatte es nicht nötig, zu physischer Gewalt zu greifen, um dies zu erreichen. Solche Methoden hatte man schon in den fünfziger Jahren abgeschafft; man ging jetzt subtiler vor, um den Widerstand zu brechen.

Man verfolgt das Ziel, jeden Gefangenen psychisch zu analysieren und einen genauen Plan über das weitere Vorgehen aufzustellen, um die geistig-seelischen und physischen Schwächen des jeweiligen Individuums auszunutzen. Alles nur mögliche wird getan, um die Abhängigkeit des Gefangenen von den Behörden zu steigern, so daß er jeder Manipulation zugänglich wird.

Diese Bearbeitung beginnt mit der Einrichtung der Unterkünfte. Die meisten Zellen haben zwei Betten und variieren in der Ausstattung vom Spartanischen zum Luxuriösen. Einige sind mit harten Holzpritschen und Tischen möbliert, während es in anderen Betten mit Federmatratzen, weiche Sessel, ja sogar Rundfunk- und Fernsehgeräte gibt. Der Speiseplan ist von Person zu Person verschieden. Ein gefügiger Gefangener speist von Porzellan und bekommt gutes Essen; sein widerspenstiger Zellengenosse muß zuschauen und fettige Suppe aus einem angeschlagenen Emaillenapf löffeln. Ähnliche Methoden wendet man auf Kaffeetrinker und Zigarettenraucher an. Außerdem kann die Stasi den Spaziergang des Gefangenen beschneiden oder ganz absetzen, sie kann ihm Bücher oder Zeitungen vorenthalten, sie kann ihn wochen-, ja sogar monatelang in seiner Zelle isolieren. Sie kann ihn stundenlang ohne Ruhepause stehen lassen, sie kann das Licht die ganze Nacht über brennen lassen und die Zelle alle paar Minuten durch das Guckloch kontrollieren. Jeder Berührung mit der Außenwelt beraubt, hat der Gefangene bald das Gefühl, im Nichts zu schweben. Er hört nichts, sieht nichts, erfährt nichts von draußen. Er hängt ganz von den Launen seines Vernehmers ab.

Es ist nicht überraschend, daß ostdeutsches und nicht sowjetisches Fachwissen über Verhörtechnik in jenen Ländern der Dritten Welt gesucht ist, die enge Verbindungen zu Osteuropa unterhalten. »Der Ablauf ist so präzise«, sagte ein ehemaliger Häftling, »daß man als Deutscher, auch dann, wenn man selbst das Opfer ist, gar nicht umhin kann, die reine Perfektion dieses systematischen Vorgehens zu bewundern.«

Frucht spürte nur allzu bald die Wirkung des Systems. Er bekam Magenschmerzen, besonders nachts. Sie zehrten an seinen Kräften und blieben unbehandelt. Man muß der Untersuchungsbehörde zugute halten, daß Magengeschwüre unter derartigen Haftbedingungen nicht ausheilen, auch wenn sie behandelt werden. Im übrigen ist es angenehmer, einen von Schmerzen geplagten Häftling zu vernehmen als einen gesunden, und vom vollzugstechnischen Standpunkt ist allein interessant, ob es im Falle einer Magenperforation gelingt, den Häftling zu operieren, ehe die unvermeidliche Bauchfellentzündung tödliche Folgen haben kann. Bei Frucht, der diese Überlegungen sehr gut verstand, wenn er sie auch nicht billigte, verlief alles erwartungsgemäß. Die Schmerzen hörten bei Ende der Vernehmungen auf, meldeten sich zu Beginn der Einzelhaft noch einmal; das Geschwür an der Magenvorderwand war also nicht abgeheilt. Es perforierte am 28. April 1969 nach einem langen schmerzfreien Intervall in den Bauchraum, wurde wegen des schlechten Allgemeinzustandes nur übernäht, was durchaus schnell und sachgemäß geschah. Da es wie selbstverständlich auch danach nicht heilte, wurde es am 3. März 1970 mit zwei Dritteln des Magens entfernt. Die Operation verlief gut, verringerte aber wegen des verstümmelnden Charakters die Chancen, mit der einseitigen Gefängniskost auszukommen. Deshalb kam es in den zwei folgenden Jahren wieder ganz typisch, sozusagen planmäßig, jeweils im Frühling zu einer Polyneuritis, einer Entzündung motorischer und sensibler Nerven mit bleibenden Ausfällen. Frucht meint, diese Zeit sei fast die unangenehmste gewesen: arbeitsunfähig in der Einzelhaft zu sitzen, auf den Arzt oder Behandlung zu warten und die Lähmung langsam aufsteigen zu spüren. Er erwähnt auch den positiven Aspekt: jetzt hat er einen Schwerbeschädigten-Ausweis und darf kostenlos Straßenbahn fahren.

Im Sommer 1967, in der Phase der intensiven Vernehmungen, lag das noch in der Zukunft, aber als Physiologe wußte Frucht, wie sehr sich seine Chancen, ins Gleichgewicht zu kommen, verschlechterten, wenn es ihm nicht gelang, seine Schmerzen zu verdrängen und mit seinem Vernehmer wenigstens zu einem erträglichen Verhandlungsniveau, einer irgendwie gearteten Zusammenarbeit zu kommen. Gerade dies gelang nicht. Während die Tage vergingen, verschlechterte sich sein Verhältnis zu Runge stetig, und er kam zu dem Schluß, daß sein Vernehmer nur eine Galionsfigur sei, nur die Spitze eines Eisbergs. Mit ihm zu reden, das war wie der Versuch, mit einem Computer zu telephonieren: Es kam kein Echo, es kam keine Reaktion. Runge war ein Automatenmensch, der einer festen Strategie folgte, die seine Vorgesetzten ihm diktiert hatten. Es war nicht möglich, irgendeine persönliche Beziehung zu ihm herzustellen. Er fing jetzt damit an, Frucht absichtlich zu provozieren. So sagte er, Frucht habe seine erste Frau nur geheiratet, weil er ein Snob sei und gesellschaftlich aufsteigen wollte.

Derartige Angriffe gaben Frucht das Gefühl, die Sehne eines Bogens zu sein, der bis zum Äußersten gespannt worden ist. Er versuchte, so gelassen zu bleiben wie möglich, aber es fiel ihm schwer, seinen Grimm zu verbergen. Vor langer Zeit hatte ihm ein Kollege, ein Psychologe, von der Wirkung derartiger Verhörtechniken erzählt; in vielen Fällen erhole sich der Gefangene nie wieder davon und bleibe für den Rest seines Lebens ein psychiatrischer Fall.

Sämtliche Aussagen Fruchts wurden von einer Gruppe von Analytikern mitgehört, die sich in einem anderen Raum des Gefängnisses befand, und vor jeder neuen Sitzung wurde Runge über sein weiteres Vorgehen instruiert. Systematisch wurde der Gefangene ausgequetscht, bis er alles sagte, was er wußte. Ein Thema wurde angeschnitten, durchgearbeitet und dann abrupt gewechselt. Man gab ihm keine Chance vorherzusagen, wie sich die Befragung entwickeln werde. Jede Erklärung, die er abgab, wurde gedreht und gewendet und von allen Seiten untersucht. Auf jede Pause, jedes Zeichen der Unsicherheit stürzte sich der Vernehmer, packte sie und ging ihr bis ins winzigste Detail nach. Nur ganz selten wurden seine Antworten zum Nennwert akzeptiert.

»Sie lügen«, sagte Runge etwa. »Wiederholen Sie das Ganze noch einmal.«

»Es gibt nichts hinzuzufügen«, sagte Frucht dann protestierend. »Es ist die Wahrheit.«

»Das ist Quatsch. Das wissen wir genau. Es ist absoluter Unsinn.«

Fruchts Versuche, komplizierte wissenschaftliche Daten zu erläutern, stießen oft auf Zynismus. »Für wie dumm halten Sie mich eigentlich?« fragte Runge ihn einmal. »Ich habe an der Walter-Ulbricht-Akademie für Staats- und Rechtswissenschaften studiert.«

Den Bruchteil einer Sekunde lang huschte ein Lächeln über Fruchts Gesicht. Er hatte von dieser Akademie gehört, und er wußte, daß sie zweitklassig war. Aber Runge gehörte zu der Sorte Mensch, die nie zugeben kann, irgend etwas nicht zu wissen; das wäre ein Zeichen von Schwäche gewesen. Seine Augen bekamen etwas Stechendes, als er Fruchts abfälliges Lächeln bemerkte.

Die Spannung begann zu steigen. Es wurde unangenehm, wenn das, was Frucht zu sagen bereit war, nicht dem entsprach, was Runge hören wollte. Die beiden Männer redeten aneinander vorbei. Runge zieh seinen Gefangenen der Lüge, und das erhöhte die Belastung für ihn. Frucht begann, konfus zu werden, und sein normalerweise scharfes Gedächtnis begann ihm Streiche zu spielen.

Wenn Runge ihn in eine bestimmte Richtung drängen wollte, plante er seine Antwort und notierte sich in Gedanken, was er unter allen Umständen vermeiden wollte. Aber die Fragen änderten plötzlich die Richtung, er wurde mit etwas ganz anderem konfrontiert, und das wurde dann immer aufs neue wiederholt. Bald war er nicht mehr sicher, was er gesagt hatte, was er hatte sagen wollen, oder was tatsächlich schon festgestellt war. Runge verglich dann seine Aussage mit einer seiner früheren Äußerungen zu demselben Thema.

»Aber Sie haben damals etwas ganz und gar anderes gesagt. Wie verträgt sich das damit?«

Am Ende war Frucht selber nicht mehr sicher, was Lüge und was Wahrheit war.

Am Abend sagte Runge dann: »Ihre Erklärungen sind unbefriedigend. Ich werde Sie morgen wieder danach fragen. Denken Sie sorgfältig darüber nach, was Sie sagen wollen. Es wird entscheidend sein.« Dann ließ man Frucht tagelang in seiner Zelle, und wenn die Vernehmung weiterging, wurde das zuvor behandelte Thema überhaupt nicht mehr erwähnt.

Manchmal versuchte die Stasi, ihn mit grobschlächtigen psychologischen Tricks einzuschüchtern. Einmal, als Runge den Raum verlassen hatte, bemerkte er, daß die Tür nur angelehnt war, und er hörte eine Frau sprechen und weinen. Er erkannte die Stimme; es war die Leitende Technische Assistentin aus dem Institut. Aber fast gleichzeitig bemerkte er etwas sehr Merkwürdiges. Die Tonlage der Stimme schwankte, und für das Ohr eines Musikers war es mühelos zu erkennen, daß er eine Tonbandaufzeichnung hörte. Das Tonbandgerät lief ungleichmäßig. Aber als Frucht sich wegen dieses Zwischenfalls beschwerte, sagte Runge, er wisse nichts davon.

Die Haftbedingungen verschlechterten sich. Frucht wurde es verboten zu lesen, zu schreiben oder Spiele zu spielen. Offiziell wurde er bestraft, weil er ein Schachbrett in die Oberfläche eines Tisches geritzt hatte. (Er und sein Zellengenosse, Klaus Kannegiesser, hatten sich Schachfiguren aus altem Brot geknetet.) Inoffiziell aber wurde die Schraube weiter angezogen, um ihn gefügiger zu machen.

Es war ein gnadenloser Vorgang. Obwohl er seine Zelle mit einem anderen teilte, empfand Frucht eine Einsamkeit wie nie zuvor. In dem kleinen Raum aus Beton war er allein mit seinen Sorgen, einem gelegentlichen Angstgefühl, der Bürde seiner Verantwortung. Dauernd dachte er an Maria und die Mädchen und das Leid, das sein Handeln über sie gebracht hatte.

Er wußte, daß er das Opfer einer systematischen seelischen Folter war, die seinen letzten Widerstand brechen sollte. »Es wäre mir lieber, wenn man mich körperlich zerbricht, als dies ertragen zu müssen«, sagte er einmal zu Runge. Als der Stasi-Offizier lächelte, begriff Frucht, daß er einen Fehler begangen hatte. Das war eine Einladung, den Druck noch zu steigern. Er stellte sich vor, wie die Leute, die die Vernehmung steuerten, Runge dazu beglückwünschten, ihn beinahe gebrochen zu haben. Und dann, als er auf dem tiefsten Punkt angelangt war, sagte er sich: »Genau das wollen sie. Wenn du auf diesem Wege weitermachst, haben sie gesiegt.«

Alles war verboten. Wenn Frucht schlief und sein Kopf unter der Decke steckte, donnerte der Wärter an die Tür und brüllte: »Drehen Sie den Kopf nach rechts!« Er mußte jederzeit sichtbar sein, und das bedeutete, daß seine Zelle die ganze Nacht lang beleuchtet war.

Wenn die Stasi glaubte, daß sich Frucht am Rande des Selbstmords befand, gab es Perioden, in denen die Wärter Befehl hatten, alle paar Minuten seine Zelle zu kontrollieren. Für viele Gefangene ist die Entscheidung für den Selbstmord eine Form der Rache gegen die Behörden. Beschließt ein Mensch zu sterben, so empfindet er eine gewisse Genugtuung bei dem Gedanken daran, daß man jenen die Schuld geben wird. Frucht unterschied sich darin nicht von anderen. Er überlegte sich verschiedene Methoden, Selbstmord zu begehen, um sich am System zu rächen, und diese Gedankenübung verschaffte ihm einen gewissen Trost. Natürlich gab es keine Handtücher, mit denen man sich hätte erhängen können, keine Wasserhähne, um Wasser einzuatmen und sich zu ertränken; dennoch dachte er sich zwei Methoden der Selbsttötung aus, die die Wärter nicht hätten verhindern können. Was ihn davon abhielt, war der Gedanke an seine Frau, seine christliche Erziehung, die das Leben als Geschenk Gottes versteht, das man nicht wegwerfen darf. Diese traditionelle Auffassung wurde durch eine Erfahrung aus der NS-Zeit vertieft. Damals hatten sich Ärzte zum Herrn über das Leben ihrer Patienten gemacht. Die Folgen waren schrecklich gewesen. Er wäre sich selbst untreu geworden, hätte er Hand an sich gelegt. Hauptmann Runge steuerte zu Fruchts Entschluß auf seine Weise bei. Als einmal das Thema Selbstmord bei einer Vernehmung aufkam, sagte er: »Nur zu, uns macht das nichts aus. Wir haben einen Ledersack für Ihre Leiche.«

»Warum Leder?«

»Sich selbst umzubringen, das macht viel Dreck, und Leder ist wasserdicht.«

Frucht war wütend über diese Antwort, aber später erkannte er, daß Runges Taktik richtig gewesen war. Eine besänftigende Antwort hätte ihn wahrscheinlich nur in seiner Annahme bestärkt, daß sein Tod ein Schlag für die Behörden sein würde. Aber der Stasi war das ja offensichtlich ganz egal.

Frucht litt auch sehr unter der geistigen Isolierung. Halluzinationen begannen ihm ernste Sorge zu bereiten. Er wußte, daß sie ein typisches Problem für Menschen sind, die unter intensivem psychischem Druck stehen, aber dieses Wissen verringerte keineswegs die Qualen, die sie verursachten. Eines der eigentümlichen Symptome bestand darin, daß er diese Visionen gleichzeitig als wirklich und unwirklich empfand. In mancher Beziehung glich das Erlebnis dem Fernsehen. Einerseits wußte er, daß die Szene, die gezeigt wurde, »lebte« und tatsächlich vorhanden war, andererseits war ihm bewußt, daß er nur ein Abbild erblickte. Er empfand dieses Auseinanderfallen als schmerzhaft; es war, als werde er gezwungen, sein eigenes Bewußtsein zu spalten. Er sagte sich, daß sein Zentralnervensystem unzureichende Informationen von außen bekam und deshalb Erinnerungen zutage förderte, die nun zunehmend mit der Wirklichkeit in Konkurrenz traten.

Jeden Tag gesagt zu bekommen, daß er ein Feind der Menschheit sei, daß er seine Familie ins Unglück gestürzt und seinen ehemaligen Kollegen ungeheure Schwierigkeiten bereitet habe – das alles ließ seine Einsamkeit ins Unermeßliche wachsen.

Sonderbarerweise schien er immer dann, wenn die Dinge wirklich schlimm wurden, friedvolle Träume zu haben – von einer erholsamen Rast an einem wunderschönen Ort, von interessanten Gesprächen mit amüsanten Menschen. Einige Halluzinationen waren von ähnlich wohltuender, wenn auch rätselhafter Art. Eine der quälendsten bestand darin, daß Marias Bruder mit seiner Frau und den Kindern erschien und Frucht schweigend betrachtete. Der Schwager war ein fähiger Geologe, ein biederer und treuer Bürger, dem es nie eingefallen wäre, gegen ein Gesetz zu verstoßen oder sich gegen den Staat aufzulehnen.

Quälend war auch der Eindruck von unaufhaltsamen Veränderungen der Persönlichkeit. Er fand sich sozusagen nicht mehr im eigenen Kopf zurecht. Der Stasi war dieser Zustand vertraut. Sie hatte ein grausames Wort für Leute, die darunter litten: »Dem hat einer ins Gehirn geschissen«, sagten sie von solch einem Gefangenen.

Um die aufsteigende lähmende Angst zu bekämpfen, rannte er im Kreis umher und wiederholte Stoßgebete, wie er sie aus der katholischen Religion kannte, aber auch das Vaterunser half. Die Bitte um ein Gesangbuch und eine Bibel wurde immer wieder abgelehnt.

Sein Zellengenosse Kannegiesser half ihm, seine Niedergeschlagenheit zu überwinden. Er war der erste professionelle Spion, den Frucht kennenlernte, und er erwies sich als unterhaltsamer Gesellschafter. Sie spielten Schach und wurden dafür von Staatsanwalt Wagner, einem ewig übellaunigen Mann, mit einem Lese-, Schreib-, Aufzeichnungs-, Spiel- und Einkaufsverbot bestraft. Nachrichten von der Familie und zu ihr waren sowieso verboten; ebenso Zeitungen. Diese Sperre wurde erst nach mehr als sieben Monaten aufgehoben. Inzwischen kam es darauf an,

Spiele zu entdecken, die sich mit einfachsten Mitteln realisieren ließen. Kannegiesser hatte wie Frucht Fortbildungskurse über mathematische Themen gehalten, und sie konnten sich nun gemeinsam mit der Theorie einfacher Spiele beschäftigen. Wie kompliziert darf man die Regeln eines an sich einfachen Spieles gestalten, ohne daß es die Eigenschaft der völligen Voraussagbarkeit bei optimaler Spielweise verliert? Sie entdeckten, daß die praktische Antwort auf diese Frage außerordentliche Anforderungen an die Aufmerksamkeit und Ausdauer stellte. Auch brachte diese Art der Beschäftigung die Wachen in Wut. Die sahen die beiden Häftlinge ständig bei einer verbotenen Tätigkeit, konnten aber keine Beweismittel für eine erneute Bestrafung finden. Da es nicht zweckmäßig war, die sowieso bemitleidenswerten Wachen (– die einzigen, die wirklich lebenslänglich haben –) zu sehr zu reizen, mußten sich die beiden etwas anderes einfallen lassen. Kannegiesser war sehr geschickt mit den Händen, und er brachte sich das Jonglieren mit Bällen bei, die er aus Papierfetzen fertigte. Er traktierte Frucht mit seinen Abenteuern als Frauenheld; einmal, sagte er, habe er die Frau eines DDR-Diplomaten während einer Cocktailparty in einem Budapester Ministerium verführt. (Ihr Liebesspiel habe in einem unbesetzten Büro stattgefunden, in dem Geheimberichte gestapelt gewesen seien.) Er erzählte auch, wie man ihn zur Arbeit für die CIA geworben habe, nachdem er sich von einer höchst attraktiven Agentin hatte verführen lassen. Für Frucht war er der beste und intelligenteste Spion, den er je treffen sollte.* Seinen größten

---

* Selbst bei der Stasi genoß Kannegiesser hohes Ansehen wegen seines Professionalismus. Eines seiner Glanzstücke war sogar Ausstellungsstück in der einschlägigen Sammlung des Ministeriums für Staatssicherheit. Er hatte einen toten Briefkasten für einen BND-Agenten angefertigt und in einer Freiluftgarage installiert, die gerade überdacht wurde. Kannegiesser höhlte einen der Stützpfeiler aus, brachte Magneten in der Höhlung am Mauerwerk an und setzte den herausgelösten Ziegelstein wieder ein. Sorgfältig verputzte er das Versteck mit Mörtel. Es war unmöglich, den Stein durch Zufall herauszustoßen. Selbst als die Stasi eine genaue Beschreibung erhalten hatte, gelang es ihr nicht, den Briefkasten zu finden.

Coup hatte er gelandet, als es ihm gelang, die Amerikaner mit geheimen Angaben über die internen Funkverbindungen der DDR zu beliefern. Die SED hatte ihr eigenes Richtfunksystem zur Nachrichtenübermittlung mit Hohlspiegelantennen. Die Wellenbänder waren schmal und ihre Frequenz unbekannt; es war praktisch unmöglich, die Übertragungen mitzuhören. Die von Kannegiesser gelieferten Informationen ermöglichten es der CIA, diesen Funkverkehr abzuhören.

Aber Kannegiesser wurde auch zu einer moralischen Belastung für Frucht. Der Wissenschaftler spürte, sein Zellengenosse hatte für Geld spioniert, für Frauen und für Macht, und er war Lichtjahre von dem entfernt, was er selbst gewollt hatte. Das steigerte nur noch sein Gefühl der inneren Einsamkeit. In intellektueller Hinsicht war Kannegiesser ihm gleich, und was Weltkenntnis und Schläue anbetraf, war er ihm weit überlegen. Der Wissenschaftler war davon überzeugt, daß man sie gemeinsam in eine Zelle gelegt hatte, um ihn zu quälen, so als sage man zu ihm: »Schau her, das ist ein richtiger Spion. Was für eine Sorte Mensch bist du? Sieh dir die Welt an, in die du paßt.«

Ebenso wie Frucht war anscheinend auch Kannegiesser von Leuten verraten worden, die im Westen für den Osten arbeiten. Die Amerikaner machten Fehler in der Schreibweise seines Namens. Unweigerlich schrieben sie »Kannegeisser« statt »Kannegiesser«. Während seiner Vernehmung zeigte man ihm ein Dokument, das angeblich von der CIA stammte und den »Top Secret«-Stempel trug. In dem Papier wurden freizügig seine Berichte an die Amerikaner erörtert, und sein Name, der mehrfach angeführt wurde, war – wie üblich – falsch geschrieben. Für ihn beseitigte das jeden Zweifel daran, daß dieses Dokument aus amerikanischen Geheimdienstakten beschafft worden war, und es bestärkte auch Frucht in seiner Annahme, daß die Ostdeutschen ähnliche Mittel angewendet hatten, um ihn zu fangen.

Dessenungeachtet hatte Frucht lange den Verdacht, daß man ihm Kannegiesser als Spitzel in die Zelle gesetzt habe, aber ein Zwischenfall überzeugte ihn dann davon, daß er dies nicht war. Viele Monate lang war es dem Gefährten des Wissenschaftlers gelungen zu verbergen, daß er außer für den amerikanischen noch für einen zweiten Geheimdienst gearbeitet hatte, und das hatte er Frucht erzählt. Plötzlich wußte sein Vernehmer alles. Kannegiesser beschuldigte Frucht, ihn verraten zu haben, und später gestand er ihm, Mordabsichten gehabt zu haben. Glücklicherweise förderten weitere Vernehmungen Tatsachen zutage, die Frucht unmöglich kennen konnte. Es stellte sich dann heraus, daß Kannegiesser von einem Kurier verraten worden war, der seine eigene Haut hatte retten wollen.

Diese eine Episode bedeutete für Frucht mehrere wichtige Lehren – erstens, ein Gefangener konnte durch geschickte Vernehmung dazu getrieben werden, auch einen Freund zu ermorden; zweitens hatte die Stasi alle Karten in der Hand, so daß ein Insasse, der die Rolle des Detektivs oder Spitzels spielte, zu einer Gefahr für sich selbst wurde; und drittens, daß das Verschweigen von Informationen an sich schon ein unberechenbares Risiko darstellte. Ob ein Gefangener sich nützte oder schadete, indem er irgend etwas verbarg, das wurde, wenn überhaupt, erst sehr viel später klar – vielleicht noch nicht einmal während seines Prozesses. Der Tag der Abrechnung war meistens erst dann, wenn die Behörden entschieden, ob er vor der geplanten Zeit freigelassen werden sollte oder nicht.

Die quälendste Frage für Frucht lautete, ob die Stasi wußte, daß er Informationen über den Alaska-Komplex zurückhielt, über jenen Plan, den er in Umrissen den Amerikanern zugespielt hatte. Während der Vernehmung machte Runge verschiedene Anspielungen auf General Gestewitz, die Fruchts Nerven bis aufs äußerste anspannten.

»Sie haben uns nicht von allen Ihren wichtigen Kontakten erzählt«, sagte der Vernehmer.

»Wo soll ich denn anfangen?« erwiderte der Wissenschaftler.

»Nein, nein. Denken Sie mal nach, jemand in einer hohen Stellung und im Zusammenhang mit dem, wovon Sie gerade reden.«

»Ach, Sie meinen den General?«

»Genau den meine ich.«

»Ach, wissen Sie, der hat das Blaue vom Himmel heruntererzählt.«

»Sagen Sie mir, was er erzählt hat.«

»Unmöglich«, sagte Frucht. »Es gab da soviel, zu dem ich überhaupt keine Meinung äußern könnte. Es klang zu phantastisch.«

»Nennen Sie mir ein Beispiel«, verlangte der Vernehmer.

»Na, der hat gesagt, daß in Zukunft Panzerarmeen unter Wasser bereitgestellt werden.«

Runge sagte nichts und wechselte das Thema. Einige Zeit später sagte er: »Sie wollen ganz offensichtlich niemanden belasten – nicht mal Ihre Feinde.«

»Wie haben Sie eigentlich die Leute dazu gebracht, Ihnen hemmungslos alles zu erzählen?« fragte der Vernehmer sofort danach. »Dazu machen wir ein Protokoll. Denken Sie darüber nach.«

Weil er spürte, daß sie sich bis auf einen Millimeter der Alaska-Geschichte genähert hatten, verlegte Frucht sich aufs Schweigen. Normalerweise wäre er mit allen Aspekten seiner Beziehungen zu Gestewitz so lange konfrontiert worden bis der letzte Gesprächsfetzen aufgezeichnet war. Nichts dergleichen geschah. Der General wurde nie wieder erwähnt.

Die Ost-West-Anwälte

Dr. Wolfgang Vogel, ein Ostberliner Rechtsanwalt, erfahren in dem Geschäft des Austauschs von Spionen zwischen Ost und West, wurde von Maria Frucht beauftragt, die Verteidigung ihres Mannes zu übernehmen. Untersetzt, 1,70 Meter groß, mit sandblondem Haar, wirkt er wie ein westlicher Geschäftsmann, und er kleidet sich mit einer Eleganz, die rar ist in der DDR. Vogel ist eine der ungewöhnlichsten Persönlichkeiten, die aus der Ära des kalten Krieges hervorgegangen sind. Er hat praktisch jeden Austausch von Geheimagenten zwischen den beiden Machtblökken in die Wege geleitet, seit 1962 der amerikanische U2-Pilot Gary Powers auf der Glienicker Brücke in Berlin gegen den sowjetischen Meisterspion Oberst Rudolf Abel ausgetauscht wurde. Er half bei den Verhandlungen über die Freilassung der bedeutendsten Mitglieder des Portland-Spionageringes, die Geheiminformationen über britische Atom-U-Boote an das KGB weitergeleitet hatten. Oleg Penkowskijs Kurier, Greville Wynne, wurde gegen den sowjetischen Spion Gordon Lonsdale ausgetauscht, die aus Polen stammenden Agenten Peter und Helen Kroger gegen den britischen Dozenten Gerald Brooke. Alle diese Fälle machten in den sechziger Jahren Schlagzeilen, aber sehr viele andere Fälle kamen nie ans Licht und blieben in Geheimdienst-Dossiers verborgen. Bei allen hatte Vogel seine Hand im Spiel.

Der Anwalt hat Verbindungen auf hoher Ebene in Ost und West. Patenonkel seines im Westen lebenden, erwachsenen Sohnes ist der amerikanische Diplomat Frank Meehan, heute US-

Botschafter in Polen. Vogel hat viele mächtige Freunde in Westdeutschland, unter ihnen SPD-Fraktionsführer Herbert Wehner, der diese Verbindung als diplomatischen Kanal zur DDR-Führung nutzt. Vogel kennt auch Markus Wolf, den DDR-Geheimdienstchef, aber mit Heftigkeit bestreitet er die gelegentlich in westlichen Zeitungen erhobene Anschuldigung, er arbeite für die Stasi.

Für Maria lag es nahe, Vogel mit der Verteidigung zu beauftragen. Seit 1963 war er der Beauftragte der DDR-Regierung für die Überstellung Gefangener in die Bundesrepublik. In Verhandlungen mit seinem westlichen Widerpart Dr. Jürgen Stange, dem Beauftragten der Bundesregierung für humanitäre Angelegenheiten, wurde genau festgelegt, wer freigelassen werden sollte und zu welchem Preis. Der Ostberliner Anwalt hatte es der DDR ermöglicht, ein Vermögen an diesen Gefangenen zu verdienen; in den ersten Jahren kosteten sie mindestens 40000 D-Mark. Die DDR betrachtet die Zahlungen des Westens für die Ausreise von Gefangenen als Kompensation für die von ihr getragenen Ausbildungskosten dieser Personen. In bestimmten Fällen, zum Beispiel bei Spionen, Universitätslehrern, Fachärzten konnte der Preis bis zu 250000 D-Mark betragen – er wurde gewöhnlich in Waren bezahlt wie Kaffee, Zitrusfrüchten, Industrieprodukten, bei Gelegenheit auch in Gold und Rohdiamanten. Für jeden ostdeutschen Gefangenen, der aus dem Gefängnis freigekauft und in den Westen ausgewiesen werden wollte, war es also von lebenswichtiger Bedeutung, sich von Vogel vertreten zu lassen.

Obwohl der Anwalt zunächst keine Erlaubnis erhielt, Frucht zu besuchen, wurde er zu dem einzigen Übermittler im Osten, über den die Verwandten des Gefangenen in West-Berlin Nachricht über ihn bekommen konnten. Sie selbst nahmen einen anderen Anwalt, Herrn Reymar von Wedel, in Anspruch, dem die Schattenwelt des Gefangenenaustauschs zwischen Ost und West ebenfalls nicht fremd war.

Von Wedel, ein kompakter, grauhaariger Mann, der im Krieg ein Bein verloren hatte, wurde bei ihnen zu einem recht kontrovers eingeschätzten juristischen Mittelsmann, und es gab Zeiten, wo seine Rolle von den im Westen lebenden Verwandten des Wissenschaftlers kritisiert wurde; sie hatten das Gefühl, daß seine beruflichen Kontakte in Ost-Berlin ihn verwendbar machten für Manipulation durch die ostdeutschen Behörden. Ganz zweifellos befand er sich in einer delikaten Position. Es handelte sich hier um den größten Spionagefall in der Geschichte der DDR, und Geheimhaltung genoß höchste Priorität. Die Verwandten warteten ungeduldig auf Informationen, aber die einzigen Quellen dafür befanden sich im Osten, und es war ihnen nicht möglich, den Wahrheitsgehalt dessen nachzuprüfen, was von Wedel ihnen mitteilte. Schon gleich zu Anfang wies Dr. Vogel ihn darauf hin, daß er nur sehr wenig zu berichten habe. Er sei durch Eid zum Schweigen verpflichtet, solange der Prozeß vorbereitet wurde, und ihm selbst drohte Strafverfolgung, falls er Einzelheiten durchsickern ließ. Von Wedel kannte nicht einmal die genaue Art der gegen Frucht erhobenen Beschuldigungen – er wußte nur, daß er der Spionage angeklagt war und daß die Gefahr eines Todesurteils bestand.

Seit Jahren war von Wedel schon mit der Regelung humanitärer Angelegenheiten zwischen Ost und West befaßt, indem er half, die Freilassung von Menschen auszuhandeln, die wegen ihrer politischen oder religiösen Überzeugungen in der DDR inhaftiert waren. Seine Arbeit auf diesem Gebiet hatte nach dem Bau der Mauer im Jahre 1961 begonnen. In seiner Eigenschaft als Rechtsberater der evangelischen Kirche in West-Berlin war er von Bischof Scharf gefragt worden, ob man etwas für die Hunderte von Kirchenmitgliedern tun könne, die im Osten verhaftet worden waren. Er nahm Verhandlungen mit DDR-Funktionären auf und erreichte – mit Vogels Hilfe – schließlich, daß Männer und Frauen freigelassen und über die Grenze nach West-Berlin abgeschoben wurden. Die Kirche hatte sich bereiterklärt, als »Kompensation« dafür die DDR mit Gütern und Waren zu beliefern, die im Ostblock knapp waren. Mehrere Jahre später wurde dieser Tauschhandel mit Menschen auf eine offiziellere Grundlage gestellt, als Dr. Stange und Dr. Vogel von dem jeweiligen deutschen Staat beauftragt wurden, auszuhandeln, welchen Preis in Gütern und Bargeld Bonn für bestimmte Quoten von DDR-Gefangenen zu zahlen habe.

Von Wedel blieb jedoch Mitglied der kleinen Gruppe Berliner Anwälte, die an diesem Handel beteiligt waren. Er arbeitete sehr eng mit Vogel zusammen und fuhr mit seinem Auto zwei- oder dreimal die Woche in den Sowjetsektor hinüber, wo er das giebelgeschmückte Haus in der Reilerstraße am Stadtrand besuchte, in dem Vogel seine Anwaltskanzlei eingerichtet hatte. Dort wurde von Wedel eine höchst ungewöhnliche Möglichkeit geboten. Ihm wurde ein Raum zur Verfügung gestellt, in dem er ostdeutsche Klienten empfangen durfte, die nahezu alle nur den einen Wunsch hatten, die DDR zu verlassen. Die Regierung war für derartige Ansinnen äußerst unzugänglich, ließ aber bei Gelegenheit doch Milde walten, und der eine oder andere durfte ohne großes Aufsehen ungehindert die Grenze passieren. Jede Woche war Vogels Kanzlei mit Männern und Frauen gefüllt, die alle meinten, nicht länger unter dem kommunistischen System leben zu können, und die dem Staat den Rücken wenden wollten. Vogel war seinem westlichen Kollegen dankbar dafür, wenn er ihm einen Teil der Verantwortung abnahm, diese Menschen zu beraten. Von Wedel seinerseits war sorgfältig darauf bedacht, nichts zu tun, was auch nur im Entferntesten geeignet sein könnte, die DDR-Bürokratie zu irritieren oder in Verlegenheit zu bringen und dadurch seine Zusammenarbeit mit Vogel zu gefährden.

Als er den Fall Frucht übernommen hatte, stieß von Wedel von Anfang an auf Schwierigkeiten. Die westlichen Verwandten des Wissenschaftlers hatten, wie der Anwalt sagt, »die halbe Welt in Bewegung gesetzt, um eine schnelle Freilassung zu erreichen«. Die meisten dieser Verwandten schworen, daß er schuldlos sei.

Eine Schwierigkeit ergab sich, als von Wedel an einen Vertrauten der Familie in West-Berlin schrieb: »Wie mein Kollege (Dr. Vogel) mir mitteilt, leidet Frau Frucht nicht unter akuten finanziellen Schwierigkeiten, da sie weiterhin berufstätig ist und über ihr Postscheckkonto verfügen kann. Frau Frucht bittet, daß niemand sie besucht, weil sie beobachtet wird und Westbesuche die ganze Angelegenheit nur noch komplizierter machen würden.«

Dieser dem Anschein nach so harmlose Brief löste Unwillen aus, denn zu der Zeit war Maria arbeitslos, und sie hatte keinen Zugang zu ihren Ersparnissen. Alle Konten der Familie waren von den DDR-Behörden gesperrt worden. Sie befand sich nicht nur finanziell in einer Notlage, sie wartete auch verzweifelt auf eine Gelegenheit, Freunde und Verwandte aus dem Westen sprechen zu können, und zu keiner Zeit hatte sie die Bitte geäußert, sie möchten sich von ihr fernhalten.

Ende August 1967 traf von Wedel mit Fruchts Vetter Edward von Zahn zusammen, der die Aufgabe übernommen hatte, die Hilfsbemühungen der Familie zu koordinieren. Warnend wies ihn der Anwalt auf das Gewicht der Beschuldigungen hin, die gegen Frucht erhoben wurden, und er sagte, die Ostdeutschen behaupteten, er habe sowohl für die Amerikaner als auch für die Westdeutschen gearbeitet. Außerdem habe er anscheinend gestanden, ein illegales Bankkonto in West-Berlin zu besitzen, und die Geheimdienste hätten regelmäßig Zahlungen auf dieses Konto überwiesen.

Von Wedel empfahl dringend, nichts an die Öffentlichkeit gelangen zu lassen, um »die DDR-Behörden nicht zu verärgern, was den Preis für einen Austausch des Professors in die Höhe treiben würde«, und er bat von Zahn vor allem eindringlich, das, was er ihm mitgeteilt hatte, nicht gegenüber dem Bonner Gesamtdeutschen Ministerium zu erwähnen. Von Wedel hatte, so schien es, nicht nur im Osten äußerste Diskretion zu wahren.

Von Zahn notierte sich die Substanz dieser Unterredung in einem Memorandum. Viel von dem, was von Wedel an Informationen gebracht hatte, erwies sich dann später als ungenau. Das illegale Konto, das er erwähnte, hatte in Wirklichkeit Fruchts Mutter gehört, und das aus einer Erbschaft stammende Geld auf diesem Konto war als Beitrag zum Unterhalt der Kinder aus seiner ersten Ehe verwendet worden. Alle Ein- und Auszahlungen waren registriert und nachprüfbar; kein Geld war von irgendeinem westlichen Geheimdienst auf dieses Konto angewiesen worden. Fruchts Verwandte machten sich viel Mühe, allen Fragen nachzugehen, die mit diesem Konto in Zusammenhang standen, und sie teilten die negativen Resultate ihrer Nachforschungen von Wedel mit. Ob Frucht bezahlt worden war und, wenn ja, in welcher Höhe, das blieb eine Frage für die Ostdeutschen, die sie sehr reizte. Für die Anwälte aber ging es in der Hauptsache darum, festzustellen, wer denn eigentlich Fruchts Auftraggeber wirklich gewesen waren, und sie dann zu zwingen, die Verantwortung für ihren Mann zu übernehmen. Ein Beweis für Zahlungen hätte ihnen das ermöglicht. Diesen Beweis bekamen sie nie.

Von Anfang an wies Frucht die Vermutungen zurück, er habe jemals für die Westdeutschen gearbeitet. Die von Harnacks gingen auf dem Wege über ihre Verbindungen zur Bundesregierung in Bonn schon früh dieser Frage nach. Sowohl der Bundesnachrichtendienst (BND) als auch der Militärische Abschirmdienst (MAD) machten ihnen bei mehreren Gelegenheiten klar, daß Frucht nicht ihr Agent sei. Doch jahrelang schrieb von Wedel immer wieder von dessen Verbindungen zu einer Stelle in der Bundesrepublik, als handele es sich hier um eine erwiesene Tatsache.

Alles in allem waren Fruchts Verwandte zutiefst schockiert über seine Verhaftung. Sie konnten ihn sich einfach nicht in der Rolle eines Spions vorstellen, und viele waren davon überzeugt, daß die gegen ihn erhobenen Beschuldigungen eine abgekartete Sache seien, vielleicht eine Rache dafür, daß er irgendwelche Forschungsergebnisse während informeller Diskussionen an westliche Besucher weitergegeben hatte. Es verging einige Zeit, bevor sie sich dazu durchringen konnten zu akzeptieren, daß er tatsächlich das Gesetz gebrochen hatte.

Fruchts Vetter und langjähriger Freund Max Delbrück, der kurz vor dem Krieg nach Amerika ausgewandert war und später mit den Nobelpreis für Medizin erhalten hatte, plante eine Reise in die DDR, nach Halle. Er sollte dort im Oktober eine Medaille der Leopoldina entgegennehmen, der weltberühmten Akademie für Naturwissenschaften. Wer in Ost oder West Beziehungen zu dieser Akademie hatte, der gehörte zur Elite der europäischen Wissenschaft.

Delbrück genoß hohes Ansehen in der DDR, und er hoffte, während dieser Reise vielleicht etwas für seinen Vetter tun zu können. Er streckte Fühler aus durch Professor H. H. Weber, den damaligen Vizepräsidenten der Leopoldina. Weber war Direktor des Max-Planck-Instituts für Medizinische Forschung in Heidelberg. Er hatte gute Möglichkeiten, bei Fruchts früheren Kollegen ein wenig zu sondieren und sie zu veranlassen, Druck auf die Stasi auszuüben. Bald jedoch wurde deutlich, daß es hoffnungslos war, sich um einen Protest von Akademikern zu bemühen.

Delbrücks unmittelbare Sorge galt dem Wohlergehen Marias und der Kinder, und er stiftete die Reisespesen der Leopoldina für sie. Er hatte sich auf seine Reise nach Halle gefreut und auf einen kurzen Urlaub in der DDR, aber als der Reisetermin näherrückte, schrieb er an Weber: »Ich sehe der Reise jetzt mit einiger Sorge entgegen. Die Schatten der Gestapojahre erheben sich wieder.«

Weber hatte schon frühzeitig den Verdacht, daß Frucht nicht einfach das Opfer flagranter Ungerechtigkeit war, wie die Familie es sah. Er konnte nicht mehr tun, als Delbrück zu versichern, daß die DDR eine Art Rechtsstaat sei, zwar verschieden von den Systemen westlicher Länder, aber doch nicht ohne jeden Gerechtigkeitssinn. Die DDR, sagte er, könne nicht mit dem NS-Regime verglichen werden. Frucht dürfe erwarten, daß sein Verteidiger »ehrenhaft und durchaus in seinem Interesse handeln« werde.

Delbrück ließ den Gedanken fallen, bei DDR-Funktionären vorstellig zu werden. Aber während seines Aufenthalts im Osten rief er doch Vogel an und machte ihm das Angebot, Zeugnis zu geben für den lauteren Charakter seines Vetters. Er besuchte auch Maria und fand, daß sie sich die furchtbarsten Sorgen machte. In den fünf Monaten, die seit der Verhaftung ihres Mannes vergangen waren, hatte sie kein Wort von ihm gehört, und sie fürchtete um seine körperliche und geistige Gesundheit.

Delbrück war voller Mitgefühl und suchte sie zu beruhigen, und er war beeindruckt, wie sie alle diese Belastungen trug.

Trotz seiner mannigfaltigen Versuche, etwas für Frucht zu tun, kam wenig oder nichts dabei heraus; die Familie war entsetzt, als der Anwalt von Wedel im Februar 1968 berichtete, daß Fruchts Verhalten während der Nazizeit Teil der Anklage gegen ihn bilden werde. Für eine Familie, deren ganze politische Tradition geprägt war vom Widerstand gegen den Nationalsozialismus, war diese Nachricht ebenso erschreckend wie unbegreiflich. Verwandte telephonierten und telegraphierten miteinander, und einer war konsternierter als der andere. Fruchts Schwester Gisela regte sich so sehr auf, daß ihr Mann Owen Williams, ein hoher Beamter des britischen Schatzamts, Edward von Zahn bat, bei Eintreffen etwaiger noch schlimmerer Nachrichten ihn in seinem Büro in der britischen Botschaft in Paris zu informieren und nicht Gisela direkt. Er wollte ihr solche Nachrichten dann schonend beibringen.

Die Nachricht wirkte elektrisierend auf diejenigen Verwandten, die darauf gedrungen hatten, einen energischeren Ton gegenüber den DDR-Behörden anzuschlagen. Zu ihnen gehörte Friedrich von Zahn, Ministerialdirektor im Gesamtdeutschen Ministerium in Bonn. Er stand kurz vor der Pensionierung und war gründlich vertraut mit der Taktik der DDR in solchen Fällen. Er kannte sie nicht nur aus eigener beruflicher Erfahrung, sondern auch deshalb, weil sein Schwager einmal Generalstaatsanwalt der DDR gewesen war. Friedrich von Zahn sagte zu seinem Vetter Edward, daß man die anti-nationalsozialistische Tradition der Familie nachdrücklich in der Öffentlichkeit betonen müsse, einschließlich der Tatsache, daß drei von Adolf-Hennings Verwandten wegen ihres Widerstands gegen Hitler hingerichtet worden seien:

»Der DDR muß begreiflich gemacht werden, daß es einen Aufruhr im Westen geben würde, wenn diese Sache im Prozeß aufgetischt wird.«

Aber dennoch, die Beschuldigung wirkte auf die Familie wie ein betäubender Schlag.

Noch schockierter war Frucht selbst. Voller Verachtung hatte Runge seine Tätigkeit als Kurier für die deutsche Widerstandsbewegung übergangen und dann eine erstaunliche Beschuldigung vorgebracht.

»Sie haben ein ernstes Kriegsverbrechen gegen die Sowjetunion begangen«, sagte er. »Sie waren der Verräter, der Ihren Vetter Arvid Harnack der Gestapo preisgegeben hat.«

Frucht verschlug es die Sprache. Die Gründe für Arvids Verhaftung waren seit langem geklärt. Ein tölpelhafter Fehler der Sowjets hatte zum Zusammenbruch des Berliner Spionagenetzes im Sommer 1942 geführt. Die Nazis hatten eine Funknachricht vom Moskauer Direktor an die belgische Gruppe der Roten Kapelle entschlüsselt. In dieser Meldung waren die Decknamen und Adressen der drei führenden Agenten in Berlin – Harnack, Schulze-Boysen und Kuckhoff – ganz offen genannt worden. In dem von den Russen benutzten Code hatte Arvid den Decknamen »Wolf«, und seine Adresse wurde mit Friedenau, Kaiserallee 18, angegeben. Wenig später wurde er dort von der Gestapo verhaftet.

»Das ist eine schändliche Verleumdung!« rief Frucht.

Runge blieb ungerührt. »Sie waren ein Nazi-Kollaborateur, und wir haben Beweise für Ihre Schuld«, sagte er. »Es liegt in Ihrem Interesse, eine umfassende Erklärung darüber zu Protokoll zu geben.«

Als Beweis legte Runge die Reisenotizen mit Adressenverzeichnissen auf den Tisch, die Frucht noch aus der Zeit in den Vereinigten Staaten aufbewahrt hatte, als er Botengänge für den deutschen Konsul in Cleveland, Ohio, erledigte. Frucht hatte den Berufsdiplomaten Karl Kapp anläßlich einer deutsch-amerikanischen Veranstaltung kennengelernt und sofort Gemeinsamkeiten empfunden. In der Zeit bis zum Ausbruch des Zweiten Weltkrieges hielten noch viele jüdische Amerikaner deutscher Abstammung an ihren alten Beziehungen zu den deutschen Auslandsvertretungen fest, was den Konsul gelegentlich in Schwierigkeiten brachte. Da war das goldene Doktordiplom der Universität Heidelberg an einen 80jährigen jüdischen Lehrer zu überbringen oder für die Zahlung von Stiftungsbeiträgen zu danken. Besonders wünschte Konsul Kapp die wenigen treuen Freunde

Deutschlands unter den amerikanischen Bürgern vor dem Übereifer deutscher Stellen zu schützen, die plötzlich mit Hakenkreuzen verzierte Orden verteilen wollten, deren bloßes Angebot in der Öffentlichkeit das letzte noch heile Porzellan zerschlagen hätte.

Solche Zusammenhänge lagen gänzlich außerhalb der Vorstellungsmöglichkeiten Runges und seiner Hintermänner. Dennoch gelang es Frucht intern leicht, den anhand seiner alten Notizen erhobenen Spionagevorwurf zu entkräften, denn Karl Kapp war einer der wenigen deutschen Diplomaten, die Konsequenzen aus ihrer Überzeugung zogen und den Dienst verließen, was später Gegenstand mehrerer Publikationen war, auf die Frucht verweisen konnte. Nicht ahnen konnte er, auf welchen verschlungenen Wegen gerade Teile dieses Vorwurfes ihren Weg nach außen fanden. Diese Vernehmungen fanden zu einer Zeit statt, als offiziell nichts davon nach außen dringen durfte. Nicht einmal sein Anwalt oder seine Frau erfuhren das geringste von den gegen Frucht erhobenen Vorwürfen.

Obwohl Frucht sich an Arvid Harnack als einen kalten, verschlossenen Funktionär erinnerte, hatte er doch dessen Mut und Treue zur Sache bewundert. Der Gedanke, daß irgend jemand ihm vorzuwerfen wagte, ihn verraten zu haben, erfüllte ihn mit Entsetzen.

Trotz seiner kategorischen Einsprüche fuhr Runge fort in seinen Versuchen, die Tapferkeit seiner Verwandten herabzusetzen, etwa seines Onkels Ernst von Harnack, der nach der Stauffenberg-Verschwörung hingerichtet worden war. Frucht erinnerte sich noch an die Worte, die Ernst aus der Untersuchungshaft an seine Frau geschrieben hatte:

»Ihr habt alle schwer zu tragen, und die kommenden Zeiten werden neue Prüfungen bringen. Da wäre es mein Herzenswunsch, daß der Gedanke an mich nicht zur Verdunklung Eures Lebens beiträgt, sondern daß von meiner stillen Zelle ein Strom der Beruhigung und der Kraft ausgeht, auf Euch und alle, die mir nahestehen. Nicht, daß ich die Welt schon überwunden hätte. Dieser große Abschluß wird noch manch bittere Arbeit und manche Geduld kosten. Auch mag es wohl sein, daß mir der Todesengel, der mich schon oft streifte, auch diesmal noch Zeit gibt. Aber es wäre töricht und unmännlich, alle Hoffnungen auf den Eintritt irdischer Wunder zu setzen. Das Wunder der Gnade ist es, dem ich zustrebe. Ich habe schon einen Strahl von ihm verspürt – sonst könnte ich diesen Brief nicht schreiben – und hoffe zu Gott, daß mich seine Gnade über alles Bangen über mein äußeres Schicksal hinwegtragen wird.

Apokalyptische Zeiten wie diese mit ihren ständigen Gefährdungen und Verlusten lassen den Wert des Lebens gering erscheinen. Wir wollen uns seelisch in einer Sphäre vereinen, in der es keine eisernen Gitter und Tore gibt.«

(28. Oktober 1944; hingerichtet 5. März 1945)

Frucht empfand, hier wäre der Maßstab gesetzt, an dem sein eigenes Verhalten zu messen wäre. Runges Versuche konnten gewiß diese Region nicht erreichen, aber er durfte ihm nicht einmal zeigen, wie sehr er ihn verachtete.

Unerwartet eröffnete der Hauptmann eine neue Runde der Vernehmung: »Sprechen wir über Ihre Kriegsverbrechen in Prag.«

»Was für Verbrechen?«

»Machen Sie keine Ausflüchte. Wir wissen Bescheid.«

»Da hat es keine Verbrechen gegeben.«

»Was ist dann mit der SS-Frau, der Sie das Leben zu retten versucht haben?«

»Ich weiß nicht, wovon Sie reden. Ich habe keine SS-Frau gekannt.«

»Sie standen auf vertrautem Fuß mit ihr, und sie ist mit dem letzten SS-Truppenkonvoi aus der Stadt entkommen. Sie hat Ihnen das brieflich auch mitgeteilt. Wenn ihr Leben in Gefahr war, muß sie eine Nazi-Agentin oder von der SS gewesen sein.«

»Sie war keins von beidem. Sie war die Frau eines Richters, mit dem ich befreundet war und der sich damals an der Front befand. Die beiden hatten in den Vereinigten Staaten studiert, und dort hatte ich sie kennengelernt.«

»Aber der Konvoi war für Familienangehörige von SS-Leuten reserviert.«

»Sie war zu mir gekommen, um sich Rat zu holen. Sie wollte mit ihren beiden Kindern Prag verlassen, aber ich riet ihr dringend zu bleiben. Ich sagte: ›Setzen Sie keinen Fuß aus Ihrer Wohnung. Dann wird weder Ihnen noch Ihren Kindern etwas passieren. Wenn Sie mit einem SS-Konvoi fahren, so wird das viel zu gefährlich. Tiefflieger beschießen die Strecke, und auf den Straßen wimmelt es von Partisanen. Sie werden mit größter Wahrscheinlichkeit in heftige Kämpfe geraten.‹ Das habe ich zu ihr gesagt. Aber sie ist meinem Rat nicht gefolgt. Irgend jemandem gelang es, sie im letzten Augenblick bei der SS unterzubringen. Was aus ihr geworden ist, erfuhr ich erst nach dem Krieg, als sie mir schrieb, daß sie noch am Leben sei.«

»Sie haben mit den Nazis gegen die Tschechen gearbeitet«, sagte Runge unbeirrt. »Sagen Sie die Wahrheit. Diese Frau war Ihre Agentin.«

»Ich war Krankenhausarzt, kein Gestapo-Spitzel.«

»Sie verschweigen etwas. Wir wissen, daß Sie Verbindungen zu Gehlens Fremde Heere Ost (dem militärischen Nachrichtendienst des Oberkommandos der Wehrmacht an der Ostfront) hatten.«

»Was soll ich tun, damit Sie mir endlich glauben?« rief Frucht erschöpft. »Ich wiederhole. Ich hatte nichts mit Gehlen oder irgendeinem anderen NS-Nachrichtendienst zu tun.«

Er war während der letzten Kriegsjahre Personalarzt für 300 tschechische Beschäftigte im Reserve-Lazarett I in Prag gewesen. Sie hatten ihm nach dem Zusammenbruch in rührender Weise geholfen, und bei seinem ersten Nachkriegsbesuch in Prag wurde er vom Generalarzt der tschechischen Armee empfangen. Das mußte sich irgendwie herumgesprochen haben, denn Wochen später entspann sich folgendes Gespräch:

»Wir wissen, was Sie in Prag gemacht haben«, sagte Runge. »Warum schreiben Sie denn nicht, daß Sie angeekelt waren von den Nazi-Verbrechen und es abgelehnt haben, irgend etwas zu tun, was den Tschechen hätte schaden können.«

Diese plötzliche Änderung im Ton traf Frucht unvorbereitet.

»Na endlich, jawohl, so ist es«, sagte er und stotterte ein wenig.

»Also gut; unterschreiben Sie jetzt diese Erklärung.«

Das vorbereitete Schriftstück gab sein Verhalten in Prag völlig befriedigend wieder. Die Tschechen hatten sich offenbar nicht an der Hetzjagd auf ihn beteiligen wollen.

Sonderbarerweise war ausgerechnet der Vorwurf der Nazitätigkeit das einzige Detail, das die Behörden der DDR nach dem Westen durchsickern ließen. Zwar gelang es der Ermittlungsbehörde selbst unter der für den Beschuldigten extrem nachteiligen Isolation nicht, den geringsten Vorwurf aufrecht zu erhalten, aber Erfolg hatte das Vorgehen doch: Es machte die westlichen Verwandten Fruchts unsicher und veranlaßte sie, keine Versuche mehr zu unternehmen, den Fall an die Öffentlichkeit zu tragen. Am Ende teilte von Wedel ihnen mit, daß die Zeit vor 1945 nun in seinem Prozeß doch nicht behandelt werden würde, weil »weder die positiven noch die negativen Aspekte bewiesen werden können«. In seinem Brief unternahm er jedoch keinen Versuch, den Namen des Wissenschaftlers in der ganzen NS-Angelegenheit rein zu halten. Er ließ die Frage der Haltung Fruchts im Krieg im Schatten des Zweifels.

Der Prozeß

Nach neun Monaten wurde die Untersuchung abgeschlossen, und das Belastungsmaterial gegen Frucht war überwältigend. Nun stand er da, angeklagt wegen »Spionage und Gefährdung der Grundlagen der DDR« – ostdeutsches Äquivalent zum Hochverrat –, und es gab keinen Zweifel mehr, daß man ihn verurteilen werde. Die Frage lautete jetzt nur noch, ob man ihn hinrichten werde.

Jetzt konnte Vogel aktiv werden. Als Fruchts Rechtsanwalt wandte er sich direkt an die Staatsanwaltschaft, nur um sich in aller Eindeutigkeit sagen zu lassen, daß es in diesem Fall um die Todesstrafe ging. Als er zu bedenken gab, daß es im nationalen Interesse läge, Frucht *nicht* hinzurichten, machte der Staatsanwalt klar, daß diese Ansicht nicht von jedermann geteilt werde. Vogel verglich den Fall mit dem von Rudolf Abel, des KGB-Agenten, der im Oktober 1957 in New York verhaftet worden war. Abel war zum Tode auf dem elektrischen Stuhl verurteilt worden, doch wurde das Strafmaß in dreißigjährige Freiheitsstrafe umgewandelt; obwohl viele ihn tot sehen wollten, hatte sich die Meinung derjenigen durchgesetzt, die etwas weiter blickten. Ihre Vermutung, daß Abel eines Tages nützlich sein könnte, um den Vereinigten Staaten aus einer Klemme zu helfen, hatte sich sehr bald als richtig erwiesen.

Anfangs war Frucht nicht allzu glücklich, als er erfuhr, daß Vogel ihn vertreten sollte. Eigentlich hatte er einen anderen Anwalt haben wollen, nämlich Dr. Clemens de Maizière (dessen Bruder – wie eine der Absonderlichkeiten der ost-west-politischen Lage Deutschlands es wollte – damals Generalinspekteur der Bundeswehr war, also ranghöchster Offizier der Bundesrepublik). Aber Runge hatte diese Bitte abgelehnt: »Den können Sie nicht haben. Nehmen Sie Herrn Vogel, der ist gut.« Frucht, der nicht wußte, daß Maria sowieso schon Vogel mit seiner Verteidigung beauftragt hatte, glaubte natürlich, die Stasi wolle ihm ihren eigenen Mann aufdrängen.

Er bekam Vogel erst Ende Februar 1968 zu Gesicht, nur zwei Tage vor Prozeßbeginn. Man händigte ihm einen adretten zweiteiligen Anzug und einen Mantel aus und erklärte ihm, er werde seinen Anwalt im Gefängnis Magdalenenstraße sehen. Frucht wurde in einen als Bäckerei-Lieferwagen getarnten Gefangenentransportwagen gebracht und dort in eine Zelle eingeschlossen, die im Laderaum eingebaut worden war. Die Abfahrt verzögerte sich, weil die Anklageschrift fehlte. Theoretisch sollte sie der Angeklagte vor dem Zusammentreffen mit seinem Verteidiger studieren. Er konnte die 12 weitzeilig geschriebenen Seiten umfassende Schrift in der dämmrigen Fahrzeugkabine nur mühsam lesen. Die wilden Anschuldigungen aus den ersten Monaten der Vernehmung fehlten, der Text hielt sich eng an die jeweiligen Schlußsätze der Vernehmungsprotokolle. Damit schien ein ruhiger Prozeßverlauf gesichert.

Der Anwalt wartete im Gefängnis Magdalenenstraße auf ihn und schien wegen seiner verspäteten Ankunft ungehalten zu sein. Als sie sich drinnen gegenüberstanden, winkte er Frucht zu sich in die Mitte des holzgetäfelten Sprechzimmers, hob die Finger an die Lippen und gab ihm so zu verstehen, daß er leise sprechen sollte – als wolle er ihn vor versteckten Abhörmikrophonen warnen. Er nahm die Anklageschrift entgegen und las sie aufmerksam durch. Gleichzeitig begann Frucht, eine vorbereitete Rede zu halten, in der er umriß, was seiner Meinung nach für die Verteidigung wichtig war. Vogel schien überhaupt nicht zuzuhören.

»Soll ich warten, bis Sie fertig sind?« fragte Frucht.

»Nein. Sprechen Sie weiter. Ich kann gleichzeitig zuhören und lesen.«

Verblüfft vereinfachte Frucht seine vorbereitete Erklärung und fragte:

»Kennen Sie denn nicht die Anklageschrift?«

»Nein, ich sehe sie zum ersten Mal.«

»Wieviel Zeit hatten Sie für die Akteneinsicht?« (Es waren Berge)

»Etwa einen halben Tag. Ich muß sie beim Staatsanwalt einsehen«, sagte Vogel. Er hob seine Augenbrauen, was seinem Pokergesicht einen ungewöhnlichen Ausdruck von Staunen gab und fragte: »Stimmt denn das, was hier steht?«

»Nein, nicht so pauschal.«

Vogel, der seine Aufforderung zur Entschuldigung mit deutlicher Anteilnahme abgegeben hatte, schien verstimmt. »Mußten Sie denen denn wirklich alles erzählen?« sagte er mit einer Stimme, in der seine Verärgerung mitschwang. »Sie haben sich in unnötiger Weise selbst belastet.«

Frucht zuckte die Achseln. Er konnte jetzt und hier nicht erklären, weshalb er den Amerikanern nachgelaufen war und was alles nicht in der Anklageschrift stand.

»Was denken Sie, was Sie kriegen werden?« fragte Vogel.

»Zwölf bis fünfzehn Jahre.«

»Viel länger«, erwiderte der Anwalt. »Das wird wohl lebenslänglich werden.«

Vogel hatte den Eindruck, daß Frucht sich in einem Zustand äußerster Anspannung befand. Er sah aus, als habe er mit dem Leben abgeschlossen, als glaube er nicht, jemals wieder frei zu sein. Er schien sich in einer ausgesprochenen Euphorie zu befinden und eine gewaltige Menge gestanden zu haben – vielmehr jedenfalls, als nötig gewesen wäre.

Der Prozeß begann am 27. Februar 1968. Bewacht von Geheimpolizisten, die mit Maschinenpistolen bewaffnet waren, brachte man Frucht in einer kleinen Fahrzeugkolonne zum Obersten Gericht in der Scharnhorststraße, nicht weit von der Berliner Mauer. Er kannte das Gebäude gut. Das Gebäude, zur NS-Zeit ein Gericht und davor eine militärärztliche Akademie, beherbergte jetzt das Justiz- und das Gesundheitsministerium der

DDR. Frucht hatte dort oft Gesundheitsfunktionäre besucht, um Institutsangelegenheiten zu besprechen. Als man ihn eilig in das Gebäude führte, erhaschte er einen Blick auf den Kanal, der hier die Grenze nach West-Berlin bildete, und den Bruchteil einer Sekunde lang träumte er davon, durch ein offenes Fenster zu springen und in die Freiheit zu schwimmen.

Frucht wurde dem Militärstrafsenat beim Obersten Gericht vorgeführt, und sein Prozeß war ein Novum für die DDR-Justiz. Zum erstenmal überhaupt trat das Gericht zusammen, und der Angeklagte war ein Zivilist. Das war ein Zeichen für den Ernst der Anklage. Normalerweise war dieses Gericht für die höchsten Offiziere reserviert, vom General an aufwärts. Aber nach dem Statut des obersten Militärgerichts der DDR konnte jeder, der die nationale Sicherheit »durch Spionage, Diversantentum oder Sabotage« gefährdete, vor ein Militärgericht gestellt werden. Dieses Oberste Gericht, das in erster (und mithin auch in letzter) Instanz entschied, war für Fälle von »überragender Bedeutung« reserviert und trat immer dann in Aktion, wenn die Verteidigung der DDR in besonders hohem Maße gefährdet erschien.

Frucht wurde in eine Wartezelle im Erdgeschoß geführt, wo er bald Besuch von Vogel erhielt. Der Anwalt riet ihm, vor Gericht so unauffällig wie möglich aufzutreten. Falls er Aufsehen errege, sagte er, werde das sein Schaden sein. Der Prozeß werde auf der Grundlage der von ihm unterschriebenen Aussagen geführt. Er solle nur nicht damit anfangen, Einzelheiten zu korrigieren oder Teile des Beweismaterials in Frage zu stellen.

»Was aber, wenn die Beschuldigungen falsch sind?« fragte Frucht. »Was soll ich tun, wenn sie zum Beispiel behaupten, ich hätte Affären mit -zig Frauen gehabt?«

»Machen Sie auf keinen Fall Ärger«, erwiderte Vogel. »Sagen Sie einfach, ›Ja, ja, und so weiter.‹ Machen Sie es nicht noch schwieriger für sich selbst. Wenn wir überhaupt eine Chance haben, dann wird sie hinterher kommen. Ich habe über meinen erlaubten Kontakt Erkundigungen bei den Amerikanern eingeholt, und die sagen, Sie seien ganz unbekannt. Das ist ihre übliche Reaktion.«

Der Prozeßbeginn verzögerte sich um zwei Stunden. Vogel wurde nervös, und als Frucht ihn fragte, was denn da eigentlich vor sich gehe, sagte er: »Ich weiß es nicht. Wir müssen Geduld haben.« Damit verschwand Vogel und tauchte erst unmittelbar vor Beginn der Verhandlung wieder auf.

»Ich habe mit dem Vorsitzenden gesprochen«, sagte er. »Sie bekommen lebenslänglich.«

Frucht war erstaunt, daß man seinem Verteidiger das Strafmaß mitgeteilt hatte, und zwar ganz offen, bevor der Prozeß auch nur angefangen hatte. In der angelsächsischen Welt wäre das eine strafbare Handlung des Richters gewesen, und nach deutschem Recht hätte sich der Richter Ablehnung wegen Befangenheit eingehandelt.

Vogel sagte seinem Mandanten auch, daß das Gericht Fruchts Behauptung, er sei ein Gegner der Nazis gewesen, als unbewiesen ansehe und entsprechend verfahren werde.

»Das werde ich nicht hinnehmen!« rief Frucht. »Ich warne Sie, wenn die Sache zur Sprache kommt, werde ich Beweisanträge stellen. Ich lasse mich nicht zum Nazi abstempeln. Dies wäre eine zweite Verurteilung.«

Vogel versuchte, Frucht zu beruhigen. »Schon gut«, sagte er besänftigend. »Ich werde das dem Richter sagen.«

Frucht hatte seit Beginn der Untersuchungshaft an einer quälenden und ihm unerklärlichen partiellen Gedächtnisstörung gelitten. Während er keine Schwierigkeiten hatte, auch weit zurückliegende Vorgänge aus der Tiefe der Erinnerung hervorzuholen, war alles mit Klang und musikalischer Form zusammenhängende wie weggeblasen. Er konnte nicht einmal ein Kinderlied summen und sich schon gar nicht an die vielen Partituren erinnern, die er früher auswendig gekonnt hatte. Der Verlust schien ihm besonders für seine Zukunft bedrohlich. Wie sollte er Haftjahre überstehen, wenn er nicht an Musik denken konnte?

Als Frucht mit Handschellen gefesselt und von zwei Soldaten des Wachregimentes »Feliks Dserschinskij« flankiert den Gerichtssal betreten hatte, fand er sich in einer militärischen Umgebung. Selbst die Protokollführerin trug Soldatenuniform. Die drei Richter verstärkten bei ihrem Eintritt noch diesen Eindruck. Sie trugen den »Kaiser-Wilhelm-Gedächtnis-Rock«, jene Uniform aus der Hitlerzeit, die bereits bei ihrer Einführung als pompös-altmodisch verlacht wurde – nur mit einem kleinen Unterschied: Es fehlte der Hoheitsadler mit Hakenkreuz.

Jetzt wurde es ernst. War das wirklich die *erste* Sitzung dieses Militärgerichtes? Tagten die Herren nicht in Permanenz, mit den gleichen Uniformen, ähnlichen Gesichtern, gleichen Angeklagten, nur an verschiedenen Orten? Diesesmal in Berlin-Mitte, vorher auch in Boulogne, Sarajevo, Prag oder Kiew? – »Geheime Staatssache; nur ein Angeklagter. Heißt Furcht oder so ähnlich. Wird schnell gehen.« »Urteil?« »Na, Herr Kollege, Sie wissen schon...«

In diese trüben Phantasien kam dem Angeklagten plötzlich wie ein helles Licht ein Klangerlebnis, eine innere Melodie. Er kannte diese Töne aus seiner frühen Kinderzeit. Damals waren sie der Abschluß aller populären Konzerte auf dem Marktplatz seiner Heimatstadt, wo bis zum November 1918 sonntäglich eine Militärkapelle spielte. Nun hörte er den 200 Jahre alten »Torgauer Marsch«, eigentlich einen gravitätischen Schreittanz, eine Musik für ernste Männer, die eine ernste Sache vorhaben. Dieses urplötzliche musikalische Erlebnis stellte auch eine Verbindung zu seinem Vater her, der im August 1914 mit seiner Kompanie unter den Klängen dieses Marsches ins Feld gezogen war, aus dem er nicht zurückkehren sollte. Aber diese Assoziation war nur wie ein Unterton, Ausdruck einer ernst-erwartungsvollen Stimmung. Im Vordergrund stand das Glücksgefühl, wieder über einen geistigen Besitz zu verfügen, der unter den vorausgegangenen Schrecken fast schon verloren schien. Er war ganz beschwingt durch dieses plötzliche Echo aus der Vergangenheit.

Er nahm auf einer hölzernen Bank Platz, flankiert auf der einen Seite von zwei bewaffneten Wächtern, von Vogel auf der anderen. Der Prozeß fand unter Ausschluß der Öffentlichkeit statt. Die einzigen anderen Anwesenden waren die Richter, der Staatsanwalt, eine Protokollantin und mehrere Sachverständige, unter ihnen Professor Rüdiger, Direktor des Physiologischen Instituts der Berliner Humboldt-Universität, dessen Doktorvater Frucht gewesen war. Vor dem Angeklagten befand sich ein Mikrophon.

Zuerst dachte er, es solle dem Gericht erleichtern, zu verstehen, was er sagte, aber bald begriff er, daß es einen anderen Zweck hatte. Es sollte es den Offizieren des Staatssicherheitsdienstes ermöglichen, draußen in einem anderen Raum den Vorgängen im Gerichtssal zu folgen.

Die Namen der Agierenden in diesem Prozeß lasen sich wie das Rollenverzeichnis einer höfischen Komödie. Frucht fragte sich, ob das ein makabrer Witz der Stasi sein könnte – bis ihm einfiel, daß diese Leute keinen Sinn für Humor hatten. Die drei Richter waren Major Hammer, Major Nagel und Oberst Dr. Sarge. (So standen sie auch im Verzeichnis der höchsten Funktionäre der DDR neben den beiden Stellvertretern des Ministers für Staatssicherheit, den Generalen Marterer und Beater.)

Der Staatsanwalt hieß Richter und war es auch; Verteidiger war Vogel, gewiß ein sonderbarer Mann, und der Angeklagte sprachlogisch »ein nettes Früchtchen«. Er erinnerte sich an die Antwort seiner Mutter, als sie auf ihre illustre Verwandtschaft angesprochen wurde: »Ja, ja unsere Familie ist wie die Kartoffeln. Der beste Teil ist unter der Erde.« Hießen Kartoffeln nicht auch Erdfrüchte?

Zunächst mußte Frucht zu seiner Person aussagen – wann er geboren wurde, wo er aufwuchs, wie seine Karriere verlaufen war. Das Gericht wollte wissen, was er von dem Aufstand im Jahre 1953 hielt (eine Frage, die Leuten oft gestellt wird, die in der DDR vor Gericht stehen; aus der Antwort will man Rückschlüsse auf ihre Einstellung zum Staat ziehen). »In der Führung der Sowjetunion nach Stalins Tod herrschten Zweifel über die Richtigkeit der bisherigen Deutschlandpolitik«, sagte er. »Dies führte zu Unsicherheit in allen Teilen des Staatsapparates der DDR, die sich besonders auf die Lohnpolitik und die Handlungsfähigkeit der Polizei auswirkten. Das eine bewirkte Unruhe in der Arbeiterschaft, das andere deren halbherzige Bekämpfung mit den an sich reichlich vorhandenen Machtmitteln. Infolgedessen mußte die große Sowjetunion in brüderlicher Hilfe mit ihren Panzern die DDR retten.«

Der Vorsitzende machte ein Gesicht, als hätte er Glasscherben zum Frühstück gegessen, setzte zum Sprechen an, zögerte und sagte: »So, so Angeklagter, das ist Ihre Auffassung von dieser Provokation reaktionärer Kreise in der Bundesrepublik im Verein mit den Imperialisten.« Der Staatsanwalt, der während des Wortwechsels immer unruhiger geworden war, blieb auf einen Blick des Vorsitzenden dann doch sitzen. Frucht dachte, das würde wohl ein Nachspiel im Parteiaktiv des Obersten Gerichtes haben.

Oberst Dr. Sarge erwies sich als ein umsichtiger, die Prozeßmaterie souverän beherrschender Vorsitzender. Vieles in der Verhandlung erinnerte Frucht an das, was er über den Prozeß seines Onkels Ernst von Harnack im Jahre 1944 gehört hatte. Es ging außerordentlich höflich zu, als von Harnack vor dem Volksgerichtspräsidenten Freisler stand. Die anderen Angeklagten wurden angeschrien, ihn aber behandelte man höflich. Der Grund dafür war, daß man über sein Schicksal schon entschieden hatte. Er hatte ja schon gestanden, ein Gegner des Nationalsozialismus zu sein, und er hatte erklärt, er habe aus patriotischen Gründen gehandelt. Diese Aussage hatte sein Schicksal besiegelt. Die Todesstrafe erfolgte automatisch.

Es gab Parallelen zu Fruchts eigener Situation. Das Gericht hatte es nicht nötig, ihn zu beleidigen. Die Anklage war unanfechtbar.

Eine zentrale Frage während des Prozesses lautete, warum er überhaupt zum Spion geworden sei. Dr. Vogel riet ihm auszusagen, daß er des finanziellen Gewinns wegen gehandelt habe. Das war unter den obwaltenden Umständen die einzig mögliche Verteidigung, und es war plausibel, denn es war bekannt, daß es Frucht sehr schwergefallen war, den Unterhalt für seine Kinder aus erster Ehe aufzubringen. Während seiner Vernehmung war er immer wieder bedrängt worden, doch zuzugeben, daß er für seine Arbeit bezahlt worden sei, und während des Prozesses wurde ihm angelastet, er habe in den zehn Jahren seiner Arbeit für die Amerikaner insgesamt 60000 Mark erhalten. Das Gericht ging dabei von den Unterhaltszahlungen aus, die seine erste Frau und die Kinder seit ihrer Ankunft im Westen im Jahre 1959 erhalten hatten. Gisela erhielt damals keine Anerkennung als politischer Flüchtling, und von seinem Gehalt, das er in der DDR bezog, konnte er sie bei dem Währungsgefälle von 4:1 nicht ausreichend unterstützen. Nach monatelangen Verhandlungen hatte der West-Berliner Senat sich bereiterklärt, eine Ausnahme zu machen und sie in die Familienhilfe für Flüchtlinge einzubeziehen. Frucht hat nie erfahren, ob irgendein alliierter Geheimdienst diese Entscheidung beeinflußt hatte. Die Stasi aber war davon überzeugt, daß die Amerikaner zu seinen Gunsten bei den westdeutschen Behörden interveniert hatten.

Der Prozeß gegen Frucht brachte wenig Überraschungen. Aber eine gab es doch, nämlich als Frucht gefragt wurde, wie viele Amtsträger der DDR er an die Amerikaner »verraten« habe, und er antwortete: »Zweiundneunzig.«

Major Richter verlor einen Moment lang die Fassung. »Ich – ich dachte, sie wollten nur sechs zugeben«, stotterte er und blätterte aufgeregt in den Akten. Fruchts Eingeständnis bedeutete ja nichts anderes, als daß die vorbereitenden Ermittlungen nicht so gründlich gewesen waren, wie sie hätten sein sollen. Als Richter das Thema einige Tage zuvor in Hohenschönhausen zum ersten Mal angeschnitten hatte, war ihm von dem Gefangenen geantwortet worden: »Überhaupt keinen.« Der Staatsanwalt hatte darauf beharrt, daß es mindestens sechs gewesen seien, unter ihnen General Gestewitz. »Also gut, dann eben sechs«, hatte Frucht geantwortet, nur um ein wenig entgegenkommend zu sein. Dann aber, als ihm sein Vernehmer erläuterte, mit dieser Aussage werde er die Erfolgsstatistik des Obersten Gerichts ruinieren, denn selbst die kleinsten Staatsfeinde gäben regelmäßig ein paar Dutzend Verratene an, hatte er sich vorgenommen, den Leuten die Freude zu machen. Er hätte auch jede andere Zahl sagen können. (Später, in der Strafanstalt Bautzen, traf er einen anderen Gefangenen, dem man die Zahl von 22538 Verratenen zudiktiert hatte – es war der gesamte Inhalt eines alten Telephonbuches, das er nach dem Westen geschickt hatte.)

Eine Überraschung, die unheilvoller war, erlebte Frucht, als der Richter ihn beschuldigte, einen in der Sowjetunion produzierten Impfstoff gegen Kinderlähmung an den Westen gegeben zu haben. Frucht erwiderte, daß er dies mit Wissen des Leiters der Staatlichen Impfkommission Professor H. Dost getan habe, der ihm das Material persönlich übergeben habe. Das Gericht schien bereit zu sein, diesen Vorfall aus der Liste der Anklagepunkte zu streichen, aber ein Spezialist der Armee für chemische und biologische Kriegführung erhob Einspruch. Er sagte, es habe sich um lebende, abgeschwächte Krankheitserreger gehandelt, die möglicherweise in eine gefährliche Form hätten zurückverwandelt werden können. »Deshalb waren die Amerikaner interessiert«, sagte der Sachverständige. »Der Angeklagte hat daher an der Vorbereitung eines Bakterienkrieges gegen die DDR und die befreundeten Länder teilgenommen.«

Bei dieser dramatischen Wendung erschienen alle am Prozeß Beteiligten wie versteinert, bis der Vorsitzende erklärte: Dieser Punkt sei nicht Gegenstand der Voruntersuchung gewesen. Das Gericht besitze genügend Material zur Verurteilung des Angeklagten und werde diesen Gesichtspunkt nicht verwerten.

Der Schwerpunkt der Anklage gegen Frucht aber bezog sich auf seinen Verrat von Geheimnissen des Warschauer Paktes. Im Gerichtsaal wurde ein tschechischer Film über Kampfstoffe vorgeführt, zu dem auch der Präsident des Obersten Gerichts in großartiger goldbetreßter Uniform erschien. Der Film zeigte Ratten im Labor, wie sie Kampfstoff einatmeten und Minuten darauf verendeten. Während der Vorführung lastete tiefes Schweigen über dem Gerichtssaal.

In dieser Phase der Verhandlung gab es einen kurzen Augenblick der Befriedigung für Frucht. Er kam, als Dr. Sarge, der Vorsitzende des Gerichts, erklärte, die Amerikaner hätten eine Exportsperre für Leuchtbakterien verhängt. Das, sagte er, sei eine direkte Folge des von Frucht begangenen Verrats. Für den Wissenschaftler waren die Worte des Richters die eindeutige

Bestätigung dafür, daß man die von ihm an die CIA gegebene Information in der Tat sehr ernst genommen hatte.

Ein Zeuge von besonderer Bedeutung war der NVA-Major aus Greifswald, der als erster eine Prüfung der Kampfstoffe der Armee im Institut am Nöldnerplatz arrangiert hatte. Er sagte aus, er sei »raffiniert getäuscht« worden, und er habe nicht ahnen können, daß Frucht ein Staatsfeind sei. Er habe ihn zwei- oder dreimal besucht, um die Versuchsergebnisse mit ihm zu besprechen, und er habe ihn von der streng geheimen Natur dieser Experimente in Kenntnis gesetzt.

»Das überrascht mich«, sagte Frucht. »Als Sie bei uns waren, haben Sie sich völlig anders verhalten, Herr Major.«

Der NVA-Offizier stand in militärisch strammer Haltung da und begann, nervös geworden, einen zehn- bis fünfzehnminütigen Vortrag über Marx und Lenin zu halten. Kössler wurde in den Zeugenstand gerufen und über das Telegramm befragt, das er an die NVA geschickt hatte und in dem er mit dem Abbruch der Arbeiten über die Nachweismethode des Instituts gedroht hatte.

»Kössler hätte das Telegramm niemals ohne Ihre Zustimmung schicken können«, sagte der Vorsitzende Richter.

»Allerdings, ich habe ihm gesagt, er müsse sich so ausdrücken, daß die NVA nur Ja oder Nein sagen kann«, erwiderte Frucht. »Wir konnten ohne Kostenübernahme durch Dritte das Projekt nicht fortführen.«

Kössler erklärte dem Gericht, er sei angewiesen worden, die Arbeitsweise der Apparatur vorzuführen und es dann der NVA zu überlassen, ihre Experimente selbst vorzunehmen. »Schwierigkeiten gab es, weil sie zuviel mitgebracht hatten«, sagte er. Der Vorsitzende griff ein:

»Hierzu wollen Sie sich nicht äußern, Herr Doktor. Das Gericht hat bereits festgestellt, daß der Angeklagte – ich wollte sagen, Herr Professor Frucht – verstanden hat, sich geheime Dinge zu verschaffen. Das genügt.«

»Ja, ja«, erwiderte Kössler.

Frucht glaubte, das gute Wetter ausnützen zu sollen – immerhin hatte der Vorsitzende ihn mit »Herr Professor« statt »Angeklagter« bezeichnet – und versuchte daher, etwas in der Voruntersuchung Untergegangenes anzubringen.

»In Wirklichkeit war das ganz anders«, sagte er zu Dr. Kössler gewandt. »Weil unsere Laboratorien für das Arbeiten mit Ultragiften ungeeignet waren, was Sie so gut wie ich wußten, bin ich von Anfang an gegen jede Testung in unseren Räumen gewesen. Es wurde dann meine Reise in die Sowjetunion ausgenutzt, um die Untersuchung durchzuführen.«

Kössler, der den Eindruck hatte, ihm solle jetzt Schuld zugeschoben werden, während Frucht nur den Übereifer der Nationalen Volksarmee herausstellen wollte, wandte sich zu seinem früheren Chef und machte eine beschwörende Geste.

Der Vorsitzende wurde jetzt energisch. »Herr Zeuge, wenden Sie sich zum Gericht! Herr Professor Frucht, Ihnen ist nicht gestattet, quer durch den Gerichtssaal Ihre früheren Mitarbeiter zu beeinflussen. Das Gericht mußte bereits aus der Voruntersuchung feststellen, wie Ihr unheilvoller Einfluß sogar über den Zeitpunkt Ihrer Verhaftung hinaus auf die Mitarbeiter wirkte.«

Damit war der Versuch gescheitert, irgend etwas zur Ergänzung der Voruntersuchung während der Verhandlung vorzubringen. Rechtsanwalt Vogel, den Frucht als übertrieben zurückhaltend ansah, hatte Recht gehabt. Dr. Kössler hatte sich in einer sehr schwierigen Situation als korrekter Zeuge bewiesen. Die ärgerliche Bemerkung des Vorsitzenden bezog sich nämlich auf einen ganz ungewöhnlichen Vorgang. Bei der Verhaftung eines Mitarbeiters sind die übrigen gehalten, ein Verdammungsurteil auszusprechen, und zwar regelmäßig zu einem Zeitpunkt, an dem nichts Sicheres über das angebliche Verbrechen bekannt ist. Die Menschen im Umfeld müssen noch beweisen, daß sie nicht auch Verbrecher sind. Die Verdammung ist der erste Schritt ihrer Verteidigung. In Fruchts Institut hatte nun dieser Mechanismus nicht funktioniert, obwohl bei Spionage jeder im Verdacht der Mittäterschaft steht. Mißmutig hatte Hauptmann Runge in der Voruntersuchung seinem Häftling nur einen Beschluß der Direktorenkonferenz vorlegen können, der in seinem

Übereifer geradezu grotesk war. Nach diesem Dokument war Frucht bereits vor der Berufung minderqualifiziert, danach faul und in jeder Beziehung ein Abweichler gewesen. Vom ersten Tage an habe er unter Vortäuschung einer persönlichen Zuwendung seine Mitarbeiter systematisch korrumpiert, zum Beispiel durch Wohnungsbeschaffung und Vermittlung anderer Vorteile. Infolgedessen hätten selbst die Genossen unter ihnen an der ständigen und progressiven Entwicklung des proletarischen Bewußtseins in der DDR nicht in rechtem Maße teilnehmen können.

Frucht hatte viel über dieses Schriftstück, das ihm zur Stellungnahme vorgelegt wurde, nachgedacht. Welcher Pfiffikus hatte die Wohnungsbeschaffung hineingebracht? Wer den Bombast über das sich ständig entwickelnde proletarische Bewußtsein, das ja wohl in der Akademie wie im Zentralinstitut überhaupt etwas schwach war? Das mit dem faul und dumm (»minderqualifiziert«) hatte mit Sicherheit der Parteisekretär eingefügt, um die Direktoren zu ärgern, die das zehn Jahre lang nicht gemerkt hattten. Selbst Runge sagt in einem Anflug von Humor: »Da müßten wir wohl den ganzen Verein auf Wachsamkeit prüfen.« Das Gericht hatte bereits vor der Zeugenvernehmung den Beschluß der Direktorenkonferenz als Beweismittel abgelehnt, und Dr. Kösslers korrektes Auftreten war um so höher zu bewerten, denn nun fehlte der Verhandlung die obligate Verdammung des Angeklagten durch »Bürger aller Schichten« vollständig. Schließlich hatte auch Fruchts Frau nicht den Erwartungen entsprochen. Statt sich von ihrem Mann loszusagen, hielt sie zu ihm.

Am zweiten Tage des Prozesses erhielt Frucht während einer Verhandlungspause in seiner Zelle Besuch von Runge.

»Sie sehen, wie der Fall sich entwickelt«, sagte der Stasi-Offizier. »Sie haben eine Chance. Wenn Sie mir alles sagen, was Sie über den DDR-Bürger wissen, der nach unserer Meinung einen unerlaubten Kontakt zu den Amerikanern hat, wird es Ihre Lage sehr verbessern.«

»Sie haben mich wochenlang darüber befragt«, sagte Frucht,

»und ich habe Ihnen nichts mitteilen können. Abgesehen davon, daß ich eine Antwort erfinden müßte, wie soll mir die helfen? Das Gericht würde darin einen zusätzlichen Fall geheimdienstlicher Tätigkeit sehen.«

»Was Sie mir sagen, brauchen wir noch lange nicht dem Gericht zu erzählen«, erklärte Runge. »Wir haben Sie eingelocht, wir entscheiden über den Haftverlauf und ob und wann Sie herauskommen. Das Gericht fällt ein Urteil – na und?«

Frucht, der sich seiner verzweifelten Lage im Falle einer permanenten Verfolgung durch die Stasi während der Haftzeit durchaus bewußt war, empfand das Gespräch als die klassische Versuchungssituation. Der Teufel wollte einen Pakt schließen. Das Opfer sollte ein dritter sein. Hatte je ein Paktierender gewonnen?

»Ich werde dem Vorsitzenden von diesem Gespräch berichten.«

»Das lassen Sie man; die Sache ist sowieso erledigt«, sagte Runge und verließ abrupt die Zelle.

Der Prozeß neigte sich seinem Ende zu. Eine spannende Frage war, ob im letzten Moment vielleicht der General in den Zeugenstand gerufen würde. Nichts dergleichen geschah. Weder die Gespräche mit Gestewitz, nicht einmal die in der Voruntersuchung ausführlich behandelten Probleme des Schutzes vor Kampfstoffen in großer Kälte und schon gar nichts, was nur entfernt das Alaksa-Projekt berührte, wurde erwähnt. Frucht sah darin eine Bestätigung seines Verteidigungskonzeptes und war froh, daß er sich mit allem, was als konventionelle Spionage gedeutet werden konnte, belastet hatte. Allerdings kam das Künstliche dieser Konzeption immer wieder zum Vorschein. Eine Vernehmung des Generals wurde erwähnt, aber nicht, was er gesagt hatte. Die Motive des Angeklagten blieben unverständlich. Beinahe hätte Frucht das stille Einvernehmen aller mit einer törichten Art moralischer Rechthaberei gestört. Der Staatsanwalt ärgerte ihn, indem er ständig von den Auftraggebern und dem sklavischen Gehorsam des Angeklagten sprach. Frucht warf ein: »Ich hatte keine Auftraggeber.« Der Staatsanwalt stutzte und fragte ironisch: »Da waren Sie wohl freischaffend?« Frucht nickte, und die Klippe war umschifft.

Als Rechtsanwalt Vogel bemerkte, auf dem Kampfstoffsektor sei eigentlich nichts zu verraten gewesen, da die DDR getreu ihren Prinzipien weder Neues entwickle, noch die Anwendung plane, gab es ein freundliches Echo von der Richterbank. Frucht freute sich, weil es Gutes für den General und die übrigen Offiziere bedeutete. Weil es nichts zu verraten gab, konnte auch niemand unter den Offizieren der NVA Geheimnisse preisgegeben haben.

Die Verhandlung ging mit den Plädoyers der Staatsanwaltschaft und der Verteidigung zu Ende. In einer langatmigen Rede verglich Major Richter die westlichen Geheimdienste mit der spanischen Inquisition, die, wie er sagte, »das Leben und die Freiheit der Menschen jahrhundertelang bedroht« habe.

»Dieser Mann«, sagte er und zeigte auf den Angeklagten, »war ein Lakai solcher schändlichen Organisationen. Sein eigenes Land hatte viel für ihn getan, und er dankte es ihm, indem er es verriet. Er ist den Amerikanern nachgelaufen, so schnell ihn seine Beine trugen. Das macht seine Schuld noch größer. Er ist ein Feind der Menschheit. Aus niedrigster Gesinnung heraus war er bereit, die Existenz seiner Familie aufs Spiel zu setzen. Er hat seine berufliche Position mißbraucht, um die DDR zu verraten, ihre Bürger und unsere sozialistischen Verbündeten. Das Mindeste, was für ihn in Betracht kommen kann, ist lebenslange Freiheitsstrafe ...«

Dr. Vogels Schlußplädoyer war eine kurze und farblose Bitte um Milde. »Während wir hier versammelt sind, um über das Schicksal des Angeklagten zu entscheiden, wird irgend jemand irgendwo außerhalb der DDR seinen Namen durchstreichen und sagen: ›Frucht steht nicht mehr auf unserer Liste.‹ Sein Verbrechen ist schwer, aber es gibt einige mildernde Umstände. So hat er zum Beispiel ein umfassendes Geständnis abgelegt. Es besteht auch nicht der geringste Zweifel daran, daß er den in seinem Schrank verwahrten Kampfstoff zu den Amerikanern hätte hinüberschmuggeln können. Sein Auto wurde in West-Berlin repariert, und er hätte die Probe mühelos in der Karosserie verstecken können...«

»Wenn er das getan hätte«, bemerkte der Vorsitzende trocken, »wäre eine höhere Strafe erforderlich gewesen.«

Das Gericht zog sich daraufhin zur Beratung zurück.

Die Sitzung am folgenden Tage war denkbar kurz. Lebenslanger Freiheitsentzug, keine Nebenstrafen, aber Vermögenseinzug und Unterbringung nach §§... hörte Frucht. Was das für Paragraphen waren, konnte er nie erfahren. Es blieb deshalb unklar, ob die folgende Einzelhaft Teil der Strafe oder eine Verwaltungsmaßnahme war, die im Ermessen anonymer Mächte lag.

Alle Hoffnungen lagen nun bei Rechtsanwalt Vogel, den Frucht zwar als hochintelligent, weltgewandt und freundlich kennengelernt hatte, aber auch als routiniert und kühl. Würde er sich noch nach Jahren an diesen langweiligen Prozeß erinnern? Es galt ein Merkzeichen zu setzen.

Als Hammer, Nagel, Sarge in ihren prächtigen Uniformen, aber mit dem Schreibstubenschritt der Papiersoldaten den Raum verlassen hatten, wandte sich Frucht an seinen Anwalt:

»Ich habe eine Bitte, verehrter Herr Vogel. Wenn Sie heute in die Tschechoslowakei nach Karlsbad fahren«, Vogel machte ein bedenkliches Gesicht; von der Reise war gesprochen worden – »denken Sie bitte nicht an diesen Prozeß. Ich wünsche Ihnen gute Erholung.«

Vogel war einen Moment verblüfft, faßte sich aber sofort, machte die vollendet formelle Verbeugung eines Diplomaten und sagte:

»Sie überraschen mich, Herr Doktor. Ich akzeptiere es als ärztlichen Rat für meine Kur. Im übrigen«, er hielt seine Hände jetzt gespreizt vor sich und bewegte sie wie abwägend, »im übrigen kann ich nicht glauben, daß sich das Verbot auch auf Ihre Person bezieht. Ich werde – zu gegebener Zeit – an Sie denken.«

Jetzt war es Fruchts Sache, eine förmliche Verbeugung zu machen. Vogel ergriff eine winzige Aktentasche, die wohl mehr der Demonstration gedient hatte, daß er selbst hier eine bei sich führen durfte, nickte noch einmal und verschwand.

Die beiden athletischen Wachsoldaten, welche mißtrauisch der zeremoniellen Unterhaltung gefolgt waren, legten Handschellen um Fruchts Hände. Beim Gang über die Hallen und Treppen, vorbei am Grenzgewässer nach West-Berlin, hörte er wieder eine Melodie. Es war der »Marsch des Panzerregimentes 18«, das wegen irreparabler Verluste mitten im Kriege aufgelöst werden mußte, der Marsch der schweren Reiter des Großen Kurfürsten, an den sich für Frucht eine düstere Erinnerung knüpfte, von der er heute noch nicht gerne spricht.

Anzeige

DM testet Batterierasierer

Klares Ergebnis: Autorasierer Braun parat BT „Sehr empfehlenswert"

Der Braun parat BT ist universell. Man kann ihn im Auto anschließen. Man kann ihn zu Hause am Netz benutzen – und man kann ihn mit Trockenbatterien betreiben. Immer hat er die gleiche (gute) Rasierleistung. Kein Zweifel, der Braun parat BT ist der Rasierer für Männer, die viel unterwegs sind und jederzeit gut rasiert sein wollen. Auch am Abend. Denn: egal wie man sich morgens rasiert hat – naß oder trocken – gegen den „5-Uhr-Schatten" gibt es nur ein einziges Mittel: Noch einmal rasieren. Und dafür ist der Braun parat BT ideal. Weil man sich mit ihm noch schnell im Büro oder am Parkplatz rasieren kann. Und weil er trotz seiner Vielseitigkeit weniger als 100,– DM kostet (genau: 74,– DM der Rasierer mit Batteriebox, 25.60 DM der Netzstecker). Ein Wunder, daß er bei diesem Preis und mit seiner Leistung „Sehr empfehlenswert" bekam?

Montag, 4. März 1968 - 15 Pf

17. Jahr — Nr. 54 — BERLIN-AUSGABE ****

Bild ZEITUNG

UNABHÄNGIG · ÜBERPARTEILICH

BERLIN

Auflage über 4 Millionen

Geheimprozeß in Ost-Berlin: Atom-Professor soll erschossen werden

Als „größter Verräter seit Oleg Penkowsky" angeklagt

ka. Berlin/Prag, 4. März

Noch nie war der Oberste Militärgerichtshof der Sowjetzone so abgeschirmt wie in der vergangenen Woche: Von dem Spionageprozeß, der gegenwärtig in einem abhörsicheren Saal in der Ostberliner Scharnhorststraße 37 stattfindet, soll die mitteldeutsche Bevölkerung auf Beschluß der Zonenregierung nichts erfahren. Denn auf der Anklagebank sitzt einer der führenden Atomwissenschaftler der Sowjetzone. Auf ihn wartet das Todesurteil.

Zehn Jahre lang soll der Professor, dessen Name ebenfalls streng geheimgehalten wird, den Westen über den Stand der Atomforschung im Ostblock informiert haben. Durch ihn sollen die Bundesrepublik und ihre NATO-Partner ständig den neuesten Stand der Ausrüstung der „Nationalen Volksarmee" der Zone und der sowjetischen Besatzungstruppen mit Atomwaffen bekannt haben. Der kommunistische Militärstaatsanwalt, der seinen Tod durch Erschießen forderte, klagte ihn als größten Atomverräter im Dienste des Westens seit dem Verratsfall des russischen Obersten Oleg Penkowsky an.

Gleichgewicht

Nach spärlichen Berichten aus dem Ostblock soll der angeklagte Wissenschaftler seine Verbindung mit dem Westen so begründet haben: Nach dem Kriege habe sich die Sowjetunion durch Spionage in den USA und Großbritannien in den Besitz wertvollster Ergebnisse der Atomforschung gebracht. Er habe nun für ein „atomares Gleichgewicht" sorgen wollen.

Seine Arbeit für den Westen wurde offensichtlich entdeckt, als Sicherheitsbeamte der Zone und der Sowjets nach der Flucht des mitteldeutschen Atomphysikers Prof. Barwich (1964) sämtliche „Geheimnisträger" monatelang beobachteten. Der jetzt vor Gericht gestellte Professor hatte im „Vereinigten Kernforschungsinstitut Dubna" in der Sowjetunion und im „Zentralinstitut für Kernphysik" in Rossendorf bei Dresden gearbeitet.

Abgeschirmt

Das Urteil soll ebenfalls unter strengster Geheimhaltung verkündet werden. Posten des sowjetzonalen Sicherheitsdienstes schirmen während des gesamten Prozesses das Gerichtsgebäude, das unmittelbar hinter der Mauer im Bezirk Mitte liegt, gegen Neugierige undurchdringlich ab.

„Der Krieg wird in Saigon entschieden"

Washington/Saigon, 4. März

„Die Sprengkraft der bis jetzt von US-Fernflugzeugen auf kommunistische Bereitstellungsräume vor dem eingekesselten US-Stützpunkt Khe Sanh abgeworfenen Bombenlast ist so groß wie die von 60 bis 70 taktischen Atomwaffen!"

Das hat der amerikanische Atomwissenschaftler Ralph E. Lapp mitgeteilt. Lapp — er war an der Entwicklung der ersten Atombombe beteiligt — hält herkömmliche Bomben beim Dschungelkampf um Khe Sanh für wirkungsvoller als Atomwaffen.

„Die Kommunisten hätten sich in Tunneln und Bunkern eingegraben. Die Wirkung taktischer Atombomben oder -Granaten wäre hier minimal.

Lapp: „Die Verwendung solcher Waffen würde der Welt klarmachen, daß die Vereinigten Staaten dem nuklearen Schwachsinn verfallen sind. Wenn diese Waffen in Vietnam wirkungslos eingesetzt werden, würde ihr Abschreckungswert anderswo herabgesetzt. Schließlich sollen sie den sowjetischen Drang nach Westen in Europa aufhalten."

Um Khe Sanh gibt es inzwischen harte Meinungsverschiedenheiten zwischen Amerikanern und der südvietnamesischen Regierung.

Die Südvietnamesen: „Khe Sanh ist ein Kunstprodukt der US-Generalität. Es ist äußerst bedenklich, daß man den Stützpunkt zu einem Testfall der nationalen Ehre Amerikas aufgebaut hat."

Die Südvietnamesen sagen: „Der Krieg wird in Saigon entschieden und nicht im Busch. Khe Sanh ist militärisch wertlos.

Das Urteil

Am Montag, dem 4. März 1968 hörte Maria beim Frühstück die Frühnachrichten und saß wie versteinert da. Der Sprecher des Senders Freies Berlin verlas die Nachricht, daß ein Ostberliner Wissenschaftler zum Tode verurteilt worden sei und durch ein Erschießungskommando hingerichtet werden solle. Sie war überzeugt, daß es sich bei dem Verurteilten um ihren Mann handeln müsse, obwohl niemand ihr gesagt hatte, daß der Prozeß stattgefunden habe.

In der Meldung wurde die »Bild-Zeitung« zitiert, die die Geschichte unter gewaltiger Schlagzeile in Rot und Schwarz auf der ersten Seite ausgebreitet hatte. »Geheimprozeß in Ost-Berlin: Atom-Professor wird erschossen!« Der Wissenschaftler, dessen Name nicht genannt wurde, sollte Atomgeheimnisse des Ostblocks an die Bundesrepublik und deren NATO-Verbündete verraten haben, um das Gleichgewicht der Kräfte zu erhalten.

Die Zeitung behauptete, es sei der schwerste Spionagefall, der seit Oleg Penkowskijs Moskauer Prozeß im Jahre 1963 je vor einem kommunistischen Gericht zur Verhandlung gekommen sei. (Der sowjetische Offizier vom militärischen Geheimdienst war wegen Spionage für den Westen erschossen worden.) Männer vom Staatssicherheitsdienst, hieß es in dem Bericht weiter, hätten das Gericht in der Scharnhorststraße für die ganze Dauer des zweieinhalbtägigen Prozesses abesperrrt. »Bild« behauptete – fälschlicherweise –, daß der Wissenschaftler in der Sowjetunion und im Zentralinstitut der DDR für Nuklearforschung in Rossendorf bei Dresden gearbeitet habe. Die Geschichte wurde von zahlreichen Zeitungen in ganz Westeuropa und in Nordamerika übernommen und weiter ausgeschmückt.

Sobald sie konnte, nahm Maria den Zug nach Friedrichsfelde-Ost und suchte Dr. Vogel in seiner Kanzlei in der Reilerstraße auf. Sie wurde eilig hereingebeten und sah ein Exemplar der »Bild-Zeitung« auf seinem Schreibtisch.

»Ist das wahr?« rief sie.

»Unsinn von Anfang bis Ende«, erwiderte Vogel.

Sie atmete erleichtert auf und setzte sich.

»Ihr Mann bekommt lebenslänglich. Das Gericht hat ihn am Samstag verurteilt. Wir haben Glück gehabt, daß kein Todesurteil verhängt worden ist. Ich habe mich bei der Zeitung über den Bericht beschwert.«

»Und die Anklage?«

»Spionage im schweren Falle. Gefährdung der Grundlagen der DDR.«

Es trat eine Pause ein.

»Mehr kann ich nicht sagen«, erklärte Vogel.

Maria dankte Gott, daß Atschkas Leben verschont worden war; alles andere war ihr in diesem Augenblick gleichgültig.

»Und jetzt«, fuhr Vogel fort, »ist das wichtigste für uns, daß wir die Amerikaner dazu bringen zuzugeben, daß er ihr Mann ist, offiziell oder sonstwie. Dann können wir vielleicht etwas für ihn tun.«

»Aber was?«

»Das müssen wir abwarten. Die Sache wäre leichter, wenn er für die Westdeutschen gearbeitet hätte. Dann könnte er irgendwann auf die Austauschlisten gesetzt werden.«

»Ich habe keine Ahnung, ob die an der Sache beteiligt waren«, erwiderte Frau Frucht.

»Um so schlimmer für ihn«, antwortete der Anwalt.

Agenten aus der Bundesrepublik, die in der DDR verurteilt werden, können in der Regel damit rechnen, nach sechs oder sieben Jahren ausgetauscht zu werden; DDR-Bürger allerdings, die für andere westliche Geheimdienste arbeiteten, waren im allgemeinen sehr viel schlechter dran. Fruchts Lage wurde kompliziert durch die Weigerung der Amerikaner zuzugeben, daß er für sie gearbeitet hatte. Ohne dieses Eingeständnis waren Vogels Versuche, einen Austausch zu arrangieren, von vornherein aussichtlos. Schon in diesem frühen Stadium hoffte er, einen Austausch gegen einen in Amerika einsitzenden sowjetischen Agenten arrangieren zu können, aber aus dem Plan wurde nichts, weil niemand im Westen bereit war, den Schleier der Geheimhaltung zu lüften.

Vogel sollte es nie gelingen festzustellen, für wen Frucht eigentlich genau gearbeitet hatte. Er wußte, daß es für die Amerikaner gewesen war, aber er konnte nie herausbekommen, welcher Dienst es gewesen war. Das gleiche Problem kannte er schon aus anderen Fällen. Tatsächlich saßen einige Gefangene, die für die Briten und Amerikaner gearbeitet hatten, noch nach 15 oder 17 Jahren in DDR-Gefängnissen. Nach ihrer Gefangennahme hat man sie einfach fallengelassen – und niemand gibt gern zu, daß ihm Spione gehören.

Die Amerikaner waren Vogel gegenüber mißtrauisch. Die Staatssicherheit hatte im Fall Frucht nur eine Verhaftung vorgenommen, und noch lange nach Ende des Prozesses setzte sie ihre Suche nach anderen Agenten fort. Der Gefangene hatte ein detailliertes Geständnis abgelegt, aber trotz des heftigen Drucks, den Runge auf ihn ausgeübt hatte, war außer ihm selbst niemand von ihm belastet worden. Die Stasi war überzeugt, daß andere Bürger der DDR in die Sache verwickelt waren; sie hatte den Verdacht, daß es ein weiteres Leck auf hoher Ebene auf dem Gebiet der chemischen Kriegführung geben müsse. Aber es gelang ihr nicht, einen Komplizen aufzuspüren. Die CIA dachte nicht daran, Vogel irgendwelche Unterstützung zu gewähren; der kleinste Informationsfetzen hätte sich als wichtiger Hinweis entpuppen können.

Getreu ihrem stets beachteten Grundsatz, ließen die Amerikaner alle Versuche der Ost-West-Anwälte, der Verwandten Fruchts und seiner Freunde abprallen, eine Verbindung zwischen dem Wissenschaftler und irgendeinem spezifischen Geheimdienst herzustellen. Aber sie sorgten dafür, daß sie stets auf dem laufenden blieben, was Vogels und von Wedels Bemühungen betraf, und einer ihrer Informationskanäle war der Kurier Martin Rückert. Er fand sich sehr bald im Zentrum eines familiären Sturms wieder und wurde von allen Seiten bedrängt, alles preiszugeben, was er wußte.

Der Streit wurde ausgelöst durch einen Brief des West-Berliner Anwalts von Wedel, datiert vom 4. März 1968, in dem er die Familie von der Urteilsentscheidung des Ostberliner Gerichts unterrichtete: »Ich bin außerordentlich erleichtert, denn nach meinen Informationen hatten wir tatsächlich mit der Todesstrafe zu rechnen. Jetzt besteht die Hoffnung, eines Tages die Freilassung Ihres Vetters erreichen zu können«, schrieb er an Edward von Zahn. »Um einleitende Vorbereitungen dafür treffen zu können, schlägt Herr Dr. Vogel ein Treffen nach Ostern vor... Es wäre auf jeden Fall nützlich, wenn Teilnehmer an der Diskussion zunächst detailliertere Informationen bei einem Manne namens M. einholen. Man hat mir gesagt, er sei genau informiert über den Kern der Beschuldigungen. Natürlich wird er wahrscheinlich nicht reden wollen – das heißt, in seinem eigenen Interesse nicht und dem seiner Auftraggeber, die in diesem Falle bei den amerikanischen Behörden zu suchen sind. Für diesen Herrn M. besteht natürlich erhebliche Gefahr bei einer Reise durch die DDR.«

Edward von Zahn war mißtrauisch. »Warum wollen von Wedel und Vogel jetzt, wo der Prozeß vorbei ist, etwas über Martin Rückert erfahren?« fragte er in einem Brief an Fruchts englischen Schwager Owen Williams. Edward vermutete, daß die Ostdeutschen hofften, an Hand weiterer Informationen doch noch ein Spionagenetz aufdecken zu können.

In seiner Antwort an von Wedel ließ er durchblicken, daß er zum Informationstausch bereit sein könnte, wenn es sich zu Fruchts Vorteil auswirken würde. Martin Rückert werde sehr wahrscheinlich nichts sagen wollen, schrieb er, sofern es nicht von direktem Nutzen für seinen Onkel sei. Es war denkbar, daß die DDR als Gegenleistung für derartige Informationen bereit sein könnte, dem Gefangenen Hafterleichterungen zu gewähren.

Wenn das der Fall war, schrieb er, müßten die Fragen sehr viel konkretere Form haben als bisher. »Martin muß direkt mit dem Problem konfrontiert werden: ›Willst du, daß Frucht den Rest seines Lebens im Gefängnis verbringt, oder bist du bereit, ihm eine Chance zu geben, indem du die folgenden Fragen beantwortest?‹ Aber sowohl die Chance als auch die Fragen müssen präzise formuliert sein.«

Der Brief brachte eine scharfe Erwiderung.

»Es geht hier nicht darum, Professor Fruchts Freiheit durch M.s Wissen zu erreichen«, schrieb von Wedel. »Es gibt genügend Material über seine Rolle und über die hinter ihm stehenden Männer. Aber die strengen Gepflogenheiten des Ostblocks machen es kaum möglich, Zugang zu Informationen dergestalt zu erlangen, daß man seinen Hintermännern ins Gesicht sagen könnte, sie seien verantwortlich für seine Gefängnishaft, und sie hätten schließlich von seiner Handlungsweise profitiert. Für Herrn Vogel und mich ist es wichtig, daß die Familie, unser Auftraggeber, sich klarmacht, daß der Professor in einer Weise gehandelt hat, die in der Sicht eines jeden Staates strafbar ist, und daß er seinen Auftraggebern von erheblichem Nutzen war. Das alles weiß M.«

Edward beschloß, eine Konfrontation mit Martin herbeizuführen. Jeder etwa noch vorhandene Zweifel über die geheimdienstliche Tätigkeit des Kuriers wurde von Maria Frucht zerstreut, die sich nachträglich einiges zusammengereimt hatte. Durch Erika Stuckenschmidt, Fruchts Kusine, die im April nach Grünau hinübergefahren war, drängte sie Martin, seine Geheimdienstkontakte zuzugeben, damit »erwogen werden kann, auf welchen Wegen A-H geholfen werden könnte«.

Martin sah sich nun unter Druck gesetzt. Aber getreu den Anweisungen, die er von der CIA erhalten hatte, bestritt er jedwede eigene Beteiligung. »Versteht mich nicht falsch; natürlich werde ich alles tun, was in meiner Kraft steht, um A-H zu helfen«, schrieb er Edward im April. »Aber erwartet keine Informationen von mir, denn ich weiß nichts von der Sache. Ich habe den Eindruck, daß die Anwälte, allen voran Vogel, nur deshalb behaupten, ich sei beteiligt gewesen, um A-H etwas anhängen zu können.«

Als Martin seinen CIA-Kontaktmann anrief, sagte »Jörg« noch einmal zu ihm: »Halten Sie den Mund!« Inzwischen hatte Martin schon seinem Vater alles erzählt. Martin empfand das Bedürfnis, sich irgend jemandem anzuvertrauen. Martins Mutter war ganz außer sich über die Nachricht, daß Atschka und ihr Sohn tief in Spionagetätigkeit verstrickt gewesen waren.

Er widerstand jedoch allen Versuchen von anderen Verwandten, ihn zur Preisgabe seiner Geheimdienstkontakte zu bewegen. Als Edward ihm ein Treffen vorschlug, antwortete er, daß es keinen Sinn habe. Er wies auch den Vorschlag zurück, daß ein westdeutscher Regierungsbeamter bei der Unterredung zugegen sein solle. Unbeeindruckt von allem, ließ Edward sich nicht davon abbringen, nach Köln zu fahren und Martin in dessen kleiner Wohnung zu einem Gespräch zu stellen.

Sie saßen einander schließlich an einem kleinen Kaffeetisch gegenüber.

»Ich weiß, daß du der Verbindungsmann zwischen Adolf-Henning und den Amerikanern warst«, sagte Edward. »Wir brauchen deine Hilfe.«

»Ich weiß nicht, wovon du redest.«

»Martin, tu doch nicht so. Dies ist eine sehr ernste Sache. Dein Onkel wird wahrscheinlich bis an das Ende seines Lebens sitzen müssen, wenn du uns nicht hilfst.«

»Es gibt nichts, was ich euch sagen könnte.«

»Du warst der Kurier. Wir müssen wissen, wer deine Kontaktleute waren. Das ist für uns die einzige Möglichkeit, erfolgreich bei den amerikanischen Behörden zu intervenieren und sie zu einer Reaktion zu zwingen. Wir brauchen Beweise für die Verbindung. Wir sind nicht an persönlichen Einzelheiten deines Kontaktmannes interessiert. Erfahren wir sie trotzdem, werden wir sie an niemanden weitergeben. Wir sind einzig und allein daran interessiert, beweisen zu können, daß eine solche Verbindung existiert hat.«

»Du sprichst mit dem falschen Mann«, sagte Martin.

»Aber siehst du denn nicht, daß wir ihm überhaupt nicht helfen können, wenn du weiter schweigst?«

»Dieses Gespräch ist sinnlos.«

»Martin – wir müssen wissen, was die Amerikaner tun wollen, um ihn herauszuholen. Werden sie seine Familie im Westen weiter unterstützen?«

»Es tut mir leid. Ich bluffe nicht, und ich kann euch nicht helfen.«

»Dann sage den Amerikanern dies: Wir werden alle uns zur Verfügung stehenden Mittel einsetzen, um diese Information zu beschaffen.«

»Das ist eure Sache.«

»A-H hat den Ostdeutschen schon von deiner Beteiligung erzählt. Das wissen wir von Maria. Siehst du denn nicht, daß er die Hilfe der Amerikaner braucht – und deine Hilfe? Deshalb hat er ihnen deinen Namen genannt.«

»Wir vergeuden unsere Zeit«, sagte Martin, der mittlerweile den Tränen nahe war. »Es gibt absolut nichts, was ich euch sagen kann.«

Er saß da, den Blick gesenkt, außerstande, Edward in die Augen zu sehen. In den folgenden Jahren wurden zahlreiche Versuche unternommen, ihn dazu zu bringen, endlich zu sagen, was er wußte, aber er schwieg eisern.

Er selbst verzehrte sich in einem Gefühl äußerster Hilflosigkeit, und ihn quälte die Frage: Tat er das Richtige, wenn er schwieg? Er war deprimiert, und manchmal weinte er. Er tröstete sich mit dem Gedanken: Wenn es überhaupt einen Menschen gab, der das alles überleben konnte, ohne verrückt zu werden, dann war es Frucht.

Kurz nach dem Prozeß flog ein Freund Fruchts aus der Kriegszeit in besonderem Auftrag nach West-Berlin. Groß, weißhaarig und Anfang der sechziger, war Sigmond von Janda-Eble ein bekannter Heidelberger Rechtsanwalt, der Frucht in einem Prager Lazarett im Jahre 1943 kennengelernt hatte und von ihm wegen seiner Tuberkulose behandelt worden war. Zwei Jahre später rettete Frucht seinen Bruder vor einem sicheren Todesurteil. Als Rudolf von Janda-Eble in Deutschland verhaftet wurde, weil er erklärt hatte, er sei nicht mehr bereit, in Hitlers »verrücktem Krieg« zu kämpfen, attestierte Frucht ihm einen schweren Nervenzusammenbruch und sorgte dafür, daß er Marschbefehl nach Prag und einen Platz in einem Militärzug bekam. Dort war er unauffindbar. Sigmond sagte sich, jetzt sei die Zeit gekommen, um die Dankesschuld seiner Familie einzulösen.

Er hatte Frucht seit fünf Jahren nicht mehr gesehen. Bei ihrer letzten Begegnung war Frucht voller Sorge um seine Zukunft gewesen. Forschungsdaten aus dem Gebiet der Leistungsphysiologie waren ihm weggenommen und zur Auswertung nach Moskau geschickt worden. Es gab auch Andeutungen einer heraufziehenden Gefahr. Frucht sagte seinem Freund, er habe eine Liste von Leuten aufgestellt, zu denen Verbindung aufgenommen werden sollte, falls ihm etwas geschehe. Er versprach, Sigmond diese Liste zu schicken, aber sie war nie eingetroffen.

Jetzt beschloß Sigmond, nach Ost-Berlin hinüberzufahren, um diese Liste selbst abzuholen. Er brach zu diesem Besuch mit allerlei bösen Vorahnungen auf, und er reiste zusammen mit einem Kollegen, den er anwies, in West-Berlin zurückzubleiben und sofort Alarm zu schlagen, falls er bis zum Abend nicht aus dem Osten zurückgekehrt sein sollte.

Ohne Zwischenfall passierte er die Kontrollen am Grenzübergang Bahnhof Friedrichstraße und nahm dann die S-Bahn nach Grünau. Maria war sehr nervös und führte ihn in den Garten. Sie wußte nichts von der Liste, von der er sprach, aber aus dem, was sie sagte, erriet er den Kern der gegen ihren Mann erhobenen Anklagen. Sigmond bat sie mit großem Nachdruck, ihm zu erlauben, dem Fall im Westen Publizität zu verschaffen, aber sie beschwor ihn, das sein zu lassen; jedes Aufsehen, sagte sie, werde mehr schaden als nützen.

Nach Heidelberg zurückgekehrt, alarmierte Sigmond seinen Bruder Rudolf, der damals für die US-Militärbehörden in Süddeutschland arbeitete. »Es scheint kein Zweifel daran möglich, daß die Forschungstätigkeit von Professor Frucht von großem, möglicherweise entscheidenden Nutzen für die Interessen der

USA sein könnte, und es sollte alles unternommen werden, um ihm zu helfen, sowohl aus humanitären als auch aus wissenschaftlichen Gründen«, schrieb er.

Rudolf schien wohlvertraut zu sein mit den harten Realitäten der ost-westlichen Geheimdienstwelt. »Was war das für eine Entdeckung, nach der Moskau so gierig geschnappt hat?« fragte er seinen Bruder. »Es würde uns helfen, das zu wissen, denn die US-Geheimdienste sind an Gefangenen nur interessiert, wenn sie irgendeinen Nutzen aus ihnen ziehen können. Dann sind sie gern und schnell bereit, einen Austausch zu arrangieren.«

Sigmond sagte seinem Bruder, daß Frucht den Amerikanern Forschungsdaten zugespielt habe, bei denen es anscheinend um ein neues, farb- und geruchloses Kampfgas ging. »Offenbar hat er gehandelt, weil er die große Gefahr erkannte, die in der Anwendung dieses Gases liegen würde, wenn es einseitig nur dem Osten bekannt wäre«, erklärte er.

Rudolf war ebenso fest davon überzeugt, daß der Wissenschaftler seine hippokratische Verantwortung höher eingeordnet habe als die persönliche Sorge um seine Familie. »Aus diesem Grunde muß der Westen ihm helfen, und die Presse sollte das an die ganz große Glocke hängen, bis die Sache Wirkung zeigt.«

Am Ende wurde dieser Weg aber doch nicht gewählt, und zwar aus Rücksicht auf Maria. Statt dessen schlug Rudolf vor, über das Außen- und das Verteidigungsministerium der Vereinigten Staaten an die US-Regierung zu appellieren. Am 15. März 1968 richtete er eine Bitte um Hilfe an Außenminister Dean Rusk. Der Brief war emotional und parteiisch und geschrieben von einem Mann, der für den Kommunismus nichts übrig hatte. Frucht wurde darin als Märtyrer gezeichnet, der vor Geheimnissen gewarnt hatte, »die alles Leben in tödliche Gefahr bringen konnten«. Der Wissenschaftler, schrieb er, habe zuständige amerikanische Stellen über die Schäden unterrichtet, die ein neues, innerhalb »des östlichen Lagers in allerletzter Zeit« entwickeltes neues Kampfgas anrichten konnte. Diesem Brief ließ er einen Tag später ein zweites Schreiben an Dean Rusk folgen.

Frucht, schrieb er jetzt, leide an Magengeschwüren, die sich bei Fortsetzung der Gefängnishaft als tödlich erweisen könnten. »Es ist besser, ihn aus dem Gefängnis herauszuholen, als postum einen toten Helden zu feiern«, schrieb er.

Sigmond hatte ihm geraten, jeden Hinweis auf die Tatsache zu unterlassen, daß Fruchts Spionagetätigkeit ohne Bezahlung erfolgt war. Er glaubte nämlich, daß tatsächlich Geld an Fruchts erste Frau Gisela in West-Berlin gezahlt worden sei. »Aus diesem Grunde könnten rein ethische Motive in Frage gestellt werden, und in einer sich entwickelnden Zeitungspolemik würde der Osten das mit Sicherheit auch tun.«

Was Fruchts Motive auch gewesen sein mochten, Sigmond war erstaunt über das, was er getan hatte. »Es ist mir unverständlich, wie ein Mann angesichts der Verantwortung gegenüber seiner eigenen Familie ein derartiges Risiko auf sich nehmen kann«, schrieb er. »Kurfristige finanzielle Vorteile würden das Lebendigbegrabensein doch schwerlich aufwiegen.«

Die Verbindung der Janda-Ebles zum US-Außenministerium führte über den prominenten christdemokratischen Bundestagsabgeordneten Dr. Walther Leisler Kiep, einen persönlichen Freund des US-Botschafters in Bonn, George McGhee. Der Diplomat versprach, sich über den Fall zu informieren, um zu sehen, ob es Möglichkeiten für ihn gab, in der Sache zu helfen. Mehr aber hörte man dann von ihm zu diesem Thema nicht.

Rudolfs Briefe an Dean Rusk erlitten das gleiche Schicksal; sie blieben ohne Antwort. Im Hauptquartier der US-Armee in Heidelberg hatte Sigmond Gespräche mit einem ranghohen US-Offizier geführt, der sich mit großer Höflichkeit alles anhörte und ebenfalls Hilfe versprach. Nichts geschah. Die Geschichte wiederholte sich mit dem westdeutschen Verfassungsschutz, der dem Bundesinnenministerium unterstand. Rudolf regte brieflich einen Austausch von Spionen an. Der Verfassungsschutz reagierte nicht.

Die Aktivität der Brüder Janda-Eble irritierte eine Reihe von Fruchts Verwandten, die der Meinung waren, daß alle Bemühungen, eine Freilassung des Wissenschaftlers zu erreichen, den beiden Anwälten Vogel und von Wedel vorbehalten bleiben sollten. Doch es ist kaum zu bezweifeln, daß die Amerikaner unter stärkerem Druck gestanden hätten zu intervenieren, wenn dem Fall größere Publizität verschafft worden wäre. Frucht selbst war überzeugt, daß seine einzige Hoffnung auf Rettung in einer eingehenden internationalen Berichterstattung durch die Medien über sein Schicksal lag.

Bautzen

»Es waren einmal ein Bruder und eine Schwester, die lebten in einem sehr strengen Waisenhaus. Es war ihnen erlaubt, in der Nähe in den Wäldern spazierenzugehen, aber sie durften nicht im Fluß schwimmen. Als sie eines Tages Hand in Hand am Wasser spazierengingen, sahen sie ein kleines Kind, das von der Strömung weggerissen wurde und um sein Leben kämpfte. Ohne erst lange nachzudenken, sprang der Waisenjunge in den Fluß, schwamm hinüber zu dem ertrinkenden Kind und brachte es ans sichere Ufer. Durchnäßt bis auf die Haut, kehrte er mit seiner Schwester in das Waisenhaus zurück. Dort wurde er gescholten und in sein Zimmer eingesperrt. ›Es war dumm von dir, das zu tun‹, sagte seine Schwester später. ›Du mußtest ja nicht in das Wasser springen.‹ Ihr Bruder wurde sehr traurig. ›Meine Bestrafung ist nicht wichtig‹, sagte er. ›Aber wenn du, meine Schwester, glaubst, daß es dumm war, jemandem das Leben zu retten, dann ist mir zum Heulen zumute.‹«

Das schrieb Frucht in einem Brief an seine neunjährige Tochter Uta, nachdem er erfahren hatte, daß sie ihn kritisiert habe, weil er sich strafbar gemacht hätte.

Der Wissenschaftler wurde am 17. Mai 1968 in die Vollzugsanstalt Bautzen eingeliefert, auf den Tag genau ein Jahr nach seiner Verhaftung, um seine lebenslange Freiheitsstrafe anzutreten. Er kletterte aus dem Auto und warf einen Blick hinauf zu der Ziegelsteinfassade mit den Giebeln im Renaissancestil. Von außen wirkte es wie ein dreistöckiges Gebäude, aber in Wirklichkeit hatte es sieben Stockwerke. Seine Zelle befand sich im fünften.

Er war ruhig und gelassen. Nichts, meinte er, könne so schlimm sein wie Hohenschönhausen, wo er nie gewußt hatte, was der nächste Tag bringen würde. Im Vergleich dazu war die Aussicht auf geisttötende Gleichförmigkeit geradezu eine Erleichterung. Seine Zelle war groß, und zu Anfang fühlte er sich getröstet durch den Frieden und die Ruhe, die sie gewährte. Die Nachbarzellen und die Zelle unmittelbar über der seinen waren leer. Unter ihm hauste ein verurteilter Staatssicherheits-Offizier, dessen Aufgabe es war, die Behörden zu informieren, falls er, wie sie erwarteten, versuchen sollte, Klopfzeichen durch den Fußboden zu geben. Er vermied es, in diese Falle zu gehen, aber während seiner Einzelhaft fiel er auf andere, viel näherliegende Tricks herein; nach Jahren vollständiger Einsamkeit überkam ihn ein verzweifeltes Bedürfnis sich mitzuteilen, und sobald sich irgend jemand auch nur ein wenig freundlich und hilfsbereit zeigte, fing er an, ihm Dinge zu erzählen, die er besser verschwiegen hätte.

Fast fünf Jahre lang sah Frucht kaum ein menschliches Wesen für länger als dreißig Sekunden am Tag. Um 5.30 Uhr früh brachte ihm ein Kalfaktor Malzkaffee und einen Eimer Wasser zum Ausspülen der Latrinenschüssel. Gegen Mittag erschien er wieder und brachte das Mittagessen sowie die Kaltverpflegung für den Rest des Tages. Frucht stieß dann seinen Hocker in Richtung Tür und zog sich an das Fenster zurück. Wortlos füllte der Kalfaktor den bereitgestellten Teller und verschwand wieder. Ein Beamter, der unsichtbar blieb, verschloß die Tür hinter ihm. Der letzte Besuch, der bei Anbruch der Nacht kam, war in Sekunden vorbei; er war nichts anderes als eine Kopfzählung.

Selbst während der täglichen Freistunde bekam Frucht nur selten irgend jemanden zu Gesicht. Trat er aus der Zelle, stand der Schließer hinter der Tür, und oft sah er nur eine Hand, die ihn ungeduldig einen Gang hinunterwinkte. Die Gänge waren menschenleer; die anderen Gefangenen hatte man in ihre Zellen eingeschlossen. Das rote Licht war eingeschaltet, wenn er, immer allein, den Gang entlang und die Treppen hinunter zum Hof ging. Dort stand die Tür einer sogenannten Freistundenzelle offen, und sobald er drin war, schloß jemand, den er nicht sehen konnte, hinter ihm die Tür.

Die Gefängnisbürokratie mußte die Bewegungen jedes einzelnen Insassen organisieren, und die geringste Abweichung – etwa ein ungeplanter Gang zum Arzt – brachte das ganze System völlig durcheinander.

Die Freistunde, die nur eine halbe Stunde dauerte, verbrachte er in einer großen Zelle ohne Dach, etwa fünfzehn mal fünf Meter groß. Er konnte auf einem der Wachtürme immer die Silhouette eines Wächters mit Maschinenpistole und Schlagstock sehen, aber auch ein bißchen Gras und einen Löwenzahn. Er wußte, daß die Freistunde wichtig war für die psychische und physische Regeneration, aber es war so ziemlich alles verboten: laufen, springen, Gleichgewichtsübungen, einen Schneemann bauen – natürlich auch singen, pfeifen, mit sich selbst sprechen. Dreißig Minuten am Tag waren ihm nur Freiübungen einfachster Art erlaubt wie Armschwung nach hinten oder Kniebeugen.

Tagein, tagaus, fünf Jahre lang hat er in seiner Zelle immer die gleiche, langweilige Arbeit verrichtet. Er hatte Maschinenschrauben mit einem Federring und einer Unterlegscheibe zu versehen. Seine Tagesnorm war auf 4316 Stück während der achtstündigen Schicht festgesetzt. Wenn er dabei wie angenagelt stundenlang gesessen hatte, stellten sich lähmende Muskelschmerzen im Schultergürtel ein. Blieb man hinter dem vorgeschriebenen Soll zurück, wurde die Verpflegung gekürzt, und es drohte Arrest in einer speziellen Strafzelle. Der durchschnittliche Häftling versuchte, sein Soll zu übertreffen, um mehr Geld zu verdienen und sich dafür etwas mehr Tabak kaufen zu können, aber großer Fleiß brachte immer nur kurzfristig Vorteile. Die Gefängnisbehörden setzten einfach das Soll herauf, was dann allen Insassen das Leben noch schwerer machte. Das geschah dreimal, während Frucht in Bautzen saß.

In den ersten Monaten wurde die Monotonie nur einige wenige Male unterbrochen. Naiverweise bildete er sich ein, daß seine Vernehmung abgeschlossen sei. Aber bald nach seiner Ankunft in Bautzen tauchte plötzlich Runge auf. Der Staatssicherheits-Offizier des Gefängnisses, ein Major, holte Frucht aus seiner Zelle ab und brachte ihn zum Verwaltungsflügel der Anstalt, wo Runge ihn erwartete.

»Wenn Sie mir Einzelheiten erzählen über den Brief, den Sie in Berlin für die Amerikaner aufgegeben haben, könnte sich sehr schnell manches ändern«, sagte Runge. »Nennen Sie den Adressaten!«

»Ich bin einfach froh den Prozeß hinter mir zu haben. Wenigstens weiß ich jetzt, woran ich bin«, sagte Frucht zu ihm. »Ich möchte in Frieden gelassen werden und meine Zeit absitzen. Sie sollten das respektieren.«

Runge drückte achselzuckend auf einen Klingelknopf. Ein Schließer erschien und erhielt Befehl, den Gefangenen in seine Zelle zurückzuführen.

Monate später wurde er noch einmal befragt.

»Strafgefangener Frucht«, sagte Hauptmann Runge, der wieder aus Berlin gekommen war, »schreiben Sie auf, wie Sie dem polnischen Marineoffizier in Gdingen Dokumente übergeben haben.«

»Wem?« fragte Frucht.

»Dem Marineoffizier«, erläuterte Runge.

»Ich weiß nicht, wovon Sie reden.«

»Quatsch! Schreiben Sie genau auf, was da vor sich gegangen ist.«

Also schrieb Frucht, daß er in Polen niemandem Dokumente übergeben und von niemandem Dokumente entgegengenommen habe. Der Vernehmer quittierte das resigniert. Genau die gleiche Szene wurde achtzehn Monate später noch einmal aufgeführt: Eine einzige Zufallsbegegnung, sagte sich Frucht voller Bedauern, mußte die Karriere des bedauernswerten polnischen Offiziers ruiniert haben.

Von diesen Unterbrechungen abgesehen, verlief das Leben äußerst eintönig. Seine Zelle wurde ständig beobachtet. Ungefähr fünfzig Mal am Tag schauten Schließer durch das Guckloch. In zehn Jahren, überschlug Frucht, mußte das so ungefähr 180000 Kontrollen ergeben. Wenn den Bewachern etwas nicht paßte, kam es zu Ordnungsrufen, Pochen an die Tür oder auch zu Drangsalierungen.

Die Ernährung war unangemessen. Sie war abgestellt auf die Gefängnissituation des vorigen Jahrhunderts, als die Häftlinge noch schwere körperliche Arbeit verrichten mußten. Der Fettanteil war zu hoch, der Eiweißanteil viel zu niedrig. Frucht versuchte, seinen Speiseplan zu korrigieren, indem er sich für seinen Arbeitslohn, der zwischen 14 und 19 Mark im Monat schwankte, Sauerquark als billigste Eiweißquelle kaufte.

Ein weiterer Vorteil, den er gegenüber den anderen Häftlingen hatte, war sein inneres Gleichgewicht. Wenn der Staat sich ihm gegenüber gemein und bösartig, seiner Familie gegenüber unmenschlich verhielt, so tat er das, was er von ihm erwartet hatte. Sein Weltbild war also in Ordnung. Wäre es anders gewesen, hätte er sich wegen seines Handelns womöglich Vorwürfe machen müssen. Es gab, wie er wußte, Gefangene, die sich verzweifelt fragten, warum sie wohl eingekerkert seien – das war bei vielen der Beginn schwerster psychischer Schädigungen. Viele wußten mit sich selbst nicht auszukommen. Arbeit war für sie die einzige Ablenkung. Frucht war beinahe froh, wenn er krank wurde; er weigerte sich, eine Sekunde länger zu arbeiten, als er mußte. Er wußte, daß er nur durch geistige Beschäftigung nicht verkümmern würde.

Er erkämpfte sich so etwas wie eine streng disziplinierte private Tagesordnung. Schon gegen 3.30 Uhr früh stand er auf, um sich eine halbe Stunde vor dem Wecken mit einer mathematischen Aufgabe zu befassen. Glücklicherweise durfte er wöchentlich zwei Bücher entleihen. Vormittags und nachmittags arbeitete er, aber mittags schlief er ein wenig. Zwar durfte er sich nicht hinlegen, aber er lernte es, im Sitzen auf dem Schemel zu schlafen. Um 17.30 Uhr durfte er sich wegen seines akuten Bandscheibenschadens für eine halbe Stunde hinlegen; diese Liegeerlaubnis hatte er sich beim Gefängnisarzt erstritten. Die Nachtruhe, Licht aus, begann um 19.30 Uhr. Aber ihm gelang es, schon ein bißchen früher ins Bett zu gehen und zu lesen.

Bald kannte er den Katalog der Bibliothek gründlich. 4000

Bände gab es da insgesamt, darunter eine reiche Sammlung von Werken Goethes. Das lag daran, daß so etwas kaum noch einer in der DDR kauft, und die Remittenden landen im Gefängnis. Frucht dankte Gott für das Wunder und verschlang den gesamten Bestand der Bibliothek. Er lernte Gedichte auswendig, las Shakespeare, Heine und Romain Rolland – alles, was ihm in die Hände geriet. Ein Wunder geschah, als seine Frau die Choralbearbeitungen J. S. Bachs und die Partitur von »Figaros Hochzeit« mitbringen durfte. Bachs kunstvolle Sätze erwiesen sich als unverwüstlich, gewissermaßen invariant gegenüber Gefängnisbedingungen. Mozarts Werk war dagegen sehr empfindlich. Die Fähigkeit, aus der Partitur den Gesamtklang zu hören, wurde immer geringer, je intensiver er sich mit Einzelheiten beschäftigte. Am Schluß war die Oper in seinem Kopf wie ausgetrocknet, ein Skelett ohne Leben, und er scheute sich, die Partitur in die Hand zu nehmen.

Nach drei Jahren Haft erhielt er die Erlaubnis, eine medizinische Zeitschrift zu beziehen, die er nicht nur von A bis Z las, sondern aus der er sich auch mathematische Aufgaben holte. Das gab viele befriedigende Erlebnisse. Drei Kliniken der Dresdner Medizinischen Akademie hatten eine Langzeitstudie über bestimmte Hormonwirkungen gemacht und ihre Ergebnisse nicht deuten können. Dankenswerter Weise hatten sie das gesamte Zahlenwerk veröffentlicht. Ihm gelang durch Koordinatentransformation und Anwendung eines von K. F. Gauss entwickelten, aber bisher auf Zeitreihen kaum angewandten n-dimensionalen Korrelationsverfahrens eine überraschend klare Lösung mittels eines nicht-linearen Modells. Die technischen Schwierigkeiten waren enorm. In den Matritzen traten 36stellige Zahlen auf und ihm standen keinerlei Hilfsmittel zur Verfügung. Als das Ergebnis vorlag, schlug er vor – diesmal sogar mit Unterstützung der Gefängnisleitung – den Autoren einen Hinweis auf die Lösung zukommen zu lassen. Das scheiterte am Widerstand des Ministeriums. Der Gefangene sollte eine Unperson sein und bleiben. Die Dresdner hätten möglicherweise noch in einer anonymen Kurzmitteilung den Verfasser erkannt.

Schließlich wandte er sich der Theorie der Spiele zu, die ja eine große Aufmerksamkeit in der neueren Mathematik gefunden hat; er spielte auch Schach gegen sich selbst. Die Wachhabenden waren irritiert, als sie entdeckten, daß er ein Schachbrett hatte. So etwas sei verboten. Er sagte: »Ich darf ja auch in der Nase bohren, warum darf ich dann nicht Schach spielen?« Sie nahmen ihm das Brett weg, aber schließlich fanden sie sich doch damit ab.

Die Drangsalierungen waren vielfältig und konstant. Wenn mitten im Winter die Heizung wieder einmal kaputt war, machte Frucht sich einen Kälteschutz. Er schob Zeitungspapier zwischen Unter- und Oberkleidung. Als die Wachhabenden das merkten, entzogen sie ihm das »Neue Deutschland«, solange die Kälte anhielt. Er schrieb viel in seiner Zelle, aber da der Besitz von Aufzeichnungen nach der Gefängnisordnung eine Vergünstigung war, konnte die Genehmigung ohne vorherige Ankündigung jederzeit aufgehoben werden. In unregelmäßigen Abständen wurde das Geschriebene immer wieder weggenommen, manchmal nach ein paar Tagen, manchmal nach ein paar Monaten, und manchmal, wenn er mitten in einer mathematischen Arbeit war. Er war hilflos dagegen, hielt es aber für ganz besonders wichtig, nicht in Selbstmitleid zu verfallen. Sein mangelnder Eifer bei der Handarbeit wurde gerügt, und nach den inneren Kriterien der Anstalt galt er als »unkooperativ« und »hochmütig«.

Es war ein mühsamer Kampf ums geistige nackte Überleben. In einem seiner ersten Briefe an Maria verglich er seine Lage mit einer Fahrt auf dem Acheron, dem Fluß an der Grenze zur Unterwelt, über den der Fährmann Charon die Toten holte. Frucht war zumute, als säße er in einem Boot und als gäbe er den Lebenden auf der anderen Seite stumme Zeichen. Es war wie der Aufenthalt an den Pforten der Hölle.

Er begann an den eigenartigen Symptomen zu leiden, die den Einzelhäftling plagen. Er fing an, das Unvorhergesehene zu fürchten, den unerwarteten Besuch, die plötzliche Durchsuchung der Zelle, sogar die überraschende Nachricht, kurz alles, was geeignet war, die gewohnte Umgebung oder die Routine zu stören. Ein Besuch war Freude und Belastung zugleich. Schon das Sprechen war ein Problem. Dreißig Minuten lang mit seiner Frau zu plaudern, das war ungefähr so, als wollte man unvorbereitet eine Wagner-Oper singen.

Die anderen Gefahren der Einzelhaft waren allzu vertraut. Die Isolation führte zu eigentümlichen Denk- und Verhaltensstörungen. Er hatte von einem Lebenslänglichen gehört, dem eines Tages die Entlassung angekündigt wird, doch der fragt nur zurück: »Was gibt's heute mittag zu essen?« Die Selbstbezogenheit des Einzelhäftlings ist so extrem, daß sich systematisierte Wahnvorstellungen entwickeln können. Frucht erlebte es so: Er war eine Zeitlang so fest von seiner baldigen Entlassung überzeugt, daß er alles, was er sah und hörte, in diese Richtung umdeutete. Hörte er ein Auto in den Gefängnishof fahren, meinte er, es brächte eine Nachricht über die näheren Umstände seiner Entlassung.

Das war eine kritische Phase, aber glücklicherweise durfte er mit einem freundlichen Kalfaktor sprechen, der versuchte, ihm diesen Wahn auszureden. Das Syndrom zeigte sich aber bald wieder aufs neue.

In diesem Zustand befindet sich der Gefangene in psychischer Gefährdung, und wenn nichts dagegen unternommen wird, kann die Isolation zum Stumpfsinn, zur Verblödung führen. Das Fernsehen bietet eine Hilfe. Noch während der Einzelhaft bekam er, wohl auf Drängen seiner Frau, die Genehmigung bis zu einer Stunde wöchentlich fernzusehen. Das war unbequem für die Wachen. Aber die wußten, wie man ein Plansoll erfüllt. Sie ließen ihn am Gedenktag für die Opfer des Faschismus oder am Tag der Nationalen Volksarmee acht Stunden lang fernsehen und hatten dann zwei Monate Ruhe.

Er versuchte, sozusagen naturwissenschaftlich auf die bedrohliche Situation zu reagieren, indem er sich sagte: »Auch die längste Haft besteht aus winzigen Zeitelementen, und deine Aufgabe ist es, in jeder Sekunde wenn schon nicht zufrieden, so doch im Gleichgewicht zu sein.« Im übrigen galt es Störungen der Psyche hinzunehmen, sie jedenfalls nicht überzubewerten.

Jeder kleine Schritt durch die Zeit, den er bewältigte, fügte sich den vielen anderen hinzu, wurde zu einem Kontinuum, half ihm, das alles zu überstehen.

Seiner Frau schrieb er, die Einzelhaft sei wie eine lange Allee. Der jeweilige Standort ist gut überschaubar, man erkennt rechts und links die Bäume, sieht den kleinsten Stein vor sich. Doch was vor und hinter einem liegt, schrumpft perspektivisch bis zur Unkenntlichkeit. Man weiß nicht, wo die Allee aufhört, wie es da aussieht – unvernünftig also, sich mit diesem ungewissen fernen Punkt zu befassen, angemessen nur, die unmittelbare Zukunft anzuvisieren, die nächsten Schritte.

Am wichtigsten, fand er, war die Beziehung zu seiner Familie. Briefe an enge Verwandte, die Post von zu Hause, die Photos der Kinder – das alles bekam eine geradezu zentrale Bedeutung für ihn in seinem Kampf, den Verstand nicht zu verlieren.

Als er zum ersten Mal die Erlaubnis erhielt, an Maria zu schreiben, hatte er in einem Kopf schon tausend Briefe an sie aufgesetzt. Sie alle auf einem einzigen Blatt zusammenzufassen, war unmöglich. Deshalb verglich er die Gefangenschaft mit einer Nordpolexpedition: »Hundert Briefe habe ich in Gedanken an Dich geschrieben, sie nun alle zusammenzufassen ist nicht leicht. Man gewöhnt sich ja an fast alles und auf einer Arktisexpedition würde man auch vor der Neuigkeit eines Nachrichtenaustausches stecken. Dabei habe ich den bisherigen Teil der Reise gut überstanden, Einsamkeit ist ein verwöhnender Umgang (ganz allein war ich übrigens nie). Zurückblickend schiebt sich alles zusammen und wenn ich von solch einer Expedition spreche, so trifft das wohl nur für die Eintönigkeit der Strecken und die konservierende Temperatur zu. Hier verlaufen nicht einmal die Minuten mehr langsam, die Monate aber schnell und ich fürchte nur, Ihr werdet alle weiter entwickelt, sehr gewachsen und mir weit voraus sein, wenn ich einmal an Land steigen sollte, ein wenig steif und mit knackenden Gelenken, sonst glänzend konserviert. Ein ganz erfreulicher Gedanke ist das nicht, wenn Altern sich entwickeln heißt, so altert man auf dieser Reise wenig. Oder täusche ich mich? Werden die Früchte des vielfachen Nachdenkens erst später reifen? Goethe ist da skeptisch: Wenn der Mensch über sein Körperliches und Sittliches nachdenkt (tue ich), findet er sich gewöhnlich krank (oder gefangen). Wir leiden alle am Leben. Wer will uns, außer Gott zu Rechenschaft ziehen? Tadeln darf man keinen Einsamen. Nicht was er gefehlt oder gelitten, sondern was er geleistet und getan, beschäftige die anderen. An den Fehlern erkennt man den Menschen (d. h. daß er einer ist), an den Vorzügen den Einzelnen. Mängel haben wir allgemein; die Tugenden gehören jedem besonders. – Ein stolzes Wort, unter das ich mich nicht uneingeschränkt stellen darf; aber eine gute Antwort auf Fragen Dritter. – Da rede ich nun von mir und dabei geht es jetzt hauptsächlich um Dich und die unseren. Ich habe Dir Kummer gemacht und deshalb bitte ich Dich um Verzeihung. Ein schwacher Trost, daß die Frauen von Luther bis Marx und die all der Kleineren mitleiden mußten und ich Dir ein stilles Glück nie versprechen konnte. Meine Zerknirschung geht auch nicht bis zu dem Wunsch, Du hättest mich nie treffen und statt dessen den oft zitierten Postrat heiraten sollen. Was wäre aus mir geworden? Du siehst, ich bleibe ein Egoist. So nimm mich denn hin, wie ich halt bin. Zahm wie ein Schaf, wie ein Löwe so brav, wars nicht so? Bleib mir nur zugewandt. – Vorerst ist Deine Lage ja tragikomisch: eine Witwe, deren Verflossener plötzlich anfängt, Briefe aus dem Jenseits zu schreiben! – In Deinen Händen ist jetzt die Verantwortung. Ich habe nicht den geringsten Zweifel, daß Du sie höchst würdig tragen wirst. Sicherlich habe ich Dich in mancherlei Weise behindert, aus der Entfernung soll das nun keinesfalls sein. Da soll das eingangs zitierte Goethewort zwischen uns gelten, auch nachträglich. – Zwei Wünsche wage ich doch zu äußern: Keinesfalls darf die Lebensfreude der Kinder verdunkelt werden! Ihr seid kein Trauerhaus und mir geht es nicht schlechter als ich es verdiene oder erwarten konnte. Mitleid brauche ich nicht, aber die Hoffnung, ja die Zuversicht, daß Du und die unseren wachsen und gedeihen (wobei ich bereit bin, Beinbrüche und Kopfbeulen als Wachstumsprozesse zu betrachten) ...«

Marias Briefe an ihn waren ein weiterer Rettungsring. Sie

Proletarier aller Länder, vereinigt euch!

NEUES DEUTSCHLAND

ORGAN DES ZENTRALKOMITEES DER SOZIALISTISCHEN EINHEITSPARTEI DEUTSCHLANDS

28. Dezembeer 1968

„Ich konnte nicht länger schweigen"

Von der Physiognomie mißbrauchter Wissenschaft / Notizen nach einer Begegnung mit Dr. Petras / Von Günter Schabowski

Der Mann am Tisch schreibt einen Brief.

Es ist still im Zimmer. Zuweilen stockt auch das leise Geschlurf des Schreibgeräts. Der Mann denkt nach. Der Blick hinter den Brillengläsern ist nach innen gerichtet, durch die Zeit spähend.

Es ist warm und irgendwie gemütlich im Zimmer. Macht das die mansardenschräge Decke? Sind es die Möbel? „Selbstgezimmert", hat er Bekannten gelegentlich eingestanden, ein bißchen geniert, ein bißchen eitel wohl auch. (Na ja, man ist schließlich kein akademisches Wickelkind.) Die Hand, die große und klar konturierte Buchstabenreihen auf das Papier setzt, ist kräftig und schwer. Sie mag gern über glattgehobeltes, duftendes Holz gefahren sein. Lange liegt das schon zurück. Jahre. Die Möbel hat noch der Junggeselle gebastelt ... Der Mann schreibt weiter.

Novembernässe schliert über die Fensterscheiben. Am Dachfirst zerrt hin und wieder eine Bö. Regen und Wind gibt's hier nicht nur im November. Die gehören zur Postleitzahl. 5947. Dechiffriert: Fredeburg im bundesdeutschen Sauerland.

Nicht gerade lieblich, aber auch nicht reizlos ist das sauerländische Hügelgewog. Eine rauhe Attraktivität, an die sich der Mann gewöhnt hat. Viel Wald, viel Niederschläge, und auch sommers kühl. Für die Püttbewohner an der Ruhr, von Fabrikschlotregimentern übel belüftet, ist das Sauerland willkommene Ersatzlunge vor der Haustür.

Während der Mann schreibt, schlafen irgendwo im Haus die Kinder, 2jährig, 4jährig. Schmatzend im Traum, mit warmen Apfelgesichtern. In der Küche hantiert die Frau mit Geschirr. –

Der Mann schreibt, und um ihn herum das Gespinst von Wärme, Stille und sanften vertrauten Geräuschen. Ein Bild wie eine Droge. Beruhigend, einschläfernd fast. Und trügerisch.

Der schreibende Mann nimmt das alles nicht wahr.

Das Bild ist für ihn nicht mehr als Asche, die noch Struktur verrät, aber unter der leisesten Berührung in Staub zerfiele. Jede Zeile seines Briefes gleicht einer solchen Berührung. Der Punkt, der seinen Brief beschließt, markiert zugleich den Endpunkt eines Weges, den der Mann nicht mehr fortsetzen will.

Ein Futteral zerbricht

Neun Jahre lebt er hier. Arbeit, Liebe, Kinder, Freunde, die Wohnung, berufliche Erfolge. Aber während ein Futteral aus Gewohnheit, Komfort und Aufstieg um ihn wächst, keimt in ihm eine quälende Ahnung. Die Ahnung wird zum Verdacht, verdichtet sich zur Gewißheit: Die Ergebnisse seiner Forschungen, seiner Experimente, seiner Tests werden von denen, die ihn bezahlen, für antihumane, verbrecherische Ziele gehortet, ausgebeutet.

In leeren vergrübelten Minuten wispern Gegenstimmen auf ihn ein: Weitermachen. Schweigen. Warum ausgerechnet du? Du bist doch Wissenschaftler. Lieferst wertfreie Arbeit. Was andere daraus machen, liegt jenseits deines Horizontes. Du hast dir deine Welt nicht aussuchen können. Was wird aus der Familie, wenn ...

Lautlose, betäubende Agitation des Futterals. Aber das Gewissen schlägt kräftig und gesund in dem Mann. Der Augenblick kommt, wo es das Futteral zertrümmert. Der Brief hier ist der letzte eines guten Dutzends, das er an Akademikerkollegen in Instituten und Ämtern verschickt hat. Sie sollen wachrütteln.

„. . . war mir klargeworden, daß es sich hier um ein Institut handelt, das einzig und allein der Vorbereitung der ABC-Kriegführung dient."

„. . . meine Ansichten auf diesem Wege darlege, so darum, weil ich glaube, daß ich mein Wissen um die Forschungsarbeiten auf diesem Gebiet tut für Aerobiologie, Grafschaft, Sauerland".

Der Apparat des westdeutschen Kriegsministeriums verfällt für Stunden in Schreckstarre, ehe er der Öffentlichkeit die ersten verlogenen Dementis vorsetzt. Doch schon folgt der nächste Schlag: Internationale Pressekonferenz in der Hauptstadt der DDR.

In der Kanonade der Fragen steht der Mann unbeirrt. Forscherakribie prägt die Antworten. Fakten, Details, Hintergründe und immer wieder das Gewissensmotiv. Das Grafschafter Institut wird als Knoten in einem geheimen Netz erkennbar. Seine Fäden spannen sich zwischen mißbrauchter, düpierter Wissenschaft, der Industrie und dem Bonner Kriegsministerium, dem Auftraggeber, Finanzier und Koordinator des Programms künftiger Massenvernichtung. Seite um Seite füllt sich in den Notizbüchern der Journalisten ...

Lebensentscheidende, bewegte Wochen für den Mann.

Der Druck humanistischen Verantwortungsgefühls hat ihn hinauskatapultiert aus der Abgeschiedenheit des Grafschafter Labors, aus seinen Fredeburger Privatwänden – direkt auf die Rampe der großen Öffentlichkeit. Er hat das augenscheinlich gut überstanden. Gelassen und offen wirkt der Mann. Ab und an huscht ein Lachen über sein Gesicht. Wir sitzen uns nahe genug gegenüber, um das zu registrieren. Der Mann, der das Schweigen brach, der so couragiert seinem Gewissen folgte, ist diesmal für Stunden Gast des ND: Ehrenfried Petras, 38, Doktor der Naturwissenschaften, international geachteter Mikrobiologe.

Dr. Petras erzählt. Es ist ein persönlicher Nachtrag zum Text der großen Pressekonferenz.

Die Sache mit der Politik

„Eine Entscheidung, wie ich sie treffen mußte und getroffen habe, reift lange", beginnt Dr. Petras. „Vieles spielt da mit. beginnen. Sehen Sie, ich bin schon frühzeitig, im Elternhaus, an politisches Denken gewöhnt worden. Das ist ein Vorteil, glaube ich, den ich vor manchem der mir bekannten Naturwissenschaftler besitze. Das Idol des apolitischen Naturwissenschaftlers ist noch stark verbreitet (Politisch Lied, ein garstig Lied). Das erschütternde ist – und heute empfinde ich das stärker denn je –, daß gerade diese angestrengte politische Keuschheit den Wissenschaftler zum wehr- und ahnungslosen Objekt einer schlechten, lebensgefährlichen und skrupellosen Politik macht. Die Beschäftigung mit Politik hat mich widerstandsfähig gemacht.

Ein Gespräch ...

Mein Vater war ein engagierter Hitlergegner. Er stand dem Kreis um Ernst Niekisch nahe. Bis 1933 leitete er die Provinzialerziehungsanstalt in Wohlau bei Breslau. Die Nazis suspendierten ihn, weil er sich geweigert hatte, den Hakenkreuzlappen in der Anstalt zu hissen. Ein homosexueller SS-Mann wurde sein Nachfolger. Es blieb nicht bei der Maßregelung. 1937 wurde Vater wegen Vorbereitung zum Hochverrat ins Gefängnis geworfen. Die Folgen der Haft hat er nie verwunden. Er starb 1945.

An die vom Faschismus überschattete Zeit meiner Kindheit sollte ich in Grafschaft auf eine merkwürdige und beziehungsreiche Weise erinnert werden.

Die Sache liegt einige Jahre zurück.

Zufällig wurde ich damals Zeuge eines Gesprächs. Der Leiter der chemischen Abteilung des Instituts, Dr. Müller, erzählte einigen Kollegen ärgerlich von einem Disput zwischen ihm und dem für Grafschaft zuständigen Referenten des Bundesverteidigungsministeriums, Dr. Glupe. Müller und Glupe sind offenbar alte Bekannte aus der Nazizeit. Bei ihrem Streit ging es um einen Vorfall aus jenen Tagen, den beide gleich gut zu kennen meinten. In einer schlesischen Giftgasfabrik der mals befaßten sie sich mit den Nervengasen Tabun, Sarin und Soman. Heute sind es darüber hinaus die ungleich giftigeren VX-Stoffe. Unverändert ist der menschenverachtende Zynismus geblieben, der den Tod von KZ-Häftlingen kaum anders qualifiziert als das Verenden eines Versuchstieres in den Grafschafter Labors.

Wollen Sie mir glauben, daß mich dieses so wenig dramatische und doch so bezeichnende Erlebnis schlagartig kritischer, scharfsichtiger gegen meine Umwelt gemacht hat?

B-Krieg gegen die Wissenschaft

Ich bin nun schon einige Wochen in der DDR.

Immer wieder wird mir eine Frage gestellt. Wie können sich Wissenschaftler für ein so fluchwürdiges Unternehmen hergeben, wie es die Vorbereitung der bakteriologischen und chemischen Massenvernichtung ist?

Eine harte und eine notwendige Frage. Es gibt keine Antwort darauf, die entschuldigen oder rechtfertigen könnte. Aber es gibt über Tatsachen zu berichten, die den Zustand erklären, verdeutlichen.

Gewissenskonflikte sind unter den betroffenen Naturwissenschaftlern an der Tagesordnung. Ein Symptom dafür: Vor mir haben schon zehn Wissenschaftler dem Grafschafter Institut den Rücken gekehrt. Fünf Kollegen haben offen, wenn auch nicht öffentlich, moralische Bedenken kundgetan. Ich bin sicher, daß auch in anderen Instituten, die an der B- und C-Forschung beteiligt sind, Leuten das Gewissen pocht.

Die Herren im Bundesverteidigungsministerium haben dieses Unsicherheitsmoment kaltblütig miteinkalkuliert. Sie haben – um in ihrem Jargon zu bleiben – ein Art präventiven B-Krieg gegen die Wissenschaft eingeleitet. Die B-Waffen heißen Bespitzelung, Bedrohung, Beschwichtigung, Bestechung. Es sind sozusagen Gewissenstoxine. Und sie werden kombiniert eingesetzt.

stopfte das eine ihr erlaubte Blatt Papier voll mit soviel Information wie nur möglich. Sie tippte immer bis an den äußersten Rand des Bogens. Die Briefe waren voll von Nuancen und Andeutungen, die nur für sie beide verständlich waren. Einzelne Wörter waren oft unvollständig und unleserlich, aber er wußte genau, was sie sagen wollte. Die Gefängnisleitung drohte damit, ihre Briefe anzuhalten, wenn sie sich nicht an die Vorschriften über den Briefverkehr halte, und der Direktor gab die Verwarnung höchst persönlich. Sie schickte unerlaubterweise so viele Photographien, wie sie nur beschaffen konnte, so daß Frucht sehen konnte, wie seine Kinder heranwuchsen.

Das schwierigste Problem bestand für Frucht darin, seiner Frau den wahren Grund für seine Verhaftung klarzumachen. Und trotz der strengen Zensur gelang ihm das. Am 28. Dezember 1968 rezensierte die Parteizeitung »Neues Deutschland« auf Seite 5 Prokofjews »Die Liebe zu drei Orangen« in der Inszenierung der Komischen Oper Berlin. Auf der Rückseite stand ganzseitig ein Bericht über einen Fall, der unheimliche Parallelen zu seinem eigenen aufwies. Da wurde beschrieben, wie ein westdeutscher Mikrobiologe, Dr. Ehrenfried Petras, wegen angeblich in der Bundesrepublik angestellter entsetzlicher Experimente zur Vorbereitung chemischer und bakteriologischer Kriegführung in die DDR gegangen war. Frucht konnte nicht direkt Marias Aufmerksamkeit auf diesen Bericht lenken, weil er fürchten mußte, daß der Zensor das unleserlich machen würde. Deshalb empfahl er ihr ebenso umständlich wie eindringlich, sich die Rezension der Prokofjew-Oper anzusehen. Als sie das tat, erkannte Maria sehr rasch, was er ihr mitteilen wollte, und von da an bezogen sich die Briefe der beiden oft auf »Die Liebe zu drei Orangen«.

Die Verbindung zu Petras

Als Frucht in seiner Zelle zum ersten Mal den Bericht über die Petras-Enthüllungen las, war heller Zorn in ihm aufgestiegen. Er sah hierin den Versuch der DDR, die Aufmerksamkeit von sich abzulenken. Aber bald gelangte er zu der Überzeugung, daß in der Geschichte mehr zu sehen sei als nur ein Stück politischer Manipulation. Hatte Petras ihn verraten?

Der Mikrobiologe war im Oktober 1968 mit seiner Frau und zwei Kindern in Ost-Berlin erschienen. Seine überstürzte Abreise aus dem Westen war durch ein Telegramm von Geheimdienstchef Marcus Wolf mit diesem Wortlaut ausgelöst worden: »Großmutter krank, fürchten das Schlimmste.« Er war nur einer von einer ganzen Gruppe westdeutscher Wissenschafts-Spione, die nahezu gleichzeitig geflohen waren, nachdem man sie gewarnt hatte.

Petras war Leiter des Mikrobiologischen Laboratoriums im Grafschafter Institut für Aerobiologie im Sauerland gewesen, einer streng geheimen Anstalt, die in den sechziger Jahren zum Teil von der CIA finanziert wurde und die sich mit Forschung auf dem Gebiet der chemischen und biologischen Kampfstoffe befaßte. Nach seiner Flucht nach Ost-Berlin behauptete Petras, daß die Bundesrepublik und die Vereinigten Staaten gemeinsam chemische und biologische Kampfstoffe von einer unvorstellbaren tödlichen Wirksamkeit entwickelten. Darunter befand sich, sagte er, »das gefährlichste aller chemischen Gifte«, von dem ein Gramm ausreiche, um eine Million Menschen zu töten. Wenn das stimmte, bedeutete das einen wissenschaftlichen Durchbruch vergleichbar mit der Entdeckung der Nervengase durch deutsche Wissenschaftler unter Hitler oder der V-Stoffe durch die Briten. Petras behauptete, er habe gesehen, wie Tiere augenblicklich verendeten, wenn nur ein Tropfen des Stoffes auf ihre Haut gebracht wurde. Sein Gewissen, erklärte er der Weltpresse, verbiete es ihm, sich noch länger »für die Vorbereitung von Vernichtung und Krieg mißbrauchen« zu lassen. Er habe beschlossen, seine Kenntnisse in den Dienst des Friedens zu stellen, und zwar, indem er sich in die DDR absetzte – in den »Staat, der auf deutschem Boden liegt und der solche Experimente verabscheut«.

In Fruchts Augen unternahm die DDR ebenso unerlaubte Experimente. Außerdem entsprach der tödlichen Chemikalie, die Petras erwähnt hatte, seines Wissens nur ein einziger anderer Kampfstoff – und die Formel dafür hatte er an die Amerikaner weitergegeben. Es war der ursprünglich in Großbritannien entwickelte, von den Amerikanern produzierte und dann vom Osten variierte und verschärfte V-Stoff.

Petras hatte Zugang zu Material der Geheimhaltungsstufe »NATO-Geheim« gehabt, und er hatte an Projekten mitarbeiten dürfen, die ihn weit über die Grenzen der Bundesrepublik hinaus geführt hatten. So war er bei einem Geheimversuch zugegen gewesen, der auf dem französischen Raketenversuchsgelände in Hammaguir in Algerien stattgefunden hatte. Dort untersuchten Wissenschaftler die Frage, ob Mikroorganismen der Strahlung in großen Höhen widerstehen können. Bakterien aus Petras' eigenem Laboratorium waren mittels der französischen Veronique-Raketen in die obere Atmosphäre transportiert worden. (Die Tests hatten weitreichende Besorgnisse ausgelöst. Es war bekannt, daß atmosphärische Bedingungen eine zentrale Rolle in der biologischen Kriegführung spielen würden.)

Ebenso wie Petras hatte auch Fruchts Institut die Wirkung von Strahlung auf Mikroorganismen untersucht, allerdings in Hochspannungskammern, nicht in Raketen. Ziel seiner Arbeit war nicht die Perfektion neuer Formen der Kriegführung gewesen, sondern die Entwicklung eines biologischen Verfahrens zur Wiederauffüllung von Sauerstoff-Vorräten in geschlossenen Räumen wie Atomschutzbunkern oder Weltraumfahrzeugen.

Der Physiologe Frucht hatte Mikroorganismen benutzt, um chemische Kampfstoffe nachzuweisen; der Mikrobiologe Petras hatte sich mit biologischen Fragen befaßt, die sich auf chemische Kriegführung bezogen. Kurz und gut, es gab nicht viele Wissenschaftler, die wie diese beiden ein Interesse an Mikrobiologie, chemischen Kampfstoffen sowie Strahlungsbiologie miteinander verband.

Fruchts Aufmerksamkeit aber wurde von Petras' Amerika-Verbindung gefesselt. Im »Neuen Deutschland« behauptete der Grafschafter Wissenschaftler, daß das Institut eine Schlüsselrolle im Austausch wissenschaftlicher Informationen über chemische und biologische Kampfstoffe (CBW) zwischen den Vereinigten Staaten und der Bundesrepublik gespielt habe. Amerikanische Zentren schickten Substanzen, damit sie dort erprobt und analysiert wurden. Forschungen, wie sie am Institut für Veterinär-Physiologie der Frankfurter Universität und im Bonner Chemischen Institut betrieben wurden, und zwar im Auftrag der US-Armee, nahmen alle ihren Weg über Grafschaft. Frucht glaubte, daß niemand besser plaziert sein konnte als Petras, um die von ihm an die Amerikaner weitergeleiteten Informationen in die Hand zu bekommen. Es entsprach amerikanischer Verfahrensweise, zuerst eine Fachübersetzung anfertigen zu lassen. Diese konnte dann an eines der Versuchszentren weitergeleitet werden, zum Beispiel an den Dugway Proving Ground im US-Staat Utah. Seit Runge das grüne Blatt Papier erwähnt hatte, das von Martin Rückert zu den Amerikanern hinübergeschmuggelt worden war, glaubte Frucht fest daran, daß irgend jemand außerhalb der DDR ihn verraten haben müsse und daß das Dokument von einem DDR-Auslandsagenten wiederbeschafft worden war.*

---

* Amerikanische Geheimdienstquellen haben zugestanden, daß Frucht möglicherweise nicht sehr falsch lag, wenn er Petras für den Mann hielt, der ihn verriet. »In Koordination mit dem Bundesnachrichtendienst konnten wir durchaus Deutschland benutzen, wenn es darum

In seiner Zelle erschien ihm alles so logisch, und es erfüllte ihn mit Bitterkeit, daß man seinen Gegenspieler so leicht hatte entkommen lassen; es hätte doch offensichtlich sein müssen, wo die undichte Stelle gelegen hatte. Er fand, die Amerikaner hätten sich eine sehr einfache Frage stellen müssen: »Wo gibt es auf dieser Welt einen Biologen, der über Fruchts Arbeit Bescheid weiß?« Die Antwort auf diese Frage hätte sie zu Dr. Ehrenfried Petras geführt.

Wie die Dinge nun lagen, hatten die Anklagen des Grafschafter Wissenschaftlers spürbare Wirkung auf die internationale öffentliche Meinung zu einer Zeit, als die anti-amerikanischen Gefühle wegen des Vietnamkrieges hohe Wellen schlugen. Sie wurden weithin publiziert in ganz Europa, Nordamerika und dem Nahen Osten, und Polen brachte bei den Vereinten Nationen einen Entschließungsantrag ein, in dem konkrete Maßnahmen gefordert wurden, die garantieren sollten, daß die Verträge über das Verbot der Forschung auf dem Gebiet der chemischen und biologischen Kriegführung befolgt werden. Alles in allem war die Kampagne ein Propagandaerfolg des Sowjetblocks.

Eine gewisse Ironie der Ereignisse lag darin, daß die Rollen exakt vertauscht gewesen wären, wenn Fruchts eigene Geschichte zuerst veröffentlicht worden wäre. Statt dessen hatte die DDR ihren Mann mit Frau und Kindern herausgeholt, die Bundesrepublik bloßgestellt, sich selbst in einen Strahlenkranz von Unschuld gehüllt und Frucht nicht nur zum Staatsfeind, zur Unperson erklärt und zum wissenschaftlichen Tode verurteilt, sondern mit Hilfe eines Geheimprozesses sich jede Art der Verleumdung – Feind der Menschheit, käuflicher Agent, Nazi – offen gehalten.

---

ging, gewisse Dinge zu testen«, sagte ein ehemaliger Leiter des militärischen Nachrichtendienstes der USA in Europa. »Die beiden Länder kooperieren recht eng, und bei Dingen dieser Art, besonders wenn große Eile geboten war, konnten wir uns an zwei oder drei Stellen wenden. Es ist durchaus möglich, daß die Leckstelle tatsächlich in Grafschaft lag. Möglicherweise ist die Sache von einem ostdeutschen Agenten aufgenommen worden, der selbst etwas zu tun hatte mit der Kette von Dienststellen, die mit solchen Experimenten befaßt sind.«

Rückkehr ins Leben

Nach fünfjähriger Einzelhaft durfte Frucht ab Mai 1972 eine Zelle mit einem anderen Gefangenen teilen. Es war Dr. Otto Hebold, ein alter Psychiater. Im Krieg war er ein sogenannter »Schreibtischtäter« gewesen, und Frucht war davon überzeugt, daß die Stasi ihn in voller Absicht mit jemandem zusammengelegt hatte, den er aller Voraussicht nach hassen würde. Und doch wurde Frucht, obwohl er allen Grund hatte, den alten Mann zu verachten, sein Freund.

Hebold war fast achtzig. Er war ein ergebener Diener Kaiser Wilhelms, dann ein korrekter Beamter der Weimarer Republik, schließlich ein treuer Nazi-Anhänger und dann auch noch ein ausgezeichneter Arzt unter den Kommunisten gewesen – ein Leben, das Frucht bald in allen Einzelheiten kannte. In den ersten Kriegsjahren war er direkt an der NS-Aktion zur Tötung Tausender seniler und geisteskranker deutscher Männer und Frauen beteiligt gewesen. Bis dann kirchliche Proteste Hitler zwangen, seine Ausrottungsweisung im August 1941 zu widerrufen, waren zwischen 60000 und 80000 Menschen systematisch von Hebold und einer Handvoll anderer gehorsamer Medizinalbeamter der Nazis in Spezialkliniken in Deutschland getötet worden. Hebold hatte die Aufgabe in der freien Zeit gelöst, die ihm seine Tätigkeit als Wehrmachtsarzt in zwei Berliner Militärkrankenhäusern ließ. Ihm wurden Krankenblätter zugeschickt, und er stellte dann eine Todesliste auf, indem er ein Kreuz hinter den Namen derjenigen setzte, deren Leben seiner Meinung nach beendet werden sollte.

Nach 1945 wurde er ein hervorragender praktischer Arzt in Ostdeutschland. Er praktizierte in Falkenberg bei Torgau. Seine Tätigkeit im Kriege gelangte bald zur Kenntnis der Behörden, aber jahrelang unternahm man nichts gegen ihn, denn die DDR litt unter einem verzweifelten Mangel an Ärzten. Dann aber, nach dem Bau der Berliner Mauer, begann die Regierung gegen die Zahl der ehemaligen hohen Nazis zu protestieren, die in Westdeutschland in das öffentliche Leben zurückgekehrt waren. Hebold wurde zur Quelle potentieller politischer Peinlichkeit, und 1964 wurde er verhaftet und vor Gericht gestellt. Man machte ihn persönlich für den Tod von 34000 Menschen in der sogenannten »Gnadentod«-Aktion verantwortlich, und er starb dann im Gefängnis, nachdem er 12 Jahre seiner Strafe verbüßt hatte.

Im Jahre 1972 kündigte die Regierung der DDR eine Amnestie für politische Gefangene an. Einige 25000 Menschen wurden freigelassen, aber Frucht gehörte nicht dazu. Viele Gefangene, die langjährige Strafen verbüßten, waren auf das Bitterste enttäuscht, als man sie hinter Gittern sitzen ließ. Ausgerechnet zu diesem Zeitpunkt steckte man Frucht mit 25 anderen Gefangenen in eine Arbeitskolonne, die mit Fließbandarbeit beschäftigt war. Einen ungünstigeren Augenblick hätte es nicht geben können.

Es ging gleich damit los, daß seine Kolonne schlechtes Arbeitsmaterial bekam, kaputte Schrauben und fehlerhafte Unterlegscheiben. Dieses Material erlaubte es nicht, die üblichen Arbeitsleistungen zu erzielen, und sie konnten das vorgeschriebene Soll nicht erfüllen. Die Leistungskurve stürzte nach unten, und Frucht fiel es schwer, auch nur 30 Prozent der Norm zu erfüllen.

Die Aussicht, wieder unter Menschen zu sein, hatte ihn mit Hochstimmung erfüllt, aber seine Isolierung hatte ihn nicht auf den Schock vorbereitet, den die Rückkehr zu anderen verursachte. Er mußte feststellen, daß seine fünfjährige Einzelhaft bei den anderen Gefangenen überhaupt nicht zählte. Für sie war er ein Neuer, und der fängt eben auf der untersten Stufe der Hackordnung an. Auf dem hackt jeder herum.

Mehrere Male wurde er tätlich angegriffen, und die anderen

Ein Untersuchungsgefängnis des Staatssicherheitsdienstes in einem scheinbar normalen Wohnhaus in Ost-Berlin. Hier wurde Frucht wochenlang verhört.

Eine der westlichen Vorwarnstationen in arktischen Regionen, die ohne Fruchts Warnungen schutzlos einem Kältekampfstoff-Angriff ausgeliefert gewesen wären.

Die Nationale Volksarmee der DDR übt den Schutz gegen radioaktive Strahlung. Mit starkem Wasserstrahl wird radioaktiver Staub von einer Kanone gesprüht (1967).

Truppenübungsplatz der Bundeswehr: Hier können die chemischen Kampfstoffe endgültig und umweltfreundlich beseitigt werden (1980).

Gefangenenaustausch an der deutsch-deutschen Grenze bei Wartha-Herleshausen. Hier wurde Frucht im Juni 1977 gegen den chilenischen KP-Senator Jorge Montes ausgetauscht.

Gefangenen spielten ihm allerlei üble Streiche – einmal mischten sie ihm Exkremente in sein Essen. Einer, ein richtiger Schläger, machte sich ein Vergnügen daraus, schwächere Mitgefangene zu quälen, und Frucht bot sich ihm als ideales Opfer an. Als Frucht erkrankte und seine Arbeitsleistung und damit das kollektive Arbeitsentgelt der Gruppe sank, sagte er zu dem Wissenschaftler: »Du bist ja schon verfault. Du bist bloß zu faul zu sterben. Warum hängst du dich denn nicht auf?« Frucht war nicht das einzige Opfer dieses brutalen Mannes. Er ging auch auf einen Tenor los, der den Mitgefangenen Wagner vorzusingen pflegte, und schlug ihm zwei Vorderzähne aus. Besonders unangenehm war auch der Chef der Arbeitsgruppe, der »Brigadier«, ein Zuhälter, der sieben- oder achtmal zwischen Ost und West hin- und hergewandert und jedesmal im Gefängnis gelandet war.

Dann waren da noch die Spione. Während seiner Zeit in Bautzen lernte Frucht viele kennen, die lebenslange Freiheitsstrafen wegen Spionage für »imperialistische Geheimdienste« verbüßten. Unter ihnen fand sich so ziemlich das gesamte Spektrum der Menschheit wieder. Es gab da glatte Kriminelle, Zwangsneurotiker, wahre Professionelle und »Amateure« wie Frucht selbst. Der Mann mit dem stärksten Einfluß war Hans Möhring, der in den fünfziger Jahren für den britischen Geheimdienst gearbeitet hatte. Während des Krieges war er am V1- und am V2-Projekt in Peenemünde und in Thüringen beteiligt gewesen. Das war einer der Gründe, warum die Ostdeutschen so hart mit ihm umsprangen. Er hatte lebenslänglich bekommen und 17 Jahre davon verbüßt. Für die Stasi war er ein verstockter Nazi, der nichts bereute. Als hochbegabter Elektroingenieur hatte er in der DDR Karriere gemacht. Während der fünfziger Jahre arbeitete er im Ministerium für Schwermaschinenbau und war verantwortlich für das Energieprogramm des Landes. Er war aktiv an der Planung eines der ersten Atomkraftwerke der DDR in Rheinsberg beteiligt gewesen, achtzig Kilometer nördlich von Berlin.

Im Jahre 1959 als 42jähriger verhaftet, wurde er verurteilt, weil er einen ganzen Strom von Geheimnissen des Ministeriums an britische Geheimagenten in Berlin weitergegeben haben sollte. Er war schließlich zusammen mit Dutzenden anderer Agenten von dem britischen Doppelagenten George Blake verraten worden. Auch seine Frau kam ins Gefängnis, obwohl sie schwor, nichts von seiner Spionagetätigkeit gewußt zu haben.

Als Frucht ihm begegnete, war er schon seit 13 Jahren in Bautzen gewesen, und er war berühmt wegen seiner kompromißlosen Haltung gegenüber den Gefängnisbehörden. Politisch sehr konservativ eingestellt, versicherte er immer wieder, daß er nicht für Geld oder Ruhm spioniert habe, sondern weil er »etwas für das Vaterland« habe tun wollen.

Ein weiterer sehr interessanter Mithäftling war Günter Wendemacher, klein, dick und energisch, der äußerst erfolgreich für den Bundesnachrichtendienst gearbeitet hatte, bis man seinen geheimen Funksprüchen auf die Spur kam. Auch er erhielt lebenslänglich. Er war einer der tapfersten Leute, die Frucht je kennengelernt hatte, und er gehörte zu den einflußreichsten Gefangenen in Bautzen.

Frucht war eine ständige Quelle des Ärgernisses für die anderen Gefangenen. Nach seiner langen Einzelhaft fiel es ihm schwer, den Mund zu halten, und er redete zu viel. Er war ganz begeistert, wenn ein anderer reagierte, und er ließ sich oft zum Narren machen. Die anderen wandten sich an Möhring, den Senior unter den Gefangenen, und fragten ihn um Rat. »Wie sollen wir reagieren?« fragten sie. »Was hältst du von dem?«

Auch die Politik brachte Frucht mit seinen Arbeitskollegen in Konflikt. Er war in die primitiven Freund-Feind-Vorstellungen der Mitgefangenen nicht einzuordnen und machte psychologische Fehler, wie sie für den Übergang aus der Einzelhaft in den Gruppenvollzug typisch sind. Er suchte Kontakt und Freunde, statt abzuwarten und die Gesetze dieses Dschungels zu lernen.

»Wenn sie bereit wären, dich freizulassen, aber unter der Bedingung, daß du in der DDR bleiben mußt, würdest du dann gehen?« fragte ein Mitgefangener ihn einmal.

»Natürlich würde ich gehen«, erwiderte er. »In der DDR leben 17 Millionen Deutsche. Warum ich nicht auch?«

Seine Antwort versetzte die anderen in Wut. »Er ist wie ein Halm im Wind«, sagte Möhring.

»Warum zum Teufel hat der sich überhaupt mit Spionage abgegeben?« sagte ein Gefangener. »Der ist ja verrückt.«

In der Arbeitspause wurde Frucht dann von hinten angegriffen und ins Gesicht geschlagen. Weil ihn der Angriff total überrascht hatte, konnte er sich nicht verteidigen. Als die Aufseher von dem Vorfall erfuhren, befragten sie ihn und den Angreifer, der behauptete, er sei nur ausgerutscht und habe sich unwillkürlich an Frucht geklammert, um wieder Halt zu finden. Frucht weigerte sich, seine Darstellung des Vorfalls zu geben, aber der Angreifer landete für 21 Tage in der Arrestzelle.

»Frucht war nicht ganz unschuldig«, sagte Möhring später. »Er hat das provoziert. Er war es gewöhnt, daß die Leute ihm zuhörten, aber in Bautzen hat das nicht funktioniert. Als er dort ankam, sagte er zu den anderen, daß sie sich auf ihn verlassen könnten, und das machte ihn verdächtig. So etwas wie Vertrauen gibt es im Knast nicht, und wer es doch glaubt, der bezahlt teuer für seinen Irrtum. Frucht hätte vorsichtiger sein müssen. Intellektuell stand er über den anderen, aber trotz seiner akademischen Ausbildung, fanden die anderen, war das, was er sagte, unglaublich naiv.«

Es gab noch einen anderen Grund, aus dem verurteilte Spione wie Möhring und Wendemacher Frucht gegenüber vorsichtig und mißtrauisch waren. Versiert, wie sie in Geheimdiensttechniken waren, erschienen ihm seine Methoden der Nachrichtenübermittlung in den Westen einfach als lachhaft. Wendemacher fand Fruchts Erzählungen darüber, wie er einen Verwandten benutzt hatte, um den Amerikanern hochwichtige Informationen zukommen zu lassen, schier unglaublich, ein einziger schwerer Verstoß gegen alle bekannten Geheimdienstgrundsätze. Die ganze Sache legte den Verdacht nahe, daß Frucht überhaupt nicht auf regulärem Fuß mit irgendeinem Geheimdienst gestanden haben könnte, und Wendemacher fiel es schwer, ihn ernstzunehmen. Dessenungeachtet fand er die Informationen, die Frucht weitergegeben hatte, höchst interessant und sogar brisant: »Ich kenne keinen, der so gutes Material in die Hand bekommen hat. In der Hinsicht hat er Neuland erschlossen.«

Fruchts schlimmste Zeit war nach zwei Jahren überstanden. Einige Gefangene verschwanden, neue Männer trafen ein. Seine Position innerhalb der Gefangenenhierarchie wurde allmählich besser. Unter den Neulingen befanden sich sogenannte Wirtschaftsverbrecher, also geschaßte Funktionäre aus der DDR-Wirtschaft. Frucht fragte sie eingehend aus und zog sich damit den Zorn der Staatssicherheit zu, die ihm »verbotenen Nachrichtenaustausch« vorwarf. Das brachte ihm strengen Arrest ein.

Arrest bedeutet hartes Lager und wenig Essen. Die Pritsche steht wenige Zentimeter über dem Fußboden der engen Zelle. Da die Fenster oben nicht verschließbar sind und die Zelle unten Lüftungslöcher hat, liegt man die ganze Nacht in kaltem Zug. Zu essen gab es an jeweils zwei aufeinanderfolgenden Tagen 400 Gramm Brot, an jedem dritten Tag eine warme Mahlzeit. Die höchstzulässige Arrestdauer in dieser Zelle betrug 21 Tage, aber Frucht steckte man für 72 Tage in strengen Arrest, ohne Unterbrechung, ohne ärztliche Behandlung. Seine Ausbildung als Physiologe half ihm, das durchzustehen. Er erinnerte sich an ein großangelegtes Experiment an der Universität von Minnesota. Es hatte erbracht, daß schon relativ kleine Nahrungsmengen eine Stoffwechselentgleisung verhindern und eine Mobilisierung der körperlichen Reserven ermöglichen können.

Er teilte deshalb sein Brot in viele kleine Häppchen auf, was eigentlich verboten war, und nahm sie in etwa einstündigen Abständen rund um die Uhr zu sich. Dadurch verhinderte er einen allzu starken Blutzuckerabfall. Tatsächlich zeigten sich nur am vorletzten Tage einmal die Symptome eines hypoglykämischen Schocks – Schwitzen, Schwindelgefühl, Übelkeit, Herzklopfen und Bewußtseinstrübung.

Vom ersten Tage seiner Haft an hatte Frucht ganz konkrete Pläne für den Tag seiner Freilassung aufgestellt. Er plante Wiedersehensfeste mit Freunden, mal in Süddeutschland, mal in Norddeutschland. Er fragte sich, wen er dazu einladen würde, welche Vorbereitungen er treffen würde, wie er die Feier finanzieren könnte. Von Jahr zu Jahr mußte er sich dabei korrigieren – ein Onkel war gestorben, eine Kusine hatte sich verlobt oder nun auch schon verheiratet. Er malte es sich aus, wie er, umgeben von glücklichen Menschen, Wein in kleinen Schlucken trank. Die Übung verlieh ihm das Gefühl, ein ganz normaler Mensch zu sein, und sie erwies sich als nützlich, als er dann tatsächlich frei kam.

Viermal im Jahr durfte Maria ihn besuchen, aber jedesmal nur für dreißig Minuten. Zwei Bewacher waren immer dabei, und jede Diskussion über seine angebliche Straftat war verboten. Frucht hatte sechs Kinder, und jedes Kind war ein Gesprächsthema für drei Minuten. Zwei Minuten hatte er, um sich nach dem Befinden seiner Frau zu erkundigen, zwei Minuten für allgemeine Familienangelegenheiten und gewöhnlich eine Minute für sich. Die restlichen Minuten vergingen in Querelen mit den Bewachern. Die beiden durften einander nicht bei der Hand halten, sie mußten von gegenüberliegenden Ecken des Raumes aus miteinander sprechen. Zu Hause war Maria noch anderem Druck ausgesetzt.

Die staatlichen Behörden versuchten, sie gegen ihren Mann aufzubringen. Der Berufsberater der Schule sagte vor der versammelten Klasse zu Fruchts Tochter Karin, sie würde niemals einen normalen Ausbildungsberuf erhalten, wenn ihre Mutter sich nicht von ihrem Vater scheiden ließe. Karin brach in Tränen aus.

Maria suchte die Schulleiterin auf, die ihr erklärte, daß Karin nicht auf die weiterführende Schule versetzt werden könne, obwohl sie gute Zensuren hatte. Maria reichte in aller Form Beschwerde ein, und es fand eine Sondersitzung unter Vorsitz des zuständigen Schulrats statt. Nach dieser Sitzung wurde ihr mitgeteilt, daß die Entscheidung bestehen bleibe. Doch man versicherte ihr, es gebe keinerlei Diskriminierung in Schulen der DDR, und die Lehrerin habe nicht recht gehandelt, als sie eine Scheidung empfahl. Aber wie dem auch sei, ihr Mann hätte die Folgen seines »Fehlverhaltens« vorher bedenken müssen.

Frucht sah Karin erst kurz nach ihrem 16. Geburtstag wieder.

In seiner Erinnerung lebte sie als kleines Mädchen mit Zöpfen. Nun stand eine junge Frau vor ihm. Es verschlug ihm die Sprache, und es dauerte eine Weile, bis er hervorbrachte: »Wie hübsch du bist!«

Am Samstag, dem 18. Juni 1977 wachte Frucht für Gefängnisverhältnisse spät auf. Er hatte bis in die frühen Morgenstunden auf Nachtschicht gearbeitet und stand um 7.30 Uhr auf, um sich sein Frühstück selbst in der Zelle zuzubereiten. Er hatte sich einen kleinen Herd gebastelt, und trotz der Tatsache, daß es Gefangenen offiziell verboten war zu kochen, bereitete er sich eine Mahlzeit aus Schmelzkäse, Reis und einem Spiegelei. Ihm passierte ein Mißgeschick. Heißes Öl spritzte, und ein Spritzer traf ihn im Gesicht. Als er die Verbrennung mit Salbe betupfte, wurde die Zellentür aufgestoßen.

»Packen Sie Ihre Sachen«, befahl der Oberschließer. Er ignorierte Fruchts Verstoß gegen die Gefängnisordnung.

Frucht kannte inzwischen seine Rechte: »Sie wissen, nach der Nachtschicht dürfen Sie mich nicht stören. Kommen Sie wieder.«

»Na gut, essen Sie, ich bleibe«, sagte der Schließer.

Der Aufseher wartete geduldig, bis Frucht fertig war mit seinem Frühstück und seine Habe in einer Decke zusammenraffte. Er glaubte, er werde in eine andere Zelle verlegt. Draußen im Gang fehlten die vertrauten scheppernden Geräusche von den Eimern der Gefangenen, die die Gänge schrubbten. Alle waren in ihre Zellen eingeschlossen worden. Plötzlich dämmerte es Frucht, daß seine Entlassung bevorstand.

Der Schließer, der ihm auch beim Tragen seiner Sachen half, führte ihn in den Verwaltungsteil des Gefängnisses. Dort bekam er neue Gefängniskleidung. Der Gefängnisdirektor übergab ihm in Gegenwart eines Obersten aus dem Ministerium für Staatssicherheit eine Liste seiner Habseligkeiten auf der wesentliche Dinge fehlten. Das war nicht ungewöhnlich.

Frucht sah eine letzte Möglichkeit, etwas für seine Mithäftlinge zu tun und sagte: »Das unterschreibe ich nicht. Da fehlt ja die Hälfte.«

Der Direktor bekam einen roten Kopf und erwiderte scharf: »Dann haben Sie falsche Angaben gemacht. Bei uns kommt nichts weg.«

Frucht wandte sich zu dem Oberst: »Sie sehen, wie es hier zugeht. Die Anstalt verschlampt Sachen und der Herr Direktor sagt, die Gefangenen sind daran schuld.«

»Nun machen Sie mal keinen Ärger«, sagte der Stasi-Mann einigermaßen betroffen. Ich bin hier, um Ihnen mitzuteilen, daß der Vorsitzende des Staatsrates Sie begnadigt hat. Sie brauchen nur 15 Jahre ihres Strafmaßes zu verbüßen.

Frucht spürte das Entsetzen in allen Gliedern bei dem Gedanken, noch weitere fünf Jahre in Bautzen bleiben zu müssen.

»Weil Sie jedoch mehr als die Hälfte Ihrer Strafe verbüßt haben«, sagte er nun, »ist beschlossen worden, Sie zur Bewährung zu entlassen.«

Auch das war eine schlechte Nachricht, denn es bedeutete, daß man ihn bei irgendeinem neuen Vergehen die volle Reststrafe verbüßen lassen werde – zuzüglich einer eventuellen neuen Freiheitsstrafe.

»Sie haben die Möglichkeit, die Entlassung aus der DDR-Staatsbürgerschaft zu beantragen», fuhr der Oberst fort. »Aber Sie müssen Gründe dafür nennen. Denken Sie sorgfältig darüber nach.«

»Ich habe zehn Jahre Zeit gehabt, um mir das zu überlegen«, erwiderte Frucht. »Mein Text ist fertig.«

Man gab ihm Papier und Bleistift, und er schrieb: »Die Folgen der mir zugeschriebenen Straftat haben mich der DDR so tief entfremdet, daß ich mir ein erträgliches Leben in diesem Land nicht mehr vorstellen kann. Ich bitte um Entlassung aus meiner DDR-Staatsbürgerschaft.«

Der Oberst warf einen Blick auf die Erklärung und sagte: »Gut, gut. Aber eine kleine Änderung ist nötig. Bitte ändern Sie ›mir zugeschriebenen‹ in ›von mir begangenen‹.«

Minuten vorher hatte Frucht einen Lada-Fiat draußen im

Gefängnishof gesehen. Es hatte keinen Sinn, Zeit mit Protesten zu vergeuden, und er nahm die Änderung vor. Man führte ihn zu einer kurzen Untersuchung durch den Gefängnisarzt, und dann händigte man ihm seine Zivilkleidung wieder aus. Er bemerkte die weißen Schweißflecken auf seiner Jacke, und die Erinnerung an seine Verhaftung und Vernehmung schoß ihm durch den Sinn. Ein Schließer führte Frucht in die Gefängnisküche hinunter; man setzte ihm eine Portion Reis mit Fleisch vor. Minuten später wurde er in den Gefängnishof geführt, und er stieg hinten in das Auto ein. Die Freiheit war nun nur noch Stunden entfernt.

Befreiung

Die Wälder und Felder der hügeligen Landschaft Thüringens glitten draußen vorbei. Die niedrigstehende Sonne schien durch die Bäume und warf flimmernde Muster auf die Straße. Es war fast sechs Uhr am Samstagabend, und die Fahrt von dem 290 Kilometer weiter östlich gelegenen Bautzen hatte vier Stunden gedauert. Kurz hinter Eisenach bog der dunkelgrüne Lada-Fiat von der Autobahn ab und fuhr über einen von Kiefernwald und hohen Drahtzäunen gesäumten schmalen, holperigen Weg in Richtung Grenze. Der Fahrer hatte präzise Anweisungen: Er mußte bis 18.00 Uhr mit dem Gefangenen an der Grenze sein. Voraus sah er die rot-weißen Warntafeln, die anzeigten, daß hier das Grenz-Sperrgebiet begann.

Auf dem Rücksitz saß Frucht, adrett gekleidet in leichtem Sommerjackett, weißem Hemd und einer beigen Krawatte. Plötzlich wurde ihm bewußt, daß sie ungefähr anderthalb Kilometer vom Grenzübergang Wartha-Herleshausen entfernt waren. Er kannte die Gegend gut. Bevor die Behörden der DDR die Grenze gesichert und die Berliner Mauer 1961 gebaut hatten, waren hier Tausende von Flüchtlingen nach Westdeutschland entkommen. 1952 hatte ihn hier die Grenzpolizei eine Nacht lang festgehalten, nachdem er versucht hatte, sich über die Grenze zu schleichen, um in Göttingen an einem Physiologenkongreß teilzunehmen. Jetzt konzentrierte er sich ganz darauf, gelassen zu bleiben. Er hatte genug Horrorgeschichten im Gefängnis gehört und wußte, daß ein Funkspruch an den Fahrer genügte, um ihn wieder ins Gefängnis zurückzuspedieren.

Es war wie ein Glücksrausch, zum ersten Mal nach zehn Jahren diese Landschaft wiederzusehen, und er sehnte sich danach, seinen Gefühlen Ausdruck zu verleihen. Aber als er versuchte, mit dem Mann auf dem Beifahrersitz zu plaudern, einem Obersten im Ministerium für Staatssicherheit, wurde er ignoriert. Der Offizier blieb während der ganzen Reise teilnahmslos, so als sei er in Gedanken mit wichtigeren Dingen beschäftigt.

Frucht versank in Schweigen und dachte daran, daß seine Tochter Uta, fast sechs, als er verhaftet wurde, jetzt zu einem schlanken Teenager herangewachsen war. Karin, eine begeisterte Sozialistin, war zwanzig, willensstark und impulsiv, mit rotbraunem Haar und rosigen Wangen. Er mußte lächeln, als er daran dachte, wie sie sich vor vier Jahren bei einem Besuch in Bautzen wild mit einem Wärter gestritten hatte, und wie sie voller Zorn und Enttäuschung in Tränen ausgebrochen war. »Worüber darf ich denn mit ihm reden?« hatte sie geschrien. Frucht hatte damals zu ihr gesagt, im Gefängnis zu leben, das sei wie ein Leben in der Tiefkühltruhe.

Der Wagen traf ein Schlagloch, und der Fahrer nahm Gas weg. Frucht war überwältigt vom Ausmaß der Grenzbefestigungen. Zwei Wachttürme ragten in sein Gesichtsfeld, und zu beiden Seiten der Eisenbahngeleise, die parallel zur Straße verliefen, wuchsen plötzlich hohe Maschendrahtzäune empor, die verhindern sollten, daß Ostdeutsche auf Züge sprangen, die nach Westen fuhren. Fünfhundert Meter vor ihnen lag der erste Kontrollpunkt. Frucht konnte eine schwerbefestigte Eisenbrücke mit Bunkern erkennen und die Silhouetten von zwei Wachposten, die sich deutlich vor der Eisenkonstruktion der Brücke abhoben.

Quietschend bremste der Wagen wenige Schritte vor dem rotweißen Schlagbaum, der die Straße sperrte. Ungeduldig blinkte der Fahrer mit den Scheinwerfern. Der Posten, der den Paß erkannte, den ihm der Fahrer entgegenstreckte, drückte auf einen Knopf. Der Schlagbaum hob sich und ließ den Wagen passieren. Dies war Wartha-Herleshausen, einer der verkehrsreichsten Ost-West-Übergänge, seit Mitte der sechziger Jahre wichtigster

Transit-Punkt für Tausende von politischen Gefangenen, die die Bonner Bundesregierung aus der DDR-Haft freigekauft hatte.

Die beiden Wachhabenden vom Dienst in ihrem Wachtturm aus Beton und Glas beobachteten den Wagen eingehend mit ihren Feldstechern. Sie hatten sich längst an die Bus-Konvois gewöhnt, die ihre wertvolle menschliche Fracht in den Westen brachten; aber Gefangene, die einzeln im Personenwagen herangebracht wurden, gehörten einer speziellen Kategorie an. Ein internationaler Austausch von Spionen war selbst an dieser Grenze etwas Ungewöhnliches, und wenn mal einer zustande kam, brachte das Leben und Abwechslung in die ewige Langeweile des Grenzwächterdaseins. Aufmerksam verfolgten sie deshalb jetzt die Passage des Fahrzeugs an den verschiedenen Kontrollpunkten vorbei.

Die Grenzzone war nahezu menschenleer. Ein zweiter Schlagbaum hob sich prompt bei Annäherung des Wagens. Der Fahrer steuerte quer über die für Schwerstlastwagen reservierten Fahrbahnen und fuhr hinten um die Haupt-Kontrollschuppen herum zu einem dritten Kontrollpunkt, dem letzten auf der östlichen Seite.

Auch hier gab es keinerlei Formalitäten, und der Schlagbaum hob sich rasch. Alles schien so einfach. Und doch war Frucht noch immer ein Gefangener, nichts weiter. Der Lada rollte langsam über das rauhe, verlassene Gelände, das als Niemandsland zwischen den beiden deutschen Staaten diente. Die Grenze war vermint, mit Menschenfallen versehen, von bissigen Hunden bewacht und gesichert mit elektrischen Zäunen, die bei jeder Berührung Alarmsirenen auslösten und leuchtend rote und grüne Raketen in den Himmel schickten. Lange Strecken der Grenze waren auch mit dem SM-70 gespickt, einem tödlichen, automatischen Schußgerät, das in Kopf-, Bauch- und Beinhöhe scharfkantige Geschosse feuern konnte.

Für Frucht aber sah die ganze Szene täuschend friedlich aus. Drüben zur Linken fiel das Land ab zum Ufer der Werra, und auf einem Hügel hockte ein kleiner Bunker, besetzt von zwei DDR-Grenzsoldaten mit umgehängtem Gewehr. Unmittelbar voraus stand eine alte Scheune, die jetzt als Garage diente. Zwischen ihr und der Straße befand sich ein großes Gebäude, das acht oder zehn Zellen enthielt. Hier wurden alle diejenigen vorläufig verwahrt, die mutig und leichtsinnig genug gewesen waren, die Flucht über diesen schwerbewachten Grenzabschnitt zu versuchen.

Zwei Mercedes-Wagen waren vor dem Lada eingetroffen. Einer von ihnen parkte am Scheunentor, und er hatte eine Ostberliner Nummer. Er gehörte Fruchts Anwalt Dr. Vogel, der auf dem Beifahrersitz saß und sich mit dem Fahrer unterhielt.

560 Kilometer südwestlich von diesem Ort befand sich eine Passagiermaschine der chilenischen Fluggesellschaft LAN über Frankreich im Landeanflug auf Frankfurt. Die Boeing mit der Flugnummer LA 172 hatte Santiago am Freitagmorgen verlassen. Sie hatte eine Reise von 12000 Kilometern hinter sich, und sie traf mit Verspätung ein.

Einer der Passagiere war Jorge Montes, 51 Jahre alt, der kommunistische Ex-Senator, der 1974 während des Ausnahmezustands in Chile eingekerkert worden war. Seine plötzliche Freilassung hatte ihn selbst ebenso überrascht wie alle anderen auch. Ohne jede Vorankündigung hatte man ihn aus dem Konzentrationslager Tres Alamos in Santiago herausgeholt und ihn an Bord der Maschine gebracht. Ebenso wie viele andere Gefangene des Pinochet-Regimes, die nach dem von der CIA gesteuerten Militärputsch gegen Salvador Allende im Jahr 1973 eingekerkert worden waren, hatte man ihn von der Außenwelt isoliert und gefoltert.

Die Geheimpolizei hatte ihn, seine Frau und seine beiden Töchter am 8. Juni 1974 in seiner Wohnung in der Hauptstadt festgenommen. Seine Angehörigen wurden bald wieder freigelassen, aber ihn hatte man unter schwerer Bewachung vier Monate lang in der Luftwaffenakademie in Santiago festgehalten. Die schlechte Behandlung verursachte Kreislaufstörungen, und als kranker Mann war er nach Concepcion, tief im Süden des

Landes, verlegt worden. Schließlich hatte man ihn in die Hauptstadt zurückgebracht.

Montes hatte Glück gehabt, daß er noch lebte. Tausende von Menschen waren zusammengetrieben und festgenommen worden, und viele waren seither spurlos verschwunden.

Bis jetzt wußte er noch nicht, daß er eine der beiden Hauptpersonen in einem komplizierten Gefangenenaustausch war, an dem in der einen oder anderen Weise Washington, Bonn, Santiago, Moskau, Ost-Berlin und Havanna beteiligt waren.

Verhandlungen, die schließlich zu diesem Ost-West-Geschäft führten, hatten 1976 begonnen, als das chilenische Regime sich zum ersten Mal bereit zeigte, politische Gefangene mit dem Sowjetblock zu tauschen. In dem ersten derartigen Tauschgeschäft war der Führer der chilenischen Kommunistischen Partei, Luis Corvalan, gegen den sowjetischen Dissidenten Wladimir Bukowskij, einen Physiker, auf dem Flughafen Zürich ausgetauscht worden. Kurz darauf streckten die Chilenen Fühler in Richtung Kuba aus, und dieses Mal sollte es um Montes gehen.

Pinochet wollte ihn gegen Huberto Matos tauschen, den ehemaligen Militärbefehlshaber der Provinz Camaguey, der 17 Jahre einer zwanzigjährigen Freiheitsstrafe verbüßt hatte, zu der er als »Verräter der Revolution« verurteilt worden war. Matos, der in Einzelhaft in La Caban saß, der Gefängnisfestung von Havanna, war ein ehemaliger Lehrer, der Fidel Castro geholfen hatte, im Jahre 1959 das Batista-Regime zu stürzen. Er gehörte zu einer Gruppe von Gefangenen, die als »plantados« – Verstockte – bezeichnet wurden und die sich beharrlich geweigert hatten, das »Umerziehungsprogramm« der Regierung zu akzeptieren. Sie weigerten sich auch, Gefangenenkleidung zu tragen. Castro ignorierte den Vorschlag.*

Dann war die Bundesrepublik an der Reihe. Bonns »Feuerwehrmann« für schwierige Fälle und Krisensituationen, Hans-Jürgen Wischnewski, Staatsminister und enger Berater Helmut Schmidts, stellte einen direkten Kontakt zu Pinochet her und

---

* Matos wurde im Alter von 60 Jahren im Oktober 1979 freigelassen.

schlug vor, Montes gegen Frucht und zehn andere ostdeutsche Gefangene von geringerer Bedeutung auszutauschen. Chiles westliche Gläubiger, so ging das Gerücht, würden bereit sein, eine Million Dollar Handelsschulden zu streichen, wenn das Regime diesem Tausch zustimmte.

Unter amerikanischem Druck, alles für Frucht zu tun, was nur möglich sei, sicherte Bonn sich die Zustimmung Santiagos und wandte sich dann an Ost-Berlin. Seit Jahren hatten die Ostdeutschen alle westlichen Versuche zurückgewiesen, Fruchts Freilassung zu erwirken, aber plötzlich änderte sich die Haltung der DDR. Ebenso wie die Sowjetunion war Ost-Berlin mit rauher Hand gegen seine Dissidenten vorgegangen und hatte sich dafür heftige Kritik im Westen eingehandelt. Nun stand aber im Sommer 1977 die Helsinki-Folgekonferenz für Sicherheit und Zusammenarbeit in Europa in Belgrad bevor, Ost-Berlin erkannte die Notwendigkeit, sich eine gute Presse zu verschaffen, und ließ sich erweichen.

Außerdem hatte SED-Chef Erich Honecker ein persönliches Interesse am Fall Montes. Seine Tochter Sonja war mit einem exil-chilenischen Studenten, Roberto Yanez, verheiratet, und sie hatte dafür gesorgt, daß ihr Vater genau über das elende Schicksal der politischen Gefangenen in Chile unterrichtet wurde. Nach dem Militärputsch war die DDR ohne langes Zögern den exilierten chilenischen Kommunisten zur Hilfe gekommen und hatte 2500 von ihnen Zuflucht geboten, darunter auch dem ehemaligen Außenminister Clodomiro Almeyda, der jetzt die chilenische Opposition im Ausland führt. So geschah es, daß Montes seine Chance bekam.

Als das Flugzeug sich Frankfurt näherte, ging es in eine Kurve, und die Passagiere an Bord bekamen einen Blick auf die riesige und weitläufige Industrie- und Handelsstadt, die sich unter ihnen ausbreitete. Montes wurde auf der Piste von zwei Beamten erwartet, die ihn Herrn Edgar Hirt vorstellten, einem Bonner Ministerialdirektor im Ministerium für Innerdeutsche Beziehungen, sowie der chilenischen Botschafterin in der Bundesrepublik, Senora Lucia Gevert. Man händigte ihm einen chilenischen Paß aus, und nach wenigen Minuten führte man ihn in einen anderen Teil des Flughafens, wo ein Hubschrauber schon startbereit wartete. Er wurde an Bord der Maschine geleitet, die sich sofort in die Luft erhob und nach Osten abschwenkte.

»Guten Tag, Herr Professor.« Frucht erschrak, als er plötzlich Vogels Stimme hörte. »Es hat eine kleine technische Panne gegeben. Sie müssen noch ein wenig warten. Kein Grund zur Sorge.«

Vogel wirkte ein wenig erregt, als er neben dem Wagen stand. Die beiden Männer schüttelten einander die Hand. Vogel marschierte dann mit langen Schritten zu dem zweiten Mercedes, der in der Nähe der Scheune parkte, und sagte einige Worte zu einem älteren Mann, der im Fond saß. Das war Friedrich Weihe, ein 75 Jahre alter ehemaliger Nazi, der in der DDR wegen Spionage für die CIA eingesperrt worden war. Er war ein kranker Mann, der, so hieß es, nach 19 Jahren im Gefängnis unter psychischen Störungen litt. Seine Frau war gestorben, während er im Gefängnis saß, und seine Schwester, seine einzige noch lebende Angehörige, war nach Kanada ausgewandert. Es gab niemanden in Westdeutschland, der sich um ihn hätte kümmern wollen; seine Entlassung war zu spät für ihn gekommen. (Später, nach seinem Eintreffen in der Bundesrepublik, brachte man ihn in einem Sanatorium unter.)

Frucht fühlte sich wie ein Fremder, von dem niemand etwas wissen will. Ihm war bewußt, daß nichts als ausgemacht und sicher gelten konnte, ehe er nicht tatsächlich die Grenze zum Westen überschritten hatte. Man hatte ihn angewiesen, im Auto sitzen zu bleiben, und er versuchte, ein bißchen zu schlummern, aber er war zu nervös. Ganz steif von der langen Fahrt, kletterte er auf den Vordersitz und ließ die Beine hinausbaumeln, um den Kreislauf anzuregen. Ein Wächter mit Maschinenpistole befahl ihm barsch, wieder ganz einzusteigen. Zwei Stasi-Leute in der Nähe steckten sich eine Zigarette an und ließen ihn nicht aus den Augen.

Endlich tauchte Vogel wieder aus der Scheune auf, Aktenköfferchen in der Hand, stieg in seinen Wagen und wurde in Richtung Herleshausen, nach Westen, chauffiert. Er war jetzt wieder ganz der entspannte, selbstsichere Anwalt; monatelange heimliche Verhandlungen standen unmittelbar vor dem erfolgreichen Abschluß.

Ein großer Teil seiner Arbeit pflege hier an diesem Übergang seinen Höhepunkt zu erreichen. Empfindlich wie er war für Kritik an seiner privilegierten Rolle, tröstete er sich gern mit dem Gedanken, daß er spürbare Erleichterung brachte für leidende Menschen. Er hatte einen praktischen Weg gefunden, seinen Mitmenschen zu helfen, und er leistete humanitäre Dienste, deren Nutzen alle einsahen. Dessenungeachtet blieb er eine umstrittene Figur, hin- und hereilend zwischen den beiden deutschen Staaten, und gerade die Menschen, zu deren Befreiung aus DDR-Gefängnissen er beigetragen hatte, mißtrauten ihm ebenso sehr wie sie ihn bewunderten.

Nachdem Vogel verschwunden war, schleppten sich noch 50 Minuten hin, bis man Frucht erklärte, er könne jetzt den Grenzübergang in die Bundesrepublik passieren. Er stieg hastig in den Mercedes um, in dem Herr Weihe saß, und in schneller Fahrt ging es durch das Niemandsland. Ein kurzes Stück hinter dem westdeutschen Grenzkontrollpunkt bog der Wagen in eine Landstraße ab, die parallel zur Werra verlief, und hielt vor einem Vereinshaus. Drinnen unterhielten sich etwa zwanzig Beamte höflich miteinander, während ein freundlicher Kellner im weißen Jackett Gläser mit einer gekühlten 74er Mosel-Auslese anbot. Ein üppiges kaltes Büffet war auf reich verzierten Silberplatten angerichtet.

Als Frucht den Raum betrat, näherten sich ihm sofort zwei US-Beamte, die mit schwerem amerikanischen Akzent Deutsch sprachen. »Wir sind hier, um uns um Sie zu kümmern«, sagte der eine. »Sie werden mit den Westdeutschen nichts zu tun haben.«

Die beiden waren wenige Minuten vorher mit einem gemieteten Ford Taunus eingetroffen. Ihr eigenes Fahrzeug, einen Mercedes, hatten sie in einer Nebenstraße in Bad Hersfeld geparkt, fünfzig Kilometer weiter westlich von hier.

Frucht war verwirrt. Es war ganz unmöglich, sich augenblicklich daran zu gewöhnen, daß man wieder wie ein Mensch behandelt wurde. Die beiden Männer waren sehr besorgt um ihn und boten ihm an, ihn zu seinen Verwandten in West-Berlin zu begleiten. »Man wird sich um alles kümmern«, versicherten sie ihm. »Sie haben von jetzt an keine Sorgen mehr.«

Im Stimmengewirr der allgemeinen Unterhaltung hörte er, wie ein westdeutscher Regierungsbeamter sich an die Versammlung zu wenden begann. »Wir heißen Sie in der Bundesrepublik willkommen. Wir sind sehr froh, daß Sie nach langen und intensiven Bemühungen durch die zuständigen Behörden...« Vogel drängte sich durch die Menge und zog Frucht beiseite. Er übergab ihm einen großen braunen Umschlag.

»Ich muß Ihnen leider mitteilen, daß es ein Problem mit Ihrer Tocher Karin gibt«, sagte er. »Sie möchte in der DDR bleiben.«

Der Brief war von Maria. Sie teilte ihm mit, daß alle ihre Versuche, Karin für die Übersiedlung in den Westen zu gewinnen, zu nichts geführt hätten. Frucht las den Brief schnell; seine Gedanken überschlugen sich.

»Es ist sehr schwierig«, sagte Vogel. »Ich habe mehrfach mit ihr gesprochen, aber sie bleibt hart.«

Frucht machte sich im Grunde keine Sorgen; er war überzeugt, daß die DDR-Behörden ihr nie und nimmer erlauben würden, in der DDR zu bleiben. Er antwortete nicht direkt, sondern nahm Vogel beim Arm und führte ihn zu einer Veranda, von der aus man einen Blick auf den Fluß hatte. Ein kommunistischer Funktionär folgte ihnen nach draußen. Er blieb dann im Ausgang stehen und beobachtete sie.

»Ich habe auch eine Überraschung für Sie«, sagte Frucht leise. »Wissen Sie eigentlich, daß der wahre Grund meines Handelns im Prozeß gar nicht zur Sprache gekommen ist und daß Ihr Plädoyer völlig irreführend war?«

»Nein«, sagte Vogel, ganz in der Defensive, »und bitte erzählen Sie mir auch nichts davon.«

Der Abend dämmerte, als der Hubschrauber die Grenze bei Herleshausen erreichte und der Pilot die Grenzbefestigungen erkennen konnte, die sich da unten entlangschlängelten. Das Lärmen des Hubschraubermotors, das die abendliche Stille zerriß, wurde von der kleinen Gruppe von Männern, die am Boden wartete, mit sichtlicher Erleichterung begrüßt. Als der Hubschrauber tiefer ging und sanft über ihnen in der Luft hing, gab ein westdeutscher Grenzschutzbeamter die Nachricht von seiner Ankunft über Sprechfunk weiter. Leicht setzte der Hubschrauber auf dem unbenutzten Teil der Autobahn Bad Hersfeld–Eisenach auf. Die Ausstiegluke glitt zurück, und mehrere dunkle Gestalten, deren Gesichter in der trüben Dämmerung kaum zu erkennen waren, kletterten heraus.

Sie wurden von Vogel und seinem westlichen Gegenstück, Dr. Jürgen Stange, erwartet. Stange war Bonns Rechtsbeauftragter in humanitären Fragen, die mit Ostblockländern zu tun hatten. Im Laufe der Jahre hatten die beiden Männer den Ruf erworben, unzertrennlich zu sein wie Plisch und Plum, wenn es sich um solche geheimen Ost-West-Geschäfte handelte. Der Fall Frucht war ein wichtiger Auftrag für Stange, eine Angelegenheit, in der er die Interessen zweier bedeutender Westmächte vertrat – die der Bundesrepublik und die der Vereinigten Staaten.

»Alles Gute, Senor Montes. Gute Reise«, sagte Herr Hirt und schüttelte ihm die Hand. Der Chilene wurde zu Vogels Mercedes geführt. Kurz darauf beschleunigte der Wagen und verschwand rasch auf den verlassenen Straßen in Richtung Osten.

Etwa zu der Zeit, als Montes die Grenze nach Osten passierte, trat Hernan Bejares, Pinochets rechte Hand, in Santiago vor die Fernsehkameras und gab voller Stolz bekannt, daß nun alle politischen Gefangenen, die während des vom Regime verhängten Ausnahmezustandes festgenommen worden waren, wieder in Freiheit seien. Ungefähr 24 Stunden später bestritt Montes in einer emotionsgeladenen Fernsehansprache, die überall im Ostblock ausgestrahlt wurde, diese Behauptung des Pinochet-Regimes. Seine Freilassung bezeichnete er als einen Sieg der »internationalen Solidarität« und erklärte: »Mein Fall ist nur ein

Proletarier aller Länder, vereinigt euch!

NEUES DEUTSCHLAND

ORGAN DES ZENTRALKOMITEES DER SOZIALISTISCHEN EINHEITSPARTEI DEUTSCHLANDS

20. Juni 1977

Jorge Montes in unserer Republik eingetroffen

Dank an Volk und Regierung der DDR für ihre solidarische Haltung

Berlin (ADN). Jorge Montes, Senator der Republik Chile, Mitglied der Politischen Kommission des Zentralkomitees der Kommunistischen Partei Chiles, traf am Sonnabend in der Deutschen Demokratischen Republik ein. Er wurde im Namen des Generalsekretärs des ZK der SED und Vorsitzenden des Staatsrates der DDR, Erich Honecker, herzlich begrüßt.

Jorge Montes wurde im Austausch von der Junta freigelassen. Er war seit Juli 1974 vom Pinochet-Regime gefangengehalten worden.

Jorge Montes dankte in bewegten Worten dem Volk und der Regierung der Deutschen Demokratischen Republik für ihre solidarische Haltung.

Erklärung im DDR-Fernsehen

Jorge Montes erklärte am Sonntagabend dem DDR-Fernsehen:

„Vor zwei Tagen befand ich mich noch in einem Konzentrationslager in Santiago de Chile. Heute bin ich in der Deutschen Demokratischen Republik und frei. Ich möchte von ganzem Herzen das Volk der DDR umarmen, seine Regierung und die brüderlich verbundene Sozialistische Einheitspartei Deutschlands. Meine Freiheit betrachte ich als einen großen Sieg über die Diktatur, die über unser Volk herrscht, als einen Sieg, der errungen wurde durch die große internationale Solidarität gegenüber unserem Land, durch die Aktionen der fortschrittlichen Kräfte und vor allem der kommunistischen und Arbeiterparteien der Welt. In Chile, davon bin ich überzeugt, wird die Diktatur immer schwächer. Sie isoliert sich in der Welt immer mehr, aber der Faschismus besteht nach wie vor in unserem Lande, und es ist notwendig, einmal mehr zu Aktionen, zum Kampf aller fortschrittlichen Kräfte der Welt aufzurufen und an den solidarischen Willen aller zu appellieren, um die Freiheit der politischen Gefangenen in Chile zu erringen, die Freiheit auch der mehr als 2500 Verschwundenen, über die die Diktatur Auskunft geben muß, wo sie sind und was mit ihnen ist, und schließlich und endlich die Freiheit für mein Volk zu erringen. In diesen Tagen findet in Santiago de Chile eine Kampfaktion statt, die erfüllt ist vom Widerstandswillen der chilenischen Volksbewegung. Frauen und Familienangehörige vieler Verschwundener sind in den Sitz der UNO-Wirtschaftskommission für Lateinamerika gegangen und führen dort einen Hungerstreik durch, um die Welt aufzurütteln und auch zu erreichen, daß die Diktatur Auskunft über das Schicksal der Verschwundenen gibt.

Angesichts meiner Befreiung wende ich mich von diesem Lande aus an Sie, meine Zuschauer, und an die ganze Weltöffentlichkeit und bitte Sie dringend zu intervenieren, um das Problem der heroischen Frauen zu lösen, die seit vielen Tagen auf Leben und Tod kämpfen, um die Freiheit ihrer Lieben und aller Gefolterten zu erzwingen. In unserem Land, davon bin ich absolut überzeugt, wird die Demokratie triumphieren. Das wird das Ergebnis des Kampfes unseres Volkes, aber auch in bedeutendem Maße das Ergebnis der Mitarbeit, der Aktion und der Solidarität der Völker der Welt sein.

Genosse Jorge Montes Foto: ZB Reiche

Mein Fall ist nur ein Fall. Es sind Tausende von chilenischen Patrioten, die aus dem Gefängnis befreit und vor dem Tode bewahrt werden konnten durch die internationale Solidaritätsbewegung.

Ich möchte damit enden, indem ich der brüderlich verbundenen Sozialistischen Einheitspartei Deutschlands, dem Volk und der Regierung der DDR versichere: Ich bin glücklich, Euren Boden betreten, die Freiheit errungen zu haben und frei zu sein auf dieser freien Erde. Ich und meine Partei, die Kommunistische Partei Chiles, werden niemals vergessen, was Ihr für uns getan habt, und was Ihr weiterhin tut, um den Sturz des Faschismus und die Wiederherstellung der Demokratie Wirklichkeit werden zu lassen."

Einzelfall.« Er rief zu einer internationalen Kampagne mit dem Ziel auf, die Regierung in Santiago zur Freilassung der anderen politischen Gefangenen zu zwingen und bekanntzugeben, was mit den 2500 Menschen geschehen sei, die seit dem Sturz Allendes nicht mehr gesehen worden seien.

Die bittere Ironie, die darin lag, daß Montes ausgerechnet in diesem Land seinen leidenschaftlichen Appell sprach, wurde sehr eindringlich empfunden von den Tausenden der ostdeutschen Gefangenen, die zum größten Teil deswegen im Gefängnis saßen, weil sie versucht hatten, aus ihrem Lande zu fliehen. Auch in der DDR gab es so etwas wie einen politischen Gefangenen nicht; nach geltendem Strafrecht waren sie alle nichts weiter als gewöhnliche Kriminelle. Darüber hinaus hatten sie noch etwas anderes mit Montes gemein: Sie alle konnten gegen Geld in Tausch gegeben werden.

Der Austausch wurde am nächsten Tag von der internationalen Presse gebührend zur Kenntnis genommen. In einer Meldung seines Bonner Büros teilte Reuter unter Berufung auf »informierte Quellen« mit, daß Frucht für den US-Geheimdienst gearbeitet habe und daß Männer vom amerikanischen Geheimdienst beim Austausch zugegen gewesen seien, um ihren Mann zu »identifizieren«.

»Das gestrige Geschäft gilt als der erste Fall, in dem ein Ausländer als Zahlungsmittel in dem blühenden Menschenhandel zwischen den beiden deutschen Staaten benutzt worden ist«, hieß es in der Meldung. Der Austausch Montes–Frucht hatte dem eine neue Dimension verliehen, was ein britisches Mitglied des UNO-Unterausschusses für Menschenrechte später in Genf als »die zynischste Form des Sklavenhandels in diesem Jahrhundert« bezeichnen sollte.

Als die Passagiermaschine in Frankfurt startete, lehnte Frucht sich in seinem Sessel zurück und gab sich einem unaussprechlichen Gefühl des Glücks und der Erleichterung hin. Es war der 19. Juni. Er war 24 Stunden lang in Westdeutschland gewesen, und jetzt war er auf dem Wege nach West-Berlin. Als die Maschine das Gebiet der DDR überflog, bestellte er eine Flasche Champagner und trank mit mehreren anderen Passagieren ein Glas auf seine Befreiung aus Bautzen.

Die beiden Amerikaner, die ihn in Herleshausen erwartet hatten – ein CIA-Beamter und ein Anwalt des US-Außenministeriums – hatten sich erboten, ihn zu begleiten, aber er hatte allein sein wollen. Sie hatten ihm 3500 D-Mark gegeben für seine ersten Ausgaben, und sie hatten ihm eine Adresse in der Bundesrepublik genannt, an die er schreiben sollte, falls er Hilfe brauchte. Die üblichen Vernehmungen im Flüchtlingsaufnahmelager Gießen hatte man ihm erspart und ihn ins Flugzeug gesetzt, nachdem er in einem Autobahn-Motel bei Bad Hersfeld übernachtet hatte.

In West-Berlin verbrachte er seine ersten Tage der Freiheit in einer kleinen Pension, von der aus man den von Weiden gesäumten Lietzensee in der Nähe der Kantstraße sehen konnte. Das war ein friedvolles, heiteres Bild, und bald kamen Freunde und Verwandte in sein Quartier, um ihn zu begrüßen — seine Töchter Gabriele und Cordula waren die ersten. Er ruderte mit ihnen auf dem See und verbrachte mehrere wolkenlose Sommernachmittage damit, ihnen zu erklären, warum man ihn verurteilt hatte und wie er die letzten zehn Jahre verbracht hatte. Gelegentlich geschah es, daß ihn ein ungutes Gefühl packte; er glaubte dann fest, daß seine Gespräche mit Hilfe von Richtmikrophonen mitgehört würden, die irgendwo am Ufer versteckt waren. Es war nicht leicht, die Paranoia abzuschütteln, die aus einem Jahrzehnt der Einkerkerung erwächst.

Sein Kurier Martin Rückert hatte Angst davor, ihn zu besuchen. Er sagte sich, daß seine Entscheidung, sich streng an die CIA-Anweisungen zu halten und zu schweigen, Fruchts Zorn erweckt haben müsse. Als er dann schließlich doch an die Tür klopfte, schlug sein Herz rasend schnell aus Furcht, daß Frucht ihm vorwerfen würde, ihn fallengelassen zu haben. Aber der Wissenschaftler hegte keinen persönlichen Groll gegen ihn und begrüßte seinen Neffen herzlich.

Um zu beweisen, daß er seine schwere Prüfung bei guter geistiger und körperlicher Gesundheit überstanden habe, schickte Frucht eine Farbphotographie von sich an Freunde und Verwandte in der Bundesrepublik, in Großbritannien und den Vereinigten Staaten. Das Porträt steckte in einer Karte mit dem folgenden Text (nach Goethe, Faust, II. Teil):

In der Erstarrung sucht' ich nicht mein Heil.
Das Schaudern ist des Menschseins bester Teil
So sehr die Welt mir das Gefühl verteure
Ergriffen fühle ich tief das Ungeheure!

Darunter standen die Daten seiner Verhaftung und seiner Freilassung: 17. Mai 1967 – 18. Juni 1977. Wie Frucht bemerkte: »Damit wollte ich sie wissen lassen, daß ich unter die Lebenden zurückgekehrt war.«

»O nein!« hatte Karin ausgerufen, als man ihr sagte, daß die Freilassung ihres Vaters bevorstehe. Es war ein spontaner Ausruf der Verzweiflung gewesen. Sie hatte gewollt, daß er endlich wieder frei ist, aber jetzt wurde ihr bewußt, daß ihre ganze Zukunft in der DDR in der Schwebe hing. Obwohl sie nicht selten die DDR kritisierte, war sie doch mit Leib und Seele Sozialistin.

»Ich verlasse mein Land nicht«, sagte sie zu ihrer Mutter. »Hier ist meine Heimat, hier sind meine Freunde. Ich bin hier glücklich.«

»Du wirst mit uns kommen müssen«, sagte Maria. »Du kannst hier nicht allein zurückbleiben. Denk doch mal nach darüber, was du da sagst.«

Trotz anfänglicher Schwächen in der Schule hatte Karin gute Fortschritte gemacht und schließlich die Probleme überwunden, die daraus erwuchsen, daß sie die Tochter eines verurteilten Staatsfeindes war. Sie hatte es geschafft, ihr Abitur auf dem Umweg einer gleichzeitigen Ausbildung als Tiefbauarbeiterin zu machen, und war dann zum Studium an der Universität Leipzig zugelassen worden. Sie war fest davon überzeugt, daß sie keine weiteren Schwierigkeiten haben würde, wenn sie im Lande bliebe, und meinte, sie müsse das, weil sie gebraucht würde.

Maria betrieb mit aller Ungeduld ihre Pläne, sich mit Atschka in West-Berlin zu treffen, und sie reichte Anträge auf Ausreisevisen für sich und die Kinder ein. Aber Karin weigerte sich, die Dokumente über die Aberkennung ihrer DDR-Staatsbürgerschaft zu unterschreiben. Die Familie suchte mehrfach Dr. Vogels Kanzlei auf, um über Möglichkeiten zur Lösung des Problems zu sprechen. Karin wünschte schließlich eine Garantie, daß man ihr erlauben werde, in die DDR zurückzukehren, falls sie sich im Westen unglücklich fühlte, aber darauf konnte Vogel sich nicht einlassen. »Eine solche Entscheidung ist unwiderruflich«, sagte er. »Ein Zurück gibt es nicht. Denken Sie sehr, sehr ernsthaft darüber nach. Es hat Fälle gegeben, wo die Kinder beschlossen, hier zu bleiben, wenn die Eltern in den Westen gingen. Die jungen Leute wollten dann später doch wieder zu ihrer Familie, aber ich habe ihnen nicht helfen können.«

Karin stand von allen Seiten unter Druck.

»Fräulein Frucht, bis zur nächsten Woche müssen Sie sich entschieden haben. Weiterer Aufschub kann nicht gewährt werden«, sagte die kleine, wichtigtuerische Frau, die die Ausreiseanträge im Köpenicker Rathaus bearbeitete.

»Niemand kann mich zwingen, etwas gegen meinen Willen zu tun!« erwiderte Karin, die allmählich die Fassung verlor.

Maria redete weiter beschwörend auf ihre Tochter ein, aber ihr Vater sagte über das Telephon: »Wenn du meinst, du gingest nur mit der übrigen Familie, weil deine Mutter das wünscht, dann solltest du bleiben. Ich kann dir sagen, was dann passiert. In zwei Jahren bist du im Gefängnis und nach weiteren drei bis fünf Jahren landest du ganz handzahm und um eine einzigartige Erfahrung reicher dort, wo du jetzt nicht hinwillst.«

Er sah in dem Verhalten seiner Tochter den Ausdruck einer gefährlichen Illusion. In den Augen der Behörden war sie ein Zugvogel, der niemals ganz heimisch in der DDR war und das erst recht nicht werden konnte. Nach seiner Meinung war die Entscheidung über ihre Ausbürgerung bereits gefallen als sie ihn vor Jahren einmal besuchen durfte. Wer statt dem inhaftierten Vater Vorwürfe zu machen, sich mit seinen Wächtern stritt, würde immer unbequem sein.

Karins Verhalten verzögerte die Ausreise der Familie. Da während der ersten Monate in einem neuen Land viele Entscheidungen für die gesamte Familie getroffen werden müssen, sah sich

Frucht vor die Notwendigkeit gestellt, allein zu handeln. Seine Frau fehlte ihm sehr. Ein Trost war das Verhalten der jüngsten Tochter. Sie half unermüdlich bei der Aufstellung von Listen über Tausende von Büchern und jeden Haushaltsgegenstand.

Nachdem Karin sich an der Universität Leipzig immatrikuliert hatte, besprach sie die Frage ihres Gehens oder Bleibens mit ihrem Freund. Der erklärte ihr, sie stehe im Begriff, einen schweren Fehler zu begehen. Dr. Vogel hatte angedeutet, daß er mit ihr gehen könnte, aber aus dem Vorschlag hatte sich nichts weiter ergeben. Die Beziehung war schon fast zu Ende, und Karin wollte sich nicht die Verantwortung aufladen, einen anderen mit sich über die Grenze zu schleppen. Ein Freund der Familie, der in Ost-Berlin gearbeitet, aber auch weite Reisen durch Westeuropa gemacht hatte, gehörte zu denen, die ihr Mut zu machen versuchten, ein neues Leben im Westen zu beginnen.

Als der Tag der Abreise näher kam, blieb sie hartnäckig bei ihrer Weigerung. Verzweifelt brach ihre Mutter zusammen und weinte, und Karin ließ sich endlich erweichen. »Ich habe nachgegeben«, sagte sie später. »Ich sagte mir: ›Meine Mutter ist 50 und wird darunter leiden, wenn ich nein sage. Ich bin 20 und kann noch eine Menge mit meinem Leben anfangen.‹ Ich wollte nicht für immer von meinen Eltern getrennt sein. Ich wußte ja, daß es auch für meine Mutter nicht leicht war. Sie war beruflich sehr aktiv in Ost-Berlin, alle ihre Freunde und Kollegen hatte sie dort. Wäre mein Vater nicht gewesen, sie wäre nie weggegangen.«

Der Plan, den Frucht in jedem Jahr während seiner Haftzeit für die ersten Monate in der Freiheit aufgestellt hatte, erwies sich als sehr nützlich. Er hatte nur den Verwaltungsaufwand unterschätzt.

»Ich hätte am ersten Tage einen Aktenplan aufstellen müssen mit etwa 20 Haupttiteln. Mit den Erfahrungen eines Behördenleiters und etwas gesundem Menschenverstand allein ist dem Gesetzeswirrwarr nicht beizukommen«, sagte er nach einem Jahr resigniert. Mit Hilfe von drei Fach-Rechtsanwälten und einem Steuerberater kam dann doch langsam Ordnung in seine Verhältnisse. Vom ersten Tage an bemühte er sich, alle Verordnungen und Gesetze, die ihn betrafen, selbst zu lesen und zu verstehen. Das erregte bei den Behörden Entsetzen. Sie befaßten sich sowieso nicht gern mit einem Fall, an dem eine der Besatzungsmächte direkt beteiligt war, und Frucht stieß auf schier unüberwindliche Schwierigkeiten, als er sich die Dokumente zu verschaffen suchte, die er brauchte, um seinen Status in der Stadt zu legitimieren. Er schrieb einen zornigen Brief an seinen amerikanischen Verbindungsmann und beschwerte sich darüber, daß man ihn wie einen Aussätzigen behandele.

Der Anwalt aus dem US-Außenministerium flog unverzüglich nach West-Berlin und traf Frucht im Intercontinental in der Budapester Straße. Es wurde ein Besuch bei CIA-Beamten in einer Villa in Dahlem arrangiert, aber als die Begegnung dann stattfand, war er sehr erstaunt über deren Einstellung.

»Warum sind Sie eingesperrt worden?« fragten sie ihn.

»Das müßten Sie doch wohl am besten wissen«, erwiderte er nicht ohne Schärfe.

»Wir wissen überhaupt nichts«, sagte einer der beiden anwesenden Agenten. »Erzählen Sie es uns.«

Frucht rekapitulierte seine Arbeit für den US-Geheimdienst während der sechziger Jahre. Sein Bericht wurde auf Band aufgenommen, und man erklärte ihm, daß ein Bericht für Washington aufgesetzt werde. Nach zehn Jahren im Gefängnis war er offensichtlich ein Mann, den man vergessen hatte. Er erhielt Anweisung, andere Geheimdienststellen zu meiden. Frucht teilte den Amerikanern mit, daß er Dr. Ehrenfried Petras, den Grafschafter Wissenschaftler, im Verdacht habe, ihn verraten zu haben, aber sie erwiderten: »Sie sind nicht in der Position, das zu beurteilen.« Verärgert über ihre Reaktion, beschwerte er sich in aller Form bei den Behörden der Bundesrepulbik. Das Bundeskriminalamt in Wiesbaden führte eine Untersuchung durch, und Monate später wurde Frucht in das Polizeipräsidium in West-Berlin geladen.

»Ich fürchte, Herr Professor, es besteht keinerlei Chance, diesen Mann in der Bundesrepublik zur Verantwortung zu ziehen, selbst dann nicht, wenn er schuldig sein sollte«, sagte ein Polizeibeamter und blätterte ein Dossier durch, das auf seinem Schreibtisch lag. »Sein angebliches Verbrechen würde unter die Verjährung fallen. Es gibt auch keinen Beweis dafür, daß er jemals als Geheimagent für die DDR gearbeitet hat. Soweit man in Wiesbaden feststellen kann, hat er seine Entscheidung, mit seiner Familie nach Ost-Berlin zu gehen, spontan getroffen.«

Frucht war überzeugt, daß hier etwas absichtlich verdeckt wurde, und daß sowohl die Westdeutschen als auch die Amerikaner dringend daran interessiert waren, den Fall Petras ruhen zu lassen. Er nahm an, daß sie ihre Zusammenarbeit in Grafschaft nicht aufdecken wollten; weder die Amerikaner noch die Russen hatten Lust, sich bei einer Zusammenarbeit mit den Deutschen ertappen zu lassen, wenn es um chemische oder biologische Waffen ging. (Später, nach einem weiteren Spionageskandal, gab das Bonner Innenministerium zu, daß Petras sich tatsächlich mit Spionage befaßt hatte. Frucht erneuerte seine Beschwerde, weil ihm alles daran lag, sie amtlich dokumentiert zu sehen, aber man erklärte ihm, daß man nichts mehr tun könne, weil Petras sich jetzt in der DDR befinde.)

Unterdessen erhielt Frucht Anweisung, zu einer weiteren Zusammenkunft mit dem CIA-Anwalt nach München zu fliegen. In einem Hotel übergab ihm der Amerikaner weitere 30000 Mark und erklärte ihm, daß sein Fall noch immer bearbeitet werde. Bei seiner Rückkehr nach Berlin stellte er fest, daß die dortigen Behörden nun endlich bereit waren, seinen Status zu regeln.

Als der Winter kam, wurde er gebeten, zu einem abschließenden Treffen mit dem amerikanischen Anwalt noch einmal nach München zu fliegen. Dort erhielt er ein drei Seiten umfassendes Dokument, in dem die Entschädigung festgelegt wurde, die er für seine Jahre im Gefängnis erhalten sollte. Er unterschrieb das Papier und entlastete damit die Regierung der Vereinigten Staaten von jeder weiteren Verantwortung für ihn. Die beiden Männer fuhren zu einer Kellergarage, wo sie mehrere andere Amerikaner trafen, die in einem anderen Auto auf sie warteten.

Man zeigte Frucht eine schwarze Aktentasche, gefüllt mit säuberlich gebündelten Tausendmarkscheinen.

»Das gehört Ihnen«, sagte einer der Amerikaner.

Die vier Männer gingen die Treppe hinauf zum Ausgang, wo ein weiterer Agent als Wachmann postiert war. Sie gingen über die Straße zur nächsten Bank und wurden dort in das Büro des Direktors gebeten. Die Aktentasche wurde geöffnet, und Bankbeamte zählten und prüften das Geld. Es war eine Summe von 320000 Mark.

»Es ist alles in Ordnung, Herr Professor«, sagte der Direktor. »Wir regeln alles Erforderliche mit unserer Berliner Zweigstelle.«

Am Mittwoch, dem 30. November 1977 passierten Maria und ihre beiden Töchter um 19.30 Uhr die Grenzkontrollen am S-Bahnhof Friedrichstraße. Dann stiegen sie in die S-Bahn nach West-Berlin. Karins Augen waren geschwollen und blutunterlaufen vom vielen Weinen. Ihre jüngere Schwester Uta drückte einen Vogelkäfig mit ihren beiden Wellensittichen und einen Pappkarton mit der Familienkatze an sich.

Als der Zug den Bahnhof verließ, erhaschten sie einen Blick auf die grell angestrahlte Berliner Mauer, auf die Elektrozäune, die Panzersperren und den sandbestreuten Todesstreifen. In der Ferne ragte die düstere Silhouette des Reichstags in den Himmel. Sie fuhren über die Spree, und nach zehn Minuten waren sie im Bahnhof Zoo. Atschka erwartete sie auf dem Bahnsteig und lief ihnen entgegen, als sie ihr Abteil verließen. Fest umarmte er Maria und Uta, aber Karin hielt sich im Hintergrund.

»Tag, Karin«, sagte er.

»Guten Tag«, erwiderte sie und unterdrückte ein Schluchzen.

ANHANG A

Die Wirkung der Enthüllungen Fruchts

Angesichts des offiziellen Schweigens ist es schwierig zu bestimmen, wie ernst die Amerikaner Fruchts Enthüllungen genommen haben; aber die vorhandenen Anzeichen und eine Anzahl höchst merkwürdiger Zufälle lassen den Schluß zu, daß sie sich ganz erheblich auf die US-Politik hinsichtlich chemischer Kampfstoffe ausgewirkt haben.

Es ist heute klar erkennbar, daß in den sechziger Jahren die US-Armee zu der Einsicht gelangte, daß es notwendig war, chemische und biologische Waffen unter arktischen Bedingungen zu erproben. In den Jahren 1962 bis 1967 – in der Zeit also zwischen der ersten Warnung durch Frucht bis zu seiner Verhaftung – war die US-Armee mit solchen Arbeiten in Alaska beschäftigt. Kampfstoffspezialisten führten Freiluftexperimente mit Sarin (GB) und dem Nervengas VX durch, dessen vollständige Formel Frucht übermittelt hatte und das nach den von ihm gemachten Angaben für den Einsatz in einem kalten Klima geeignet war. Außerdem stellte die US-Armee in der zweiten Hälfte des Jahrzehnts gründliche und streng geheime Untersuchungen darüber an, wie verwundbar das Raketen-Frühwarnsystem (BMEWS) in Clear gegenüber einem Überraschungsangriff eigentlich war.

Recherchen in Alaska ergaben, daß die plötzlich dort entwickelte Aktivität militärischer Dienststellen in den Wintermonaten der Jahre 1964 bis 1967 einen Höhepunkt erreichte, der sich mit den Angaben Fruchts über den zeitlichen Verlauf seiner Tätigkeit in guter Übereinstimmung befindet. Nach seiner Darstellung hatte seine verzweifelte Suche nach einem Abnehmer für die Information, daß es möglicherweise im Osten einen Plan gebe, die Radarstationen in Alaska anzugreifen, gegen Ende des Jahres 1962 Erfolg, und er will im Mai 1966 die Formel der neuen Kampfstoffvariante übergeben haben.

Im Jahre 1962 war es auch, daß das Militär in Alaska Alarm schlug. Es beklagte sich lautstark bei der amerikanischen Presse darüber, daß das Land im hohen Norden hinter der Sowjetunion herhinke und daß die dort stationierten Streitkräfte der USA mit veraltendem Gerät operierten.

Diese gewaltige Region mit ihrer Küstenlänge von 41600 Kilometern wurde von nur 54 veralteten Jagdflugzeugen, von zwei Armee-Kampfgruppen beschränkter Mobilität, einer Staffel von zwölf Marine-Patrouillenflugzeugen und ein paar kleinen Marinefahrzeugen verteidigt. Die Russen, so schien es, waren sich der amerikanischen Verwundbarkeit in dieser Region wohl bewußt. Während die Amerikaner ihre Spionageflugzeuge vom Typ U-2 tief in den sowjetischen Luftraum hineingeschickt hatten, waren sowjetische Düsenmaschinen seit Jahren an den Rändern des 49. Staates herumgeflogen, hatten die Flugabwehr getestet und waren gelegentlich auch ins Binnenland vorgedrungen.

1964 hielt die Armee Wintermanöver in Alaska ab, um ihre Operationsfähigkeit unter extremen Wetterbedingungen zu erproben. Ironischerweise bekam die Übung den Decknamen »Polar Siege« (Polar-Belagerung). Ein Jahr später veranstaltete das Militär eines der größten Wintermanöver des Jahrzehnts im hohen Norden: An dieser Übung »Polar Strike« waren 15000 Mann beteiligt, und die amerikanische Presse berichtete ausführlich über das Ereignis. Sprecher der Armee ließen wissen, daß simulierte chemische und biologische Angriffe Teil der Manöver seien.

»Sollten die Russen jemals versuchen, durch dieses Gebiet hindurch zum 49. Breitengrad hin vorzustoßen«, sagte ein General in einem schönen Beispiel militärischen Humors zu einem Korrespondenten der »New York Times«, »dann brauchen sie dazu so lange, daß sie sich schon ein Anrecht auf die kanadische Staatsbürgerschaft ersessen haben werden, bevor sie Edmonton erreichen.«

War es wirklich der reine Zufall, daß diese Manöver gerade zu jener Zeit stattfanden? Im Jahre 1964 behauptete die US-Armee, Informationen zu haben, daß die Russen sich an der Möglichkeit eines Einsatzes chemischer Kampfstoffe in einem nuklearen Krieg »interessiert gezeigt« hätten. Das wurde mitgeteilt von einem ehemaligen Chef des Forschungs- und Entwicklungskommandos des US Chemical Corps, Brigadegeneral J. H. Rothschild. In seinem Buch »Tomorrow's Weapons« schrieb er, die Sowjetunion könne derartige Gifte einsetzen, um »im Vorfeld eines nuklearen Schlages unsere Vergeltungs-Kapazität durch einen Sabotage-Angriff auf unsere Raketenbasen und die Stützpunkte des SAC (Strategisches Luftwaffenkommando) zu mindern«.

In einer damaligen Analyse der militärischen Bedrohung, der insbesondere Alaska ausgesetzt war, wies auch Oberst William Pearson, ein stellvertretender Armee-Stabschef in dieser Region, warnend darauf hin, daß der Feind versuchen werde, entlegene Vorposten zu neutralisieren, bevor er die entscheidende Schlacht um das Kernland Amerika beginnen würde.

Mitte der sechziger Jahre war dann ein umfassendes chemisches und biologisches Forschungsprogramm im arktischen Versuchs-Zentrum von Fort Greely im Gange. Federführend war eine der fünf Sektionen der Station. Ihr war der Auftrag zuteil geworden, sich mit »nuklearen, biologischen, chemischen und Spezial-Projekten« zu befassen. Die Arbeiten waren so geheim, daß anscheinend nicht einmal der Kommandeur der Station wußte, was da vor sich ging. Man darf davon ausgehen, daß alle Daten aus dem Sowjetblock, die sich auf arktische Kriegführung bezogen, dort geprüft wurden.

Fort Greely, rund 160 Kilometer südöstlich von Fairbanks, war ein ideales Testgelände. Die Weltabgeschiedenheit garantierte die Geheimhaltung von Experimenten, die bei jeder zivilen Nachbarschaft schieres Entsetzen ausgelöst haben würden. Das Gelände erstreckte sich über rund 3000 Quadratkilometer im

Norden der windgepeitschten und bitterkalten Alaska Range und umfaßte Berge, Gletscher, Ebenen, Taiga-Wälder, Tundra, Flüsse und Seen. Im Winter blieben die Temperaturen manchmal tagelung konstant bei minus 50 Grad, und in den Schneestürmen, die über die trostlose Landschaft dahinfegten, kippten sie sogar noch unter diese Marke ab. Es waren perfekte Bedingungen für die Erprobung von Gerät in Minus-Temperaturen, und dort wurde alles mögliche, von Schlafsäcken über Granatwerfer bis hin zu Kampfpanzern, den Elementen ausgesetzt.

Die Tatsache, daß dort chemische und biologische Forschungen betrieben wurden, war ein wohlgehütetes Geheimnis. Dennoch begannen Gerüchte nach außen zu sickern, und es gab Befürchtungen über Gesundheitsgefahren, als ein Fallensteller über mysteriöse Todesfälle unter Jagdwild in der Umgebung von Fort Greely berichtete. Zwei Jahre später holte das Gewissen einen Feldbiologen ein, der dort bis 1965 gearbeitet hatte. Er beschloß, an die Öffentlichkeit zu gehen.* Er berichtete, daß man ihn angewiesen habe, den Pflanzenwuchs auf einer 40 Hektar großen Fläche zu beobachten, die von einem 2,10 Meter hohen Zaun eingefaßt war. Man steckte ihn in Schutzkleidung und befahl ihm, nichts außer der Vegetation zu berühren. »Innerhalb der Umzäunung«, berichtete er, »gab es keine Anzeichen, daß hier in letzter Zeit Tiere gelebt hatten, keine Exkremente, keine Fährten. Ich sah jedoch Kadaver von Füchsen, Eichhörnchen, Kaninchen, Mäusen, Wieseln, Eulen, Raben, Hähern und kleinen Singvögeln... Alles, was dieses eingezäunte Gebiet einmal belebt hatte, war tot.« Er enthüllte, daß das US Chemical Corps in Fort Greely stark vertreten war, und er berichtete, daß ein Offizier ihn gefragt habe, ob es möglich sei, daß »winzige Partikel einer Substanz an den Füßen von Wildgänsen auf ihren Wanderzügen nach Sibirien transportiert werden könnten«.

Das Ausmaß des Alaska-Testprogramms der US-Armee wird durch einen bizarren Zwischenfall verdeutlicht, der sich Anfang

---

* Sein Bericht wurde in »Chemical and Biological Warfare« von Seymour Hersh veröffentlicht.

1966 ereignete. Im Januar und Februar jenes Jahres wurden 200 Artilleriegeschosse und drei Raketen – sämtlich gefüllt mit tödlichem Nervengas – auf dem Eis eines Sees im Gebiet des Gerstle-Flusses bei Fort Greely gelagert. Der See hat einen Durchmesser von rund 300 Meter und befindet sich etwa neun Kilometer vom Alaska Highway und 200 Kilometer südöstlich von Fairbanks entfernt. Es handelte sich um eine Zwischenlagerung und mindestens einer der Behälter war undicht. Vor dem Abtransport zur Vernichtung gab es Tauwetter und die tödlichen Waffen versanken in dem kleinen See. Offenbar begriffen die zuständigen militärischen Stellen gar nicht, was da passiert war, denn sie beschränkten sich auf die Weisung an die wenigen dort stationierten Soldaten, den Bereich des Sees künftig zu meiden. Die nannten den »Blueberry Lake« von da an »VX-See« nach der amtlichen Bezeichnung für amerikanisches Nervengas. Der richtige Name wäre GB-See gewesen, denn es handelte sich bei den verlorengegangenen Beständen um Sarin, dessen amerikanisches Kurzzeichen GB ist. Die tödliche Konzentration für Sarindämpfe liegt bei 0,05 Milligramm je Liter Luft bei einer Einwirkungsdauer von 2 bis 5 Minuten. Mehr wirkt schneller, und es muß sich um einen reichen Vorrat gehandelt haben, da das Gesamtgewicht mit 5000 kg angegeben wurde.

Von den Soldaten hörten die Fallensteller von den sonderbaren Eigenschaften des Sees. Das mag nicht ganz im Sinne ihres Vorgesetzten gewesen sein, erwies sich aber als Glück. Denn als der Journalist und Dozent für Politische Wissenschaft an der Universität Alaska, Richard A. Fineberg, im Sommer 1969 einen Erholungsurlaub in Alaskas unberührter Natur machen wollte, warnten die Trapper ihn vor dem ehemaligen Blaubeeren-See. Fineberg alarmierte die ahnungslosen Naturschutzbehörden. Nun lief eine Art von politischer Komödie ab. Die für die Freilandflächen zuständige Regierungsstelle erklärte, militärische Operationen hätten unmöglich in ihrem Bereich ohne Genehmigung stattfinden können. Als Fineberg die Leute zu dem abmontierten Feldlager in der Nähe des VX-Sees, das er schon oft besucht hatte, führen wollte, stießen sie auf einen Offizier, der sie erst vom Gelände jagen wollte, dann aber der Behörde eine Besichtigung mit der Auflage, nichts anzufassen oder aufzuheben, gestattete. Es ist unklar, ob damals der See bereits abgedämmt, ausgepumpt und gereinigt war. Jedenfalls geschah dies zu einem unbekannten Zeitpunkt. Einzelheiten wurden durch die Trapper bekannt. Die Soldaten dort arbeiteten mit Schutzanzügen. Dennoch gab es zwei Kampfstoffverletzte. Einer wurde mit dem während der ganzen Aktion bereitstehenden Hubschrauber in das Lazarett nach Anchorage (Alaska) gebracht, der andere sofort nach Washington D. C. weitergeleitet. Die besorgten Senatoren für Alaska fragten den Verteidigungsminister, was denn dort gespielt worden sei. Das Ministerium ließ sich mit den Antworten Zeit. 1970 und 1971 wurde dann mitgeteilt, bei der liegengelassenen Munition habe es sich um »angesammelte Reste einer in der Vergangenheit vorgenommenen Anzahl von Versuchen« gehandelt. Einer der Gründe, die dazu geführt hatten, daß die Munition nicht vor dem Tauwetter im Frühling vernichtet worden war, sei »der Vorrang anderer Projekte sowie Konflikte mit anderen, damals im Gange befindlichen Tests« gewesen. Hält man sich an diese Mitteilungen, dann bleibt nur der Schluß: Das eigentliche chemische und bakteriologische Programm lief andernorts. Die auf dem See gelagerten Bestände stellten nur einen Bruchteil der Waffenträger dar, die unter arktischen Bedingungen getestet wurden. Was aber war mit dem oder den undichten Behältern? Auch dafür hatte das Ministerium eine einleuchtende Antwort: Die Bergung sei von einem Unteroffizier geleitet worden, der nicht viel vom Schreiben hielte. Deshalb lägen hierzu keine Berichte vor. Im übrigen sei der Mann inzwischen entlassen worden, weshalb eine nachträgliche Befragung leider unmöglich wäre.

Es ist nicht bekanntgeworden, was die beiden Senatoren aus Alaska von dieser Antwort hielten. Man sollte jedoch den Ausbildungsstand einer Truppe bewundern, in der des Schreibens unkundige Unteroffiziere Dämme bauen, Mammutpumpen installieren, betreiben und wieder abbauen, dabei noch Hubschrauber fliegen und Erste Hilfe bei Kampfstoffvergiftungen leisten.

Andererseits ist auch ein gewisses Mißtrauen gegenüber militärischen Auskünften nicht völlig unverständlich. Als im Jahre 1968, also fast gleichzeitig mit den Vorgängen in Alaska, im Staate Utah 6000 Schafe auf der Weide nur deshalb verendeten, weil ihnen niemand Schutzanzüge und Gasmasken zur Verfügung gestellt hatte, gelang es dem amerikanischen Kongreß nicht, die Umstände der Vergiftung genau zu ermitteln. Die Herkunft des tödlichen Giftes aus einem Kampfstofflager der Armee stand fest, doch blieben viele Einzelheiten unklar. Die Armee bestritt zuerst, überhaupt Versuche mit Nervengas gemacht zu haben, dann hielt sie Informationen zurück und lieferte dem zuständigen Ausschuß des Repräsentantenhauses falsche und irreführende Daten. Das war jedenfalls die Meinung des Parlamentes. Offensichtlich hatte die Armee aus diesen Vorgängen insofern gelernt, als sie den Senatoren Alaskas in den Jahren 1970 und 1971 zahlreiche Auskünfte erteilte.

Warum befanden sich die Chemikalien überhaupt auf einem Freigeläde Alaskas? Der Grund dafür sei, erklärte die Armee, die Notwendigkeit, ihre »Lagerungs-Stabilität« zu testen. Warum es aber dann erforderlich war, Nervengas in solchen Mengen in einer arktischen Umwelt zu lagern, das blieb allerdings unerklärt.

Richard A. Fineberg erhielt auch Kenntnis von bakteriologischen Experimenten in Fort Greely.

Der Hintergrund, vor dem diese Experimente stattfanden, ist wahrscheinlich in einem streng geheimen Projekt mit dem Code-Namen MKNAOMI zu sehen, in dem sich die CIA und die Special Operations Division (SOD, »Abteilung für Sonder-Unternehmen«) der US Army zusammengefunden hatten. Von 1950 an bis in die frühen 60er Jahre hatte die Hauptaufgabe der SOD darin bestanden, die Verwundbarkeit hochempfindlicher Einrichtungen wie des Pentagon, der Luftstützpunkte und der Untergrundbahnen gegenüber biologischer Sabotage zu untersuchen. Dieses gemeinsame Projekt verschaffte der CIA den Zugang zu dem Fachwissen der Armee, ihrem Können und ihren Einrichtungen auf dem Gebiet der Entwicklung von biologischen

Waffen, die auch für die geheimen Zwecke der CIA geeignet waren.

Die SOD-Wissenschaftler waren hauptsächlich mit der Anwendung tödlicher Substanzen in kleinem Maßstab befaßt, aber sie untersuchten auch die Einsatzmöglichkeiten biologischer Waffen in sehr viel größerem Umfang. Sie arbeiteten Denkschriften darüber aus, welche Krankheiten in spezifischen Teilen der Welt häufig waren, »so daß ein geheimer Einsatz biologischer Waffen, die diese Krankheiten enthielten, sehr leicht unentdeckt bleiben könnte«, und sie leiteten diese Denkschriften an die CIA weiter. (Kongreß-Bericht über Auslands- und Militär-Geheimdienstwesen, 1976.)

In den Jahren 1966 und 1967 wurden in Fort Greely Freiluft-Experimente vorgenommen, bei denen es um Tularämie ging, eine Infektion mit Francisella tularensis. Die Krankheit, die auch Kaninchenfieber genannt wird, kann für Menschen tödlich sein und ist in er Sowjetunion endemisch. Auf Menschen kann sie durch Berühren lebender oder toter, infizierter Tiere übertragen werden, aber auch durch den Biß blutsaugender Insekten. Zu den Symptomen gehören Fieber, schwere Kopfschmerzen, Gliederschmerzen, Übelkeit und Erbrechen sowie Entzündung der Lymphdrüsen. Die Sterblichkeitsrate bei unbehandelten Fällen liegt zwischen fünf und acht Prozent.

Die Versuche in Alaska fanden im Gebiet des Delat Creek statt, etwa fünfzig Kilometer westlich des Zentrums von Fort Greely. Senator Mike Gravel gegenüber wurde erklärt, daß die Versuche dem Zweck gedient hätten, »Daten bezüglich der Tularämie-Anfälligkeit unter arktischen Bedingungen« zu sammeln. Die Armee versicherte ihm, daß strengste Vorsichtsmaßnahmen getroffen worden seien, und daß die Versuche unter maximalen Sicherheitsbedingungen stattgefunden hätten. Man habe einen Tularämie-Bakterienstamm gewählt, bei dem es sich um einen »extrem empfindlichen Organismus handelte, der sofort abstirbt, wenn er dem Sonnenlicht ausgesetzt wird«. Mit voller Absicht habe man einen Stamm gewählt, der sich von den endemischen Bakterien unterscheidet, wodurch sichergestellt worden sei, daß man ihn jederzeit mühelos identifizieren und aufspüren könne.

Diese Antwort der Armee enthielt elementare biologische Fehler. Spezialisten erklären, daß alle Tularämie-Erreger am Sonnenlicht absterben, die Übertragung aber stets von Tier zu Tier erfolgt. In der Antwort wurden auch die Risiken nicht erwähnt, die damit verbunden sind, einen neuen Stamm in eine neue Region einzuführen; es kann keinerlei Gewißheit darüber geben, wie er sich dort entwickeln wird. Für die Sowjets wäre die Gefahr nur allzu offensichtlich gewesen. Obwohl es in Europa und in Nordamerika nur sporadisch vorgekommen ist, daß Menschen an Tularämie leiden, handelt es sich bei ihr in der Sowjetunion um eine Problemkrankheit. In Sibirien, wo Kaninchen in unmittelbarer Nähe menschlicher Siedlungen leben und Teil der menschlichen Grundnahrung sind, erkranken viele Menschen daran. Wäre den Russen bewußt geworden, was da geschah, hätten sie äußerst alarmiert sein müssen.

Man wußte, daß die Bruzellose, manchmal auch Malta-Fieber oder Bang'sche Erkrankung genannt, durch Rentiere, die die Winterlandbrücke über die Beringstraße passierten, von einem Kontinent zum anderen transportiert worden ist. Die Übertragung von Tierseuchen über weite Strecken durch Zwischenträger ist keine Seltenheit. Das Ausbringen eines neuen Tularämie-Stammes in Alaska war deshalb ein Spiel mit dem Feuer.

Die Aufgabe, Tularämie im Versuchsgebiet von Fort Greely aufzuspüren, oblag einer Gruppe vom Forschungsinstitut der Universität Oklahoma, einer wissenschaftlichen Einrichtung, die schon im Mai 1965 an Feldversuchen mit tödlichen biologischen Substanzen im inneren Alaska befaßt gewesen war. Enthüllungen durch einen Mitarbeiter dieses Instituts stellten die erste nachweisliche Verbindung zwischen dem chemischen und biologischen Testprogramm der Armee in Alaska und den Raketen-Frühwarnstationen (BMEWS) in Clear her. Er teilte mit, daß im Sommer 1968 ein simulierter CBW-(chemisch-biologischer Waffen-)Test auf der Windseite der geheimen Radar-Basis vorgenommen worden sei.

Die Armee bat die Gruppe aus Oklahoma, Felddaten an einem etwa 40 Kilometer nordwestlich von Clear gelegenen Ort zu sammeln. Eine Meteorologengruppe sammelte an derselben Stelle Daten für das Militär und prüfte Luftströmungen, allem Anschein nach für einen Versuch mit chemischen und bakteriologischen Waffen. Ein roter Staub wurde von einem hohen Turm zur Simulation verstreut. Man nennt dies einen Leerversuch. Er dient zur Ermittlung der Verteilungsbedingungen und ihm folgt üblicherweise ein Hauptversuch. Bei diesem wird die Wirkung eines Stoffes unter den vorher ermittelten Umständen geprüft. Glücklicherweise haben die zuständigen Stellen auf diesen zweiten Teil verzichtet. Dies wurde einem Mitglied der Oklahoma-Gruppe mit der Begründung mitgeteilt, der rote Indikatorstaub sei vom Winde viel weiter getragen worden, als man erwartet hatte.

Tatsächlich sind Verteilungsversuche mit gefährlichen Stoffen selbst in einem weiträumigen und geschützten Testgelände unvertretbar. Aus Versuchen mit Sarin, dem von den Deutschen im Zweiten Weltkrieg entwickelten Kampfstoff, ist die Verschleppung tödlicher oder sehr gefährlicher Konzentrationen über 20 km vom Ort der Ausbringung bekannt. Eine Wolke von Reizstoff ist sogar einmal 220 km gegen die am Boden herrschende Windrichtung über landwirtschaftliches Gelände in Mitteleuropa transportiert worden und geschlossen auf einer Weide niedergegangen. Bei arktischer Windwirkung und Bodenbeschaffenheit ist mit ganz anderen Verschleppungsentfernungen zu rechnen. Außerdem stand der Turm zur Ausbringung auf öffentlichem Gelände. Das Bureau of Land Management, das für die riesigen, im Bundesbesitz befindlichen Bodenflächen Alaskas zuständig ist, hatte keine Kenntnis davon, daß und in welcher Weise die Armee dieses Gelände nutzte. Robert Krumm, damals Bezirksmanager des Büros, bestätigte, daß ein Gelände nordwestlich von Clear vorübergehend von einer unbekannten Gruppe okkupiert war; er hatte nie auch nur einen Hinweis darauf erhalten, daß die Armee Gelände in diesem Gebiet nutzen oder besetzen wollte.

Als er versuchte, Berichten über die CBW-Operation in der Nähe von Clear nachzugehen, stieß Fineberg auf eine Mauer des Schweigens, als er sich an offizielle militärische Dienststellen wandte. Fragen, die an das Arctic Test Center, an die Meteorologengruppe und den Kommandeur von Fort Greely gerichtet wurden sowie an das Test and Evaluation Command (TECOM – Test- und Auswertungskommando) in Maryland, erbrachten nichts. Am Ende jedoch gelangte er durch die Oklahoma-Gruppe in den Besitz von Informationen, die ausreichten, um die geographische Lage des Versuchsgeländes zu bestimmen.

Sobald er einmal – ohne Unterstützung durch die Armee – das Gelände ausgemacht hatte, bestätigte TECOM, daß eine Gruppe der Armee tatsächlich im Sommer 1968 in der Nähe von Clear gearbeitet habe, daß Personal von der meteorologischen Arbeitsgruppe von Fort Greely tatsächlich teilgenommen hatte und daß man die Operation irrtümlicherweise durchaus für einen CBW-Test hätte halten können. In der TECOM-Auskunft, deren Beschaffung viele Monate in Anspruch nahm und die in höchstem Maße irreführend war, fehlte jede Erwähnung von CBW, von der Anwesenheit der biologischen Forschungsgruppe aus Oklahoma in diesem Gebiet und von der Teilnahme von Offizieren des CBW-Hauptquartiers Dugway-Deseret in Utah.

Die Armee bestätigte, daß in der »Umgebung der Luftwaffenstation Clear meteorologische Feldstudien« vorgenommen worden seien. Gegenstand dieser Arbeit sei es gewesen, »Windströmungs-Muster in der arktischen Sommer-Umwelt zu bestimmen«. Außerdem wurde Fineberg informiert, daß in insgesamt 65 Versuchen vom 7. Juli bis 22. August 1968 »harmlose« Leuchtpartikel als Spürmaterial eingesetzt worden seien. Man erklärte ihm dann noch, daß »die Uneingeweihten« diese Versuche irrigerweise für chemische oder biologische Test-Operationen hätten halten können.

Mit diesem Brief wurden die wahren Tatsachen vertuscht. Der Einsatz von Leuchtpartikeln ist ein Standard-Verfahren bei simulierten CBW-Feldversuchen; man kann sie noch Monate nachher aus der Luft photographieren oder auf dem Boden einsammeln. Die wahre Natur dieser Versuche wurde durch die Anwesenheit der mit Deseret in Verbindung stehenden Spezialisten für biologische Kriegführung offenbar. Sechs Jahre später – im Jahre 1977 – gab die Armee gegenüber Fineberg zu, daß an dem Vertrag für diese Arbeit in der Tat auch das CBW-Testzentrum Deseret beteiligt gewesen war. Man teilte ihm ferner mit, daß zwar 16 Spezialisten an den sechswöchigen Versuchen teilgenommen hätten, daß aber, erstaunlicherweise, kein Abschlußbericht geschrieben worden sei. »Aus diesem Grunde«, schrieb die Armee und gab damit endgültig den Zusammenhang der Versuche mit CBW zu, »kam das Projekt während der Akten-Recherchen in Vorbereitung des Berichts über Biologische Kriegführung nicht zum Vorschein.« Die Folgerung daraus ist klar: Wäre der Bericht fertiggestellt worden, dann hätte man ihn aufnehmen müssen.

Aber es gab noch andere ungewöhnliche Elemente, die die spezifischen militärischen Ziele dieses Projekts unterstrichen. Die Armee war außerordentlich stark daran interessiert, die Versuche geheimzuhalten. Dennoch wählte sie ziviles Gelände aus, während die gutbewachten militärischen Anlagen von Fort Greely nur 160 Kilometer weiter östlich lagen. Um sicherzustellen, daß die Versuche ungestört vonstatten gehen konnten, vermied es das Militär, die für dieses Territorium verantwortlichen Zivilbehörden zu informieren. Warum?

Es gibt eine logische Erklärung für dieses sonderbare Verhalten. Die Armee war ganz einfach deshalb in ihrer Auswahl der Versuchsgebiete beschränkt, weil die Versuche sich gegen die wahrscheinlich empfindlichste strategische Anlage der Vereinigten Staaten in Alaska richteten – den BMEWS-Platz Clear, nur 40 Kilometer in Windrichtung entfernt. Wollte man die Verwundbarkeit der Anlage prüfen, mußte man die erforderlichen Versuche außerhalb des militärischen Radar-Hauptkomplexes abhalten – und dieses Territorium unterstand eben der Jurisdiktion des Bureau of Land Management.

Diese Tests sind noch von etlichen weiteren unerklärten Geheimnissen umgeben, wozu auch die Wahl des Zeitpunkts gehört. Ein Sommerversuch hatte keinen Wert, was die klimatischen Bedingungen betraf; bei Experimenten in Alaska geht es normalerweise darum, die Auswirkungen der arktischen Kälte zu untersuchen, und der Sommer dort ist recht mild.

Eine Beurteilung der Verwundbarkeit der BMEWS-Basis jedoch mußte sich auf Untersuchungen während des ganzen Jahres stützen, wobei das Schwergewicht auf dem Winter liegen würde. Die wahrscheinlichste Erklärung lautet, daß Fineberg hier nur den Abschluß einer Versuchsserie aufgedeckt hatte, die sich über einen viel längeren Zeitraum erstreckte. Das mysteriöse Fehlen eines Abschlußberichts legt die Vermutung nahe, daß die Armee gerade diese Tatsache geheimzuhalten suchte. Anders ausgedrückt, zu der Zeit, als die CBW-Tests in verschiedenen Teilen Alaskas auf vollen Touren liefen, waren auch in der Umgebung von Clear Experimente im Gange.

Andere Indizien deuten darauf hin, daß das Militär hier eine sorgfältige Untersuchung der Verwundbarkeit der Radarstation gegenüber der ganzen Skala biologischer, chemischer und nuklearer Waffen vorgenommen hat. 1969 nahmen Militärwissenschaftler die sogenannten Barium-Experimente vor, um die Wirkung einer chemischen Sprühstoff-Wolke auf die Mikrowellen des BMEWS zu untersuchen. Sie gingen der Frage nach, ob eine Bariumwolke den Weg der Radarstrahlen verzerren würde. »Das ist ungefähr so wie ein Fisch, den man in einem Teich sieht und auf den man zu schießen versucht. Man verfehlt ihn, weil das Wasser die optischen Strahlen bricht; der Fisch befindet sich unterhalb der Stelle, an der man ihn vermutet«, sagte ein BMEWS-Experte des Pentagons. »Wo das Radar, sagen wir, einen Höhenwinkel von 10 Grad vermutet, sieht es in Wirklichkeit einen Winkel von nur 6 Grad. Es gibt dann eine Falschmeldung ab, nämlich, daß man nicht angegriffen wird.«

Diese Versuche waren nicht mit einer Geheimhaltungsstufe versehen worden, hauptsächlich deshalb nicht, weil man das atmosphärische Glühen, das von den Chemikalien ausging, über Hunderte von Kilometern sehen konnte. Eine Bariumwolke war von einer Wetterrakete versprüht worden, und Radar-Experten beobachteten das Phänomen auf ihren Sichtschirmen in Clear. »Im wesentlichen versuchten wir, eine nukleare Lage im Gegensatz zu einem chemischen Angriff nachzuahmen«, sagte der Mann aus dem Pentagon.

In demselben Jahr führte der Einsatzoffizier der BMEWS-Basis eine Ausbildungs-Übung durch. Es ging dabei um die Meldung, daß feindliche, mit bewaffneten Arktis-Kommandotruppen besetzte Schneemobile einen Angriff führen. »Wir prüften, ob der diensthabende Offizier richtig auf diese Meldung reagierte, indem er die Sicherheitspolizei alarmierte, damit die sich den Angreifern entgegenstellte«, sagte der Armee-Offizier, der die Übung organisiert hatte. »Damals lachten alle darüber, weil ihnen der Gedanke eines Angriffs auf die Basis mit Motorschlitten ganz verrückt vorkam.«

Das Szenario glich in außerordentlicher Weise demjenigen, das Frucht sich vorgestellt hatte. Hatten die von ihm übermittelten Informationen das plötzlich erwachende Interesse des US-Militärs an der Angriffs-Verwundbarkeit der BMEWS-Basis geweckt? War er letzten Endes verantwortlich für das ausgedehnte CBW-Programm in Alaska?

Alles deutet darauf hin, daß seine Berichte ganz gewiß die amerikanischen Überlegungen beeinflußt haben. Abschließend wird sich die von ihm tatsächlich gespielte Rolle erst beurteilen lassen, wenn das US Chemical Corps und das CIA-Hauptquartier in Langley im US-Staat Virginia sich irgendwann einmal entschließen sollten, ihre Akten der Öffentlichkeit zugänglich zu machen.

Klar ist jedoch, daß Geheimdienstberichte aus dem Sowjetblock tatsächlich die militärische Forschung der USA über arktische Kriegführung in den sechziger Jahren beeinflußt haben.

Finebergs und unsere Recherchen über die vielfältigen Aktivitäten rund um die Radarbasen in Alaska in den Jahren von 1962 bis etwa 1968/9 sind auf heftigen Widerstand bei verschiedenen Behörden gestoßen. Wir haben deshalb eingehend geprüft, ob die hier zum ersten Male im Zusammenhang veröffentlichte Darstellung geeignet ist, die Verteidigungsinteressen der Vereinigten Staaten oder der NATO zu beeinträchtigen. Der Radarschirm im Norden der USA ist heute weit dichter als in den sechziger Jahren. Die Bedienung und Auswertung ist weitgehend automatisch, die Zielbereiche der einzelnen Radarstationen überdecken sich tief. Es ist deshalb unmöglich, durch Herausbrechen eines Teilstückes eine Einflugschneise freizumachen. Aus diesem und anderen Gründen hat sich deshalb der Kampf um die Information, der jedenfalls für die Anfangsphase jedes zukünftigen Krieges von Großmächten entscheidend sein dürfte, in den Weltraum verlagert.

Die Vereinigten Staaten haben die Aufgabe gelöst, ihre landgestützte Abwehrfront im hohen Norden vor einem Überraschungsangriff zu schützen. Es ist nicht mehr erforderlich, jeden Eskimo des Gebietes mit einem Funksprechgerät auszurüsten und ihm zu sagen, er solle mal in Clear anrufen, wenn er eines Tages unbekannte Männer mit einem sehr großen Schlitten trifft.

Die Abwehrstrategie der Vereinigten Staaten war demnach erfolgreich, war sie auch zweckmäßig? Auch diese Frage sollte man bejahen. Taktisch sind die USA auf zwei Ebenen vorgegangen. Die eine war offen. Manöver fanden statt, die Presse war beteiligt und berichtete ausführlich. Damit war eine öffentliche Warnung ausgesprochen. Auch die Truppe und die Radartechniker wurden belehrt. Alarmübungen in der Winternacht machten die Ausgesetztheit der einsam gelegenen Standorte deutlich. Die zweite Verteidigungsebene war geheim. Genauso würde sich jeder Hauswirt verhalten, der einen Einbruch erwartet. Man erzählt nicht, wo die Sicherungen angebracht sind und gegen welches Vorgehen man sich schützt.

In diesem Bereich ist nun allerdings einiges geschehen, was öffentliches Interesse verdient. Wir meinen nicht die Kampfstoffversuche in einem eingezäunten Gelände bei Fort Greely. Solange es militärische Giftstoffe gibt, müssen sie auch erprobt werden. Offenbar wurden sehr seßhafte Stoffe mit kurzer Halbwertzeit der Giftigkeit benutzt, weshalb sofort nach Abklingen der toxischen Phase ein ziviler Biologe mit der Nachuntersuchung beauftragt werden konnte. Alles, was bekannt wurde, klingt nach sachgemäßem Vorgehen.

Das gilt aber nicht für die Verteidigungs- und Lagerungsversuche, bei denen in dilletantischer Weise die Eigentümlichkeiten der arktischen Umwelt verkannt wurden. Endlich läßt sich das Herumspielen mit einer Infektionskrankheit wie der Tularämie, die sogar eine »fakultative Anthropo-Zoonose« ist, also vom Tier auf den Menschen übertragen werden kann, durch nichts rechtfertigen. Zwar wird man den Leuten, welche die Erreger züchteten, vermehrten, transportierten und aussetzten, einen gewissen Sachverstand nicht absprechen können, aber sie vertreten eine Art von engem Fachwissen, das gefährlich ist. Hierauf wollten wir aufmerksam machen.

ANHANG B

Der Alaska-Plan

Die Autoren haben versucht, anhand von Stellungnahmen von militärischer und ziviler Seite in Nordamerika, in West- und Ost-Europa zu beurteilen, ob das, was Frucht über Alaska enthüllte, in der Praxis durchführbar war:

DER NATO-STANDPUNKT: London.

Generalmajor A. E. Younger, ehemaliger Stabschef der Alliierten Streitkräfte, Nord-Europa: »Die Sache ergibt militärisch Sinn. Will man eine Frühwarn-Station irgendwo am Ende der Welt ausschalten, wäre eine nicht nachweisbare toxische Wolke ein sehr gutes Mittel. Wie sonst sollte man das machen, ohne regelrecht den Krieg zu erklären? Das Personal in diesen Anlagen zu töten, bevor der Krieg begonnen hat und ohne sich selbst der Station allzusehr zu nähern, wäre ein vernünftiger Eröffnungszug. Schickt man Kommandotruppen oder Fallschirmjäger hin, oder wirft man Bomben, dann wäre das eine regelrechte Kriegserklärung, und die Amerikaner würden sofort einen Vergeltungsschlag führen. In militärischer Sicht wäre der von Frucht skizzierte Angriff weitaus wünschenswerter, weil keine offensichtliche Kriegshandlung zu erkennen ist. Es wäre eine äußerst schwierige Sache, Beweise aufzuspüren, während man den Weg eines Flugzeugs oder einer Fernlenkwaffe aufzeichnen und ihre Anwesenheit registrieren würde.

Der Angriff brauchte auch nicht zielgenau zu sein. Eine Rakete, sagen wir mal, krepiert 35 Kilometer gegen den Wind vor dem Ziel. Der chemische Kampfstoff wird dann in einer

Dampfwolke verteilt, die sich immer weiter ausbreitet und die Form eines Dreiecks annimmt, während der Wind sie vor sich hertreibt. Ist diese Wolke hochgiftig, könnte sie recht weit vom Ziel entfernt freigesetzt werden, und sie würde nach dem Donnerbüchsenprinzip wirken. Am Ende würde sie ein riesiges Gebiet abdecken können. Außerdem würde es das Problem des Aufspürens geben. Es ist für eine Radarstation eine Kleinigkeit festzustellen, ob eine Rakete angeflogen kommt. Bei chemischen Wolken jedoch braucht man wissenschaftliche Spezialausrüstung, um einen Angriff erkennen zu können. Diese Giftstoffe verleihen also Möglichkeiten, die man ohne sie nicht haben würde. Bei einem derartigen Angriff gäbe es zunächst und vor allem keine Nachweismöglichkeit. Dem Geschehen könnten Spezialisten erst nach sehr sorgfältiger Arbeit auf die Spur kommen. Alles würde viel Zeit in Anspruch nehmen. Zunächst einmal würde man zu klären haben, womit man es eigentlich zu tun hat – mit Beulenpest vielleicht, oder womit? Die Station liegt am Ende der Welt, und jeder einzelne da oben ist tot. Sehr wahrscheinlich wird man auch beim erstenmal noch gar nicht das Richtige treffen. Nach einer Woche hat man vielleicht Klarheit. Nun kann man also jemanden hinschicken. Aber eine Woche, das ist sehr viel Zeit, und der Feind würde nur ein paar Stunden brauchen.

Was könnte der Feind damit erreichen? Das hängt ganz davon ab, was er im einzelnen tun will. Wollen die Russen irgend etwas am Frühwarnsystem vorbeischmuggeln, würde alles dafür sprechen, dieses System vorher k. o. zu schlagen. Es ist nicht anzunehmen, daß sie einen Angriff am Boden gegen die Vereinigten Staaten auf dem Wege über Alaska führen wollten. Ich glaube auch nicht, daß sie die Stationen in Alaska ausschalten würden, nur um irgend etwas anderes dafür durchzusetzen. Das ergibt keinen Sinn. Die Alaska-Stationen auszuschalten, das hätte ein vorbereitender Schachzug sein können, aber nur dann, wenn ein anderer Plan von sehr viel größeren Ausmaßen in Kraft treten sollte, sobald die Radarverteidigung stillgelegt worden ist.

Das einzige, was mir nicht plausibel erscheint, ist die Tatsache, daß Frucht von einem Kampfstoff redet, der so giftig ist, daß kaum mehr als ein Molekül von dem Zeugs ausreichen würde, um Menschen zu töten. Ich bezweifle, daß es einen chemischen Kampfstoff gibt, der so giftig ist. Mir hört sich das alles mehr nach einem bakteriologischen Kampfstoff an.«

Generalmajor Nigel Gribbon, früher NATO-Geheimdienstchef:
»Der Nordpol ist ein Gebiet von strategischer Bedeutung, und Radarstationen auszuschalten, wäre ein lebenswichtiger Punkt im Falle eines Krieges. Man darf also davon ausgehen, daß die Russen Pläne haben, um genau das zu erreichen. Ich glaube nicht, daß diese Sache etwas Bizarres an sich hat, denn die Radarverteidigung wäre unweigerlich ein strategisches Ziel für die Russen, besonders die BMEWS-Basis in Alaska, die Nordamerika vor der Sowjetunion schützt. Derartige Anlagen zum Ziel zu machen, das wäre ein ganz normales Vorgehen. Und wenn die Sowjets tatsächlich eine chemische Waffe besitzen, die in der Arktis funktioniert, darf man annehmen, daß es sich hier um ein Ziel handelt, gegen das ein derartiger Kampfstoff eingesetzt werden würde.«

DER AMERIKANISCHE STANDPUNKT: Washington.
Ein hochrangiger US-Rüstungskontroll-Beamter und Experte für chemische Waffen, der anonym bleiben will:
»Fruchts Geschichte stellt hohe Anforderungen an die Gutgläubigkeit. Wenn das, was er getan hat, tatsächlich so ungeheuer wichtig war, dann frage ich mich, warum er nur zu einer lebenslangen Freiheitsstrafe verurteilt wurde, und warum die Leute, die ihm die Information gegeben haben, ungeschoren davongekommen sind. Das Szenario selbst und die Strafe passen nicht zueinander. Es ist auch schwer, sich vorzustellen, um welche chemische Waffe es dabei gegangen sein soll. Wenn der Kampfstoff in der Kälte wirksam sein soll, muß er sehr leicht verdunsten, und wenn diese Eigenschaft verstärkt werden soll, muß man das Molekulargewicht der Substanz verringern. Das ist aber sowieso schon recht gering. Ich bin skeptisch. Der Einsatz

von Kampfstoffen bei extremer Kälte wäre nicht sehr wahrscheinlich. Tatsächlich kenne ich keine Chemikalie, die bei Temperaturen eingesetzt werden könnte, die beträchtlich unter Null liegen.

Vielleicht hat es tatsächlich einen bizarren Plan gegeben – aber derartige Pläne sind nicht mehr als ein Stück Papier. Sie können morgen wieder geändert werden. Wenn die Dosis Nervengas nicht ganz massiv ist, wird es immer noch irgend jemand in der Basis geben, der den Knopf drücken kann. Vielleicht war das eine von den Ideen, die bei militärischen Planspielen plötzlich auftauchen und ebenso plötzlich wieder fallengelassen werden.

Die wahre Bedeutung der von Frucht gelieferten Information würde in dem Aufschluß gelegen haben, die sie über die Kapazität des Sowjetblocks auf dem Gebiet der chemischen Kriegführung gibt, über die Einsatzpläne und darüber, wo der Sowjetblock seine Kampfstoffe lagert. Das wäre für die NATO von viel größerer Bedeutung.«

Ein ehemaliger Chef des US-Geheimdienstes in Europa, der anonym bleiben will:

»Der Planungsprozeß ist ununterbrochen im Gange. Eine Vielzahl von Dienststellen ist mit einer Vielzahl von Problemen befaßt. Es gibt Hunderte von Projekten auf beiden Seiten, die verschiedenen Möglichkeiten zu beurteilen, damit man für jeden nur erdenklichen Fall gerüstet ist. Aber ich weigere mich zu glauben, daß es sich hier um einen Primärplan gehandelt haben könnte. Es gibt einfach keine Möglichkeit, sich das vorzustellen. Es würde nichts einbringen; wir haben da oben einen Toter-Mann-Schalter. Man muß das in diesem Zusammenhang sehen: Der Nuklearkrieg ist so undenkbar, daß alle anderen Ernstfallpläne daneben verblassen. Ein derartiger Angriff wäre eine Kriegserklärung gewesen. Wer interessiert sich dafür, wodurch der Krieg begonnen worden ist?

Uns hat an der Deutschen Demokratischen Republik das wissenschaftliche und technische Potential auf dem chemischen Sektor interessiert. Die Deutschen waren im Zweiten Weltkrieg allen anderen voraus, und nach dem Krieg haben die Sowjets und die Ostdeutschen ihre Möglichkeiten auf diesem Gebiet immer enger integriert.«

Ein Beamter in der Armee-Abteilung des Pentagons:

»Ich halte das keineswegs für ein Phantasieprodukt. Aber ich glaube nicht, daß es sich da um eine Methode handelt, für die ich selbst mich entscheiden würde. Wenn man die dortigen Radarstationen angreifen will, sind Chemikalien nicht das beste Mittel. Man muß die Schwankungen von Wind und Ventilationsraten berücksichtigen, und da muß man erst einmal die Daten haben. Man kann auch nicht absolut sicher sein, daß die Menschen in Mitleidenschaft gezogen werden. Das ist anders als bei der Bombe, deren Wirkung jedermann sehen kann. In Alaska gibt es auch ziemlich oft stürmische Winde. Will man eine stationäre Anlage schützen, stellt man seine Detektoren natürlich auf der warmen Seite des Bauwerks auf, und wenn man diese Form des Angriffs einkalkuliert hat, dann sind natürlich auch Filteranlagen eingebaut. Derartige Systeme hat es damals schon gegeben, aber ich kann nicht sagen, ob man sie dort tatsächlich auch in die Alaska-Basen eingebaut hat.«

Ein Spezialist des Pentagons für das BMEWS:

»Meiner Meinung nach ist der Angriff, wie Frucht ihn beschreibt, nicht nur möglich, sondern auch durchaus praktisch. Wir haben das System nicht so konstruiert, daß es versiegelt werden kann. Wäre die Frühwarn-Basis während dieser ganz bestimmten Zeit blind gewesen, hätten die Russen durchaus unentdeckt eindringen können.

Als Alarmsystem haben wir eine sogenannte Stützpunkt-Zustandsmeldung. Das ist ein Schalter auf der Konsole, der ein Signal nach Colorado Springs schickt und dort ein rotes Lämpchen aufleuchten läßt. Das geht ohne Verzögerung vonstatten und teilt mit, daß etwas Merkwürdiges im Gange ist. Alles Verdächtige muß unverzüglich gemeldet werden. Es würde sich da um eine Warnung auf relativ niedriger Ebene handeln.

Wenn die Männer von Colorado Springs dann anrufen und niemand sich meldet – und irgend jemand hat da immer Dienst –, dann wären sie im höchsten Grade mißtrauisch. Sie würden den BMEWS-Stützpunkt in Grönland anrufen und sich erkundigen, ob es dort ähnliche Phänomene gibt. ›Basis Zwei antwortet nicht. Wissen Sie, was bei denen nicht stimmt?‹ Man würde dann vermutlich versuchen, die Basis in Alaska über das öffentliche Telephonnetz zu erreichen. Man würde die nächstgelegene Ortschaft anrufen und darum bitten, sich die Sache mal anzusehen. Im Falle eines nuklearen Angriffs würde das Personal sich in einen langen Schutzraum flüchten, wo es sicher wäre«

Professor Mathew Meselson vom California Institute of Technology, führende amerikanische Autorität für chemische Kriegführung:

»Während meiner Gespräche mit Frucht habe ich den starken Eindruck gewonnen, daß er sich bemühte, in der Schilderung seiner persönlichen Erlebnisse so präzise wie nur irgend möglich zu sein. Aber mir fällt es sehr schwer zu glauben, daß seine militärischen Bekannten in der DDR irgendeinen offiziellen Zugang zu extrem sicherheitsbedürftiger sowjetischer strategischer Kriegsplanung für ein außereuropäisches Gebiet gehabt haben könnten.

Außerdem erscheint mir der Alaska-Plan als weit hergeholt, sowohl im Hinblick auf die Wahrscheinlichkeit seiner Verwirklichung als auch in bezug auf seine militärische Effektivität. Mir ist nichts bekannt, was mich zu der Schlußfolgerung veranlassen würde, daß es den Alaska-Plan gegeben hat. Sie fragen nach der Wirksamkeit moderner chemischer Kampfstoffe unter arktischen Bedingungen. Die Effektivität seßhafter Kampfstoffe wird ernstlich verringert. Kälte verlangsamt die Absorption durch die Haut, und Winterkleidung gewährt beträchtlichen Schutz gegen Hautkontakt.«

Die Central Intelligence Agency (CIA) in Langley, Virginia:

»Wir haben Ihr Schreiben erhalten und mit den Leuten gesprochen, die mit dem Fall befaßt sind. Sie erklären, daß wir nicht bereit sind, in ein Gespräch mit Ihnen darüber einzutreten. Der Grund dafür ist die Tatsache, daß ein großer Teil des Materials als geheim eingestuft ist.«

DER SOWJETISCHE STANDPUNKT: Moskau

Als »reine Erfindung« bezeichnete die amtliche sowjetische Nachrichtenagentur Tass die von Frucht aufgestellte Behauptung, daß die Sowjetarmee einen Plan gehabt habe, die amerikanischen Frühwarn-Radarstationen in Alaska auszuschalten. Frucht mache Geld mit primitiven, antisowjetischen Lügen, erklärte die Agentur. Der Tass-Kommentar wurde am 21. Juni 1978 von der Deutschen Presse-Agentur verbreitet und folgte auf die Veröffentlichung der Frucht-Berichte in dem westdeutschen Nachrichtenmagazin »Der Spiegel«. Der wesentliche Punkt seines Berichts, hieß es bei Tass, sei ein Vergleich zwischen dem angeblichen neuen sowjetischen Kampfstoff und der Neutronenwaffe. Es handele sich bei seinem Bericht um ein »Ablenkungsmanöver«, darauf abgestellt, die Protestkampagne gegen Neutronenwaffen zu torpedieren.

DER OSTDEUTSCHE STANDPUNKT: Ost-Berlin

Die Autoren haben sich in aller Form an das Außenministerium der DDR gewandt und um ein Interview mit General Hans-Rudolf Gestewitz gebeten, dem Mann, der nach Fruchts Angaben die Quelle für den Alaska-Plan war. Sie baten auch darum, mit einem Vertreter der DDR über den Fall Frucht in DDR-Sicht sprechen zu können. Eine offizielle Antwort wurde nicht erteilt. Inoffiziell wurde den Autoren zu verstehen gegeben, daß es nicht zu den Gepflogenheiten der DDR gehöre, derartige Angelegenheiten zu erörtern.

Das gilt auch wohl für das Verhalten im Inneren der DDR. General Professor Dr. med. habil. Gestewitz, Verdienter Arzt des Volkes und Verdienter Erfinder, ist weiterhin Vorsitzender der Militärärztlichen Gesellschaft der DDR und Chefarzt des Zentrallazaretts der Nationalen Volksarmee. Da kein Land des

Ostblocks und schon gar nicht die DDR Kampfstoffe entwickelt oder ihre aggressive Verwendung plant, kann alles das, was an Gegenteiligem behauptet wird, auch nicht wahr sein, und weil das so ist, kann auch kein Angehöriger der Streitkräfte irgend etwas davon mitgeteilt haben. Jede Kritik an Soldaten oder gar deren Verurteilung könnte nur dem Gegner nutzen. Ein hoher Funktionär hat den gesamten Zusammenhang auf die Kurzformel gebracht: »Wo kämen wir hin, wenn wir uns die Genossen mit Weltniveau durch solchen Quatsch vom Westen her abschießen lassen!«

DER SCHWEIZER STANDPUNKT: Zürich

Im Jahr 1979 berichtete die »Allgemeine Schweizerische Militärzeitschrift«, daß Truppen aus Ostdeutschland mit chemischen Kampfstoffen ausgerüstet und daß jetzt unter strenger Kontrolle durch die Russen Kampfgase in der DDR hergestellt würden. Unter Berufung auf »zuverlässige Quellen« hieß es dort außerdem, daß Nervengase, die absolut unempfindlich gegen extreme Kälte seien, in zwei chemischen Werken der DDR hergestellt würden, und zwar im Leunawerk »Walter Ulbricht« und im »Elektrochemischen Kombinat Bitterfeld«. Alle in Ostdeutschland hergestellten Giftgase, schrieb das Magazin, würden in die Sowjetunion transportiert.

ANHANG C

Der Tammelinsche Ester

Als sie ihren Kampfstoff als einen Tammelinschen Ester bezeichneten, befanden sich die Spezialisten der Nationalen Volksarmee der DDR mit an Sicherheit grenzender Wahrscheinlichkeit im Irrtum. Die Bezeichnung geht auf Dr. Lars-Erik Tammelin zurück, den schwedischen Wissenschaftler, der als erster eine der tödlichsten chemischen Substanzen synthetisch hergestellt hat, die es überhaupt gibt. Als Mitglied des schwedischen Instituts für Verteidigungsforschung war er in den 50er Jahren durch Zufall auf eine Familie chemischer Verbindungen gestoßen, die an Giftigkeit nur noch von so schreckenerregenden Naturgiften wie dem Botulinusgift übertroffen wurden. Glücklicherweise erwiesen sich diese Verbindungen als zu unstabil für militärische Zwecke, und mit Genehmigung seiner Regierung veröffentlichte Tammelin seine Ergebnisse.

In seiner ersten allgemeinen Veröffentlichung beschrieb er die toxischen Eigenschaften der V-Verbindungen und faßte mehrere verschiedene Familien von Chemikalien zusammen, von denen nur eine neu war. Dieser Kategorie von Stoffen gab er seinen Namen. Aber es bürgerte sich dann ein, auch die anderen von ihm erörterten Gruppen nach ihm zu benennen. Darunter befanden sich die sogenannten V-Stoffe, von den Briten entwickelt, sowie die von den Vereinigten Staaten gelagerten VX-Nervengase. Diesen US-Kampfstoff hatten, so meinte Frucht, die Ostdeutschen weiterentwickelt, dabei seine Giftigkeit auf ein Mikrogramm pro Kilogramm Körpergewicht gesteigert und die Verbindung dann für den Einsatz in arktischem Klima konfektioniert.

Die Formel der ostdeutschen Verbindung wurde 1965 in der Sommer-Nummer der DDR-»Zeitschrift für Militärmedizin« gedruckt. Es handelt sich um eine, wie die Chemiker sagen, allgemeine Strukturformel – in der zum Beispiel ein Radikal, das ist eine bestimmte Komponente, die sich bei vielen chemischen Verbindungen ein- und ausbauen läßt, nur mit »R« bezeichnet ist. Diese Formel soll hier nicht veröffentlicht werden, aber die Autoren haben sie mehreren Spezialisten vorgelegt und sie um eine Bewertung gebeten.

In Stockholm erklärte Dr. Tammelin, er habe den Eindruck, daß Fruchts Erklärungen aus »zweiter Hand« stammten und daß es »ziemlich schwierig« sei, ihnen zu folgen. Er sagte, daß die erwähnte Strukturformel unter Spezialisten schon seit etlichen Jahren bekannt sei, erklärte aber, es sei ihm nicht möglich, etwas darüber auszusagen, ob sie schon »an die Öffentlichkeit« gelangt gewesen sei, bevor Frucht die DDR verließ.

Dr. Tammelin warnte die Autoren davor, Formeln von einer potentiell so hohen Gefährlichkeit zu publizieren, und er zitierte Paragraph 375 des Berichts über Chemische und Bakteriologische Waffen vom Generalsekretär der Vereinten Nationen, New York, 1969: »Eine besondere Gefahr ergibt sich auch aus der Tatsache, daß jedes Land eine Kapazität in dieser Art der Kriegführung entwickeln oder auf die eine oder andere Weise erwerben könnte, ungeachtet der Tatsache, daß es sich als kostspielig erweisen könnte. Die Gefahr der Ausbreitung dieser Art von Waffen besteht in den Entwicklungsländern ebenso wie in den bereits entwickelten Ländern.«

Dr. Tammelin erklärte gegenüber den Autoren außerdem: »Verbindungen von einiger Ähnlichkeit mit den Tammelinschen Estern könnte es inzwischen geben, und es könnte sich bei ihnen um potentielle Kampfstoffe handeln, aber man darf sie auf keinen Fall als Tammelinsche Ester bezeichnen, und im Jahre 1958 waren sie für mich ganz unvorstellbar.«

Der britische Kampfstoff-Experte Julian Perry Robinson von der Forschungsstelle für Wissenschaftspolitik der Universität Sussex meinte, daß es ungeheuer schwierig sein würde, die neue

Sowjetblock-Waffe auf der Grundlage der von Frucht gelieferten Strukturformel zu identifizieren. Die Auslese wäre außerordentlich problematisch, da anzunehmen sei, daß mindestens 3200 mögliche Verbindungen »Super-Giftigkeit aufweisen würden«.

Eine westdeutsche Beurteilung legt jedoch den Schluß nahe, daß am Ende nur unter zwanzig oder dreißig Verbindungen ausgewählt werden müßte (ein Spezialist, der in einem gut ausgerüsteten Laboratorium arbeitet und drei Assistenten hat, würde etwa 600 im Jahr darstellen können).

Die Amerikaner, denen Frucht die vollständige Formel seinerzeit übermittelt hatte, haben eine Stellungnahme abgelehnt.

ANHANG D

Die Stomann-Mission

Im Jahre 1966 wurde ein als Froschmann ausgebildeter CIA-Agent nachts von einer Privatjacht etwa 25 Kilometer vor Spandowerhagen abgesetzt. Martin Stomann – er heißt in Wirklichkeit anders – war damals 28 Jahre alt, blond und sportlich.

Er näherte sich dem Strand mit Hilfe eines »Seepferds«, einem ursprünglich für die Unterwasser-Erforschung entwickelten, von Elektromotoren angetriebenen Gerät. Die Elektromotoren bewirkten, daß es von Sonargeräten nicht aufgefaßt werden konnte. Stomann, der durch einen Schnorchel atmete, näherte sich der Küste bis auf acht Kilometer, dann löste er sich von dem Elektromotor, der auf den Meeresgrund sank. Vorsichtig schwamm er weiter und ging wenig hundert Meter von Fruchts Strandgrundstück entfernt an Land. Er vergrub seinen Gummi-Anzug im Sand und zerrte die Kleidungsstücke aus dem wasserdichten Beutel, den er sich auf den Rücken geschnallt hatte. Hastig zog er sich an.

Er kannte die Küste gut. Er hatte Wochen damit verbracht, während seiner Ausbildung in den Vereinigten Staaten Karten und Luftaufnahmen zu studieren. Er kannte die örtliche Topographie so gut, daß er sogar die Tiefe der Seen auswendig wußte. Er hatte es gelernt, sich notfalls auf dem Grund eines Sees zu verbergen und durch hohle Halme zu atmen. Er war sogar darin ausgebildet worden, unter Wasser zu schlafen und dabei den natürlichen Auftrieb durch Belastung seines Körpers mit Gewichten auszuschalten.

Seine Aufgabe war es, die Ostsee-Küstenverteidigung der

DDR auszuspionieren, und er war angewiesen worden, sich auf die Insel Rügen zu konzentrieren, das Nervenzentrum der gesamten Küstenverteidigung. Er meldete sich deshalb in einem Restaurant auf Rügen und nahm einen Ferienjob an. Er hatte die Identität eines Kellners aus Leipzig angenommen, der sich Wochen zuvor schriftlich bei dem Restaurant um den Arbeitsplatz beworben hatte, dann aber nicht erschienen war. Stomann sah dem Mann sehr änlich, und er hatte Papiere bei sich, die denjenigen des Kellners zum Verwechseln ähnlich waren. Die Technik heißt im Geheimdienst-Jargon »twinning« – einen Zwilling bauen.

In dem Restaurant gesellte sich ihm bald ein zweiter CIA-Mann zu, und gemeinsam bauten die beiden eine erfolgreiche Routine auf. Sie beobachteten Truppenbewegungen auf der Insel, kundschafteten Kasernen aus und studierten die Seeverteidigung. Sechs Monate lang arbeiteten sie ungestört. Dann aber bekam die Stasi einen Tip. Sie schickte einen eigenen Mann, der ebenfalls als Kellner arbeitete und die beiden observierte.

Die beiden amerikanischen Agenten schöpften Verdacht, als sie hörten, wie der neue Mann ihre Namen in einem Telephongespräch erwähnte, und sie beschlossen, ihm eine Falle zu stellen. Sie schlugen ihn zusammen, schlossen ihn in einen Keller ein und ergriffen die Flucht. Sie glaubten, genug Vorsprung zu haben, um sich schwimmend in Sicherheit zu bringen. Aber Stasi-Verstärkungen trafen zu früh ein, es kam zu einer Schießerei, Stomann wurde ins Bein getroffen und festgenommen. Im Verhör gestand er, von der CIA ausgebildet zu sein und den Auftrag gehabt zu haben, die Verteidigung der DDR auszuspionieren.

Stomann war ein gebürtiger Sachse. Seine Familie war Anfang der 50er Jahre von Leipzig nach West-Berlin übergesiedelt, und er war zur Bundesmarine gegangen. Er war erst 25 Jahre alt, als er Kommandant eines U-Bootes wurde; später nahm er an einem Lehrgang bei der US-Marine im Pazifik teil. Bald darauf trat er mit Genehmigung der Bundesregierung in die US-Streitkräfte ein, und man machte ihn zum Kommandanten eines Küsten-U-

Bootes mit einer Besatzung von 20 Mann, das in Hawaii stationiert war. Für sein Überwechseln zu den US-Streitkräften scheint es Motive gegeben zu haben, denn sehr bald wandte sich die CIA an ihn. Sie brauchte ihn für einen Geheimauftrag hinter dem Eisernen Vorhang.

Als die Stasi ihn enttarnt und wegen seines Geburtsortes als Landesverräter eingeordnet hatte, gelangte er zu der Überzeugung, daß es Hoffnung für ihn nur noch dann gab, wenn er sich zur Zusammenarbeit mit der Stasi bereiterklärte. Er fing deshalb an, der CIA sorgfältig ausgearbeitetes Spielmaterial zu liefern, aus dem hervorging, daß seine Mission erfolgreich fortgesetzt werde, daß er aber mehr Unterstützung brauche. Beobachtet von sechs Geheimpolizisten, traf er seinen westlichen V-Mann auf einer belebten Rügener Strandpromenade. Eine Blaskapelle spielte in der Nähe, und in der Ferne konnte er die Fähre aus Schweden erkennen, die am Landungssteg festgemacht hatte. Ihm war ganz übel, aber er hielt sich an seine Aufgabe, den Agenten anzuweisen, an welcher Stelle ein zweiter Froschmann an Land gehen solle.

Mehrere Wochen später erfuhr er zu seinem Entsetzen, daß der Mann, der zu seiner Unterstützung entsandt worden war, in ein Minenfeld geschwommen und von einer Explosion in Stücke gerissen worden sei. Mit diesem Zwischenfall war Stomanns Geheimdienstarbeit zu Ende. Er wurde zu lebenslanger Freiheitsstrafe verurteilt. Neun Jahre saß er ab, sieben davon in Einzelhaft im Stasi-Gefängnis Hohenschönhausen. Dort lebte er relativ bequem und nutzte seine Spezialkenntnisse für die Übersetzung von Marine-Dokumenten, die die Ostdeutschen im Westen beschafft hatten.

Später wurde er nach Bautzen verlegt, wo er und Frucht Mitgefangene wurden. Frucht gewann den Eindruck, daß Stomann vom Gefängnisleben zugrunde gerichtet worden war. Durch eine Verbindung von Überernährung, mangelnder körperlicher Betätigung und psychologischer Belastung zog er sich eine Zuckerkrankheit zu, auch war ein psychischer Haftschaden deutlich. Da Stomann Unterstützung nach dem Häftlingshilfegesetz nicht zustand und die bundesdeutsche wie die amerikanische Marine wegen seines Seitenwechsels nichts von ihm wissen wollten, stand es noch mehrere Jahre nach seiner Rückkehr in die Bundesrepublik schlecht um ihn. Frucht, der in Bautzen mit ihm nicht sehr gut ausgekommen war, empfand dennoch Entrüstung darüber, wie rücksichtslos hier ein Mann ausgenutzt wurde, der weder charakterlich noch intellektuell den Belastungen gewachsen war, in die man ihn kalten Herzens geschickt hatte. Er wandte sich daher unter Hinweis auf die allgemeinen Aspekte des Falles befürwortend an die zuständige amerikanische Stelle – allerdings ohne Erfolg.

ANHANG E

Dr. Ehrenfried Petras

Dr. Ehrenfried Petras traf Ende Oktober 1968 mit Frau und zwei Kindern in Ost-Berlin ein. Das »Neue Deutschland« machte seine Entscheidung, die Bundesrepublik zu verlassen, in einem kurzen Artikel auf der Seite eins bekannt, in dem der Mißbrauch der Naturwissenschaften im Westen hervorgehoben und außerdem mitgeteilt wurde, daß Herbert Patzelt, der für EURATOM in Brüssel gearbeitet hatte, und Peter Möbius, theoretischer Physiker im Atomforschungszentrum Karlsruhe, den Westen verlassen hätten.

Alle drei wurden als Männer dargestellt, die aus Gewissensgründen gehandelt hätten und deren Motiv einzig und allein moralische Erwägungen gewesen seien. Es gab nicht den leisesten Hinweis darauf, daß sie etwas mit Spionage zu tun gehabt hätten, und das Bundesministerium für Verteidigung in Bonn, peinlich berührt von den Enthüllungen der drei, bagatellisierte die ganze Affäre. (Erst mehrere Jahre später gab Bonn zu, daß sie Mitglieder eines ostdeutschen Spionageringes gewesen waren.) Tatsächlich aber waren sie enttarnt worden, und es gesellten sich ihnen zwei andere westdeutsche Wissenschaftler und zwei Ingenieure in Ost-Berlin hinzu. Alle beantragten gleichzeitig politisches Asyl in der DDR.

Petras wurde von der DDR besonders herausgestellt. Am 23. November trat er nach einer unangekündigten Programmänderung im Fernsehen auf, und zwei Wochen später stellte er sich der internationalen Presse in Ost-Berlin, um in noch mehr Einzelheiten zu begründen, warum er Zuflucht in der DDR gesucht habe. (Das »Neue Deutschland« füllte eine ganze Seite mit seinen Enthüllungen.) Es war der Anfang einer konzertierten politischen Offensive des Sowjetblocks gegen die Vereinigten Staaten und die Bundesrepublik.

Wenn er zu dem Schluß gelangte, daß Petras es gewesen sein mußte, der ihn verraten hatte, mag Frucht durchaus recht gehabt haben. Es ist durchaus wahrscheinlich, daß die Information, die durch Frucht an die Amerikaner gelangte, zur Auswertung an das Institut in Grafschaft weitergegeben wurde, von dort ihren Weg nach Ost-Berlin fand und den Verdacht auf ihn lenkte. Die Rückbeorderung von Dr. Petras erfolgte zu der Zeit, als in der DDR und damit auch anderswo der Zusammenhang zwischen Fruchts Verhaftung und Kampfstoff-Forschung in akademischen Kreisen bekannt wurde.

Grafschaft war Mitte der sechziger Jahre gewiß ein heißes Pflaster. Außer einem östlichen Nachrichtendienst durch Dr. Petras waren mindestens der israelische und französische Geheimdienst sowie ein katholischer Priester, der dann um seine Entbindung vom Dienst einkam, dort tätig. Was eigentlich dort geforscht wurde, darüber sind die Meinungen geteilt. Jedenfalls war es eine sehr breite Thematik, zu der auch die Entwicklung von Gegenmitteln und biologische Nachweisverfahren für Kampfstoffe gehörten.

Dr. Petras' recht detaillierte Angaben über die Forschung und Entwicklung in Grafschaft fanden besonders im Mittleren und im Fernen Osten ein lebhaftes Echo; in Westeuropa las man wenig davon. Es wurde dann aber schnell still um ihn. Als 1980 das schwedische Fernsehen offiziell ein Interview mit ihm beantragte, wurde diesem bedeutet, Dr. Petras sei krank und nicht verfügbar. Letzteres war sicher richtig. Nach einer unbestätigten Meldung ist er durch einen Autounfall umgekommen.

Karl Dietrich Bracher

Europa in der Krise

Innengeschichte und Weltpolitik seit 1917

Karl Dietrich Bracher, der zu den führenden deutschen Historikern der mittleren Generation zählt, widmet sich jenen Erscheinungen, die den Beginn der zeitgenössischen Geschichte konstituiert haben: Russische Revolution und kommunistische Machtergreifung; Amerikas Eintritt in eine auf Europa einwirkende weltpolitsche Rolle; Ausbreitung und Krise der liberalen Demokratie; Wendepunkt von Kolonialismus und Imperialismus; Krise des Kapitalismus und Weltanspruch des Sozialismus; sozialer Wandel und emanzipierende Bewegungen; Nationalismus und Faschismus sowie die Möglichkeit totalitärer Diktaturen mit starkem Expansionsdrang.

Propyläen

Walter Laqueur

Was niemand wissen wollte

Die Unterdrückung der Nachrichten über Hitlers »Endlösung«

Eine Untersuchung über die Verbreitung und Unterdrückung der Nachrichten über Hitlers »Endlösung« während des 2. Weltkriegs in Deutschland, den alliierten und neutralen Ländern. Der Autor stellt die Frage, warum das »Wissen« der Tatsachen über den Holocaust nicht auf »Glauben« stieß.

Ullstein

George F. Kennan

Bismarcks europäisches System in der Auflösung

Die französisch-russische Annäherung 1875–1890

Das Buch eines Mannes, der als Historiker und Diplomat einen hohen Rang hat, ein Buch von weiter Perspektive, stilistischer Prägnanz und minutiösem Detail. Kennan fragt nach den Ursachen der Selbstzerstörung Europas im Ersten Weltkrieg. Und er findet in der Entstehung der französisch-russischen Allianz eine der Hauptkomponenten der Situation von 1914.

Propyläen